Schmidt / Terberger
Grundzüge der Investitions- und Finanzierungstheorie

Reinhard H. Schmidt / Eva Terberger

Grundzüge der Investitions- und Finanzierungstheorie

4., aktualisierte Auflage

GABLER

Reinhard H. Schmidt ist Professor für Betriebswirtschaftslehre mit dem Schwerpunkt Finanzierungstheorie an der Johann Wolfgang Goethe-Universität in Frankfurt/Main.

Eva Terberger ist Professorin für Betriebswirtschaftslehre mit dem Arbeitsschwerpunkt Finanz- und Bankwesen an der Universität Heidelberg.

Die Deutsche Bibliothek – CIP-Einheitsaufnahme

Schmidt, Reinhard H.:
Grundzüge der Investitions- und Finanzierungstheorie / Reinhard H. Schmidt/
Eva Terberger. – 4., aktualisierte Aufl. – Wiesbaden: Gabler, 1997
ISBN 3-409-43700-2

1. Auflage 1983
2. Auflage 1986
Nachdruck 1992
3. Auflage 1996
4. Auflage 1997
Nachdruck 2002
Nachdruck 2003

Lektorat: Jutta Hauser-Fahr

Der Gabler Verlag ist ein Unternehmen der Bertelsmann Fachinformation.

http://www.gabler-online.de

Druck und Buchbinder: Lengericher Handelsdruckerei, Lengerich/Westf.
Printed in Germany

ISBN 3-409-43700-2

Vorwort zur vierten Auflage

Da die gegenüber der Vorauflage wesentlich veränderte dritte Auflage schnell vergriffen war, haben wir uns bei der Vorbereitung der vierten Auflage darauf beschränkt, Fehler auszumerzen, einige unklare Formulierungen zu verbessern und die Literaturangaben zu aktualisieren. Wir danken einer großen Zahl von Studenten, Mitarbeitern und Kollegen, die uns auf Fehler hingewiesen haben. Besonders dankbar sind wir Herrn Kollegen Werner Neus für seine detaillierten Anmerkungen zur dritten Auflage und für wertvolle Verbesserungsvorschläge. Frau Stefanie Grohs, Herrn Tobias Jermis und Herrn Marco Weiß danken wir ganz herzlich für ihre Hilfe bei der Vorbereitung der Neuauflage.

Reinhard H. Schmidt, Frankfurt/Main
Eva Terberger, Heidelberg
Juli 1997

Vorwort zur dritten Auflage

Dieses Lehrbuch richtet sich vor allem an Studentinnen und Studenten der Wirtschaftswissenschaften im Grundstudium. Sein Aufbau und sein Inhalt spiegeln unsere Einschätzung wider, daß es möglich und sinnvoll ist, Studierende in das umfassende Gebiet "Investition und Finanzierung" einzuführen, indem man sie zuerst mit den Grundzügen der Theorie vertraut macht.

Der Titel des Buches drückt unsere Absicht und unseren Anspruch aus: Der Ausdruck "Theorie" soll betonen, daß wir vor allem grundlegende Probleme und allgemeine Denkfiguren behandeln wollen, die im Studium des Faches immer wieder auftauchen und die man kennen sollte, um die Vielfalt der Modelle, Methoden und Theoreme einordnen und einschätzen zu können. Der Ausdruck "Grundzüge" soll erkennen lassen, daß wir nicht nur die wichtigsten Themen, Probleme und Modelle der Investitions- und Finanzierungstheorie vorstellen wollen, sondern daß wir versuchen, immer wieder zu verdeutlichen, wie sie zusammengehören, welche Gemeinsamkeiten sie aufweisen und wie sie aufeinander aufbauen oder aber wie sie sich unterscheiden und sich damit zugleich auch ergänzen. Erfahrungsgemäß ist es für Studenten schwierig und zugleich wichtig, einen solchen Überblick zu gewinnen.

Unsere Lehrerfahrung der vergangenen Jahre hat uns in unserer Einschätzung bestätigt, daß der Einstieg in das Fach über eine Einführung in die Theorie erfolgen sollte. Die mitunter konkretere und praktischer erscheinende Institutionenlehre und eine solide Lehre von der unternehmerischen Finanzpolitik müssen die Leserinnen und Leser an anderer Stelle suchen. Wir hoffen allerdings, daß ihnen dies nach dem Studium unserer Einführung in die Theorie auch leichter fallen wird und daß die Theorie ihnen hilft zu verstehen, warum diese Gebiete wichtig sind.

Die Grundorientierung des Lehrbuches und die Absicht seiner Autoren sind dieselben geblieben, seit die erste Auflage erschienen ist. Aber vieles andere hat sich seither verändert. Am wichtigsten sind die Entwicklungen innerhalb der Theorie, mit der sich dieses Buch befaßt. Die auf den letzten Seiten der Vorauflage sehr vorsichtig formulierte Prognose über die Entwicklung des Faches hat sich weitgehend erfüllt. War vor zwölf Jahren noch die "moderne" Investitions- und Finanzierungstheorie gleichzusetzen mit der - allenfalls um einige Anmerkungen zu Anreiz- und Informationsproblemen angereicherten - neoklassischen oder kapitalmarktorientierten Theorie, so steht heute die neo-institutionalistische Theorie als gleichgewichtige und gleichwertige zweite Richtung neben der neoklassischen, ohne daß man jedoch die neuere als die bessere einstufen kann.

Diese Entwicklungen des Faches sollten sich in der Neuauflage niederschlagen; und deswegen haben wir ein weitgehend neues Buch geschrieben. Fünf der zwölf Kapitel sind ganz neu, und die anderen sieben mußten weitgehend verändert werden, um sie darauf abzustimmen, daß in der Neuauflage zwei Richtungen der Theorie gleichwertig nebeneinander stehen. Das ist der Grund, warum die Neuauflage so lange auf sich warten ließ - und warum sie jetzt zwei Autoren hat. Wir hoffen sehr, daß es uns gelungen ist, die beiden Richtungen der modernen Theorie und ihr schwieriges Verhältnis so verständlich zu machen, daß es den Studentinnen und Studenten und anderen interessierten Leserinnen und Lesern nicht den Spaß am Lesen nimmt, sondern sie vielmehr zu einem weiteren Studium dieses spannenden Teils der Wirtschaftswissenschaft motiviert.

Im Zuge der Vorbereitung der Neuauflage haben wir große Dankesschulden aufgehäuft. Die Unterstützung unserer Mitarbeiterinnen und Mitarbeiter Anna Sofia Ehrnborg, Stefan Fellermann, Joachim Granitza, Stefanie Grohs, Andreas Hackethal, Sabine Hermann, Karin Himmelreich, Thomas Hsu, Tobias Jermis, Bernd Klauer, Christian Laux, Alexander Mann, Saki Papadopoulos, Marion Schnellrieder und Marcel Tyrell war unglaublich geduldig, sorgfältig, engagiert, kompetent, kreativ und ausdauernd. Wir danken allen ganz herzlich nicht nur für die Hilfe, die überhaupt nicht hoch genug einzuschätzen ist und ohne die dieses Buch in der jetzt vorliegenden Form nie fertig geworden wäre, sondern auch und vor allem für die wirklich beglückende Erfahrung der letzten Monate, so große Hilfe zu bekommen. Der Merton-Stiftung danken wir für finanzielle Unterstützung, die wir für viele Arbeitsstunden der studentischen Hilfskräfte und einen neuen Computer verwendet haben, der nur für das Buchprojekt reserviert werden konnte. Für eine wohldosierte Mischung aus Geduld und Druck danken wir schließlich Herrn Dr. Roski vom Gabler-Verlag.

Inhaltsübersicht

Inhaltsverzeichnis

Teil III: Finanzierung (und Investition) bei gegebenem Unsicherheitsgrad

Teil I

Überblick: Der Problembereich von Investition und Finanzierung und sein Wandel im Zeitablauf

Methodologische Vorbemerkungen und Orientierung

Wir können bei unseren Leserinnen[1] und Lesern nicht die Hoffnung erwecken, daß das Wissen über Investition und Finanzierung, das wir in diesem Lehrbuch vermitteln wollen, in ein paar Jahren noch genauso aktuell ist wie heute. Spätestens nach der Lektüre dieses ersten Lehrbuchteils, der in die Grundlagen von Investition und Finanzierung einführen soll, wird man verstehen, warum das so ist: Die Lehre und Forschung auf dem Gebiet Investition und Finanzierung hat in der relativ kurzen Zeitspanne, in der die Betriebswirtschaftslehre als Wissenschaftsdisziplin an Universitäten anerkannt ist,[2] schon eine so wechselvolle Geschichte hinter sich, daß Lehrende mindestens drei unterschiedliche Antworten gegeben hätten, wenn sie zum Beispiel in den 50er, in den 70er und in den 90er Jahren über die zentralen Problemstellungen ihres Faches befragt worden wären.

Wir bedauern es aber nicht, daß dieses Buch nicht immer aktuell bleiben wird. Wissenschaft bleibt nicht stehen. Daß es einen Wandel im Wissensstand gibt, sollte niemanden veranlassen, zu einem anderen Buch zu greifen, nur weil es eine größere Beständigkeit des Wissens verspricht, oder aber zumindest das folgende Kapitel zu überschlagen, das sich schwerpunktmäßig mit "traditionellen" Fragen des Faches beschäftigt. Um einer solchen Reaktion vorzubeugen, scheinen uns einige Bemerkungen darüber angebracht, warum wir die Auseinandersetzung mit dem Wandel des Wissens und die Konfrontation von "traditionellen" und "modernen" Fragestellungen und von verschiedenen Sichtweisen als einen wesentlichen Bestandteil einer Einführung in das Fachgebiet Investition und Finanzierung ansehen.

Als erstes wollen wir nachdrücklich darauf hinweisen, daß "neu" und "modern" nicht immer besser sein muß als "alt" und "traditionell". Es ist zwar nicht auszuschließen, daß früher Gelerntes im Lichte neuer Erkenntnis der Korrektur bedarf, aber es sind auch andere Konstellationen denkbar. Zum einen kann sich eine neue Ausrichtung des Faches, die zunächst als Fortschritt anmutete, im Nachhinein als Fehlentwicklung oder gar als Rückschritt erweisen. Und zum anderen geht auch durch echten Wissensfortschritt Altes nicht immer unter, sondern es wird durch Neues ergänzt. Deshalb wäre ein in das Fachgebiet der Investition und Finanzierung einführendes Lehrbuch unvollständig, würde es das, was "traditionell" unter der Lehre vom Investieren und Finanzieren verstanden wurde, völlig ausblenden und sich allein auf "moderne" Fragestellungen beschränken.

---

1 Wir bitten um Verständnis dafür, daß wir im folgenden aus Gründen der sprachlichen Vereinfachung fast immer die gebräuchlichere Form eines Personalwortes, einer Berufsbezeichnung etc. verwenden; in der Regel ist das die männliche Form.

2 Die Anfänge der Betriebswirtschaftslehre als eigenständige Wissenschaftsdisziplin sind zu Beginn des 20. Jahrhunderts anzusiedeln. Vgl. hierzu *Schneider* [Grundlagen], S. 219-229.

Gegen unsere Vorgehensweise liegt folgender Einwand nahe: Wenn sich das Bewahren von altem Wissen tatsächlich lohnt, müßte es doch in den aktuellen Wissens- und Diskussionsstand des Faches eingeflossen sein. Eine Präsentation von letzterem wäre dann ausreichend und die Vorstellung traditioneller Problemstellungen nur unnötiger Ballast. Dieser Einwand würde jedoch zwei Merkmale und Probleme vernachlässigen, die die Arbeitsweise von Wirtschaftswissenschaftlern besonders kennzeichnen.

Zum *ersten* fehlt es an eindeutigen Kriterien, um zu beurteilen, welches Wissen gut und damit bewahrenswert und welche Entwicklungen des Faches falsch oder überholt und deshalb vergessenswert sind. Mit den Grenzen der empirischen Prüfung als objektive Richtinstanz, die Wahres von Falschem unterscheidet, sehen sich sogar die Naturwissenschaften konfrontiert. Dies gilt erst recht für die Ökonomie, in deren Mittelpunkt die Handlungen von Menschen in einem komplexen und sich wandelnden Umfeld stehen.[3] Die Entscheidung über die Qualität und den Wert von ökonomischem Wissen liegt deshalb letztlich in den Händen derjenigen, die es anwenden, sei es in der Forschung und Lehre oder sei es in der Praxis. Zu den Anwendern zählen auch unsere Leser, zuerst als Lernende und später vielleicht als Praktiker oder auch als Lehrende.

Daß sich unserer Auffassung nach verschiedene Ausrichtungen ökonomischen Fachwissens nicht "objektiv" bewerten lassen und was unserer Meinung nach Wissenschaft bieten kann und soll, prägt die Struktur dieses Buches und insbesondere seines ersten Teils: Wichtiger als alles andere ist unseres Erachtens, daß Wissenschaft ihrem Anwender eine Brille anbietet, durch die er die Realität betrachten kann.[4] Der Praktiker oder Wissenschaftler, der ökonomisches Wissen anwenden will, muß entscheiden, ob es ihm dabei hilft, seine reale Situation, sein reales Investitions- oder Finanzierungsproblem, schärfer zu sehen. Letztlich ist diese Entscheidung immer subjektiv; sie ist von der Situation und dem anstehenden Problem abhängig, in der bzw. für das das Wissen angewendet werden soll. Erzielt die Gemeinschaft der Anwender weitgehende Einigkeit darüber, daß eine offerierte Brille ihren Blick tatsächlich schärft, werden diese Brille und mit ihr die betreffende Theorie Eingang in den Wissensfundus über das Investieren und Finanzieren finden. Ein solcher Konsens bildet sich nicht zuletzt im Diskussionsprozeß der Anwender aus Wissenschaft und Praxis heraus.[5]

Der Einblick in "traditionelle" und "moderne" Fragestellungen des Faches und damit auch in dessen Wandel soll dazu befähigen, an dem Diskussionsprozeß der Anwender teilzuhaben. Unsere Leser sollen zumindest einige der Gesichtspunkte kennenlernen, die diesen

---

3 Sogar *Popper*, der zu den entschiedendsten Verfechtern des empirischen Tests als Richtinstanz zu zählen ist, rückt von seiner Methodologie des Falsifikationismus ab, wenn es um die Beurteilung wirtschaftswissenschaftlicher Theorien geht. Vgl. *Popper* [Rationalité] sowie *Hands* [Popper].

4 Zu einer Entwicklung und ausführlichen Diskussion dieser methodologischen Position vgl. *Schor* [Forschung], S. 103-140.

5 Vgl. hierzu auch *McCloskey* [Rhetoric] sowie *Schor* [Forschung], insbesondere S. 114-135.

Diskussionsprozeß in der Vergangenheit geprägt haben, und allmählich selbst in ihn eintreten, um sich ihr eigenes Urteil zu bilden und zu entscheiden, welche der Erkenntnisse, die das Fach Investition und Finanzierung zu bieten hat, sie als hilfreich empfinden, um sich zuerst im Studium und später in der Praxis zurechtzufinden.

Wir vermuten, daß unsere Leser diese Auffassung von Wissenschaft und wissenschaftlicher Entwicklung schwierig finden, und darin stehen sie nicht allein: Auch unter Wissenschaftstheoretikern, die sich professionell mit solchen Fragen beschäftigen, ist sie umstritten. Es kommt den gängigen Vorstellungen näher, daß Wissenschaft objektiv gesichertes Wissen hervorbringt und daß ihre Entwicklung ein stetiger Prozeß der Vervollkommnung dieses Wissens ist. Aber leider ist diese gängige Vorstellung zu einfach.

Daß es keine eindeutigen und objektiven Kriterien für die Beurteilung wissenschaftlicher Theorien gibt, die ein subjektives Urteil der Anwender und den Dialog unter ihnen überflüssig machen würden, ist der wichtigste Grund, warum es uns richtig erscheint, schon oder gerade Anfängern unterschiedliche Betrachtungsweisen innerhalb des Faches zu präsentieren. Es ist aber nicht der einzige. Ein *zweiter* Grund, der ebenfalls in der Methodik der Wirtschaftswissenschaft begründet ist, besteht darin, daß verschiedene Sichtweisen von Investition und Finanzierung, obwohl sie auf den ersten Blick miteinander zu konkurrieren scheinen, sich auf den zweiten Blick als durchaus kompatibel und gleichermaßen hilfreich erweisen können.

Wieso kann es überhaupt unterschiedliche Sichtweisen geben? Ein Ökonom versucht, das reale Wirtschaftsgeschehen, in unserem Fall also reale Investitions- und Finanzierungsprobleme, -entscheidungen und -aktivitäten, zu verstehen, zu erklären, zu analysieren und gegebenenfalls zu verändern. Dazu macht er sich zunächst ein Bild von seinem Untersuchungsobjekt. Ohne ein solches Bild kann man über einen Gegenstandsbereich nicht nachdenken und nicht mit anderen sprechen. Dieses Bild nennt man auch das Modell des Wissenschaftlers. Es kann sich in mathematischen Formeln ausdrücken, aber das muß nicht sein. Ein Modell kann auch rein verbal erläutert werden oder sogar nur implizit in den Ausführungen eines Wissenschaftlers durchschimmern. Ganz gleich, in welcher Form ein Wissenschaftler sein Modell präsentiert, es wird immer "nur" ein Modell sein. Das bedeutet vor allem, daß es niemals ein vollständiges, sich mit der Realität hundertprozentig deckendes Abbild sein kann. Vielmehr kann jedes Modell die Wirklichkeit nur vereinfachend einfangen.[6] Die Vereinfachungen können zwei Formen annehmen. Zum einen kann ein Sachverhalt oder ein Aspekt weggelassen werden; das Verbleibende wird damit nicht falsch, sondern nur unvollständig. Zum anderen kann eine Vereinfachung auch eine Idealisierung sein, d.h. eine bewußte, die dargestellte Realität genaugenommen verzerrende Veränderung. Das bekannteste Beispiel für eine solche Idealisierung aus der Physik ist die Annahme, es gäbe keinen Luftwiderstand. Der Wissenschaftler wird aber

6 Vgl. *Schmidt/Schor* [Modell].

immer versuchen, in seinem Modell diejenigen Züge der Realität zu erfassen, die er für das Studium seines Untersuchungsobjekts als wesentlich erachtet. Werden in Modellen Sachverhalte weggelassen oder idealisiert, so geschieht dies, weil der Wissenschaftler, der solche Vereinfachungen vornimmt, die betreffenden realen Details für überflüssig, ja gar dem Verständnis hinderlich erachtet. Sie würden nur den Blick auf das Wesentliche verstellen. Dieselbe Arbeitsweise verwenden auch Praktiker, die nach einer geeigneten Sicht oder Formulierung für ihre Probleme suchen. Auch sie bilden sich ein Modell, das von ihrer individuellen Anwendersituation geprägt und insofern auch immer "subjektiv" ist, als es bestimmte Aspekte der Realität hervorhebt oder wegläßt und komplexe Zusammenhänge vereinfacht.

Sollte sich nun im Laufe der Zeit durch Anwendung und kritische Überprüfung des geformten Bildes, also durch "Tests" des Modells, herausstellen, daß es nicht oder nur bedingt, d.h. z.B. nur in bestimmten Situationen, tauglich ist, um das zu erfassen, was an dem Untersuchungsobjekt als wichtig angesehen wird, dann wird eine Korrektur vorgenommen. Korrekturen werden von Wissenschaftlern oder von Praktikern angeregt und eingeführt, die damit neue Sichtweisen realer Zusammenhänge erfinden.

Eine solche Korrektur muß nicht darin bestehen, das alte Bild zu verwerfen und durch ein neues zu ersetzen oder aber das alte Bild durch das Hinzufügen von Details zu einem komplexeren Bild zu ergänzen. Es kommt vor, und es kann durchaus sinnvoll sein, daß das alte Bild unversehrt erhalten wird und ein neues gleichberechtigt neben das alte gestellt wird. Das neue Bild zeigt dann das alte, gleiche Untersuchungsobjekt aus einer neuen Perspektive und eröffnet damit, wenn es ein gutes Modell ist, den Blick auf Wesenszüge des realen Phänomens, die durch das alte Bild im Dunkeln blieben und die vielleicht aus einem anderen Verwendungszusammenhang heraus oder für andere Fragestellungen wichtig sind.[7]

Eine solche Modellbildung ist nicht nur bei Ökonomen üblich und sinnvoll. Man stelle sich zum Beispiel die Abbildung eines Menschen in einem medizinischen Lehrbuch vor: Am realistischsten wäre wohl die Darstellung eines Menschen durch eine Photographie, die jedoch niemals gleichzeitig einen Menschen von vorne und von hinten zeigen kann. Zur Abbildung von Muskelsträngen ist ein Photo, obwohl realistischer, häufig weniger geeignet als eine Zeichnung. Und um den Blutkreislauf oder den Verlauf der Nervenbahnen in einem menschlichen Organismus deutlich zu machen, wird niemand auf ein Photo zurückgreifen. Auch wird man kaum Muskelstränge, Nervenbahnen und Blutkreislauf durch ein und dieselbe Skizze zu erfassen suchen; der Medizinstudent, sein Lehrer, aber auch der praktizierende Arzt würden die Orientierung verlieren. Die Situation von Wissenschaftlern, Lehrenden und Studierenden, die Investitions- und Finanzierungsprobleme verstehen und lösen wollen, ist vergleichbar. Sie müssen Modelle entwerfen, die die Rea-

7 Vgl. *Schor* [Forschung], S. 162-177.

lität vereinfachen, und aus diesen Modellen Theorien ableiten, um nicht an der Komplexität der Realität zu scheitern, sondern mit ihr umgehen zu können.

Es ist das oberste Ziel des gesamten Buches und insbesondere dieses ersten Teils, genau dies begreiflich zu machen: Die Lehre von Investition und Finanzierung offeriert vor allem Brillen oder in sich - hoffentlich - weitgehend konsistente Sichtweisen, über deren Eignung zur Betrachtung der Realität letztlich anwendende Subjekte entscheiden, die die unterschiedlichen Brillen in verschiedenen Situationen als unterschiedlich hilfreich empfinden. Daß es unterschiedliche Sichtweisen des Faches, seines Gegenstandes und seiner Fragestellungen gibt, gilt immer. Der derzeitige Stand der Diskussion in unserem Fach ist aber so, daß dies den Fachleuten auch bewußter ist als zu anderen Zeiten.

Wir werden in diesem Teil des Buches drei Sichtweisen vorstellen. Sie entsprechen den drei Antworten, die - wie eingangs erwähnt - Lehrende auf dem Gebiet Investition und Finanzierung zu unterschiedlichen Zeiten vermutlich auf die Frage gegeben hätten, was die zentralen Fragestellungen des Faches ausmacht. Obwohl die drei Sichtweisen auch unterschiedliche historische Situationen reflektieren, kann man nicht sagen, daß die jeweils neueren einfach besser als die jeweils älteren sind. Sie sind eben verschieden. Zum Teil scheinen sie zu konkurrieren, aber dieser Anschein ist nicht ganz richtig. Wie wir hoffen, verdeutlichen zu können, ergänzen sie sich auch.

Für Studierende ist es, genau wie für Wissenschaftler und Praktiker, selbstverständlich schwer, daß es nicht nur eine allgemeine und überlegene Sichtweise gibt, sondern mehrere. Jeder muß erst lernen, sie zu erkennen, zu unterscheiden und einzuordnen. Und niemandem fällt es anfänglich leicht zu verstehen, daß die Abgrenzung und inhaltliche Bestimmung des Untersuchungsgegenstands des Faches Investition und Finanzierung und die Grundbegriffe des Faches der Modell- und Theoriebildung nicht vorausgehen, sondern ein wichtiger Teil von ihr sind und sich mit ihr wandeln. Studierende sollten sich von dieser Notwendigkeit nicht abschrecken lassen, sondern sie als eine reizvolle Herausforderung annehmen. Von unseren Lesern erwarten wir eine aktive Haltung beim Lesen und Lernen. Ohne diese geht es aus den dargelegten Gründen nicht. Zu warten, bis sich der Staub gelegt und die eine und einzige Wahrheit, das richtige Modell der Welt des Investierens und Finanzierens, herausgeschält hat, bedeutet, auf etwas zu warten, was - hoffentlich - nie eintreten wird. Daß wir mit diesen einführenden Bemerkungen zur Methode den Geltungsanspruch der einzelnen Sichtweisen und der ihnen zuzuordnenden Theorien relativieren, bedeutet keineswegs, daß die Modelle und Theorien unwichtig wären - im Gegenteil!

Kapitel 1

Die traditionelle Betrachtungsweise: eine güterwirtschaftlich geprägte Sicht

1.1 Lernziele

Diesem ersten Kapitel des einführenden Lehrbuchteils kommt die Aufgabe zu, die sogenannte traditionelle Betrachtungsweise innerhalb der Lehre vom Investieren und Finanzieren vorzustellen. Im einzelnen soll vermittelt werden,

(1) daß und warum die traditionelle Betrachtungsweise den güterwirtschaftlichen Bereich zum Ausgangspunkt ihrer Überlegungen wählt und welche Konsequenzen dies für die Stellung der Investitions- und Finanzierungsprobleme innerhalb der Betriebswirtschaftslehre hat,

(2) wessen und welchen Zielen das Investieren und Finanzieren gemäß traditioneller Betrachtungsweise dienen soll,

(3) welche Probleme im Finanzbereich als zentral angesehen werden und, hieraus folgend, mit welchen Inhalten sich die traditionelle Betrachtungsweise schwerpunktmäßig auseinandersetzt und

(4) warum die traditionelle Betrachtungsweise keine Hilfestellung geben kann, wenn es gilt, Vorteilhaftigkeitskriterien für Entscheidungen im Finanzbereich zu entwickeln.

1.2 Grundidee und Grundbegriffe: Investition und Finanzierung als "Hilfsfunktionen" für den Leistungsbereich

Versetzen wir uns zurück in die Anfänge des zwanzigsten Jahrhunderts, also in die Zeit, als sich in Deutschland die Betriebswirtschaftslehre, damals noch als Privatwirtschaftslehre oder Handelswissenschaft bezeichnet, an den Universitäten als eigenständige Wissenschaft zu etablieren begann: In dieser Zeit bildete sich auch die traditionelle Betrachtungsweise von Investition und Finanzierung heraus. Sie ist in Deutschland - anders als in den USA[1] - als Teil der Betriebswirtschaftslehre entstanden und weist

---

1 In den USA hat das Fach "finance" von jeher Themen umfaßt, die im Lichte der deutschen Trennung zwischen Betriebs- und Volkswirtschaftslehre weder eindeutig dem einen noch eindeutig dem ande-

entsprechend starke Gemeinsamkeiten mit der Allgemeinen Betriebswirtschaftslehre jener Zeit auf. Die wichtigste Gemeinsamkeit ist, daß - und dies gilt bis zum Ende der 50er Jahre - eine **im Grunde güterwirtschaftliche Sicht** vorherrscht.[2]

Eine Betriebswirtschaftslehre aus güterwirtschaftlicher Sicht stellt güterwirtschaftliche Vorgänge, in erster Linie die Leistungserstellung oder Produktion, daneben aber auch die Beschaffung, die Lagerhaltung und den Absatz, einseitig in den Vordergrund. Daß für diese den Leistungsbereich der Unternehmung[3] betreffenden Teilgebiete der Allgemeinen Betriebswirtschaftslehre eine "güterwirtschaftliche Sicht" eingenommen wird und angemessen erscheint, versteht sich von selbst. Doch was kann eine "güterwirtschaftliche Sicht" von Investition und Finanzierung bedeuten, also von einem Bereich, in dem es um finanzielle Größen, um Geld, Kapital, Zahlungen, Kredit usw. geht? Ist eine güterwirtschaftliche Sicht in der Lehre von der betrieblichen Finanzwirtschaft, wie die traditionelle Betrachtungsweise auch heute noch bezeichnet wird, nicht paradox?

Sie ist es nicht notwendigerweise, denn es liegt eine *im Grunde* güterwirtschaftliche Sicht dann vor, wenn güterwirtschaftliche Vorgänge auch für finanzwirtschaftliche Überlegungen den Ausgangs- und Bezugspunkt darstellen, wenn Investition und Finanzierung als Voraussetzungen betrachtet werden, die erfüllt sein müssen, damit Produktion und Absatz stattfinden können. Genau dies ist kennzeichnend für die Betrachtungsweise von Investition und Finanzierung, die wir als traditionell bzw. als traditionelle Lehre von der betrieblichen Finanzwirtschaft bezeichnen wollen. Sie weist aus einer einseitig güterwirtschaftlichen Sicht heraus den Investitions- und Finanzierungsaktivitäten **Hilfsfunktionen** zu, die den güterwirtschaftlichen Prozeß in einer Unternehmung ermöglichen und unterstützen sollen: Um produzieren zu können, muß investiert werden, und Investitionen wiederum müssen finanziert werden. Die Finanzierung erfüllt damit sogar eine "Hilfsfunktion zweiten Grades": Sie ermöglicht die für die Leistungserstellung notwendigen Investitionen.

Diese im Grunde güterwirtschaftliche Sicht spiegelt sich selbstverständlich in den **Definitionen** der Grundbegriffe des Faches wider.

---

ren Fachgebiet zuzuordnen sind, wie u.a. am Inhalt der führenden Fachzeitschriften wie dem Journal of Finance und dem Journal of Financial Economics deutlich wird.

2 Eine weitere Gemeinsamkeit besteht darin, daß die traditionelle Lehre von den Finanzen und insbesondere die in ihr gebrauchten Begriffe stark von dem bilanzorientierten Denken dieser Zeit beeinflußt werden. Die inhaltlich enge Beziehung zwischen Finanz- und Bilanzdenken läßt sich wohl vor allem daraus erklären, daß die Bilanz das damals wichtigste Informationsinstrument darstellte, in dem sich zentrale finanzwirtschaftliche Sachverhalte widerspiegeln. Vgl. hierzu auch die folgenden Abschnitte über Finanzierungsformen und Liquiditätsplanung.

3 Hier wird nicht zwischen Unternehmung (Unternehmen) und Betrieb unterschieden, vgl. jedoch *Kolbeck* [Unternehmen], bes. S. 69.

Allgemein versteht man nach traditioneller Betrachtungsweise unter einer **Investition** die Umwandlung von "Geldkapital" in "Realkapital" oder besser: von flüssigen Mitteln in andere Formen von Vermögen.

Jedoch betont Schmalenbach, einer der Begründer der Betriebswirtschaftslehre: "*Die Umwandlung von freiem Kapital* in gebundenes Kapital *ist nicht gleichbedeutend mit Investierung.*"[4] Vielmehr muß diese Umwandlung zu einem bestimmten Zweck erfolgen. "*Der Begriff der Investierung* ist, daß Güter, die bisher Güter des freien Kapitals waren, ... zu einer neuen Wirtschaftseinheit ...vereinigt werden. Die neue Wirtschaftseinheit ... kann eine ganze Unternehmung, ein Stück einer Unternehmung, eine Einzelmaschine oder sonst eine Wirtschaftsanlage sein."[5] Noch deutlicher als Schmalenbach stellt eine Dissertation aus den fünfziger Jahren die Bedeutung des Zwecks für das Vorliegen einer Investition in den Mittelpunkt, denn für den Autor sind Investitionen "die Umformung der transzendentalen Unternehmensidee in die reale Gestalt der Betriebsapparatur."[6] Wenn auch in der Ausdrucksweise ein wenig geschraubt, so macht dieses Zitat[7] doch unzweifelhaft darauf aufmerksam, daß Investitionen nur einem Zweck dienen: Sie erfüllen eine Hilfsfunktion für die Verwirklichung des Unternehmensziels, und dieses Ziel ist leistungswirtschaftlich orientiert.

Noch deutlicher kommt dies in der Klärung des Begriffs der Finanzierung zum Ausdruck. Als Reflex ihrer "Hilfsfunktion zweiten Grades" ist

Finanzierung definiert als "die Beschaffung des für die Durchführung der betriebsnotwendigen Investitionen erforderlichen Kapitals."[8]

Die finanziellen Vorgänge, die sich zwischen einer Unternehmung und ihren Kapitalgebern abspielen, sind nichts anderes als "die Voraussetzung, gewissermaßen das Medium für den gesamtbetrieblichen Leistungsvollzug."[9]

Wie konnte es zu einer so einseitigen Betonung güterwirtschaftlicher Prozesse kommen und damit gleichzeitig zu der traditionellen Sicht der betrieblichen Finanzwirtschaft, die im Gedankengebäude der Allgemeinen Betriebswirtschaftslehre jener Zeit eher einen Platz in den hinteren Reihen einnimmt? Die Erklärung ist in der Vorstellung über das Wesen einer Unternehmung zu suchen, die in den Anfängen der Betriebswirtschaftslehre vorherrschte. Die Unternehmung wurde als eine Form sozialer Organisation betrachtet,

4 Vgl. *Schmalenbach* [Kapital], S. 95, Hervorhebungen im Original.

5 Vgl. *Schmalenbach* [Kapital], S. 96, Hervorhebungen im Original.

6 Vgl. *Ballmann* [Investitionsbegriff], S. 5.

7 Den Hinweis auf dieses Zitat verdanken wir *Perridon/Steiner* [Finanzwirtschaft], S. 28, die sich ausführlich mit dem Investitionsbegriff und seinem Wandel auseinandersetzen.

8 Vgl. *K. Hax*, [Investitionsentscheidungen], S. 414, vgl. dazu grundlegend *Preiser* [Kapitalbegriff].

9 Vgl. *Gutenberg* [Finanzen], S. 1.

die einem **Sachziel** dient. Das soziale Gebilde "Unternehmung an sich"[10] hat die Aufgabe, **fremden Bedarf zu decken**, d.h. Haushalte und andere Unternehmen mit Gütern und Dienstleistungen zu versorgen. Diesem Sachziel wird der **Zielträger** *"Unternehmung an sich"* nun einmal am besten gerecht, indem er Güter und Dienstleistungen wirtschaftlich, d.h. unter Beachtung des ökonomischen Prinzips der Vermeidung von Verschwendung, produziert und diese an die "Bedürftigen" absetzt. Ganz in diesem Sinne beginnt Fritz Schmidt, der wie Schmalenbach zu den betriebswirtschaftlichen Hochschullehrern der ersten Generation zu zählen ist, sein Buch "Allgemeine Betriebswirtschaftslehre" mit dem Satz: "Wirtschaften heißt, unter Aufwand geringster Mittel ... höchsten Erfolg ... in der Bedürfnisbefriedigung der Volksgesamtheit durch Erzeugung und Umsatz von Gütern oder Diensten erstreben ... Das Hauptziel aller Wirtschaft ist immer und in jeder Form die Bedürfnisbefriedigung ... Der Hauptteil aller wirtschaftlichen Betätigung der Menschen wird sich immer im Rahmen organisierter Betriebe vollziehen, die unter planvoller Leitung das Hauptziel des Wirtschaftens zu verwirklichen suchen."[11]

Daß in den Anfängen der Betriebswirtschaftslehre Unternehmen mit dieser sozial anmutenden Aufgabe bedacht wurden und nicht etwa das Gewinnstreben von Unternehmern im Vordergrund stand, ist sicherlich nicht zuletzt eine Folge der Angriffe, denen sich die Betriebs- bzw. Privatwirtschaftslehre ausgesetzt sah. Als sich abzeichnete, daß sich die Vertreter der Betriebswirtschaftslehre von der Volkswirtschaftslehre bzw. Nationalökonomie abgrenzen und eine eigenständige wissenschaftliche Disziplin begründen wollten, wurden sie von Nationalökonomen bezichtigt, eine Lehre zu vertreten, die einseitig den wirtschaftspolitischen Interessen der Unternehmer dient, ein Vorwurf, der in dem Schimpfwort der Privatwirtschaftslehre als "Profitlehre" gipfelte. Doch auch nachdem das Ziel des Strebens nach Gewinn in der Wissenschaftsdisziplin Betriebswirtschaftslehre gesellschaftsfähig geworden war, konnte sich zunächst, d.h. bis in die sechziger Jahre[12], die güterwirtschaftliche Sicht und damit die Vorrangstellung der Produktion behaupten, während die Finanzwirtschaft im Schatten der Produktion verharrte. Doch dazu später.

Zunächst sei ein wenig näher beleuchtet, wie sich die Betonung des Leistungsbereichs einer Unternehmung auf das auswirkt, was der Lehre über den Finanzbereich der Unternehmung als Aufgabenfeld verbleibt.

---

10 Dieser Begriff wurde durch W. Rathenau geprägt; vgl. *Rathenau* [Aktienwesen], S. 121f.

11 Vgl. *F. Schmidt* [Betriebswirtschaftslehre], S. 5.

12 So formuliert *Hoffmann* [Investition], S. 11f, noch 1962: "Das betriebliche Geschehen, soweit es hier zur Ableitung des Investitions- und Finanzierungsbegriffs interessiert, wird am ehesten ersichtlich, wenn man es von der Aufgabe her betrachtet, die den Betrieben als Organe der Volks- bzw. Weltwirtschaft zukommt. Als solche obliegt ihnen ... zunächst die Erstellung wirtschaftlicher Güter, die geeignet sind, ... der Bedürfnisbefriedigung der Wirtschaftssubjekte zu dienen."

1.3 Die zentralen finanzwirtschaftlichen Probleme: Deckung des "Kapitalbedarfs" und Wahrung des "finanziellen Gleichgewichts"

Durch das Sachziel der Unternehmung bedingt wird der güterwirtschaftliche Prozeß, bestehend aus Beschaffung, Lagerung, Produktion, wiederum Lagerung und Absatz, zum Ausgangspunkt aller betriebswirtschaftlichen Überlegungen gemacht. Diesen güterwirtschaftlichen Prozeß kann man sich als einen Güterstrom vorstellen, der von den Beschaffungsmärkten durch den Leistungsbereich der Unternehmung auf die Absatzmärkte fließt. Diesem Güterstrom fließt ein Geldstrom entgegen; er fließt von den Absatzmärkten in den Zahlungsbereich der Unternehmung und von dort wiederum auf die Beschaffungsmärkte einschließlich des Arbeitsmarktes. Der Geldstrom ist das *Korrelat* des Güterstroms.[13] Gleiches gilt allerdings auch umgekehrt, denn welcher der beiden Ströme der ursprüngliche ist, läßt sich natürlich nicht feststellen. Aber man kann sich dafür *entscheiden, einen als den wichtigeren und damit als Ausgangspunkt aller Überlegungen zu behandeln.* Die traditionelle Betrachtungsweise hat sich dafür entschieden, dem Güterstrom diese Vorrangstellung zuzuweisen.

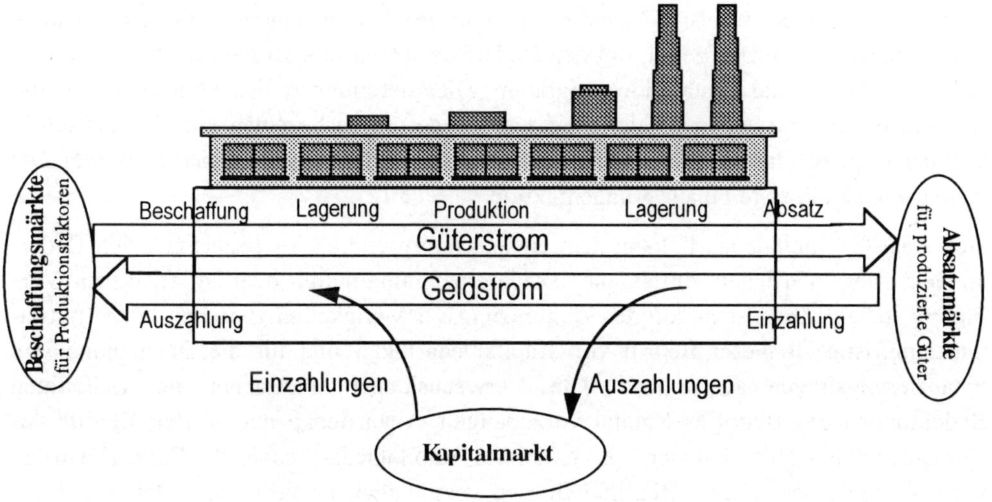

Abb. 1.1: Güterstrom und Geldstrom

Obwohl die Entscheidung dafür gefallen ist, den Güterstrom als den Ausgangspunkt aller Überlegungen anzusehen, beginnt er nicht zuerst zu fließen. Güter- und Geldstrom setzen

13 Vgl. *Lücke* [Finanzplanung], S. 13-17, sowie *Witte* [Finanzplanung], S. 13-18.

noch nicht einmal gleichzeitig ein. Vielmehr sind in der Regel zunächst Auszahlungen für die Beschaffung von Produktionsfaktoren fällig, die nicht durch Einzahlungen aus dem Absatz der produzierten Güter gedeckt werden können, weil zwischen Beschaffung und Absatz typischerweise eine Zeitspanne liegt, die es finanziell zu überbrücken gilt.[14] Dazu braucht eine Unternehmung zunächst andere Einzahlungen als diejenigen, die ihr der Verkauf ihrer Produkte einbringt. Um die Beschaffung dieser zusätzlichen Einzahlungen, die die Unternehmung vom Kapitalmarkt, von Kapitalgebern oder Financiers erhalten kann, muß sich der Zahlungsbereich der Unternehmung bemühen, und diesem entsprach in aller Regel auch eine Organisationseinheit in Unternehmen. Das **erste zentrale Problem**, um dessen Lösung sich die Verantwortlichen der Organisationseinheit "Zahlungsbereich" und damit die Lehre von der betrieblichen Finanzwirtschaft zu kümmern hat, wäre gefunden: Die **Deckung des Kapitalbedarfs** für *die* Investitionen, die für die Produktion benötigt werden.

Es ist zu beachten, daß die Bestimmung der Höhe dieses Kapitalbedarfs nicht etwa dem Finanzbereich obliegt, sondern der Kapitalbedarf wird vom Produktionsbereich *vorgegeben*. Die Betrachtungsweise prägt die Problemformulierung: Wenn Investitionen eine Hilfsfunktion für die güterwirtschaftlichen Prozesse erfüllen und wenn die Finanzierung wiederum eine Hilfsfunktion für die Investitionen hat, dann legt dies eine Vorstellung von schrittweiser Planung oder Sukzessivplanung nahe. Der Planungsprozeß beginnt bei der Bestimmung des Sachziels: Es ist die Aufgabe des Unternehmens, z.B. Kinderwagen oder Fahrräder zu produzieren, um den Bedarf der Haushalte zu decken. Daraus ergibt sich das Absatz- und Produktionsprogramm. Dies determiniert den Plan über Art und Umfang der benötigten Investitionen, die es wiederum zu bezahlen gilt. Daraus ergibt sich der Kapitalbedarf. Diesen *durch den Leistungsbereich vorgegebenen Kapitalbedarf* zu decken, ist die erste Finanzierungsfunktion.

Den Begriff "Kapitalbedarf" kann man einfach interpretieren. Er bezeichnet den Bedarf an Geld oder finanziellen Mitteln, die der Unternehmung mittel- oder langfristig zur Verfügung stehen. Abgesehen von den Abgrenzungsschwierigkeiten zwischen kurz-, mittel- und langfristig ist dieser Begriff von Kapitalbedarf klar und für die Behandlung von Finanzierungsfragen ausreichend. Um Verwechslungen angesichts der vielfältigen Bedeutungen des Begriffes Kapital vorzubeugen - man denke nur an den Begriff des Humankapitals - läßt sich der hier erläuterte Kapitalbedarf auch als **Finanzierungsbedarf** bezeichnen. Dieser Begriff läßt sich verständlich machen, ohne daß dabei der "schillernde" Begriff des Kapitals[15] gebraucht würde.

---

14 Eine atypische Situation kann auftreten, wenn eine Unternehmung Kundenanzahlungen erhält oder Lieferantenkredite in Anspruch nimmt.

15 Vgl. *Engelhardt* [Finanzierung], S. 27.

Der Aufgabenbereich und damit die zentralen Problemstellungen der traditionellen Lehre von der betrieblichen Finanzwirtschaft sind mit der Kapitalbeschaffung bzw. der Deckung des durch den Produktionsbereich vorgegebenen Finanzierungsbedarfs jedoch noch nicht erschöpfend behandelt. Erinnern wir uns an den Güterstrom, der nun, weil es der Organisationseinheit "Zahlungs- bzw. Finanzbereich" gelungen ist, die benötigten Einzahlungen von Kapitalgebern zu besorgen, zu fließen beginnen kann. Die ersten Güter werden abgesetzt, und damit erhält die Unternehmung auch die ersten Einzahlungen aus ihrem Umsatzprozeß. Dieser Geldstrom, der in die Unternehmung von ihren Absatzmärkten hereinfließt, kann jedoch nicht in voller Höhe für die Wiederbeschaffung von Produktionsfaktoren auf den Beschaffungsmärkten eingesetzt werden, denn schließlich löst die vorgenommene Mittelbeschaffung zur Deckung des Finanzierungsbedarfs auch spätere Auszahlungen aus. Kapitalgeber haben ihr Geld ja nicht umsonst zur Verfügung gestellt, sondern sie fordern dafür Zins- und Tilgungszahlungen oder aber erwarten Gewinnausschüttungen. Die ordnungsgemäße Begleichung der Forderungen auf Zins- und Tilgungszahlungen, die von den sogenannten Fremdkapitalgebern oder Gläubigern für die Zurverfügungstellung von Fremdkapital, z.B. Bankkrediten, erhoben werden, ist für die Unternehmung besonders wichtig. Denn kann eine Unternehmung diesen Zahlungsverpflichtungen nicht nachkommen, so ist ihre Existenz gefährdet: Zahlungsunfähigkeit führt zur Einleitung eines Insolvenzverfahrens,[16] das im Konkurs und in dessen Folge in der Zerschlagung der Unternehmung enden kann. Diese könnte ihr Sachziel nicht mehr erfüllen.

Die Erfüllung des Sachziels der Güterversorgung wäre aber auch gefährdet, wenn die Unternehmung zwar den Verpflichtungen zu Zahlungen an Gläubiger nachkommen kann, aber dadurch nicht mehr genügend Mittel zur Verfügung stehen, um neue Produktionsfaktoren zur Inganghaltung des Güterstroms zu beschaffen. Es gibt also ein ganzes Geflecht von Ein- und Auszahlungen, das durch die güterwirtschaftlichen und die finanzwirtschaftlichen Vorgänge ausgelöst wird. Der traditionellen Betrachtungsweise entspricht die Forderung, daß von dieser "finanziellen Sphäre" der Unternehmung keinerlei Störungen ausgehen sollen, die den eigentlich interessierenden güterwirtschaftlichen Prozeß behindern oder gar unterbrechen könnten. Einen Zustand, in dem von dem "Zahlungsbereich" keine Störungen des "gesamtbetrieblichen Leistungsbereichs" ausgehen, nennt man **finanzielles Gleichgewicht**.[17] Damit wäre die **zweite zentrale Aufgabe** gefunden, um deren Erfüllung sich der Finanzbereich zu kümmern hat: Er hat nicht nur den Kapitalbedarf zu decken, um die nötigen Investitionen tätigen zu können, sondern dies hat unter **Wahrung des finanziellen Gleichgewichts** zu geschehen.

16 Zum Problemkreis Insolvenzen vgl. *Drukarczyk* [Insolvenz].

17 Zum Begriff des finanziellen Gleichgewichts vgl. *Gutenberg* [Produktion], S. 458f., und ausführlicher *Gutenberg* [Finanzen], S. 273-279.

Definiert man das finanzielle Gleichgewicht formal, so beinhaltet es die Forderung, daß zu jedem Zeitpunkt die Einzahlungen E_τ in eine Unternehmung mindestens gleich den Auszahlungen A_τ aus einer Unternehmung sind:

(1.1) Für alle t gilt: $$\sum_{\tau=0}^{t} E_\tau \geq \sum_{\tau=0}^{t} A_\tau$$

Man könnte meinen, eine formale Definition sei, weil sie die Sprache der Mathematik verwendet, besonders präzise. Doch wie leicht zu zeigen ist, beläßt die formale Definition des finanziellen Gleichgewichts breite - um nicht zu sagen: zu breite - Interpretationsspielräume.

Das finanzielle Gleichgewicht im Sinne der formalen Definition wäre nämlich beispielsweise schon dann gewahrt, wenn die Forderungen eines Gläubigers beglichen werden durch den Verkauf von Maschinen und Rohstoffen, der zu Einzahlungen führt, die die Auszahlungsverpflichtungen decken können. Damit wäre zwar die Insolvenz des Unternehmens abgewendet, der Produktionsprozeß käme jedoch zum Erliegen, weil Notverkäufe von betriebsnotwendigem Vermögen stattfanden. Wir lernen daraus: Die formale Definition ist nicht umfassend genug, weil sie nicht festlegt, wodurch Ein- und Auszahlungen ausgelöst sind bzw. ausgelöst werden dürfen.

Deshalb erscheint es sinnvoll, die formale Definition des finanziellen Gleichgewichts um eine verbale Definition zu ergänzen, die in ein finanzielles Gleichgewicht im engeren Sinne und im weiteren Sinne unterscheidet. Das *finanzielle Gleichgewicht im engeren Sinne* gibt die Mindestvoraussetzung dafür an, daß das Sachziel einer Unternehmung erfüllt werden kann, nämlich ihre Zahlungsfähigkeit oder Liquidität. Von einer Wirtschaftseinheit, d.h. einer Unternehmung, einem Haushalt oder einer Einzelperson, sagt man, daß sie liquide oder zahlungsfähig sei, wenn sie jederzeit in der Lage ist, ihre fälligen Geldschulden im wesentlichen zu erfüllen.[18] Dies entspricht in etwa der juristischen Definition von Zahlungsfähigkeit[19], die gewährleistet sein muß, um ein Unternehmen vor der Einleitung eines Insolvenzverfahrens zu schützen und damit seine Existenz nicht zu gefährden.

Faßt man die Vorstellung von finanziellem Gleichgewicht jedoch weniger eng als die juristische Definition von Zahlungsfähigkeit, kommt man zur Definition des *finanziellen Gleichgewichts im weiteren Sinne*. Letzteres ist gewahrt, wenn die Bedingung der

18 Vgl. *Mülhaupt* [Gleichgewicht], Sp. 404.

19 Vgl. §102 Konkursordnung; hier wird umgekehrt die Zahlungsunfähigkeit definiert, die vorliegt, wenn davon auszugehen ist, daß eine Person dauerhaft nicht in der Lage sein wird, ihren Zahlungsverpflichtungen nachzukommen.

Zahlungsfähigkeit erfüllt werden kann, ohne daß der güterwirtschaftliche Prozeß durch Maßnahmen zur Aufrechterhaltung der Zahlungsfähigkeit beeinträchtigt wird.

Ausgehend vom Sachziel der Unternehmung kann das zweite zentrale Problem, das der Finanzbereich nach traditioneller Betrachtungsweise zu lösen hat, nur im Sinne der Wahrung des finanziellen Gleichgewichts im weiteren Sinne verstanden werden.

1.4 Die zentralen Inhalte: Darstellung von Finanzierungsformen und Liquiditätsplanung

1.4.1 Die zentralen Problemstellungen als Determinante der inhaltlichen Schwerpunkte

Die zentralen Probleme, die der Finanzbereich einer Unternehmung nach traditioneller Sicht zu lösen hat, bestimmen selbstverständlich auch die Inhalte, mit denen sich die Lehre von der betrieblichen Finanzwirtschaft jener Zeit auseinandersetzt. Wenn es dem Finanzbereich obliegt, für die Deckung des durch den Produktionsbereich vorgegebenen Kapitalbedarfs unter Wahrung des finanziellen Gleichgewichts zu sorgen, so ist für die ordnungsgemäße Erfüllung dieser Aufgaben die Beantwortung von zwei Fragen von übergeordneter Wichtigkeit. Sie lauten:

> Wie kann der Kapitalbedarf gedeckt werden, bzw. welche Finanzierungsformen stehen der Unternehmung zur Deckung ihres Kapitalbedarfs zur Verfügung?
>
> Wann muß Kapital beschafft werden, bzw. wo treten Finanzierungslücken oder Liquiditätsengpässe auf, die geschlossen und überbrückt werden müssen, um das finanzielle Gleichgewicht und damit die Erfüllung des Sachziels der Unternehmung zu gewährleisten?

Die erste Frage läßt sich beantworten, indem man sich die Finanzierungsquellen, die in der Realität vorhanden sind, genau anschaut. Lehrbücher sind dazu da, dem Lernenden bei der Beantwortung der zentralen Fragen seines Lehrfaches zu helfen, in diesem Fall also, ihn auf das Anschauen der Finanzierungsformen in der Realität vorzubereiten, ihm das Erkennen der einzelnen Formen und ihrer Unterschiede zu erleichtern. Wissen, das diesem Lernziel dienlich ist, besteht in der geordneten Darstellung der verschiedenen Finanzierungsformen, und genau dies versuchen Finanzierungslehrbücher, die der traditionellen Betrachtungsweise zuzuordnen sind, zu leisten. Ihr **erster wesentlicher Inhalt** besteht in der **Systematisierung und Beschreibung von Finanzierungsformen**.

Die Antwort auf die zweite Frage gewinnt man durch das Studium der Liquiditätssituation einer Unternehmung, aus Informationen über die Zahlungsverpflichtungen und -notwendigkeiten, die sich aus der Beziehung zu ihren Kapitalgebern und aus dem betrieblichen Leistungsprozeß ergeben, und aus Informationen über die Potentiale der Unternehmung, diese zu begleichen. Techniken, die helfen, den Überblick über die heutige und zukünftige Liquiditätssituation, über das Geflecht der Ein- und Auszahlungen einer Unternehmung zu gewinnen, machen deshalb folgerichtig den zweiten inhaltlichen Schwerpunkt der traditionellen Finanzwirtschaftslehre aus. Diesen **zweiten zentralen Inhalt** wollen wir unter dem Stichwort **Liquiditätsstatus und Liquiditätsplanung** zusammenfassen.

Neben diesen beiden zentralen Fragen, auf die sich die traditionelle Betrachtungsweise in ihrer Suche nach Antworten konzentriert, könnte man natürlich noch eine dritte stellen:

> Wie wählt man in einer Situation, in der die Unternehmung - wie der Liquiditätsplan anzeigt - Finanzierungsmittel benötigt, unter den Finanzierungsformen, die systematisiert und beschrieben werden, die geeignete aus?

Wir möchten hier nicht behaupten, daß sich die Vertreter der traditionellen Betrachtungsweise mit dieser Frage überhaupt nicht auseinandersetzten, aber sie hatte ganz klar eine untergeordnete Bedeutung, und dies ist angesichts der Perspektive, die durch das Sachziel der Unternehmung diktiert wurde, auch nicht erstaunlich. Wichtig war, daß Finanzierungslücken überhaupt geschlossen wurden, damit der Leistungsprozeß aufrechterhalten werden konnte. Auf welche Art und Weise dies geschieht, ist zweitrangig. Kriterien, wie unter alternativen Finanzierungsmöglichkeiten auszuwählen ist, wurden zwar angesprochen, nehmen jedoch keinen zentralen Platz in der traditionellen Finanzierungslehre ein. Die diesbezüglich vorhandenen Überlegungen sind daher auch, wie noch zu zeigen sein wird, in ihrem Ergebnis unbefriedigend. So empfanden es zumindest diejenigen, die zu einem Perspektivenwechsel in der Lehre vom Investieren und Finanzieren beitrugen. Doch wenden wir uns zunächst den zentralen Inhalten der traditionellen Betrachtungsweise ein wenig eingehender zu.

1.4.2 Finanzierungsformen - Systematisierung und Charakterisierung

Es ist hier natürlich nicht möglich, das - wie leicht einzusehen ist, auch heute noch ungeheuer nützliche - Wissen der traditionellen Betrachtungsweise über Finanzierungsformen ausführlich zu präsentieren. Doch wir wollen unseren Lesern zumindest einen Eindruck davon vermitteln, indem wir eine für traditionelle Investitions- und Finanzierungslehrbücher gebräuchliche und auch heute noch häufig verwendete Systematisierung von

Finanzierungsformen vorstellen. Sie geht zurück auf einen der bekanntesten betriebswirtschaftlichen Hochschullehrer der "zweiten" Generation, die die deutschsprachige Betriebswirtschaftslehre nach dem zweiten Weltkrieg bis zum Beginn der sechziger Jahre prägte, nämlich auf Karl Hax.[20] Er systematisiert Finanzierungsformen wie folgt:

1. Externe Finanzierung
   - 1.1 Eigenkapital-Finanzierung oder Beteiligungsfinanzierung im weiteren Sinne
     - 1.1.1 Eigenfinanzierung: Beschaffung von Eigenkapital von bisherigen Gesellschaftern
     - 1.1.2 Beteiligungsfinanzierung im engeren Sinne: Beschaffung von Eigenkapital von neuen Gesellschaftern
   - 1.2 Fremdfinanzierung
   - 1.3 Zwischenformen zwischen Beteiligungs- und Fremdfinanzierung
2. Interne Finanzierung
   - 2.1 Finanzierung aus dem Umsatzerlös
     - 2.1.1 Finanzierung aus Abschreibungen
     - 2.1.2 Finanzierung aus Rückstellungen
     - 2.1.3 Finanzierung durch Einbehaltung von Gewinn (Selbstfinanzierung)
   - 2.2 Finanzierung durch Vermögensumschichtung

Tab. 1.1: Finanzierungsformen

Diese Einteilung von Finanzierungsformen ist deutlich von demjenigen Bild einer Unternehmung geprägt, das bereits vorgestellt wurde: Der Unternehmung, durch die ein Güterstrom fließt oder fließen soll, dem ein Geldstrom entgegenfließt, der zunächst in Gang gesetzt werden muß, um die für die Produktion notwendigen Investitionen auf den Beschaffungsmärkten tätigen zu können.[21] Ingangsetzen läßt sich der Geldstrom dadurch, daß sich die Unternehmung *nach außen* wendet, d.h. *an den Kapitalmarkt, auf dem Kapitalgeber* ihre überschüssigen Mittel als *externe Finanzierungsmittel anbieten*. Gelingt es der Unternehmung dagegen, *aus eigener Kraft*, also ohne die Hilfe externer Kapitalgeber, zum Strom finanzieller Mittel beizutragen, der in die Unternehmung hineinfließt und für Investitionen verwendet werden kann, so gehört dieser Beitrag zu den Formen der **internen Finanzierung**.

20 Vgl. *K. Hax* [Investitionsentscheidungen], S. 415 f.

21 Vgl. *Eisfeld* [Finanzierung], Sp. 940.

Die Formen der **externen Finanzierung** lassen sich wiederum danach unterteilen, *wer* die Finanzierungsmittel *in welcher Form* zur Verfügung stellt. Grundsätzlich gibt es zwei Typen von externen Kapitalgebern: Eigenkapitalgeber auf der einen Seite und Fremdkapitalgeber auf der anderen Seite. In Abhängigkeit davon, ob finanzielle Mittel als Eigenkapital oder als Fremdkapital in die Unternehmung fließen, erwerben die Kapitalgeber völlig unterschiedliche Ansprüche an die Unternehmung, die es wiederum bei dem Aufspüren zukünftiger Liquiditätsengpässe zu beachten gilt. Die Unterschiedlichkeit dieser Ansprüche läßt sich am besten durch die folgende tabellarische Gegenüberstellung der wesentlichen Charakteristika von Eigen- und Fremdkapital verdeutlichen:

	Eigenkapital	Fremdkapital
Anspruch	Quotenanspruch	Nominalanspruch
Entlohnung	erfolgsabhängig	erfolgsunabhängig
Haftung	beschränkt oder unbeschränkt	keine
Befristung	unbefristet	befristet
Leitungsbefugnis	vorhanden	nicht vorhanden

Tab. 1.2: Die Charakteristika von Eigen- und Fremdkapital[22]

Ein **Eigenkapitalgeber** erwirbt mit der Bereitstellung seiner finanziellen Mittel eine Beteiligung am Unternehmen, eine Eigentümerposition. Die Höhe seiner finanziellen Beteiligung - im Verhältnis zu anderen Eigenkapitalgebern - drückt sich in dem Anteil oder der Quote aus, die von der gesamten Eigentümerposition auf ihn entfällt. Für den Eigentümer einer Unternehmung ist die Entlohnung seiner finanziellen Leistung, der Kapitalüberlassung, an den Erfolg oder auch Mißerfolg einer Unternehmung geknüpft. Ist die Unternehmung erfolgreich und erwirtschaftet sie einen Gewinn, dann ist ein Eigentümer seinem Anteil entsprechend daran beteiligt. Fährt die Unternehmung jedoch Verluste ein, so gehen auch sie zu seinen Lasten. Er muß Verluste mittragen, bis sein eingeschossenes Kapital aufgezehrt ist, wenn er beschränkt haftet. Er muß sogar noch darüber hinaus mit seinem Privatvermögen für Zahlungsverpflichtungen der Unternehmung gerade stehen, wenn er unbeschränkt haftet.

Ob ein Eigenkapitalgeber unbeschränkt oder beschränkt haftet, hängt von der Rechtsform der Unternehmung ab.[23] Unbeschränkte Haftung übernimmt der Eigentümer einer

22 Vgl. *Süchting* [Finanzmanagement], S. 28.

23 Vgl. ausführlich *Kübler* [Gesellschaftsrecht]. Als Beispiel aus den Anfängen der Betriebswirtschaftslehre vgl. *Eisfeld* [Finanzierung], Sp. 957f.

Einzelunternehmung (EU), unbeschränkt haften auch die Eigenkapitalgeber von sogenannten Personengesellschaften wie der offenen Handelsgesellschaft (OHG) oder der Kommanditgesellschaft (KG), wobei in der letztgenannten lediglich Eigenkapitalgeber, die die Position eines Komplementärs einnehmen, mit ihrem Privatvermögen haften, während die andere Gruppe von Eigenkapitalgebern, die sogenannten Kommanditisten, nur ihre Kapitaleinlage verlieren können und somit der beschränkten Haftung unterliegen. Eine auf den Verlust der Kapitaleinlage beschränkte Haftung gilt auch für alle Eigenkapitalgeber von Kapitalgesellschaften, für die die Gesellschaft mit beschränkter Haftung (GmbH) sowie die Aktiengesellschaft (AG) als die bekanntesten Beispiele genannt seien. Da ein Eigenkapitalgeber eine Beteiligung an einem Unternehmen eingeht, stellt er sein Kapital der Unternehmung typischerweise unbefristet zur Verfügung. Sein Finanzierungsverhältnis zur Unternehmung endet erst, wenn die Unternehmung aufgelöst wird oder er sein Beteiligungsverhältnis aufkündigt, wie es bei Personengesellschaften möglich ist, oder wenn er seine Beteiligung an einen neuen Eigenkapitalgeber verkauft, wie es etwa für den Eigenkapitalgeber einer AG durch den Verkauf seiner Beteiligung, verbrieft durch eine oder mehrere Aktien, leicht möglich ist. Man beachte jedoch: Der Unternehmung steht das Kapital bei Verkauf der Beteiligung weiterhin unbefristet zur Verfügung.

Als letztes Merkmal der Eigenkapitalgeberposition ist die Berechtigung der Eigentümer zur Geschäftsführung hervorzuheben, die natürlich bei großen Unternehmen von der Eigentümergemeinschaft an ein (Fremd-)Management delegiert sein kann. Dies ist bei Aktiengesellschaften, die durch ein breites Publikum von Aktionären finanziert werden, immer der Fall.

Völlig gegensätzlich zur Position eines Eigenkapitalgebers ist die Position eines **Fremdkapitalgebers** zu charakterisieren. Er erwirbt mit der Hingabe seiner finanziellen Mittel den Anspruch auf die Rückzahlung des Nominalwertes des zur Verfügung gestellten Kapitals. Da er nicht Eigner, sondern Gläubiger einer Unternehmung ist, hängt die Entlohnung seiner finanziellen Leistung im Prinzip auch nicht vom Erfolg der Unternehmung ab. Unabhängig davon, ob die Geschäfte der Unternehmung gut oder schlecht laufen, hat der Gläubiger einen Anspruch auf fristgerechte Rückzahlung seines Kapitals, denn er stellt sein Kapital nicht unbefristet, sondern streng terminiert zur Verfügung. Und neben dem Anspruch auf Rückzahlung hat er auch einen vom Erfolg der Unternehmung unabhängigen Anspruch auf die Zahlung der für die Kapitalüberlassung vereinbarten Verzinsung, es sei denn - und dies ist der Ausnahmefall, der die Regel der erfolgsunabhängigen Entlohnung des Fremdkapitalgebers bestätigt - die Unternehmung ist nicht in der Lage, den Zahlungsverpflichtungen gegenüber ihren Gläubigern fristgerecht nachzukommen. In diesem Ausnahmefall, der zum bereits angesprochenen Insolvenzfall der Unternehmung führt, wird der Fremdkapitalgeber gegebenenfalls am Mißerfolg der Unternehmung beteiligt. Sein erfolgsunabhängiger Anspruch besteht zwar de jure weiter, de facto kann die

Unternehmung - auch unter Einschluß etwaiger unbeschränkter Haftungsverpflichtungen ihrer Eigner - diesem Anspruch aber nicht gerecht werden. Der Gläubiger muß einen Ausfall von Zins- und Tilgungszahlungen hinnehmen. Da diese "Beteiligung am Mißerfolg" für eine Gläubigerposition jedoch den Ausnahmefall darstellt und seine Position im Normalfall von dem Auf und Ab der Erfolge des Unternehmens unberührt bleibt, steht dem Fremdkapitalgeber - wiederum im Unterschied zum Eigenkapitalgeber - auch keine Berechtigung zu, die Geschicke der Unternehmung durch Geschäftsführungsbefugnis zu lenken.

Mit dieser Grobcharakterisierung läßt sich leicht identifizieren, ob finanzielle Mittel als Eigen- oder Fremdkapital zur Verfügung gestellt werden. Natürlich könnte man innerhalb der Klasse der externen Eigen- oder der externen Fremdfinanzierung noch sehr viel feiner unterscheiden.[24] Die Bedeutung der Rechtsform für die verschiedenen Unterformen der Eigenkapitalfinanzierung wurde bereits angedeutet. Es wäre jedoch auch möglich, danach zu unterscheiden, ob neues externes Eigenkapital von bisherigen Gesellschaftern (Eigenfinanzierung) oder von neuen Eigenkapitalgebern (Beteiligungsfinanzierung im engeren Sinne) zugeführt wird. Ähnlich verhält es sich beim Fremdkapital: Es läßt sich in kurz-, mittel- und langfristiges Kapital unterteilen oder auch nach der "Person" systematisieren, die die Mittel gewährt. Es gibt z.B. einen Bankkredit, eine Kundenanzahlung oder einen Lieferantenkredit, der die Besonderheit beinhaltet, daß keine Zahlungsmittel zufließen, sondern ein durch Warenlieferungen ausgelöster Mittelabfluß nicht sofort bei Lieferung fällig wird, sondern zu einem späteren vereinbarten Zeitpunkt erfolgen kann. Aber auch die Urkunde, gegen die ein Darlehen gewährt wird, kann als Unterscheidungsmerkmal dienen. Es gibt den Wechselkredit, das Schuldscheindarlehen oder die Schuldverschreibung. Letztere stellt - wie eine Aktie - ein Wertpapier dar, das je nach Wertpapieremittent bzw. Kreditnehmer als Industrieobligation oder Bundesanleihe etc. bezeichnet wird. Die Besonderheit von Wertpapieren ist, daß sie an organisierten Sekundärmärkten wie der Börse gehandelt werden können. Einteilungsmerkmal kann aber auch die Form der Besicherung einer Fremdkapitalposition sein, die etwa bei einem Blankokredit fehlt, bei einem Hypothekarkredit dagegen, wie der Name schon sagt, in Form einer Hypothek, d.h. einer Sicherheit an Immobilien- und Grundbesitz, gegeben ist. Bedenkt man, daß sich all diese Formen der Finanzierung auch noch in anderen Details unterscheiden können, so läßt sich leicht vorstellen, daß der Systematisierung und Untersystematisierung von externer Eigenkapital- und Fremd-

24 Als typisches traditionelles Lehrbuch, das eine ausführliche Diskussion von Finanzierungsformen vornimmt, gilt z.B. *Vormbaum* [Finanzierung], das auch in neueren Auflagen als der hier bewußt zitierten älteren Auflage vorliegt. Ausführlicher als hier werden Finanzierungsformen aber auch z.B. in den Lehrbüchern von *Drukarczyk* [Finanzierung] und *Süchting* [Finanzmanagement] vorgestellt, die jedoch schwerpunktmäßig die neueren Sichtweisen vertreten.

kapitalfinanzierung kaum Grenzen gesetzt sind und sich mit der Beschreibung dieser Formen viele Buchseiten füllen lassen.

Dabei haben wir längst noch nicht alle Formen erwähnt, und es kommen auch laufend neue hinzu, die unter dem Stichwort der Finanzinnovation in den letzten Jahren die ein oder andere Schlagzeile wert waren. Neue Finanzierungsformen lassen sich u.a. auch durch eine Neu-Bündelung der Charakteristika kreieren, die eigentlich für eine Eigenkapitalgeber- oder für eine Fremdkapitalgeberposition typisch sind. Dadurch entstehen die schon von Karl Hax in seine Systematisierung aufgenommenen Zwischenformen. Hierzu zählt als eine der ältesten Formen die Wandelobligation oder Wandelanleihe. Dies ist ein Wertpapier, das zwar einen Gläubigeranspruch verbrieft, der aber innerhalb eines festgelegten Zeitraums in eine Eigenkapitalgeberposition, verbrieft durch eine Aktie, gewandelt, d.h. umgetauscht werden kann. Auch der Genußschein gehört zu den Zwischenformen, weil er zwar häufig wie ein Gläubigeranspruch mit einer erfolgsunabhängigen Verzinsung bedient wird, jedoch im Insolvenzfall eher wie Eigenkapital behandelt wird, denn der Rückzahlungsanspruch des Genußscheininhabers tritt hinter die Ansprüche anderer Gläubiger zurück, wird aber vor den Eigenkapitalgebern bedient. Ohne hiermit eine auch nur annähernd vollständige Aufzählung der Formen externer Finanzierung erreicht zu haben, von ihrer detaillierten Beschreibung ganz zu schweigen, wollen wir uns zur Abrundung des Ausflugs in die Welt der Finanzierungsformen aus traditioneller Sicht der internen Finanzierung zuwenden.

Wie bereits der Gliederung der Finanzierungsformen nach Karl Hax zu entnehmen, lassen sich auch bei der **internen Finanzierung** wiederum verschiedene Gruppen unterscheiden. Sie alle weisen zwar das gemeinsame Merkmal auf, daß diese Finanzierungsmittel für Investitionen von der "Unternehmung an sich" aus eigener Kraft bereitgestellt werden, doch liegt die Quelle für flüssige Mittel in unterschiedlichen Aktivitäten der Unternehmung begründet. Zum einen schafft es die Unternehmung durch ihre Leistungen im güterwirtschaftlichen Bereich, d.h. durch den Absatz der produzierten Güter am Markt, finanzielle Überschüsse zu erwirtschaften, die für neue Investitionen Verwendung finden können. Dies ist die interne Finanzierung aus dem Umsatzprozeß. Zum anderen kann die Unternehmung aber auch Vermögensgüter, in die flüssige Mittel bereits investiert wurden, die aber für den Leistungsprozeß nicht oder nicht mehr benötigt werden, verkaufen und die dadurch erzielbaren liquiden Mittel in neue Maschinen, Gebäude oder Rohstoffe etc. investieren. Auch hier werden dem Unternehmen keine neuen Mittel von Kapitalgebern zugeführt, sondern es wird intern finanziert. Es liegt hier der Fall der Finanzierung durch Vermögensumschichtung vor, der auch als Aktivtausch bezeichnet wird.

Dieser letztgenannte Name macht deutlich, wie sehr die Systematisierung der Finanzierungsformen nach traditioneller Betrachtungsweise durch das Bilanzdenken der Betriebswirtschaftslehre jener Zeit geprägt ist. Jede Zuführung von Finanzierungsmitteln von außen, d.h. jeder Anspruch externer Kapitalgeber, wird auf der Passivseite der Bilanz als Eigenkapital- oder Fremdkapitalposition festgehalten. Die zugeführten Mittel fließen in Investitionen, die auf der Aktivseite der Bilanz als Vermögenspositionen auftauchen. Der Verkauf eines Vermögensgegenstandes zwecks Erwerbs eines anderen beinhaltet einen Tausch der Positionen auf der Aktivseite der Bilanz. Eine Neuzuführung finanzieller Mittel von außen, die auf der Passivseite zu vermerken wäre, findet nicht statt. Doch Finanzierung aus eigener Kraft gelingt der Unternehmung nicht nur durch Aktivtausch, sondern auch aus dem Umsatzprozeß, und bei der Untergliederung der Finanzierung aus dem Umsatzprozeß wird das bilanzorientierte Denken der traditionellen Betrachtungsweise fast noch deutlicher. Hier taucht die Finanzierung aus Abschreibungen, aus Rückstellungen und durch die Einbehaltung von Gewinnen auf. Der Sinn dieser Einteilung ist unmittelbar einleuchtend, wenn man die folgende kleine Gewinn- und Verlustrechnung betrachtet:

Aufwand	Gewinn- und	Verlustrechnung	Ertrag
Baraufwand (= Auszahlung)	80	150	Barertrag (= Einzahlung)
Abschreibung	30		
Rückstellung	20		
Gewinn	20		

Abb. 1.2: Gewinn- und Verlustrechnung - Beispiel

Eine Gewinn- und Verlustrechnung, in der das Unternehmensgeschehen während einer Periode dokumentiert wird, liefert als Ergebnis der Rechnung den Periodengewinn oder -verlust, der die Veränderung der Eigenkapitalgeberposition, d.h. deren Erfolg oder Mißerfolg angibt. Dieser Gewinn ist aber nicht etwa gleichzusetzen mit dem Einzahlungsüberschuß, der am Ende einer Periode aus dem Umsatzprozeß verbleibt. Denn der Gewinn ergibt sich nicht durch die Gegenüberstellung von Ein- und Auszahlungen, sondern durch die Saldierung von Ertrag und Aufwand. In den Aufwandspositionen sind auch solche enthalten, die nicht zu Zahlungsabflüssen führen. Zum einen sind dies die Abschreibungen, die - so lautet zumindest eine gängige Interpretation dieser Aufwandsposition - die Abnutzung von Gütern des Anlagevermögens zu erfassen suchen. Solche Vermögensgegenstände gingen anfänglich mit dem Wertansatz "Anschaffungs- oder Herstellungskosten" in die Bilanz ein, um nach und nach durch ihre Nutzung im Leistungsprozeß "verbraucht" zu werden und damit an Wert abzunehmen. Diese Wertminderung pro Periode spiegelt sich in der Aufwandsposition Abschreibung wider. Die Auszahlungen für die Anschaffung der Vermögensgegenstände wurden jedoch bereits in früheren Perioden geleistet, so daß die Abschreibung in der betrachteten Periode nicht mehr mit Zahlungsmittelabflüssen verbunden ist. Ähnlich verhält es sich mit den Rückstellungen. Sie werden für Zahlungsverpflichtungen gebildet, die in späteren Perioden fällig werden, so daß es sich auch bei Rückstellungen um Aufwandspositionen handelt, die in der betrachteten Periode keine Auszahlungen mit sich bringen. Nimmt man an, daß es sich bei allen Ertragspositionen um solche handelt, die tatsächlich zu Einzahlungen während der Periode führten, so bleibt ein Überschuß an Zahlungsmitteln, der sich aus der Summe von Abschreibungen, Rückstellungen und Gewinn ergibt. All diese Zahlungsmittel stehen für Investitionen insoweit zur Verfügung, als auch der Gewinn oder Teile davon nicht ausgeschüttet, sondern einbehalten werden.

Diese Systematisierung von Finanzierungsformen, die am Schema der Gewinn- und Verlustrechnung und der Bilanz ausgerichtet ist, könnte für jemanden, der mit den Regeln zur Aufstellung des Jahresabschlusses einer Unternehmung weniger vertraut ist, eher irritierend als erhellend sein; denn schließlich stehen Abschreibungen und Rückstellungen nur dann als Finanzierungsmittel zur Verfügung, wenn tatsächlich Einzahlungsüberschüsse in der Höhe dieser nicht zu Auszahlungen führenden Aufwandspositionen und des Gewinns verdient wurden. Warum redet man dann nicht gleich von den Finanzierungsmitteln, die durch Einzahlungsüberschüsse aus dem Umsatzprozeß bereitgestellt werden? Wer so denkt, hat die traditionelle Betrachtungsweise noch nicht voll verinnerlicht. Im Gegenteil, er oder sie denkt recht "modern", doch dies ist vielleicht auch gut so, denn die Zeiten, in denen die Bilanz und die Gewinn- und Verlustrechnung die wesentlichen Informationsinstrumente eines Kaufmanns darstellten und das ganze Denken der Betriebswirte prägten, sind vorbei.

Die Grenzen des Bilanzdenkens wurden für die Vertreter der traditionellen Betrachtungsweise bereits deutlich, als sie an der Lösung ihrer zweiten zentralen Aufgabe, der Bewahrung des finanziellen Gleichgewichts durch frühzeitiges Aufspüren von Liquiditätsengpässen, arbeiteten.

1.4.3 Liquiditätsstatus und Liquiditätsplanung

Im Finanzbereich soll dafür gesorgt werden, daß die Unternehmung nicht aus ihrem finanziellen Gleichgewicht gerät.[25] Um dieser Aufgabe gerecht zu werden, muß ein Instrumentarium entwickelt werden, das es erlaubt, drohende Liquiditätsengpässe aufzuspüren, um sie frühzeitig durch die Beschaffung zusätzlicher Einzahlungen beseitigen zu können.

---

25 Einen Überblick über Liquidität und Liquiditätsplanung gibt *Witte* [Finanzplanung].

Verständlicherweise versuchten die Vertreter der traditionellen Finanzierungslehre zunächst, sich bei der Bewältigung dieser Aufgabe des Informationsinstruments zu bedienen, das ihnen ohnehin zur Verfügung stand: der Bilanz.

Tatsächlich kann die Bilanz über die **Liquidität** eines Unternehmens Auskunft geben, wenn man den Begriff der Liquidität in einem ganz bestimmten Sinne interpretiert. Der Begriff der Liquidität kann nämlich nicht nur "subjektbezogen" gebraucht werden, d.h. er steht nicht nur für die Eigenschaft eines Unternehmens oder Wirtschaftssubjekts, seinen Zahlungsverpflichtungen zu jedem Zeitpunkt nachkommen zu können. Er kann auch "objektbezogen" verwendet werden und bezeichnet dann die Eigenschaft eines Vermögensgutes.[26] Ein Vermögensgegenstand ist mehr oder weniger liquide, je nachdem wie schnell und problemlos er sich in flüssige Zahlungsmittel verwandeln läßt. Über die Liquidität in diesem Sinne, d.h. über die **Geldnähe** des Unternehmensvermögens, kann die Bilanz beträchtliche Informationen liefern.

Zunächst weist die Bilanz aus, über welchen Zahlungsmittelbestand das Unternehmen am Bilanzstichtag verfügt. Der Zahlungsmittelbestand entspricht den flüssigen oder liquiden Mitteln eines Unternehmens. Da sie die größte Geldnähe besitzen - denn schließlich liegen sie in Form von Geld oder Sichtguthaben bei Banken vor - werden sie häufig mit dem Begriff der Liquidität gleichgesetzt. Genau genommen handelt es sich jedoch bei dem positiven Zahlungsmittelbestand um die sogenannte Primärliquidität eines Unternehmens. Darüber hinaus verfügt es aber auch über Sekundärliquidität, d.h. über solche Vermögensgüter, die sich besonders leicht in flüssige Mittel umwandeln lassen. Dazu zählen z.B. Wertpapiere, die sich jederzeit über die Börse verkaufen lassen. Aber auch solche Aktiva, die sich ohne Verkauf, sondern im Rahmen des normalen Geschäftsverlaufs von selbst verflüssigen, wie z.B. die kurzfristigen Forderungen, gehören zu den geldnahen Aktiva. Andere Vermögensgegenstände dagegen sind wenig liquide, wie etwa der Immobilienbesitz, in dem das Unternehmen seinen Geschäftsbetrieb eingerichtet hat. Beliebig viele Liquiditätskategorien, bis hin zur Liquidität n-ter Stufe, lassen sich auf diese Art und Weise bilden.

Wie liquide das Unternehmensvermögen ist, kann also der Aktivseite der Bilanz entnommen werden. Daraus ist aber noch nicht ersichtlich, ob das Unternehmen auch liquide in dem Sinne ist, daß es zu jeder Zeit seine Auszahlungsverpflichtungen erfüllen und dabei seinen Geschäftsbetrieb aufrechterhalten kann - und dies ist die Konzeption von Liquidität, die im Hinblick auf die Wahrung des finanziellen Gleichgewichts interessiert. Zwar dürfte es leichter fallen, das finanzielle Gleichgewicht zu wahren, wenn ein Unternehmen über hohe Liquiditätsreserven in Form von flüssigen Mitteln oder Vermögensgegenständen, die leicht in solche umwandelbar sind, verfügt. Jedoch ist nicht auszu-

26 Vgl. z.B. *Vormbaum* [Finanzierung], S. 22-23.

schließen, daß Zahlungsverpflichtungen auf die Unternehmung zukommen, die ihre vorhandenen Liquiditätsreserven mehr als aufzehren.

Gewisse Hinweise darüber, mit welchen Zahlungsverpflichtungen die Unternehmung zukünftig konfrontiert sein wird, gibt wiederum die Bilanz, denn schließlich weist sie auf der Passivseite auch die Verbindlichkeiten einer Unternehmung gegenüber ihren Gläubigern aus. Durch Gegenüberstellung von flüssigen bzw. geldnahen Vermögensbestandteilen und kurzfristigen Verbindlichkeiten lassen sich Informationen darüber gewinnen, ob die bald fällig werdenden Zahlungsverpflichtungen durch die vorhandenen flüssigen oder geldnahen Vermögensbestandteile gedeckt sind.[27] Folgerichtig entwickelte die Finanzwirtschaftslehre Kennziffern, die das Verhältnis der Deckung von Verbindlichkeiten durch Vermögensteile ermitteln. Die Liquidität ersten Grades wird etwa gemessen, indem der Zahlungsmittelbestand durch die kurzfristigen Verbindlichkeiten einer Unternehmung dividiert wird. Eine Kennziffer über 1 besagt, daß die kurzfristigen Verbindlichkeiten zu mehr als hundert Prozent durch die flüssigen Mittel abgedeckt sind.

Doch solche **Bilanzkennziffern** sagen recht wenig darüber aus, ob ein Unternehmen vor Zahlungsschwierigkeiten gefeit ist.[28] Zwar entwickelten sich aus Erfahrungswerten gewisse Normen darüber, wie solche Liquiditätskennziffern bei einem Unternehmen, das nicht in Zahlungsschwierigkeiten geraten will, auszusehen haben. So fordert eine der bekanntesten dieser Normen etwa, daß die kurzfristigen Verbindlichkeiten immer nur zur Finanzierung von kurzfristigem Umlaufvermögen benutzt werden sollten, während das Anlagevermögen sowie das langfristig im Unternehmen gebundene Umlaufvermögen durch langfristige Finanzierungsmittel wie Eigenkapital und langfristige Fremdmittel gedeckt sein sollte. Daß "langfristige Investierung und langfristig verfügbares Kapital...sich entsprechen"[29] müssen, wird von Mellerowicz, der in der Nachkriegszeit zu den bekanntesten betriebswirtschaftlichen Hochschullehrern zählte, als "Prinzip der finanzwirtschaftlichen Übereinstimmung"[30] bezeichnet, das es unbedingt zu beachten gilt. Es dürfte jedoch leicht einsichtig sein, daß die Einhaltung solcher Normen, auch wenn sie in noch viel detaillierterer Weise der branchen- oder unternehmensspezifischen Situation angepaßt formuliert würden, kaum ausreichend sein kann, um ein Unternehmen vor Zahlungsschwierigkeiten zu schützen. Genauso muß auch ein Verstoß gegen diese Regeln nicht unabdingbar zur Störung des finanziellen Gleichgewichts führen. Der Grund für diese Unzulänglichkeiten von Liquiditätsnormen und Finanzierungsregeln liegt auf der Hand:

27 Vgl. z.B. *Vormbaum* [Finanzierung], S. 22-23.

28 Vgl. *Härle* [Finanzierungsregeln].

29 Vgl. *Mellerowicz* [Betriebswirtschaftslehre], Bd. 3, S. 80.

30 Vgl. *Mellerowicz* [Betriebswirtschaftslehre], Bd. 3, S. 80.

Über die Wahrung oder auch Nicht-Wahrung des finanziellen Gleichgewichts entscheiden die Ein- und Auszahlungsströme in der Zukunft. Die Bilanz dagegen, an die die bisher vorgestellte Liquiditätsanalyse anknüpft, dokumentiert einen Zustand in der Vergangenheit. Die Bilanz ist bestands- und vergangenheitsorientiert; Liquiditätsengpässe, die die Zahlungsfähigkeit in Frage stellen, lassen sich jedoch nur durch eine Betrachtung zukünftiger Zahlungsströme aufdecken. Hierfür kann die Bilanz allenfalls Anhaltspunkte geben, weil zwar manche, aber längst nicht alle zukünftigen Zahlungen durch Entscheidungen determiniert sind, die in der Bilanz bereits dokumentiert wurden.

Um insofern ein Instrumentarium bereitzustellen, das die Liquidität im Sinne von Zahlungsfähigkeit eines Unternehmens in der Zukunft[31] zu beurteilen erlaubt, mußte Informationsmaterial herangezogen werden, das über die Bilanz hinausgeht. Die traditionelle Finanzwirtschaftslehre entwickelte das zukunftsorientierte Instrument der Finanz- oder auch Liquiditätsplanung.

Die Finanz- oder Liquiditätsplanung geht aus von dem täglichen **Liquiditätsstatus**,[32] der die am Betrachtungstag vorhandene Zahlungskraft in Form von Kassenbeständen, Guthaben bei Kreditinstituten und unausgeschöpften Kreditlinien den fälligen Zahlungsverpflichtungen gegenüberstellt, die selbstverständlich auch die für die Beschaffung von neuen Produktionsfaktoren erforderlichen Auszahlungen beinhalten, denn schließlich gilt es, das finanzielle Gleichgewicht im weiteren Sinne aufrechtzuerhalten. Aus diesem Liquiditätsstatus, der Istgrößen erfaßt, läßt sich die Zahlungsfähigkeit des Unternehmens am Betrachtungstag unmittelbar ablesen. Gegebenenfalls können Finanzierungslücken durch schnelles Eingreifen geschlossen werden, indem Auszahlungen verschoben oder neue Einzahlungen beschafft werden.

Häufig ist es jedoch für eine Beseitigung von Liquiditätsengpässen zu spät, wenn sie erst am Tag ihres Auftretens bemerkt werden. Der tägliche Liquiditätsstatus muß also durch eine vorausschauende Planrechnung, den **Finanz- oder Liquiditätsplan**,[33] ergänzt werden. Diese Prognoserechnung wird zwar die zu erwartenden Ein- und Auszahlungen kaum taggenau erfassen, weil dies zu aufwendig wäre. Aber sie kann für die nahe Zukunft wöchentlich und für spätere Zeiträume zumindest monatlich oder sogar jährlich die bereits aufgrund von vergangenen Entscheidungen absehbaren und sonstigen geplanten Ein- und Auszahlungen dokumentieren. Natürlich ist eine Planung für die Zukunft immer mit Unsicherheiten behaftet, jedoch können gerade für solche Fälle, in denen das tatsächliche Zahlungsaufkommen nicht mit der Planung übereinstimmt, Liquiditätspuffer gehalten werden. Nach dem vernünftigen Motto: Eine mit Unsicherheiten behaftete Planung ist auf jeden Fall besser als gar keine Planung, wandten sich die Finanz-

31 Vgl. hierzu auch *Stützel* [Liquidität].

32 Vgl. z.B. *Lücke* [Finanzplanung], S. 34-37.

33 Vgl. z.B. *Witte* [Finanzplanung], S. 38f.

wirtschaftler mit der Entwicklung des Finanzplans von der Bilanz, die die Sicherheit der Vergangenheit dokumentiert, ab und der Betrachtung von unsicheren zukünftigen Zahlungsströmen zu.

Vor vermutlichen Liquiditätsengpässen, die den ordnungsgemäßen Betriebsablauf und damit die Erfüllung des Sachziels der Unternehmung gefährden könnten, wird durch die Finanzplanung so frühzeitig gewarnt, daß rechtzeitig Gegenmaßnahmen ergriffen werden können. Doch welche Finanzierungsform sollte herangezogen werden, um sich auftuende Finanzierungslücken zu schließen? Wir wären bei der dritten Frage, die die Finanzierungslehre beschäftigt, angelangt.

1.4.4 Die "optimale" Gestaltung von Finanzierung - Ein wenig beleuchteter Bereich

Man kann nicht behaupten, die traditionelle Finanzierungslehre hätte sich mit dem Problem der Auswahl der "richtigen" Finanzierungsform überhaupt nicht beschäftigt. Allerdings sind die Antworten, die auf diesen Fragenkomplex gegeben werden, alles andere als zufriedenstellend. Die Empfehlungen zur "optimalen Finanzierung" erschöpfen sich in aller Regel in tradierten Normen und praktischen Faustregeln, wie wir sie bereits in den Liquiditäts- und Finanzierungsregeln in Form von Bilanzkennzahlen kennengelernt haben. Diesen Regeln ist gemein, daß sich die Sinnhaftigkeit ihrer Einhaltung kaum stichhaltig begründen läßt. Denn warum sollte z.B. die Finanzierung durch Eigenkapital niemals kleiner werden als diejenige durch Fremdkapital, um auf die berühmte Finanzierungsregel, die ein Verhältnis von Eigen- zu Fremdkapital von mindestens 1:1 fordert, Bezug zu nehmen? Und warum sollte das Anlagevermögen durch langfristiges Kapital gedeckt sein, um auf das Prinzip der finanzwirtschaftlichen Übereinstimmung zurückzukommen, das unter dem schönen Namen "goldene Bilanzregel" in die Literatur einging? Wie wenig zuverlässig solche Leitlinien den Weg zur optimalen Finanzierung weisen können, wird allein daran deutlich, daß Unternehmen heute von den goldenen Zeiten dieser Finanzierungsregeln nur träumen können. Ihr Fremdkapital ist häufig fünf- bis zehnmal so hoch wie ihr Eigenkapital, und dennoch scheinen sie recht erfolgreich zu wirtschaften. Auch sind keinerlei Bestrebungen erkennbar, sich in den Finanzierungsstrukturen wieder den 1:1-Regeln anzunähern. Vielleicht waren die damaligen Zeiten, als diese "goldenen" Regeln tatsächlich noch von vielen Unternehmen verfolgt wurden, aus heutiger Sicht also doch nicht so golden.

Es ist nicht schwer zu verstehen, warum die traditionelle Finanzwirtschaftslehre wenig Überzeugendes zu der Frage beitragen konnte, wie man ein Unternehmen "richtig" oder gar "optimal" finanziert. Die wichtigste Aufgabe des Finanzbereichs war erfüllt, wenn überhaupt finanziert wurde, sobald der vorgegebene Kapitalbedarf gedeckt und die Finanzierungslücken geschlossen werden konnten, denn dann wurde die Erfüllung des Sachziels durch den Finanzbereich nicht beeinträchtigt.

Zwar wurden darüber hinaus in der finanzwirtschaftlichen Literatur durchaus Kriterien genannt, die bei der Auswahl zwischen Finanzierungsalternativen berücksichtigt werden sollten; und dabei wurde nun tatsächlich die Ebene von Zielsetzungen ins Spiel gebracht, die im Vergleich zu dem übergeordneten Sachziel der Unternehmung als nachrangig angesehen wurde. Die Kriterien knüpften an den (zweitrangigen) Interessen des Unternehmers an: Der Unternehmer ist an der Rentabilität seines Unternehmens interessiert, so daß die Finanzierung kostengünstig zu erfolgen hat. Er ist aber auch auf die Sicherheit bedacht, so daß die vorgenommenen Finanzierungsmaßnahmen kein zu hohes Risiko mit sich bringen sollten. Und nicht zuletzt wird immer wieder das Bestreben des Unternehmers nach Unabhängigkeit und Flexibilität betont.[34] Doch abgesehen davon, daß all diese Ziele des Unternehmers und insbesondere die Rentabilität nicht zu sehr in den Vordergrund gerückt werden dürfen, will man sich als Vertreter der Betriebswirtschaftslehre nicht dem Vorwurf aussetzen, eine Profitlehre zugunsten der Unternehmerinteressen zu betreiben, scheinen die genannten Kriterien auch wenig tauglich, um zu eindeutigen Handlungsempfehlungen für Entscheidungen im Finanzbereich zu kommen, denn die genannten Ziele lassen sich kaum gleichzeitig erreichen. Unabhängigkeit und Flexibilität erreicht man am besten durch eine Finanzierung mit eigenen Mitteln. Mit Fremdmitteln droht die Abhängigkeit von Banken, die noch dazu Kreditsicherheiten fordern könnten, die die Dispositionsfreiheit des Unternehmers einschränken. Auch der Begrenzung von Risiken scheinen eigene Mittel besonders dienlich zu sein, denn schließlich sind die Gläubiger diejenigen, die auf eine Erfüllung ihrer Forderung drängen und damit die Existenz des Unternehmens gefährden können. Doch wie sieht es mit der Rentabilität aus? Eigenkapital steht aus *einer* Unternehmerhand nicht unbegrenzt zur Verfügung. Soll der Unternehmer also auf erfolgversprechende Investitionen verzichten, nur um seine Unabhängigkeit zu wahren, oder soll er Abstriche in der Unabhängigkeit auf sich nehmen, um durch die Aufnahme neuer Eigenkapital- oder Fremdkapitalgeber weitere Investitionen durchführen zu können? Eine Regel, wie ein höherer Zielerreichungsgrad bei *einem* Ziel gegen Abstriche bei *einem anderen* gegeneinander aufzurechnen sind, kann nicht angegeben werden.

Schon das Zielsystem ist also alles andere als eindeutig. Hinzu kommt, daß sich die Fülle von Finanzierungsformen derart im Detail unterscheidet, daß man sie selbst im Hinblick auf eines der Zielkriterien kaum in eine Rangordnung bringen könnte. Was erhöht die Abhängigkeit beispielsweise mehr: ein Hypothekarkredit, der den Unternehmer an dem Verkauf eines durch Hypotheken belasteten Grundstücks hindert, oder ein Überzie-

34 Vgl. z.B. *Perridon/Steiner* [Finanzwirtschaft], S. 8-16.

hungskredit, bei dem der Unternehmer dazu verpflichtet wird, den gesamten Zahlungsverkehr über die Bank abzuwickeln, die ihm die Kreditlinie eingeräumt hat?

Fazit: Die Konzentration auf das Sachziel der Unternehmung macht es "unnötig" und die detaillierte, realistische Beschreibung von Finanzierungsformen und unternehmerischen Zielsetzungen macht es unmöglich, Empfehlungen zur Auswahl unter Finanzierungsalternativen zu geben, die über praktische Faustregeln hinausgehen. Die systematische Suche nach Antworten auf die Frage nach der "optimalen Finanzierung" blieb ein lange vernachlässigter Bereich, bis das wirtschaftliche Umfeld mehr oder weniger dazu zwang, sich der Frage nach der Vorteilhaftigkeit von Investitions- und Finanzierungsmaßnahmen zu stellen. Eine neue "Brille" begann sich zu entwickeln, die dieser geänderten Perspektive, aus der Investitions- und Finanzierungsaktivitäten betrachtet werden sollten, Rechnung tragen konnte.

1.5 Anbahnung des Perspektivenwechsels: Die Frage "Lohnt sich die Investition und Finanzierung?" tritt in den Vordergrund

Über lange Zeit erwies sich das Bild, das die güterwirtschaftlich orientierte Allgemeine Betriebswirtschaftslehre mit der traditionellen Finanzwirtschaftslehre vom Investieren und Finanzieren entworfen hatte, als durchaus tauglich, um die in einer Unternehmung anstehenden finanzwirtschaftlichen Probleme anzugehen. Es bestand kein Druck zur Reform der Lehre; und hierin dürfte man - wie im folgenden zu erläutern sein wird - wohl einen der Gründe vermuten, warum zumindest in der Betriebswirtschaftslehre des deutschsprachigen Raums die traditionelle, güterwirtschaftlich geprägte Sicht des Finanzbereichs bis in die sechziger Jahre hinein nahezu unverändert beibehalten wurde. Und dies, obwohl sich in anderen Teilbereichen der Betriebswirtschaftslehre, so insbesondere in der Produktionswirtschaft, seit geraumer Zeit eine Lehre zu etablieren begann, die die Optimierung unternehmerischer Entscheidungen zum zentralen Problem betriebswirtschaftlicher Überlegungen erhob.

Führen wir uns das damalige wirtschaftliche Umfeld vor Augen, um die ehemals vorherrschende Problemwahrnehmung zu verstehen. Die Betriebswirtschaftslehre etablierte sich als eigenständige Wissenschaftsdisziplin zu Beginn des 20. Jahrhunderts, als die Unternehmenslandschaft geprägt war von den großen Industrieunternehmen, die im Zuge der Industrialisierung entstanden waren. Mit der Entwicklung von Techniken der Massenproduktion - erinnert sei hier nur an die Erfindung des Fließbandes durch Henry Ford - bot sich erstmals in der Geschichte des produzierenden Gewerbes die Möglichkeit, große Mengen standardisierter Güter zur Befriedigung der Konsumwünsche breiter Bevölkerungsschichten herzustellen. Die neuen Produktionstechniken, die die handwerkliche

Fertigung ersetzten, drückten die Kosten der Herstellung auf ein Niveau, das die produzierten Massengüter auch für solche Menschen bezahlbar machte, die nicht zu den oberen Einkommensgruppen zählten.

Allerdings erforderte die Umsetzung der neuen Produktionstechniken auch die Entstehung von Unternehmen in einer bis dahin ungeahnten Größe. Für ihre Gründung, ihren Aufbau und die Aufrechterhaltung ihres Betriebs war ein für die damaligen Verhältnisse ungeheuer hoher Kapitalbedarf zu decken. Kein Wunder, daß eines der vorrangigen Probleme des Finanzbereichs darin gesehen wurde, den Produktionsbetrieb erst einmal in Gang zu setzen, indem das betriebsnotwendige Kapital aufgebracht wurde. Ein einzelner Unternehmer war schließlich kaum in der Lage, die benötigten Summen aus einer Hand zur Verfügung zu stellen. Nicht ohne Grund wurde der Prozeß der Industrialisierung durch Neuerungen im Finanzsektor begleitet. Die Großbanken entstanden, weil sich die bis in die Mitte des 19. Jahrhunderts vorherrschenden Privatbankiers mit der Finanzierung von industriellen Großunternehmen überfordert sahen, denn die Finanzkraft der Privatbankiers beruhte weitgehend auf deren Eigenmitteln. Die Großbanken wiederum trugen nicht unerheblich zur Entwicklung und Verbreitung des neuen Finanzierungsinstruments Aktie bei, das die Beschaffung von riesigen Eigenkapitalsummen durch die Bündelung kleiner Anlagebeträge eines breiten Publikums ermöglicht und dadurch half, sowohl den Kapitalbedarf der Banken selbst als auch den der Industrieunternehmen zu decken.[35] Die Beschreibung der Funktionsweise und die Systematisierung solcher neu entstehenden Finanzierungsformen war insofern für die Lehre von den Finanzen von großer Wichtigkeit. Schließlich mußten die Finanzströme einer Unternehmung, die eine bis dahin unbekannte Größe und Komplexität annahmen, professionell "gemanaged" werden. Und professionelles Management war gleichbedeutend mit dem Schutz des Produktionsbereichs vor Störungen. Denn daß produziert werden mußte, wurde nie in Frage gestellt.

War die Selbstverständlichkeit, mit der die Notwendigkeit der Ingangsetzung und Aufrechterhaltung der Produktion unterstellt wurde, tatsächlich allein die Konsequenz der sozialen Aufgabe einer Unternehmung, die sich in ihrem Sachziel manifestierte? Oder konnte vielleicht die durch das Sachziel geprägte güterwirtschaftliche Sicht nur so lange unhinterfragt die Betriebswirtschaftslehre dominieren, weil das Sachziel der Befriedigung von Konsumbedürfnissen der Bevölkerung mit den wirtschaftlichen Interessen der Unternehmer harmonierte? Zweifelsfrei beantworten läßt sich diese Frage wohl kaum. Es läßt sich aber sehr wohl konstatieren, daß es für die Mehrheit der Unternehmer über lange Zeit kein Problem gewesen sein dürfte, sich mit diesem Sachziel der Unternehmung zu identifizieren. Schließlich war es in ihrem eigenen Interesse, die ungeheuren Absatz-

---

35 Einen Überblick über die Entwicklungsgeschichte der Branchen gibt z.B. *Büschgen* [Bankbetriebslehre], S. 51-57, sowie etwas ausführlicher *Schierenbeck/Hölscher* [Bank Assurance], S. 61-75.

chancen, die sich mit der Einführung der Massenproduktion boten, wahrzunehmen. Und diese Marktlage, die durch eine weitgehend ungesättigte Nachfrage nach Konsumgütern geprägt war, hielt sich - unterbrochen durch die Weltwirtschaftskrisen und die Wirren der Weltkriege - bis in die sechziger Jahre. Um als Unternehmer erfolgreich zu sein, mußte man produzieren.

Allerdings stellte sich für die produzierenden Unternehmer ein anderes Problem. Um am Markt bestehen zu können, mußten sie *wirtschaftlich* produzieren. Es galt, mit gegebenem Mitteleinsatz einen höchstmöglichen Output zu erzielen bzw. einen gegebenen Output mit möglichst geringem Mitteleinsatz. Oder, wie Mellerowicz es formuliert: "Der Gegenstand der Erwägungen im Betrieb ist nur noch das 'Wie' der Ausführung, um das Kosten-Ertragsverhältnis möglichst günstig zu gestalten."[36] Tatsächlich stellte sich das Problem der Adaption der überlegenen Produktionstechnik als das für die Unternehmen der damaligen Zeit vordringliche dar. Technische Neuerungen, die die arbeitsteiligen Produktionsabläufe verfeinerten, waren die wesentliche Quelle, um Wettbewerbsvorsprünge vor den Konkurrenten zu erzielen. "Dem guten Betriebe wird innerhalb des aus Betrieben verschiedenster Güte bestehenden Wirtschaftszweiges auch noch ein *weiterer Überschuß* bleiben, die 'Differentialrente', als Anreiz zu weiterem Wagen und Unternehmen und als Belohnung besonders guter Leistungen."[37] Dies gilt nach Mellerowicz sowohl für das betriebswirtschaftliche Verhalten eines Produzenten in einer freien Wirtschaft, in der das Gewinnstreben die Motivation unternehmerischen Handelns ausmacht, als auch in einer gelenkten Wirtschaft,[38] in der "der Betrieb einem ganz bestimmten gemeinwirtschaftlichen Zweck der Bedarfsdeckung [dient]"[39].

Wir halten fest: Wenn sich die betriebswirtschaftlichen Entscheidungsprobleme auf die Wahl der günstigsten Produktionsmethode reduzieren, kann das Erfolgsstreben des Unternehmers nicht mit dem gemeinwirtschaftlichen Ziel der Bedürfnisbefriedigung kollidieren. Dies ist wahrlich eine Konstellation, bei der sich die praktischen Probleme des wirtschaftlichen Umfeldes nahtlos in den Forschungszweck fügen, den die Geschichte der Betriebswirtschaftslehre ihrer wissenschaftlichen Gemeinschaft aufgab. Kann es jetzt noch verwundern, daß der güterwirtschaftliche Bereich in der Allgemeinen Betriebswirtschaftslehre die erste Geige spielte? Der Weg war frei für die Entwicklung einer "modernen" Produktionstheorie, die die Optimierung unternehmerischer (Produktions-)Entscheidungen zum Ziel hatte, ohne daß zunächst die güterwirtschaftliche Orientierung der Betriebswirtschaftslehre und ihre Ausrichtung am Sachziel der Bedarfsdeckung hätte aufgegeben werden müssen.

---

36 Vgl. *Mellerowicz* [Betriebswirtschaftslehre], Bd. 3, S. 14.
37 Vgl. *Mellerowicz* [Betriebswirtschaftslehre], Bd. 2, S. 14.
38 Vgl. *Mellerowicz* [Betriebswirtschaftslehre], Bd. 2, S. 13f.
39 Vgl. *Mellerowicz* [Betriebswirtschaftslehre], Bd. 2, S. 13.

Eine solche *entscheidungsorientierte* Produktionstheorie wurde erstmals von Gutenberg Anfang der fünfziger Jahre auf der Basis des Marginalprinzips der neoklassischen Markttheorie formuliert.[40] Produktionstechniken wurden danach klassifiziert, welcher mathematische Typus von Produktionsfunktion ihnen entsprach; effiziente Kombinationen des Einsatzes von Produktionsfaktoren wurden von ineffizienten unterschieden; als Expansionspfad der Produktion wurde der Pfad der kostenminimalen Kombinationen qualifiziert; und als Determinante der optimalen Produktionsmenge wurde der Schnittpunkt von Grenzkosten und Grenzerlösen ermittelt. Die Dominanz der Ingenieure und Refa-Fachleute in der Praxis, die sich um eine möglichst kostengünstige Gestaltung der arbeitsteiligen Produktionsabläufe bemühten, fand ihr Spiegelbild in dem Bemühen der betriebswirtschaftlichen Wissenschaftler. Die von Gutenberg geprägte Produktionstheorie setzte sich durch und wurde mehrheitlich als die "Königin" der Betriebswirtschaftslehre anerkannt. Sie formte das neue Kernstück der vormals eher bilanzorientierten Allgemeinen Betriebswirtschaftslehre und leitete damit die Wende zu einer entscheidungsorientierten Betriebswirtschaftslehre ein. Die Finanzwirtschaftslehre verharrte jedoch noch mehr als ein Jahrzehnt in dem Schattendasein, das ihr die dominierende Produktionstheorie aufzwang. Doch diese Dominanz der Güterwirtschaft war angesichts des wirtschaftlichen Umfelds verständlich. Schließlich erlebte das Nachkriegsdeutschland der fünfziger Jahre einen Boom des Konsums von industriellen Massengütern wie nie zuvor.

Allerdings hatte die Prägung der Betriebswirtschaftslehre durch die neoklassisch fundierte Produktionstheorie weiterreichende Konsequenzen für ihre grundsätzliche Ausrichtung, als zunächst offensichtlich war. Denn wurde der produktionstheoretische Optimierungsansatz konsequent verfolgt, so waren auch Konstellationen denkbar, bei denen die optimale Entscheidung des Produzenten nicht in Einklang mit dem Sachziel der Bedarfsdeckung steht. Besonders offensichtlich tritt der mögliche Konflikt bei der Kalkulation von Angebotspreisen im Monopol zutage, da hier der Preis, den ein Unternehmer zur Erzielung seines maximalen Gewinns fordern muß, nicht gleichzeitig derjenige ist, der - unter der Nebenbedingung der Kostendeckung - die maximale Bedürfnisbefriedigung der Konsumenten ermöglicht. Dennoch findet sich bereits im Jahre 1948 im dritten Band der Allgemeinen Betriebswirtschaftslehre von Mellerowicz die Anleitung zur Kalkulation des gewinnmaximalen Preises im Monopol - Ausführungen, die bei ihm unter der Überschrift "Anwendung der Theorie der Produktion" laufen.[41] Offensichtlich war dieser Lehrbuchabschnitt von Mellerowicz schon durch die Lehre von Gutenberg beeinflußt, obwohl letzterer sein Standardwerk erst 1951 veröffentlichte. Gewisse Ungereimtheiten zu Mellerowiczs erstem Band werden hier offenbar, denn dort verpflichtete er die Betriebswirtschaftslehre noch auf das Sachziel der Bedürfnisbefriedigung, der Schaffung

40 Vgl. *Gutenberg* [Produktion].

41 Vgl. *Mellerowicz* [Betriebswirtschaftslehre], Bd. 3, S. 27-30.

der besten Lebensbedingungen für das Volk.[42] Doch solche Ungereimtheiten sind, wenn sich ein Perspektivenwechsel anbahnt, wohl unvermeidlich. Deutlich zeigt sich, daß das vormals verpönte Profitstreben als Grundlage unternehmerischer Entscheidungen langsam auch dann "gesellschaftsfähig" wurde, wenn es nicht mehr mit dem gemeinwirtschaftlichen Sachziel der Unternehmung vereinbar war.

Auswirkungen auf die Finanzwirtschaftslehre ließen jedoch noch auf sich warten. Selbst Gutenberg, der die Betriebswirtschaftslehre mit seiner neoklassisch geprägten Produktions- und Preistheorie revolutionierte, konnte sich ohne Probleme mit dem traditionellen Verständnis der Finanzwirtschaftslehre identifizieren. Er ist es, der die Beziehung einer Unternehmung zu ihren Kapitalgebern als "die Voraussetzung, gewissermaßen das Medium für den gesamtbetrieblichen Leistungsvollzug"[43] bezeichnet und die "im finanziellen Bereich zu lösende zentrale Aufgabe ... in der Bereitstellung des zur Durchführung des Unternehmenszwecks oder speziellen Betriebsvorhabens erforderlichen Kapitals, in der Abstimmung des bereitgestellten Kapitals nach Art und Höhe auf die zu finanzierenden Vorhaben" sowie "in Maßnahmen zur Aufrechterhaltung des finanziellen Gleichgewichts"[44] sieht. Der Vollzug eines Perspektivenwechsels innerhalb der deutschsprachigen Lehre vom Investieren und Finanzieren war offenbar noch nicht reif.

Die Wende trat in Deutschland in den sechziger Jahren ein. Es läßt sich schwerlich beurteilen, ob dies eher auf wissenschaftsinterne Entwicklungen oder aber auf eine Änderung des wirtschaftlichen Umfeldes zurückzuführen ist, denn es kam beides zusammen. Was das wirtschaftliche Umfeld betrifft, so ebbte zu dieser Zeit der Konsumrausch der Nachkriegsjahre ab. Nahezu jeder Haushalt verfügte über seinen Kühlschrank, seinen Fernseher und sein Auto. Die Nachfrage nach massenproduzierten Gütern begann sich zu sättigen. Die Möglichkeiten, durch technischen Fortschritt neuerliche massive Preissenkungen zu erzielen, die neue Konsumentenschichten zu erschließen erlauben, waren zunächst weitgehend ausgereizt. Es war nicht mehr selbstverständlich, daß ein Unternehmen florierte, wenn es nur gelang, produktionstechnologisch "die Nase vorn" zu haben und das Kapital für die betriebsnotwendigen Investitionen aufzubringen. Unternehmer mußten sich nicht nur fragen "Wie produziere ich möglichst kostengünstig?", sondern die Frage "Lohnt es sich überhaupt zu investieren?" trat in den Vordergrund. Selbstverständlich stellten sich die Kapitalgeber die gleiche Frage: "Lohnt es sich, Kapital zur Finanzierung von Investitionen zur Verfügung zu stellen?" Die Lehre vom Investieren und Finanzieren war gefordert, um bei der Beantwortung dieser Fragen Entscheidungshilfe zu geben; und solche Entscheidungshilfe konnte die traditionelle Finanzwirtschaftslehre, die dem Investieren und Finanzieren eine Hilfsfunktion für die Produktion zuwies, nicht bereitstellen. Doch in der Betriebswirtschaftslehre hatte sich inzwischen die

42 Vgl. *Mellerowicz* [Betriebswirtschaftslehre], Bd. 1, S. 1, und besonders deutlich S. 27.

43 Vgl. *Gutenberg* [Finanzen], S. 1.

44 Vgl. *Gutenberg* [Betriebswirtschaftslehre], S. 97.

Erkenntnis durchgesetzt, daß sich der Anwendungsbereich des neoklassisch geprägten Denkstils, den Gutenberg in die Produktionswirtschaft einführte, nicht allein auf den Leistungsbereich beschränkt. Der neoklassische Ansatz ist vielmehr eine Theorie, die die wirtschaftlichen Entscheidungen von Individuen und deren Optimierung generell in den Mittelpunkt stellt. Deshalb ist es nur konsequent, den neoklassischen Denkstil auf sämtliche unternehmerischen Entscheidungen, d.h. auch die Investitions- und Finanzierungsentscheidungen, zu übertragen. Die moderne Investitions- und Finanzierungstheorie, die die Optimierung von Investitions- und Finanzierungsentscheidungen zum zentralen Problem erhebt, hielt in die Lehrbücher Einzug.

1.6 Zusammenfassung

Das erste Kapitel hatte die Aufgabe, die traditionelle Betrachtungsweise, auch Finanzwirtschaftslehre genannt, vorzustellen. Das zentrale Charakteristikum der traditionellen Betrachtungsweise besteht darin, daß sie im Grunde güterwirtschaftlich orientiert ist. Das Unternehmen verfolgt das Sachziel der Befriedigung von Konsumbedürfnissen der Bevölkerung, und deshalb ist das Produzieren seine wichtigste Aufgabe. Dem Investieren und Finanzieren kommt nur eine Hilfsfunktion für die Erfüllung dieser Aufgabe zu.

Die zentralen Aufgaben des Finanzbereichs ergeben sich aus dieser der Produktion untergeordneten Stellung. Er hat dafür zu sorgen, daß der Ablauf der Produktion nicht durch die finanzielle Sphäre beeinträchtigt wird. Deshalb muß er sich um die Beschaffung des Kapitals für betriebsnotwendige Investitionen kümmern und finanzielle Engpässe beseitigen, so daß das finanzielle Gleichgewicht einer Unternehmung gewahrt bleibt.

Die beiden zentralen Aufgaben des Finanzbereichs "Beschaffung des betriebsnotwendigen Kapitals" und "Bewahrung des finanziellen Gleichgewichts" bestimmen die Inhalte, mit denen sich die Finanzwirtschaftslehre beschäftigt. Finanzierungsformen werden beschrieben und systematisiert, und Methoden der Finanz- und Liquiditätsplanung werden entwickelt. Die Behandlung beider Themenbereiche ist stark durch ein bilanzorientiertes Denken geprägt, da die Bilanz und die Gewinn- und Verlustrechnung das in den Anfangsjahren der Betriebswirtschaftlehre wohl wichtigste Instrument zur Information über das finanzielle Geschehen im Unternehmen darstellte.

Die güterwirtschaftliche Orientierung, die für die traditionelle Betrachtungsweise von Investition und Finanzierung prägend ist, erklärt sich zum einen aus dem damals in der Betriebswirtschaftslehre vorherrschenden Denkstil, zum anderen aber auch aus dem wirtschaftlichen Umfeld zur Zeit der Industrialisierung. Beim Aufbau von Großunternehmen bei noch wenig entwickelten Kapitalmärkten stand tatsächlich das Problem der

Kapitalbeschaffung und das Management von Finanzströmen im Zentrum finanzwirtschaftlicher Überlegungen. Die Frage nach der Vorteilhaftigkeit von Investitions- und Finanzierungsmaßnahmen trat demgegenüber in den Hintergrund, und zur Beantwortung dieser Frage konnte die auf die Beschreibung realer Finanzierungsformen und auf die Entwicklung von Techniken zur Liquiditätsplanung ausgerichtete Finanzierungslehre auch wenig beitragen.

Kapitel 2

Die moderne Betrachtungsweise: eine entscheidungsorientierte Sicht

2.1 Lernziele

Dieses Kapitel soll in die moderne Investitions- und Finanzierungstheorie einführen. Im Unterschied zum ersten Kapitel, das die traditionelle Finanzwirtschaftslehre vorgestellt hat, geht es im vorliegenden Kapitel weniger um einen Überblick über die behandelten Themen als um einen Einblick in die Annahmen und Grundzüge der Argumentation. Der Grund für diesen Unterschied der Vorgehensweise liegt darin, daß der Rest des Buches die zentralen Fragestellungen der modernen Investitions- und Finanzierungstheorie aufgreifen sowie die Lösungen vorstellen wird, die diese Theorie anzubieten hat.

Deshalb sollen unsere Leser in diesem Kapitel lernen,

(1) welche grundlegenden Merkmale die moderne Investitions- und Finanzierungstheorie im Unterschied zur traditionellen Finanzwirtschaftslehre kennzeichnen. Diese Unterschiede der grundlegenden Perspektive lassen sich daran festmachen, *wessen* Ziele und *welche* Ziele bei der modernen Betrachtungsweise im Mittelpunkt stehen und worin das zentrale Problem des Investierens und Finanzierens gesehen wird;

(2) daß es innerhalb der modernen Investitions- und Finanzierungstheorie zwei Sichtweisen oder Richtungen zu unterscheiden gilt, die wir als die kapitalmarktorientierte oder neoklassische und die institutionenorientierte oder neo-institutionalistische Sichtweise oder Richtung bezeichnen wollen;

(3) daß sich jede dieser beiden modernen Sichtweisen jeweils auf einen anderen Aspekt derselben grundlegenden Investitions- und Finanzierungsproblematik konzentriert: Während die kapitalmarktorientierte Sicht analysiert, wie und unter welchen Bedingungen sich Investitions- und Finanzierungsprobleme durch den Kapitalmarkt lösen lassen, untersucht die neo-institutionalistische Sicht, wie und unter welchen Bedingungen Institutionen oder institutionelle Regelungen zur Lösung von Investitions- und Finanzierungsproblemen beitragen können;

(4) daß sich die beiden modernen Sichtweisen eines zwar ähnlichen, im Detail jedoch unterschiedlichen Bildes oder Modells vom Investieren und Finanzieren bedienen. Erst die Kenntnis dieser Unterschiede im Detail erlaubt es, die Rolle des Kapitalmarktes zum einen und die Rolle von Institutionen zum anderen bei der Lösung von Investitions- und Finanzierungsproblemen zu beleuchten.

2.2 Die wesentlichen gemeinsamen Merkmale der modernen Investitions- und Finanzierungstheorie

2.2.1 Das Unternehmen als Instrument nutzenmaximierender Wirtschaftssubjekte

Die moderne Investitions- und Finanzierungstheorie ist entscheidungsorientiert. Sie will **Entscheidungshilfen** geben, unter welchen Bedingungen sich das Investieren und Finanzieren lohnt. Mit dieser Ausrichtung ist im Vergleich zur traditionellen Finanzwirtschaftslehre ein grundsätzlicher Wandel verbunden, wer als Zielträger von Entscheidungen, die die Geschäftspolitik von Unternehmen beeinflussen, angesehen wird, und damit gleichzeitig auch ein grundsätzlicher Wandel, was den Inhalt der Ziele betrifft. Zielträger ist nicht mehr das organisatorische Gebilde Unternehmen, das "Unternehmen an sich", das dem Wohle der Gesellschaft zu dienen beabsichtigt. Vielmehr ist das Unternehmen, in das investiert wird oder das finanziert werden soll, nur noch Mittel zum Zweck: Als **Zielträger** werden Personen oder Wirtschaftssubjekte betrachtet, die das Unternehmen als Instrument benutzen.[1] Wirtschaftssubjekte als Zielträger verfolgen mit ihren Entscheidungen, bei denen sie das Unternehmen als Instrument einsetzen, unter Umständen andere Ziele, als es der traditionellen Finanzwirtschaftslehre mit dem gemeinwirtschaftlichen Sachziel höchstmöglicher Bedürfnisbefriedigung der Gemeinschaft vorschwebte. Gemäß der modernen Sicht, die nicht nur die Investitions- und Finanzierungstheorie, sondern die gesamte entscheidungsorientierte Betriebswirtschaftslehre prägt, verfolgt jedes einzelne Wirtschaftssubjekt eigene, subjektive Bedürfnisse. Dieses **Ziel** kann man allgemein als das Streben nach dem maximalen eigenen Nutzen formulieren. Dies entspricht der allgemeinen abstrakten Zielformulierung, die der neoklassischen Markttheorie[2] als Annahme über das Verhalten von Wirtschaftssubjekten zugrunde liegt, und stellt damit auch die methodische Entsprechung zu anderen Teilen der Betriebswirtschaftslehre wie etwa Gutenbergs Produktionstheorie her.

Die Zielsetzung **"Nutzenmaximierung"** ist sehr abstrakt und allgemein formuliert. Sie legt nicht fest, worin die Zielsetzungen von Wirtschaftssubjekten bestehen oder wovon ihr Nutzen abhängt. Das ist einerseits eine Stärke dieser Zielformulierung, und es bietet andererseits Anlaß zu Mißverständnissen. Die Stärke besteht darin, daß das Ziel der Nutzenmaximierung für jedes beliebige Wirtschaftssubjekt und für jede beliebige Entscheidungssituation gelten kann.[3] Das schafft die Voraussetzungen für eine wirklich allgemeine Theorie. Die Zielformulierung ist andererseits so allgemein, daß sie auch nichtssagend zu sein scheint, und gleichzeitig erweckt sie den Anschein, es würde unterstellt,

1 Vgl. in diesem Sinne auch *Swoboda* [Finanzierung], insb. S. 6.

2 Vgl. bspw. *Arrow/Debreu* [Existence], S. 269.

3 Vgl. *Becker* [Approach], S. 4 f.

daß die Menschen in ihrem Verhalten eine krasse Rechenhaftigkeit, sozusagen eine "Hyperrationalität", an den Tag legen und immer und ausschließlich Egoisten sind. Beides zugleich kann ohnehin nicht der Fall sein: Die Annahme nutzenmaximierenden Verhaltens kann nicht zugleich nichtssagend sein und besagen, daß Menschen "hyperrational" und Egoisten sind. Wir wollen diese Vorbehalte oder möglichen Mißverständnisse nacheinander aufgreifen.

Wir beginnen mit dem denkbaren Einwand, daß die Zielformulierung nichtssagend sei. Dieser Einwand ist falsch.

> Die Annahme, daß Wirtschaftssubjekte ihren Nutzen zu maximieren trachten, besagt (nur), daß sich Personen bewußt **rational verhalten**, d.h. daß sie in der Lage und darum bemüht sind, sich weitgehende Klarheit darüber zu verschaffen, was sie wollen, und sich im Rahmen ihrer Entscheidungsmöglichkeiten so verhalten, wie es ihren Zielen entspricht.[4]

Diese Annahme ist gehaltvoll, denn sie kann falsch sein. Es gibt Verhalten, das nicht in diesem Sinne rational ist. Irrationalität im Sinne von Unfähigkeit oder Unlust zur Überlegung, Planung und Begründung oder von blindem Vertrauen auf Intuition oder gar Horoskope kann durchaus das Verhalten von Menschen prägen.

Der zweite denkbare Einwand betrifft den Eindruck, die Annahme der Nutzenmaximierung würde voraussetzen, daß Wirtschaftssubjekte "hyperrational" seien und mit größter Ausführlichkeit immer genau ihren Nutzen "kalkulierten". Auch dieser Einwand ist nicht berechtigt. Das Kalkulieren und Planen kostet Zeit und möglicherweise Geld, und es ist durchaus nicht "vernünftig", so ausführlich und detailliert zu planen und zu kalkulieren, daß dadurch mehr Kosten entstehen, als durch verbesserte Entscheidungen gewonnen werden kann. Deshalb wurde oben die Annahme des rationalen Verhaltens auch so vorsichtig formuliert: Wirtschaftssubjekte *bemühen* sich, weitgehende Klarheit über ihre Ziele zu gewinnen, und *versuchen*, entsprechend zu entscheiden. Wird von Planungskosten und dergleichen abgesehen, stellt dies eine idealisierende Annahme dar, die nur getroffen wird, um die Darstellung einfach halten zu können.

Auch der dritte denkbare Einwand, die Annahme der Nutzenmaximierung unterstelle puren Egoismus, ist im Prinzip unberechtigt. Einem nutzenmaximierenden Wirtschaftssubjekt kann durchaus an dem Wohl seiner Mitmenschen gelegen sein. Dies läßt sich beispielsweise dadurch in der Zielsetzung "Nutzenmaximierung" erfassen, daß die Gesundheit oder das Einkommen von Freunden, Verwandten etc., das Wohl der Bürger der Stadt oder die Schonung der Umwelt als Einflußfaktoren berücksichtigt werden, die neben anderen den Zielerreichungsgrad des betrachteten Wirtschaftssubjekts determinieren. Allerdings ist es schwer, solche Sachverhalte modellmäßig zu berücksichtigen, und

4 Vgl. *Becker* [Approach], S. 6 f.

ausschließlich deshalb werden sie im folgenden auch nicht erfaßt. Alles andere würde den Rahmen dieses einführenden Lehrbuchs sprengen. Aber dies stellt, wie gesagt, keinen prinzipiellen Einwand dar.

Obwohl die Zielformulierung "Nutzenmaximierung" so wenig konkret ist und deshalb leicht allgemeine Akzeptanz finden könnte, handelt es sich dabei also um eine **Annahme**, die keineswegs von vornherein allgemeine Gültigkeit beanspruchen kann. Sie ist lediglich geeignet, um das Verhalten von solchen Wirtschaftssubjekten in einem ökonomischen Modell idealisierend zu erfassen, die sich rational verhalten (deskriptive Verwendung), oder um als gedanklicher Ausgangspunkt für Empfehlungen zu dienen, die sich an Personen richten, die sich bei ihren Entscheidungen rational verhalten wollen (normative Verwendung). Tatsächlich kann das Verhalten von Menschen in der Realität jedoch anders aussehen, als es ein Modell mit der Annahme der Nutzenmaximierung annimmt.

Es ist wichtig, diese beiden Verwendungen der Annahme rationalen Verhaltens und der in ihr enthaltenen idealisierenden Beschreibung des tatsächlichen Verhaltens von Menschen zu unterscheiden. Eher unproblematisch ist die Annahme rationalen, nutzenmaximierenden Verhaltens *dann* als Ausgangspunkt investitions- und finanzierungstheoretischer Überlegungen, *wenn* Entscheidungshilfen für solche Menschen erarbeitet werden sollen, die sich rational verhalten *wollen* bzw. ihre Investitions- und Finanzierungsentscheidungen so treffen wollen, daß sie ihre Ziele bestmöglich erreichen. Allerdings müssen zur Entwicklung solcher Entscheidungshilfen in der Investitions- und Finanzierungstheorie häufig Annahmen darüber getroffen werden, wie sich andere Menschen verhalten, und wenn man die Annahme der Nutzenmaximierung auch einsetzt, um das Verhalten der das entscheidende Wirtschaftssubjekt umgebenden Personen idealisierend zu beschreiben, kommt selbstverständlich der mögliche Einwand zum Tragen, daß diese Annahme "unrealistisch" sei. Gleichwohl verwendet die Investitions- und Finanzierungstheorie auch hier meistens diese Verhaltensannahme. Ob dadurch die von der modernen Theorie angebotene "Brille" den Blick für Investitions- und Finanzierungsprobleme eher schärft oder eher trübt, sollen und müssen unsere Leser selbst beurteilen.

Die moderne Investitions- und Finanzierungstheorie betrachtet also - anders als die traditionelle, güterwirtschaftliche Sicht - Investitions- und Finanzierungsaktivitäten aus dem Blickwinkel eines Wirtschaftssubjekts, das mit Hilfe dieser Aktivitäten seinen Nutzen zu maximieren sucht. Damit ist die Vorrangstellung des Leistungsbereichs aufgehoben.[5] Produktion und Absatz sind den finanziellen Aktivitäten in einer Unternehmung sogar gedanklich untergeordnet, denn wenn es sich nicht lohnen sollte, zu investieren und finanzieren, dann erübrigen sich folgerichtig auch die Entscheidungen über das "Wie" der Produktion. Natürlich hängen die Fragen nach dem "Ob" und dem "Wie" von Investitio-

5 Zur Abstimmung von Zahlungs- und Leistungsbereich vgl. *Schneider* [Investition], S. 151-172.

nen und Finanzierungen zusammen. Offensichtlich wird die Wahrscheinlichkeit, daß sich eine Investition lohnt, auch dadurch beeinflußt, welches Produktionsverfahren gewählt wird. Wie man in der modernen Theorie diese Interdependenz zu erfassen versucht, sollen die folgenden Abschnitte zeigen.

Die Vorstellung, daß das Unternehmen als Instrument nutzenmaximierender Wirtschaftssubjekte dient, gilt für die Investitions- und Finanzierungstheorie genauso wie beispielsweise für die Produktionstheorie. Unterschiedliche Zuständigkeits- und Gegenstandsbereiche dieser Teilfächer der Allgemeinen Betriebswirtschaftslehre ergeben sich erst dadurch, wie die Annahme der Nutzenmaximierung und die Entscheidungssituation im Detail konkretisiert werden. Im folgenden wird ausgeführt, welche Aspekte realer Investitions- und Finanzierungsentscheidungen die Modelle der Investitions- und Finanzierungstheorie in den Mittelpunkt der Analyse rücken und damit als wesentlich einstufen. Das Merkmal, das die Investitions- und Finanzierungstheorie von anderen Teilen der Betriebswirtschaftslehre unterscheidet, ist darin zu sehen, daß bei Investitions- und Finanzierungsproblemen die Zeit - genauer: die Zeitunterschiede - eine nicht wegzudenkende Rolle spielen. Wenn man bei der Analyse von Problemen oder der Vorbereitung von Entscheidungen ohne die Berücksichtigung von Zeitunterschieden auskommt, braucht man die Instrumente der Investitions- und Finanzierungstheorie nicht. Dann genügen einfachere "zeitlose" Theorien wie die Produktions- und Absatztheorie.

2.2.2 Investoren und Kapitalgeber als Zielträger

Grundsätzlich kommen als Wirtschaftssubjekte, die durch Investitions- und Finanzierungsentscheidungen ihren Nutzen maximieren wollen, eine Fülle von unterschiedlichen Personen und Personengruppen in Frage: *Zum einen* sind hier die **Kapitalgeber** zu nennen, die sich in Eigen- und Fremdkapitalgeber unterteilen lassen. Diese wiederum bilden in sich keine homogenen Gruppen, sondern es lassen sich beispielsweise innerhalb der Gruppe der Eigenkapitalgeber solche von Einzelunternehmen, von Personengesellschaften oder solche von Kapitalgesellschaften unterscheiden. Warum hier eine Unterscheidung geboten sein könnte, um Entscheidungshilfen für Investitions- und Finanzierungsentscheidungen geben zu können, wird bereits durch die Ausführungen über Finanzierungsformen im Rahmen der traditionellen Finanzierungslehre deutlich. Die Rechtsform legt die Ausprägung von Merkmalen der Eigenkapitalbeteiligung, z.B. in Bezug auf die Haftung, fest. Die Auswirkung von Investitions- und Finanzierungsentscheidungen auf die Eigenkapitalgeber kann demnach je nach Haftungsverpflichtung unterschiedlich sein. Aber auch unter den Eigenkapitalgebern einer einzigen Unternehmung könnte es angebracht sein zu differenzieren. Innerhalb einer Aktiengesellschaft ist es beispielsweise nicht unerheblich, ob ein Eigenkapitalgeber die Position eines Kleinaktionärs mit entsprechend geringen Einflußmöglichkeiten oder aber die Position eines Großaktionärs mit erheblichen Einflußmöglichkeiten einnimmt. Nach ähnlichen Kriterien ließen sich Untergruppen innerhalb der Fremdkapitalgeber bilden.

Neben den sich unter Umständen aus unterschiedlichsten Gruppen zusammensetzenden Kapitalgebern gilt es *zum zweiten* die **Unternehmensleitung**, die Manager, als (Ziel-) Träger von Investitions- und Finanzierungsentscheidungen in Erwägung zu ziehen. Bei kleinen Unternehmen nimmt diese Personengruppe häufig gleichzeitig die Rolle von Eigenkapitalgebern ein. Bei großen Unternehmen, insbesondere in der Rechtsform der Aktiengesellschaft, besteht die Unternehmensleitung jedoch in aller Regel aus einer Gruppe von angestellten Managern. Wenn nichts anderes gesagt wird, sind im folgenden mit dem Ausdruck "Manager" immer solche "Fremdmanager" gemeint.

Zum dritten besitzen natürlich die **Arbeitnehmer**, zu denen wiederum auch die Manager zählen, an Investitions- und Finanzierungsentscheidungen Interesse. Auch sie sind bestrebt, daß Investitions- und Finanzierungsentscheidungen so gefällt werden, daß es der Erreichung ihrer Ziele dient.

Zum vierten werden die **Kunden und Lieferanten** eines Unternehmens von Investitions- und Finanzierungsentscheidungen tangiert. Im Prinzip kommen auch sie als Zielträger in Betracht.

Schließlich dürfen auch der **Staat** als Steuereinnehmer (Fiskus) sowie die **Öffentlichkeit** als potentielle Zielträger nicht vergessen werden. Man denke nur daran, wie etwa der Nutzen der breiten Öffentlichkeit durch Investitionen beeinflußt wird, die die Umwelt mehr oder weniger verschmutzen können.

Je nachdem, welche dieser Gruppen als Zielträger von Investitions- und Finanzierungsentscheidungen angenommen wird, dürfte die Konkretisierung der Zielinhalte, die den Nutzen der Wirtschaftssubjekte im Rahmen von Investitions- und Finanzierungsentscheidungen beeinflussen, wohl anders aussehen. Sollen Entscheidungshilfen für Investitions- und Finanzierungsentscheidungen entwickelt werden, die über die allgemeine Empfehlung "Maximiere Deinen Nutzen!" hinausgehen, so muß offensichtlich eine Vorentscheidung getroffen werden, wer als Zielträger von Investitions- und Finanzierungsentscheidungen in den Mittelpunkt der Analyse gestellt werden und für wen speziellere, gehaltvollere Empfehlungen gegeben werden sollen.

Die moderne Investitions- und Finanzierungstheorie trifft diese Vorentscheidung derart, daß sie sich auf die Gruppe von Zielträgern konzentriert, die sich unter den Oberbegriff **Investoren und Kapitalgeber** subsumieren lassen. Dazu gehören jedenfalls die Eigenkapitalgeber und je nach dem spezifischen zu diskutierenden Zusammenhang auch die Fremdkapitalgeber und die Manager.

Eine Begründung für diese Vorentscheidung läßt sich nur in Grenzen geben. Die vielleicht einleuchtendste Begründung ist, daß es in der Realität tatsächlich diese Personengruppen sind, die die Macht besitzen, Investitions- und Finanzierungsentscheidungen zu fällen. Doch diese Begründung ist weder geeignet, die Vorentscheidung "moralisch" zu rechtfertigen, noch trifft sie tatsächlich auf alle Modelle der Investitions- und Finanzierungstheorie zu. Es ist z.B. in einer großen Klasse von investitions- und finanzierungstheoretischen Modellen, die wir im dritten und vierten Teil dieses Buches kennzeichnen werden, üblich, von Entscheidungen im Interesse der Aktionäre auszugehen,[6] obwohl Entscheidungen in Aktiengesellschaften häufig von Managern getroffen werden, die unter Umständen andere Ziele als die Aktionäre verfolgen.

Insofern muß die Vorentscheidung, sich auf die Personengruppen von Investoren und Kapitalgebern zu konzentrieren, zunächst einmal als Annahme hingenommen werden, die die Tauglichkeit der offerierten Brillen gegebenenfalls einschränken könnte. Allerdings sind damit die anderen als potentielle Zielträger genannten Gruppen nicht unbedingt gänzlich ausgeblendet. Zum einen könnte beispielsweise ein Kunde oder ein Lieferant über eine Kundenanzahlung bzw. einen Lieferantenkredit auch zum Kapitalgeber werden, so daß er indirekt erfaßt wäre, wenn auch die gebotenen Entscheidungshilfen auf seine Rolle nur bedingt zugeschnitten sind. Zum anderen müssen natürlich die Interessen der nicht zu den Investoren und Kapitalgebern zählenden Gruppen bei Entscheidungen immer insofern berücksichtigt werden, als sie in Form von Nebenbedingungen den Handlungsspielraum der Investoren und Kapitalgeber einschränken.[7] Solche Nebenbedingungen treten vor allem in zwei Formen auf: in der Form von Verträgen mit Arbeitnehmern, Kunden, Lieferanten usw. und in der Form von Gesetzen, namentlich solchen über Steuerpflichten und zum Umweltschutz.

Trotz der Vorentscheidung für die Investoren und Kapitalgeber als die relevanten Zielträger ist auch diese Gruppe noch recht heterogen. Zwei Wege können nun beschritten werden, um zu einer weitergehenden Konkretisierung der relevanten Zielinhalte zu gelangen: Zum einen könnte man sich auf eine Untergruppe der Investoren oder Kapitalgeber konzentrieren. Diesen Weg wollen wir hier noch nicht verfolgen, denn dies würde bereits zu sehr in die Ausformulierung eines spezifischen Modells hineinführen, die den Folgeteilen dieses Buches vorbehalten ist. Zum anderen könnte nach einer Konkretisierung der Zielsetzung "Nutzenmaximierung" gesucht werden, die allen Mitgliedern der heterogenen Gruppe von Investoren und Kapitalgebern gleichermaßen gerecht wird. Dieser Weg wird im folgenden Abschnitt beschritten.

6 Vgl. *Brealey/Myers* [Principles], S. 24, und *Swoboda* [Finanzierung], S. 6.

7 Vgl. dazu *Ballwieser/Schmidt* [Unternehmensverfassung], insb. S. 654.

2.2.3 Der Nutzen des Konsumstroms als Zielinhalt

Zielinhalte oder kurz gesagt Ziele sind Ausdruck der Wünsche von Personen. Diese Wünsche wollen sie durch die von ihnen getroffenen Entscheidungen wahr werden lassen. Insofern geben die Ziele von Investoren und/oder Kapitalgebern auch gleichzeitig den Maßstab vor, um unterschiedliche Handlungsmöglichkeiten gegeneinander abzuwägen. Im Prinzip kommt eine Fülle unterschiedlicher Ziele in Frage, auf die sich die Wünsche oder Präferenzen eines Wirtschaftssubjekts richten können. Zunächst lassen sich die möglichen Zielinhalte grob in die Gruppen der finanziellen und der nicht-finanziellen Ziele unterscheiden.

Zu den **nicht-finanziellen Zielen** zählt z.B. das Streben nach Macht und Prestige. **Macht** ist das Vermögen, andere auch gegen deren Widerstreben zu einem bestimmten Verhalten veranlassen zu können.[8] Das Streben nach **Prestige** bedeutet den Wunsch, "im Werturteil der menschlichen Mitwelt einen möglichst hohen Rang einzunehmen"[9]. Auch das Bestreben, sich **sozial verantwortlich** zu verhalten oder seine **Pflichten zu erfüllen**, kann zu den nicht-finanziellen Zielen eines Wirtschaftssubjekts gehören. Vielleicht dient ein derartiges Verhalten nur als Mittel, um andere Ziele wie etwa Prestige zu erreichen, weil soziales Verhalten und Pflichterfüllung in der Gesellschaft mit Anerkennung honoriert werden. Wir sehen hieran, daß verschiedene nicht-finanzielle Ziele interdependent sein können; und wir sehen ebenfalls, daß ethische und soziale Motive auch nur vorgeschoben sein können, um die Verfolgung von anderen, weniger edlen Zielen zu verschleiern. Dennoch ist bei einer Vielzahl von Wirtschaftssubjekten anzunehmen, daß sie aus originären Motiven soziale Verantwortung übernehmen, weil sie als Persönlichkeiten den ethischen und sozialen Wert der Rücksichtnahme auf andere bejahen oder aus der Sozialbindung von Eigentum (Artikel 14 GG) eine Fürsorgepflicht ableiten. Als weitere nicht-finanzielle Ziele ließen sich - ohne Anspruch auf Vollständigkeit erheben zu wollen - das bereits aus der traditionellen Finanzwirtschaftslehre bekannte Streben nach **Unabhängigkeit**, das Streben nach **Erholung** und **Muße** oder auch der Wunsch nach **Selbstverwirklichung** bzw. **Daseinserfüllung** anführen.

All den genannten und auch nicht genannten nicht-finanziellen Zielen ist gemein, daß sie neben oder sogar auf Kosten von finanziellen Zielen verfolgt werden können. Das macht aber auch zugleich die Schwierigkeit ihrer Handhabung aus: Finanzielle Größen, d.h. Geldeinheiten, scheinen als Maßstab zur Beurteilung des nicht-finanziellen Zielerreichungsgrads auszuscheiden, und dieser Mangel an Operationalisierbarkeit wird in aller Regel auch als Grund angeführt, warum nicht-finanzielle Ziele bei der Behandlung von Investitions- und Finanzierungsproblemen häufig per Annahme ausgeblendet werden,

8 Vgl. *Weber* [Wirtschaft], S. 28.

9 *Lersch* [Aufbau], S. 119, zitiert nach *Heinen* [Zielsystem], S. 79.

obwohl sie anerkanntermaßen bei realen Investitions- und Finanzierungsentscheidungen eine Rolle spielen können.

In neuerer Zeit zeichnet sich diesbezüglich jedoch ein Wandel ab. Man hat erkannt, daß sich die Schwierigkeit der Messung von nicht-finanziellen Zielgrößen häufig durch die Frage nach ihrem finanziellen Äquivalent umgehen läßt. Jedem dürfte dieses Vorgehen aus den Nachrichten bekannt sein, wenn das Ausmaß der Zerstörung der Umwelt in DM oder Dollar beziffert wird. Ähnlich könnte man beispielsweise einem Wirtschaftssubjekt die Frage stellen, durch wieviel Geld es entschädigt werden müßte, wenn es auf seine Unabhängigkeit oder einen Teil seiner Freizeit oder aber auf das mit einem Investitionsobjekt verbundene Prestige verzichten sollte. Auf diese Weise ließe sich die subjektive Bewertung der nicht-finanziellen Ziele in finanziellen Größen ausdrücken. Gegen diese Vorgehensweise, die sich in der neueren Literatur immer mehr durchsetzt, könnte man einwenden, daß es unmöglich sei, das Wesen nicht-finanzieller Ziele in Geld zu erfassen. Diesem Einwand ist eine gewisse Berechtigung nicht abzusprechen. Dennoch hoffen wir, unsere Leser im fünften Teil dieses Buches davon überzeugen zu können, daß diese Methode wichtige Einsichten eröffnet, die im Falle der völligen Ausblendung nicht-finanzieller Ziele verloren gehen würden.

Wir wenden uns nun den **finanziellen Zielen** zu. Auf den ersten Blick scheint sich auch die Gruppe der finanziellen Ziele in eine Vielzahl unterschiedlicher finanzieller Zielgrößen aufzufächern. Man denke nur an das Streben nach **Gewinn**, nach **Einkommen** oder nach **Vermögen**. Doch bei näherem Hinsehen lassen sie sich alle auf ein einziges Ziel reduzieren: auf das **Streben nach einem möglichst hohen Nutzen des Konsumstroms**.

Die einschränkende Annahme, die wir zur Reduktion aller denkbaren finanziellen Ziele auf das Streben nach dem nutzenmaximierenden Konsumstrom treffen müssen, besteht darin, daß der Besitz von Geld unmittelbar keinen Nutzen stiftet. Der Nutzen von Geld leitet sich vielmehr mittelbar daraus ab, daß Geld die Möglichkeit zum Konsum eröffnet. Letztlich verschafft, so wird angenommen, einem Wirtschaftssubjekt neben der Erreichung nicht-finanzieller - oder vielleicht besser: nicht-materieller - Ziele nur der Konsum von Äpfeln, Birnen, Brot, Waschmaschinen oder Autos Nutzen. Geld allein, so könnte man formulieren, macht nicht glücklich, sondern nur das, was man dafür kaufen kann. Da sich aber Äpfel und Birnen und Autos nicht addieren lassen, ohne sie vorher auf einen gemeinsamen Nenner zu bringen, sind Geldeinheiten als Recheneinheit ein bequemes Mittel, um den Konsum bzw. die Konsummöglichkeiten zu messen.

Konsum erfolgt nicht nur zu *einem* Zeitpunkt, denn ein Wirtschaftssubjekt kann nicht seinen gesamten Lebensbedarf an Brot an einem einzigen Tag zu sich nehmen. Deshalb richten sich finanzielle bzw. materielle Wünsche oder Präferenzen nicht nur auf die Höhe, sondern auch auf die **zeitliche Verteilung** des Konsums, d.h. auf einen Konsum**strom**.[10] Der Konsumstrom stellt eine Kette oder Abfolge des Konsums zu unterschiedlichen Zeitpunkten dar und läßt sich unter Rückgriff auf die Recheneinheit Geld durch den **Strom** der Konsumausgaben oder **des Konsumeinkommens** repräsentieren.[11] Konsumeinkommen ist das Geld, das einer Person zufließt und für Konsumausgaben verwendet wird. Damit zählt zum Konsumeinkommen *nicht* derjenige Teil des Einkommens, den ein Wirtschaftssubjekt spart bzw. investiert. Das Sparen, d.h. der Nicht-Verbrauch eines Teils des zufließenden Einkommens, bzw. die Anlage oder Investition dieser Ersparnis dienen lediglich dazu, Konsum auf spätere Zeitpunkte zu verschieben und das für Konsum in späteren Zeitpunkten verfügbare Einkommen zu erhöhen.[12] Das Konsumeinkommen ist damit identisch mit den Konsumausgaben.

Gerade weil für die Investitions- und Finanzierungstheorie die Berücksichtigung von Zeit und Zeitunterschieden von zentraler Bedeutung ist, darf man auch bei der Formulierung finanzieller Ziele die Zeitunterschiede nicht vernachlässigen. Die zeitliche Dimension der Zielsetzung wird dadurch berücksichtigt, daß auf den Nutzen des Konsum*stroms* als Ziel abgestellt wird. Daraus ergibt sich auch, warum sich die oben genannten finanziellen Zielgrößen Gewinn und Vermögen dem Streben nach dem nutzenmaximalen Konsumstrom unterordnen lassen: Das **Vermögen** eines Wirtschaftssubjekts ist im Unterschied zum Konsum bzw. den Konsumausgaben und dem Konsumeinkommen keine Stromgröße, sondern eine Bestandsgröße. Eine Stromgröße bezieht sich auf eine Reihe aufeinanderfolgender Zeitpunkte oder Zeiträume, während eine Bestandsgröße auf einen einzigen Bezugszeitpunkt abstellt. Das Vermögen gibt den finanziellen Wert der Güter an, über die ein Individuum zu einem bestimmten Zeitpunkt als Eigentümer verfügt. Vermögen kann, da annahmegemäß der Besitz von Geld oder finanziellen Werten allein keinen unmittelbaren Nutzen stiftet, lediglich dadurch wertvoll sein, daß es jetzt oder später in Konsum umgewandelt wird. Mit anderen Worten: Vermögen beinhaltet und repräsentiert ein **Konsumpotential**. Es ist damit als Mittel zum eigentlichen Zweck, der Erzielung eines nutzenmaximalen Konsumstroms, einzustufen.

Ähnlich verhält es sich mit der finanziellen Zielgröße **Gewinn**. Gewinn ist der nach den Regeln der Bilanzierung ermittelte **finanzielle Überschuß**, der in einem Unternehmen in *einer Periode*, in aller Regel in einem Jahr, erwirtschaftet wurde.[13] Wenn überhaupt ist also der Gewinn nur als Zielgröße für eine kurzfristige, periodenbezogene Erfolgsrechnung geeignet, nicht aber für eine langfristige Betrachtung, die mehr als eine Periode umfaßt. Für Entscheidungen mit langfristigen Auswirkungen - und damit für die meisten

10 Vgl. *Moxter* [Gewinnermittlung], S. 6-7.

11 Diese auf *Fisher* [Interest] zurückgehende Unterscheidungen werden in *Moxter* [Gewinnermittlung], S. 5-9, und *Drukarczyk* [Investitionstheorie], S. 15-21, diskutiert.

12 Vgl. *Moxter* [Gewinnermittlung], S. 21-24.

13 Eine ausführliche Darstellung verschiedener Gewinnkonzeptionen gibt *Moxter* [Gewinnermittlung].

Investitions- und Finanzierungsentscheidungen - wäre nicht auf "den Gewinn" als eine Größe ohne zeitliche Strukturierung, sondern allenfalls auf die Zielgröße "Strom der Gewinne" abzustellen.

Doch auch der Gewinnstrom ist als Zielgröße für Entscheidungen ungeeignet, bei denen Personen als Zielträger im Mittelpunkt stehen. Das hat folgenden Grund: Wir haben es als ein charakteristisches Merkmal der modernen Theorie hervorgehoben, daß Investoren und Kapitalgeber das Unternehmen als Instrument zur Erreichung ihrer eigenen persönlichen Ziele betrachten. Insofern interessiert sie nicht der finanzielle Erfolg des "Unternehmens an sich", sondern derjenige, den sie für sich verbuchen können. Der Gewinn gibt jedoch allenfalls den Erfolg des Unternehmens an;[14] und dieser kann entweder an die Eigentümer des Unternehmens ausgeschüttet oder aber im Unternehmen zwecks Durchführung neuer Investitionen einbehalten werden. Unter der getroffenen Annahme, daß sich das materielle Streben eines Wirtschaftssubjektes allein auf den Konsum richtet, kann nur der Teil des Gewinns zu einer Nutzenerhöhung führen, der tatsächlich als Einkommen an die Eigentümer fließt und zu Konsumzwecken verwendet wird.[15] Der Gewinn - oder auch der Gewinnstrom - ist also auch nur Mittel zum Zweck.

Ähnlich läßt sich auch bei solchen potentiellen Zielgrößen argumentieren, die häufig im Zusammenhang mit unternehmerischen Entscheidungen genannt werden, bei denen aber nicht von vornherein klar ist, ob es sich um finanzielle oder nicht-finanzielle Ziele handelt. Als Beispiele seien das Streben nach **Umsatz, Marktanteil, Unternehmenswachstum** oder **Unternehmenserhalt** genannt. All diese Größen sind entweder ein Mittel, um finanzielle Ziele - umfassend repräsentiert durch den Konsumstrom - zu erreichen. Oder aber sie sind ein Mittel, um nicht-finanzielle Ziele zu erreichen. Das Wachstum des Unternehmens könnte Macht und Prestige fördern; auf den Erhalt des Unternehmens könnte die Familientradition oder die soziale Verantwortung verpflichten. In diesem Fall wäre ein Investor sogar bereit, finanzielle Einbußen (in Höhe des finanziellen Äquivalents) hinzunehmen, um die Erreichung seiner nicht-finanziellen Ziele zu fördern. Ganz gleich, welches Ziel das letztendliche ist, die genannten potentiellen Ziele Umsatz, Marktanteil etc. sind Mittel zum Zweck und damit allenfalls Zwischenziele; und je nach

14 Zu den Grenzen der Aussagefähigkeit des Gewinns als Erfolgsmaßstab für Unternehmen vgl. *Moxter* [Bilanzlehre].

15 Der Teil des Gewinns, der durchschnittlich in jeder Periode an die Eigentümer ausgeschüttet werden könnte, wird auch als kapitaltheoretischer oder "ökonomischer Gewinn" bezeichnet. Die Zielgröße "ökonomischer Gewinn" nähert sich also an den hier als Zielgröße postulierten Konsumstrom an, da er die durch den Erfolg des Unternehmens durchschnittlich mögliche Erhöhung des Konsumeinkommens angibt. Dennoch kann auch der ökonomische Gewinn die Zielgröße Konsum(einkommens)strom nicht uneingeschränkt ersetzen, denn daß eine Ausschüttung durchschnittlich möglich ist, heißt nicht, daß sie auch immer in dieser Höhe erfolgt und für Konsum genutzt wird. Vgl. zum ökonomischen Gewinn auch die Ausführung in Kap. 4.

den im Einzelfall gegebenen Umständen sind sie mehr oder weniger sinnvolle Mittel oder Zwischenziele.

Der Konsum(einkommens)strom - gegebenenfalls unter Hinzurechnung des finanziellen Äquivalents für die Erreichung nicht-finanzieller Ziele - scheint also wirklich als die Zielgröße geeignet zu sein, auf die sich das Nutzenstreben jedes Investors oder Kapitalgebers richtet. Bevor wir allerdings diese Einschätzung als Fazit unserer Überlegungen zu potentiellen Zielen festhalten können, gilt es noch, einen Problemfall zu bewältigen, der sich nicht so ohne weiteres in unser Argumentationsraster einzufügen scheint. Gemeint ist das potentielle Ziel **Sicherheit**.

Wäre Sicherheit eindeutig ein nicht-finanzielles Ziel, wäre eine gesonderte Behandlung unnötig. Die Ausführungen zu nicht-finanziellen Zielen wären analog auf das potentielle Ziel Sicherheit zu übertragen. Wäre Sicherheit lediglich als Mittel zur Erreichung anderer nicht-finanzieller oder finanzieller Ziele einzuordnen, wie etwa das Streben nach Marktanteilen, so ergäbe sich auch kein neues Problem. Das Besondere liegt darin, daß die **Sicherheit** bzw. der Grad der Unsicherheit eine Eigenschaft oder **Dimension des Zielerreichungsgrads** ist.[16] Wenn ein Investor Investitionsentscheidungen fällt, von denen er sich eine Erhöhung seines Konsumstroms oder aber seines Prestiges erhofft, so kann die Erreichung dieser Ziele mehr oder weniger sicher bzw. wahrscheinlich sein. Bei allen Zielen können verschiedene Wahrscheinlichkeiten für unterschiedliche Grade der Zielerreichung existieren; und deshalb muß im Prinzip die (Un-)Sicherheit als Dimension der Zielerreichung gerade bei langfristigen, weit in die Zukunft gerichteten Entscheidungen immer berücksichtigt werden, unabhängig davon, worauf sich die Wünsche einer Person richten. Damit können wir als **Ergebnis** unserer Überlegungen festhalten:

> Die finanziellen - oder besser: materiellen - Ziele, auf die sich das Nutzenstreben jedes Investors oder Kapitalgebers bei seinen Investitions- oder Finanzierungsentscheidungen konzentriert, werden in der modernen Investitions- und Finanzierungstheorie durch den Konsumstrom erfaßt, der durch den Strom von Einkommen, das für Konsum ausgegeben wird, gemessen werden kann. Ein Konsumeinkommensstrom setzt sich aus einer Reihe möglicher (Konsumeinkommens-) Zahlungen zusammen, die mit einer bestimmten Wahrscheinlichkeit in einer bestimmten Höhe zu einem bestimmten Zeitpunkt eintreten werden. Er hat somit drei Dimensionen: **Breite, zeitliche Struktur und Unsicherheit**.[17]

Investitions- und finanzierungstheoretische Modelle blenden nicht-finanzielle Ziele, die neben oder auf Kosten von finanziellen Zielen angestrebt werden, häufig aus Vereinfachungsgründen aus, obwohl sie sich prinzipiell durch ein finanzielles Äquivalent erfas-

---

16 Zu Zeit und Unsicherheit als Bestimmungsgründe der Unternehmenspolitik vgl. *Schneider* [Investition], S. 21-42.

17 Vgl. dazu grundlegend *Moxter* [Präferenzstruktur].

sen lassen, das in den gleichen Dimensionen wie der Konsumeinkommensstrom, also durch Höhe, zeitliche Struktur und (Un-)Sicherheit, ausgedrückt werden sollte, um gegen finanzielle Ziele abwägbar zu sein.

2.2.4 Das Grundproblem der Investitions- und Finanzierungstheorie: die Bewertung von Konsumeinkommensströmen

Auf der Basis der vorgenommenen Spezifizierung von Zielträgern und Zielinhalten, die für die moderne Investitions- und Finanzierungstheorie typisch sind, läßt sich nun auch das zentrale Problem kennzeichnen, mit dem sich diese Richtung oder Sichtweise von Investition und Finanzierung befaßt.

Die moderne Investitions- und Finanzierungstheorie ist entscheidungsorientiert. Sie versucht in erster Linie, Empfehlungen abzugeben, wie Entscheider "rationale" Investitions- und Finanzierungsentscheidungen treffen sollten bzw. können. Diese Entscheidungen sollen so getroffen werden, daß sie der Zielerreichung von Wirtschaftssubjekten dienen. Als Zielträger stellt die Investitions- und Finanzierungstheorie Investoren und Kapitalgeber in den Mittelpunkt, die ihren Nutzen zu maximieren suchen. Ihr Nutzen wird maßgeblich durch den erzielbaren Konsumstrom determiniert, der gegebenenfalls um das finanzielle Äquivalent nicht-finanzieller Ziele korrigiert werden kann. Es stellt den ersten Schritt auf dem Weg zur Abgabe von praktisch nützlichen Empfehlungen dar, daß ein Entscheider nach den Veränderungen des Konsumeinkommensstroms fragt, die durch Investitions- und Finanzierungsentscheidungen ausgelöst werden, denn schließlich geht es darum, diese Auswirkungen zu bewerten.

Das Wesentliche von Investitions- und Finanzierungsaktivitäten und -entscheidungen besteht also nicht (mehr) darin, daß Finanzierung mit Mittelbeschaffung und Investition mit der Umwandlung von flüssigen Mitteln in Produktionsfaktoren gleichgesetzt wird. Vielmehr paßt sich die **Definition der Grundbegriffe** der neuen Perspektive an, die andere Wesenszüge desselben realen Phänomens hervortreten läßt:

> Investition und Finanzierung werden als Maßnahmen gesehen, die Veränderungen von Konsumströmen auslösen.

Dies ist nach moderner Sicht ihr zentraler Wesenszug, und deshalb sind potentielle Investitions- und Finanzierungsmaßnahmen modellmäßig auch so abzubilden, daß dieser Wesenszug idealisierend hervortritt: als Zahlungsströme, die Veränderungen von Konsumeinkommensströmen angeben. Alle Aktivitäten, die nötig sind, damit es überhaupt zu Veränderungen der Konsumeinkommensströme kommt, treten in den Hintergrund. Es interessiert in der Investitions- und Finanzierungstheorie nicht, daß Produktionsmittel beschafft werden müssen, daß und wie Güter produziert und abgesetzt werden, daß Gewinne bilanziell erfaßt werden müssen und daß über ihre Ausschüttung entschieden werden muß, bevor überhaupt Konsumeinkommen bei den Investoren ankommt. Natürlich ist all dies nötig, aber es wird nicht in den Vordergrund gerückt. Deutlicher als in den folgenden gängigen Definitionen könnte diese Verlagerung der Aufmerksamkeit kaum zum Ausdruck kommen:

> Eine **Investition** ist eine Zahlungsreihe, die in der Regel mit einer (sicheren) Auszahlung beginnt, auf die zu späteren Zeitpunkten (unsichere) Einzahlungen folgen. [18]

Die Auszahlung zu Beginn des Zahlungsstroms oder der Zahlungsreihe gibt den Verzicht auf Konsumeinkommen an, der heute nötig ist, um in der Zukunft das Konsumeinkommen zu erhöhen. Diese erhoffte zukünftige Erhöhung wird durch die in ihrer Höhe und in ihrem zeitlichen Anfall unsicheren Einzahlungen der Investitionszahlungsreihe abgebildet. Genau spiegelbildlich definiert man eine Finanzierung:

> Eine **Finanzierung** ist eine Zahlungsreihe, die mit einer Einzahlung beginnt, auf die zu späteren Zeitpunkten (unsichere) Auszahlungen folgen. [19]

Die Einzahlung zu Beginn des Zahlungsstroms repräsentiert die finanziellen Mittel, die ein Kapitalgeber einem Investor zur Verfügung stellt. Um genau diesen Betrag muß der Kapitalgeber heute Konsumverzicht üben, und um genau diesen Betrag steigt das für Konsum verfügbare Einkommen des Investors und Kapitalnehmers, denn in Höhe der ihm von anderen zur Verfügung gestellten Mittel muß er nun selbst keinen Konsumverzicht mehr leisten, um die Anfangszahlung der Investitionszahlungsreihe aufzubringen. Als Gegenleistung jedoch fallen beim Kapitalnehmer zukünftig Auszahlungen an, die sein Konsumeinkommen mindern und das Konsumeinkommen des Kapitalgebers erhöhen.

Aus diesen Definitionen wird deutlich, daß Investition und Finanzierung nur zwei Seiten ein und derselben Sache sind. Eine Finanzierung stellt sich nur aus der Sicht eines Kapitalnehmers als solche dar. Schaut man denselben Vorgang aus der Sicht des Kapitalgebers an, so handelt es sich um eine Investition. Investition und Finanzierung lassen sich überhaupt nur dann gedanklich trennen, wenn die Rolle des Investors und die Rolle des Kapitalgebers von unterschiedlichen Wirtschaftssubjekten eingenommen werden. Wenn umgekehrt ein Einzelunternehmer seine Investitionstätigkeit nur mit eigenen Mitteln finanziert, so fallen Investition und Finanzierung unmittelbar zusammen.

Weil Investition und Finanzierung als zwei Seiten derselben Medaille wahrgenommen werden, kann es auch nicht verwundern, daß nach moderner Sicht die Problematik von Investitionsentscheidungen und diejenige von Finanzierungsentscheidungen als im Prinzip

18 Vgl. ähnlich *Schneider* [Investition], S. 20.

19 Vgl. ähnlich *Schneider* [Investition], S. 20f.

gleichartig gesehen werden. Bei der Ableitung von Empfehlungen zur Unterstützung von Investitions- und Finanzierungsentscheidungen steht jeweils das Problem im Mittelpunkt, eine Bewertung von Zahlungsströmen vorzunehmen. Es muß beurteilt werden, ob die Zahlungsströme, die durch Investitions- und Finanzierungsentscheidungen ausgelöst werden, den Konsumeinkommensstrom des Investors, Kapitalnehmers oder Kapitalgebers positiv beeinflussen oder nicht. Die zentrale Frage lautet:

> Wird durch eine Investitions- oder Finanzierungsentscheidung der Nutzen, den ein Wirtschaftssubjekt aus seinem Konsumeinkommensstrom zu ziehen erwartet, erhöht? Und welche Kombination von Investitions- und Finanzierungsmaßnahmen läßt den am höchsten bewerteten Konsumeinkommensstrom erwarten?

Auf den ersten Blick scheint diese Frage nicht so schwierig zu sein, daß man zu ihrer Beantwortung die restlichen Seiten dieses Buches beanspruchen müßte. Doch dieser Eindruck trügt. Selbst wenn man nicht-finanzielle Ziele aus der Betrachtung ausschließt und selbst wenn man unterstellt, daß sich die Auswirkungen von Investitions- und Finanzierungsmaßnahmen korrekt erfassen lassen, bleibt das Problem der Bewertung von Investitions- und Finanzierungsmaßnahmen recht kompliziert. Dies gilt erst recht, wenn die Bewertung für mehrere Personen vorgenommen werden soll; und die Bewertung durch mehrere Personen ist nicht nur dadurch komplizierter, daß nicht-finanzielle Ziele für verschiedene Personen sehr unterschiedlich ausgeprägt sein können und Erwartungen zwischen ihnen erheblich differieren können.

Die Bewertung von Konsumströmen ist genau deshalb schwierig, weil sie drei Dimensionen haben. Die alleinige Bewertung der Dimension Breite bzw. Höhe der Zahlungen bereitet kein Problem. Für alle Wirtschaftssubjekte dürfte gelten: Mehr Konsumeinkommen ist besser als weniger. Sobald wir die Dimension zeitliche Struktur hinzunehmen, wird das Bewertungsproblem aber schon kompliziert. Das erkennt man, wenn man versucht, zu entscheiden, welcher der folgenden drei Konsumströme 1, 2 oder 3 mit den in Tabelle 2.1 angegebenen sicheren Zahlungen in den Zeitpunkten t_1, t_2 und t_3 der beste ist.

Konsumstrom	Zeitpunkt		
	t_1	t_2	t_3
1	16	24	28
2	20	20	20
3	16	20	28

Tab. 2.1: Drei (sichere) Konsumströme

Eindeutig kann man sich lediglich gegen den Konsumstrom (KS) 3 entscheiden, denn er ist weniger breit als KS 1. KS 1 liefert in jedem Zeitpunkt gleich hohe oder höhere Einzahlungen als KS 3; KS 3 wird also von KS 1 **dominiert**. KS 1 und KS 2 lassen sich hingegen nicht nach ihrer Breite ordnen (und dies gilt ebenfalls für KS 2 und KS 3). Um eine Rangfolge bilden zu können, müßte bekannt sein, welche zeitliche Struktur ein Individuum bevorzugt. Man müßte wissen, wie es Einkommen und Konsum in t_1 im Vergleich zu Einkommen und Konsum in t_2 und t_3 bewertet. Offensichtlich kann diese Bewertung von Person zu Person unterschiedlich sein. Ein Student, der jetzt noch keine so hohen Ansprüche hat, aber später, wenn er eine Familie gegründet haben wird, seinen Kindern eine gute Ausbildung bieten möchte, hat vermutlich andere Präferenzen bezüglich der zeitlichen Struktur seines Konsumeinkommensstroms als ein ehemaliger Professor, der sich dem 80. Lebensjahr nähert. Ersterer wird wohl eher einen steigenden, letzterer einen gleichmäßigen Einkommensstrom bevorzugen.

Noch wesentlich komplizierter wird das Problem der Bewertung des Konsumeinkommensstroms, wenn wir die dritte Dimension von Zahlungsströmen, die Unsicherheit, hinzunehmen. Wie ist ein Konsumeinkommensstrom, der relativ niedrige, aber sichere Zahlungen mit sich bringt, gegenüber einem anderen zu bewerten, der zwar mit einer gewissen Wahrscheinlichkeit sehr hohe, mit einer ebenfalls positiven Wahrscheinlichkeit aber auch gar keine Einzahlungen erwarten läßt? Bei der Abwägung beider Alternativen kommt es wiederum auf die Präferenzen des entscheidenden Individuums, auf seine Einstellung zum Risiko, an.

Nicht umsonst haben wir bei der Formulierung des in der modernen Investitions- und Finanzierungstheorie zugrundegelegten finanziellen Ziels nicht auf den Zusatz "Maximierung des Nutzens" des Konsumstroms verzichtet. Die Formulierung "Maximierung des Konsumstroms" - oder des Konsumeinkommensstroms - wäre falsch, denn Konsum(einkommens)ströme können von verschiedenen Wirtschaftssubjekten, die unterschiedliche Präferenzen bezüglich der zeitlichen Struktur und der Unsicherheit haben, auch unterschiedlich bewertet werden.

Von einer allgemeinen Antwort auf die Frage, welche Investitions- und Finanzierungsmaßnahmen als vorteilhaft einzustufen sind und wie das vorteilhafteste Bündel von Investitions- und Finanzierungsmaßnahmen zu ermitteln ist, scheinen wir trotz aller schon vorgenommenen Vereinfachungen weit entfernt zu sein. Für jeden Investor, Kapitalnehmer oder Kapitalgeber könnte eine jeweils andere Antwort gelten. Die Entscheidung hängt eben von den Präferenzen ab, so lautet das bisherige und in dieser Form sicherlich enttäuschende Zwischenfazit. Dieses Ergebnis ist um so weniger befriedigend, als von Investitions- und Finanzierungsentscheidungen in aller Regel mehrere Wirtschaftssubjekte als Zielträger tangiert werden. Selbst wenn wir eine Entscheidungstechnik präsentieren könnten, die für jedes Wirtschaftssubjekt individuell eine Bewertung von Investitions- und Finanzierungsalternativen ermöglichte, wäre das Investitions- und Finanzierungsproblem immer noch ungelöst. Denn wie sollen sich mehrere Wirtschaftssubjekte einigen, die gemeinsam über ein Vorhaben zu entscheiden haben, deren Präferenzen aber unterschiedlich sind? Wenn ihre Präferenzen stark genug differieren, scheint eine Einigung nicht möglich.

Sind mehrere Personen von Investitions- und Finanzierungsmaßnahmen betroffen und/oder müssen gemeinsam über diese entscheiden, dann müssen sie sich aber irgendwie einigen! Die moderne Investitions- und Finanzierungstheorie hat sich nicht mit dem Ergebnis zufriedengegeben, daß alles von den Präferenzen - und möglicherweise noch von der individuellen Durchsetzungsfähigkeit - abhängt. Sie hat Teillösungen für das Problem der Präferenzabhängigkeit und der hieraus möglicherweise resultierenden Interessenkonflikte gefunden. Wir betonen, daß diese Lösungen nur Teillösungen sind. Denn der Weg, den die moderne Investitions- und Finanzierungstheorie auf der Suche nach Lösungen zunächst einschlug und der im Mittelpunkt dessen steht, was wir als die **kapitalmarktorientierte Sichtweise** von Investitions- und Finanzierungsproblemen bezeichnen, lieferte zwar auf den ersten Blick einen perfekten Ausweg aus dem Dilemma der Präferenzabhängigkeit. Auf den zweiten Blick erwies sich diese Lösung aber als *zu* perfekt, um für reale Investitions- und Finanzierungsprobleme befriedigend zu sein. Die Suche ging weiter, und die Perspektive wandelte sich, wenn auch nicht grundsätzlich, so doch im Detail. Es entstand die **institutionenorientierte Sichtweise**. Sie lenkt den Blick weniger auf Kapitalmärkte und mehr auf Institutionen und erlaubt, eine weitere Teillösung zu finden. Die folgenden Abschnitte sollen die beiden angesprochenen neueren Entwicklungen - und Sichtweisen - der Investitions- und Finanzierungstheorie skizzieren.

2.3 Zwei Ausprägungen der modernen Investitions- und Finanzierungstheorie

2.3.1 Die kapitalmarktorientierte (neoklassische) Sicht

2.3.1.1 Der vollkommene und vollständige Kapitalmarkt als Ausweg aus dem Dilemma präferenzabhängiger Bewertung

Wie wir gesehen haben, gibt es Probleme und insbesondere Interessen- und Zielkonflikte, wenn mehrere Wirtschaftssubjekte gemeinsam von einer Investitions- oder Finanzierungsentscheidung betroffen sind, wenn sie gemeinsam entscheiden sollen oder müssen oder wenn "in ihrem gemeinsamen Interesse" entschieden werden soll. Diese Probleme können auch dann auftreten, wenn nicht-finanzielle Ziele ausgeblendet sind. Stellen wir uns etwa die Situation in einer sogenannten Publikumsaktiengesellschaft vor, deren Eigentümer eine Vielzahl von Kleinaktionären ist. In dieser Aktiengesellschaft gibt es angestellte Manager, den Vorstand. Nehmen wir an, diese Manager würden sich ausschließlich als Auftragnehmer der Aktionäre ansehen und wollten über Investitions- und Finanzierungsmöglichkeiten tatsächlich so befinden, wie es im Interesse ihrer Auftraggeber, der Unternehmenseigentümer, ist. Welche Präferenzen bezüglich der zeitlichen Struktur und der Unsicherheit des Einkommens, das zukünftig aus der Unternehmung an die Aktionäre fließt, sollten sie bei ihren Entscheidungen zugrunde legen? Das erste Problem besteht schon darin, daß die Manager die Präferenzen der Aktionäre gar nicht kennen. Aber selbst wenn Präferenzen zum Beispiel durch eine Befragung ermittelt werden könnten, wären die Manager mit unterschiedlichen Wünschen verschiedener Aktionäre konfrontiert. Welchen Präferenzen ist der Vorrang zu geben? Entscheidet die Macht des Stärkeren? Sollte vielleicht auf der alljährlichen Hauptversammlung der Aktionäre eine Abstimmung stattfinden, bei der sich diejenige Präferenz durchsetzt, die die Mehrzahl der nach Kapitalanteilen gewichteten Stimmen auf sich vereint? Auch wenn man sich auf einen solchen Abstimmungsmodus einigen könnte, wäre das Problem nicht gelöst. Die Mehrheiten könnten von Jahr zu Jahr anders ausfallen, denn Aktien können ihren Besitzer wechseln; das Investitions- und Finanzierungsprogramm dagegen kann kaum kurzfristig an die neue Mehrheitspräferenz angepaßt werden. Und außerdem wird es, selbst wenn sich stabile Mehrheiten finden ließen, immer eine Minderheit geben, die benachteiligt wird. Eine Lösung, die *jeden* Eigentümer zufriedenstellt, wird es nur dann geben, wenn in einer gedachten Abstimmung immer **Einstimmigkeit** darüber hergestellt werden kann, welches Investitions- und Finanzierungsprogramm mit welcher Einkommensstruktur zu bevorzugen sei.

Der Zweig der modernen Investitions- und Finanzierungstheorie, der die kapitalmarktorientierte Sicht repräsentiert, sucht genau solch eine Lösung, die - in einer gedachten Abstimmung - immer Einstimmigkeit bezüglich der Vorteilhaftigkeit von Zahlungsströmen herbeiführen würde. Einstimmigkeit kann aber nur dann *immer* herrschen, wenn sich eine Entscheidung über die Vorteilhaftigkeit von Zahlungsströmen treffen läßt, die unabhängig von den unterschiedlichen Präferenzen der jeweils Beteiligten und Betroffenen Bestand hat. Die kapitalmarktorientierte Richtung der Investitions- und Finanzierungstheorie fand eine Lösung für das Problem der Präferenzabhängigkeit. Sie beruht, wie die Bezeichnung dieser Richtung der Theorie vermuten läßt, auf der Möglichkeit des Handels von Zahlungsströmen auf einem Markt.

Diesen Markt, auf dem Zahlungsströme gehandelt werden, bezeichnet man als den Kapitalmarkt.[20] Man kann ihn sich sehr ähnlich vorstellen wie einen Gütermarkt, auf dem Autos, Bananen oder Zement gehandelt werden. Der einzige Unterschied besteht darin,

20 "Der Kapitalmarkt" wird hier als theoretischer Begriff gebraucht: er bezeichnet die Gesamtheit von Angebot und Nachfrage und die Art ihrer Abstimmung. Dieser theoretische Begriff ist von dem empirischen Begriff des Kapitalmarktes zu unterscheiden. Dieser bezeichnet vor allem den organisierten Kapitalmarkt, speziell für langfristige Kapitalüberlassung. Ein wichtiger Teil des organisierten Kapitalmarktes ist die Börse. Vgl. hierzu auch den Abschnitt 3.2.4.2.

daß auf dem Kapitalmarkt nicht Geld gegen ein Gut, sondern "Geld heute" gegen "Geld morgen" bzw. gegen einen zukünftigen Zahlungsstrom getauscht wird.[21]

Ein solcher Kapitalmarkt existiert in der Realität. Nahezu jeder erwachsene Mensch hat schon einmal einen Zahlungsstrom auf dem Kapitalmarkt gehandelt. Man denke zum Beispiel an die Aufnahme eines Kredits, also eine Fremdfinanzierung. Auch wenn dies meist nicht so gesehen wird, stellt sie nichts anderes dar als den Verkauf eines Stroms zukünftiger Zahlungen. Der Kreditnehmer erhält heute Geld, nämlich die ausbezahlte Kreditsumme. Dies ist der Preis, zu dem er die von ihm zu leistenden zukünftigen Zahlungen (Rückzahlung inklusive Zinszahlungen) an den Kreditgeber verkauft. Der Kauf einer Aktie beinhaltet ebenfalls den Handel eines Zahlungsstroms. Der Käufer einer Aktie bezahlt einen Preis in Höhe des Kurswerts der Aktie dafür, daß er zukünftige (unsichere) Zahlungen in Form von Dividenden erhält. Mit der Aktie kauft der Aktionär einen Teil des Zahlungsstroms, der mit dem Bündel von Investitionsobjekten und Finanzierungsmaßnahmen verbunden ist, das unter dem Dach einer Unternehmung in der Rechtsform der Aktiengesellschaft durchgeführt wird. Die Reihe der Beispiele zum Handel von Zahlungsströmen auf dem Kapitalmarkt ließe sich beliebig fortsetzen.

Nehmen wir nun an, der Handel mit Zahlungsströmen würde perfekt, ohne jeglichen Reibungsverlust, funktionieren. Einen solchen reibungslosen Handel unterstellt der Ökonom in der (neoklassischen) **Modellwelt eines** sogenannten **vollkommenen und vollständigen Kapitalmarktes**, die analog zu der neoklassischen Modellwelt vollkommener und vollständiger Gütermärkte[22] konstruiert ist:

> Ein **Kapitalmarkt** wird als **vollkommen** bezeichnet, wenn der Preis, zu dem ein Zahlungsstrom zu einem bestimmten Zeitpunkt gehandelt wird, für jeden Marktteilnehmer, unabhängig davon, ob er als Käufer oder Verkäufer auftritt, gleich und gegeben ist. Es gibt damit auch niemanden, der den Preis beeinflussen kann[23].
>
> Ein **Kapitalmarkt** wird als **vollständig** bezeichnet, wenn jeder beliebige Zahlungsstrom gehandelt werden kann, ganz gleich, welche Höhe, welche zeitliche Struktur und welche Unsicherheit er aufweist.[24]

Wenn diese Bedingungen eines vollkommenen und vollständigen Kapitalmarktes herrschen, dann sind sich alle potentiellen Investoren, Kapitalnehmer oder Kapitalgeber über die Vorteilhaftigkeit von Investitions- und Finanzierungsmaßnahmen einig:

---

21 Vgl. *Schneider* [Investition], S. 12.

22 Vgl. z.B. *Arrow/Debreu* [Existence].

23 Vgl. zu den Annahmen des vollkommenen Kapitalmarktes ausführlicher Abschnitt 3.2.4.2.

24 Zur Marktvollständigkeit vgl. *Arrow* [Role] und *Debreu* [Theory], S. 98 f. Zum Konzept unvollständiger Märkte vgl. *Magill/Shafer* [Markets].

Es soll das Bündel von Investitions- und Finanzierungsmaßnahmen gewählt werden, das den am Markt erzielbaren Preis der Zahlungsströme maximiert. Dieser Preis ist ihr **Marktwert**.

Warum sind sich alle Beteiligten - unabhängig von ihren jeweils unterschiedlichen Einkommenspräferenzen - darüber einig, daß **Marktwertmaximierung** die "richtige" Zielsetzung darstellt? Warum ergäbe sich bei einer gedachten Abstimmung ein einstimmiges Ergebnis? Die Antwort ist ebenso einfach wie grundlegend: Sollte der gewählte marktwertmaximierende Zahlungsstrom eine zeitliche Struktur und/oder Unsicherheit aufweisen, die den Präferenzen eines beteiligten Wirtschaftssubjektes nicht entspricht, so kann es den ihm gehörigen Anteil an dem Zahlungsstrom verkaufen und für den erzielbaren (marktwertmaximalen) Preis den Typ von Zahlungsstrom am vollständigen Kapitalmarkt erwerben, der sich mit seinen Wünschen deckt. Die Möglichkeit zu derartigen Transaktionen am Kapitalmarkt, d.h. zum Verkauf des marktwertmaximalen, aber in seinen Charakteristika unerwünschten Zahlungsstroms und anschließendem Kauf eines Zahlungsstroms mit den (subjektiv) bevorzugten Merkmalen, ist der Lösungsmechanismus, den die kapitalmarktorientierte Sicht aus dem Dilemma der Präferenzabhängigkeit anbietet. Die Möglichkeit zu diesen Kapitalmarkttransaktionen stellt jedes Wirtschaftssubjekt bei Verfolgung der Zielsetzung Marktwertmaximierung durch die Unternehmung besser, als wenn ein nicht marktwertmaximaler, aber seinen Präferenzen entsprechender Zahlungsstrom gewählt worden wäre. Schließlich steht dem betroffenen Wirtschaftssubjekt durch den Verkauf des marktwertmaximalen Zahlungsstroms eine so große Summe zur Verfügung, daß es einen *breiteren* seinen Präferenzen entsprechenden Zahlungsstrom kaufen kann, als es erhalten hätte, wenn ein seinen Präferenzen entsprechender Zahlungsstrom mit geringerem Marktwert gewählt worden wäre.

Allerdings funktioniert die Herstellung von Einstimmigkeit durch Marktwertmaximierung nur dann, wenn der Marktmechanismus tatsächlich reibungslos funktioniert. Stellen wir uns vor, der Kapitalmarkt wäre **unvollkommen**. Kauf- und Verkaufspreis eines Zahlungsstroms fielen auseinander, weil bei Transaktionen am Kapitalmarkt eine Gebühr anfällt, um denjenigen zu bezahlen, der das Geschäft vermittelt. Wir können uns unter dem Vermittler einen sogenannten Finanzintermediär, z.B. eine Bank, oder aber einen Börsenmakler vorstellen. Die für die Kapitalmarkttransaktion anfallenden Kosten können dazu führen, daß diejenigen Wirtschaftssubjekte, die den gewählten (marktwertmaximalen) Strom erst durch Verkauf ihres Anteils und Kauf eines anderen an ihre Präferenzen anpassen müssen, nicht mehr mit der Wahl einverstanden sind, weil die Transaktionskosten den Vorteil, den sie durch die Wahl des höherwertigen Stroms erzielen, mehr als aufzehren.

Einstimmigkeit würde ebenfalls dann nicht mehr uneingeschränkt herrschen, wenn der Kapitalmarkt **unvollständig** wäre. Es könnte z.B. unmöglich sein, *Bruchteile* des marktwertmaximalen Zahlungsstroms zu verkaufen, oder es gäbe am Kapitalmarkt keinen Zahlungsstrom mit den bevorzugten Eigenschaften zu kaufen. Solche Unvollständigkeiten finden sich auf dem Kapitalmarkt in der Realität etwa in der Form, daß gewisse Mindestbeträge erforderlich sind, um bestimmte Geschäfte tätigen zu können. Den mit einer Termineinlage verbundenen Zahlungsstrom, der in aller Regel höher ist als derjenige von Spareinlagen, kann beispielsweise nur derjenige erwerben, der einen Mindestbetrag von - je nach Bank - etwa 10.000 DM anzulegen bereit ist. Genauso ist es denkbar, daß nicht jeglicher Zahlungsstrom gehandelt wird. So ist beispielsweise in Deutschland kein Markt für sogenannte "junk bonds", zu deutsch "Schrott-Anleihen", die sehr riskante Fremdkapitalforderungen verbriefen, vorhanden. Sind die Tauschmöglichkeiten am Kapitalmarkt in dieser Weise unvollständig, so kann die Einigung auf die marktwertmaximale Politik scheitern, denn möglicherweise fehlen genau diejenigen Transaktionsmöglichkeiten, die zur Herstellung von Einstimmigkeit vorausgesetzt werden müßten.[25]

Ein vollkommener *und* vollständiger Kapitalmarkt, ein perfektes Funktionieren des Kapitalmarktmechanismus, ist demnach notwendig, um das Problem der Präferenzabhängigkeit bei der Entscheidung über Investitions- und Finanzierungszahlungsreihen zu lösen und - unabhängig von den Präferenzen - Einstimmigkeit bei der Verfolgung der Zielsetzung Marktwertmaximierung zu garantieren. Anzumerken ist, daß sich die Lösung von Interessenkonflikten durch den Kapitalmarktmechanismus auf die Beilegung von solchen Konflikten beschränkt, die aus unterschiedlichen *finanziellen* Präferenzen resultieren. Zielkonflikte aufgrund von unterschiedlichen nicht-finanziellen Präferenzen lassen sich nicht durch den Handel von Zahlungsströmen aus der Welt räumen, so daß die Argumentation der kapitalmarktorientierten Sicht nicht-finanzielle Ziele ausblenden muß. Ein Zahlenbeispiel soll diese Überlegung illustrieren.

2.3.1.2 Das Argumentationsmuster der kapitalmarktorientierten Sicht: ein Zahlenbeispiel

Zur Demonstration des Argumentationsmusters der kapitalmarktorientierten Sicht sei auf ein ähnliches Zahlenbeispiel zurückgegriffen, wie wir es bereits zur Illustration der Bedeutung unterschiedlicher Einkommenspräferenzen und der aus ihnen resultierenden Interessenkonflikte eingeführt haben. Zwei Wirtschaftssubjekte, die wir Herrn X und Frau Y nennen wollen, seien gemeinsam an einem Unternehmen beteiligt. Ihnen gehöre jeweils ein Anteil von 50%. Es stehe eine Entscheidung über die grundsätzliche Ausrichtung der zukünftigen Investitionspolitik ihres Unternehmens an. Zur Wahl stehen dabei die Investitionspolitik 1 und die Investitionspolitik 2, die jeweils, ohne daß irgend-

25 Vgl. hierzu *Laux* [Nutzenmaximierung] und verallgemeinernd *de Angelo* [Unanimity].

welche zusätzlichen Auszahlungen anfielen, zu Einkommensströmen mit den folgenden Merkmalen führen würden:

Konsumstrom	Zeitpunkt			Risiko
	t_1	t_2	t_3	
1	16	24	28	unsicher
2	20	20	20	sicher

Tab. 2.2: Zwei (unterschiedlich) unsichere Konsumströme

Investitionspolitik 1 läßt ein im Zeitablauf steigendes, an die Anteilseigner X und Y ausschüttbares Einkommen erwarten, das mit Unsicherheit behaftet ist. Die angegebenen Zahlungen geben also nur das durchschnittlich erwartete Einkommen an, das jedoch auch höher oder niedriger ausfallen kann. Investitionspolitik 2 erzeugt dagegen in allen drei Zeitpunkten ein jeweils gleich hohes ausschüttbares und sicheres Einkommen von 20. Investitionspolitik 2 könnte z.B. in der Weiterführung der Produktion von Papierfiltertüten bestehen, die jeweils mit Sicherheit in einer bestimmten Menge zu einem bestimmten Preis absetzbar sind, während Investitionspolitik 1 eine Verlagerung der Produktionsaktivität auf haltbare Goldfilter bedeutet, die immer wieder für das Filtern von Kaffee genutzt werden können. Allerdings wird, so kann man sich vorstellen, diese Umstellung auf die Produktion von Mehrfach-Filtern nur dann erfolgreich sein, wenn dieses neue Verfahren tatsächlich bei den Verbrauchern auf Akzeptanz stößt.

Der Unternehmer Herr X sei ein vorsichtiger Mensch, der ein regelmäßiges Leben bevorzugt. Angesichts dessen ist es nicht verwunderlich, daß er die Investitionspolitik 2 und den mit ihr verbundenen Konsumstrom bevorzugt. Frau Y dagegen sei das genaue Gegenteil ihres Kompagnons. Hat sie die Chance, als Unternehmerin wirklich erfolgreich zu sein und viel Geld zu verdienen, so will sie sie auch wahrnehmen, selbst wenn sie sich zunächst mit einem geringen Einkommen zufrieden geben muß und sogar das Risiko eingeht, als arme Frau zu enden. Folgerichtig bevorzugt sie Investitionspolitik 1.

Wären Herr X oder Frau Y jeweils alleinige Eigentümer des Unternehmens, gäbe es weniger Probleme. Zwar würden sie sich, wenn der Zahlungsstrom auch ihr Konsumstrom wäre, jeweils für eine andere Investitionspolitik entscheiden; die Frage nach der Vorteilhaftigkeit wäre also nicht unabhängig von den Präferenzen beantwortbar. Zumindest würde aber eine Entscheidung gefällt. Wenn sie aber beide zu gleichen Teilen an dem Unternehmen beteiligt sind, treten aufgrund ihrer unterschiedlichen Zielvorstellungen Streitigkeiten auf. Wie kann Einigkeit herbeigeführt werden?

Nehmen wir an, es läge ein vollkommener und vollständiger Markt für Zahlungsströme vor. Zum Zeitpunkt t_0, zu dem die Investitionsentscheidung getroffen werden muß, betrage der **Marktpreis** eines der Investitionspolitik 1 entsprechenden Zahlungsstroms

52. Der Preis, für den der Zahlungsstrom 2 am Kapitalmarkt ge- und verkauft werden kann, sei 50.[26]

Unter diesen Bedingungen ist es jetzt für beide Parteien vorteilhaft, sich auf die Investitionspolitik 1 zu einigen. Der vorsichtige Herr X kann nämlich seinen Anteil am Zahlungsstrom 1 verkaufen, denn annahmegemäß ist auf einem vollständigen Kapitalmarkt jeder Zahlungsstrom handelbar, also auch ein Bruchteil des Zahlungsstroms 1. Durch den Verkauf erzielt er einen Preis in Höhe von 26 (= 0,5 · 52). Für 26 Geldeinheiten kann er sich aber einen sicheren und gleichmäßigen Zahlungsstrom kaufen, der breiter ist als die ihm zustehende Hälfte bei Durchführung der Investitionspolitik 2; denn ein gleichmäßiges Einkommen von 10 in allen drei Zeitpunkten hat am Markt nur einen Preis von 25 (= 0,5 · 50). Herr X kann also den von ihm bevorzugten Zahlungsstrom erwerben und hat noch 1 Geldeinheit übrig, um noch mehr sicheres zukünftiges Einkommen zu kaufen oder dieses Geld sofort zu verbrauchen. Er ist demnach ebenso mit der Wahl der marktwertmaximierenden Investitionspolitik 1 zufrieden wie Frau Y.

Die Interessenharmonie von Herrn X und Frau Y ist allerdings dann gefährdet, wenn der Marktmechanismus weniger reibungslos funktioniert als unterstellt, weil der Kapitalmarkt *unvollkommen* ist. Nehmen wir an, für die Transaktionen am Markt, die Herr X zur Umwandlung seines Anteils in den Einkommensstrom mit den bevorzugten Eigenschaften durchführen muß, fielen Kosten in Höhe von 1,5 Geldeinheiten an. Der Preisvorteil in Höhe von einer Geldeinheit, der durch die Wahl der Investitionspolitik 1 zu erzielen ist, würde mehr als aufgezehrt.

Disharmonie macht sich zwischen Herrn X und Frau Y auch dann breit, wenn der Kapitalmarkt *unvollständig* ist. Kann Herr X seinen Anteil am Zahlungsstrom 1 nicht verkaufen oder wird am Markt kein Zahlungsstrom mit den von ihm bevorzugten Merkmalen angeboten, wird er mit der Wahl von 1 nicht einverstanden sein. Denn was nützt es ihm, rechnerisch ein reicherer Mann zu sein, wenn er nicht die Möglichkeit hat, seinen Anteil zu verkaufen und sich für den Verkaufserlös das zu kaufen, was seinen Wünschen entspricht?

Aus unserem Zahlenbeispiel, das die Grundzüge der Argumentation der kapitalmarktorientierten Sicht illustrieren sollte, ergibt sich somit folgendes **Fazit**:

> Ein vollkommener und vollständiger Kapitalmarkt schafft Interessenharmonie und führt dazu, daß es im gemeinsamen Interesse liegt, die Investitions- und Finanzierungspolitik zu verfolgen, bei der der Marktwert der Unternehmung maximal wird.

---

26 Die Leser mögen sich an dieser Stelle noch keine Gedanken machen, wie sich solche Preise für Zahlungsströme am Markt bilden. Darauf gehen wir in späteren Kapiteln ein.

Man beachte: das *grundlegende* Erfordernis ist die Einstimmigkeit bei einer gedachten Abstimmung; das Unternehmen ist ein Instrument zur Erreichung von Zielen der Kapitalgeber. Die Begründung der Marktwertmaximierung als Zielsetzung für Unternehmensentscheidungen ist aus dem Erfordernis der *Einstimmigkeit* abgeleitet: Es ist bei vollkommenem und vollständigem Kapitalmarkt sinnvoll, Unternehmensentscheidungen an dem Ziel der Marktwertmaximierung auszurichten, einfach weil die Eigentümer einstimmig für eine solche Politik stimmen würden.

Eine Einschränkung ist hier jedoch angebracht. Die Fähigkeit des vollkommenen und vollständigen Kapitalmarkts, Interessenharmonie zu erzeugen, findet dann ihre Grenzen, wenn neben finanziellen Interessen auch nicht-finanzielle Ziele im Spiel sind, für die keine Tauschmöglichkeiten am Kapitalmarkt bestehen. Wenn beispielsweise Herr X aus moralischen Gründen die riskante Investitionspolitik 1 ablehnt, da sie die für ihn ohnehin schon viel zu große Flatterhaftigkeit dieser Welt, die Frau Y so offensichtlich verkörpert, noch weiter erhöhen würde, dann ist fraglich, ob er sich mit dem Hinweis auf seine finanziellen Vorteile umstimmen ließe. Nicht-finanzielle Ziele müssen demnach in der kapitalmarktorientierten Investitions- und Finanzierungstheorie per Annahme ausgeschlossen werden, damit der entwickelte Lösungsmechanismus funktioniert.

2.3.1.3 Die Irrelevanz der Finanzierung: Schlußfolgerung und Angriffspunkt der kapitalmarktorientierten Sicht

Auch in der modernen Investitions- und Finanzierungstheorie offenbart sich, welche positiven Wirkungen ein perfekt funktionierender Markt haben kann. Dies ist das theoretische Leitmotiv, das seit mehr als 200 Jahren die gesamte Wirtschaftstheorie beherrscht und das besonders in der vor etwa 100 Jahren entstandenen als neoklassisch bezeichneten Markttheorie hervorgehoben wird: Der Markt ist ein Mechanismus, der dafür sorgt, daß die Interessen einzelner nach Nutzenmaximierung strebender Wirtschaftssubjekte zum Wohle aller koordiniert werden.[27]

Die Wirkungen, die von einem perfekt funktionierenden Kapitalmarkt ausgehen, reichen jedoch sehr viel weiter, als bisher anklang. Ein vollkommener und vollständiger Kapitalmarkt sorgt nämlich nicht nur dafür, daß Einigkeit bezüglich der zu wählenden Investitions- und Finanzierungsmaßnahmen herrscht, sondern gleichermaßen dafür, daß sämtliche

27 Als die klassische Formulierung gilt die von Adam Smith, für die es allerdings wichtige Vorläufer gab. Die neoklassische Theorie hat mehrere Wurzeln. In der Investitions- und Finanzierungstheorie stützt man sich vor allem auf die Tradition der Lausanner Schule, die von Leon Walras und Vilfredo Pareto begründet wurde. Vgl. zu den dogmengeschichtlichen Hintergründen z.B. *Schumpeter* [Geschichte], Kap. 5, S. 1422-1435.

Finanzierungsprobleme entfallen, um die sich die traditionelle Sicht von Finanzierung (noch) Gedanken machte. Finanzierungsprobleme sind in einer (Modell-)Welt vollkommener und vollständiger Kapitalmärkte nicht existent; **Finanzierung ist irrelevant**.[28] Das heißt nicht, daß Finanzierung nicht nötig wäre. Selbstverständlich müssen Investitionen auch bei vollkommenem und vollständigem Kapitalmarkt finanziert werden, andernfalls könnten sie nicht durchgeführt werden. Es heißt vielmehr, daß die Finanzierung kein Problem darstellt oder, mit anderen Worten, daß es gleichgültig ist, wie die Finanzierung von Investitionen erfolgt. Diese These muß für jeden befremdend sein, der auch einen Blick in die Realität wagt und sieht, wie viele Menschen sich damit beschäftigen, Finanzierungsprobleme zu erkennen und zu lösen.

Führen wir uns zunächst vor Augen, warum in einer Welt vollkommener und vollständiger Kapitalmärkte jegliche Finanzierungsproblematik hinfällig wird. Dazu nehmen wir an, ein Investor habe eine Investitionsidee, zu deren Realisierung er Kapital benötige, weil er selbst nicht über ausreichende Mittel verfüge. Er befinde sich also in genau der Situation, die die traditionelle Sicht von Finanzierung bei der Formulierung der Aufgaben des Finanzbereichs unterstellt. Da wir jedoch nun aus dem Blickwinkel der modernen, kapitalmarktorientierten Sicht argumentieren, läßt sich die Investitionsidee des Kapital suchenden Investors als ein Zahlungsstrom beschreiben, den er zu realisieren beabsichtigt. Dieser Investitionszahlungsstrom setzt sich aus einer anfänglichen Auszahlung, für deren Begleichung der Investor finanzielle Mittel zu beschaffen sucht, und aus dem zukünftig zu erwartenden Strom (unsicherer) Einzahlungen zusammen.

Dieser Strom zu erwartender zukünftiger Einzahlungen hat an einem vollkommenen und vollständigen Kapitalmarkt (s)einen Preis, zu dem er ohne Ansehen der Person verkauft werden kann. Genau dies kann der Investor tun, um sich die für die Anfangsauszahlung benötigten Mittel zu besorgen. Der Verkauf des Einzahlungsstroms - oder auch von Teilen desselben - ist dann die Finanzierung. Läßt sich durch diesen Verkauf die Anfangsauszahlung nicht decken, so ist die Investitionsidee ohnehin nicht gut gewesen, denn es kann nicht vorteilhaft sein, eine Investition zu tätigen, deren Einzahlungsstrom weniger wert ist als die Anfangsauszahlung, die zur Erzielung dieses Einzahlungsstroms getätigt werden muß. Doch ist die Investition vorteilhaft oder zumindest nicht unvorteilhaft, d.h. ist der für den Einzahlungsstrom erzielbare Preis mindestens so hoch wie die Anfangsauszahlung, so stellt die Kapitalbeschaffung auf einem vollkommenen und vollständigen Kapitalmarkt offensichtlich kein Problem dar.

Es ist auch nicht relevant, in welcher Form die Finanzierung stattfindet. Finanzierungsformen legen auf einem vollkommenen und vollständigen Kapitalmarkt lediglich fest, in welcher Aufteilung der Einzahlungsstrom aus einem Investitionsobjekt verkauft wird. Der gesamte (unsichere) Einzahlungsstrom kann en bloc an einen (Eigen-)Kapitalgeber

28 Vgl. hierzu ausführlich Teil III dieses Buches und die dort angegebene Literatur.

verkauft werden; er kann aber auch an viele Kapitalgeber verkauft werden, die wie die Aktionäre einer Aktiengesellschaft jeweils einen Bruchteil des Einzahlungsstroms erwerben. Natürlich kann der Einzahlungsstrom auch in anderer Weise als in Bruchteile zerlegt werden. Es kann etwa der Teil der Einzahlungen, die mindestens erzielbar sind, als sicherer Zahlungsstrom an einen Fremdkapitalgeber verkauft werden, während der riskante Resteinzahlungsstrom an Eigenkapitalgeber veräußert wird. Unabhängig davon, wie der Einzahlungsstrom zerlegt wird, muß auf einem vollkommenen und vollständigen Kapitalmarkt gelten: Der Preis, der insgesamt für den Zahlungsstrom erzielbar ist, ist unabhängig von seiner Aufteilung. Ansonsten wäre es ja möglich, durch geschickte Zusammensetzung oder Zerteilung den Preis von Zahlungsströmen zu erhöhen; und dies kann auf einem vollkommenen und vollständigen Kapitalmarkt im Gleichgewicht genausowenig sein, wie sich - im Gleichgewicht, also nicht in einer eventuell kurzen Anpassungsphase - auf einem vollkommenen und vollständigen Markt für Sahnetorten der Preis für eine solche Torte dadurch erhöhen darf, daß sie in Stücke zerteilt wird. Ansonsten könnte man eine ganze Torte kaufen, sie in Tortenstücke zerschneiden und durch Verkauf der einzelnen Teile einen Gewinn realisieren. Da diese Transaktion für jedermann vorteilhaft erschiene, müßten ein Angebotsüberschuß an Tortenstücken und ein Nachfrageüberhang nach ganzen Torten entstehen, bis sich der Preis der ganzen Torte an den Preis der zerteilten Torte angeglichen hätte. Preisunterschiede zwischen dem Ganzen und der Summe der einzelnen Teile sind nur auf unvollkommenen oder unvollständigen (Kapital-)Märkten denkbar, auf denen etwa ein Finanzintermediär durch geschickte Bündelung oder Aufteilung von Zahlungsströmen sein Auskommen erzielen kann oder auf denen das Zerteilen von Torten in Stücke und der individuelle Verkauf der Stücke "Aufteilungskosten" - ein anderes Wort für Transaktionskosten - verursachen würde. Auf den Fall der Torte übertragen bedeutet die Annahme der Marktvollkommenheit nämlich, daß es kostenlos ist, eine Torte in Stücke zu teilen und diese einzeln zu verkaufen.

Aus denselben Gründen, aus denen das Kapitalbeschaffungsproblem und das Problem der Wahl der Finanzierungsform irrelevant werden, entfällt auch die Sorge um das finanzielle Gleichgewicht einer Unternehmung. Solange der Zahlungsstrom, der aus einem Unternehmen zukünftig fließt, mehr wert ist als der Preis, der bei Auflösung des Unternehmens erzielbar wäre, ist die Fortführung des Unternehmens lohnend. Ein fortgeführtes Unternehmen ist dann ein lohnendes Investitionsobjekt, für das sich auf einem vollkommenen und vollständigen Kapitalmarkt jederzeit Kapitalgeber, d.h. Käufer von Teilen des Unternehmenszahlungsstroms, finden lassen, die die finanziellen Mittel zur Verfügung stellen, die zur Fortführung benötigt werden.

Der vollkommene und vollständige Kapitalmarkt löst also nicht nur das Problem unterschiedlicher finanzieller Präferenzen und der daraus möglicherweise resultierenden Interessenkonflikte, sondern darüber hinaus auch noch all die anderen Probleme, die im Mittelpunkt der traditionellen Finanzwirtschaftslehre stehen. Der von der kapitalmarktorientierten Investitions- und Finanzierungstheorie propagierte Lösungsmechanismus weist einen so hohen Perfektionsgrad auf, daß man sich - wenn der Kapitalmarkt tatsächlich so gut funktionieren würde - um Finanzierungsprobleme keinerlei Gedanken machen müßte. Sie wären einfach keine Probleme! Auch allen Institutionen in der Realität, die sich der Lösung von Finanzierungsproblemen annehmen, z.B. Banken oder Börsenmaklern, würde jede Existenzberechtigung fehlen. Und wenn Märkte so gut funktionieren würden, wie es die marktorientierte oder neoklassische Sicht nahelegt, dann gäbe es diese - vermeintlich funktionslosen - Phänomene in der Realität auch nicht. Ein Blick in die Realität genügt, um Zweifel an der generellen Berechtigung einer Modellvorstellung von der Realität des Investierens und Finanzierens zu wecken, in der es "eigentlich" keine Banken, Bilanzen und Börsenmakler und keine "wirklichen" Finanzierungsprobleme geben dürfte. Die (Modell-)Welt eines vollkommenen und vollständigen Kapitalmarktes ist zu einfach, um immer wahr zu sein. Nun muß ein Modell nicht "wahr" sein. Es ist ja immer ein Modell. Aber es sollte sinnvoll und nützlich sein. Die Frage ist angebracht, ob die Brille, mit der die kapitalmarktorientierte Richtung Investitions- und Finanzierungsprobleme betrachtet, tatsächlich für die Behandlung aller Investitions- und Finanzierungsprobleme taugt, und die Antwort kann nur negativ ausfallen.

Diese berechtigten Zweifel sollten jedoch nicht dazu führen, die von der kapitalmarktorientierten Sicht offerierte Brille von vornherein und generell als untauglich zu verwerfen. Sie zeigt zumindest, was ein Kapitalmarkt, wenn er perfekt funktioniert, zu leisten in der Lage ist. Nicht umsonst haben sich Ökonomen auf die Erforschung der Wirkungsweise des Kapitalmarktmechanismus in einer Zeit konzentriert, als sie nicht nur durch den Entwicklungsstand der neoklassischen Markttheorie auf ein solides theoretisches Fundament zurückgreifen konnten, sondern in der auch der Kapitalmarkt, der sie umgab und umgibt, sich immer mehr der Vervollkommnung und Vervollständigung näherte. Im Vergleich zu den Anfängen des 20. Jahrhunderts war seit den sechziger Jahren die Beschaffung von großen Summen wirklich kein großes Problem mehr. Der Handel mit Aktien und festverzinslichen Wertpapieren blüht. Das idealisierende Bild, das die kapitalmarktorientierte Sicht von realen Kapitalmärkten geschaffen hat, ist also durchaus durch das reale wirtschaftliche Umfeld inspiriert. Es ist von der Realität mancher Kapitalmarktsegmente - denken wir etwa an den Börsenhandel - gar nicht weit entfernt und erfaßt durchaus das Wesen dieser Segmente.

Schaut man dagegen andere Erscheinungsformen des Kapitalmarktes an, so wirkt das Bild wenig treffend. Denken wir an einen Erfinder, der sich um eine Finanzierung für die Vermarktung seiner Entwicklung bemüht, oder auch an einen Studenten, der versucht, einen Bankkredit für die Finanzierung seines Studiums, mutmaßlich einer äußerst lohnenden Investition in sein Humankapital, zu bekommen, dann ruft das Bild vollkommener und vollständiger Kapitalmärkte eher ein müdes Lächeln hervor.

Aber selbst für die Untersuchung solcher Situationen ist die neoklassische Theorie wichtig. Eine ausgebaute Theorie vollkommener und vollständiger Kapitalmärkte hilft nämlich zu erkennen, worin die Ursachen für Diskrepanzen zwischen Modellwelt und Realität zu suchen sind, und erleichtert damit wesentlich die Analyse und die Lösung von Finanzierungsproblemen auch in Situationen, in denen das von dieser Theorie gezeichnete Bild offensichtlich nicht paßt: Reale Finanzierungsprobleme müssen wohl ihren Ursprung in den Unvollkommenheiten und Unvollständigkeiten realer Kapitalmärkte haben, und sind dadurch zu erkennen, zu verstehen und zu überwinden, daß man die Ursachen der Unvollkommenheit und Unvollständigkeit des Kapitalmarktes aufgreift. Genau auf diesem Grundgedanken beruht die zweite Richtung der modernen Investitions- und Finanzierungstheorie, der wir uns nun zuwenden.

2.3.2 Die neo-institutionalistische Sicht

2.3.2.1 Informations- und Anreizprobleme als Ursache für Funktionsschwächen des (Kapital-)Marktes

Finanzierungsprobleme sind die Folge von Unvollkommenheiten und Unvollständigkeiten des Kapitalmarktes. Dieser Umkehrschluß aus der Modellwelt eines vollkommenen und vollständigen Kapitalmarktes ist zwar nicht neu, aber allein mit dieser Diagnose der Problemursachen wußte die Investitions- und Finanzierungstheorie lange Zeit wenig anzufangen. Ein Therapievorschlag, wie denn wissenschaftlich mit diesem "Störfaktor" umzugehen sei, fehlte. Zwar wurden zahlreiche Modelle unter der Annahme unvollkommener und unvollständiger Kapitalmärkte konstruiert, aber sie führten jedesmal zum gleichen Negativergebnis: Auf nicht perfekt funktionierenden Kapitalmärkten kann kein allgemeingültiges, Einstimmigkeit erzeugendes Kriterium für die Beurteilung von Investitions- und Finanzierungsalternativen angegeben werden. Einer fruchtbaren Weiterentwicklung kam man auf diesem Wege nicht nahe.

Von einer allgemeingültigen, dem Kriterium der Marktwertmaximierung vergleichbaren Lösung für Investitions- und Finanzierungsprobleme in einer Welt nicht perfekt funktionierender Kapitalmärkte ist man zwar heute nahezu ebenso weit entfernt wie ehedem. Doch die Diskussion speziell um Finanzierungsprobleme hat seither entscheidende Impulse erfahren; und diese gingen von Untersuchungen aus, die tiefere Ursachenforschung betrieben. Sie nahmen beobachtbare Unvollkommenheiten und Unvollständigkeiten von Märkten zum Anlaß zu fragen, worin diese wiederum ihren Ursprung haben. Die Antwort lautet: Die Ursache von Funktionsschwächen des (Kapital-)Marktmechanismus liegt in **Informationsproblemen**, mit denen Marktteilnehmer konfrontiert sind.

In dieser sogenannten **informationsökonomischen Literatur** wird argumentiert, daß potentielle Käufer eines Gutes - sei es ein physisches Gut, wie z.B. ein Auto, oder sei es ein Zahlungsstrom - häufig nicht über die Information verfügen, um die Qualität der ihnen angebotenen "Ware" genau beurteilen zu können. Im Vergleich zum Verkäufer, der sein Angebot besser kennt, befinden sich die Käufer im Informationsnachteil. Es liegt eine sogenannte **asymmetrische Informationsverteilung** zwischen den potentiellen Transaktionspartnern vor. Diese Vorstellung scheint für viele Märkte überaus realistisch. Man denke nur an den Gebrauchtwagenmarkt, der in der Literatur als erstes Beispiel für Märkte mit asymmetrischer Informationsverteilung diente.[29] Der Verkäufer weiß genau, ob er ein gutes Fahrzeug oder eines mit versteckten Mängeln, eine "Zitrone", anbietet. Ein Käufer tut sich schwer, dies durch bloßes Ansehen des Wagens und eine Probefahrt festzustellen. Ähnlich verhält es sich auf dem Markt für Zahlungsströme. Eine Bank kann kaum ohne vorherige Prüfung zahlreicher Unterlagen feststellen, ob sie einen soliden Schuldner vor sich hat, der sein Zahlungsversprechen halten wird, oder ob sie durch die Vergabe eines Kredites das Risiko eines Kreditausfalls eingeht - von der Beurteilung der Höhe und des zeitlichen Eintritts eines solchen Ausfalls ganz zu schweigen.[30] Und weder der Gebrauchtwagenkäufer noch der Käufer eines Zahlungsstroms kann erwarten, daß der Transaktionspartner die nicht offensichtlichen Mängel seines Angebots freiwillig preisgibt. Schließlich würde er sich hierdurch selber schaden, da er einen niedrigeren Preis erzielen würde. Und umgekehrt wäre der nachdrückliche Hinweis auf die hohe Qualität des angebotenen Gutes nicht glaubwürdig, weil es für alle Anbieter vorteilhaft erscheint zu behaupten, daß sie ein qualitativ hochwertiges Gut anbieten.

Speziell bei solchen Transaktionen, bei denen *ein* Marktpartner seine Leistung erst in der Zukunft erbringt, wie dies bei Zahlungsströmen immer der Fall ist, kommt ein weiteres Informationsproblem verschärfend hinzu:[31] Die **Qualität** des angebotenen Gutes - und damit sein **Wert für den Käufer** - kann, nachdem der Käufer auf den Handel eingegangen ist, **nachträglich** durch das Verhalten des Verkäufers **beeinträchtigt** werden. Der Verkäufer eines Gebrauchtwagens, der sich mit dem Käufer über den Preis geeinigt, die Übergabe des Wagens aber erst in vier Wochen vereinbart hat, kann die ihm verbleibende Zeit nutzen und endlich mit quietschenden Reifen die Kavalierstarts an der Ampel vollführen, die er sich vorher immer in Sorge um den Zustand seines Fahrzeugs verkniffen hat. Ähnlich könnten sich Verkäufer von Zahlungsströmen verhalten. Für jemanden, der einen Zahlungsstrom verkauft, sind die Motive für ein solches eigennütziges Verhalten

29 Vgl. *Akerlof* ["Lemons"].

30 Vgl. *Jaffee/Russell* [Rationing].

31 Der andere Markt, für den diese Kennzeichnung gleichermaßen gilt, ist der Arbeitsmarkt. Die informationsökonomische Literatur hat sich, was wenig erstaunlich ist, weitgehend parallel mit Kapital- und Arbeitsmärkten befaßt. Grundlegende Arbeiten zum Arbeitsmarkt und zu Arbeitsverträgen aus informationsökonomischer Sicht sind bspw. *Spence* [Job] und *Hart* [Labour].

nach Vertragsabschluß, das in der Literatur unter dem Namen **"moral hazard"**[32] bekannt ist, u.U. recht stark ausgeprägt. Denn welche Zahlungen der Kapitalgeber, der Käufer des Zahlungsstroms, wirklich erhält, hängt oft davon ab, welche Entscheidungen der Kapitalnehmer, der Verkäufer des Zahlungsstroms, noch treffen wird. Wie will eine Bank beurteilen, ob der Student, der um eine Finanzierung seines Studiums nachsucht und einen schnellen Eintritt ins Arbeitsleben zur Rückzahlung des Kredites verspricht, nicht zur Feier der Kreditzusage erst einmal eine ausgedehnte Urlaubsreise unternehmen wird?

Ein potentieller Käufer ist solchen Problemen von asymmetrischer Informationsverteilung und damit einhergehendem "moral hazard" nicht völlig schutzlos ausgeliefert. Er kann zum einen das Risiko, Ware minderwertiger Qualität zu erhalten, in seinem Preisgebot antizipieren. Sein Preisgebot fällt entsprechend niedriger aus. Diese Möglichkeit des Schutzes vor Schädigung hat jedoch einen Haken: Interessant ist der gebotene niedrige Preis in erster Linie für solche Verkäufer, die tatsächlich eine niedrige Qualität anzubieten haben oder bei denen die Anreize, die Qualität nachträglich zu verringern, ausgeprägt sind. Tendenziell unattraktiv ist die Preisofferte damit gerade für solche Anbieter, die ein qualitativ hochwertiges Gut veräußern möchten und nicht die Absicht und/oder die Möglichkeit haben, die Qualität nachträglich zu vermindern. Die Antizipation von minderer Qualität im Preis beinhaltet also die Gefahr, einen Prozeß der Negativauslese (**"adverse selection"**) zu provozieren.[33] Im Extremfall verbleiben am Markt nur noch die "Zitronen", die - wahrscheinlich umsonst - darauf warten, ihren Besitzer zu wechseln. Das qualitativ hohe Angebot zieht sich in einer solchen Situation vom Markt genauso zurück wie die Nachfrage nach hoher Qualität. Das Marktgeschehen kommt weitgehend zum Erliegen; der **Markt wird unvollständig**.

Finanzmärkte eignen sich besonders gut, um diese Effekte zu illustrieren. Jeder kennt die kleinen Annoncen in den Tageszeitungen, in denen "sofortiges Bargeld ohne Ansehen der Person" angeboten wird. Finanzmakler unterbreiten hier das Angebot zum Kauf eines zukünftigen Zahlungsstroms. Sie zahlen eine Kreditsumme sofort und ohne weitere Informationen in bar aus; die Gegenleistung des Kreditnehmers besteht in dem Versprechen der zukünftigen Rückzahlung zuzüglich einer in der Regel sehr hohen Verzinsung. Auf dieses Kreditangebot gehen vermutlich nur solche Schuldner ein, die Probleme haben, Kredit aus "solideren" Quellen zu erhalten, mit anderen Worten: die "Zitronen" des Kreditmarktes. Man beachte zudem, daß die oben erwähnten Kreditangebote auch immer in ihrer Höhe beschränkt sind. Die üblichen Summen betragen zwischen DM 2.000 und DM 10.000. Ein Bargeldangebot über eine Million DM würde kein vernünftiger Mensch ohne näheres Ansehen der Person des Kreditnehmers und ohne Kenntnisse

---

32 Vgl. *Arrow* [Uncertainty] und *Pauly* [Economics].

33 Vgl. *Akerlof* ["Lemons"].

seiner Vermögenslage und seiner Pläne unterbreiten. Der Markt ist unvollständig - und dies aus ökonomisch äußerst plausiblen Gründen. Die Wahrscheinlichkeit, daß ein Kunde mit einer so hohen Bargeldsumme auf Nimmerwiedersehen verschwindet, ist einfach zu hoch, als daß sie sich über entsprechend höhere Zinsforderungen abgelten ließe.

Doch ein schlechter informierter Transaktionspartner hat noch andere Möglichkeiten, als sich durch ein niedriges Preisgebot gegen Übervorteilung zu schützen oder gar völlig vom Markt zurückzuziehen. Diese drängen sich angesichts des Beispiels "Bargeld ohne Ansehen der Person" geradezu auf. Ein Käufer kann versuchen, sein Informationsdefizit abzubauen, indem er das Angebot des Verkäufers genau prüft. Kreditvergabe mit intensiver Prüfung sind eine Domäne der Banken; und Banken sind **Institutionen**. Darüber hinaus können Käufer und Verkäufer vertragliche Vereinbarungen treffen, die vor bösen Überraschungen schützen sollen. Sie können Kreditsicherheiten vereinbaren; auch Kreditsicherheiten fallen unter einen weiten Begriff von Institutionen. Die Realität der Finanzmärkte bietet eine Fülle von Phänomenen, die sich in diesem Sinne deuten lassen: Es gibt viele und vielfältige Institutionen, die helfen können, Informations- und hieraus resultierende Anreizprobleme einzudämmen. Und dies macht die institutionenorientierte (oder) neo-institutionalistische Richtung der modernen Investitions- und Finanzierungstheorie zu ihrem Thema.

Ehe wir darauf näher eingehen, können wir schon als Vermutung festhalten, daß in aller Regel der Abbau von Informations- und Anreizproblemen durch Institutionen nicht umsonst zu haben ist. Auch Märkte mit einer komplexeren institutionellen Ausgestaltung funktionieren nicht reibungslos, sondern das Zustandekommen von Transaktionen verursacht Kosten. Solche Kosten kann man als **Transaktionskosten**[34] bezeichnen. Sie machen den Markt unvollkommen; und ist der Abbau von Informations- und Anreizproblemen sehr teuer, kann es sein, daß Transaktionen überhaupt nicht möglich sind; der Markt ist dann unvollständig.

2.3.2.2 Die institutionelle Ausgestaltung von Finanzierungsbeziehungen als Instrument zur Milderung von Informations- und Anreizproblemen

Finanztransaktionen sind wie kaum eine andere Transaktion durch Probleme von asymmetrischer Informationsverteilung und die hieraus resultierenden Gefahren von "moral hazard" und "adverse selection" geprägt. Schließlich wird auf Finanzmärkten Geld heute gegen ein in der Zukunft zu erfüllendes Zahlungsversprechen getauscht. Die meisten Verkäufer eines zukünftigen Zahlungsstroms sind über die Qualität ihrer Zahlungsversprechen tendenziell besser informiert als potentielle Käufer. Und wer ein Verspre-

34 Vgl. z.B. *Coase* [Nature] und *Williamson* [Markets] sowie *Williamson* [Transaction-Cost].

chen auf zukünftige Zahlungen abgibt, verfügt in der Regel über Verhaltensspielräume, die die Einlösung des Versprechens mehr oder weniger wahrscheinlich werden lassen. Dies gilt für einen Kreditnehmer in der Beziehung zu potentiellen Gläubigern genauso wie für einen Unternehmer, der den Verkauf von Anteilen seiner Unternehmung an neue Eigenkapitalgeber beabsichtigt. Es gilt auch für einen Manager, der die Investitionspolitik eines Unternehmens steuert, das mit dem Kapital von nicht zur Geschäftsführung berechtigten Eigentümern finanziert wird. Böte der Finanzmarkt keine Mittel und Wege, um der extremen Informations- und Anreizprobleme von Finanzierungsbeziehungen Herr zu werden, so wäre kaum ein so reges Finanzmarktgeschehen vorzufinden, wie wir es in der Realität beobachten.

Die neo-institutionalistische Sicht von Investitions- und Finanzierungsbeziehungen konzentriert sich auf die Analyse solcher Mechanismen zur Milderung von Informations- und Anreizproblemen in Finanzierungsbeziehungen.[35] Sie nimmt die Erkenntnisse der Informationsökonomie zum Ausgangspunkt ihrer Überlegungen und untersucht *als ersten Schritt* zunächst, wie die Informations- und Anreizprobleme in Finanzierungsbeziehungen typischerweise ausgeprägt sind. Es zeigt sich, daß Informationsdefizite und "moral hazard"-Probleme in der Beziehung zwischen Gläubigern und Schuldnern andere Formen annehmen als zwischen neuen und alten Eigenkapitalgebern oder zwischen Managern und Eigentümern. Das liegt daran, daß unterschiedliche Finanzierungsformen auch unterschiedliche Anrechte auf den Investitionszahlungsstrom beinhalten. Einem Gläubiger sind die tatsächlichen Einzahlungen aus einer Investition solange gleichgültig, wie sie ausreichen, um die an ihn abzuführenden erfolgsunabhängigen Zahlungen zu leisten. Schützen muß er sich lediglich davor, daß auf ihn höhere Ausfallrisiken zukommen, als er bei Vertragsabschluß einkalkuliert hat. Ein Eigenkapitalgeber dagegen ist sehr wohl daran interessiert, wie hoch die Einzahlungen aus einem Investitionsobjekt tatsächlich ausfallen, denn schließlich wird seine Beteiligung erfolgsabhängig entlohnt. Er muß sich eher davor schützen, daß ihm diese Erfolge entzogen werden. Beispielsweise könnte dies dadurch geschehen, daß ein Management, dem die Leitung des Unternehmens übertragen wurde, Gewinne einbehält, um Prestigeinvestitionen zu tätigen, die zwar das Einkommen der Eigentümer schmälern, jedoch Macht und Einfluß der Manager erhöhen. Anreizprobleme können also durchaus auch aus nicht-finanziellen Präferenzen resultieren.

Der Gegenstandsbereich der neo-institutionalistischen Sicht muß also, um dies berücksichtigen zu können, im Vergleich zur kapitalmarktorientierten Sicht ausgedehnt werden. Die neo-institutionalistische Richtung analysiert deshalb nicht nur Interessenkonflikte zwischen den Parteien einer Finanzierungsbeziehung, die sich aus unterschiedlichen Präferenzen bezüglich der Charakteristika eines Zahlungsstroms ergeben.

---

35 Vgl. *Schmidt* [Grundformen].

Die neo-institutionalistische Sicht stellt vielmehr Interessenkonflikte in den Mittelpunkt, die daraus entstehen, daß *jeder* Partner einer Finanzierungsbeziehung in erster Linie an *dem* Teil eines Investitionszahlungsstroms bzw. der mit einer Investition verbundenen finanziellen und nicht-finanziellen Vor- und Nachteile interessiert ist, der *ihm* zufließt.

Sein Eigeninteresse wird er, das Ziel der Nutzenmaximierung verfolgend, auch dann ausleben, wenn es zum Schaden seines Partners ist, sofern dieser ihm die Gelegenheit dazu gibt. Und solche Gelegenheiten eröffnet der Partner in der Regel, weil er schlechter informiert ist und dem besser informierten *nach* Vertragsabschluß fast zwangsläufig Verhaltensspielräume belassen muß. Oft sind diese Handlungsspielräume zudem schwer zu überschauen und einzuschätzen.

Aufbauend auf dieser Problemanalyse sucht die neo-institutionalistische Richtung der (Investitions- und) Finanzierungstheorie *als zweiten Schritt* nach Möglichkeiten, die aus Informations- und Anreizproblemen resultierenden negativen Auswirkungen einzudämmen. Zahlreiche Anregungen für diese Suche bieten die in der Realität vorzufindenden institutionellen Ausgestaltungen von Finanzierungsbeziehungen. Diese legen **nicht nur Zahlungsansprüche** fest, sondern auch - je nach Finanzierungsform unterschiedlich ausgeprägte - **Informations-, Kontroll- und Einflußrechte**.

Für die Regelung der Beziehung von Eigenkapitalgebern untereinander besitzt vor allem die **Rechtsform** einer Unternehmung eine übergeordnete Bedeutung, die aber auch auf die Regelung des Verhältnisses zwischen Eigenkapitalgebern und etwaigem Fremdmanagement einen maßgeblichen Einfluß nimmt. Ein **Aufsichtsrat**, der die Geschäftsführung kontrolliert, existiert z.B. nur in solchen Unternehmen, die nicht von ihren Eigentümern geleitet werden; und nur in solchen Unternehmen macht dieses Kontrollorgan ökonomischen Sinn. Die Anreize eines Managers werden aber auch wesentlich durch seinen **Arbeitsvertrag** gesetzt, der das Managementverhalten in eine von den Eigentümern mehr oder weniger gewünschte Richtung lenken kann.[36] Eine Gläubiger-Schuldner-Beziehung wird zwar auch von der Rechtsform beeinflußt, denn sie legt fest, inwieweit die Unternehmenseigner auch mit ihrem Privatvermögen für ein Zahlungsversprechen an Gläubiger einstehen müssen. Aber vor allen Dingen spielt bei Fremdfinanzierungen die Ausgestaltung der **Kreditwürdigkeitsprüfung** und des **Kreditvertrages** eine Rolle, der mit seinen zahlreichen Klauseln und **Sicherungsvereinbarungen** die Informationsbedürfnisse und Einflußrechte von Gläubigern festlegt sowie die Verhaltensspielräume des Schuldners einengt.[37] Und schließlich existieren auch noch diejenigen Finanzinstitutionen, die - wie etwa eine **Bank** oder die Institution **Börse** - als Mittler zwischen Kapi-

36 Vgl. zu Anreizsystemen bei "moral hazard" *Holmström* [Hazard].

37 Vgl. *Terberger* [Kreditvertrag].

talnehmer und -geber fungieren und auf diese Weise den Informationsbedarf und das Verhalten der Marktteilnehmer beeinflussen können.

Schon diese Aufzählung reicht aus, um zu demonstrieren, daß der Fülle von Untersuchungsobjekten, die sich für eine Analyse aus neo-institutionalistischer Sicht eignen, kaum Grenzen gesetzt sind. Und es zeigt sich ebenfalls, daß, wenn auch aus anderer Perspektive, genau die Themen wieder aufleben, die die Finanzierungsliteratur schon einmal prägten.

> Die neo-institutionalistische Richtung der Finanzierungstheorie erfüllt die Themen der traditionellen Finanzwirtschaftslehre mit neuem Leben.

Die neo-institutionalistische Perspektive erkennt an, daß die Kapitalbeschaffung und die Aufrechterhaltung der Liquidität ein Problem sein können, weil Kapitalgeber aus Angst vor Informationsnachteilen und "moral hazard"-Verhalten von einer Finanzierung zurückschrecken können. Auch die Ausgestaltung und die Wahl von Finanzierungsformen sind aus neo-institutionalistischer Sicht keineswegs irrelevant, sondern jede Form der Finanzierung geht mit anderen Informations- und Anreizproblemen einher und versucht, auf die ihr eigene Weise gegen diese Probleme anzugehen. Weil Finanzierungsformen nicht nur Anrechte auf Zahlungen, sondern auch Informations- und Einflußrechte regeln, nehmen sie auf die Investitionsentscheidungen in einem Unternehmen Einfluß und können damit auch deren Vorteilhaftigkeit beeinflussen. Es besteht also, wie es in der traditionellen Finanzwirtschaftslehre zumindest anklang, ein Problem der Auswahl zwischen verschiedenen Finanzierungsalternativen; und dieses Problem läßt sich nicht unabhängig von der Investitionsentscheidung sehen. Dieses Auswahlproblem allgemeingültig lösen kann die neo-institutionalistische Sicht zwar genauso wenig wie die Finanzwirtschaftslehre, aber im Unterschied zu dieser hilft sie, das Auswahlproblem präzise zu formulieren, weil sie als Teil der "modernen" Investitions- und Finanzierungstheorie eine konsequent entscheidungsorientierte Perspektive einnimmt. Für dieses Auswahlproblem gilt folgende Grundregel:

> Die Auswahl zwischen Finanzierungsformen ist so zu treffen, daß die Reibungsverluste, die aus Informations- und Anreizproblemen resultieren, möglichst gering sind.

Die neo-institutionalistische Sicht hat also die Erkenntnisse der kapitalmarktorientierten Sicht nicht vergessen, sondern von ihnen profitiert und sie um die Erkenntnisse der Informationsökonomie erweitert. Der reibungslos funktionierende Kapitalmarkt ist und bleibt das Ideal, das es anzustreben gilt, indem die Auswirkungen von Interessenkonflikten möglichst kostengünstig eingedämmt werden.

Die Fortführung des in Abschnitt 2.3.1 eingeführten Zahlenbeispiels soll wiederum das Argumentationsmuster der neo-institutionalistischen Sicht illustrieren.

2.3.2.3 Das Argumentationsmuster der neo-institutionalistischen Sicht: ein Zahlenbeispiel

Erinnern wir uns an die Unternehmung, in der die Entscheidung über die grundsätzliche Ausrichtung der Investitionspolitik ansteht. Zur Wahl stehen die Investitionspolitik 1, die steigende, in ihrer Höhe unsichere Einzahlungsüberschüsse erwarten läßt, und die Investitionspolitik 2, die zu einem sicheren, gleichmäßigen Einzahlungsstrom führt. Darüber hinaus sollen sich die beiden Investitionsalternativen noch durch ein weiteres Merkmal unterscheiden: Politik 1 verlangt einen wesentlich höheren Arbeitseinsatz der Geschäftsführung als Investitionspolitik 2. Bei der sicheren Investitionspolitik 2 gleicht die notwendige Arbeit der Geschäftsführung lediglich einer Halbtagsbeschäftigung, während die Umstellung des Unternehmens auf die riskante Investitionspolitik 1 mit einem extrem hohen Arbeitseinsatz der Geschäftsführung verbunden ist. Bei der Ermittlung der Einzahlungsüberschüsse der beiden Alternativen, die oben in Tabelle 2.2 angegeben sind, ist die unterschiedliche Arbeitsbelastung schon dadurch implizit berücksichtigt worden, daß ein jeweils unterschiedliches Entgelt für die Geschäftsführungstätigkeit einkalkuliert und abgezogen worden ist. Dieses Entgelt wurde für Investitionspolitik 1 mit sicheren 3 Geldeinheiten pro Periode höher angesetzt als für Investitionspolitik 2, bei der der entsprechend niedrigere Arbeitseinsatz schon mit einer sicheren Geldeinheit pro Periode abgegolten ist. Die Angaben sind in der folgenden Tabelle 2.3 explizit aufgeführt.

Konsumstrom		Zeitpunkt			Risiko
		t_1	t_2	t_3	
1	brutto	19	27	31	unsicher
	Gehalt	- 3	- 3	- 3	sicher
	netto	16	24	28	unsicher
2	brutto	21	21	21	sicher
	Gehalt	- 1	- 1	- 1	sicher
	netto	20	20	20	sicher

Tab. 2.3: Konsumströme mit erforderlichem Arbeitseinsatz

Nach Abzug des Gehalts für die jeweils unterschiedliche Managementleistung ergeben sich genau die Zahlungsströme, die bereits für die Illustration der kapitalmarktorientierten Sicht als Beispiel dienten. An den Marktwerten der Netto-Zahlungsströme habe sich ebenfalls nichts geändert, sie betragen 52 für Konsumstrom 1 und 50 für Konsumstrom 2. Zusätzlich läßt sich der Wert bestimmen, der den (sicheren) Gehaltsströmen beizumessen ist. Wenn ein über drei Perioden fließender Zahlungstrom von 20 (sicheren) Geldeinheiten pro Periode zu einem Preis von 50 gehandelt wird, ist eine sichere Geldeinheit pro Periode 2,5 Geldeinheiten wert, während ein Strom von drei sicheren Geldeinheiten einen Wert von 7,5 Geldeinheiten hat. Die Welt der kapitalmarktorientierten Sicht scheint also soweit noch in Ordnung zu sein: Die beiden Anteilseigner, Herr X und Frau Y, bevorzugen die marktwertmaximierende Investitionspolitik 1.

Die beiden haben jedoch ein zusätzliches Problem zu lösen. Da sie sich beide nicht zur Geschäftsführung befähigt fühlen, suchen sie einen qualifizierten Manager, der für sie diese Aufgabe übernimmt. Sie finden ihn in Herrn Z und bieten ihm einen Arbeitsvertrag an, der ihm das Gehalt zusichert, das ihm den Ausgleich für den hohen Arbeitseinsatz bei Verfolgung der Investitionspolitik 1 liefert: 3 sichere Geldeinheiten pro Periode. Das Gehalt ist das Geldäquivalent des "Arbeitsleides", das für Herrn Z mit der Durchführung der Investitionspolitik 1 verbunden ist. Würde er die Investitionspolitik 2 realisieren, würde ein sicheres Gehalt von einer Geldeinheit pro Periode ihn gerade für seine Mühe entschädigen. Beide Kombinationen - große Mühe und großes Gehalt bzw. geringe Mühe und geringes Gehalt - sind für Herrn Z gleichwertig.

Herr Z geht auf das Angebot ein und übernimmt die Lenkung der Geschicke der Unternehmung. Da er aber ein Nutzenmaximierer ist, verhält er sich dabei nicht so, wie es im Sinne der Anteilseigner wäre und wie er es versprochen hat. Er kann nämlich seinen Nutzen steigern, wenn er das hohe Gehalt einstreicht, ohne dafür die vereinbarte Arbeitsleistung zu erbringen. Nachdem ihm Herr X und Frau Y die Leitung des Unternehmens übertragen haben, verfolgt er deshalb die sichere, einen niedrigen Arbeitseinsatz verlangende Investitionspolitik 2. Sein Gehalt von 3 Geldeinheiten pro Periode ist ihm sicher, als Gegenleistung erbringt er allerdings nur einen Arbeitseinsatz im Gegenwert von einer Geldeinheit pro Periode. Er erhält also 2 Geldeinheiten pro Periode ohne Gegenleistung; und dies entspricht einem (unfreiwilligen) Geschenk der Anteilseigner an ihn. Und dieses Geschenk hat in t_0 immerhin einen Wert von 5 (= 7,5 - 2,5).

Den Schaden davon haben Herr X und Frau Y. Sie müssen nicht nur das hohe Gehalt zahlen, ohne dafür die entsprechende Leistung zu erhalten; sie erleiden darüber hinaus Einbußen, weil die unvorteilhaftere Investitionspolitik 2 verfolgt wird. Der Einkommensstrom, der an sie fließt, sieht nämlich jetzt wie folgt aus:

Konsumstrom	Zeitpunkt t_1	Zeitpunkt t_2	Zeitpunkt t_3	Risiko
brutto	21	21	21	sicher
Gehalt	- 3	- 3	- 3	sicher
netto	18	18	18	sicher

Tab. 2.4: Netto-Konsumstrom mit "moral hazard"

Dieser Einkommensstrom hat lediglich einen Marktwert von 45; Herr X und Frau Y erleiden also gemeinsam einen Verlust von 7; denn wenn alles planmäßig verlaufen und Investitionspolitik 1 gewählt worden wäre, hätten sie einen Einkommensstrom mit einem Marktwert von 52 erwarten können. Der Verlust von 7 setzt sich zusammen aus der Einbuße von 2 (= 52 - 50), die sie hinnehmen müssen, weil nicht die marktwertmaximierende Investitionspolitik verfolgt wird, und aus dem Verlust im Wert von 5 (= 7,5 - 2,5), weil der Manager eine überhöhte Gehaltszahlung bekommt.

Was hätten Herr X und Frau Y tun können, wenn sie die Gefahr des eigennützigen Verhaltens des Managers, des "moral hazard", vorausgesehen hätten und sich dagegen hätten schützen wollen? Zum ersten hätten sie natürlich Herrn Z in seinem Arbeitsvertrag auf die Verfolgung der Investitionspolitik 1 verpflichten können. Doch dies würde ihnen wenig nützen, wenn sie das Verhalten des Managers aufgrund fehlender Informationen nicht kontrollieren könnten. Sie haben ihn ja gerade deshalb eingestellt, um sich nicht um die Geschäftsführung kümmern zu müssen. Es herrscht asymmetrische Informationsverteilung, deren Abbau, wenn dies überhaupt möglich ist, nicht kostenlos ist. Die Kontrolle von Herrn Z kostet Herrn X und Frau Y Zeit, Mühe und Geld.

Einfacher wäre es, wenn man ein Fehlverhalten von Herrn Z unmittelbar am Ergebnis der Investition ablesen und in seinem Arbeitsvertrag Sanktionen vereinbaren könnte, falls ein Ergebnis auftritt, das auf die Verfolgung der unvorteilhaften Investitionspolitik 2 schließen ließe. Doch auch diese institutionelle Regelung hat ihre Tücken. Die Androhung einer Sanktion ist dann unwirksam, wenn sie sich nicht durchsetzen läßt. Herr Z kann zwar immer durch Entlassung sanktioniert werden, aber aus einem beobachteten Ergebnis von 21 ließe sich gar nicht ablesen, daß Herr Z tatsächlich die unerwünschte Investitionspolitik 2 verfolgt, denn schließlich sind die Ergebnisse von Investitionspolitik 1 unsicher und könnten deshalb auch die Ausprägung von 21 annehmen.

Es verbleibt Herrn X und Frau Y aber in jedem Fall die Möglichkeit, sich von vornherein auf das Verhalten von Herrn Z einzustellen und zu antizipieren, daß er die Investitionspolitik 2 einschlägt und einen geringen Arbeitseinsatz erbringt. Sie würden also gleich bei Abschluß des Arbeitsvertrages das hierfür angemessene Entgelt von einer Geldeinheit pro Periode vereinbaren. Damit vermeiden sie zwar nicht den Marktwertverlust in Höhe von 2 durch die Wahl der Investitionspolitik 2, aber sie könnten verhindern, daß der Manager zu ihren Lasten ein überhöhtes Gehalt bezieht.

Es ist jedoch noch eine weitere Variante denkbar. Wie wäre es, wenn Herr X und Frau Y den Manager Z nur dann engagieren würden, wenn er ihnen gleichzeitig einen gewissen Prozentsatz ihrer Unternehmensanteile abkauft und somit Teileigentümer und Manager in einer Person wird?[38] Der Anreiz von Herrn Z, auf die Investitionspolitik mit dem geringeren Marktwert umzuschwenken, würde hierdurch geschmälert, denn er würde mit einem solchen Verhalten nicht nur anderen, sondern auch sich selbst Schaden zufügen. Es reicht aus, wenn Herr Z (marginal mehr als) 5/7 der Anteile des Unternehmens erwirbt, um sein Fehlverhalten zu verhindern. Die Beteiligungsquote von 5/7, die (mindestens) nötig wäre, um den Manager davon abzuhalten, daß er auf die bequemere Investitionspolitik 2 übergeht, ergibt sich aus folgender Überlegung: Sein Vorteil als Manager durch Verminderung des Arbeitseinsatzes hat ein "Marktwertäquivalent" von 5. Der Gesamtschaden seines "moral hazard"-Verhaltens für alle Eigentümer *zusammen* beträgt aus den beschriebenen Gründen 7 (= 2 + 5). Wenn er mit einer Quote von weniger als 5/7 beteiligt wäre, würde er sich beim Übergang von Investitionspolitik 1 auf Investitionspolitik 2 mehr nützen als schaden. Das Anreizproblem wäre nicht aufgehoben. Bei einer Beteiligungsquote über 5/7 würde er sich hingegen mehr schaden als nützen; das Anreizproblem wäre aufgehoben. Die "kritische Quote" beträgt somit 5/7. Bei dieser Beteiligungsquote trüge er in seiner Rolle als Teileigentümer gerade 5/7 des Schadens, den er verursachen würde. Der Anreiz zur Wahl der Investitionspolitik 2 mit dem geringeren Marktwert ist aufgehoben, weil die Geschäftsführung in der Hand eines (Teil-)Eigentümers liegt. Im vorliegenden Beispiel wäre ein Teilerwerb des Unternehmens durch den Manager eine geeignete Form der Finanzierung, die die Reibungsverluste durch Informations- und Anreizprobleme völlig aufheben würde. Wenn der Manager tatsächlich (marginal mehr als) 5/7 des Marktpreises von 52 bezahlen würde und bezahlen könnte, brauchten sich Herr X und Frau Y keine Sorgen darum zu machen, welche Anreize sein Verhalten steuern. In der "Realität" sind solche vollkommenen Lösungen des Anreizproblems allerdings unwahrscheinlich, schon allein deshalb, weil ein "realer" Manager vermutlich nicht das Geld hätte, um eine so hohe Beteiligung zu erwerben.

Eine Managerbeteiligung - oder eine andere denkbare erfolgsabhängige Bezahlung von Managern - stellt eine institutionelle Regelung im Finanzierungsbereich dar, die gegebenenfalls nicht wegen der Mittelzuführung, sondern ausschließlich wegen ihrer Steuerungswirkung gewählt würde. Unser Beispiel stellt auf idealisierende Weise das Konfliktpotential zwischen Eigentümern und Fremdmanagern und die Wirkung ausgewählter institutioneller Regelungen zu dessen Milderung oder gar Beseitigung dar. Es ist zwar insofern wenig "realistisch", als es unterstellt, der Anreizkonflikt und die Möglichkeiten zu seiner Lösung wären für die Beteiligten völlig durchschaubar und berechenbar. Aber solche Idealisierungen zur Hervorhebung dessen, was man hervorheben möchte, sind üblich und legitim, lenken sie doch das Augenmerk auf Probleme, die in ähnlicher Form in der Realität durchaus auftreten. Unser Zahlenbeispiel demonstriert insbesondere auch

38 Die Pionierarbeit zur Problematik der Manager/Eigentümer-Beziehung aus neo-institutionalistischer Sicht lieferten *Jensen/Meckling* [Theory]; vgl. hierzu auch *Ballwieser/Schmidt* [Unternehmensverfassung], S. 662-673, und die dort angegebene Literatur.

die grundsätzliche Abhängigkeit der Investitionspolitik von der Verteilung der Einflußrechte und damit von der Finanzierung; und es zeigt die grundsätzliche Wirkung von Kontroll- und Anreizsystemen auf, die in der Realität zur Eindämmung derartiger Interessenkonflikte durchaus zum Einsatz kommen. Ob es mit dem vorgebrachten Argumentationsmuster gelingt, in praktischen Fällen wirklich optimale Anreizsysteme zu schaffen, die schließlich auch zu optimalen Investitions- und Finanzierungsentscheidungen führen, sei dahingestellt. Aber die Brille des Neo-Institutionalismus erlaubt es, die Gestaltung von Finanzierungsbeziehungen nicht blind, sondern gezielter anzugehen.

2.4 Zusammenfassung

Das vorliegende Kapitel gab einen Einblick in die Argumentationsmuster, die für die "moderne" Investitions- und Finanzierungstheorie charakteristisch sind.

Die "moderne" Investitions- und Finanzierungstheorie ist entscheidungsorientiert. Sie betrachtet Unternehmen als Instrumente von Wirtschaftssubjekten, die ihren Nutzen zu maximieren suchen. Bei Investitions- und Finanzierungsentscheidungen stehen die Investoren und Kapitalgeber im Mittelpunkt, die diese Entscheidungen so zu treffen suchen, daß sie den Nutzen ihres Konsumeinkommensstroms maximieren. Nicht-finanzielle Zielsetzungen treten eher in den Hintergrund, spielen aber in neueren investitions- und finanzierungstheoretischen Arbeiten wieder eine größere Rolle. Doch bereits aufgrund individuell unterschiedlicher Präferenzen bezüglich der zeitlichen Struktur und der Unsicherheit von Konsumströmen läßt sich auch bei rein finanziellen Zielen kein eindeutiges Kriterium für die Beurteilung der Vorteilhaftigkeit von Investitions- und Finanzierungsentscheidungen angeben. Bei der Beteiligung mehrerer Kapitalgeber an einem Investitionsvorhaben kann es deshalb zu Zielkonflikten kommen.

Im Zentrum der kapitalmarktorientierten Richtung der modernen Investitions- und Finanzierungstheorie steht die Suche nach einem Kriterium, das eine Beurteilung von Zahlungsströmen unabhängig von individuellen Konsumpräferenzen erlaubt. Unter der Bedingung eines vollkommenen und vollständigen Kapitalmarkts, auf dem jeder beliebige Zahlungsstrom zu einem gegebenen, einheitlichen Preis gehandelt wird, existiert ein solches Kriterium: Es ist dasjenige Bündel von Investitions- und Finanzierungsmaßnahmen zu realisieren, das den Marktwert des aus einer Unternehmung fließenden Zahlungsstroms maximiert. Die Zielsetzung Marktwertmaximierung schafft Einigkeit unter allen an einer Unternehmung beteiligten Kapitalgebern, unabhängig von ihren jeweiligen Präferenzen, weil jeder die Möglichkeit besitzt, seinen Anteil an dem - den Marktwert maximierenden - Zahlungsstrom auf dem vollkommenen und vollständigen Kapitalmarkt zu verkaufen und für den erlösten Preis einen seinen Präferenzen entsprechenden Zahlungsstrom zu erwerben. Die Argumentation der kapitalmarktorientierten Sicht steht somit voll in der Tradition der neoklassischen Markttheorie, in der eine reibungslose Koordination individueller Wirtschaftspläne durch den Markt als möglich - und wichtig und richtig - angesehen wird.

Die Annahme eines vollkommenen und vollständigen Kapitalmarktes hat jedoch die Konsequenz, daß die gesamte Finanzierung irrelevant wird und Finanzinstitutionen wie Banken keinerlei Existenzberechtigung haben. An diesem Punkt setzt der neuere Zweig der modernen Investitions- und Finanzierungstheorie, die sogenannte neo-institutionalistische Sicht, an. Sie baut auf den Erkenntnissen der Informationsökonomie auf und fragt, warum Kapitalmärkte in der Realität unvollkommen und unvollständig sind. Die Ursache findet sie in der asymmetrischen Informationsverteilung zwischen Kapitalgebern und -nehmern, die zu "adverse selection" und "moral hazard"-Verhalten führen kann. Unter "adverse selection" am Kapitalmarkt versteht man das Phänomen, daß auf ein Kauf- bzw. Finanzierungsangebot vor allem solche Kapitalnehmer reagieren, deren zukünftige Zahlungsfähigkeit von minderer Qualität ist. "Moral hazard" bezeichnet ein Verhalten des Kapitalnehmers *nach* Kapitalüberlassung, das den Kapitalgeber schädigt, um einen eigenen Vorteil zu erzielen. Beide Phänomene führen dazu, daß ein Kapitalmarkt nicht reibungslos funktioniert. Allerdings existieren Mechanismen, um die negativen Auswirkungen von Informationsproblemen und hieraus resultierenden Interessenkonflikten zu mildern. Als solche Mechanismen deutet die neo-institutionalistische Sicht die in der Realität vorhandenen Institutionen des Finanzmarkts, zu denen die unterschiedlichen Finanzierungsformen mit ihren spezifischen vertraglichen Vereinbarungen genauso zählen wie die gesellschaftsrechtlichen Regelungen zur Rechtsform oder auch der Finanzintermediär "Bank". Nach neo-institutionalistischer Sicht ist das Bündel von Investitions- und Finanzierungsmaßnahmen so zu gestalten, daß der Reibungsverlust aus Informations- und Anreizproblemen möglichst gering gehalten wird.

Ausblick

Unsere Einführung in den Gegenstandsbereich von Investition und Finanzierung ist hiermit abgeschlossen. Sie ist einer Stadtrundfahrt vergleichbar, die einen ersten Eindruck von einer Stadt vermitteln und dem Besucher helfen soll, sich zu orientieren. Der Besucher erlebt dabei, daß die Stadt ganz unterschiedliche Gesichter hat, je nach Stadtviertel, durch das die Rundfahrt gerade führt. Dasselbe gilt für die Lehre vom Investieren und Finanzieren. Es gibt ein relativ altes Viertel, die traditionelle Finanzwirtschaftslehre, die von ihrer Zeit geprägt ist. Und es gibt die modernen Stadtteile der entscheidungsorientierten Investitions- und Finanzierungstheorie. Das "moderne" kapitalmarktorientierte Viertel strahlt vor klaren, abstrakten Formen, die sich von dem realistischen Geschnörkel des alten Viertels betont abgrenzen. Das neo-institutionalistische Viertel kann seine Beeinflussung durch den "modernen" kapitalmarktorientierten Stil nicht leugnen, greift aber ein wenig nostalgisch auf gewisse Stilelemente der traditionellen Finanzwirtschaftslehre zurück. Alle Viertel der Stadt formen ein Ganzes, ohne daß man sich gleichzeitig in ihnen aufhalten könnte. So verhält es sich auch mit den unterschiedlichen Brillen, die die Lehre vom Investieren und Finanzieren offeriert. Leider gibt es keinen "offiziellen Stadtplan", der ein treffendes Bild vom Ganzen vermittelt.

Wir hoffen, daß sich unsere Leser selbst ihren eigenen Stadtplan entwerfen, indem sie in den Folgekapiteln die Lehre vom Investieren und Finanzieren näher kennenlernen. Denn wie jeder weiß, kann eine Stadtrundfahrt niemals die anschließende Erkundung einer Stadt im Detail, am besten zu Fuß, ersetzen. Günstigenfalls hat die Rundfahrt aber geholfen, bei dem Fußweg nicht die Orientierung zu verlieren und gewisse markante Punkte wiederzufinden. Wir hoffen, daß dieser erste Grundlagenteil des Buches eine solche Orientierungsfunktion erfüllt hat.

Literaturhinweise zum Teil I

Einen Überblick über die Entwicklungsgeschichte finanzwirtschaftlicher Betrachtungsweisen (während der letzten dreißig Jahre) liefern

Krahnen, Jan Pieter: Finanzwirtschaftslehre zwischen Markt und Institutionen, in: Die Betriebswirtschaft 53. Jg. (1993), S. 793-805, und

Schmidt, Reinhard H.: Zur Entwicklung der Finanztheorie, in: Paradigmawechsel in der Betriebswirtschaftslehre?, hrsg. von Wolf F. Fischer-Winkelmann, Spardorf 1983, S. 464-500.

Die Geschichte betriebswirtschaftlicher Theorie allgemein sowie der einzelnen Fachgebiete wird dargestellt in

Schneider, Dieter: Allgemeine Betriebswirtschaftslehre, 3. Aufl., München/Wien 1987, bzw. in der Neuauflage von Teilen des Werkes unter dem Titel Betriebswirtschaftslehre, Bd. 1: Grundlagen, 2. Aufl., München/Wien 1995.

Um einen Eindruck vom Gegenstand und der Vorgehensweise der verschiedenen Richtungen zu erhalten, ist ein Blick in die für diese Betrachtungsweise jeweils stellvertretenden Lehrbücher oder Aufsätze zu empfehlen: Zur traditionellen Betrachtungsweise

Vormbaum, Herbert: Finanzierung der Betriebe, Wiesbaden 1964 und

zur kapitalmarktorientierten Richtung der modernen Betrachtungsweise

Brealey, Richard A./Myers, Stewart C.: Principles of Corporate Finance, 5. Aufl., New York 1996.

Themen, die sonst meist im Stil der traditionellen Finanzierungslehre behandelt werden, diskutiert von einer neo-institutionalistischen Warte

Drukarczyk, Jochen: Finanzierung, 7. Aufl., Stuttgart 1996.

Franke, Günter/Hax, Herbert: Finanzwirtschaft des Unternehmens und Kapitalmarkt, 4. Aufl., Berlin u.a. 1994,

behandeln sowohl Themen der traditionellen Sicht (z.B. Kap. III) als auch schwerpunktmäßig die kapitalmarkorientierte Sicht; es gibt aber ein spezielles Kapitel zur neo-institutionalistischen Sicht.

Eine einführende Darstellung der neo-institutionalistischen Sichtweise findet man in

Wenger, Ekkehard/Terberger, Eva: Die Beziehung zwischen Agent und Prinzipal als Baustein einer ökonomischen Theorie der Organisation, in: WiSt, 17. Jg. (1988), S. 506-514.

Teil II

Investition (und Finanzierung) bei sicheren Erwartungen

Orientierung

Teil II des Lehrbuchs ist der erste von drei Teilen, in denen die bereits skizzenhaft vorgestellte kapitalmarktorientierte Sicht ausführlich behandelt wird. Entsprechend lassen sich in diesem Teil II, wie auch in den beiden folgenden Teilen III und IV, die bereits bekannten Merkmale und typischen Vereinfachungen der neoklassisch geprägten kapitalmarktorientierten Sicht wiederfinden:

(1) Investitions- und Finanzierungsprobleme werden aus der Sicht von Investoren und Kapitalgebern betrachtet, die durch Investitions- und Finanzierungsentscheidungen ihre Konsumströme optimieren wollen.

(2) Aus Vereinfachungsgründen wird von den vielfältigen Wirkungszusammenhängen abstrahiert, die zum Tragen kommen, bevor sich Investitions- und Finanzierungsentscheidungen in einer Unternehmung in der Form von Konsumströmen der Investoren und Kapitalgeber niederschlagen. Investitions- und Finanzierungsprobleme reduzieren sich auf das Problem der Wahl zwischen Zahlungsströmen.

(3) Ebenfalls wird von Problemen abstrahiert, die dadurch entstehen, daß jeder an einem Unternehmen beteiligte Investor oder Kapitalgeber lediglich an der Optimierung derjenigen Auswirkungen von Investitions- und Finanzierungsentscheidungen interessiert ist, die ihn selbst betreffen. Derartige Probleme können zwar für die Ausgestaltung und den Ausgang von Investitions- und Finanzierungsentscheidungen von immenser Bedeutung sein, und dies ist insbesondere dann möglich, wenn die Informationen zwischen Investoren und Kapitalgebern asymmetrisch verteilt sind, doch diesen Themenkomplex stellt erst die ebenfalls bereits skizzierte neo-institutionalistische Sicht in den Mittelpunkt, die in Teil V vertieft wird. Die kapitalmarktorientierte Sicht betrachtet die aus Informationsproblemen resultierenden Anreizprobleme als nicht existent, das heißt, sie tut so, als wären Konflikte, die daraus entstehen, daß jeder Beteiligte nur an *seinem* Anteil eines Vorteilsstroms interessiert ist, problemlos und kostenlos lösbar.

In den Mittelpunkt stellt die kapitalmarktorientierte Sicht allein Probleme der Bewertung von Zahlungsströmen, die sich daraus ergeben, daß verschiedene Wirtschaftssubjekte unterschiedliche Präferenzen bezüglich der zeitlichen Struktur und des Unsicherheitsgrades ihrer Konsumströme haben.

Doch bereits dieses Problem ist so komplex, daß die kapitalmarktorientierte Sicht ihm nur in Teilschritten zu Leibe rücken kann. Der erste und einfachste Schritt erfolgt in Teil II: Die Bewertung von Investitions- und Finanzierungszahlungsströmen bei sicheren Erwartungen. Die **Annahme sicherer Erwartungen** besagt, daß die beteiligten und betroffenen Wirtschaftssubjekte genau wissen, was in der Zukunft sein wird. Ohne Zweifel ist diese Annahme realitätsfern, aber sie erlaubt es zu vereinfachen. Wenn die Dimension "Unsicherheit" wegfällt, kann man sich auf die Bewertungsprobleme konzentrieren, die sich aus der **Mehrperiodigkeit** von Zahlungsströmen und aus den unterschiedlichen Präferenzen bezüglich der **zeitlichen Struktur** von Konsumströmen ergeben. Für den einfachsten Fall einer (Modell-)Welt bei Sicherheit wird in Teil II die Suche der kapitalmarktorientierten Sicht nach einem präferenzunabhängigen Bewertungskriterium für Zahlungsströme nachvollzogen, und es wird demonstriert, daß diese Suche nur dann erfolgreich ist, wenn man die Annahme trifft, daß der Kapitalmarkt reibungslos funktioniert. Das Argumentationsmuster der kapitalmarktorientierten Sicht läßt sich in einer Modellwelt der Sicherheit in seiner einfachsten und deshalb wohl reinsten Form herauskristallisieren. Die Teile III und IV, in denen die Annahme der Sicherheit schrittweise aufgehoben wird, stellen im Grunde genommen nur kompliziertere - aber auch allgemeinere - Variationen der zentralen Ergebnisse dar, die sich bereits in Teil II unter Sicherheit erzielen lassen.

Kapitel 3

Grundlagen der Investitionstheorie

3.1 Lernziele

Im Teil II wird die Investitions- und Finanzierungstheorie behandelt, soweit sie von sicheren Erwartungen ausgeht. Da die Finanzierung unter der Annahme sicherer Erwartungen zu einer weitgehend trivialen Angelegenheit wird, steht die Investitionstheorie eindeutig im Vordergrund. In diesem Kapitel diskutieren wir die Grundlagen. Das sind zum einen Fragen der Art, wie Investitionsmöglichkeiten beschrieben werden können und wie man die Annahmen, die im folgenden gebraucht werden, formulieren kann und wie man sie verstehen sollte. Zum anderen behandeln wir das Grundmodell der Investitionstheorie anhand des einfachen Falles, in dem es nur zwei Zeitpunkte gibt.

In diesem Kapitel sollen die Leser daher lernen,

(1) wie man ein Investitionsobjekt beschreiben muß, damit es mit den Methoden der Investitionstheorie unter Sicherheit beurteilt werden kann, und welche Probleme bei der Datenbeschaffung zu lösen sind,

(2) wie man - dazu passend - die Möglichkeiten der Finanzierung und der Geldanlage "am Kapitalmarkt" beschreiben kann; insbesondere sollen sie ein Verständnis dafür entwickeln, wie man die in der Investitions- und Finanzierungstheorie zentralen Annahmen, daß "der Kapitalmarkt" entweder "vollkommen" oder "unvollkommen" ist, formulieren und interpretieren kann,

(3) wie kompliziert das Problem der Wahl zwischen "Vorteilen" in der Gegenwart und in der Zukunft selbst dann schon ist, wenn man die vereinfachenden Annahmen trifft, daß der Investor sichere Erwartungen hat und nur zwischen gegenwärtigem und zukünftigem Einkommen in zwei Zeitpunkten zu wählen hat, und

(4) wie sich das Wahlproblem vereinfacht, wenn man unterstellt, daß "der Kapitalmarkt" "vollkommen" ist, und unter welchen Bedingungen diese Vereinfachung *nicht* erreichbar ist.

3.2 Einordnung und Voraussetzungen der Investitionsrechnung

3.2.1 Zur Notation

Um möglichst allgemeine Aussagen über die Vorteilhaftigkeit von Investitionen treffen zu können, verwendet die Investitionstheorie eine sehr abstrakte Art, Investitionen und Finanzierungen zu beschreiben: Sie werden durch **Zahlungsreihen** dargestellt. Jede Zahlung ist datiert, d.h. zusammen mit der Angabe über die Höhe der Aus- oder Einzahlung erfolgt die Angabe über den Zeitpunkt, zu dem die Zahlung erfolgt. Auszahlungen werden mit A_t, Einzahlungen mit E_t gekennzeichnet, wobei man nur den Betrag der Aus- bzw. Einzahlung angibt. Der Index t gibt den Zeitpunkt oder die Periode an, in dem die Zahlung erfolgt bzw. auf den sich die Zahlung bezieht. $E_3 = 300$ bedeutet beispielsweise, daß im Zeitpunkt 3 eine Einzahlung von 300 erfolgt oder daß zu diesem Zeitpunkt die Einzahlungen die Auszahlungen um 300 übersteigen. Als Aus- bzw. Einzahlungen werden, soweit die behandelte Fragestellung nicht etwas anderes erfordert, Nettoaus- bzw. -einzahlungen angegeben. Eine Auszahlung entspricht einer negativen Einzahlung.

> Eine **Investition** ist eine Zahlungsreihe, die mit einer Auszahlung beginnt, und eine **Finanzierung** ist eine Zahlungsreihe, die mit einer Einzahlung beginnt. Von einer Normalinvestition spricht man, wenn auf eine Auszahlung nur noch (Netto-) Einzahlungen folgen.

Es haben sich in der investitionstheoretischen Literatur einige Konventionen eingebürgert, die die Darstellung und Berechnung der Vorteilhaftigkeit von Investitionen erleichtern. Wir folgen ihnen hier. Die wichtigste Konvention ist, daß die Zeit gedanklich in Zeiteinheiten oder Perioden gleicher Größe eingeteilt wird. Die naheliegende Periodenlänge ist ein Jahr. Man kann aber auch andere wählen. Perioden werden fortlaufend numeriert. Jede Zeitperiode wird von zwei Zeitpunkten eingegrenzt. Der Anfangszeitpunkt einer Periode ist zugleich der Endzeitpunkt der vorangegangenen. In der Wahl eines Nullpunktes ist man grundsätzlich frei. Meistens wählt man als t_0, d.h. als den Anfangszeitpunkt der ersten Periode, entweder denjenigen Zeitpunkt, in dem die Entscheidung zu treffen ist, oder den Zeitpunkt, zu dem die erste Zahlung erfolgt. In diesen Fällen ist die Anfangsauszahlung A_0. Wird ein endlicher, aber unbestimmter Zeitraum betrachtet, bezeichnet man den (unbestimmten) letzten Zeitpunkt mit t_n. Bei unendlich lange laufenden Zahlungsreihen gibt es keinen letzten Zahlungszeitpunkt.

Finanzierungszahlungsreihen werden analog beschrieben. Dabei unterstellt man aber, daß Zinsen auf einen Kredit erst am Periodenende fällig werden ("postnumerando"). Von dieser Konvention kann man abrücken, wenn das Problem es erfordert. Man kann z.B. statt einer ("diskreten") Zeitpunktbetrachtung eine ("kontinuierliche") Zeitraumbetrachtung wählen und zugleich unterstellen, daß Zahlungen im Zeitablauf kontinuierlich erfolgen und insbesondere Zinsen einem Schuldbetrag sofort zuwachsen.[1]

Mit einer Investition sind nicht nur Zahlungen verbunden, sondern auch Aufwendungen und Erträge, Kosten und Leistungen und realwirtschaftliche Vorgänge. Warum abstrahiert man von allem anderen und betrachtet nur die Zahlungen? Der Grund dafür ist, daß Zahlungen diejenigen Größen sind, die in unmittelbarer Beziehung zu den Zielgrößen stehen, an denen die Vorteilhaftigkeit von Investitionen gemessen wird. Konsumströme werden aus Zahlungsströmen zwischen der Unternehmung und den Kapitalgebern gespeist, und der Marktwert der Aktien einer Unternehmung hängt (vermutlich) von erwarteten zukünftigen Dividenden ab. Beides ist seinerseits direkt abhängig von den Zahlungen zwischen der Unternehmenskasse und der Umwelt. Es ergibt sich also aus der Zielorientierung der Investitionstheorie, daß der Pfad der betriebswirtschaftlichen Tugend entlang der Zahlungsströme führt, wie Dieter Schneider einmal einprägsam formuliert hat.[2] Soweit es gerechtfertigt ist anzunehmen, daß die Erreichung der relevanten Ziele von anderen Größen als von Zahlungen abhängen, müssen auch die Investitionen und die Finanzierungen anhand dieser anderen Größen beschrieben werden.[3]

Bei Investitionen denkt man in der Regel an Investitionen im sogenannten realwirtschaftlichen Bereich, also etwa an die Anschaffung einer Maschine oder die Errichtung einer Produktionsstätte. Nach der oben eingeführten Konvention ist aber auch die Geldanlage einer Unternehmung oder einer Person eine Investition. Wo daraus eine Verwechslungsgefahr entstehen könnte, sprechen wir bei solchen "Finanzinvestitionen" im folgenden immer von "Anlage" oder "Geldanlage".

3.2.2 Zur Datenbeschaffung und -erfassung

Als Datenbeschaffung wird die Ermittlung der Zahlungsreihen verstanden, die in die Investitionsrechnung eingehen. Die Datenbeschaffung ist eine schwierige und wichtige Aufgabe. Sie bietet vielfältige Möglichkeiten, Fehler zu machen und damit von vornherein das Ergebnis der Investitionsrechnung zu entwerten. Wir gehen im folgenden davon aus, daß die Investitionsmöglichkeiten bekannt sind, und erörtern nur, wie sie beschrieben werden sollen. Welche konkreten Daten für die Investitionsrechnung benötigt werden, hängt von der Art des betrachteten Investitionsprojektes ab. Allgemeine und

1 Vgl. dazu z.B. *Ohse* [Mathematik], S. 170-181.

2 Vgl. zur Begründung *Schneider* [Investition], S. 172.

3 Dies ist z.B. bei ausdrücklicher Berücksichtigung der Unsicherheit der Fall (siehe Teil IV) oder in solchen Fällen, in denen Investitionen auch anhand der "Mühe" bewertet werden, die ihre Durchführung verursacht (siehe Teil V).

zugleich konkrete Aussagen über die Datenbeschaffung sind zwar nicht möglich, aber das Prinzip der Datenerfassung läßt sich angeben:

> Bei der Investitionsrechnung sind alle durch die betrachtete Entscheidung ausgelösten zusätzlichen Zahlungen zu berücksichtigen; und nur sie sind zu berücksichtigen.

Die Angaben über diese Zahlungen sind zu beschaffen. Sie sind das Ergebnis von **Prognosen** und von **Planungen**.[4] So wird man von Fachleuten der Vertriebsabteilung der Unternehmung, die eine bestimmte Investition durchzuführen erwägt, Informationen über erwartete zukünftige Absatzmöglichkeiten einholen, von Ingenieuren Schätzungen über die Reparaturanfälligkeit einer Maschine und von der Personalabteilung Erwartungen über die zukünftige Lohnentwicklung und so weiter. Darin steckt das Element der Prognose. Prognosen allein genügen nicht. Denn z.B. nur aus den Absatzmöglichkeiten ergibt sich noch nicht, welche Absatzpolitik betrieben wird. In der Investitionsrechnung sind die Zahlungen zu verwenden, die sich aus der gegebenenfalls zu verfolgenden Produktions-, Absatz-, Reparatur- und Personalpolitik ergeben werden. Darin steckt das Element der Planung.

Das allgemeine Prinzip, alle zusätzlichen Zahlungen - und nur diese - zu erfassen, ergibt sich aus der Forderung, die Alternative "Durchführung der Investition" so zu beschreiben, daß sie mit der Alternative "Unterlassung der Investition" vergleichbar ist; und wenn zwischen mehreren Investitionsalternativen ausgewählt werden soll, ist auch streng auf die Vergleichbarkeit zu achten. Ist sie nicht gewahrt, kann man dem Ergebnis der Investitionsrechnung nicht trauen.

Wir unterstellen im folgenden, daß die Zahlungsreihen der betrachteten Investitionen gegeben und bekannt sind. Damit unterstellen wir zugleich, daß der Investor sichere Erwartungen hat und die mit dieser Investition verbundenen Pläne - etwa der Produktionsplan für die Maschine und der Absatzplan für die auf der Maschine gefertigten Produkte - festgelegt sind.

---

4 Vgl. dazu ausführlich *Ballwieser* [Unternehmensbewertung], S. 23-31.

3.2.3 Eine Klassifikation von Entscheidungssituationen

Man kann bei der Planung und Entscheidung über Investitionen drei Arten von Entscheidungssituationen unterscheiden:

(1) **Ja-Nein-Entscheidungen**: Das sind Entscheidungen, bei denen zwischen den Alternativen "Durchführung einer Investition" und "Unterlassung der Investition" auszuwählen ist. Zur Alternative "Durchführung" gehört auch die Finanzierung. Zur Alternative "Unterlassung" gehört, daß auf die Finanzierung verzichtet wird bzw. daß gegebenenfalls - nämlich dann, wenn der Investor über eigene Mittel zur Finanzierung des Investitionsbetrages verfügt - der Investitionsbetrag alternativ angelegt oder verbraucht wird.

(2) **Auswahlentscheidungen**: Das sind Entscheidungen, bei denen eines von mehreren Investitionsprojekten ausgewählt und durchgeführt wird. Daß nur eines von mehreren in Betracht gezogenen Investitionsprojekten realisiert werden kann, könnte sachlich-technische Gründe haben. Damit ist beispielsweise gemeint, daß auf einem Grundstück entweder nur die eine oder nur die andere Fabrikationsstätte errichtet werden kann. Eine Auswahlentscheidung kann aber auch nötig sein, wenn die Finanzmittel, die zur Finanzierung vorhanden sind oder beschafft werden können, nicht alle Projekte zu realisieren erlauben. Auch bei Auswahlentscheidungen besteht als Alternative zur Durchführung einer bestimmten Investition immer der Verzicht auf jegliche Sachinvestitionen. Vorhandene Mittel würden dann am Kapitalmarkt angelegt oder konsumiert, bzw. es würde auf die Finanzierung verzichtet.

(3) **Programmentscheidungen**: Im Gegensatz zu (2) geht es nicht darum, eines von mehreren Investitionsobjekten zu realisieren, sondern darum, ein Investitionsprogramm aufzustellen. Ein Investitionsprogramm besteht aus der Angabe der jeweiligen Investitionsvolumina für die möglichen Investitionsprojekte. Es beinhaltet im Normalfall die gleichzeitige Durchführung mehrerer Investitionsprojekte.

Welche Entscheidungssituation vorliegt, hat mit den in Betracht gezogenen Investitionsvorhaben und mit den Finanzierungsmöglichkeiten zu tun. In diesem Kapitel diskutieren wir im Abschnitt 3.3 nur die Entscheidungssituation (1). Im nächsten Kapitel werden zuerst die Entscheidungssituationen (1) und (2) untersucht. Diese Diskussion leitet zur Behandlung der Entscheidungssituation (3) hin, die in der zweiten Hälfte des nächsten Kapitels im Mittelpunkt steht.

3.2.4 Annahmen über den Kapitalmarkt

3.2.4.1 Der Begriff des Kapitalmarktes

Der Begriff des Kapitalmarktes wird in diesem Buch - wie in weiten Teilen der Investitions- und Finanzierungstheorie - in einem sehr abstrakten Sinn gebraucht. Er sollte nicht so verstanden werden, wie er etwa im Wirtschaftsteil der Zeitung verwendet wird. Dort bezeichnet er den Markt für langfristiges Kapital, häufig sogar nur den *organisierten* Markt für Wertpapiere in Form von Aktien oder Rentenpapieren (festverzinslichen Gläubigerpapieren). Wir gebrauchen den Begriff des Kapitalmarktes hier dagegen als Bezeichnung für *alle* Möglichkeiten, Geld anzulegen und aufzunehmen. Geld anlegen bedeutet allgemein, Geld zu einem (früheren) Zeitpunkt gegen ein - wie auch immer geartetes - Versprechen auf spätere Zahlungen hinzugeben. Finanzierung bedeutet, zu einem früheren Zeitpunkt Geld zu erhalten und dafür ein Versprechen abzugeben, daß man später Zahlungen leistet. In dieser allgemeinen Formulierung ist noch nicht festgelegt, welcher Art das Versprechen auf spätere (Rück-) Zahlung ist. Es kann ein unbedingtes Versprechen sein, d.h. ein Versprechen, das in jedem Fall und in ganz bestimmter Höhe und zu genau festgelegten Zeitpunkten zu erfüllen ist. Der Inhalt des Versprechens kann aber auch von Bedingungen abhängen, die nichts zu tun haben mit den Vertragsparteien, zwischen denen das Versprechen ausgetauscht wird. Die Höhe einer versprochenen zukünftigen Zahlung kann zum Beispiel von der Entwicklung bestimmter gesamtwirtschaftlicher Größen wie der des Zinssatzes abhängen.[5] Schließlich kann ein Zahlungsversprechen wie im Falle der Eigenkapitalüberlassung erfolgsabhängig sein. Es kann im Prinzip auch unklar sein, ob das gegebene Versprechen erfüllbar ist und wirklich erfüllt wird.

Man kann den Betrag, den jemand anlegt oder den jemand als "Finanzierung" erhält, auch als den **Preis** betrachten, der zu dem früheren Zeitpunkt für das Versprechen auf spätere Zahlungen zu entrichten ist bzw. zu dem ein Zahlungsversprechen getauscht oder gehandelt wird. Diesen Gedanken des Preises verwenden wir, um unsere Definition des Kapitalmarktes zu formulieren:

> Der **Kapitalmarkt** ist die Gesamtheit der Möglichkeiten, frühere gegen spätere Zahlungen zu tauschen, wobei eine Zahlung heute den Preis für die zugehörige Gegenleistung in Form zukünftiger Zahlungen angibt.

5 In dieser Weise bedingte Versprechen sind am sogenannten Euro-Kapitalmarkt üblich. Man kann auch die in der Realität vorherrschende Festlegung von Verzinsungs- und Rückzahlungsbeträgen in nominalen Geldeinheiten als ein bedingtes Versprechen deuten: Welchen realen Wert (welche Kaufkraft) spätere Zahlungen haben werden, hängt von der Entwicklung der Inflationsrate - oder gegebenenfalls des Wechselkurses - bis zum Rückzahlungszeitpunkt ab.

3.2.4.2 Die Annahme eines vollkommenen und vollständigen Kapitalmarktes bei Sicherheit

Dieser Teil des Buches wie auch die beiden folgenden dienen der Vertiefung der Kenntnisse über die Investitions- und Finanzierungstheorie aus kapitalmarktorientierter Sicht. Wie bereits im Grundlagenteil verdeutlicht wurde, spielt innerhalb dieser Betrachtungsweise die Annahme eines vollkommenen und vollständigen Kapitalmarktes eine maßgebliche Rolle. Im Rahmen der grundlegenden Charakterisierung der kapitalmarktorientierten Sicht wurde auch bereits eine Definition des vollkommenen und vollständigen Kapitalmarktes gegeben, an die hier noch einmal erinnert sei.

> Ein **Kapitalmarkt** ist **vollkommen**, wenn der Preis, zu dem ein Zahlungsstrom zu einem bestimmten Zeitpunkt gehandelt wird, für jeden Marktteilnehmer identisch ist. Der Preis gilt unabhängig davon, ob ein Marktteilnehmer als Käufer oder Verkäufer auftritt; und es gibt niemanden, der den Preis zu seinen Gunsten beeinflussen kann.[6]
>
> Ein **Kapitalmarkt** ist **vollständig**, wenn jeder beliebige Zahlungsstrom - und damit auch jeder beliebige Anteil eines Zahlungsstroms - gehandelt werden kann.

An dieser Definition des vollkommenen und vollständigen Kapitalmarktes wollen wir festhalten. Es soll hier jedoch zusätzlich eine Modifikation dieser Definition vorgestellt werden, die ihren Sinn zwar unverändert läßt, jedoch enger an Vorstellungen über Preise auf einem Kapitalmarkt anknüpft, die den Lesern bereits vertraut sein dürften. Es handelt sich um die Angabe von Preisen in der Form von **Zinssätzen.**

Bisher haben wir versucht, die Analogie dazu herzustellen, wie Preise auf Gütermärkten angegeben werden. Wir haben argumentiert, daß ein Zahlungsstrom mit einer gegebenen zeitlichen Struktur und einem gegebenen Unsicherheitsgrad insofern mit einem Auto oder einer Banane vergleichbar ist, als für diesen Zahlungsstrom genau wie für ein Auto oder eine Banane (heute) ein Preis gezahlt wird. Dieser Preis eines Zahlungsstroms entspricht beispielsweise dem Kurswert einer Aktie, der heute für den Anspruch auf zukünftige Dividendenzahlungen gezahlt wird, oder aber der Kreditsumme, die heute als Gegenleistung für die im Kreditvertrag vereinbarten zukünftigen Zins- und Rückzah-

---

6 Diese Aussagen über die auf einem vollkommenen Kapitalmarkt herrschenden Preise lassen sich aus der grundlegenden Annahmenkombination über die einen vollkommenen Markt charakterisierenden Bedingungen ableiten, zu denen jedenfalls die Annahme von zwischen den Marktteilnehmern gleichverteilten (symmetrisch verteilten) Informationen, die Annahme einer unendlich schnellen Reaktionsgeschwindigkeit und die Annahme fehlender Transaktionskosten gehören und zu denen wir auch die Annahme vollkommener Konkurrenz rechnen. Letztere impliziert, daß Marktteilnehmer Preise nicht beeinflussen können, sondern sich als Mengenanpasser verhalten müssen. Vgl. zu den Annahmen und deren Erläuterung und Zusammenhängen z.B. *Schumann* [Grundzüge], S. 211-213, und *Wied-Nebbeling* [Preistheorie], S. 3f.

lungsversprechen ausbezahlt wird. Unter der Annahme eines vollständigen Kapitalmarktes besteht jedoch zwischen dem Handel von physischen Gütern und dem Handel von Zahlungsströmen ein entscheidender Unterschied: Autos oder Bananen lassen sich nicht beliebig teilen, Zahlungsströme auf einem vollständigen Kapitalmarkt jedoch sehr wohl. Wir treffen nicht nur die Annahme, daß jeder beliebige Zahlungsstrom und damit auch jeder beliebige Teil eines Zahlungsstroms handelbar ist, sondern darüber hinaus gilt wegen der Vollkommenheit des Kapitalmarktes, daß identische Zahlungsströme auch identische Preise haben müssen. Daraus folgt, daß auch die Summe der Preise von einzelnen Bruchstücken eines Zahlungsstroms genauso hoch sein muß wie der Preis eines (ganzen) Zahlungsstroms, der sich aus der Zusammensetzung der Bruchstücke ergeben würde.

Aus diesen Gründen kann man ohne Verlust von Information Preise auf Kapitalmärkten *in normierter Form* und damit in der Form von Zinssätzen angeben:

> Ein **Zinssatz** gibt an, um wieviel Prozent pro Periode ein späteres Zahlungsversprechen die früher dafür am Kapitalmarkt zu entrichtende bzw. zu erhaltende Zahlung, d.h. den "alten" Preis, übersteigt.

Ein Zinssatz ist damit nichts anderes als eine auf eine *Periode* bezogene und hinsichtlich des Betrags normierte Preisangabe, also sozusagen der **Preis pro Zeit- und Mengeneinheit**. Beträgt beispielsweise der Zinssatz für sichere Kapitalanlagen oder Kapitalaufnahmen in einer betrachteten Zeitperiode 10%, erhält ein Kapitalgeber, der *heute* eine Geldeinheit für eine Periode anlegt, *am Periodenende* 1,1 Geldeinheiten. Wer heute für eine Periode 10 Geldeinheiten beschafft, muß nach einer Periode 11 Geldeinheiten bezahlen. Umgekehrt beträgt die heutige Gegenleistung für das (verläßliche) Versprechen, am Periodenende 110 Geldeinheiten zu bezahlen oder zu bekommen, genau 100 Geldeinheiten. Allein durch die Angabe des Zinssatzes läßt sich also für jede beliebige Höhe eines Versprechens auf sichere Zahlungen am Ende der Periode die heute dafür zu entrichtende Gegenleistung berechnen.

Um mögliche Mißverständnisse zu vermeiden, wollen wir jetzt die Frage diskutieren, ob es auf einem vollkommenen und vollständigen Kapitalmarkt nur einen Zinssatz geben kann. Dazu muß man unterscheiden zwischen (1) dem Zeitpunkt, zu dem ein Zahlungsversprechen bezahlt[7] wird und damit dem Anfangspunkt des Zeitraums, auf den sich ein Zinssatz bezieht, (2) der Laufzeit oder Fristigkeit, d.h. dem Zeitintervall zwischen dem Zeitpunkt, zu dem ein Zahlungsversprechen bezahlt wird bzw. zu dem die Kapitalüberlassung erfolgt, und demjenigen Zeitpunkt, zu dem es erfüllt werden soll, und (3) dem - im Rahmen dieses Kapitels nicht zur Diskussion stehenden - Unsicherheitsgrad, mit dem das Zahlungsversprechen verbunden ist.

7 Warum hier "bezahlt" und nicht "gegeben" steht, wird gleich erläutert.

Zinssätze können vom **Zeitpunkt** der Kapitalüberlassung abhängen: Am Kapitalmarkt werden nicht nur Zahlungsversprechen gehandelt, die sofort bezahlt werden, bei denen, mit anderen Worten, die erste Zahlung sofort erfolgt. Ein sogenanntes **Termingeschäft** stellt einen Vertrag dar, der im Zeitpunkt t_0 geschlossen wird und der beispielsweise festlegt, daß der eine Vertragspartner im Zeitpunkt t_1 einen Geldbetrag von 100 Geldeinheiten bekommt und dafür nach einem weiteren Jahr, also im Zeitpunkt t_2, 112 Geldeinheiten zurückbezahlen muß. Und dieser bereits im Zeitpunkt t_0 vereinbarte, aber erst im Zeitpunkt t_1 fällige Preis für eine Zahlung von 112 im Zeitpunkt t_2 - oder der Zinssatz von 12% für den Zeitraum zwischen den Zeitpunkten t_1 und t_2 - kann sich von dem Preis bzw. Zinssatz für sofortige Kapitalüberlassung von beispielsweise 10% unterscheiden. Von Termingeschäften sind Erwartungen über zukünftige Zinssätze zu unterscheiden. So kann jemand die **Erwartung** haben, daß in einem Jahr der Zinssatz für eine Kapitalüberlassung über den Zeitraum eines Jahres 12% betragen wird. (Bei sicheren Erwartungen ist diese Erwartung annahmegemäß auch zutreffend, und der von allen Marktteilnehmern mit Sicherheit erwartete Zinssatz muß auch mit dem Zinssatz übereinstimmen, zu dem in der Gegenwart Termingeschäfte abgeschlossen werden. Bei unsicheren Erwartungen gilt dieser strenge Zusammenhang nicht!)

Nichts an der Definition eines vollkommenen und vollständigen Marktes besagt, daß Kapitalüberlassungen mit gegebenem Betrag und gegebener Laufzeit einen im Zeitablauf konstanten Preis haben müssen. Zinsen können sich im Zeitablauf ändern; aus der Annahme sicherer Erwartungen ergibt sich allerdings, daß eine solche Änderung von allen Marktteilnehmern (richtig) vorhergesehen wird. Preise für Zahlungsversprechen und damit auch Zinssätze können von der **Laufzeit oder Fristigkeit** abhängen, für die solche Versprechen gegeben werden. Hier muß man genau unterscheiden zwischen dem Zinssatz der Finanzierung oder der Geldanlage für die *gesamte* Laufzeit - und diese kann von *einer* Periode abweichen - und den (einperiodigen) Zinssätzen für *einzelne* Perioden.

Wenn Wirtschaftssubjekte tendenziell früheren Konsum einem gleich hohen späteren Konsum vorziehen, also eine Gegenwartspräferenz besitzen, so müßten die Preise am Kapitalmarkt dies reflektieren. Das Versprechen auf Zahlung eines bestimmten Betrages *in einer Periode* müßte *heute* am Kapitalmarkt einen höheren Preis erzielen bzw. mehr kosten als das Versprechen auf Zahlung eines gleich hohen Betrages *in zwei Perioden.* Dies ist bereits dann gewährleistet, wenn für Zahlungsversprechen am Ende der ersten Periode (im Zeitpunkt t_1) ein gleich hoher positiver Zins *pro Periode* gilt wie für Zahlungsversprechen, die sich auf das Ende der zweiten Periode (den Zeitpunkt t_2) beziehen. Nehmen wir an, der Periodenzins betrage unabhängig von der Fristigkeit 10%. Für eine heute überlassene Geldeinheit müßte also als Gegenleistung am Ende der zweiten Periode eine Zahlung von 1,21 Geldeinheiten erfolgen, bzw. es müßte heute das (verläßliche) Versprechen einer Zahlung von 1,21 Geldeinheiten am Ende der zweiten Periode gegeben werden, da nach der ersten Periode ein Zinsaufschlag um 10% erfolgt und nach der zweiten Periode der Schuldbetrag wiederum um 10%, also auf 1,21 (= 1,1 · 1,1) angewachsen ist. Für ein gleich hohes Zahlungsversprechen von 1,21 Geldeinheiten, das aber bereits am Ende der ersten Periode fällig ist, würden heute dagegen 1,1 Geldeinheiten, also mehr, bezahlt.

Diese Art der Beziehung zwischen Laufzeit und Zinsen, die sich auf *unterschiedlich lange Zeiträume* beziehen, ist nicht erstaunlich; längere Kapitalüberlassung bringt bzw. kostet bei einem positiven Zinssatz eben mehr. Wichtiger und wohl auch weniger offensichtlich ist, daß sich *trotz eines vollkommenen und vollständigen Kapitalmarktes* auch die Zinssätze für eine einzelne Periode, z.B. für das Jahr 1997, bei unterschiedlichen Laufzeiten oder Fristigkeiten der zugrundeliegenden Finanzierungsvereinbarung unterscheiden können. So kann beispielsweise folgende Situation vorliegen: Für sichere Kapitalüberlassungen während des Jahres 1997 mit einer Laufzeit von einem Jahr gilt der oben angegebene Zinssatz von 10%; und gleichzeitig gilt in demselben Jahr 1997 wie auch in dem folgenden Jahr 1998 für Zahlungsversprechen, die am Ende der zweiten Periode, also am 31.12.1998 fällig werden, ein *Periodenzinssatz* von 11%. Als Gegenleistung für jede heute empfangene Geldeinheit sind dann am Ende der zweiten Periode 1,2321 Geldeinheiten zu entrichten, denn der Schuldbetrag ist bereits nach der ersten Periode um 11% auf 1,11 Geldeinheiten angewachsen und nach der zweiten Periode um weitere 11% auf 1,2321 (= 1,11 · 1,11) Geldeinheiten. Längerfristige Finanzierung oder Geldanlage ist in diesem Falle auch gemessen am *Periodenzinssatz* teurer bzw. ertragreicher als kürzerfristige Finanzierung oder Geldanlage.

Diesen Zusammenhang zwischen Laufzeit und Periodenzinssatz bezeichnet man als **Zinsstruktur**. Eine Zinsstruktur, bei der der Periodenzins nicht von der Fristigkeit des Zahlungsversprechens abhängt, bezeichnet man als *flache* Zinsstruktur.[8] Es sind aber auch andere Zinsstrukturen denkbar und auf dem Kapitalmarkt in der Realität sogar der Normalfall. Dies zeigt schon der Name, den eine Zinsstruktur trägt, bei der der Periodenzins mit der Fristigkeit - wie im oben gewählten Beispiel - ansteigt: Sie wird als *normale* Zinsstruktur bezeichnet. Ein mit der Fristigkeit sinkender Periodenzins charakterisiert eine sogenannte *inverse* Zinsstruktur, die - wenn auch seltener - ebenfalls in der Realität vorzufinden ist. Die auf einem Kapitalmarkt herrschende Zinsstruktur ist niemals unabhängig von den **Erwartungen** über die Höhe der zukünftigen Zinsen. Dies läßt sich besonders einfach in der Modellwelt sicherer Erwartungen demonstrieren: Wenn der einperiodige Zinssatz für die erste Periode 10% und der (mit Sicherheit und korrekt erwartete) einperiodige Zinssatz für die darauffolgende Periode 12% beträgt, kann der - gemäß unserer obigen Definition auf eine Periode bezogene - Zinssatz für eine *zwei*periodige Kapitalüberlassung nicht 10% betragen, denn sonst könnte jeder

8 Der Ausdruck *flache* Zinsstruktur erklärt sich daraus, daß eine graphische Darstellung des Zusammenhanges zwischen der Laufzeit einer Kapitalüberlassung (auf der Abszisse) und dem der Laufzeit entsprechenden *einperiodigen* Zinssatz (auf der Ordinate), eine Parallele zur Abszisse ergibt.

Marktteilnehmer mühelos unendlich reich werden. Er müßte - und könnte annahmegemäß - sich dazu nur für zwei Perioden sehr viel Geld zu 10% leihen und es erst für eine Periode zu 10% und dann für die zweite Periode zu 12% anlegen und könnte so einen "Arbitragegewinn" erzielen, denn er würde in t_2 aus der Geldanlage 1,232 (= 1,1 · 1,12) Geldeinheiten pro Geldeinheit bekommen, die er in t_0 aufgenommen hätte, und müßte für den Kredit nur 1,21 (= 1,1 · 1,1) Geldeinheiten zurückbezahlen. Ein **Arbitragegewinn** ist ein sicherer Gewinn ohne Einsatz eigenen Kapitals, der sich nur durch die Ausnutzung von Preisunterschieden erzielen läßt. Im Gleichgewicht sind Arbitragegewinne nicht möglich, weil eine entsprechende Nachfrage am Kapitalmarkt eine solche Situation schnellstens zum Verschwinden bringen würde. Entweder würde der einperiodige Zinssatz für die zweite Periode auf 10% sinken, oder der Zinssatz für zweiperiodige Kapitalüberlassungen würde auf (gerundet) 11% ansteigen, oder beide Zinssätze passen sich an.[9]

Obwohl wir in diesem Teil nur den Fall sicherer Erwartungen diskutieren, sei der Vollständigkeit halber ergänzt, daß Zinssätze auch von der **Unsicherheit** abhängen können: Am Kapitalmarkt werden nicht nur sichere Zahlungsversprechen gehandelt, sondern auch unsichere. Selbst bei gleichen aufgenommenen oder angelegten Geldbeträgen, gleichen Zeitpunkten und gleichen Laufzeiten gibt es auch auf einem vollkommenen und vollständigen Kapitalmarkt wegen verschiedener Unsicherheitsgrade möglicherweise auch unterschiedlich hohe Zinssätze.

Der Preis, zu dem Zahlungsversprechen heute gehandelt werden, hängt also zum einen von dem Zeitpunkt ab, auf den sich dieser Preis bezieht, zum anderen von der Laufzeit und zum dritten von dem Unsicherheitsgrad, mit dem es erfüllt wird.

> Es kann auch auf einem vollkommenen und vollständigen Kapitalmarkt für jede unterschiedliche Kombination aus Zeitpunkt, Fristigkeit und Unsicherheitsgrad jeweils ein unterschiedlicher Zinssatz herrschen.

Die Angabe eines Zinssatzes erspart es also lediglich, für jeden unterschiedlichen *Betrag* eines Zahlungsversprechens einen anderen Preis angeben zu müssen.

Wir wenden uns jetzt wieder dem **Sonderfall sicherer Erwartungen** zu. In einer Modellwelt sicherer Erwartungen existieren lediglich Zahlungsströme, deren einzelne Zahlungen mit Sicherheit zu den jeweils angegebenen Zeitpunkten eintreten. Da dies allen Marktteilnehmern bekannt ist, werden am Markt auch nur solche Zahlungsversprechen gehandelt, die mit Sicherheit, also in jedem Fall oder unbedingt, erfüllt werden. Zu beachten ist, daß die Erfüllung eines Versprechens auf zukünftige Zahlungen die **Zah-**

9 In der Realität gibt es häufig "normale" Zinsstrukturen, aus denen nicht immer auf die Erwartung steigender kurzfristiger Zinsen geschlossen werden kann. Das ist eine Folge davon, daß in der Realität keine sicheren Erwartungen gelten.

lungsfähigkeit und die **Zahlungswilligkeit** voraussetzt. Beides wird durch die Annahme der Sicherheit garantiert, denn niemand würde unter der Annahme sicherer Erwartungen für ein Zahlungsversprechen einen positiven Preis zahlen, von dem er genau wüßte, daß es aus mangelnder Zahlungsfähigkeit oder aus fehlendem Zahlungswillen nicht erfüllt wird. Auf einem vollkommenen Kapitalmarkt bei Sicherheit existieren deshalb auch nur Preise für zukünftige sichere Zahlungen. Für Preisunterschiede, die unterschiedliche Wahrscheinlichkeiten der Erfüllung eines Zahlungsversprechens reflektieren, gibt es keinen Grund.

Es gibt auch keinen Anlaß, hinsichtlich der Preise danach zu unterscheiden, ob die gehandelten Zahlungsströme die Form von **Eigen- oder Fremdkapital** annehmen, denn bei beiden Finanzierungsformen erfolgt die Hingabe von Geld heute gegen ein sicheres und damit in seiner Höhe unbedingtes Zahlungsversprechen in der Zukunft.

Wenn wir neben der Sicherheit der Zahlungsströme ebenfalls aus puren Vereinfachungsgründen eine flache Zinsstruktur, d.h. einen von der Fristigkeit unabhängigen Periodenzins *und* - aufgrund der *Abhängigkeit zwischen Zinsstruktur und Erwartungen* über zukünftige Zinssätze - *zugleich konstante* Periodenzinssätze unterstellen, können wir die Annahme eines vollkommenen und vollständigen Kapitalmarktes auf eine einfache Formel reduzieren:

> Jedem Marktteilnehmer ist es möglich, zu beliebigen Zeitpunkten zu einem einheitlichen Zinssatz Geldbeträge mit beliebiger Fristigkeit und in beliebiger Höhe (im Sinne von Stückelung) anzulegen und aufzunehmen.

Dies ist die übliche Formulierung, die in vielen Lehrbüchern zur Investitions- und Finanzierungstheorie[10] als Definition des "vollkommenen Kapitalmarktes" zu finden ist. Diese Definition schließt, obwohl dies häufig nicht explizit erwähnt wird, die Annahme der *Vollständigkeit* des Kapitalmarktes, die Annahme der *Sicherheit* und die Annahme einer *flachen Zinsstruktur* - bzw. die Annahme *konstanter Periodenzinssätze* - ein. Die Geldanlage entspricht dem Kauf zukünftiger Zahlungen, die Geldaufnahme entspricht dem Verkauf zukünftiger Zahlungen. Der Preis ist für Kauf und Verkauf einheitlich, weil der Kapitalmarkt vollkommen ist. Er kann in Form eines Zinssatzes angegeben werden, weil der Kapitalmarkt vollständig ist, d.h. weil jeder beliebige Betrag gekauft und verkauft werden kann. Man beachte: Beliebig ist keineswegs im Sinne von unbegrenzt zu verstehen, obwohl dies in der Formulierung einiger Lehrbücher suggeriert wird. Eine Begrenzung liegt immer vor, weil das Zahlungsvermögen eines Wirtschaftssubjekts begrenzt ist. Es kann nur Geld angelegt werden, das vorhanden ist, und es kann nur Geld aufgenommen werden, wenn das als Gegenleistung abgegebene Zahlungsversprechen erfüllt werden kann. Dies gilt um so mehr, als eine Modellwelt bei Sicherheit angenommen wird, in

---

10 Vgl. z.B. die früheren Auflagen dieses Lehrbuchs.

der nicht erfüllbare Zahlungsversprechen mit Sicherheit nicht gehandelt würden. Die Sicherheit und die flache Zinsstruktur sorgen wiederum dafür, daß der Preis für alle vorhandenen Geldanlage- und -aufnahmemöglichkeiten durch einen einzigen Periodenzins angegeben werden kann.

Auch wenn wir uns in den folgenden Abschnitten der Konvention anschließen und diese einfache Definition eines vollkommenen und vollständigen Kapitalmarktes bei Sicherheit und flacher Zinsstruktur kurz mit einem vollkommenen Kapitalmarkt gleichsetzen, bitten wir unsere Leser, die zusätzlichen Annahmen, die in diese Definition einfließen und nicht explizit erwähnt werden, im Gedächtnis zu behalten. Ein vollkommener Kapitalmarkt kann auch bei nicht flacher Zinsstruktur und/oder bei Unsicherheit definiert werden; dann gibt es nicht mehr einen einzigen, sondern viele Zinssätze. Und ein vollkommener Kapitalmarkt kann auch so definiert sein, daß er die Annahme der Marktvollständigkeit nicht einschließt. Ein vollkommener Kapitalmarkt kann dann auch unvollständig sein. Dann ist nicht mehr jede beliebige Stückelung handelbar; und die auf Zinssätze reduzierte Angabe von Preisen könnte somit Probleme bereiten.

3.2.4.3 Formen des unvollkommenen Kapitalmarktes bei Sicherheit

Die Annahme eines vollkommenen und vollständigen Kapitalmarktes wird häufig als unrealistisch eingestuft; und dies gilt gleichermaßen für die Annahme der Sicherheit. Daß diese Annahmen sehr streng sind und ganz oder teilweise durch den Vergleich mit der Realität widerlegbar sind, kann niemand bezweifeln. Doch erhebt sich die Frage, ob die Realitätsnähe von Annahmen das einzige und das richtige Beurteilungskriterium für eine Konstellation von Annahmen ist. Denn Vereinfachungen müssen in Modellen immer vorgenommen werden, da sich die gesamte Realität niemals modellmäßig einfangen läßt. Ein gewisser mangelnder Realismus wird also immer gegeben sein. Dagegen mag eingewendet werden, daß die Realitätsferne ein wenig zu weit getrieben sei, wenn man Sicherheit und einen vollkommenen und vollständigen Kapitalmarkt annimmt. Doch vielleicht erlauben es selbst offensichtlich unrealistische Annahmen, "interessante" Fragen zu stellen und "interessante" Antworten zu finden. Vielleicht sind diese Fragen und Antworten sogar nützlicher, hilfreicher oder einsichtsfördernder als diejenigen, zu denen man mit der anscheinend "realistischeren" Annahmenkombination - etwa der von Sicherheit und einem unvollkommenen Kapitalmarkt - gelangen könnte: Denn da es in der Realität ohnehin keine sicheren Erwartungen über die Zukunft gibt, könnte es sein, daß die Annahmenkombination "Sicherheit und unvollkommener Kapitalmarkt" wenig Sinn macht: wenn die Welt sicher wäre, gäbe es nämlich auch keinen Grund für einen unvollkommenen Kapitalmarkt.

Ein Urteil über die Sinnhaftigkeit und den Interessantheitsgrad verschiedener Annahmenkombinationen wollen wir jedoch hier noch nicht fällen. Sollte ein Leser trotz der angedeuteten Vorbehalte der Meinung sein, daß sich die Erforschung des unvollkommenen Kapitalmarktes in einer Modellwelt bei Sicherheit durchaus lohne, so steht sie oder er hiermit sicherlich nicht allein. Auch unter Fachleuten ist es verbreitet, als Alternative zur Modellwelt eines vollkommenen Kapitalmarktes bei Sicherheit auch die Implikationen einer Modellwelt des unvollkommenen Kapitalmarktes bei Sicherheit zu untersuchen.

Wir wollen hier eine kurze Klassifikation von Vorstellungen darüber präsentieren, was ein unvollkommener Kapitalmarkt bei Sicherheit sein könnte. Einige dieser Formen lassen sich auch als Unvollständigkeit interpretieren, und sie lassen sich ebenfalls häufig auf den Fall der Unsicherheit übertragen.

Drei **Formen des unvollkommenen Kapitalmarktes** wollen wir unterscheiden:

(1) Eine relativ schwache Form von Marktunvollkommenheit ist der sogenannte **beschränkte Kapitalmarkt**. Hier wird unterstellt, daß der Zinssatz, den man bei Geldanlage erhält, niedriger ist als der, den man bei der Geldaufnahme zu bezahlen hat. Beide Sätze, der Anlage- oder *Habenzinssatz* i_h und der Aufnahme- oder *Sollzinssatz* i_s, sind jeweils konstant und damit unabhängig davon, wieviel angelegt bzw. aufgenommen wird. Die Differenz zwischen den beiden Zinssätzen könnte man als "Bankkosten" deuten. Den Fall des "beschränkten Kapitalmarktes", auch als gespaltener Soll- und Habenzinssatz bezeichnet, greifen wir später in diesem Kapitel auf.

(2) Eine extreme (aber leicht handhabbare) Form der Kapitalmarktunvollkommenheit ist die sogenannte **strikte Kapitalrationierung**: Sie liegt vor, wenn von einem betrachteten Marktteilnehmer maximal ein bestimmter Betrag an Geld zu einem gegebenen Zinssatz beschafft werden kann. Dieser Fall läßt sich auch als Unvollständigkeit des Kapitalmarktes deuten.

(3) Die dritte Form von Kapitalmarktunvollkommenheit liegt vor, wenn die Finanzierungskosten um so höher werden, je mehr Kapital beschafft wird. Diesen Fall, der auch als **schwache Kapitalrationierung** bezeichnet wird,[11] diskutieren wir im nächsten Kapitel im Abschnitt 4.4.1.

Allen Fällen von Kapitalmarktunvollkommenheiten ist gemeinsam, daß die Kosten der Finanzierung für eine bestimmte betrachtete Investition (unter anderem) davon abhängen, welche anderen Investitionen durchgeführt und welche Geldanlagen und welche anderen Finanzierungen vorgenommen werden. Wie wir später ausführlicher zeigen werden, ist es bei einem unvollkommenen Kapitalmarkt im allgemeinen nicht möglich, eine Investition

11 Ob man hier von Rationierung sprechen sollte, ist fraglich; vgl. dazu *Baltensperger* [Credit Rationing], S. 172-174, und *Terberger* [Kreditvertrag], S. 48-66.

isoliert und unabhängig von den subjektiven Wünschen und der individuellen Situation eines Investors zu beurteilen.

3.3 Das Grundmodell der Wahl zwischen zeitverschiedenen Vorteilen

3.3.1 Struktur und Zweck des Fisher-Modells

Im folgenden wollen wir unsere Leser mit einem sehr einfachen und - vielleicht gerade dadurch - überaus grundlegenden Modell vertraut machen, das die Bewertung von (Investitions- und Finanzierungs-) Alternativen anhand der durch sie ausgelösten Einkommens- bzw. Konsumströme erlaubt. Dieses Modell ist von dem amerikanischen Wirtschaftstheoretiker Irving Fisher entwickelt worden und wird deshalb auch als das "Fisher-Modell"[12] bezeichnet. Wir führen es an dieser Stelle des Buches ein, weil es sich sehr gut dazu eignet, die theoretische Basis der Investitionsrechnung zu verdeutlichen: Es zeigt, welcher Zusammenhang zwischen den Rechenverfahren, den Annahmen über den Kapitalmarkt und den Zielen des Investors oder der Investoren besteht. Zugleich erläutert es die Bedingungen, unter denen einzelne Investitionen isoliert bewertet werden können, d.h. unter denen Entscheidungen über einzelne Investitionsvorhaben getrennt von Entscheidungen über andere Investitionsvorhaben, von Finanzierungsentscheidungen und von der Konsumplanung getroffen werden können. Der große Vorteil dieser Trennbarkeit besteht zum einen darin, daß die Entscheidung, ob eine bestimmte Investition durchgeführt werden soll, unabhängig von den persönlichen Umständen eines bestimmten Investors getroffen werden kann. Zum anderen erweist sich ein und dieselbe Investition auch dann für mehrere Investoren als vorteilhaft bzw. unvorteilhaft, wenn sich die Konsumpräferenzen dieser verschiedenen Investoren unterscheiden.

Da das Fisher-Modell die Bedingungen für die Trennbarkeit einer Investitionsentscheidung von den Entscheidungen über andere Investitionen, die Finanzierung und den Konsumplan aufzeigt, ist es im Kern ein sogenanntes **Separationstheorem**. Dies ist der einschlägige Fachterminus für die Angabe der Bedingungen, unter denen sich ein komplexes Problem in einfache, handhabbare Teilprobleme zerlegen läßt, ohne daß durch die Zerlegung und anschließende separate Lösung der Teilprobleme Fehler im Vergleich zur Lösung des komplexen Problems entstehen. Das Separationstheorem von Fisher ist das

12 Vgl. *Fisher* [Interest] oder in neueren Darstellungen *Fama/Miller* [Theory], Kap. 1; *Brealey/Myers* [Principles], Kap. 2; und *Sharpe* [Portfolio], Kap. 1. In der deutschen Literatur wird das Fisher-Modell u.a. von *Franke/Hax* [Finanzwirtschaft], S. 149-163, dargestellt.

erste Theorem dieser Art, das in der Finanztheorie entwickelt und weithin akzeptiert worden ist, und es ist auch das erste seiner Art in diesem Buch. Seine Bedeutung geht deshalb weit darüber hinaus, bestimmte Investitionsrechenverfahren zu legitimieren. Separationstheoreme sind ein wesentlicher Baustein der neoklassischen Investitions- und Finanzierungstheorie. Um so wichtiger ist es, daß die Leser die Struktur dieses Modells genau verstehen.

Ehe wir auf die Einzelheiten eingehen, sollen die Grundidee und die Absicht des Modells vorgestellt werden. Wie oben ausgeführt worden ist, hängen Investitions- und Finanzierungsentscheidungen eng mit den Zielen von Investoren zusammen. Derartige Entscheidungen sollen bewirken, daß die Investoren einen ihren Vorstellungen entsprechenden, möglichst günstigen Konsumstrom erreichen können. Das legt die Vermutung nahe, daß Investitionsentscheidungen immer von der spezifischen Ausprägung individueller Ziele oder, wie man auch sagt, von individuellen Präferenzen abhängen müssen. Das Fisher-Modell zeigt, daß, warum und unter welchen Bedingungen diese Vermutung *nicht* richtig ist.

Das Fisher-Modell setzt sich aus vier Bausteinen zusammen. Den ersten bildet eine bestimmte Art, die Zielvorstellungen von Investoren in allgemeiner Form zu beschreiben und Konsumströme präferenz*abhängig* zu bewerten (Abschnitt 3.3.2); der zweite Baustein betrifft die Möglichkeiten, Einkommensströme hinsichtlich ihrer zeitlichen Struktur zu verändern und sie *unabhängig* von Präferenzen zu bewerten (Abschnitt 3.3.3); und der dritte ist die Abbildung von Investitionsmöglichkeiten im Rahmen des Modells (3.3.4). Daran schließt sich als letzter Baustein die genaue Formulierung des Entscheidungskriteriums und des Separationstheorems an (Abschnitt 3.3.5).

Wie jedes andere Modell enthält auch das Fisher-Modell eine Reihe von Vereinfachungen oder **Annahmen**. In seiner Grundform unterstellt das Modell folgendes:

(1) Es werden **nur zwei Zeitpunkte** t_0 und t_1 - "heute" und "in einer Periode" - betrachtet; Zahlungen (und Konsum) finden nur zu diesen zwei Zeitpunkten statt. Die Zeitpunkte kann man stellvertretend für Zeiträume (dieses Jahr/nächstes Jahr) setzen. Diese Annahme ist nicht wesentlich, sie dient nur der einfacheren graphischen Darstellung.

(2) Es werden **sichere Erwartungen** unterstellt. Es gibt eine Variante des Fisher-Modells, in der diese Annahme aufgehoben wird. In unserer Darstellung wird diese Variante aber nicht aufgegriffen.[13]

(3) Es wird ein **vollkommener und vollständiger Kapitalmarkt** im oben erläuterten Sinne unterstellt. Im Abschnitt 3.3.6 werden wir diese Annahme aufheben. Dabei

13 Vgl. dazu bes. die Darstellung in dem Lehrbuch von *Hirshleifer* [Investment], S. 231-264.

wird sich zeigen, daß die Annahme des vollkommenen Kapitalmarktes für die Herleitung des Separationstheorems entscheidend ist.

(4) Investitionsentscheidungen werden ausschließlich im **Interesse von Kapitalgebern** ("Investoren") getroffen. Auch diese Annahme ist für die Herleitung des Separationstheorems wesentlich. Sie wird später, im Teil V dieses Lehrbuchs, aufgehoben.

(5) Die Investoren sind **nur** an ihren **Konsummöglichkeiten** in den beiden Zeitpunkten interessiert. Die Konsummöglichkeiten, die sich ihnen unabhängig von den betrachteten Investitionen bieten, ihre Anfangsausstattungen, sind bekannt und gegeben.

3.3.2 Die subjektive Bewertung zeitverschiedener Konsummöglichkeiten

Annahmegemäß streben Investoren durch ihre wirtschaftlichen Entscheidungen an, einen möglichst günstigen Konsumstrom zu erreichen. Wir bezeichnen im folgenden Konsum in den Zeitpunkten t_0 und t_1 mit den Symbolen c_0 bzw. c_1. Ein **Konsumstrom** ist ein Strom oder eine Folge von Einkommenszahlungen, die in den Zeitpunkten, in denen sie jeweils verfügbar werden, auch wirklich verbraucht werden, um Konsumgüter zu erwerben und damit "Konsumnutzen" zu erreichen.[14] Einkommenszahlungen, die "gespart" oder investiert werden, gehören nach dieser Definition also nicht zum *Konsum*einkommen. In unserem Modell mit zwei Zeitpunkten gilt für jeden Investor und jeden Zeitpunkt: Mehr Konsum wird *ceteris paribus* weniger Konsum vorgezogen. Mit dieser Aussage sind aber die Präferenzen eines Investors nicht ausreichend beschrieben. Hinzuzufügen ist eine Aussage darüber, wie früherer Konsum im Vergleich zu späterem Konsum bewertet wird. Wie es in der mikroökonomischen Theorie üblich ist, werden die Präferenzen der Investoren durch Austausch- oder Substitutionsraten und Indifferenzkurven dargestellt.[15]

Irving Fisher vermutete, daß die meisten Menschen ungeduldig sind. Das heißt, sie bewerten bei gleich großen Konsummöglichkeiten in t_0 und t_1 eine (marginale) Einheit zusätzlichen gegenwärtigen oder früheren Konsums (c_0) höher als eine (marginale) Einheit zusätzlichen späteren t_1-Konsums (c_1). Wer ungeduldig ist, bewertet z.B. von den beiden ersten in der Tabelle 3.1 aufgeführten Konsumströmen mit der Summe 100 den

14 Bei *Fisher* [Interest], S. 3-12, finden sich ausführliche Erörterungen darüber, was das "eigentliche" Einkommen ist. Konsumeinkommen ist das Geldeinkommen, das für Konsumausgaben benutzt wird. Konsumausgaben sind für Fisher *nur* ein Mittel, um "Konsumnutzen" zu erreichen; er nennt letzteres "psychisches Einkommen". Wir setzen der Einfachheit halber Konsumeinkommen, Konsumausgaben und "psychisches Einkommen" gleich.

15 Vgl. z.B. *Schumann* [Grundzüge], S. 46-55.

Konsumstrom KS 1 höher als den Konsumstrom KS 2, denn bei KS 1 fällt der Konsum teilweise früher an.

Konsumstrom	c_0	c_1	Summe
KS 1	55	45	100
KS 2	45	55	100
KS 3	45	57	102

Tab. 3.1: Konsumströme, zwischen denen zu wählen ist

Der hier als Beispiel herangezogene "ungeduldige" Investor würde allerdings, so sei hier angenommen, einen Konsumstrom KS 3 mit den Komponenten $c_0 = 45$ und $c_1 = 57$ genauso bewerten wie KS 1. Die gleiche Bewertung von KS 1 und KS 3 läßt es zu, ein quantitatives Maß für die "Ungeduld", oder die Zeitpräferenz einzuführen. Es ist die **Zeitpräferenzrate**. Sie leitet sich aus dem Austauschverhältnis zwischen dem Mehrkonsum von 12 in t_1 und dem Minderkonsum von 10 in t_0 bei einem Wechsel von KS 1 zu dem - gleich bewerteten - KS 3 her. Die Zeitpräferenzrate ist von der Konstruktion her einem Zinssatz vergleichbar; in diesem Beispiel beträgt sie 20% (= 12/10 - 1).

Die Zeitpräferenzrate ist auch für eine einzelne Person keine feste Größe, die sich durch eine einzige Zahl ausdrücken ließe. Sie ist vielmehr abhängig von der Ausstattung mit Konsummöglichkeiten in den beiden betrachteten Zeitpunkten. Wenn jemand beispielsweise in t_0 relativ gut und in t_1 relativ schlecht mit Konsummöglichkeiten ausgestattet ist, wird er bereit sein, für eine Einheit Mehrkonsum in t_1 mehr an Konsum in t_0 aufzugeben als im umgekehrten Fall.

Faßt man diese Überlegungen zusammen, ergibt sich für *einen* Investor eine Abbildung seines Präferenz- oder Zielsystems in der Form von **Indifferenzkurven**. Eine Indifferenzkurve stellt die Gesamtheit der Konsummöglichkeiten (c_0 und c_1) dar, die gleich bewertet werden oder, wie der Name nahelegt, zwischen denen der Investor indifferent ist. Es gibt für jeden Investor nicht nur eine Indifferenzkurve, sondern eine Schar solcher Kurven, die sich nicht schneiden dürfen. In Abbildung 3.1 ist das Indifferenzkurvensystem und damit das Präferenzsystem *eines* Investors dargestellt.

Jeder Investor strebt einen Konsumstrom auf einer möglichst weit rechts oben liegenden Indifferenzkurve an, denn in dieser Richtung nimmt sein Nutzen zu, da mehr Konsum weniger Konsum vorgezogen wird. Subjektiv und persönlichkeitsabhängig ist, wie stark die Indifferenzkurven gekrümmt sind und wie steil sie verlaufen. Je ungeduldiger ein

Investor ist, um so steiler verlaufen seine Indifferenzkurven.[16] Abbildung 3.2 enthält jeweils zwei Indifferenzkurven von zwei verschiedenen Investoren. Die flacheren beschreiben die Präferenzen eines geduldigeren Investors und die steileren die eines ungeduldigeren Investors.

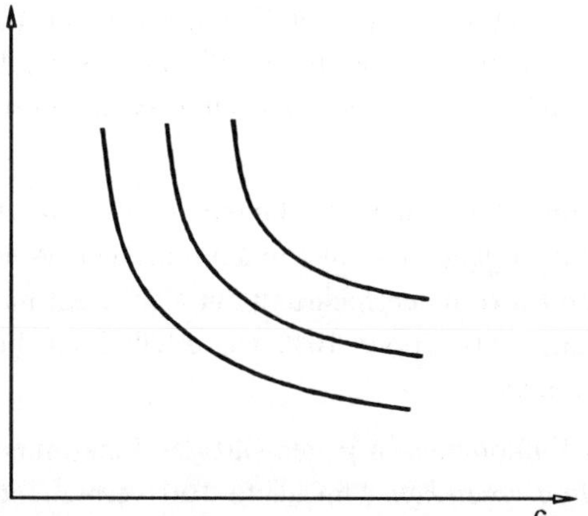

Abb. 3.1: Das Präferenzsystem eines Investors

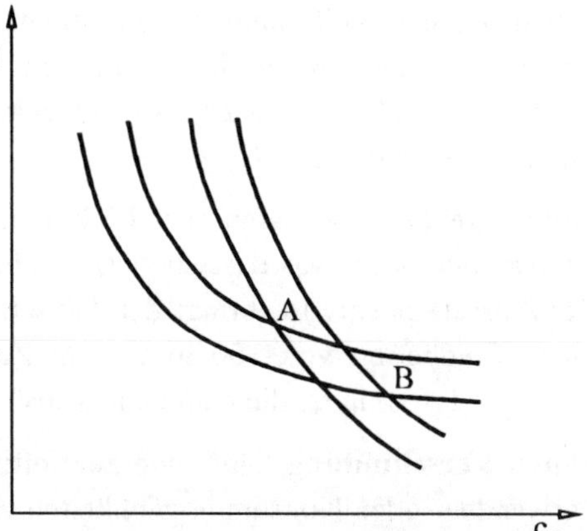

Abb. 3.2: Die Präferenzsysteme zweier Investoren

An den beiden sich schneidenden Indifferenzkurvensystemen in Abbildung 3.2 kann man erkennen, daß es zu einem Konflikt zwischen den beiden Investoren kommen kann, wenn sie sich gemeinsam auf einen Konsumstrom einigen müßten oder wenn - zum Beispiel durch einen Manager - ein bestimmter Konsumstrom für beide ausgesucht werden sollte: Die durch den Punkt A dargestellte Kombination von c_0 und c_1 wäre für den geduldigeren Investor attraktiver als die durch den Punkt B dargestellte, und umgekehrt. Die unterschiedlichen Präferenzen führen zu verschiedenen Bewertungen.

3.3.3 Die Veränderung von Einkommensströmen im Zeitablauf und die objektive Bewertung von Einkommens- und Konsumströmen

Einkommen hat eine zeitliche Verteilung, die durch die Bezeichnung Einkommensstrom oder Einkommenskombination zum Ausdruck kommt. Wir bezeichnen im folgenden Ein-

16 Wie stark die Indifferenzkurven gekrümmt sind, hängt davon ab, wie sehr die betreffende Person *ceteris paribus* Wert darauf legt, daß die Konsummöglichkeiten zwischen den Zeitpunkten gleichmäßig verteilt sind; vgl. *Lehmann* [Zeitpräferenz], S. 113 ff.

kommen in den Zeitpunkten t_0 und t_1 mit den Symbolen e_0 und e_1. Eine gegebene Einkommenskombination (e_0, e_1) kann verändert werden. Das kann zum Beispiel geschehen, um einen anderen Einkommensstrom zu erreichen, der der gewünschten zeitlichen Struktur des Konsums (c_0, c_1) besser entspricht. Wir betrachten hier erst einmal nur die Möglichkeit, Einkommensströme durch Geldanlage oder durch Finanzierung (Verschuldung oder Kreditaufnahme bzw. negative Geldanlage) zu dem Zinssatz am annahmegemäß vollkommenen Kapitalmarkt zu verändern. Dieser Zinssatz wird im folgenden mit dem Symbol i bezeichnet, und es wird durchgehend unterstellt, i betrage 0,10 oder 10%. Realinvestitionen als Möglichkeit, Einkommen zu verschieben, diskutieren wir unten im Abschnitt 3.3.4.

Durch **Geldanlage** lassen sich Einkommen und Konsummöglichkeiten *in die Zukunft verschieben* oder, was dasselbe ist, t_0-Einkommen gegen t_1-Einkommen tauschen. Wenn der Zinssatz positiv ist, bringt der Tausch eine Einkommensmehrung mit sich. Legt man einen Geldbetrag von 100 in t_0 zum Zinssatz $i = 0{,}1$ oder 10% an, erhält man 110 ($= 100 \cdot (1 + i)$) in t_1, die man dann konsumieren kann.

Durch **Verschuldung** kann man zukünftiges Einkommen in gegenwärtiges Einkommen verwandeln oder Konsummöglichkeiten *zeitlich vorziehen*. Um heute 100 verbrauchen zu können, muß man im nächsten Jahr ein Einkommen von mindestens 110 haben, denn diesen Betrag braucht man, um einen in t_0 aufgenommenen Kredit über 100 einschließlich der Zinsen von 10% zurückzahlen zu können.

Der Zinssatz, den man am vollkommenen Kapitalmarkt bei Geldanlage erhält *und* den die Kreditaufnahme kostet, bestimmt also das "**Preisverhältnis**", zu dem gegenwärtiges und zukünftiges Einkommen gegeneinander ausgetauscht werden können. Ein positiver Zinssatz macht aus der Sicht des Entscheidungszeitpunktes (t_0) den späteren Konsum (in t_1) billiger. Der Effekt, daß wegen des positiven Zinssatzes der zukünftige Konsum billiger wird, begünstigt den Zukunftskonsum und wirkt der - nach Irving Fisher typisch menschlichen - Ungeduld entgegen.

Das rechnerische Verschieben von Ein- und Auszahlungen durch Auf- und Abzinsen (Diskontieren) und das faktische Verschieben durch Geldanlage bzw. Verschuldung entsprechen sich. Die realen Vorgänge, die hinter den Rechnungen stehen, lassen sich auch graphisch darstellen. Man verwendet dazu wie in den Abbildungen 3.1 und 3.2. ein Koordinatenkreuz, in dem an der Abszisse Einkommen bzw. Konsum im Zeitpunkt t_0 (e_0 bzw. c_0) und an der Ordinate Einkommen bzw. Konsum im Zeitpunkt t_1 (e_1 bzw. c_1) abgetragen werden. In der Abbildung 3.3 stellen die Punkte A, B, C, D und E verschiedene Einkommenskombinationen der Zeitpunkte t_0 und t_1 dar. Beispielsweise bezeichnet der Punkt C die Einkommenskombination mit den zwei Komponenten $e_0 = 50$ und $e_1 = 55$. Die Werte der anderen Punkte sind an den Achsen abzulesen. Die (negative) Steigung der Geraden, die diese Punkte verbindet, beträgt $1 + i$ (also im Beispiel -1,10).

Die Gerade zeigt an, welche Einkommenskombinationen bei gegebener Anfangsausstattung erreicht werden können bzw. wie die Einkommenskombinationen der einzelnen Punkte in andere Einkommenskombinationen umgerechnet *und* umgewandelt werden können.

Von der Kombination C (50; 55) als Ausgangspunkt gelangt man z.B. zu der Kombination D (25; 82,5), indem man in t_0 25 anlegt (so daß man 25 = 50 - 25 behält), um dafür in t_1 25 plus Zinsen von 2,5 zu bekommen (so daß man insgesamt 82,5 = 55 + 27,5 hat). Die Geldanlage ist in der Graphik eine Bewegung vom Ausgangspunkt nach links und der Mehrertrag eine Bewegung nach oben. Das Umgekehrte gilt für eine Verschuldung.

Die Punkte A bis E in der Abbildung 3.3 sind so gewählt, daß sie ineinander überführt bzw. gegeneinander ausgewechselt werden können. Die fünf Einkommenskombinationen sind, weil man sie in die gleiche zeitliche Struktur bringen kann, äquivalent. Bei den drei Einkommenskombinationen F, G und H der Abbildung 3.4 ist das nicht der Fall.

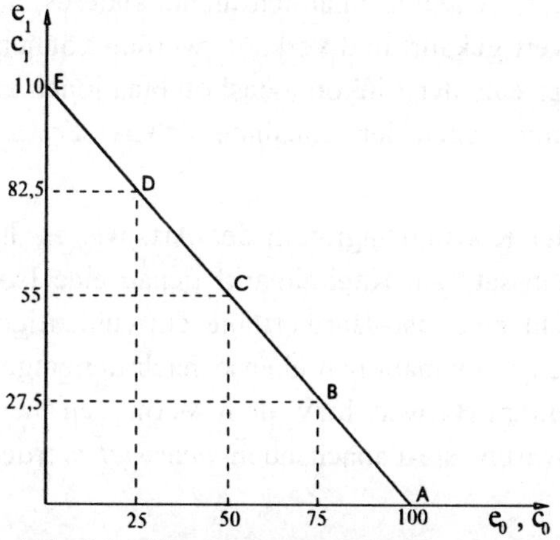

Abb. 3.3: Gleichwertige Einkommens- und Konsumkombinationen

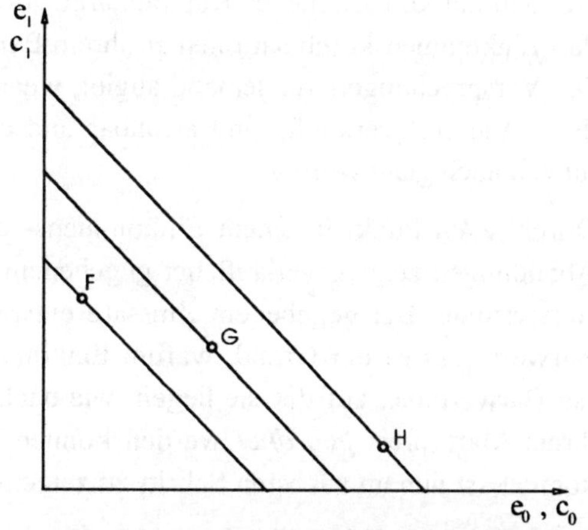

Abb. 3.4: Nicht gleichwertige Einkommens- und Konsumkombinationen

Besonders hervorzuheben ist der Punkt A in der Abbildung 3.3: Er stellt den **Gegenwartswert** oder den **Barwert** aller fünf Einkommenskombinationen dar. *Rechnerisch* ist der Gegenwartswert derjenige Betrag, der sich ergibt, wenn man alle Zahlungen eines Stroms auf den Zeitpunkt t_0 abzinst und dann addiert. Im Falle der Einkommenskombinationen A bis E der Abbildung 3.3 gilt (bei i = 0,10):

$$\frac{110}{1{,}1} = \frac{82{,}5}{1{,}1} + 25 = \frac{55}{1{,}1} + 50 = \frac{27{,}5}{1{,}1} + 75 = 100$$

Sachlich ist der Gegenwartswert oder Barwert derjenige Betrag, den der Inhaber einer Einkommenskombination in t_0 *maximal* verbrauchen kann, so daß er in t_1 *nichts mehr* konsumieren kann, weil er das dann zufließende Einkommen vollständig braucht, um den in t_0 aufgenommenen Kredit einschließlich Zinsen zurückzuzahlen. Da der Gegenwartswert ein eindeutiges Maß dafür ist, wieviel derjenige, dem eine Einkommenskombination gehört, *in jeder beliebigen zeitlichen Verteilung* zu konsumieren vermag, kann man ihn auch - in einem wörtlichen Sinne - als Ausdruck des **Vermögens** dieser Person interpretieren: Er gibt an, wieviel jemand zu konsumieren *vermag*, d.h. sein Konsumpotential.

Die Geraden in den Abbildungen 3.3 und 3.4 sind Linien gleichen Barwerts oder **Iso-Barwertlinien**. Für alle Punkte auf einer solchen Linie gilt, daß die durch sie repräsentierten Einkommens- bzw. Konsumkombinationen - auf einem vollkommenen Kapitalmarkt - ineinander überführt werden können. Und wenn es, wie wir hier angenommen haben, für Einkommenskombinationen einen funktionierenden Markt gibt, dann ist der Abszissenabschnitt, also das Vermögen, auch der *Marktpreis* aller Einkommens- bzw. Konsumkombinationen, die auf der zugehörigen Iso-Barwertlinie liegen. Unsere Annahme, daß ein vollkommener Kapitalmarkt vorliegt, bedeutet inhaltlich nichts anderes, als daß Einkommenskombinationen zu ihrem Barwert gekauft und verkauft werden können. Die Versprechungen, die jemand abgibt, wenn er eine der Einkommenskombinationen zu ihrem Barwert verkauft, sind erfüllbar und damit wegen der Annahme sicherer Erwartungen auch glaubwürdig.

Durch *jeden* Punkt in einem Einkommens- oder Konsumdiagramm der Art, wie es die Abbildungen zeigen, verläuft bei gegebenem Zinssatz am Kapitalmarkt genau eine Iso-Barwertlinie. Bei gegebenem Zinssatz entspricht einer Iso-Barwertlinie ein eindeutiger Barwert. Das ist der Grund, warum Einkommenskombinationen ebenso nach derjenigen Iso-Barwertlinie, auf der sie liegen, wie nach ihrem Barwert bzw. dem Vermögen bzw. ihrem Marktpreis *geordnet* werden können. Warum sie danach auch *bewertet* werden können, ist nun im nächsten Schritt zu zeigen.

Eine Einkommenskombination, über die jemand als Ausgangsposition verfügt, weist außer Zufall nicht diejenige zeitliche Verteilung auf, die er sich für seine Konsumausgaben wünscht. Die Iso-Barwertlinie, auf der seine gegebene Einkommenskombination liegt, zeigt an, welche Kombination aus c_0 und c_1 er erreichen kann: Konsumkombinationen rechts oberhalb der Iso-Barwertlinie der Einkommenskombination, die die jeweils relevante Ausgangsposition darstellt, sind nicht erreichbar, und solche links unterhalb davon würden bedeuten, daß Konsummöglichkeiten ungenutzt blieben. Erreichbar und **effizient** sind nur die auf der Linie. Unter den erreichbaren die optimale zu finden, ist das Problem der **Konsumplanung**. Beispielsweise könnte jemand, der als Ausgangspunkt die Einkommenskombination C aus Abbildung 3.3 oder 3.5 hat, derart ungeduldig sein, daß ihm unter den erreichbaren Konsumkombinationen die des Punktes B am günstigsten erscheint. Graphisch bedeutet dies, daß der Punkt B, den wir aus der Abbildung 3.3 in die Abbildung 3.5 übertragen haben, auf der höchsten erreichbaren Indifferenzkurve der betrachteten Person liegt. Um ihren optimalen Konsumstrom zu realisieren, muß die ungeduldige Person zusätzlich zu ihrem t_0-Einkommen 25 als Kredit aufnehmen und nach einer Periode dafür an Zinsen und Tilgung zusammen 27,5 bezahlen, was entsprechend das für den Konsum verfügbare Einkommen in t_1 reduziert. Eine eher geduldige Person, die gegenüber der Einkommenskombination C den Konsumplan D bevorzugt, würde in t_0 von dem Ausgangseinkommen von 50 nur 25 verbrauchen und 25 anlegen, um später zusätzlich zu dem Einkommen von 55 weitere 27,5 konsumieren zu können.

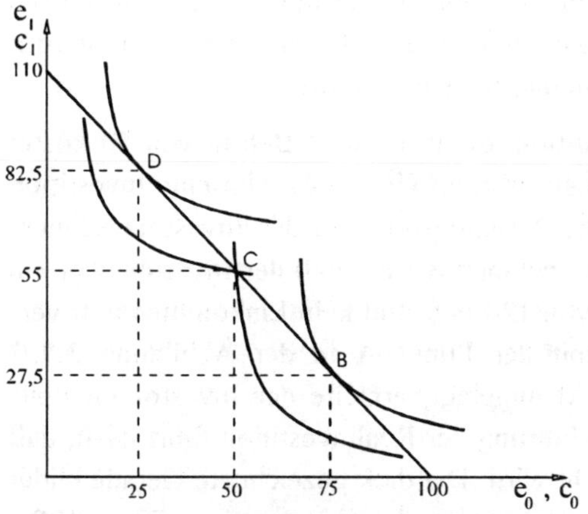

Abb. 3.5: Einkommen und Konsumwünsche bei gleichem Barwert

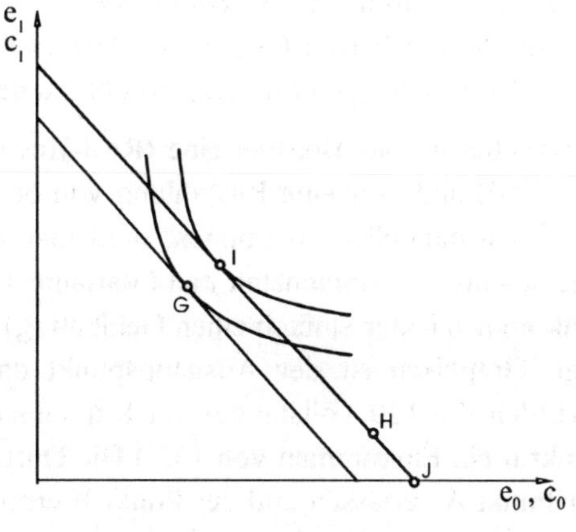

Abb. 3.6: Einkommen und Konsumwünsche bei ungleichem Barwert

Unter den getroffenen Annahmen kann jemand *immer* durch Geldanlage oder Verschuldung am Kapitalmarkt die für sich beste Konsumkombination (c_0^*, c_1^*) erreichen. Abbildung 3.6 entspricht weitgehend der Abbildung 3.4; sie ist nur um zwei Indifferenzkurven ergänzt. Wie diese Abbildung anhand des Vergleichs der Einkommenskombinationen G und H erkennen läßt, ist die beste *nicht* diejenige, die - wie G - die gegenüber H bevorzugte Konsumkombination darstellt. Vielmehr wird H als Einkommenskombination bevorzugt, weil von H aus die beste Konsumkombination (Punkt I) erreichbar ist. Das ist immer zugleich diejenige, die auf der höchsten Iso-Barwertlinie liegt bzw. den höchsten Barwert (den Punkt J) aufweist. Entscheidungen darüber, welche Einkommenskombination gewählt wird, *kann und sollte* man daher von den **Entscheidungen** darüber **trennen**, wie der Konsum zeitlich verteilt werden soll. Die Voraussetzung dafür sei noch einmal hervorgehoben: Dies gilt dann, wenn der Kapitalmarkt vollkommen und vollständig ist, d.h. zu einem einheitlichen Zinssatz i Geld in beliebiger Stückelung aufgenommen und angelegt werden kann.

3.3.4 Die Darstellung von Investitionen

Einkommens- und Konsummöglichkeiten lassen sich auch in anderer Weise als durch Geldanlage und -aufnahme ("am Kapitalmarkt") zeitlich verschieben: Man kann **reale Investitionen** vornehmen, also z.B. eine Maschine anschaffen. Eine Investition durchzuführen bedeutet, gegenwärtiges Einkommen aufzugeben, um dafür zukünftiges Mehreinkommen zu erreichen. In der bereits bekannten Darstellungsform läßt sich eine Investition mit der Laufzeit von einer Periode als Tausch einer Ausgangseinkommensposition gegen eine andere wiedergeben. Es handelt sich um einen "Pfeil" von rechts unten nach links oben: Durch die Investition wird das im Zeitpunkt t_0 verfügbare Einkommen um den Investitionsbetrag (A_0) vermindert und das im Zeitpunkt t_1 verfügbare Einkommen um den Einzahlungsbetrag (E_1) erhöht, zu dem die Investition führt.

Betrachten wir als Beispiel eine (Real-)Investition, die in t_0 einen Betrag von 50 kostet ($A_0 = 50$) und in t_1 eine Einzahlung von 66 hervorbringt ($E_1 = 66$). Um eine Investition graphisch darstellen zu können, muß man die Ausgangsposition des Investors kennen. Zuerst - und als einfachsten Fall (Variante 1) - nehmen wir an, daß der Investor über ein Einkommen (oder einfach einen Geldbetrag) von 120 in t_0 und kein Einkommen in t_1 verfügt. Graphisch ist der Ausgangspunkt damit der Punkt A in der Abbildung 3.7.[17] (Würden die 120 vollständig am Kapitalmarkt angelegt, erhielte der Investor im Zeitpunkt t_1 ein Einkommen von 132.) Die Durchführung der Realinvestition führt dazu, daß der Punkt A verlassen und der Punkt B erreicht wird. Die dick gezeichnete Gerade bildet diesen Übergang ab. Der Punkt B stellt eine Einkommenskombination von 70 (= 120 - 50) in t_0 und 66 (= 0 + 66) in t_1 dar. (Auf die gestrichelte Gerade BC kommen wir später zurück.) Wie man - hier erst intuitiv - erkennen kann, ist die Steilheit der Geraden AB ein Ausdruck dafür, wie "profitabel" die Investition ist. Die beiden dünnen durchgezogenen Geraden in der Abbildung 3.7 sind die Iso-Barwertlinien der Ausgangsposition (A) und der durch die Investition erreichbaren Einkommenskombination (B). Die Durchführung der Investition ist vorteilhaft, weil sie den Investor eine Einkommenskombination auf einer höheren Iso-Barwertlinie erreichen läßt bzw. den Barwert oder das Vermögen des Investors um 10 (von 120 auf 130) erhöht.

Was ändert sich an der Darstellung, wenn die Ausgangsposition des Investors, seine als gegeben angenommene Einkommenskombination e_0 und e_1 *vor* Durchführung der Investition, eine andere ist? Dies wird in der folgenden Abbildung 3.8 verdeutlicht.

---

17 Wie man an den Zahlenwerten, die an den Achsen angegeben sind, unschwer erkennen kann, ist die Abbildung 3.7 - wie auch die folgenden - der Übersichtlichkeit zuliebe nicht maßstabsgerecht gezeichnet.

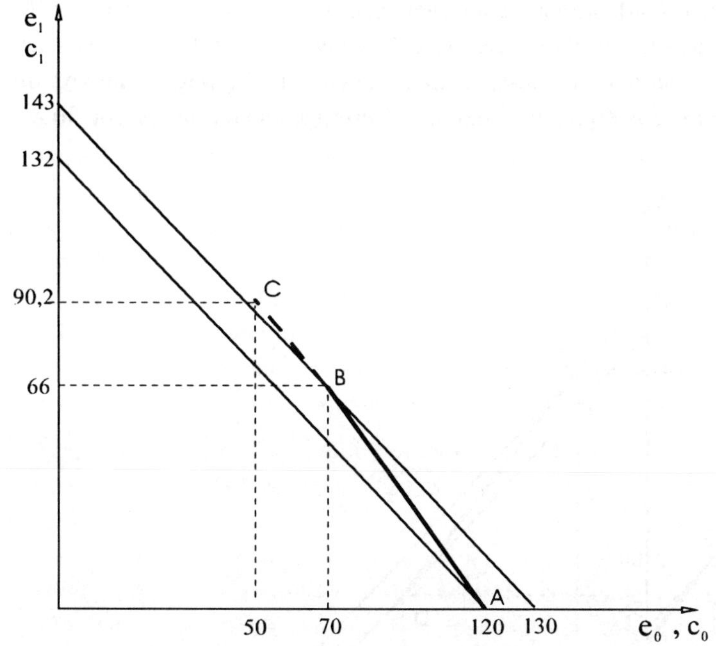

Abb. 3.7: Eine Investitionsmöglichkeit

Der Punkt D sei die Ausgangsposition mit den Einkommensbeträgen $e_0 = 70$ und $e_1 = 55$ (Variante 2). Die Investition ist dieselbe wie oben. Sie ist völlig analog zu der Variante 1 als Übergang vom Punkt D zum Punkt E eingezeichnet, der ein Einkommen von 50 weniger in t_0, also von 20, und von 66 mehr in t_1, also 121, repräsentiert. Die Barwerte der Ausgangspositionen und damit die "Ausgangsvermögen" des Investors sind in beiden Varianten gleich, nur die zeitliche Verteilung ist unterschiedlich. Man erkennt das an der linken der beiden dünn gezeichneten Iso-Barwertlinien in der Abbildung 3.8, die einen Abszissenabschnitt von 120 (= e_0 in der Variante 1) hat. Auch die Iso-Barwertlinie, die durch die Investition erreichbar ist, bleibt dieselbe. Das Vermögen erhöht sich um 10. Die Durchführung der Investition ist vorteilhaft.

Wir diskutieren noch eine Variante 3, um dem Mißverständnis vorzubeugen, daß das Ausgangsvermögen, der Ausgangspunkt vor Durchführung der Investition, immer größer sein müßte als der Investitionsbetrag: Punkt F in Abbildung 3.8 stellt eine Einkommenskombination mit $e_0 = 30$, $e_1 = 0$ dar. Durch dieselbe Investition, die wir bisher betrachtet haben, kann der Punkt G erreicht werden. Er *scheint* unzulässig zu sein, weil er ein negatives Einkommen im Zeitpunkt t_0 nach Durchführung der Investition zur Folge hat. Doch der Schein trügt, denn das Fisher-Modell lehrt gerade, daß man Einkommen und Konsum unterscheiden muß. Unzulässig wäre nur ein negativer Konsum; ein negatives Einkommen kann durch Kreditaufnahme ausgeglichen werden, bis eine zulässige Konsumkombination erreicht ist. Die durch die Durchführung der Investition erreichbaren Konsumkombinationen sind auch in dieser Variante besser als diejenigen, die von der jeweiligen Ausgangsposition aus erreichbar sind. Das Vermögen steigt um 10 von 30 auf 40.

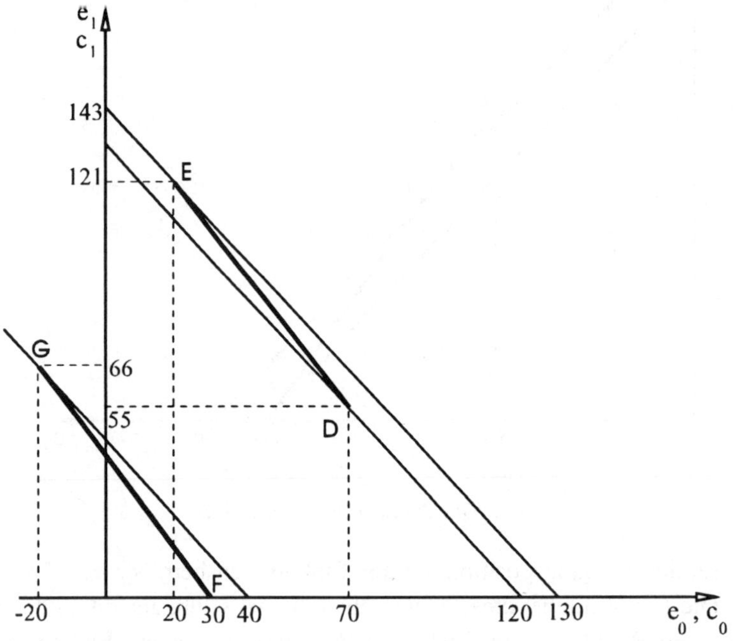

Abb. 3.8: Gleiche Investitionsmöglichkeit bei unterschiedlichem Ausgangsvermögen

Als letztes wollen wir noch darauf eingehen, wie man **mehrere Investitionen** darstellen kann. Dazu greifen wir auf die Variante 1 und die Abbildung 3.7 zurück. Zusätzlich zu der bisher diskutierten Investition (Linie AB) soll es eine zweite Investition geben. Sie kostet in t_0 20 und bringt in t_1 24,2. Wir haben sie durch die gestrichelte Linie vom Punkt B zum Punkt C dargestellt. Wenn ein Investor beide Investitionen durchführt, reduziert er sein t_0-Einkommen um 70 auf 50 und erhöht sein t_1-Einkommen auf 90,2. Analog könnte diese zweite Investition auch in Variante 2 und 3 berücksichtigt werden.

Als **Fazit** läßt sich festhalten: In allen drei Varianten ändert sich der Barwert der erreichbaren Einkommenskombinationen bei Durchführung der (gegebenen) Investition um den gleichen Betrag. Dieser Betrag ist der Barwert der Investition oder die Vermögenssteigerung des Investors. Damit zeigt sich, daß der Barwert der Investition - unter der Annahme eines vollkommenen Kapitalmarktes - unabhängig von der Ausgangsposition des Investors ist. Somit ist er für verschiedene Investoren, die sich hinsichtlich ihrer Ausgangspositionen unterscheiden können, auch gleich, und es ist im Prinzip möglich, die Investitionsentscheidung an einen Manager zu delegieren oder von einem Investor treffen zu lassen, der damit zugleich für alle anderen "optimal" entscheidet. Dabei ist aber in Erinnerung zu halten, daß wir in diesem Teil des Buches unterstellen, daß die Investoren nur an Konsummöglichkeiten interessiert sind und daß Manager keine eigenen Ziele verfolgen.

3.3.5 Die Trennbarkeit von Konsum- und Investitionsentscheidungen

Wir haben jetzt gezeigt, daß sich Investitionen als Änderungen von Einkommenskombinationen darstellen lassen. Im allgemeinen ist der Barwert der Einkommenskombination, die man durch die Investition erreichen kann, nicht gleich dem Barwert der Einkommenskombination im Ausgangspunkt. Im Abschnitt 3.3.3 hatten wir gezeigt, daß Konsumentscheidungen und die Bewertung von Vermögenspositionen auf einem vollkommenen Kapitalmarkt trennbar sind und daß Einkommenskombinationen *nicht als Konsumkombinationen* ($e_0 = c_0$ und $e_1 = c_1$) zu bewerten sind, sondern nach den von ihnen aus erreichbaren Konsumkombinationen oder, was dasselbe ist, nach ihrem Barwert oder ihrem Marktpreis oder dem "Vermögen", das sie repräsentieren. Anstelle der *falschen* Gleichsetzung von Einkommen und Konsum gilt die *richtige* Bedingung, daß die Barwerte der Einkommenskombination und der Konsumkombination gleich sein müssen.

Diese beiden Ergebnisse können wir nun zusammenführen: Das **Entscheidungskriterium** für Investitionen ist *nicht*, daß sie zu Einkommenskombinationen (e_0, e_1) führen sollen, die selbst als Konsumkombinationen (c_0, c_1) möglichst erwünscht sind, sondern zu solchen, die es erlauben, durch Geldanlage oder -aufnahme einen möglichst günstigen Konsumstrom zu realisieren. Da eine Einkommenskombination, die in der graphischen Darstellung auf einer höheren Iso-Barwertlinie liegt, immer - unabhängig von der Zeitpräferenz des Investors - auch einen "besseren" Konsumstrom zu erzielen erlaubt, ist eine Investition für einen Investor unabhängig von seinen Präferenzen danach zu beuteilen, welchen Barwert die mit ihr erreichbare Einkommensposition aufweist. Dies ist das **Separationstheorem von Fisher**:

> Über Investitionen kann ein Investor anhand (des Barwertes) der erreichbaren Einkommenskombination entscheiden. Er muß erst *danach* bei *dann* gegebenem "Vermögen" die beste Konsumkombination festlegen.

Da auch die Ausgangs-Einkommenskombination eines jeden Investors auf einer Barwertlinie liegt, genügt es aber, wenn ein Investor eine Investition beurteilt, indem er den Barwert seines Einkommens bei Durchführung der Investition mit dem Barwert bei

Unterlassung vergleicht. Eine gegebene Investition hat unter der Bedingung eines vollkommenen Marktes einen von der Person des Investors unabhängigen Barwert.

Investitionen sind vorteilhaft, wenn sie einen positiven Barwert aufweisen, denn der Barwert der erreichbaren Einkommens- und Konsumkombinationen wird dann für jeden Investor erhöht. Investitionen sind unvorteilhaft, wenn sie einen negativen Barwert besitzen, da ihre Durchführung die erreichbaren Konsumkombinationen vermindern würde. Wenn Investitionen einen Barwert von null aufweisen und damit den Barwert erreichbarer Konsumkombinationen gegenüber einer Ausgangsposition unverändert lassen, sind sie weder vorteilhaft noch unvorteilhaft, ein Investor ist bezüglich der Durchführung also indifferent.

Die Bewertung von Investitionen ist unter den getroffenen Annahmen in beiden Hinsichten unabhängig von der Person des Investors: Sie ist unabhängig von seinem Vermögen in der Ausgangssituation und von seinen Präferenzen, hier: von seiner Ungeduld.

Dieses Ergebnis stellen wir noch einmal an einem Beispiel graphisch dar. Ausgangspunkt ist die Einkommenskombination der Variante 2 aus dem Abschnitt 3.3.4 ($e_0 = 70$, $e_1 = 55$) mit dem Barwert 120 (Punkte A und B in der Abbildung 3.9). Der betrachtete Investor ist relativ ungeduldig, er bevorzugt deutlich früheren Konsum. Wird die Investition nicht durchgeführt, dann wählt er einen Konsum von 90 in t_0 und von 33 in t_1, denn seine Indifferenzkurven tangieren die Iso-Barwertlinie seines Einkommens in diesem Punkt (Punkt C). Um den gegebenen Einkommensstrom in den gewünschten Konsumstrom zu verwandeln, muß er einen Kredit in Höhe von 20 aufnehmen, für den er in t_1 22 zurückzuzahlen hat (der Zins beträgt 10%). Der aufgenommene Kredit entspricht graphisch der Strecke DE, die Rückzahlung der Strecke FG.

Betrachten wir nun die oben schon gebrauchte Beispielinvestition mit $A_0 = 50$ und $E_1 = 66$. Ausgehend vom Punkt A ist der Punkt H erreichbar und mit ihm eine Iso-Barwertlinie mit dem Barwert 130 (Punkt K). Die höchste erreichbare Indifferenzkurve tangiert diese Iso-Barwertlinie im Punkt L. Der Investor wählt unter den nach Durchführung der Investition erreichbaren Konsumkombinationen diejenige des Punktes L aus: einen t_0-Konsum von 95 (M) und einen t_1-Konsum von 38,5 (N).

Da ihm von seiner Anfangsausstattung wegen der Investition nur ein Einkommen in t_0 von 20 (= 70 - 50) übrig bleibt, muß er am annahmegemäß vollkommenen Kapitalmarkt 75 aufnehmen. Der Kredit wird durch die Strecke MI in der Abbildung dargestellt. Die Anfangsausstattung und die Investition zusammen bringen ihm allerdings ein Einkommen von 121 (= 55 + 66) im Zeitpunkt t_1 (J). Wenn er davon den aufgenommenen Kredit nebst Zinsen von zusammen 82,5 zurückzahlt, bleiben ihm genau 38,5 für den Konsum übrig (N). Das Beispiel zeigt noch einmal, daß die Beurteilung der Investition und die Frage nach der optimalen Aufteilung der Konsummöglichkeiten, zu denen die Investition verhilft, separierbar sind.

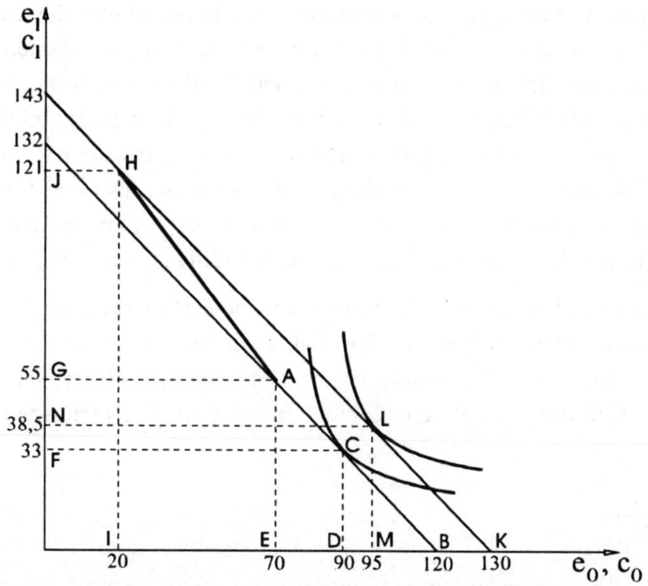

Abb. 3.9: Separation von Investitions- und Konsumentscheidung

Mindestens so wichtig wie die Unabhängigkeit der Investitionsbewertung von der Situation und den Präferenzen eines Investors ist die darüber hinausgehende Folgerung aus dem Separationstheorem von Fisher, daß sich auch denkbare Interessenkonflikte zwischen mehreren Investoren ausräumen lassen. Mehrere Investoren können sich hinsichtlich der gewünschten zeitlichen Verteilung ihres Konsums unterscheiden. Aus dem Separationstheorem von Fisher ergibt sich, daß Unterschiede zwischen den Präferenzen verschiedener Kapitalgeber bei einem vollkommenen Kapitalmarkt kein Problem für Investitionsentscheidungen darstellen: Wegen der Trennbarkeit sind die korrekten Investitionsentscheidungen nicht nur von der Ausgangsposition und den Präferenzen *eines* Investors unabhängig, sondern genauso von denen *mehrerer* Investoren. Unterschiede hinsichtlich des Ausgangsvermögens und der Präferenzen spielen keine Rolle. Alle Investoren bevorzugen die Durchführung einer Investition mit einem positiven Barwert, weil sie für jeden die besten Voraussetzungen dafür schafft, daß er den höchsten Nutzen aus dem für ihn erreichbaren Einkommen erzielt. Die Maximierung des Barwertes entspricht der Marktwertmaximierung, die, wie im vorigen Kapitel ausgeführt wurde, das auf einem vollkommenen und vollständigen Kapitalmarkt von allen Investoren einstimmig bevorzugte Ziel ist. Es kommt also nicht zum Konflikt.

Wir haben bisher den Ausdruck "Barwert" verwendet. Der Barwert ist ein allgemeines und rein formales Konzept. Ein Barwert ergibt sich immer schon dann, wenn man alle

Zahlungen, die mit einer Investition verbunden sind, mit einem beliebigen Zinssatz auf einen Bezugszeitpunkt abzinst, d.h. **diskontiert,** und addiert. Hinter der Rechnung steht die Überlegung, daß man die mit einer Investition verbundenen zusätzlichen Zahlungen in einen Konsumstrom mit der gewünschten zeitlichen Struktur umformen kann. Deshalb kann für eine ökonomisch sinnvolle Barwertberechnung nicht jeder beliebige Zinssatz zum Diskontieren verwendet werden, sondern nur derjenige, der auch zutreffend angibt, wie Einkommen faktisch in der Zeit verschoben werden kann, also der Zinssatz, zu dem Geld angelegt oder aufgenommen werden kann. Auf einem vollkommenen und vollständigen Kapitalmarkt bei Sicherheit (und flacher Zinsstruktur) ist das der Einheitszinssatz i.

Der mit dem ökonomisch sinnvollen Zinssatz berechnete Barwert einer Investition wird auch als ihr **Kapitalwert** bezeichnet. In dem Fall einer Investition mit einer Auszahlung A_0 im Zeitpunkt t_0 und einer Einzahlung E_1 im Zeitpunkt t_1 und bei Geltung des Zinssatzes i berechnet sich der Kapitalwert K_0 einer Investition im Anfangszeitpunkt t_0 nach der Formel

$$K_0 = \frac{E_1}{1+i} - A_0 \ .$$

Hinter der Berechnung und Verwendung des Kapitalwertes steht, wie dieser Abschnitt verdeutlichen sollte, ein komplexes ökonomisches Gedankengebäude. Der ökonomische Sinn der Entscheidung anhand des Kapitalwertes ergibt sich *nur* aus den möglichen Verbesserungen der erreichbaren Konsummöglichkeiten. Das Separationstheorem lehrt, daß - bei Geltung der Annahmen und insbesondere bei einem vollkommenen Kapitalmarkt - der komplexe Hintergrund, nämlich der der Konsumplanung und Finanzierung, bei Investitionsentscheidungen nicht beachtet zu werden braucht.

3.3.6 Die Grenzen der Trennbarkeit: Investitionsplanung bei "beschränktem Kapitalmarkt"

Die Bedeutung der Annahme des vollkommenen Kapitalmarktes für die Möglichkeit, korrekte Investitionsentscheidungen unabhängig von der Situation und den Präferenzen eines Investors - und damit zugleich personenunabhängig - zu treffen, läßt sich gut demonstrieren, indem man diese Annahme aufhebt. Wir betrachten darum nun einen unvollkommenen Kapitalmarkt. Eine Variante des Fisher-Modells, das zuerst von Jack Hirshleifer entwickelt worden ist,[18] untersucht den oben im Abschnitt 3.2.3 erläuterten Fall des sogenannten "beschränkten Kapitalmarktes", bei dem es statt eines Einheitszins-

18 Vgl. *Hirshleifer* [Decision].

satzes i für Geldanlage *und* Kreditaufnahme zwei unterschiedliche Zinssätze gibt, wobei der Sollzins für Geldaufnahme den Habenzins für Geldanlage übersteigt.

Wir betrachten erst einmal die Situation einer Person mit einer Ausgangs-Einkommenskombination, wie sie im Punkt A der folgenden Abbildung 3.10 dargestellt ist, d.h. wir gehen von einem gegebenen positiven Einkommen in den beiden Zeitpunkten t_0 und t_1 aus. Der Habenzinssatz i_h, zu dem Geld angelegt werden kann, betrage 4% und der Sollzinssatz i_s, zu dem eine Verschuldung möglich ist, 12%. In der Abbildung 3.10 sind zwei Iso-Barwertlinien durch den Punkt A eingetragen. Die steilere hat eine Steigung, die dem Sollzinssatz i_s = 12% entspricht; sie beträgt -1,12. Die Steigung der flacheren Linie beträgt -1,04, sie ergibt sich aus dem Habenzinssatz i_h = 4%.[19] Auf welcher der beiden Barwertlinien durch den Punkt A liegen *erreichbare* Einkommenspositionen?

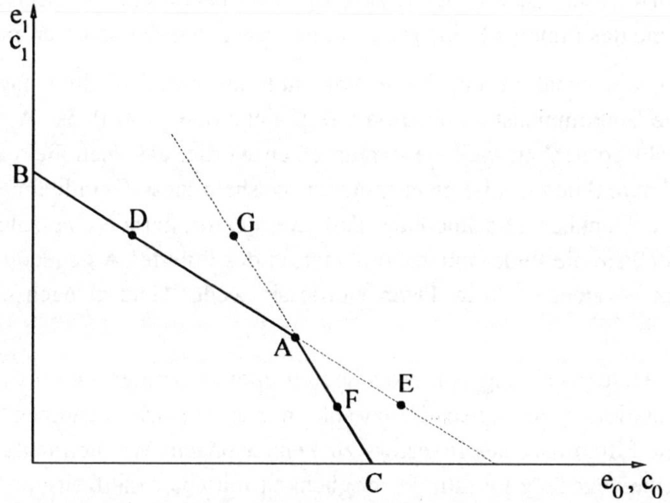

Abb. 3.10: Konsumplanung bei beschränktem Kapitalmarkt

Die betrachtete Person kann Teile ihres Einkommens in der Ausgangssituation nur zu 4% anlegen, aber sie kann sich - annahmegemäß - nicht zu 4% verschulden. Die flachere Linie der Anlagemöglichkeiten ist also nur von Punkt A aus nach links oben in Richtung auf den Punkt B *zulässig*. "Zulässig" bedeutet, daß sie erreichbare Einkommenskombinationen anzeigt. Der Investor kann sich zwar zu 12% verschulden, aber er kann

19 In den Abbildungen 3.10 und 3.11 ist der Erkennbarkeit zuliebe der Unterschied der Zinssätze übertrieben deutlich dargestellt.

annahmegemäß nicht zu 12% Geld anlegen. Die steilere Linie (Verschuldung) ist vom Punkt A aus also nur nach rechts unten in Richtung auf den Punkt C zulässig.

Für jemanden, der so geduldig ist, daß er weniger als das dem Punkt A entsprechende Einkommen im Zeitpunkt t_0 und mehr in t_1 konsumieren möchte, ist die Geldanlage am Kapitalmarkt von den Teilen des Ausgangsbetrags, die nicht im Zeitpunkt t_0 für Konsum verwendet werden, vorteilhaft. Auf diese Weise könnte eine Konsumkombination wie die des Punktes D erreicht werden.

Wie wäre die Situation einer eher ungeduldigen Person, die gern mehr als das Einkommen der Ausgangsposition A im Zeitpunkt t_0 verbrauchen wollte? Eine Konsumkombination wie den Punkt E auf dem gestrichelten Teil der flacheren Gerade rechts vom Punkt A ist nicht erreichbar, denn um sie zu erreichen, müßte man sich zum Habenzinssatz i_h verschulden. Das geht aber nicht, denn i_h gibt nur Anlagemöglichkeiten an. Dieser Teil der Iso-Barwertlinie ist also nicht zulässig. Erreichbar sind nur Einkommenskombinationen wie die des Punktes F, die rechts unten von A auf der steileren Iso-Barwertlinie liegen, die annahmegemäß die Verschuldungsmöglichkeiten angibt. Entsprechend wäre eine Einkommenskombination wie G links oben von Punkt A auf der steileren Geraden nicht erreichbar, weil sie voraussetzen würde, daß man Geld zum Sollzinssatz i_s anlegen kann. Auch das ist nicht möglich, weshalb diese Gerade links oben von A an gestrichelt ist. Denkbar ist schließlich, daß eine Person gerade eine solche Zeitpräferenz aufweist, daß sie die Einkommenskombination des Punktes A gegenüber allen anderen erreichbaren vorziehen würde. Dann würde sie weder Geld anlegen noch sich verschulden.

Die eingeführte Unterscheidung von erreichbaren oder zulässigen und unzulässigen Einkommenskombinationen auf einem beschränkten Kapitalmarkt benutzen wir nun, um völlig analog die Situation eines Investors zu kennzeichnen. Wir betrachten einen Investor, der über eine gegebene Investitionsmöglichkeit mit einer Laufzeit von einer Periode zu entscheiden hat. Die Investition kostet in t_0 50 und bringt in t_1 54. Der Mehrertrag am Periodenende von 4 = 54 - 50 bezogen auf den am Periodenanfang eingesetzten Betrag von 50, die sogenannte Rentabilität[20] der Investition, beträgt 8%. Wir unterstellen, die Investition sei beliebig teilbar, ohne daß dies die so verstandene Rentabilität verändert. Der Habenzinssatz i_h beträgt 4% und der Sollzinssatz i_s 12%. *Ohne* die Investition ist die Einkommenskombination des Investors diejenige des Punktes A in der Abbildung 3.11. Durch die Investition kann die Einkommenskombination des Punktes A gegen die des Punktes H ausgetauscht werden. Die stark gezeichnete Linie zwischen den Punkten A und H stellt die - annahmegemäß teilbare - Investition dar. Ist dieser Austausch von Einkommenspositionen und damit die Investition vorteilhaft? Und wenn man die Idee des

20 Die "Rentabilität" ist der Interne Zinsfuß der Investition. Das Konzept des Internen Zinsfußes erläutern wir im nächsten Kapitel ausführlich.

letzten Unterabschnittes aufgreifen und die Vorteilhaftigkeit der Investition daran ablesen möchte, ob ihr Kapitalwert positiv ist, mit welchem Diskontierungssatz wäre dann der Kapitalwert sinnvollerweise zu berechnen?

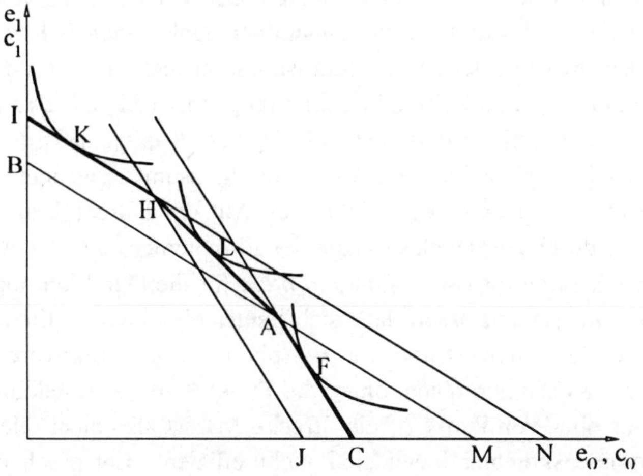

Abb. 3.11: Investitions- und Konsumplanung bei beschränktem Kapitalmarkt

In der Abbildung 3.11 sind vier Iso-Barwertlinien eingetragen. Je zwei laufen durch die Punkte A und H. Die steileren Linien haben eine Steigung, die dem Sollzinssatz i_s = 12% entspricht; sie beträgt -1,12. Die Steigung der flacheren Linien beträgt -1,04, sie ergibt sich aus dem Habenzinssatz i_h = 4%. Die Steigung der Geraden AH, die der Rentabilität der betrachteten Investition (8%) entspricht, liegt zwischen denen der "Anlagelinien" und der "Verschuldungslinien"; sie beträgt -1,08.

Die eher vordergründige Frage, welcher der beiden Zinssätze der "richtige" Diskontierungssatz zur Kapitalwertberechnung ist, können wir jetzt durch eine sinnvollere Frage ersetzen: Auf welcher der beiden Barwertlinien durch den Punkt H liegen *erreichbare* Einkommenspositionen? Danach werden wir fragen, welche der erreichbaren Positionen für einen Investor die beste ist, und schließlich werden wir prüfen, was das alles für die Wahl des Diskontierungssatzes zur Berechnung eines Kapitalwertes bedeutet.

Ist der Investor durch die Investition am Punkt H angelangt, kann er Geld nur zu 4% anlegen, aber er kann sich - annahmegemäß - nicht zu 4% verschulden. Die flachere Linie der Anlagemöglichkeiten ist also nur von Punkt H aus nach links oben bis zum Punkt I *zulässig*. Der Investor kann sich zwar zu 12% verschulden, aber er kann nicht zu 12%

Geld anlegen. Die steilere Linie (Verschuldung) ist vom Punkt H aus also nur nach rechts unten in Richtung auf Punkt J zulässig. Dasselbe gilt für den Punkt A: Durch Verschuldung sind Punkte auf der steileren Geraden bis zum Punkt C und durch Geldanlage sind Punkte auf der flacheren Geraden nach links oben bis zum Punkt B erreichbar.

Offensichtlich können nicht alle durch Geldanlage oder Verschuldung von den Punkten A und H aus *erreichbaren* Einkommenskombinationen auch *optimale* Konsumkombinationen sein. Für einen Investor, der so geduldig ist, daß er nicht mehr als das dem Punkt H entsprechende Einkommen im Zeitpunkt t_0 und möglichst viel in t_1 erreichen möchte, ist die Unterlassung der Investition und die Geldanlage am Kapitalmarkt des gesamten Ausgangsbetrags, soweit er nicht im Zeitpunkt t_0 für Konsum verwendet wird, keinesfalls vorteilhaft, weil es eine bessere Alternative gibt: Mit der Durchführung der Investition und gegebenenfalls durch zusätzliche Anlage des Einkommens aus der Ausgangsposition (Punkt A), soweit es *nicht* für t_0-Konsum *und nicht* für die Durchführung der Investition verwendet wird, zum Habenzinssatz, läßt sich immer eine bessere Einkommensposition erreichen als ohne die Realinvestition. Ein Beispiel für eine attraktivere und erreichbare Einkommens- bzw. Konsumkombination ist der Punkt K in der Abbildung 3.11. Die flachere Gerade links oben von Punkt A, die Strecke AB, ist also nicht relevant, die auf ihr liegenden Einkommenskombinationen sind nicht effizient. Entsprechend ist für einen ungeduldigen Investor, der eine Einkommensposition wie den Punkt F anstrebt, die Durchführung der Investition mit anschließender Verschuldung, also eine Bewegung nach rechts unten von Punkt H aus auf der steileren Linie HJ, immer weniger vorteilhaft als die Verschuldung vom Punkt A aus. Für einen Investor, der weder besonders ungeduldig noch besonders geduldig ist und deshalb eine Konsumkombination zwischen Punkt A und H, also z.B. L, anstrebt, ist weder die komplette Durchführung der Investition bei anschließender Verschuldung noch die komplette Unterlassung der Investition mit Geldanlage vorteilhaft, denn die Rentabilität der Investition ist mit 8% niedriger als der Geldaufnahmezins i_s = 12%, aber höher als der Geldanlagezins i_h = 4%. Deshalb wird ein solcher Investor, wenn dies möglich ist, die Investition teilweise durchführen, bis er durch die Anlage im Investitionsobjekt seine optimale Konsumkombination realisiert hat.

Daraus läßt sich folgendes **Ergebnis** ableiten: Relevant oder, wie man auch sagt, **effizient** sind nur diejenigen Konsumkombinationen, die sowohl erreichbar sind als auch nicht durch andere überlegene Konsumkombinationen dominiert werden. Um diese effizienten Konsumkombinationen hervorzuheben, sind die Iso-Barwertlinien in den entsprechenden Teilen stärker gezeichnet als in den Teilen, die durch die Annahmen als nicht erreichbar ausgeschlossen sind oder die keinesfalls optimal wären. Effizient sind alle Punkte auf dem Kurvenzug CAHI.

Man kann nun unmittelbar ablesen, ob die Investition für einen bestimmten Investor vorteilhaft ist oder nicht. Die Antwort hängt ab von seiner "Zeitpräferenz", dem Ausmaß seiner Ungeduld. Ein eher geduldiger Investor würde über den Punkt H hinaus durch

Geldanlage am Kapitalmarkt Konsum in die Zukunft verschieben. Damit ist für ihn der Habenzinssatz relevant. Mit diesem berechnet wäre auch der Kapitalwert der Investition (die Differenz der Abszissenabschnitte N und M) positiv. Aber die Kapitalwertberechnung wird genaugenommen nicht mehr gebraucht, da die optimale Entscheidung vorher bekannt sein muß, um den richtigen Diskontierungssatz verwenden zu können. Für einen ungeduldigen Investor ist die Investition unvorteilhaft. Relevant wäre für ihn der Sollzinssatz, bei dem der Kapitalwert auch richtigerweise negativ ist (C > J). Der mit dem jeweils anderen Zinssatz berechnete Barwert hätte keine ökonomische Aussagekraft. Ein Investor mit einer "mittleren Ungeduld" wird eine Einkommenskombination anstreben, wie sie der Punkt L repräsentiert; er muß den Investitionsumfang direkt auf seine Zeitpräferenz abstimmen. Es gibt für ihn keinen Zinssatz, mit dem sich ein aussagefähiger Kapitalwert errechnen läßt. Wäre die Investition nicht teilbar, müßte er durch direkte Gegenüberstellung zu beurteilen versuchen, ob ihm der erreichbare Mehrkonsum im Zeitpunkt t_1 das Warten wert ist.

Das Hirshleifer-Modell des "beschränkten Kapitalmarktes" dient mehr als alles andere dazu, die Logik oder die theoretischen Grundlagen der Investitionsrechnung zu verdeutlichen. Und es zeigt das wichtige und verallgemeinerungsfähige **Ergebnis:**

> Bei der Investitionsplanung auf einem *un*vollkommenen Kapitalmarkt muß man erst die Konsum- und Finanzierungspläne kennen, um die Vorteilhaftigkeit von Investitionen beurteilen zu können bzw. um den "richtigen" Diskontierungssatz zu bestimmen, mit dem Kapitalwerte errechnet werden könnten, anhand derer die Investitionen beurteilt werden können.

Es wurde bereits betont, daß die bei vollkommenem Kapitalmarkt gegebene Möglichkeit, Investitions- und Konsumentscheidungen zu trennen und von Finanzierungsaspekten ganz abzusehen, eine wichtige Implikation für Fragen der **Organisation** von Investitionsentscheidungen hat: Wenn eine Investition von *mehreren* Investoren gemeinsam durchgeführt werden soll, läßt sich die Investitionsentscheidung delegieren. Ein Investor, der sich nur nach seinen eigenen Wünschen richtet, wird auf einem vollkommenen Kapitalmarkt gleichzeitig die Entscheidung treffen, die auch im Interesse der anderen Investoren liegt. Ein Manager kann beauftragt werden, im Interesse "der Investoren" zu entscheiden, und er weiß, was er zu tun hat. Ganz andere Konsequenzen für die Organisation hat dagegen das Ergebnis des Hirshleifer-Modells bei Annahme eines unvollkommenen Kapitalmarktes: Auf einem unvollkommenen Kapitalmarkt lassen sich die Investitions- und die Konsumplanung nicht generell trennen,[21] und die Finanzierung und die

21 Die Ausnahme ist der Fall, in dem alle Investoren sich insofern in der gleichen Situation befinden, als sie alle auch dann weitere Mittel am Kapitalmarkt anlegen würden, wenn die Investition durchgeführt würde, oder daß sich alle ohnehin verschulden würden, um die von ihnen bevorzugte zeitliche Struktur ihres Konsumstroms zu erreichen.

Anfangsausstattung der Investoren kann entscheidungsbestimmende Wirkungen haben: Es kann durchaus sein, daß ein Investor für die Durchführung der Investition votieren würde, ein anderer sich gegen die Investition entscheiden und ein dritter die teilweise Durchführung präferieren würde. In diesem Falle kann nicht einer, der sich nur an seinen eigenen Präferenzen (und an seiner eigenen Situation) orientiert, für die anderen mitentscheiden; und ein Manager, der im Interesse aller Investoren entscheiden wollte, wüßte nicht, was er tun sollte. Mögliche Mehr-Personen-Konflikte lösen sich auf einem unvollkommenen Kapitalmarkt nicht auf.

3.4 Die Rolle des Kalkulationszinsfußes als Repräsentant der Finanzierung

Im Abschnitt 3.3 dieses Kapitels wurde nur die einfachste Entscheidungssituation, nämlich die einer Ja-Nein-Entscheidung in einem Zwei-Zeitpunkt-Kontext, diskutiert. Aber schon diese Überlegungen erlauben weitreichende Schlußfolgerungen. Die Bedingungen für die Separierbarkeit von Investitionsentscheidungen auf der einen und Finanzierungs- und Konsumentscheidungen auf der anderen Seite konnten aufgezeigt werden und damit auch die Bedingungen für eine Investitionsentscheidung, die nicht zu Fehlern führt, obwohl sie unabhängig von den Präferenzen und der jeweiligen finanziellen Situation der beteiligten Investoren und Kapitalgeber gefällt wird. Die erzielten Ergebnisse besitzen nicht allein deswegen Relevanz, weil sie die Aussage gestatten, daß eine Separation möglich ist, wenn ein vollkommener Kapitalmarkt vorliegt. Vielleicht noch wichtiger ist die umgekehrte Überlegung: Wenn Investitionsentscheidungen getroffen werden, die von der Situation und den Präferenzen des Investors absehen, oder wenn Investitionsentscheidungen für mehrere betroffene Personen gefällt werden, ohne deren Unterschiedlichkeit in Betracht zu ziehen, dann wird dabei so getan, als ob die Bedingungen der Separierbarkeit gegeben seien, also ein vollkommener Kapitalmarkt vorläge. Ob die realen Bedingungen diese Unterstellung gerechtfertigt erscheinen lassen oder ob hierdurch eine unzumutbare, die reale Entscheidungssituation bis zur Unkenntlichkeit verzerrende Vereinfachung vorgenommen wird, mögen die Leser selbst entscheiden.

Es ist allerdings leicht einzusehen, warum die Annahme eines vollkommenen Kapitalmarktes und die hieraus resultierende Separierbarkeit so attraktiv erscheinen. Der Maßstab für die Vorteilhaftigkeit einer Investition, der andernfalls mühevoll aus individuellen Präferenzen und Situationen hergeleitet werden müßte oder gar im Falle der Mehr-Personen-Beteiligung überhaupt nicht existiert, wird auf einem vollkommenen und vollständigen Kapitalmarkt (bei Sicherheit und flacher Zinskurve) durch eine einzige Größe vorgegeben: den Einheitszinssatz am Kapitalmarkt. Wenn mit diesem der Bar- bzw.

Kapitalwert einer Investition berechnet wird, reflektiert er alles, was man zur Beurteilung der Vorteilhaftigkeit einer Investitionszahlungsreihe wissen muß.

Was verbirgt sich hinter diesem Zinssatz, den wir im folgenden als **Kalkulationszinsfuß** bezeichnen wollen? Die knappe Antwort lautet:

> Hinter dem Kalkulationszinsfuß versteckt sich die Finanzierung oder besser gesagt, die gesamte Palette von Finanzierungsmöglichkeiten.

Die Bedingungen eines vollkommenen und vollständigen Kapitalmarktes bei Sicherheit (und flacher Zinskurve - eine Annahme, die erst bei der Erweiterung über den Zwei-Zeitpunkt-Fall hinaus relevant wird) erlauben es, den Kalkulationszinsfuß als Repräsentanten der Kosten aller Finanzierungsform einzusetzen, und zwar *unabhängig davon*, ob die finanziellen Mittel letztlich genutzt werden, um die betrachtete Investition zu finanzieren, oder ob sie in den für t_0 geplanten Konsum fließen. Und die Kosten der Finanzierung geben den Maßstab vor, der vorteilhafte von unvorteilhaften Investitionen trennt.

Warum der Kalkulationszinsfuß die Kosten für die externe Beschaffung von sowohl Fremd- als auch Eigenkapital angibt, ist noch recht leicht einzusehen. Da annahmegemäß Sicherheit herrscht, wird jede Geldeinheit, die ein externer Kapitalgeber am Kapitalmarkt zur Verfügung stellt, auch mit Sicherheit einschließlich der geforderten Verzinsung zurückgezahlt. Ob ein Kapitalgeber die finanziellen Mittel in Form von Eigenkapital bereitstellt, indem er eine bestimmte Quote des Investitionszahlungsstroms kauft, oder ob er Fremdkapital hingibt, für das später eine erfolgsunabhängige Rückzahlung und Verzinsung erfolgt, ist deshalb für den Zinssatz, den Preis pro Geldeinheit, unerheblich. Die Differenz zwischen einer heute zur Verfügung gestellten Geldeinheit und dem nach einer Periode als Gegenleistung zurückzuzahlenden Betrag muß also für beide externen Finanzierungsformen identisch sein: Sie entspricht dem Einheitszinssatz i, der am Kapitalmarkt gefordert wird. Er gibt den sogenannten **expliziten Kapitalkostensatz** an, d.h. den im vorliegenden Fall identischen Zinssatz für die externe Beschaffung von Eigen- und Fremdkapital.

Doch die externe Finanzierung über den Kapitalmarkt ist nicht die einzige Quelle, die die Finanzierung der Investition und des Konsums in t_0 speist. Zusammen mit den extern aufgenommenen Mitteln fließt auch die Anfangsausstattung der Investoren in die Finanzierung von Investition und Konsum im Zeitpunkt t_0 ein. Wie sind die Kosten für diese eigenen Mittel anzusetzen, die wir in unserem einfachen Zwei-Zeitpunkt-Modell nicht der externen oder der internen Finanzierung zuordnen können, da es in diesem Modell keine Vergangenheit gibt, die über die Art der Ansammlung dieser Mittel Auskunft gäbe? Klar ist lediglich, daß es sich hier um eine Finanzierung durch Eigenkapital handelt, das durch den Investor selbst aufgebracht wird. Nur weil für dieses Kapital keine Rückzahlungs- und Verzinsungsforderungen externer Financiers zu erfüllen sind, steht es deswegen noch lange nicht kostenlos zur Verfügung. Die Kosten der Finanzierung mit eigenen

Mitteln ergeben sich vielmehr daraus, daß sie bei der Verwendung für die Finanzierung der Investition nicht mehr für andere, alternative Verwendungszwecke genutzt werden können. Das bedeutet:

> Die Kosten für die Finanzierung durch eigene Mittel sind sogenannte **Opportunitätskosten**, die den Verzicht auf alternative, nun ausgeschlossene Verwendungsmöglichkeiten reflektieren.

Wie läßt sich der Verzicht auf andere Verwendungsmöglichkeiten bewerten? Dazu sind zunächst Überlegungen darüber anzustellen, welche alternativen Verwendungsmöglichkeiten überhaupt bestehen. Würde ein Investor die eigenen Mittel nicht (oder nur teilweise) zur Finanzierung der betrachteten Investition einsetzen, so könnte er sie

- entweder am Kapitalmarkt anlegen, d.h. für Finanzinvestitionen verwenden
- oder mit ihnen andere Sach- oder Realinvestitionen tätigen
- oder aber mit ihnen seinen Konsum in t_0 erhöhen.

Der Verzicht auf diese Verwendungsalternativen läßt sich jeweils durch den dadurch entgehenden Nutzen repräsentieren. Und der Maßstab zur Beurteilung, ob die Verwendung der Mittel zur Finanzierung der betrachteten Investition vorteilhaft ist, wird durch den entgangenen Nutzen aus der **besten alternativen Verwendung** angegeben.

Was entgeht dem Investor also, wenn er aufgrund der Durchführung der Investition keine Finanzanlagen am Kapitalmarkt mehr tätigen kann? Er verzichtet auf die Verzinsung, die die Geldanlage am Kapitalmarkt erbringt, d.h. eine Verzinsung zum Einheitszins i. Was entgeht dem Investor dadurch, daß ihm bei Durchführung der Investition die eigenen Mittel nicht mehr für andere Sachinvestitionen zur Verfügung stehen? Diese Frage ist schon schwerer zu beantworten, denn schließlich könnten andere Realinvestitionen vergleichbare Zahlungsströme generieren wie die betrachtete Investition oder sogar noch bessere. Es ist allerdings zu bedenken, daß auf diese eventuell vorhandenen Realinvestitionen nicht dadurch verzichtet werden muß, daß eigene Mittel in die betrachtete Investition fließen, denn alternative Sachinvestitionen können immer auch durch die Aufnahme von Mitteln am Kapitalmarkt finanziert werden. Genau das wird ein Investor tun, wenn diese anderen Sachinvestitionen gemessen am expliziten Kapitalkostensatz, der durch den Einheitszinssatz am Kapitalmarkt vorgegeben wird, vorteilhaft sind. Aus finanziellen Gründen können also alternative Realinvestitionen, die eventuell noch vorteilhafter sind als die betrachtete, nicht ausgeschlossen sein. Die beste aus finanziellen Gründen *ausgeschlossene* Sachinvestition kann nur eine solche sein, die nicht einmal den expliziten Kapitalkostensatz erbringt, so daß die Verwendungsalternative "andere Sachinvestitionen" der Verwendungsalternative "Finanzanlage" unterlegen ist. Der Verzicht auf alternative Verwendungen ist also für beide Verwendungsalternativen hinreichend durch den Einheitszinssatz i repräsentiert.

Etwas anders stellt sich allerdings die Situation dar, wenn andere Realinvestitionen aus sachlich-technischen Gründen eine Alternative zu dem betrachteten Investitionsobjekt darstellen. Auf diesen Fall werden wir im folgenden Kapitel eingehen. Unsere Überlegungen über die Kosten der Verwendung eigener Mittel werden durch diesen Ausnahmefall aber zunächst nicht berührt, weil es sich in einem solchen Fall um einen Verzicht aus sachlich-technischen Gründen handelt und nicht um einen Verzicht aus finanziellen Gründen. Liegt der Fall von sachlich-technischen Investitionsalternativen vor, muß - unabhängig von den Annahmen über den Kapitalmarkt - eine Auswahlentscheidung getroffen werden, die es erst im nächsten Kapitel zu behandeln gilt.

Es verbleibt die letzte Verwendungsalternative zu betrachten, die Verwendung der eigenen Mittel zur Erhöhung des Konsums in t_0. Wieviel dem Investor eine weitere Erhöhung seines Konsums in t_0 bei gleichzeitigem Verzicht auf Konsum in t_1 wert ist, wird durch die marginale Zeitpräferenzrate ausgedrückt. Sie gibt an, wieviele Einheiten t_1-Konsum der Investor bereit ist, dafür aufzugeben, daß sich sein t_0-Konsum um eine weitere (marginale) Einheit erhöht. Ablesen läßt sich die marginale Zeitpräferenzrate an der Steigung der Indifferenzkurve in dem Punkt, der den geplanten optimalen (c_0,c_1)-Konsum des Investors repräsentiert. Da dieser Punkt auf einem vollkommenen Kapitalmarkt immer durch den Tangentialpunkt einer Indifferenzkurve an die Iso-Barwertlinie bestimmt ist, entspricht die Steigung der Indifferenzkurve der Steigung der Iso-Barwertlinie, sie beträgt $-(1+i)$. Der Verzicht auf t_0-Konsum ist dem Investor also maximal die Aufgabe von $(1+i)$ Einheiten t_1-Konsum wert. Auch der Verzicht auf t_0-Konsum wird demnach durch den Einheitszinssatz i hinreichend repräsentiert. Dies ist auch plausibel, denn würde der Investor eine höhere Präferenz für Gegenwartskonsum hegen, so daß er bereit wäre, mehr als $(1+i)$ Einheiten t_1-Konsum für eine zusätzliche Einheit t_0-Konsums aufzugeben, so würde er diesen Wunsch durch externe Kapitalaufnahme zum Zinssatz i befriedigen können, auch wenn er seine eigenen Mittel für die Durchführung der betrachteten Investition verwendet. Die Durchführung der Investition mit eigenen Mitteln zieht also keinen Konsumverzicht nach sich, der höher zu bewerten wäre als die Kapitalaufnahme zum Kalkulationszinsfuß i.

Somit können wir festhalten: Auf einem vollkommenen und vollständigen Kapitalmarkt bei Sicherheit sind die Kosten des Verzichts auf alle drei alternativen Verwendungsmöglichkeiten für eigene Mittel, d.h. auf Finanzanlagen, alternative Sachinvestitionen und auf Erhöhung des t_0-Konsums, gleich hoch. Sie entsprechen dem Einheitszinssatz i. Daraus folgt:

> Der Kapitalkostensatz für die Finanzierung durch eigene Mittel, der sich als Opportunitätskostensatz aus den Kosten des Verzichts auf die beste nun ausgeschlossene Verwendungsalternative ergibt, ist auf einem vollkommenen Kapitalmarkt bei Sicherheit der Einheitszinssatz i.

Expliziter Kapitalkostensatz und Opportunitätskostensatz, der von manchen Autoren auch als impliziter Kapitalkostensatz bezeichnet wird,[22] entsprechen sich also. Die gesamte Palette von Finanzierungsmöglichkeiten kann sich hinter dem Einheitszinssatz i "verstecken", der damit den richtigen Kalkulationszinsfuß zur Beurteilung der Vorteilhaftigkeit von Investitionen angibt.

Die Situation auf einem **unvollkommenen** und/oder **unvollständigen Kapitalmarkt** ist grundverschieden. Hier läßt sich der Kalkulationszinsfuß nicht unabhängig von den Präferenzen und der Finanzierungssituation eines Investors angeben. Auf einem unvollständigen Markt, auf dem die Finanzierung rationiert ist oder aber die Geldaufnahme und -anlage nur in bestimmten Stückelungen erfolgen kann, lassen sich Finanzierungskosten noch nicht einmal in Form von Zinssätzen angeben, da nicht jeder Betrag zu diesem Zinssatz gehandelt wird. Ist der Kapitalmarkt beschränkt und somit zwar jeder Betrag handelbar, aber der Sollzins höher als der Geldanlagezins, hängt es von den Konsumplänen und der Anfangsausstattung des Investors ab, ob sein Kalkulationszinsfuß durch die Kreditaufnahme oder die Geldanlage determiniert wird oder gar durch seine marginale Zeitpräferenzrate im Optimum, die zwischen beiden Sätzen liegt. Welcher der Zinssätze die jeweils relevanten Finanzierungskosten und damit den richtigen Kalkulationszinsfuß angibt, weiß man erst dann, wenn das gesamte Investitions-, Finanzierungs- und Konsumprogramm so bestimmt wurde, wie es für den betrachteten Investor optimal ist. Und wenn das Optimum bereits bekannt ist, wird ein Kalkulationszinsfuß zur Beurteilung der Vorteilhaftigkeit nicht mehr benötigt. **Investitions-, Finanzierungs- und Konsumentscheidungen** lassen sich nicht mehr separieren, sie müssen **simultan** getroffen werden, weil der Markt keinen Kalkulationszinsfuß vorgibt, der Separierung ermöglicht.

3.5 Zusammenfassung

Diese Kapitel war den Grundlagen der Investitions- und Finanzierungstheorie gewidmet. Wir haben weitgehend nur Probleme mit einer Zeitperiode bzw. zwei Zeitpunkten betrachtet: Der erste Zeitpunkt ist der Anfangszeitpunkt der (ersten) betrachteten Periode, der zweite Zeitpunkt ist der Endzeitpunkt der ersten und zugleich der Anfangszeitpunkt der zweiten Periode.

Eine Investition und eine Finanzierung werden durch die Reihe oder den Strom aller zusätzlichen Vor- und Nachteile beschrieben, die ihre Durchführung auslöst. Wenn man die Betrachtung auf Vor- und Nachteile in der Form von Zahlungen einengt, kann man Investitionen als Zahlungsreihen definieren, die mit Auszahlungen beginnen und auf die

22 Vgl. z.B. *Porterfield* [Decisions], S. 42-63. Der Ausdruck *implizite Kapitalkosten* wird allerdings von anderen Autoren zum Teil anders verwendet, vgl. z.B. *Süchting* [Finanzmanagement], S. 511f.

später Einzahlungen folgen. Finanzierungen beginnen mit Einzahlungen, auf die später Auszahlungen folgen.

In diesem Kapitel haben wir die Annahme sicherer Erwartungen zugrunde gelegt. Diese Annahme ist zwar offensichtlich nicht "realistisch", aber sie erleichtert es beträchtlich, grundlegende Zusammenhänge bei Entscheidungen über zeitverschiedene Vor- und Nachteile zu durchschauen. Bei Sicherheit weisen Finanzierungen keine eigenständigen Probleme auf und können deshalb nur als Spiegelbild von Investitionen behandelt werden. Deshalb stehen in diesem Kapitel Probleme der Investitionstheorie im Vordergrund.

In der Investitions- und Finanzierungstheorie hat die Annahme eines vollkommenen und vollständigen Kapitalmarktes eine große Bedeutung. Vollkommen nennt man einen Kapitalmarkt dann, wenn es (einheitliche) Preise für zukünftige Zahlungen gibt, die für den einzelnen Marktteilnehmer gegeben sind und zu dem er Ansprüche auf zukünftige Zahlungen kaufen und verkaufen kann. Vollständig nennt man den Kapitalmarkt, wenn es solche Preise für alle hinsichtlich des Betrags, des Zeitpunkts und der Unsicherheit genau definierten Zahlungsansprüche gibt und alle Zahlungsansprüche gehandelt werden können. Zusammen mit der Annahme sicherer Erwartungen impliziert die Annahme eines vollkommenen und vollständigen Kapitalmarktes, daß sich Geldanlage- und Geldaufnahmemöglichkeiten durch einen sogenannten Einheitszinssatz kennzeichnen lassen, den die Anlage von Geld am Kapitalmarkt bringt und den die Geldaufnahme kostet.

Den Kern dieses Kapitels bildet das auf Irving Fisher zurückgehende Modell der Wahl zwischen zeitverschiedenen Einkommensströmen und Konsummöglichkeiten. Es geht davon aus, daß Personen wohldefinierte Vorstellungen davon haben, wie sie unterschiedliche Kombinationen ihrer Konsumausgaben zu den - der einfacheren Darstellung zuliebe- hier nur betrachteten zwei Zeitpunkten bewerten. Wenn sie Einkommen direkt verbrauchen müßten, hätte ihr Konsumstrom dieselbe zeitliche Struktur wie ihr Einkommensstrom. Dann wäre die Bewertung von Einkommensströmen subjekt- und präferenzabhängig. Verschiedenene Personen würden deshalb gegebene Einkommenskombinationen auch unterschiedlich bewerten. Weil der vollkommene und vollständige Kapitalmarkt aber die Möglichkeit eröffnet, Einkommen im Zeitablauf so vorzuziehen oder zu verschieben, wie es den individuellen Konsumwünschen entspricht, lassen sich die Bewertung von Einkommensströmen und die Entscheidung darüber, wie das Einkommen im Zeitablauf verbraucht wird, voneinander trennen. Das erlaubt eine objektive Bewertung: Bevorzugt wird nicht der Einkommensstrom, der selbst den bevorzugten Konsumstrom darstellen würde, sondern derjenige, der über Geldanlage oder -aufnahme am Kapitalmarkt den jeweils am höchsten bewerteten Konsumstrom zu erreichen erlaubt. Die Bewertung anhand *erreichbarer* Konsumströme ist nicht subjektiv und damit auch keine Quelle von Konflikten zwischen Personen, die sich gemeinsam für einen Einkommensstrom entscheiden müßten oder für die ein Dritter Entscheidungen treffen soll.

Realinvestitionen verändern Einkommensströme. Sie reduzieren früheres und erhöhen späteres Einkommen. Wenn der Kapitalmarkt vollkommen und vollständig ist, verändert die Durchführung von Realinvestitionen aber nicht in gleicher Weise die wirklichen Konsumströme, sondern nur die Menge der erreichbaren Konsummöglichkeiten; und da die Bewertung von Einkommensströmen unabhängig von den persönlichen Konsumwünschen vorgenommen werden kann, sind auch Investitionsentscheidungen von der individuellen Konsumplanung trennbar. Unter den genannten Annahmen gibt es deshalb auch bezüglich der Investitionsentscheidungen keinen Konflikt zwischen Personen, bzw. es ist möglich, Entscheidungen an Dritte zu delegieren.

Das ist das Separationstheorems von Fisher. Es ist zentral für die neoklassische Sicht von Investitions- und Finanzierungsproblemen und das Vorbild für weitere Separationstheoreme, die in späteren Kapiteln dargestellt werden sollen: Präferenzen sind wichtig, Entscheidungen sind letztlich an ihnen zu messen. Ein vollkommener und vollständiger Kapitalmarkt löst diesen direkten Zusammenhang aber auf. Entscheidungen können an Marktpreisen ausgerichtet werden und sind gleichwohl gemessen an den Präferenzen korrekt. Um zu zeigen, wie wichtig für die Geltung des Separationstheorems die Annahmen über den Kapitalmarkt sind, wurde am Ende dieses Kapitels dargestellt, daß sich Investitions-, Finanzierungs- und Konsumentscheidungen ohne die Annahme des vollkommenen Kapitalmarktes nicht generell trennen und Konflikte nicht generell vermeiden lassen.

Kapitel 4

Methoden der Investitionsrechnung

4.1 Lernziele

In diesem Kapitel werden zuerst die drei sogenannten klassischen (oder) finanzmathematischen Methoden der Investitionsrechnung vorgestellt. Die Leser sollen dabei lernen,

(1) wie diese Methoden funktionieren und in einfachen Fällen anzuwenden sind, welche Überlegungen hinter den Rechenverfahren stehen und auf welchen versteckten (impliziten) Annahmen sie hinsichtlich der Finanzierungsmöglichkeiten und der Möglichkeiten zur Geldanlage beruhen,

(2) unter welchen Bedingungen ihre Anwendung zu Entscheidungen führt, die den Konsumeinkommensstrom des Investors optimieren, und

(3) daß die finanzmathematischen Methoden nur eine Verallgemeinerung des im vorigen Kapitel erläuterten Separationstheorems von Fisher auf den Fall von mehr als zwei Zeitpunkten darstellen.

Danach wird untersucht, welcher Zusammenhang zwischen den drei finanzmathematischen Methoden besteht. Die Leser sollen erkennen,

(4) daß die Kapitalwertmethode und die Methode des Internen Zinsfußes zu sich widersprechenden Investitionsentscheidungen führen können, und sie sollen verstehen, unter welchen Bedingungen dies geschehen kann und worauf es zurückzuführen ist, und

(5) daß Widersprüche zwischen den Empfehlungen, zu denen diese beiden Methoden führen, eine Folge davon sind, daß sie auf unterschiedlichen Annahmen über die Möglichkeiten der Geldanlage und der Finanzierung beruhen, und daß im Falle eines Widerspruchs der Kapitalwertmethode eher zu vertrauen ist als der Methode des Internen Zinsfußes.

Die Diskussion über die möglichen Widersprüche soll die Leser zu der Einsicht führen, daß das zentrale Problem der Investitionstheorie die Wahl des "richtigen" Kalkulationszinsfußes ist. In der Literatur zur Investitionsrechnung ist ausführlich diskutiert worden, ob und wie man - im Prinzip - das Problem der Verwendung eines Kalkulationszinsfußes umgehen kann. Der Grundgedanke besteht darin, statt isoliert über einzelne Investitionen zu entscheiden, ganze Investitions- und Finanzierungsprogramme zusammen zu planen. Wir greifen diese Diskussion am Ende des Kapitels auf. Die Leser sollen daraus lernen,

(6) daß man durch die Planung eines Investitions- und Finanzierungsprogramms die Bestimmung und die Verwendung eines Kalkulationszinsfußes umgehen kann und

(7) daß sich die Entwicklung innerhalb der wissenschaftlichen Diskussion von den Methoden zur Entscheidung über einzelne Investitionen hin zu Methoden der Simultan- oder Programmplanung folgerichtig aus der Vermutung ergeben hat, daß der Kapitalmarkt unvollkommen ist. Gleichzeitig sollen sie aber auch erkennen,

(8) daß diese Entwicklung zu grundlegenden praktischen, methodischen und konzeptionellen Problemen führt.

4.2 Die finanzmathematischen Methoden

4.2.1 Die Kapitalwertmethode

4.2.1.1 Definition und Berechnung des Kapitalwertes

Eine Investition ist eine Zahlungsreihe. Einer Zahlungsreihe kann man einen **Barwert** oder **Gegenwartswert** zuordnen, indem man alle vor dem Bezugszeitpunkt anfallenden Zahlungen bis zum Bezugszeitpunkt aufzinst und alle nach dem Bezugszeitpunkt anfallenden Zahlungen abzinst und dann die Summe aller auf den Bezugszeitpunkt umgerechneten Zahlungen bildet. Ein Barwert kann für jeden beliebigen Zeitpunkt und mit jedem Zinssatz berechnet werden.

Der **Kapitalwert** ist ein besonderer Gegenwartswert. Bezugszeitpunkt ist der Zeitpunkt (unmittelbar vor) der ersten Zahlung, der Auszahlung A_0 im Zeitpunkt t_0. Zur Berechnung des Kapitalwertes kann kein beliebiger Diskontierungszinssatz oder Kalkulationszinsfuß verwendet werden, sondern nur der ökonomisch sinnvolle. Unterstellt man, wie wir es im folgenden weiterhin tun wollen, daß es einen vollkommenen und vollständigen Kapitalmarkt gibt und daß sichere Erwartungen vorliegen, und nehmen wir, da wir jetzt den Mehr-Perioden-Fall diskutieren wollen, auch eine flache Zinsstruktur bzw. im Zeitablauf konstante Periodenzinssätze an, dann gibt es einen Einheitszinssatz am Kapitalmarkt, der mit i bezeichnet wird.

Wir verwenden weiterhin die schon in früheren Kapiteln eingeführten Symbole K_0 für den Kapitalwert, A_t für eine Auszahlung am Ende der Periode t (t = 0, 1, 2,..., n), und E_t für eine Einzahlung am Ende der Periode t (t = 0, 1, 2,..., n). t bezeichnet den Zeitpunkt einer Zahlung, und n ist der Zeitpunkt der letzten Zahlung bzw. die letzte Periode, in der Zahlungen erfolgen. (Die Zahl der Perioden kann auch unendlich (∞) sein; dann gibt es keine letzte Periode).

Für den Kapitalwert gilt die folgende Gleichung:

$$(4.1)\quad K_0 = E_0 + \frac{E_1}{1+i} + \frac{E_2}{(1+i)^2} + ... + \frac{E_n}{(1+i)^n} - (A_0 + \frac{A_1}{1+i} + \frac{A_2}{(1+i)^2} + ... + \frac{A_n}{(1+i)^n})$$

Wir vereinfachen mit Hilfe der Summenformel zu

$$(4.2)\quad K_0 = \sum_{t=0}^{n} \frac{E_t}{(1+i)^t} - \sum_{t=0}^{n} \frac{A_t}{(1+i)^t}$$

Kapitalwert der Investition	=	Gegenwartswert der Einzahlungen	−	Gegenwartswert der Auszahlungen

Für sogenannte Normalinvestitionen, bei denen im Zeitpunkt t_0 eine Auszahlung und in späteren Zeitpunkten ausschließlich (Netto-)Einzahlungen erfolgen, gilt die einfache Formel

$$(4.3)\quad K_0 = \sum_{t=1}^{n} \frac{E_t}{(1+i)^t} - A_0 .$$

Eine Reihe von gleichen Einzahlungen, die in gleichem zeitlichen Abstand erfolgen, nennt man eine **Rente**. Fallen die Einzahlungen jeweils am Ende einer Periode bzw. am Jahresende an, liegt eine (jährliche) nachschüssige Rente vor; im folgenden betrachten wir nur diesen wichtigen Sonderfall.[1] Dabei bezeichnet n die Rentendauer. Der Gegenwartswert einer Rente mit n Einzahlungen in Höhe von E berechnet sich nach der Formel

$$(4.4)\quad K_0 = E \cdot \frac{(1+i)^n - 1}{(1+i)^n \cdot i} - A_0 .$$

Den Bruch in 4.4 nennt man den (nachschüssigen) **Rentenbarwertfaktor**. Der Kapitalwert ist um A_0 geringer als der "Rentenbarwert".[2]

1 Zum Fall einer sog. unterjährigen Rente und zu vorschüssigen Renten vgl. z.B. *Ohse* [Mathematik], S. 187-194.

2 Die Formel für den nachschüssigen Rentenbarwertfaktor kann man leicht aus der Formel für den Barwert einer ewigen Rente (vgl. Formel 4.5) herleiten. Der Barwert einer endlichen Rente läßt sich nämlich begreifen als der Barwert einer ewigen Rente abzüglich des Barwertes der ewigen Rente, die vom Endzeitpunkt n der endlichen Rente an fließt:

$$\left[\frac{E}{i} - \frac{\frac{E}{i}}{(1+i)^n}\right] = E \cdot \left[\frac{(1+i)^n}{i \cdot (1+i)^n} - \frac{1}{i \cdot (1+i)^n}\right] = E \cdot \frac{(1+i)^n - 1}{(1+i)^n \cdot i}.$$

Im Sonderfall einer unendlich lange laufenden oder **ewigen** nachschüssigen **Rente** mit der Einzahlung E an jedem Periodenende kann weiter zu

$$(4.5)\quad K_0 = \frac{E}{i} - A_0$$

vereinfacht werden. Diese Formel kann man sich plausibel machen, indem man die Rente E als Zinszahlung interpretiert: Bei einem Zinssatz i ist E/i das Kapital, das in jeder Periode den Zinsbetrag E abwirft. Der Kapitalwert der Rente entspricht diesem Betrag, vermindert um die einmalige Investitionsauszahlung A_0.

Wie im vorigen Kapitel erläutert wurde, ist die Annahme einer flachen Zinsstruktur nicht Teil der Annahme eines vollkommenen und vollständigen Kapitalmarktes. Wird die Annahme der flachen Zinsstruktur aufgehoben, gelten für verschiedene Perioden unterschiedliche Zinssätze; wegen der Annahme sicherer Erwartungen sind diese jedoch im vorhinein bekannt. In diesem Fall würden die Formeln 4.1 bis 4.5 zu falschen Ergebnissen führen, da sie mit einem im Zeitablauf konstanten Zinssatz rechnen. Bei unterschiedlichen Periodenzinssätzen trägt der Zinssatz i einen Periodenindex, der die Periode angibt, für die der Zinssatz gilt. An die Stelle des Diskontierungsfaktors für t Perioden

$$\frac{1}{(1+i)^t} \quad \text{tritt} \quad \frac{1}{(1+i_1)\cdot(1+i_2)\cdot\ldots\cdot(1+i_t)}.$$

Beispielsweise wird der Diskontierungsfaktor $1/(1 + i)^t$ für drei Perioden als das Produkt aus den einperiodigen Diskontierungsfaktoren für die erste, die zweite und die dritte Periode ermittelt. Aus dieser Überlegung läßt sich eine allgemeine Fassung der Kapitalwertformel für den Fall unterschiedlicher Periodenzinssätze herleiten.[3] Der allgemeine Fall mit unterschiedlichen Periodenzinssätzen wird im folgenden nicht weiter betrachtet. Er spielt allerdings in der Praxis bei der Bewertung festverzinslicher Wertpapiere eine erhebliche Rolle.[4]

Neben dem Begriff des Kapitalwertes gibt es den Begriff des **Ertragswertes**. Der Ertragswert ist der auf den Zeitpunkt t_0 bezogene Gegenwartswert der (Netto-)-Einzahlungen ab t_1. Er ist um den Betrag A_0 größer als der Kapitalwert. Man kann den Ertragswert auch als den Kapitalwert der auf A_0 folgenden Zahlungen betrachten, so daß der Bezugszeitpunkt nicht unmittelbar *vor*, sondern unmittelbar *nach* dem Zeitpunkt t_0 liegt, in dem die Anschaffungsauszahlung A_0 geleistet wird.

3 Vgl. auch *Hax* [Investitionstheorie], S. 14.

4 Vgl. hierzu z.B. *Uhlir/Steiner* [Wertpapieranalyse], S. 19f.

4.2.1.2 Ein Beispiel

Zur Illustration der Anwendung der Formeln berechnen wir nun den Kapitalwert einer Beispielinvestition mit der folgenden Zahlungsreihe:

Zeitpunkt	t_0	t_1	t_2	t_3
Auszahlung	-100			
Einzahlung		+50	+50	+50

Diese Beispielinvestition wird in diesem Kapitel noch mehrfach herangezogen. Die Anwendung der Formel 4.3 mit i = 0,10 = 10% ergibt folgenden Kapitalwert:

$$K_0 = \frac{50}{1+0{,}1} + \frac{50}{(1+0{,}1)^2} + \frac{50}{(1+0{,}1)^3} - 100 = 45{,}45 + 41{,}32 + 37{,}57 - 100 = 24{,}34$$

Der Ertragswert ist 100 + Kapitalwert = 124,34. Da sämtliche Einzahlungen E_t der Investition die gleiche Höhe E aufweisen und in gleichen zeitlichen Abständen anfallen, stellen sie eine (nachschüssige) Rente mit der Rentendauer n = 3 dar. Man kann deshalb den Kapitalwert bzw. den Ertragswert auch mit der Formel 4.4 berechnen:

$$K_0 = E \cdot \frac{(1+i)^n - 1}{(1+i)^n \cdot i} - A_0 = 50 \cdot \frac{(1+0{,}10)^3 - 1}{(1+0{,}10)^3 \cdot 0{,}10} - 100 = 24{,}34$$

Die Bedeutung der Rechnung gemäß der Formel 4.3 läßt sich durch folgende Überlegung verdeutlichen. Man kann im Zeitpunkt t_0 einen Kredit zum Zinssatz i = 0,10 in Höhe von 124,34 aufnehmen. Die Einzahlungen der Investition reichen gerade aus, um den Kredit einschließlich Zinsen und Zinseszinsen zu tilgen. Hierzu kann der folgende Tilgungsplan aufgestellt werden:

Zeitpunkt	t_0	t_1	t_2	t_3
Investitionszahlungen	-100	+50	+50	+50
Kredit und Zinsen	+124,34	(136,77)	(95,45)	(50,00)
Rückzahlung incl. Zinsen	0	-50	-50	-50
Restschuld am Periodenende	(124,34)	(86,77)	(45,45)	(0,00)

Die Zahlen in Klammern stellen keine Zahlungen, sondern nur Erinnerungshilfen dar. Die Eintragungen für "Kredit und Zinsen" zu den Zeitpunkten t_1 bis t_3 ergeben sich daraus, daß die Position "Restschuld am Periodenende" der jeweiligen Vorperiode mit dem Zinsfaktor (1 + i), also 1,1, multipliziert und damit aufgezinst wird. Wir überführen diesen Tilgungsplan nun in die Form eines Finanzplans, der nur Zahlungen enthält.

	Zeitpunkt	t_0	t_1	t_2	t_3
Investition	Einzahlung	-100			
	Auszahlung		+50	+50	+50
Kredit	Auszahlung		-50	-50	-50
	Einzahlung	+124,34			
Einzahlungsüberschuß		+ 24,34	0	0	0

Eine weitere Rechnung zur Verdeutlichung der Formel 4.3 zeigt, daß ein Investor einen Betrag von 124,34 zum Zinssatz i anlegen müßte, um in den Zeitpunkten t_1 bis t_3 jeweils 50 bekommen zu können.

Zeitpunkt	t_0	t_1	t_2	t_3
Anlage und Zinsen	-124,34	(136,77)	(95,45)	(50,00)
Einkommen (Entnahme)	0	+50	+50	+50
Restguthaben am Periodenende	(124,34)	(86,77)	(45,45)	(0,00)

Die Finanzpläne für die Investition und die alternative Verwendung sind damit:

	Zeitpunkt	t_0	t_1	t_2	t_3
Investition	Auszahlung	- 100			
	Einzahlung		+ 50	+ 50	+ 50
Geldanlage	Auszahlung	- 124,34			
	Einzahlung		+ 50	+ 50	+ 50

4.2.1.3 Interpretationen von Kapitalwert und Ertragswert

Bei der Bestimmung des Kapitalwertes vergleicht man die Handlungsmöglichkeit "Durchführung der Investition" mit der Alternative "Unterlassung der Investition". Es handelt sich also um eine **Ja-Nein-Entscheidung**. Da die Investition immer finanziert werden muß, impliziert die Entscheidung für die Alternative "Unterlassung" immer zugleich den Verzicht auf die Finanzierung der Investition; und dies bedeutet bei vollkommenem Kapitalmarkt (und Sicherheit) entweder

(1) den Verzicht auf Kreditaufnahme zum Einheitszinssatz i, wenn der Investor kein Geld hat und die Investition mit einem Kredit finanzieren würde,[5] oder,

(2) wenn der Investor den Investitionsbetrag hat, den Einsatz der Mittel in der besten alternativen Verwendungsmöglichkeit. Diese kann bestehen
   (a) in der Anlage der Mittel am Kapitalmarkt, wo sie den Einheitszinssatz i erbringen würden, oder aber auch
   (b) in der Durchführung einer anderen Realinvestition oder
   (c) im Konsum.

Auf einem vollkommenen Kapitalmarkt haben diese Alternativen keine höheren Opportunitätskosten als den Kapitalmarktzinssatz i, weil Sachinvestitionen, die mehr erbringen würden als den Zinssatz i, ohnehin durchgeführt würden[6] und dringlichere Konsumbedürfnisse (mit einer Zeitpräferenzrate über i) ohnehin befriedigt werden könnten.

Eine Gegenüberstellung der Investitionszahlungsreihe mit Zahlungsreihen, die den genannten Finanzierungsalternativen (1) und (2) zuzuordnen sind, haben wir im letzten Abschnitt vorgenommen. Sie verdeutlicht explizit, was in der Kapitalwertformel implizit enthalten ist, so daß sich aus den Finanzplänen auch eine **ökonomische Interpretation** für den Kapitalwert ableiten läßt:

> Der **Kapitalwert** ist eine **Vermögensmehrung** im Zeitpunkt des Investitionsbeginns t_0 oder derjenige Betrag, den der Investor im Zeitpunkt t_0 zusätzlich konsumieren (oder anlegen) kann, wenn er z.B. einen Kredit zum Zinssatz i aufnimmt, die Investition durchführt und mit den Einzahlungen aus der Investition den Kredit einschließlich der Zinsen zurückzahlt.

Eine andere - aber nicht etwa widersprechende - Interpretation lautet:

---

5 Bzw. allgemeiner: Verzicht auf Kapitalaufnahme, die auch in der Form einer externen Aufnahme von Eigenkapital erfolgen könnte. Wegen der Annahme sicherer Erwartungen sind beide Finanzierungsformen gleichwertig. Wir sprechen hier deshalb nur von einer Kreditfinanzierung, weil dies die Darstellung vereinfacht und anschaulicher ist.

6 Ausgeschlossen ist hier aber der Fall, daß aus sachlich-technischen Gründen eine Auswahl unter mehreren Investitionsalternativen getroffen werden muß.

> Der **Kapitalwert** ist derjenige Betrag, den man maximal für die Möglichkeit, die Investition durchzuführen, bezahlen kann, ohne sich finanziell schlechter zu stellen als bei Verzicht auf die Investition. Der Kapitalwert ist der **Grenzpreis der Investitionsmöglichkeit.**

Dies wird an der zweiten Vergleichsrechnung besonders deutlich: Wenn man alternativ 124,34 anlegen müßte, um die Einzahlungen von drei mal 50 zu bekommen, dann ist ein vernünftiger Investor bereit, bis zu 24,34 (= 124,34 - 100) z.B. für ein Patent, eine Lizenz oder ein sonstiges Recht, das ihm die Investitionsmöglichkeit eröffnen würde, oder auch für die Investition*sidee* zu bezahlen.

In dem im vorigen Kapitel im Abschnitt 3.3 eingeführten Fisher-Modell läßt sich der Kapitalwert auch graphisch veranschaulichen. Dazu greifen wir auf die Abbildungen 3.7 bis 3.9 zurück: Der Kapitalwert ist der Abstand zwischen dem Barwert der Ausgangsposition (der Ausgangs-Einkommenskombination) oder dem Ausgangsvermögen *vor* Durchführung der Investition und dem Barwert der Einkommens- bzw. der Konsumkombination oder dem Vermögen *nach* Durchführung der Investition. Er stellt eine Vermögensmehrung bzw. eine Erhöhung dessen dar, was der Investor in t_0 maximal verbrauchen kann. In der Abbildung 3.9 entspricht er der Strecke BK. Eine Investition ist vorteilhaft, wenn sie das Vermögen bzw. die erreichbaren Konsummöglichkeiten vergrößert oder, mit anderen Worten, wenn der erreichbare Barwert des Einkommens höher ist als der Barwert in der Ausgangssituation. Die Interpretation des Kapitalwertes im oben diskutierten Zwei-Zeitpunkt-Modell und die hier dargestellte Interpretation im Falle von mehr als zwei Zeitpunkten entsprechen sich also vollständig.

Der **Ertragswert** eines Investitionsobjektes (im Beispiel: 124,34) ist der Betrag, den man alternativ am Kapitalmarkt anlegen muß, um einen gleichen Einkommensstrom wie aus dem Investitionsobjekt (im Beispiel: dreimal 50) zu erhalten.

Der **Ertragswert** ist der Preis, der den Einzahlungen aus dem Investitionsobjekt am Kapitalmarkt zugemessen wird und zu dem eine solche Zahlungserwartung auch gehandelt werden kann, wenn der Kapitalmarkt vollkommen und vollständig ist. Der Grenzpreis der Investitionsmöglichkeit (= Kapitalwert) ist der Ertragswert vermindert um die Anschaffungsauszahlung A_0, da ein Investor, der das Recht oder die Idee hat, die Investition durchzuführen, noch die Anschaffungsauszahlung leisten muß, ehe ihm die Einzahlungen zufließen.

4.2.1.4 Reinvestitions- und Finanzierungsannahmen

Wie sich aus der Interpretation ergibt, setzt die Kapitalwertberechnung voraus, daß man Mittel zum Zinssatz i beschaffen (wenn man sie nicht hat) und/oder alternativ anlegen kann (wenn man sie hat). Daran zeigt sich - bei Sicherheit und flacher Zinsstruktur bzw. konstantem Zinssatz - die Annahme eines vollkommenen Kapitalmarktes. Ohne diese Annahme wäre es nicht möglich, die gesamte Palette von Finanzierungsmöglichkeiten bzw. alternativen Mittelverwendungen durch einen einheitlichen Zinsfuß zu repräsentieren, und es wäre auch nicht möglich, das Entscheidungskriterium abzuleiten, das wir im nächsten Unterabschnitt formulieren werden.

Wir haben immer wieder auf die Bedeutung der Annahme des vollständigen Kapitalmarktes als Ergänzung der Annahme des vollkommenen Kapitalmarktes hingewiesen. Sie besagt, daß beliebige Beträge am Kapitalmarkt gehandelt, d.h. ge- und verkauft bzw. aufgenommen und angelegt, werden können. Die in unseren Finanzplänen unterstellte Möglichkeit, *beliebige* Beträge zur Kapitalrückzahlung zu verwenden, ist eine Implikation dieser Annahme. Die Annahme der Vollständigkeit (als Ergänzung der anderen getroffenen Annahmen) beinhaltet aber auch, daß Einzahlungen aus dem Investitionsobjekt *oder beliebige Teile davon* jederzeit und für beliebig lange Zeiträume zum Einheitszinssatz i angelegt werden können.

Für die Herleitung eines Entscheidungskriteriums, das auf der Kapitalwertmethode aufbaut, wie auch insbesondere für das Thema des Vergleichs zwischen verschiedenen Methoden der Investitionsrechnung, das wir im Abschnitt 4.3 aufnehmen wollen, ist es wichtig zu zeigen, daß die Folgerung aus der Annahmenkombination des vollkommenen *und* vollständigen Kapitalmarktes, laufende Kreditrückzahlung sei möglich, der Annahme entspricht, daß Einzahlungen aus dem Investitionsobjekt zum Kalkulationszinssatz i reinvestiert werden können. Um dies zu verdeutlichen, variieren wir unser bisheriges Beispiel in einem wichtigen Punkt. Wir nehmen jetzt an, in t_0 könne zwar ein Kredit von 124,34 zu einem Zinssatz von 10% aufgenommen werden, aber die Rückzahlung einschließlich der Zinsen und Zinseszinsen müsse in einem Betrag im Zeitpunkt t_3 erfolgen.

Wir stellen nun Finanzpläne für zwei Varianten auf: In der ersten Variante unterstellen wir, daß die zurückfließenden Beträge von je 50 in t_1 und t_2 bis t_3 zum Einheitszinssatz von 10% angelegt werden können. In der zweiten Variante soll eine zinsbringende Wiederanlage ausgeschlossen sein, die Beträge verzinsen sich also mit 0%, z. B. weil am Kapitalmarkt Mindestanlagebeträge von 200 Geldeinheiten als Voraussetzung für eine positive Verzinsung verlangt werden. Es ergeben sich folgende Finanzpläne:

1. Variante

	Zeitpunkt	t_0	t_1	t_2	t_3
Investition	Auszahlung	- 100			
	Einzahlung		+ 50	+ 50	+ 50
Wiederanlage	Auszahlung		- 50		
	Einzahlung				+ 60,50
Wiederanlage	Auszahlung			- 50	
	Einzahlung				+ 55
Kredit	Auszahlung				- 165,50
	Einzahlung	+ 124,34			
Überschuß	Einzahlung	+ 24,34	0	0	0

2. Variante

	Zeitpunkt	t_0	t_1	t_2	t_3
Investition	Auszahlung	- 100			
	Einzahlung		+ 50	+ 50	+ 50
Wiederanlage	Auszahlung		- 50		
	Einzahlung				+ 50
Wiederanlage	Auszahlung			- 50	
	Einzahlung				+ 50
Kredit	Auszahlung				- 165,50
	Einzahlung	+ 124,34			
Überschuß	Auszahlung				- 15,50
	Einzahlung	+ 24,34	0	0	0

Betrachtet man jeweils die untersten Zeilen, erkennt man den wesentlichen Unterschied: Nur bei der ersten Variante tritt als *einziger* Nettoeffekt die Vermögensmehrung oder ein möglicher Mehrkonsum von 24,34 in t_0 auf. Bei der zweiten Variante ist der Mehrkonsum in Höhe des Kapitalwertes von 24,34 nicht mehr möglich; die Rückflüsse decken die um die Zinsen vermehrten Schulden nicht mehr. Die Gegenüberstellung der beiden Varianten hat dreierlei verdeutlicht:

(1) Die Annahme beliebiger Rückzahlungsmöglichkeiten entspricht der Annahme, daß die zwischenzeitliche Wiederanlage zurückgeflossener Beträge zum Kalkulationszinssatz möglich ist. Also unterstellt die Kapitalwertmethode die *Vollständigkeit* des Kapitalmarktes und die Möglichkeit zu Finanzierung und Wiederanlage zum Einheitszinsfuß i, also die *Vollkommenheit* des Kapitalmarktes. Bei Wiederanlage zu einem anderen Zinssatz als i ändert sich die Höhe des Kapitalwerts.

(2) Zugleich ist damit gezeigt worden, daß die Aufhebung der Annahme der Marktvollständigkeit gravierende Auswirkungen auf die Möglichkeit einer ökonomisch sinnvollen Interpretation des Kapitalwertes hat: Aus einem errechneten Kapitalwert einer Investition könnte man dann nämlich nicht mehr auf eine Vermögensmehrung *in gleicher Höhe* schließen. Und daraus folgt:

(3) Nur wenn man einen vollständigen und vollkommenen Kapitalmarkt unterstellt, ist die Höhe des Kapitalwertes einer Investition unabhängig von der zeitlichen Struktur der Zahlungen, die an den oder die Eigenkapitalgeber der Unternehmung fließen, die die Investition durchführt. Und nur dann kann eine Investition unabhängig von den konkreten Konsumplänen der Eigenkapitalgeber beurteilt werden.

4.2.1.5 Das Entscheidungskriterium

Das Entscheidungskriterium der Kapitalwertmethode ergibt sich unmittelbar aus den bisherigen Überlegungen:

> Eine Investition ist vorteilhaft, wenn ihr Kapitalwert positiv ist, *weil* dies eine Vermögensmehrung bzw. eine Erhöhung der Konsummöglichkeiten des Investors oder der Investoren anzeigt. Sie ist weder vorteilhaft noch unvorteilhaft, wenn der Kapitalwert null ist. Sie ist unvorteilhaft, wenn der Kapitalwert negativ ist. Ein negativer Kapitalwert hat eine Verringerung des Vermögens bzw. der Konsummöglichkeiten zur Folge.

Dieses Kriterium gilt unter der Prämisse, daß es einen vollkommenen und vollständigen Kapitalmarkt gibt. Auch im Mehr-Zeitpunkt- oder Mehr-Perioden-Fall ist das Kriterium nicht anders als im Zwei-Zeitpunkt- oder Zwei-Perioden-Fall, den wir bereits im 3. Kapitel diskutiert haben.

Prinzipiell läßt sich die **Vorteilhaftigkeit von Finanzierungsmöglichkeiten** auf dieselbe Art, also anhand des Kapitalwerts der Finanzierungszahlungsreihe, beurteilen. Vorteilhaft ist nur eine Finanzierung mit positivem Kapitalwert. Alle Finanzierungsmöglichkeiten des vollkommenen Kapitalmarktes weisen jedoch genau einen Kapitalwert von null auf, da hier gerade der Einheitszinssatz i gilt. Einen positiven Kapitalwert besitzt also nur eine "Ausnahmefinanzierung", bei der - wie etwa bei einem zinslosen Darlehen von Freunden und Verwandten oder einem zinsbegünstigten Darlehen im Rahmen einer staatlichen Fördermaßnahme - ein niedrigerer Zins gefordert wird als der gültige Kapitalmarktzins.

Wir haben damit auch eine Verallgemeinerung des Ergebnisses des Hirshleifer-Modells aus dem Abschnitt 3.3.6 des letzten Kapitels auf den Mehr-Zeitpunkt-Fall vorgenommen: Wenn der Kapitalmarkt *unvollkommen und/oder unvollständig* ist, genügt es nicht bzw. ist es nicht generell korrekt, eine Investition anhand ihres Kapitalwertes zu beurteilen. Ob die Investition vorteilhaft ist oder nicht, kann nicht ohne Berücksichtigung der Zeitpräferenz und der spezifischen Ausgangssituation des Investors beurteilt werden. Und vielleicht noch wichtiger als diese Einsicht ist die darauf aufbauende, daß es bei einem unvollkommenen oder unvollständigen Kapitalmarkt zu interpersonalen Konflikten über die zu treffenden Investitionsentscheidungen kommen kann.

4.2.2 Die Annuitätenmethode

4.2.2.1 Definition und Berechnung der Annuität

Auf einem vollkommenen und vollständigen Kapitalmarkt kann man rechnerisch durch Auf- und Abzinsung und praktisch durch Geldanlage oder -aufnahme die ursprüngliche Struktur einer Zahlungsreihe in eine andere Struktur überführen, ohne ihren Kapitalwert zu verändern. Die durch die Umwandlung erreichte Zahlungsreihe könnte eine sein, die den Konsumwünschen des Entscheiders besser entspricht, oder aber eine solche, die sich besser mit einer anderen vergleichen läßt. Auf dieser Idee beruht die sogenannte Annuitätenmethode, die eine enge Verwandtschaft zur Kapitalwertmethode aufweist. Eine Annuität ist wie folgt definiert:

> Eine Reihe von gleich großen Zahlungen mit gleichem zeitlichen Abstand zwischen den Zahlungen, die denselben Kapitalwert aufweist wie die ungleichmäßig strukturierte Zahlungsreihe der Investition, nennt man deren **äquivalente Annuität** oder einfach deren Annuität.

Wir betrachten hier Annuitäten (oder Renten), bei denen die Zahlungen jeweils am Periodenende, also "nachschüssig", erfolgen. Die Annuität wird mit dem Symbol a bezeichnet. Der erste Zahlungstermin der Annuität sei t_1, der Bezugszeitpunkt sei wie bisher t_0.

Die Berechnung der Annuität geht von einem Kapitalwert aus. Sie ist die Umkehrung der Kapitalwertberechnung für eine (ewige oder endliche) uniforme Zahlungsreihe (oder

Rente). Man berechnet die Annuität, indem man den Kapitalwert mit dem **Annuitäten- oder Wiedergewinnungsfaktor** multipliziert. Der Wiedergewinnungsfaktor Wgf (n,i) ist der Kehrwert des Rentenbarwertfaktors für nachschüssige Renten. Damit ist er eine Funktion der Rentendauer n und des Zinssatzes i:

$$(4.6) \quad a = K_0 \cdot \text{Wgf}(n,i) \quad \text{bzw.} \quad a = K_0 \cdot \frac{(1+i)^n \cdot i}{(1+i)^n - 1}$$

Für ewige Renten vereinfacht sich diese Formel zu

$$(4.7) \quad a = K_0 \cdot i\,.$$

Es ist vom Ergebnis her gleichgültig, ob man die Annuität einer Investition errechnet, indem man den Kapitalwert der Investition mit dem Annuitätenfaktor multipliziert, oder ob man die Annuität der Auszahlungsreihe bzw. der Anschaffungsauszahlung A_0 von der Annuität der Einzahlungsreihe abzieht und so die durchschnittlichen Einzahlungsüberschüsse ermittelt, die die äquivalente Annuität der Investition oder, wie man auch sagt, ihre Gewinnannuität darstellen.

4.2.2.2 Ein Beispiel

Es ist die Annuität der Investition mit der folgenden Zahlungsreihe bei einer Rentendauer von drei Perioden mit dem Kalkulationszinsfuß von 10% zu bestimmen.

Zeitpunkt	t_0	t_1	t_2	t_3
Auszahlung	- 100			
Einzahlung		+ 68,18	+ 30	+ 50

Die Annuität der Anschaffungsauszahlung, die eine Verteilung der 100 in gleich großen Beträgen auf t_1, t_2 und t_3 darstellt, beträgt

$$a = -100 \cdot \frac{(1+0{,}10)^3 \cdot 0{,}10}{(1+0{,}10)^3 - 1} = -40{,}21\ .$$

Die Annuität der Einzahlungen errechnet sich als Annuität des Ertragswertes, der wie im bereits verwendeten Beispiel 124,34 beträgt. Sie beträgt deshalb auch + 50,00. Die Differenz zwischen der Annuität der Einzahlungen und der Annuität der Auszahlung, die Gewinnannuität der Investition, beläuft sich auf

$$a = 50 - 40{,}21 = 9{,}79 \ .$$

Bei der direkten Berechnung der Gewinnannuität mit Hilfe des Kapitalwertes ergibt sich

$$a = 24{,}34 \cdot \frac{(1+0{,}10)^3 \cdot 0{,}10}{(1+0{,}10)^3 - 1} = 24{,}34 \cdot 0{,}4021 = 9{,}79 \ .$$

Um den ökonomischen Gehalt der Rechnung zu verdeutlichen, stellen wir einen Finanzplan auf, in den die ursprüngliche Zahlungsreihe, eine Wiederanlage zu 10% und ein Kredit in Höhe von 100 zu 10% eingehen. Die Wiederanlage ist so bemessen, daß als Überschuß ein pro Periode gleicher Betrag resultiert.

	Zeitpunkt	t_0	t_1	t_2	t_3
Investition	Auszahlung	- 100			
	Einzahlung		+ 68,18	+ 30	+ 50
Wiederanlage	Auszahlung		- 18,18		
zu 10%	Einzahlung			+ 20	
Kredit	Auszahlung		- 40,21	- 40,21	- 40,21
zu 10%	Einzahlung	+ 100			
Überschuß = Gewinnannuität	Auszahlung	0	+ 9,79	+ 9,79	+ 9,79

Eine Annuität mit endlicher Laufzeit, die einem Kredit äquivalent ist, hat die finanzmathematische Besonderheit, daß die Zahlung a eine von Periode zu Periode konstante Summe aus Zinsen und Tilgung darstellt. Da infolge der Tilgung die zu verzinsende Restschuld abnimmt, sinkt im Zeitablauf der Zinsanteil an der Annuität, und der Tilgungsanteil nimmt zu. Man kennt diese Struktur aus den Kreditverträgen bei Konsumentenkrediten oder den Darlehen, die Bauherren aufnehmen, um ihr Eigenheim zu finanzieren.

4.2.2.3 Interpretationen der Annuität

Aus dem Finanzplan wird deutlich, daß man eine Annuität als den finanzmathematisch richtig berechneten **Durchschnitt** von Zahlungen ansehen kann. Die Annuität der Auszahlung A_0 für eine Investition ist die durchschnittliche Auszahlung oder die Verteilung der Anschaffungsauszahlung auf die Rentendauer. Diese kann - aber muß nicht - der Nutzungsdauer der Investition entsprechen. Die Annuität der Nettoeinzahlungen E_t (t=1, 2, 3) aus der Nutzung der Investition kann analog als durchschnittliche Einzahlung während der Rentendauer gedeutet werden; und die Gewinnannuität ist als durchschnittlicher Überschuß der Nettoeinzahlungen über die auf die Nutzungsdauer der Investition verteilte Anschaffungsauszahlung während der Rentendauer zu verstehen.

Eine mehr inhaltlich ausgerichtete Interpretation besagt, daß die Gewinnannuität einer Investition derjenige Einkommensbetrag ist, den ein Investor am Ende einer jeden Periode *innerhalb der Rentendauer* entnehmen und *zusätzlich verbrauchen* kann, wenn er die Investition durchführt und extern, z.B. mit einem Kredit, finanziert oder auf die alternative Anlage eines vorhandenen Geldbetrags am Kapitalmarkt verzichtet.

Dieser gleichmäßige Einkommensstrom wird, wenn man ihn auf Unternehmungen bezieht, auch als kapitaltheoretischer oder **ökonomischer Gewinn** bezeichnet. Das Konzept des ökonomischen Gewinns hat in der bilanztheoretischen Diskussion über die Frage, was man sich unter dem "richtigen" Gewinn vorzustellen habe und wieviel aus einer Unternehmung (maximal) entnommen werden kann, eine wichtige Rolle gespielt.[7]

Die Entnahme von *nicht mehr* als dem ökonomischen Gewinn pro Periode soll bewirken, daß die Fähigkeit des Investitionsprojekts und, in der Übertragung auf das ganze Unternehmen, entsprechend die Fähigkeit des Unternehmens, einen konsumierbaren Ertrag oder ein Einkommen von gegebener Größe zu erzeugen, erhalten bleibt. Man spricht deshalb auch von **Ertragskrafterhaltung**. Der ökonomische Gewinn erscheint als der bei Ertragskrafterhaltung von den bisherigen Eigentümern maximal entnehmbare Betrag oder die maximale "Gewinnausschüttung" der Unternehmung innerhalb der Rentendauer. Bei der Forderung nach "Ertragskrafterhaltung" über eine unbegrenzte Zeit, also bei unendlicher Rentendauer, liegt die Analogie zu der Zielvorstellung eines ewigen uniformen Einkommensstroms auf der Hand, doch es ist natürlich alles andere als selbstverständlich, daß ein Eigentümer einer Unternehmung und insbesondere daß mehrere Eigentümer einer Unternehmung gerade uniforme ewig fließende Einkommensströme bevorzugen. Die Zielsetzung der Ertragskrafterhaltung und damit die Konzentration auf den ökonomischen Gewinn im Sinne der ewigen Annuität ist also nicht sehr überzeugend,

7 Vgl. dazu den grundlegenden Artikel [Bilanzgewinn] von *Schneider* und die spätere Verwendung dieser Konzeption beispielsweise in *Schneider* [Investition], hier 5. Aufl., S. 210-216.

wenn man sich bei ihrer Begründung nur auf unterstellte Präferenzen von Investoren stützt.

Die Forderung nach Ertragskrafterhaltung und damit die Relevanz des ökonomischen Gewinns im Sinne einer ewigen Annuität kann man allerdings auch anders verstehen, nämlich als Reflex der im ersten Kapitel beschriebenen traditionellen oder güterwirtschaftlichen Betrachtungsweise: Diese impliziert, daß Unternehmen auf Dauer existieren (sollen), und wenn nicht mehr als der ökonomische Gewinn ausgeschüttet wird, dann sind zumindest im Hinblick auf die Ausschüttungen die Voraussetzungen gegeben, daß Unternehmen dauerhaft ihre "gesamtwirtschaftliche Funktion" erfüllen können.

Aber unabhängig von der Begründung stellt sich natürlich die Frage, welcher Kapitalwert K_0 bei der Berechnung des ökonomischen Gewinns einer Unternehmung heranzuziehen ist, oder, was dasselbe ist, was denn "erhalten" werden soll und was (maximal) an wen auszuschütten ist.

Der einfachste Fall ist der einer Unternehmung, die in der Ausgangssituation nur mit Eigenkapital finanziert ist. In diesem Falle stellt der ökonomische Gewinn die Zinsen auf den Barwert aller Nettoeinzahlungen der Unternehmung aus ihrer wirtschaftlichen Tätigkeit dar. Es können maximal die Zinsen auf die Summe aus dem *Ertragswert* aller bereits getätigten Investitionen und dem auf den Zeitpunkt t_0 diskontierten *Kapitalwert* aller sich noch anbietenden zukünftigen Investitionsmöglichkeiten ausgeschüttet werden.

Der nächst kompliziertere Fall ist der einer Unternehmung, die in der Ausgangssituation auch mit Fremdkapital finanziert ist. In diesem Fall kann an die (bisherigen) Eigentümer pro Periode natürlich nicht so viel ausgeschüttet werden, da die Fremdkapitalgeber auch Ansprüche stellen, die befriedigt werden müssen. Der ökonomische Gewinn ist in diesem Fall gleich den Zinsen auf den Barwert aller zukünftigen Nettozahlungen *an die bisherigen Eigentümer* oder, was dasselbe ist, auf den Barwert aller Nettoeinzahlungen der Unternehmung aus ihrer (real-)wirtschaftlichen Tätigkeit, vermindert um den "Marktwert" des Fremdkapitals.

Die Konzeption, den ausschüttbaren Gewinn als Annuität des Eigenkapitals zu deuten, entkoppelt die Zahlungsströme aus den Investitionen der Unternehmung von den Zahlungen an die Eigentümer. Dahinter steht die Annahme des vollkommenen Kapitalmarktes: Falls es nötig ist, können die Ausschüttungen oder auch die zukünftigen Investitionen durch externe Kapitalbeschaffung finanziert werden. Die externe Finanzierung selbst hat einen Kapitalwert von null. Auf einem vollkommenen Kapitalmarkt sind, wie das Separationstheorem von Fisher lehrt, die Investitionsentscheidungen und die Konsumentscheidungen voneinander trennbar. Im nächsten Kapitel werden wir zeigen, daß unter diesen Bedingungen dann allerdings auch die Ausschüttungsentscheidungen einer Unternehmung "irrelevant" sind, und dann braucht man eigentlich keine Regel dafür, wieviel eine Unternehmung an ihre Eigentümer ausschütten sollte.

4.2.2.4 Reinvestitions- und Finanzierungsannahmen

An dem Beispiel und dem Finanzplan erkennt man auch die Reinvestitions- und Finanzierungsannahmen, die der Annuitätenmethode zugrunde liegen: Kreditaufnahmen und Geldanlagen sind jederzeit in der benötigten Höhe und in der gewünschten Fristigkeit zum Kalkulationszinsfuß i möglich. Nur wenn dies möglich ist, ändert sich die Annuität einer Investition auch dann nicht, wenn, aus welchen Gründen auch immer, die ursprüngliche Zahlungsreihe der Investition durch zwischenzeitliche Geldanlage oder -aufnahme (am Kapitalmarkt) verändert wird. Nur bei einem vollkommenen und vollständigen Kapitalmarkt ist die Annuität einer Investition eine eindeutige Kennzahl, durch die die Investition unabhängig davon gekennzeichnet und bewertet werden kann, in welcher zeitlichen Struktur Kapitalgeber Zahlungen aus der Investition erhalten. Die Annahmen entsprechen genau denen der Kapitalwertmethode.

4.2.2.5 Das Entscheidungskriterium

Aus der Interpretation der Annuität als maximal entnehmbaren Betrag gleicher Höhe für zusätzlichen Konsum folgt das Entscheidungskriterium:

> Eine Investition ist vorteilhaft, wenn die finanzmathematisch richtig berechneten durchschnittlichen periodischen (jährlichen) Einzahlungen größer als die ebenso berechneten durchschnittlichen Auszahlungen sind, d.h. wenn die Annuität der Einzahlungen größer als die der Auszahlungen und somit die Gewinnannuität positiv ist. Die Investition ist weder vorteilhaft noch unvorteilhaft, wenn die Gewinnannuität einen Wert von null aufweist. Die Investition ist unvorteilhaft, wenn die durchschnittlichen Einzahlungen kleiner als die durchschnittlichen Auszahlungen sind, d.h. wenn die Gewinnannuität negativ ist.[8]

Entsprechend gilt für eine Finanzierung, daß sie nur dann vorteilhaft ist, wenn sie eine positive Annuität aufweist, d.h. wenn die auf eine gegebene Zahl von Perioden gleichmäßig aufgeteilte oder "verrentete" Anfangs*ein*zahlung größer ist als die finanzmathematisch korrekt berechnete Durchschnitts*aus*zahlung während der gleichen Anzahl von Perioden.

---

8 Wir verzichten darauf, die graphische Interpretation der Annuität einer Investition im Sinne des Fisher-Modells vorzuführen, und überlassen dies den Lesern als Übung. Dazu sollten sie bedenken, daß man im Zwei-Zeitpunkt-Fall eine Annuität als Einkommensstrom mit $e_1 = e_0$ begreifen kann, und sich überlegen, wie in der oben gebrauchten Darstellungsform solche Einkommenskombinationen darzustellen sind.

4.2.3 Die Methode des Internen Zinsfußes

4.2.3.1 Definition und Berechnung des Internen Zinsfußes

Es ist nun die letzte der drei bekannten Methoden der Investitionsrechnung vorzustellen, die Methode des Internen Zinsfußes. Anders als die Annuitätenmethode ist diese Methode keine einfache Abwandlung der Kapitalwertmethode, und deshalb wird sie mitunter auch als Konkurrentin der Kapitalwertmethode betrachtet.

> Der **Interne Zinsfuß** ist derjenige Zinsfuß, bei dessen Verwendung als Kalkulationszinsfuß der Kapitalwert einer Investition null ist, oder mit anderen Worten, bei dem der Gegenwartswert der Auszahlungen gleich dem Gegenwartswert der Einzahlungen ist.

Der Interne Zinsfuß wird mit dem Symbol r bezeichnet. Er ergibt sich als Auflösung der Gleichung

$$(4.8)\quad \sum_{t=0}^{n}\frac{E_t}{(1+r)^t}-\sum_{t=0}^{n}\frac{A_t}{(1+r)^t}=0$$

nach r. Bei Normalinvestitionen mit einer Anschaffungsauszahlung A_0 und späteren (Netto-) Einzahlungen E_t (t = 1, 2, ..., n) gilt vereinfacht

$$(4.9)\quad \sum_{t=1}^{n}\frac{E_t}{(1+r)^t}-A_0=0\ .$$

Bei Investitionen mit einer Anschaffungsauszahlung und einer endlichen Reihe von n *uniformen* (Netto-) Einzahlungen $E = E_t$ mit (t = 1, 2, ..., n) gilt:

$$(4.10)\quad E\cdot\frac{(1+r)^n-1}{(1+r)^n\cdot r}-A_0=0$$

Im einfachsten Fall einer ewigen uniformen Einzahlungsreihe, einer **ewigen Rente**, vereinfacht sich die Ausgangsgleichung zu

$$(4.11)\quad \frac{E}{r}-A_0=0 \qquad \text{bzw.} \qquad r=\frac{E}{A_0}\ .$$

Interne Zinsfüße kann man analog auch für Finanzierungszahlungsreihen berechnen. Sie beginnen definitionsgemäß mit einer Einzahlung, auf die Auszahlungen folgen.

Eine Besonderheit des Internen Zinsfußes besteht darin, daß seine Berechnung mitunter Probleme bereitet. Es ist möglich, daß eine Zahlungsreihe keinen, einen, zwei oder **mehrere** (reelle) **Interne Zinsfüße** besitzt. Betrachten wir dazu den einfachsten Fall einer Zahlungsreihe mit den Zahlungen A_0, E_1, und A_2. Löst man die Gleichung 4.8 nach r auf, erhält man eine quadratische Gleichung. Es ist aus der Schulmathematik bekannt, daß eine quadratische Gleichung zwei Lösungen hat. Zwei möglicherweise ökonomisch sinnvolle Lösungen[9], kann es aber nur geben, wenn es innerhalb der Zahlungsreihe zwei Vorzeichenwechsel gibt.[10] Bei einer "Investition" - gemäß der obigen Definition - ist das dann der Fall, wenn die Zahlungsreihe mit einem oder mehreren negativen Gliedern (Auszahlungen) beginnt, mit einem oder mehreren positiven Gliedern (Einzahlungen) fortgesetzt wird und mit einem oder mehreren negativen Gliedern (Auszahlungen) endet. Bei einer "Finanzierung" ist dies dann der Fall, wenn auf Einzahlungen erst Auszahlungen folgen und dann noch einmal Einzahlungen stattfinden. Ob Zahlungsreihen mit zwei Vorzeichenwechseln allerdings überhaupt danach eingeordnet werden *sollten*, ob sie "Investitionen" oder "Finanzierungen" darstellen, ist eine schwierige Frage. Sie stellen jedenfalls keine "Normalinvestitionen" oder "Normalfinanzierungen" dar.

Ein recht bekanntes Beispiel für eine "Investition" mit zwei Internen Zinsfüßen ist die Zahlungsreihe eines Bergwerks mit den folgenden Elementen: A_0 = 1000 (Schachtbau), E_1 = 2090 (Abbau der Kohle), A_2 = 1092 (Abbruch und Abraumbeseitigung) bzw. der Zahlungsreihe -1000; 2090; -1092.[11] Diese Investition hat zwei Interne Zinsfüße. Ein weiteres Beispiel ist die Zahlungsreihe, die mit einem Bausparvertrag verbunden ist: Zunächst wird angespart, dann wird der Bausparvertrag zugeteilt, und der Bausparer bekommt eine Einzahlung, die größer ist als der angesparte Betrag, weil er eine Kreditkomponente enthält, und schließlich muß der Kredit bedient werden, und es kommt wieder zu Auszahlungen.[12] Wir können verallgemeinern:

> Eine Zahlungsreihe hat höchstens so viele (reelle) Interne Zinsfüße, wie Vorzeichenwechsel in ihr vorkommen. Die meisten Investitionen haben erst Auszahlungen und dann Einzahlungen. Da sie als Normalinvestitionen nur einen Vorzeichenwechsel haben, besitzen sie einen eindeutigen Internen Zinsfuß.

Abgesehen von den beiden genannten Beispielen scheint der Fall mehrerer Interner Zinsfüße ohne praktisches Interesse zu sein. Der Eindruck täuscht jedoch. In der Praxis ist es durchaus üblich, daß Investitionsrechnungen für Veränderungen von Investitionen vorgenommen werden. So wird gelegentlich gefragt, ob es vorteilhaft wäre, statt einer

---

9 Zur Erläuterung der notwendigen Bedingungen der Regularität von Zahlungsreihen vgl. *Franke/Hax* [Finanzwirtschaft], S. 175f.

10 Dieser doppelte Vorzeichenwechsel ist nur eine notwendige, aber keine hinreichende Bedingung. Zusätzlich muß gewährleistet sein, daß die Kapitalbindung im Verlauf der

11 Vgl. *Erich Schneider* [Wirtschaftlichkeitsrechnung], S. 39 f.

12 Vgl. zu diesem Beispiel ausführlich *Franke/Hax* [Finanzwirtschaft], S.174f.

gegebenen Investition A eine mögliche andere Investition B durchzuführen. Man kennzeichnet diesen erwogenen Übergang von A auf B dann durch die Reihe zukünftiger Zahlungsdifferenzen zwischen den beiden Investitionsalternativen. Solche "Differenzzahlungsreihen" haben häufig mehrere Vorzeichen und daher auch möglicherweise mehrere ökonomisch sinnvoll erscheinende Interne Zinsfüße.

4.2.3.2 Beispiele

Für die Beispielinvestition -100; +50; +50; +50 beträgt der Interne Zinsfuß r = 0,2337 oder 23,37%. Dies ergibt sich aus der Anwendung der Formel 4.9. Man kann es aber auch durch folgende Überlegung zeigen: Wenn man 100 zum Zinssatz r anlegen könnte, würde man ein Einkommen von dreimal 50 erhalten.

Zeitpunkt	t_0	t_1	t_2	t_3
Anlage	100	-	-	-
(verbleibende) Anlage aufgezinst mit (1+r)		(123,37)	(90,51)	(50)
Einkommen		50	50	50
verbleibende Anlage		(73,37)	(40,51)	(0)

Dasselbe läßt sich auch für folgende Rechnung zeigen: Wenn man für die Durchführung der Investition einen Kredit aufnimmt, der *den Zinssatz r kostet* und den man durch drei Raten zu 50 tilgt, erhält man einen Tilgungsplan, der weder Auszahlungs- noch Einzahlungsüberschüsse enthält. Die Zahlen in Klammern sind wieder nur Erinnerungsposten, keine Zahlungen. In einem Finanzplan würde sich ebenfalls zeigen, daß der Kredit zu r durch die Einzahlungsüberschüsse der Investition verzinst und getilgt werden kann.

Zeitpunkt	t_0	t_1	t_2	t_3
Investitionszahlungen	- 100	+ 50	+50	+50
Kredit und Zinsen	+ 100,00	(123,37)	(90,51)	(50,00)
Rückzahlung incl. Zinsen		-50	-50	-50
Restschuld am Periodenende	(100,00)	(73,37)	(40,51)	(0,00)

Wendet man die Formel 4.8 auf das Beispiel des Bergwerks mit den drei Zahlungen -1000; +2090; -1092 an, erhält man, da es sich hier *nicht* um eine Normalinvestition handelt, zwei Interne Zinsfüße. Sie betragen r_1 = 4% und r_2 = 5%.

4.2.3.3 Interpretationen des Internen Zinsfußes

Wie es die Rechnungen mit unserem Standardbeispiel nahelegen, gibt es für den Internen Zinsfuß ebenfalls zwei Interpretationen, die sich, wie die beiden Interpretationen des Kapitalwerts, nicht widersprechen:

> Erstens kann man den Internen Zinsfuß als die **Effektivverzinsung** des **jeweils gebundenen Kapitals** ansehen.

Als "jeweils gebundenes Kapital" wird dabei der Teil der Anschaffungsauszahlung bezeichnet, der noch nicht durch Einzahlungen aus dem Investitionsobjekt an den Investor zurückgeflossen ist. Im Beispiel ist die Einzahlung von 50 im Zeitpunkt t_1 aufzuspalten in 23,37 Zinsen *in Höhe des Zinssatzes r* auf die vom Zeitpunkt t_0 her gebundenen 100 und in 26,63, die als Rückzahlung oder Kapitalfreisetzung interpretiert werden können. Vom Zeitpunkt t_1 an sind deshalb nur noch 73,37 (= 100 - 26,63) "gebunden". Im Zeitpunkt t_3 ist schließlich das gesamte eingesetzte Kapital "freigesetzt".

Das jeweils gebundene Kapital wächst, wie die Beispielrechnung ausweist, von einer Periode zur nächsten mit dem Satz 23,37%. Das - und damit der Interne Zinsfuß - ist die *Effektivverzinsung*. Die Effektivverzinsung kann man bei Investitionen, einschließlich der Geldanlage in Finanzinvestitionen, als **"Rendite"** oder **"Rentabilität"** (der Investition) bezeichnen. Damit stellt der Interne Zinsfuß eine auch für den Mehr-Zeitpunkt-Fall korrekte Interpretation des bisher eher intuitiv gebrauchten und nur für den Zwei-Zeitpunkt-Fall erläuterten Begriffs der "Rentabilität" einer Investition dar.

Der Interne Zinsfuß einer **Finanzierung** ist entsprechend zu interpretieren: Er gibt die "effektiven" Kosten der Finanzierung - oder kürzer: den (expliziten) **Kapitalkostensatz** - an. Der Interne Zinssatz einer Finanzierung wird oft mit dem Buchstaben c (wie *cost* of capital) bezeichnet. Soweit die erste Interpretation.

> Zweitens kann man den Internen Zinsfuß auch als **kritischen Zinssatz** ansehen: Wenn der Interne Zinsfuß einer betrachteten Normalinvestition r beträgt, dann darf ein - zur Finanzierung der Investition gegebenenfalls notwendiger - Kredit nicht "mehr kosten" als r, wenn die Investition vorteilhaft sein soll.

Genauso ist der Interne Zinssatz einer Finanzierung ein "kritischer Zinssatz"; kostet die Finanzierung c, dann muß die finanzierte Investition mindestens eine "Rendite" r in dieser

Höhe aufweisen, wenn die Mittelbeschaffung und die Mittelverwendung zusammen vorteilhaft sein sollen.

4.2.3.4 Reinvestitions- und Finanzierungsannahmen

Wie mit der Berechnung des Kapitalwerts sind auch mit der Berechnung des Internen Zinsfußes bestimmte implizite Annahmen verbunden, die dafür sorgen, daß sich eine komplexe Zahlungsreihe durch eine einzige Zahl, eben ihren Internen Zinsfuß, ausdrücken läßt. In unserem Beispiel sind wir davon ausgegangen, daß Kreditrückzahlungen jederzeit gerade in dem Maße möglich sind, wie das Investitionsobjekt Einzahlungen schafft. Dieser Annahme entspricht die, daß Einzahlungen zwischenzeitlich zum Zinssatz r angelegt werden können. Wenn diese Voraussetzung *nicht* erfüllt ist, gleichen sich die mit der Investition einhergehenden Zahlungen und die mit dem Kredit verbundenen Zahlungen nicht genau aus. Um dies zu demonstrieren, variieren wir unser Standardbeispiel und führen wieder eine Alternativrechnung mit zwei Varianten durch: Wir nehmen bei beiden Varianten an, es sei möglich, zur Finanzierung der Investition einen Kredit zum Zinssatz r aufzunehmen, der aber *nicht* in beliebigen Teilbeträgen, sondern nur einschließlich Zinsen in einem Betrag im Zeitpunkt t_3 zurückgezahlt werden kann. In der ersten Variante unterstellen wir, die rückfließenden Beträge aus t_1 und t_2 könnten bis t_3 zu r angelegt werden, während in der zweiten Variante eine Zwischenanlage nicht möglich ist und somit die Beträge unverzinst bleiben.

1. Variante

	Zeitpunkt	t_0	t_1	t_2	t_3
Investition	Auszahlung	- 100			
	Einzahlung		+ 50	+ 50	+ 50
Wiederanlage	Auszahlung		- 50		
	Einzahlung				+ 76,09
Wiederanlage	Auszahlung			- 50	
	Einzahlung				+ 61,69
Kredit	Auszahlung				- 187,78
	Einzahlung	+ 100			
Überschuß		0	0	0	0

2. Variante

Zeitpunkt		t_0	t_1	t_2	t_3
Investition	Auszahlung	- 100			
	Einzahlung		+ 50	+ 50	+ 50
Wiederanlage	Auszahlung		- 50		
	Einzahlung				+ 50
Wiederanlage	Auszahlung			- 50	
	Einzahlung				+ 50
Kredit	Auszahlung				- 187,78
	Einzahlung	+ 100			
Überschuß		0	0	0	- 37,78

Man erkennt an der Gegenüberstellung der beiden Varianten die notwendige Prämisse der Methode des Internen Zinsfußes, daß Geld zu r angelegt oder gegebenenfalls auch aufgenommen werden "muß", wenn sich die Höhe des Internen Zinsfußes nicht ändern soll. Diese Annahme unterscheidet sich von der der Kapitalwert- und der Annuitätenmethode, und dieser Unterschied ist wichtig. Denn im Normalfall weist die ursprüngliche Zahlungsreihe einer Investition nicht diejenige zeitliche Struktur auf, die sich der oder die Investoren für ihre Konsumausgaben wünschen. Dann sind zwischenzeitliche Geldanlagen oder -aufnahmen nötig, um von der Zahlungsreihe des Investitionsprojekts zum Konsumstrom zu gelangen. Solche Veränderungen der Zahlungsströme, um erwünschte Konsumströme zu erreichen, würden den Internen Zinsfuß der (um die ergänzenden Zahlungen erweiterten) Zahlungsreihe der Investition verändern, es sei denn, Geldanlage oder -aufnahme würden quasi durch Zufall gerade zum (ursprünglichen) Internen Zinsfuß r erfolgen. Ist dies nicht möglich, ändert sich der Interne Zinsfuß, und dies könnte sich *möglicherweise* auch auf die Vorteilhaftigkeit von Investitionen auswirken. Ob und unter welchen Bedingungen dies der Fall ist, werden wir im Abschnitt 4.3 diskutieren.

Die beiden Beispielrechnungen zeigen außerdem: Der Interne Zinsfuß gibt zum einen die Verzinsung der Investition und zum anderen die Verzinsung eines Kredits an, der genau durch diese Investition getilgt werden könnte. Übertragen wir diese Überlegungen auf unsere Nicht-Normalinvestition, so wird das Phänomen zweier Interner Zinsfüße verständlicher. In der Zahlungsreihe -1000; +2090; -1092 verschmelzen eine Investitions- und eine Finanzierungszahlungsreihe. Ist die Verzinsung der Investitionszahlungsreihe niedrig, d. h. $r_1 = 4\%$, so ist der in t_1 aufzunehmende Kredit mit 1050 hoch, und die Verzinsung der Finanzierungszahlungsreihe muß mit 4% niedrig sein; ist die Verzinsung der Investitionszahlungsreihe dagegen mit 5% hoch, so wird der in t_1 erhaltene Kredit niedriger und verzinst sich mit 5%.

	Zeitpunkt	t_0	t_1	t_2
$r_1 = 4\%$	Investition	-1000	+1040	
	Finanzierung		+1050	-1092
	Σ	-1000	+2090	-1092
$r_1 = 5\%$	Investition	-1000	+1050	
	Finanzierung		+1040	-1092
	Σ	-1000	+2090	-1092

4.2.3.5 Das Entscheidungskriterium

Zur Beurteilung einer *Normalinvestition* stellt man dem Internen Zinsfuß r den Kalkulationszinsfuß i gegenüber. Annahmegemäß gibt i auf einem vollkommenen und vollständigen Kapitalmarkt und bei einer flachen Zinsstruktur bzw. konstanten Periodenzinssätzen die Möglichkeiten zur Kreditaufnahme, zur Alternativanlage von Geld und zur zwischenzeitlichen Anlage von Mitteln an.

> Die Durchführung einer Investition ist vorteilhaft gegenüber der Alternative Unterlassung einer Investition, wenn ihr Interner Zinsfuß größer als der Kalkulationszinsfuß ist. Sie ist weder vorteilhaft noch unvorteilhaft, wenn Interner Zinsfuß und Kalkulationszinsfuß gleich sind. Sie ist unvorteilhaft, wenn der Interne Zinsfuß kleiner als der Kalkulationszinsfuß ist.

Jemand, der über das Geld zur Durchführung der Investition verfügt, kann sich bei $r < i$ einen breiteren Konsumstrom verschaffen, wenn er die Investition unterläßt und das Geld am Kapitalmarkt zum Zinssatz i anlegt. Jemand, der sich Geld durch Kreditaufnahme zum Zinssatz i beschaffen müßte (und könnte), um die Investition vorzunehmen, würde bei $r < i$ durch Investition und Kreditaufnahme seine Konsummöglichkeiten verringern.

Bei der Beurteilung einer Normalinvestition anhand des Internen Zinsfußes r kann eine Schwierigkeit auftauchen: r ist eine Zahl, die für die ganze Investitionsdauer gilt. Der Kalkulationszinsfuß i ist hingegen nicht immer für alle Perioden, in denen mit der Investition verbundene Zahlungen erfolgen, derselbe, denn Zinsstrukturen sind - auch bei Sicherheit und vollkommenem Kapitalmarkt - nicht immer flach, bzw. Zinssätze am Kapitalmarkt sind nicht immer konstant. Wenn zum Beispiel der Interne Zinsfuß r einer

Investition, die über zwei Perioden läuft, 10% und der Kalkulationszinsfuß i für die erste Perioden 8% und für die zweite Periode 12% beträgt, kann man keine Aussage mehr darüber machen, ob die Investition vorteilhaft ist oder nicht. Das angegebene Entscheidungskriterium ist dann nicht anwendbar.

Analog zu dem Vorteilhaftigkeitskriterium für Normalinvestitionen, nur genau spiegelbildlich, ist das **Vorteilhaftigkeitskriterium für Finanzierungen** zu formulieren:

> Eine Finanzierung ist nur dann vorteilhaft, wenn ihre Zahlungsreihe einen Internen Zinsfuß (oder Kapitalkostensatz) aufweist, der kleiner ist als der Kalkulationszinsfuß. Sie ist weder vorteilhaft noch unvorteilhaft, wenn ihr Interner Zinsfuß gleich dem Kalkulationszinsfuß ist. Diese Situation ist auf einem vollkommenen Kapitalmarkt der Normalfall.

Schon diese Gegenüberstellung der Entscheidungskriterien für Investitionen und Finanzierungen läßt ahnen, daß sich für **nicht-normale Zahlungsreihen**, also solche mit mehr als einem Vorzeichenwechsel, aus der Methode des Internen Zinsfußes **kein eindeutiges und allgemeines Entscheidungskriterium** herleiten läßt, da solche Zahlungsreihen Merkmale von Investitionen *und* Finanzierungen in sich vereinen.

Abschließend sei noch auf die graphische Interpretation des Internen Zinsfußes im Rahmen des Fisher-Modells hingewiesen: Der Interne Zinsfuß entspricht der (negativen) Steigung der Geraden, die in den Abbildungen 3.7 bis 3.9 die Ausgangsposition und die durch eine Investition erreichbare Einkommenskombination miteinander verbindet. Vorteilhaft ist eine Investition, wenn diese Gerade steiler ist als die Iso-Barwertlinien, denn nur dann verbessern sich die Konsummöglichkeiten des Investors oder der Investoren. Die Steigung der Iso-Barwertlinien hängt von der Höhe des Kalkulationszinsfußes ab.

Die Diskussion der Entscheidungskriterien im Rahmen der Methode des Internen Zinsfußes sollte den Lesern deutlich machen, daß es ein *Mißverständnis* wäre zu glauben, man käme bei der Anwendung dieser Methode um das Problem, einen Kapitalkostensatz zu ermitteln, herum, und dies wäre ein spezifischer Vorteil dieser Methode. Eine solche Einschätzung ist in der Wirtschaftspraxis immer noch verbreitet. Nichtsdestoweniger ist sie falsch! Man kann zwar den Internen Zinsfuß einer Investition errechnen, ohne dabei einen Kalkulationszinsfuß zu verwenden, aber anders als der Kapitalwert, für dessen *Errechnung* schon ein Kalkulationszinsfuß erforderlich ist, liefert der Interne Zinsfuß allein noch keine Entscheidung: Um beurteilen zu können, ob ein errechneter Interner Zinsfuß "hoch" oder "niedrig" und ob eine Investition entsprechend vorteilhaft oder unvorteilhaft ist, also für die *Verwendung*, bedarf es eines Vergleichsmaßstabes; und dieser ist der Kalkulationszinsfuß, der im Falle des vollkommenen und vollständigen Kapitalmarktes gleichermaßen die Finanzierungskosten wie die Ertragssätze der besten alternativen Mittelverwendungen darstellt.

4.3 Der Zusammenhang zwischen den finanzmathematischen Methoden

4.3.1 Die Kapitalwertfunktion

Wir wollen in diesem Abschnitt die Zusammenhänge zwischen den klassischen (oder) finanzmathematischen Methoden der Investitionsrechnung erläutern, vor allem um herauszufinden, ob sich die Investitionsentscheidungen, die die Methoden nahelegen, entsprechen und warum es gegebenenfalls zu Widersprüchen kommen kann. Dazu ist es zweckmäßig, die sogenannte Kapitalwertfunktion einzuführen. Der Kapitalwert einer Normalinvestition, d.h. einer Investition, bei der auf eine Anschaffungsauszahlung A_0 nur n Nettoeinzahlungen E_t am Ende der Perioden 1 bis n folgen, ist

$$K_0 = \sum_{t=1}^{n} \frac{E_t}{(1+i)^t} - A_0 .$$

Wie man sieht, ist K_0 nicht nur von den Zahlungen A_0 und E_t ($t = 1,\ldots, n$) abhängig, sondern auch von dem zur Diskontierung verwendeten Zinssatz i. Mit steigendem i sinkt der Kapitalwert. Das läßt sich sowohl durch Ableitung von K nach i nachweisen als auch inhaltlich leicht verständlich machen: Bei einem höheren i werden die zukünftigen Zahlungen stärker "abgewertet", wenn sie auf den Entscheidungszeitpunkt t_0 diskontiert werden. Ein höheres i bedeutet inhaltlich, daß entweder die Finanzierung teurer ist oder die Alternativanlage verfügbarer Mittel ertragreicher wird. Beides führt dazu, daß die in der Höhe des Kapitalwertes zum Ausdruck kommende Vorteilhaftigkeit der betrachteten Investition abnimmt.

Wenn man den funktionalen Zusammenhang zwischen der Höhe des Kapitalwertes und dem Kalkulationszinsfuß zum Ausdruck bringen möchte, spricht man deshalb von der Kapitalwertfunktion $K_0(i)$. Für die Kapitalwertfunktion einer Normalinvestition gilt

$$(4.12)\quad \frac{dK_0}{di} < 0, \quad \frac{d^2K_0}{di^2} > 0, \quad \lim_{i\to\infty} K_0(i) = -A_0 \qquad \text{für } i \geq 0.$$ [13]

Anschaulicher als die analytische Darstellung der Kapitalwertfunktion ist die graphische. Sie ist in der Abbildung 4.1 enthalten:

---

13 Die Zusammenhänge in 4.12 gelten auch, solange i größer als -1 ist, und für i = -1 ist der Kapitalwert immer, d.h. unabhängig von der Art der Einzahlung, unendlich. Im folgenden Text wird dieser Fall allerdings aus Vereinfachungsgründen nicht behandelt. Negative reale Zinssätze gibt es insbesondere in Ländern mit einer hohen Inflationsrate.

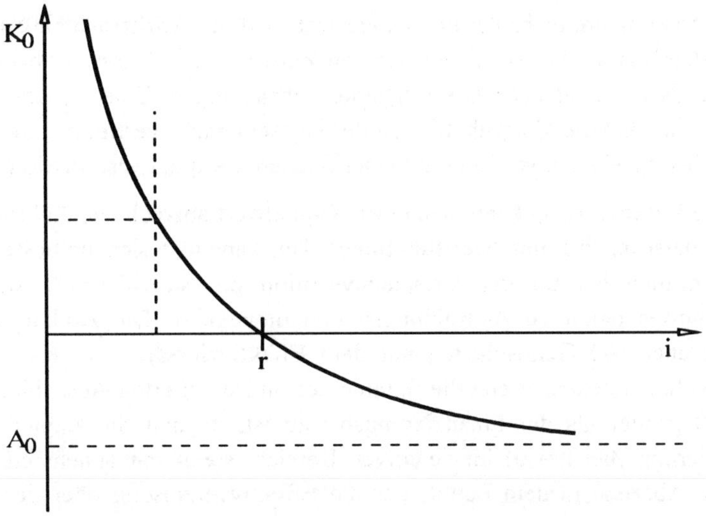

Abb. 4.1: Kapitalwertfunktion einer Normalinvestition

Die Kapitalwertfunktion einer Normalinvestition fällt mit steigendem i monoton bis zur negativen Asymptote A_0. Sie hat maximal eine **Nullstelle**. Diese gibt den **Internen Zinsfuß** an, denn dieser ist definiert als derjenige Kalkulationszinsfuß, bei dessen Verwendung der Kapitalwert null ist. Wenn die Summe der (undiskontierten oder mit dem Zinssatz i = 0 diskontierten) Einzahlungen kleiner als die Anfangsauszahlung ist, ist der Kapitalwert bei i > 0 immer negativ; d.h. im gesamten Bereich positiver Diskontierungssätze gibt es keine Nullstelle.

Der Verlauf der Kapitalwertfunktion für eine bestimmte Investition hängt von der Höhe und der zeitlichen Verteilung der Zahlungen A_0 und E_t (t = 1, ..., n) ab. Es ist *kein* generelles Merkmal einer Kapitalwertfunktion, daß sie die Ordinate nicht schneidet. Die Kapitalwertfunktion in der Abbildung 4.1 stellt den Sonderfall einer ewigen Rente dar; für sie gilt, daß der Kapitalwert bei i = 0 unendlich groß wird.

Bei der Beispielinvestition mit den Zahlungen -100; + 50; + 50; + 50 erhält man folgende Wertetabelle für den Kapitalwert bei unterschiedlichen Kalkulationszinsfüßen:

i	0,00	0,05	0,10	0,15	0,20	0,2337	0,25	0,30
K_0	50,00	36,16	24,34	14,16	5,32	0,00	- 2,40	- 9,19

Die Kapitalwertfunktion einer Normalinvestition verläuft um so steiler, je später die Einzahlungen erfolgen und damit auch je länger die Laufzeit der Investition ist. Spätere Einzahlungen werden ja um mehr Perioden abgezinst, und dies wirkt sich bei einem höheren Zinssatz stärker aus als bei einem niedrigeren Zinssatz. Ihr Gegenwartswert ist stärker zinsabhängig als der bald nach t_0 erfolgender Einzahlungen. Eine steilere Kapitalwertfunktion zeigt an, daß die Vorteilhaftigkeit der betrachteten Investition stärker vom Zinssatz abhängt als die einer Investition mit einer flacheren Kapitalwertfunktion.

Auch für eine **Finanzierung** kann man einen Kapitalwert ausrechnen, und folglich gibt es auch für Finanzierungen Kapitalwertfunktionen. Das kann man sich am besten vor Augen führen, wenn man bei unserer Beispielinvestition die Vorzeichen austauscht; Einzahlungen würden damit zu Auszahlungen und umgekehrt. Die Zahlungsreihe würde einen Kredit über 100 Geldeinheiten mit dem Effektivzinssatz oder Kapitalkostensatz von c = 23,37% darstellen. Wenn die Summe der undiskontierten Auszahlungen (Zinsen und Tilgung) größer als der Finanzierungsbetrag ist, beginnt die Kapitalwertfunktion einer Finanzierung (bei i = 0) im negativen Bereich, steigt mit abnehmender Rate an, schneidet die Abszisse in dem Punkt, der die Effektivverzinsung oder den (expliziten) Kapitalkostensatz darstellt und steigt weiter, bis sie sich (von unten) der Asymptote $+E_0$ annähert. Bei einem extrem hohen Kalkulationszinsfuß i kommt ein Kredit mit *gegebenen* Zins- und Rückzahlungsbeträgen ökonomisch einem Geschenk in Höhe des Kreditbetrags gleich, weil der Gegenwartswert der Zins- und Tilgungszahlungen sehr gering wird. In der graphischen Abbildung ergibt sich somit ein genau spiegelbildlicher Verlauf zu dem der Kapitalwertfunktion einer ansonsten gleichen Normalinvestition. Die Spiegelung erfolgt an der Abszisse.

Wie verläuft die **Kapitalwertfunktion einer Nicht-Normalinvestition** wie die des oben beispielhaft genannten Bergwerks oder eines Bausparvertrags? Wie wir oben gezeigt haben, kann man eine Nicht-Normalinvestition mit *zwei* Vorzeichenwechseln als zusammengesetzt aus einer Normalinvestition und einer Normalfinanzierung deuten. Die beiden Komponenten haben je für sich eine Kapitalwertfunktion mit den beschriebenen bzw. beispielhaft in Abb. 4.1 dargestellten Verläufen. Die Kapitalwertfunktion der Nicht-Normalinvestition ist nichts anderes als die Addition dieser beiden Kapitalwertfunktionen. Da bzw. wenn die beiden Komponenten nicht genau die gleichen, nur spiegelverkehrten Kapitalwertfunktionen aufweisen, hat die zusammengesetzte oder summierte Kapitalwertfunktion einer Nicht-Normalinvestition mit zwei Vorzeichenwechseln *genau wie die einer Nicht-Normalfinanzierung* entweder den Verlauf eines U oder den eines umgekehrten U, und deshalb hat sie auch immer entweder keine oder zwei Schnittpunkte mit der Abszisse, die Interne Zinsfüße abbilden. Was der Fall ist, hängt von der spezifischen Zahlungscharakteristik der betrachteten Nicht-Normalinvestition oder -finanzierung ab. Wir empfehlen unseren Lesern, diesen Zusammenhang für das Bergwerksbeispiel selbst nachzurechnen.

4.3.2 Entsprechungen bei Ja-Nein-Entscheidungen

Wir betrachten zuerst den Zusammenhang zwischen der Kapitalwertmethode und der Annuitätenmethode. Nach der Kapitalwertmethode ist eine Investition vorteilhaft, wenn sie einen positiven Kapitalwert K_0 aufweist. Nach der Annuitätenmethode ist sie bei einer positiven Gewinnannuität a vorteilhaft. Die Gewinnannuität ist das Produkt aus dem Kapitalwert und dem Wiedergewinnungsfaktor

$$a = K_0 \cdot Wgf(n,i) .$$

Der Wiedergewinnungsfaktor ist bei positivem Zinssatz immer positiv:

$$(4.13) \quad \frac{(1+i)^n \cdot i}{(1+i)^n - 1} > 0 \text{ für } i > 0$$

Die Multiplikation einer Zahl mit einem positiven Faktor ändert das Vorzeichen nicht. Daher gilt für Investitionen und Finanzierungen:

$$(4.14) \quad K_0 \underset{<}{\overset{>}{=}} 0 \leftrightarrow a \underset{<}{\overset{>}{=}} 0$$

> Die Kapitalwertmethode und die Annuitätenmethode führen immer zu gleichen Entscheidungen.

Inhaltlich läßt sich diese Entsprechung darauf zurückführen, daß beide Methoden übereinstimmend unterstellen, Geldanlage und -aufnahme seien jederzeit und in beliebiger Stückelung zum Kalkulationszinsfuß i möglich. Sie beruhen auf der Annahme eines vollkommenen und vollständigen Kapitalmarktes.

Betrachten wir nun den Zusammenhang zwischen der Kapitalwertmethode und der Methode des Internen Zinsfußes. Die Kapitalwertfunktion einer *Normalinvestition* fällt monoton. Sie hat höchstens eine Nullstelle im Bereich $i > 0$. Daher ist immer dann, wenn der mit dem Kalkulationszinsfuß i berechnete Kapitalwert positiv (negativ) ist, der Interne Zinsfuß r größer (kleiner) als der Kalkulationszinsfuß:

$$(4.15) \quad K_0 \underset{<}{\overset{>}{=}} 0 \leftrightarrow r \underset{<}{\overset{>}{=}} i$$

Ein Blick auf die Kapitalwertfunktion in Abbildung 4.1 zeigt genau dies:

> Die Kapitalwertmethode und die Methode des Internen Zinsfußes führen bei Ja-Nein-Entscheidungen über Normalinvestitionen zu übereinstimmenden Ergebnissen.

Man könnte dieser Aussage mißtrauen, weil im vorigen Abschnitt herausgestellt wurde, daß die beiden Methoden unterschiedliche Annahmen bezüglich der Möglichkeit enthalten, Geld zur Veränderung der zeitlichen Struktur von Zahlungsreihen anzulegen und aufzunehmen. Dieser Unterschied besteht wohl, aber er ist bei *Ja-Nein-Entscheidungen* noch ohne Folgen. Betrachten wir zur Verdeutlichung eine Investition mit $K_0 > 0$ und $r > i$, bei der wie in den Beispielen des Abschnitts 4.2 eine zwischenzeitliche Geldanlage vorgesehen ist. K_0 würde nicht negativ, auch wenn man gemäß der Methode des Internen Zinsfußes unterstellen würde, daß die zwischenzeitliche Anlage eine Rendite von $r > i$ erbrächte: Der Kapitalwert der Zwischenanlage wäre wegen $r > i$ auch positiv, und die Summe der beiden Kapitalwerte könnte dann nicht negativ werden. Wenn man hingegen gemäß der Kapitalwertmethode unterstellen würde, daß die Zwischenanlage (nur) die Rendite i erbrächte, änderte sich zwar die Höhe des Internen Zinsfußes. Der Interne Zinsfuß der veränderten Zahlungsreihe wäre dann eine Art Durchschnitt aus r und i. Als solcher kann er aber nicht kleiner oder gleich i sein, und die Relation $r > i$ bliebe erhalten. Die widersprüchlichen Annahmen führen also nicht zu widersprüchlichen Ergebnissen.

Zu ebenfalls **übereinstimmenden Empfehlungen** führen die Kapitalwertmethode und die Methode des Internen Zinsfußes bei der Beurteilung von (Normal-)**Finanzierungen**: Immer wenn der Kapitalwert einer Finanzierung positiv (negativ) ist, ist ihr Interner Zinssatz oder ihr Kapitalkostensatz c kleiner (größer) als der Kalkulationszinsfuß. Es würde sich dann zum Beispiel lohnen, einen Kredit zu $c < i$ aufzunehmen und den Kreditbetrag am annahmegemäß vollkommenen Kapitalmarkt anzulegen.

Bei **Nicht-Normalinvestitionen** gibt es **keine Entsprechung**, weil für sie die Methode des Internen Zinsfußes ohnehin nicht anwendbar ist. Der Kapitalwert indiziert aber auch in solchen Fällen korrekt, ob ein Projekt, ganz gleich, ob es als eine Investition oder eine Finanzierung klassifiziert wird, vorteilhaft ist oder nicht.

Wegen der vollständigen Entsprechung von Kapitalwertmethode und **Annuitätenmethode** führt letztere bei Ja-Nein-Entscheidungen auch nicht zu anderen Ergebnissen als die Methode des Internen Zinsfußes. Wir betrachten im folgenden die Annuitätenmethode nicht mehr gesondert. Für sie gilt auch bei den nun zu diskutierenden Auswahlentscheidungen, was für die Kapitalwertmethode gesagt wird.[14]

---

14 Wenn man die Annuitätenmethode für Auswahlentscheidungen heranzieht, ist es allerdings wichtig, sich nicht durch Laufzeitunterschiede der miteinander zu vergleichenden Investitionsobjekte zu einem in der Praxis häufigen Fehler verleiten zu lassen: Vergleicht man zwei Investitionen mit unterschiedlicher Laufzeit, indem man bei jeder von ihnen die Annuität mit der jeweiligen Laufzeit der ursprünglichen Investition berechnet, kann es sich ergeben, daß die Reihung anhand der Annuitäten anders ausfällt als die anhand der Kapitalwerte. Diesen Fehler vermeidet man, wenn man die betrachteten Investitionen in Annuitäten gleicher Laufzeit umrechnet.

4.3.3 Mögliche Widersprüche bei Auswahlentscheidungen

Im folgenden geht es zum ersten Mal um Auswahlentscheidungen. Rufen wir uns deshalb ins Gedächtnis, aus welchen Gründen Auswahlentscheidungen überhaupt getroffen werden müssen.[15] Die Notwendigkeit einer Auswahl kann sich zum einen aus *sachlich-technischen* Gründen ergeben. Zum Beispiel können auf einem gegebenen Grundstück nicht zwei unterschiedliche Gebäude errichtet werden, wenn auf dem Grundstück nur für eines Platz ist. Das ist der Fall, den wir im folgenden *ausschließlich* behandeln wollen. Zum anderen könnten *finanzielle Engpässe* dazu zwingen, zwischen mehreren Investitionsobjekten auszuwählen, die bei ausreichenden finanziellen Mitteln auch zugleich durchgeführt werden könnten. Dieser Grund ist jedoch ausgeschlossen, wenn wir, wie wir es im folgenden noch tun wollen, die Annahme eines vollkommenen Kapitalmarktes beibehalten. Auf einem vollkommenen Kapitalmarkt besteht nämlich immer die Möglichkeit, extern Mittel aufzunehmen, um Investitionen durchzuführen, die, gemessen am Kapitalkostensatz des vollkommenen Kapitalmarktes, vorteilhaft sind.

Es liegt nahe, in Analogie zu den Entscheidungskriterien bei Ja-Nein-Entscheidungen folgende Regeln für **Auswahlentscheidungen** zu formulieren:

(1) Von mehreren Investitionsobjekten, die sich gegenseitig ausschließen, soll man dasjenige wählen, das den höchsten Kapitalwert aufweist.

(2) Von mehreren Investitionsobjekten, die sich gegenseitig ausschließen, soll man dasjenige wählen, das den höchsten Internen Zinsfuß aufweist.

Anhand von Beispielen soll untersucht werden, ob die beiden Regeln immer vereinbar sind. Wir betrachten zuerst zwei Investitionsobjekte, die sich hinsichtlich ihrer Laufzeit unterscheiden. Ihre Kapitalwerte sind mit K_1 und K_2 und ihre Internen Zinsfüße mit r_1 und r_2 bezeichnet.[16] Die beiden zur Auswahl stehenden Investitionen sind durch die folgenden Zahlungsreihen gekennzeichnet:

	Zeitpunkt	t_0	t_1	t_2	t_3	...
Investition 1	Auszahlung	- 100				
	Einzahlung		+ 10	+ 10	+ 10	...
Investition 2	Auszahlung	- 100				
	Einzahlung		+ 115,5			

15 Vgl. dazu Abschnitt 3.2.3 des 3. Kapitels.

16 Die Indizes bezeichnen hier also ausnahmsweise nicht Bezugszeitpunkte.

Der Kalkulationszinsfuß betrage i = 0,05. Als Kapitalwerte erhält man

$$K_1 = -100 + \frac{10}{0{,}05} = 100 \quad \text{und} \quad K_2 = -100 + \frac{115{,}5}{1+0{,}05} = 10 .$$

Der Kapitalwertvergleich zeigt an, daß die erste Investition vorteilhafter ist. Wir vergleichen nun die Internen Zinsfüße. Sie sind aus den Zahlen des Beispiels direkt ablesbar:

$$-100 + \frac{10}{r_1} = 0 \quad \text{bzw.} \quad r_1 = 10\% \quad \text{und} \quad -100 + \frac{115{,}5}{1+r_2} = 0 \quad \text{bzw.} \quad r_2 = 15{,}5\%$$

Der Vergleich der Internen Zinsfüße zeigt an, daß die zweite Investition vorteilhafter ist. Ehe entschieden werden kann, ob der Vergleich der Kapitalwerte oder der Vergleich der Internen Zinsfüße zu der Entscheidung führt, die der Zielsetzung des Investors entspricht, soll die Entscheidungssituation anhand der folgenden graphischen Darstellung der Kapitalwertfunktionen der beiden Investitionen verdeutlicht werden.[17]

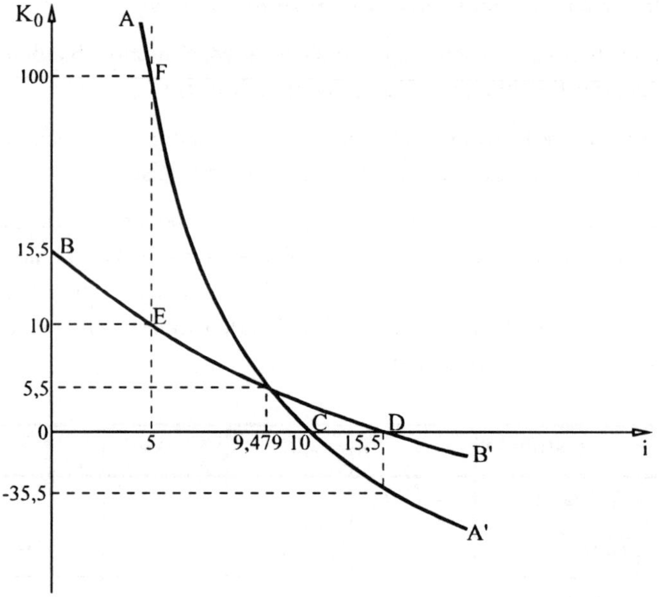

Abb. 4.2: Kapitalwertfunktionen von zwei Normalinvestitionen mit verschiedenen Laufzeiten

Die steilere Kapitalwertfunktion AA' stellt die erste Investition dar, die flachere Kapitalwertfunktion BB' die zweite. Der durch die Berechnung der Kapitalwerte und der Inter-

17 Die Abbildung 4.2 ist der Überschaubarkeit zuliebe nicht maßstabsgerecht!

nen Zinsfüße festgestellte Widerspruch ist in der Abbildung 4.2 zu erkennen, wenn man die Punkte E und F bzw. die Punkte D und C vergleicht. Bei i = 5% weisen beide Investitionen einen positiven Kapitalwert auf. Der Kapitalwert der Investition 1 ist höher als der der Investition 2, aber r_2 ist mit 15,5% größer als r_1 mit 10%. Aus der Abbildung ist auch ersichtlich, daß es in diesem Beispiel zu keinem Widerspruch kommt, wenn der Kalkulationszinsfuß gleich oder größer als 9,479% ist.

Der Widerspruch zwischen den Ergebnissen, die die beiden Methoden nahelegen, kann sich nur einstellen, weil Investitionen verglichen werden, die *nicht vergleichbar* sind: Die erste führt zu einer ewigen Rente, die zweite ist nach einer Periode beendet. Die Investitionen müssen **vergleichbar** gemacht werden, so daß direkt diejenige ausgewählt werden kann, die bei gleicher Laufzeit zu dem breiteren Konsumeinkommensstrom führt. Ein breiterer Konsumstrom einer Investition bedeutet bei vollkommenem Kapitalmarkt generell, also auch unabhängig von der tatsächlich gewünschten zeitlichen Verteilung der Konsumausgaben eines Investors, ein größeres Konsumpotential. Im Rahmen der Graphiken des Fisher-Modells, das im dritten Kapitel dargestellt wurde, liegt ein breiterer Konsumstrom weiter rechts oben als ein weniger breiter.

Sowohl die Kapitalwertmethode als auch die Methode des Internen Zinsfußes stellen die Vergleichbarkeit durch die im letzten Abschnitt dargestellten **impliziten Reinvestitions- und Finanzierungsannahmen** her. Wie gezeigt worden ist, widersprechen sich die Reinvestitions- und Finanzierungsannahmen der beiden Methoden jedoch. Bei der Kapitalwertmethode wird angenommen, Reinvestitionen oder Kapitalaufnahmen seien zum Kalkulationszinsfuß i, im Beispiel also zu 5%, möglich. Durch Geldanlage oder -aufnahme *zu diesem Zinssatz* ändert sich die Kennzahl "Kapitalwert" für eine gegebene Investition nicht. Auch die Methode des Internen Zinsfußes verdichtet eine Zahlungsreihe auf eine Kennzahl, eben den Internen Zinsfuß. Dabei wird aber, abweichend von der Kapitalwertmethode, unterstellt, Reinvestitionen oder zwischenzeitliche Finanzierungen seien (nur) zum jeweiligen Internen Zinsfuß der betrachteten Investition möglich, wenn sich der Wert der Kennzahl "Interner Zinsfuß" nicht ändern soll. Die Bedeutung dieser unterschiedlichen Prämissen wird nun deutlich, wenn wir den beiden Methoden gemäß die beiden Investitionen mit den ursprünglich unterschiedlichen Laufzeiten vergleichbar machen.

Vergleichbarkeit kann[18] in der Weise hergestellt werden, daß man die zeitliche Struktur der Rückflüsse der zweiten Investition an die der ersten anpaßt. Dazu muß im Zeitpunkt t_1 eine Wiederanlage eines Teiles der Rückflüsse der zweiten Investition vorgesehen

18 Die hier dargestellten und im folgenden diskutierten Anpassungen stellen hinreichende, aber keine notwendigen Bedingungen für die Vergleichbarkeit dar. Zur Kennzeichnung der notwendigen Bedingungen für die Vergleichbarkeit kann man sich des Konzepts der Differenzinvestition bedienen. Vgl. *Schneider*, [Wirtschaftlichkeitsrechnung], S. 39f.

werden, die ab t_2 eine ewige Rente erbringt. Der Betrag der Wiederanlage sollte so bemessen werden, daß sich die um die Wiederanlage ergänzten Investitionen einfach anhand der Breite der Einkommensströme vergleichen lassen. Welcher Betrag wäre wiederanzulegen, und zu welchem Zinssatz ist die Wiederanlage möglich? Wie gleich deutlich werden wird, kommen als Wiederanlagebeträge 110 oder 100 in Betracht.

Wenn die Vergleichbarkeit dadurch hergestellt wird, daß bei der zweiten Investition im Zeitpunkt t_1 der Betrag von 110 so reinvestiert wird, *wie es die Kapitalwertmethode unterstellt*, erhalten wir folgende Finanzpläne:

	Zeitpunkt	t_0	t_1	t_2	t_3	...
Investition 1	Auszahlung	- 100				
	Einzahlung		+ 10	+ 10	+ 10	...
Investition 2	Auszahlung	- 100				
	Einzahlung		+ 115,5			
Wiederanlage	Auszahlung		- 110			
zu i = 5%	Einzahlung			+ 5,5	+ 5,5	...
Investition 2	Auszahlung	- 100				
mit Wiederanlage	Einzahlung		+ 5,5	+ 5,5	+ 5,5	...

Jetzt sind die Zahlungsreihen vergleichbar. Investition 1 erbringt höhere Nettoeinzahlungen pro Periode als Investition 2 zuzüglich der Wiederanlage zu 5%. Die erste Investition ist damit offensichtlich vorteilhafter. Der Vergleich der *angeglichenen* Zahlungsströme führt zu demselben Ergebnis wie der Vergleich der Kapitalwerte: $K_1 > K_2$.

In der graphischen Darstellung der Kapitalwertfunktionen (Abbildung 4.2) würde diese Angleichung der zeitlichen Strukturen der beiden Investitionen eine Drehung der Kapitalwertfunktion BB' um den Punkt E bedeuten. Nach der Drehung schneiden sich die Kapitalwertfunktionen nicht mehr; die Investitionen sind direkt vergleichbar. Der Interne Zinsfuß der zweiten Investition sinkt von 15,5% auf 5,5%.

Wie würde sich die Vergleichbarkeit auf der Basis der Methode des Internen Zinsfußes herstellen lassen? Diese Methode unterstellt die Möglichkeit der Wiederanlage zum Internen Zinsfuß. Da wir die Angleichung der zweiten Investition an die erste betrachten und da der Interne Zinsfuß der zweiten Investition 15,5% beträgt, legt die Methode des Internen Zinsfußes nahe, man brauchte in t_1 nur 100 zu reinvestieren, um ab t_1 regelmäßige Nettoeinzahlungen zu erhalten. Sie würden, in t_1 beginnend, 15,5 pro Periode betragen. Von der ursprünglichen Einzahlung in t_1 in Höhe von 115,5 blieben 15,5 für den Konsum in t_1 übrig, und ab t_2 erhielte man 15,5, als Verzinsung auf die in t_1 reinvestierten 100. Die der Methode des Internen Zinsfußes entsprechende Reinvestitionsannahme würde zu folgenden Finanzplänen führen:

	Zeitpunkt	t_0	t_1	t_2	t_3	...
Investition 1	Auszahlung	- 100				
	Einzahlung		+ 10	+ 10	+ 10	...
Investition 2	Auszahlung	- 100				
	Einzahlung		+ 115,5			
Wiederanlage	Auszahlung		- 100			
zu r = 15,5%	Einzahlung			+ 15,5	+ 15,5	...
Investition 2	Auszahlung	- 100				
mit Wiederanlage	Einzahlung		+ 15,5	+ 15,5	+ 15,5	...

Wenn die Wiederanlagemöglichkeit, die die Methode des Internen Zinsfußes unterstellt, gegeben wäre, erhielte man bei Investition 2 und Wiederanlage höhere periodische Einzahlungen als bei Investition 1, was dem Ergebnis des Vergleichs der Internen Zinsfüße entspräche: $r_1 < r_2$. Auch diese Angleichung ist in der obigen Graphik der Kapitalwertfunktionen darstellbar. Dabei wäre die Kurve BB' um den Punkt D zu drehen. Der Interne Zinsfuß bliebe mit 15,5% konstant. Nach der Anpassung entspricht der Vergleich der Internen Zinsfüße genau dem Vergleich der periodischen Einzahlungen ab t_1. (Der Kapitalwert der um die Wiederanlage ergänzten Investition 2 steigt auf 210, was sich als 15,5 : 0,05 - 100 errechnen läßt.)

Die *Angleichung* kann auch in *umgekehrter Richtung* vorgenommen werden. Die langfristige Investition 1 kann an die zeitliche Struktur der kurzfristigen Investition 2 angepaßt werden. Dazu kann man sich vorstellen, daß im Zeitpunkt t_1 als Ergänzung zur Investition 1 ein Kredit aufgenommen wird, dessen Verzinsung genau durch die periodischen Einzahlungen von 10 gedeckt ist, die die Investition 1 ab t_2 erbringt. (Tilgung entfällt wegen unendlicher Laufzeit.) Nach dieser Ergänzung unterscheiden sich die beiden Investitionen nur noch hinsichtlich des möglichen (Mehr-)Konsums im Zeitpunkt t_1. In allen folgenden Zeitpunkten beträgt der Einzahlungsüberschuß null.

Die entscheidende Frage ist, wie hoch der Kredit sein kann, der in t_1 aufgenommen und *zusammen* mit dem Einzahlungsüberschuß von 10 ausgeschüttet und durch die Zahlungen von 10 ab t_2 verzinst werden kann. Die Kapitalwertmethode unterstellt die

Möglichkeit der Zwischenfinanzierung zu i. Daher kann in unserem Beispiel mit i = 5% ein Kredit von 200 aufgenommen werden, so daß in t_1 210 (= 10 + 200) verbraucht werden können. Da dies mehr ist als die Einzahlung von 115,5 der Investition 2 im Zeitpunkt t_1, erweist sich die erste Investition als besser, wie es der Vergleich der Kapitalwerte auch anzeigt.

Könnte hingegen, wie es die Methode des Internen Zinsfußes unterstellt, ein Kredit nur zum Zinssatz r_1 (10%), dem Internen Zinsfuß der ersten Investition, aufgenommen werden, wäre der maximal mögliche Kreditbetrag lediglich 100. Weil 110 (= 10 + 100) weniger ist als 115,5, erscheint die zweite Investition günstiger, wie es auch der Vergleich der Internen Zinsfüße signalisiert. (Als Übung wird empfohlen, die entsprechenden Finanzpläne zu erstellen.) Die beiden Angleichungen der ersten Investition an die zweite wären in der Graphik als Drehungen um die Punkte F (Kapitalwert bleibt gleich) bzw. C (Interner Zinsfuß bleibt gleich) darstellbar.

Bisher wurde das Problem der Vergleichbarkeit bei solchen Investitionen behandelt, die sich hinsichtlich der **zeitlichen Struktur** der Nettoeinzahlungen unterscheiden. Für Investitionen, die sich im Hinblick auf den **Investitionsbetrag** unterscheiden, gilt Entsprechendes. Auch hierzu stellen wir ein Beispiel mit zwei Investitionen vor.

	Zeitpunkt	t_0	t_1	t_2	t_3	...
Investition 1	Auszahlung	- 100				
	Einzahlung		+ 10	+ 10	+ 10	...
Investition 2	Auszahlung	- 50				
	Einzahlung		+ 6	+ 6	+ 6	...

Bei dem Kalkulationszinsfuß von 5% ergeben sich als Kapitalwerte:

$$K_1 = -100 + \frac{10}{0{,}05} = 100 \quad \text{und} \quad K_2 = -50 + \frac{6}{0{,}05} = 70$$

Die Internen Zinsfüße betragen:

$$r_1 = \frac{10}{100} = 10\% \quad \text{und} \quad r_2 = \frac{6}{50} = 12\%$$

Auch hier führen die beiden Entscheidungsverfahren zu widersprüchlichen Ergebnissen. Die Ursache dafür sind unterschiedliche Annahmen über die Anlagemöglichkeit der Differenz zwischen den Investitionsbeträgen bzw. der Möglichkeit, die Differenz von 50 durch Kreditaufnahme zu finanzieren.[19] Wir betrachten hier nur den Fall, daß der Investor über den größeren Investitionsbetrag von 100 verfügt. Die zweite Investition wird in Bezug auf den Investitionsbetrag an die erste angeglichen. (Den Fall mit Kreditaufnahme sollten die Leser zur Kontrolle selbst erarbeiten!)

Bei der Kapitalwertmethode wird unterstellt, die bei der zweiten Investition "übriggebliebenen" 50 könnten nur zum Kalkulationszinsfuß von 5% angelegt werden. Sie erbrächten einen unendlich lange fließenden Einzahlungsstrom von 2,5, so daß die Investition 2 einschließlich der Ergänzungsinvestition eine ewige Rente von 8,5 liefern würde. Wie auch der Kapitalwertvergleich zeigt, ist die erste Investition günstiger, da sie zu einem Einzahlungsstrom von 10 pro Periode führt.

Bei der Methode des Internen Zinsfußes wird hingegen unterstellt, die "übriggebliebenen" 50 könnten auch zum Internen Zinsfuß derjenigen Investition angelegt werden, die an die andere angeglichen werden soll. Da wir die Angleichung der zweiten Investition an die erste betrachten und da der Interne Zinsfuß der zweiten Investition 12% beträgt, erbrächte die Ergänzungsinvestition ebenfalls pro Periode 6. Die Investition 2 einschließlich der Ergänzungsinvestition wäre mit 12 pro Periode günstiger als die Investition 1. Bei dieser Annahme signalisiert der direkte Vergleich der Zahlungsströme dasselbe wie der Vergleich der Internen Zinsfüße.

Die Demonstration der Möglichkeit von sich widersprechenden Auswahlentscheidungen könnte noch lange fortgesetzt werden. Unterschiede bezüglich der Laufzeit und hinsichtlich des Investitionsbetrags können zusammen vorkommen, und außerdem können sich die zeitlichen Strukturen der Zahlungen während der Laufzeit der jeweils betrachteten Investitionen unterscheiden. Doch solche Verfeinerungen ändern nichts an der Grundstruktur des Arguments:

> Unterschiedliche Empfehlungen der Kapitalwertmethode einerseits und der Methode des Internen Zinsfußes andererseits sind ausschließlich Folgen von unterschiedlichen Reinvestitions- und Finanzierungsannahmen. Im Falle von Widersprüchen ist daher die Frage nach der richtigen oder ökonomisch sinnvollen Methode gleichbedeutend mit der Frage, welche Reinvestitions- und Finanzierungsannahmen ökonomisch sinnvoller sind.

---

19 Bei *vollständiger* Kreditfinanzierung zum jeweiligen Internen Zinsfuß wären die Einzahlungsüberschüsse jeder Investition in allen Perioden definitionsgemäß gleich null. Dieser Fall ist daher nicht relevant.

4.3.4 Fazit: die Überlegenheit der Kapitalwertmethode

Welche von zwei Investitionen bei Anwendung finanzmathematischer Methoden vorteilhafter *erscheint*, hängt, wie anhand der Gegenüberstellung der Kapitalwertmethode und der Methode des Internen Zinsfußes gezeigt werden konnte, davon ab, was diese Methoden hinsichtlich der Reinvestitions- und Finanzierungsmöglichkeiten und damit hinsichtlich der Möglichkeiten, erwünschte Konsumströme zu erreichen, implizit oder explizit unterstellen. Die Frage nach dem richtigen Entscheidungskriterium erweist sich als die Frage nach den richtigen Anlage- und Finanzierungsannahmen. Da wir bisher die Annahme des **vollkommenen Kapitalmarktes** noch nicht aufgehoben haben, ist **nur die Kapitalwertmethode richtig**, denn sie unterstellt, daß Mittel zum Kalkulationszinsfuß i angelegt und/oder beschafft werden können und daß deshalb die gewünschte zeitliche Struktur des Konsumstroms irrelevant ist.

Wenn man sich des Problems nicht durch den Verweis auf eine Annahme entledigen will, hat man trotzdem mehrere Argumente, um die Kapitalwertmethode gegenüber der Methode des Internen Zinsfußes zu bevorzugen.

(1) Die Kapitalwertmethode paßt zu der Annahme des vollkommenen Kapitalmarktes, und die Methode des Internen Zinsfußes steht bei Auswahlentscheidungen im logischen Widerspruch zu ihr. Auch wenn die Annahme eines vollkommenen Kapitalmarktes manchem Leser sehr unrealistisch erscheinen mag, ist es doch keineswegs erwiesen, daß sie wirklich in grober Weise und in einer für betriebliche Investitionsentscheidungen maßgeblichen Weise falsch ist. Wenn man, wie wir es in diesem Teil des Buches getan haben, zugleich die Annahme sicherer Erwartungen trifft, könnte die Annahme des vollkommenen Kapitalmarktes "realistischer" sein, als sie erscheint. Wie wir noch darlegen werden, ist die problematischere Annahme die der Sicherheit. Es ist natürlich eine hypothetische Frage, ob der Kapitalmarkt in einer Welt sicherer Erwartungen eher als vollkommen oder eher als unvollkommen einzustufen wäre, denn es gibt in der Realität keine sicheren Erwartungen. Aber deshalb kann man auch nicht im Umkehrschluß behaupten, daß die Annahme eines vollkommenen Kapitalmarktes "offensichtlich" unrealistisch ist. Die Frage verschiebt sich damit: Ist die Annahme eines vollkommenen Kapitalmarktes bei Sicherheit eine sinnvolle Annahme? Auf diese Frage kann man durchaus eine positive Antwort geben.

(2) Die Annahmen der Methode des Internen Zinsfußes über Anlage- und Finanzierungsmöglichkeiten sind - im Lichte der Annahme des vollkommenen Kapitalmarktes - selbst dann nicht überzeugend, wenn die unterstellten Möglichkeiten tatsächlich bestehen sollten. Sollte es wirklich Möglichkeiten zur zwischenzeitlichen Anlage von Kapital mit einer Verzinsung von $r > i$ geben, dann würden sie auf einem vollkommenen Kapital-

markt ohnehin genutzt, und zwar unabhängig davon, wie die anstehende Auswahlentscheidung getroffen würde. Und Finanzierungen zu einem Kostensatz in Höhe von $c > i$ würde ein vernünftiger Investor auf einem vollkommenen Kapitalmarkt nicht in Anspruch nehmen, da er sich annahmegemäß immer Mittel zum Kapitalmarktsatz i beschaffen kann, um vorteilhafte Investitionen durchzuführen.

(3) Die Methode des Internen Zinsfußes unterstellt Finanzierungskosten und Renditen von Reinvestitionsmöglichkeiten in Höhe des Internen Zinsfußes der jeweils betrachteten Investition. Dies kann auch allein aus logischen Gründen nicht überzeugen. Wenn zwei Investitionen verglichen werden sollen, gibt es auch zwei Interne Zinsfüße und damit - scheinbar - auch zwei verschiedene Ertrags- bzw. Kostensätze für Anlage- und Finanzierungsmöglichkeiten. Wieviel Geldanlagen erbringen bzw. wieviel Finanzierungen kosten, ist aber eine Aussage über die Beschaffenheit der Realität, und die Richtigkeit solcher Behauptungen kann sich nicht in Abhängigkeit davon ändern, ob die Investition 1 an die Investition 2 angeglichen wird oder umgekehrt. Die Reinvestitions- und Finanzierungsmöglichkeiten hängen nicht davon ab, wie der Investor rechnet! Genau dies unterstellt aber die Methode des Internen Zinsfußes. In dieser Hinsicht ist die Kapitalwertmethode besser, deren Reinvestitions- und Finanzierungsannahme unabhängig davon ist, wie hoch der Kapitalwert einer betrachteten Investition ist.

Diese Überlegungen führen uns zu folgendem **Ergebnis**:

> Die implizite Prämisse der Kapitalwertmethode, daß Reinvestitionen und Finanzierungen zum Kalkulationszinsfuß i des vollkommenen Kapitalmarktes möglich sind, ist konsequent und sinnvoll. Zudem ist die Annahme eines vollkommenen und vollständigen Kapitalmarktes auch nicht offensichtlich falsch. Damit erweist sich: Die Kapitalwertmethode ist überlegen; in allen Zweifelsfällen ist sie eher zu verwenden als die Methode des Internen Zinsfußes.

Es dürfte kaum überraschen, daß wir zu diesem Ergebnis kommen, denn schließlich war es gerade die Annahme eines vollkommenen und vollständigen Kapitalmarktes, die überhaupt erst die Separation von Investitionsentscheidungen auf der einen und Finanzierungs- und Konsumentscheidungen auf der anderen Seite erlaubt. Die Diskussion über den Methodenvergleich zeigt gerade, welche große Bedeutung dem Kalkulationszinsfuß zukommt. Er muß Vergleichbarkeit zwischen Investitionsobjekten herstellen, er beschreibt zusammenfassend die Teile der "ökonomischen Umwelt" eines Investors, die dieser in seiner Planung nicht explizit berücksichtigt, und er entscheidet darüber, ob man die gewünschte zeitliche Struktur des Konsumstroms aus der Planung ausblenden darf.

Unser Ergebnis beantwortet freilich noch nicht die Frage, nach welcher Methode Investitionsentscheidungen zu treffen sind, wenn man glaubt von einem **unvollkommenen Kapitalmarkt** ausgehen zu müssen und wenn damit das "Zaubermittel" des einheitlichen Kalkulationszinsfußes nicht mehr verfügbar ist. Aber unsere Diskussion des Methodenvergleichs wirft zugleich auch ein eher schlechtes Licht auf die Methode des Internen Zinsfußes: Zumindest der oben als (3) genannte Kritikpunkt an dieser Methode gilt unabhängig davon, ob der Kapitalmarkt vollkommen ist oder nicht. Auf Möglichkeiten der Investitionsplanung bei Sicherheit und unvollkommenem Kapitalmarkt gehen wir am Ende des Kapitels ein. Vorher soll noch gezeigt werden, wie sich unsere Ergebnisse zum Thema des Methodenvergleichs im Rahmen des Fisher-Modells nachvollziehen lassen.

4.3.5 Der Methodenvergleich im Rahmen des Fisher-Modells

Die Entsprechung der beiden Methoden im Falle von Ja-Nein-Entscheidungen und die Überlegenheit der Kapitalwertmethode über die Methode des Internen Zinsfußes im Falle von Auswahlentscheidungen lassen sich auch mit Hilfe des Modells von Fisher zur Investitions-, Finanzierungs- und Konsumplanung über zwei Zeitpunkte (t_0 und t_1) veranschaulichen, das im letzten Kapitel eingeführt worden ist. Wir rufen in Erinnerung: Die geraden Linien gleicher Barwerte, die Iso-Barwertlinien, in den Abbildungen 3.4 bis 3.11 und hier in der entsprechend konstruierten Abbildung 4.3 zeigen die Möglichkeiten, durch Geldanlage oder Kreditaufnahme am Kapitalmarkt Einkommen bzw. Konsummöglichkeiten in der Zeit zu verschieben. Ihre Steigung wird durch den Kosten- bzw. Ertragssatz am vollkommenen Kapitalmarkt, also den Einheits-Kalkulationszinsfuß, bestimmt. Die Durchführung einer Investition bedeutet, gegenwärtiges Einkommen gegen zukünftiges Einkommen zu tauschen. Wie wir oben ausgeführt haben, kann dieser Tausch durch eine Finanztransaktion (Geldaufnahme am Kapitalmarkt) wieder neutralisiert werden, um den Wünschen des Investors hinsichtlich der zeitlichen Verteilung seines Konsums Rechnung zu tragen.

Eine Investition ist vorteilhaft, wenn sie die Gesamtheit der Konsummöglichkeiten über die Zeit vergrößert. Und von zwei sich aus sachlich-technischen Gründen gegenseitig ausschließenden Investitionen ist diejenige zu bevorzugen, die die Konsummöglichkeiten am stärksten erhöht. Die bessere Methode ist diejenige, die dazu führt, daß die und nur die Investitionen gewählt werden, die die Konsummöglichkeiten am stärksten erhöhen.

Die Durchführung einer vorteilhaften Investition führt zu einer Rechtsverschiebung der Iso-Barwertlinie, die die Gesamtheit der *erreichbaren* Konsummöglichkeiten in den Zeitpunkten t_0 und t_1 repräsentiert, und damit auch zu einer Vergrößerung des Achsenabschnittes auf der Abszisse. Diese Vergrößerung stellt den Betrag dar, um den der maximal mögliche Konsum in t_0 erhöht wird, und damit gleichzeitig den **Kapitalwert** der betrachteten Investition. Der **Interne Zinsfuß** einer Investition zeigt sich daran, wie steil die Gerade vom Punkt A aus verläuft, die die betreffende Investition darstellt. Ist der Interne Zinsfuß einer betrachteten Investition größer als der Kalkulationszinsfuß, verläuft die Gerade vom Punkt A aus steiler nach links oben als die Iso-Barwertlinien: Die Durchführung der Investition bringt mehr Konsummöglichkeiten in t_1 als die Anlage des Investitionsbetrags am (vollkommenen) Kapitalmarkt. Je höher der Interne Zinsfuß, desto steiler ist die Gerade.

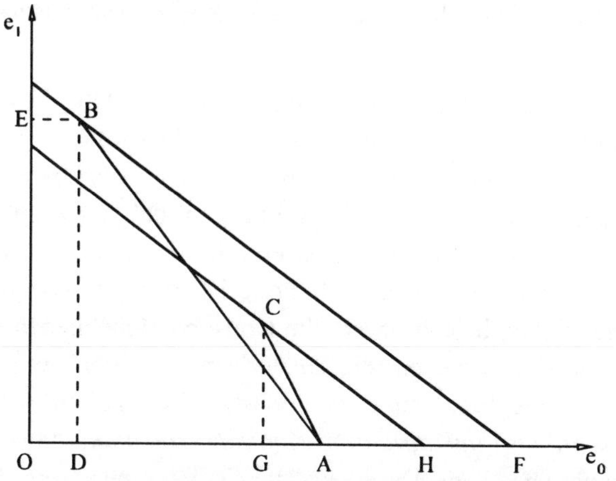

Abb. 4.3: Methodenvergleich im Fisher-Modell

In der Abbildung 4.3 sind zwei Investitionsmöglichkeiten dargestellt. Der Punkt A bezeichnet das Ausgangsvermögen des Investors (oder den Barwert seiner in Abbildung 4.3 nicht eingezeichneten vorweg gegebenen Konsummöglichkeiten in t_0 und t_1). Wir betrachten zuerst nur eine der beiden Investitionen. Sie ist dargestellt durch die Linie, die die Punkte A und B verbindet. Die Durchführung dieser Investition tauscht die Einkommensposition des Punktes A gegen die des Punktes B ein: Sie kostet im Zeitpunkt t_0 einen Betrag, der durch die Strecke AD repräsentiert wird, und bringt im Zeitpunkt t_1 einen Ertrag (oder ermöglicht einen Mehrkonsum) in Höhe der Strecke OE.

Die Iso-Barwertlinie durch den Punkt B liegt rechts oberhalb der Iso-Barwertlinie durch den Punkt A und schneidet die Abszisse im Punkt F. An der Lage der Iso-Barwertlinie durch den Punkt B rechts oberhalb der Iso-Barwertlinie durch den Punkt A erkennt man, daß die Investition vorteilhaft ist. An der Lage des Abszissenabschnitts F kann man den Kapitalwert ablesen: Er gleicht der Strecke AF.

Die *Entsprechung* der Kapitalwertmethode und der Methode des Internen Zinsfußes bei Ja-Nein-Entscheidungen kann man nun an folgendem sehen: Dann und nur dann, wenn der Interne Zinsfuß einer Investition größer ist als der Kalkulationszinsfuß (wenn die Gerade AB steiler verläuft als die Iso-Barwertlinien), ist der Kapitalwert der Investition positiv (liegt der erreichbare Abszissenabschnitt F rechts vom Ausgangsvermögen A). Die beiden Methoden führen deshalb bei Normalinvestitionen immer zu den gleichen Ja-Nein-Entscheidungen.

Nun betrachten wir **Auswahlentscheidungen**: Außer der Investition 1 gibt es eine weitere Investition 2, die in der Abbildung 4.3 durch die Gerade AC dargestellt wird. Sie erlaubt es, die Einkommenssituation des Punktes A gegen die des Punktes C einzutauschen. Der Investitionsbetrag der Investition 2 entspricht der Strecke AG; er ist kleiner als der der Investition 1. Die beiden Investitionen schließen sich aus sachlich-technischen Gründen gegenseitig aus.

Wie sich aus der Steigung der Geraden AB und AC ablesen läßt, ist der Interne Zinsfuß der Investition 2 größer als der der Investition 1. Die Investition 2 erscheint damit vorteilhafter. Die Lage der durch die beiden Investitionen erreichbaren Iso-Barwertlinien und ihre Abszissenabschnitte F und H zeigen hingegen, daß der Kapitalwert der Investition 2 kleiner ist als der der anderen. Die Methoden können also zu **sich widersprechenden Ergebnissen** führen. Welcher Methode ist eher zu vertrauen? Das relevante Ziel der Investitionstätigkeit besteht darin, die Konsummöglichkeiten zu erhöhen. Daher ist diejenige Investition vorzuziehen, die zu der am weitesten vom Ursprung entfernt liegenden Iso-Barwertlinie bzw. zu dem höchsten "Vermögen" (Abszissenabschnitt) führt. Diese Investition wird *nur durch die Kapitalwertmethode* korrekt ausgewählt, da der Kapitalwert unmittelbar dem Abszissenabschnitt vermindert um das gegebene Ausgangsvermögen entspricht. Also ist die Kapitalwertmethode überlegen. Auch diese Aussage beruht auf der Annahme des vollkommenen und vollständigen Kapitalmarktes.

4.4 Die Planung von Investitions- und Finanzierungsprogrammen auf einem unvollkommenen Kapitalmarkt

4.4.1 Der vollständige Finanzplan und die Endwertmethode

In der Literatur ist die Auffassung vertreten worden, man könnte die angreifbare Annahmen eines vollkommenen Kapitalmarktes und insbesondere die Annahmen der Kapitalwertmethode, die die Reinvestitions-, Zwischenanlage- und Finanzierungsmöglichkeiten betreffen, dadurch vermeiden, daß man mit wirklichen Geldanlagemöglichkeiten und (Zwischen-) Finanzierungen rechnet.[20] Dazu wird empfohlen, einen sogenannten **vollständigen Finanzplan** aufzustellen, der auch die gewünschten Ausschüttungen oder Konsumströme umfaßt. Anhand des vollständigen Finanzplans könnte man einen vollständigen und korrekten Vorteilhaftigkeitsvergleich vornehmen.[21] Eine operationalisierte Fassung dieser Idee ist die sogenannte **Endwertmethode**. Grundsätzlich könnte man die

20 Als wichtigste deutsche Quelle vgl. *Heister* [Rentabilitätsanalyse].

21 Vgl. *Schneider* [Investition], S. 67 ff., bes. S. 71.

Endwertmethode zwar auch als eine Variante der Kapitalwertmethode verstehen, bei der alle Zahlungen auf den Endzeitpunkt, den Zeitpunkt der letzten Zahlung, aufgezinst werden, doch in der Literatur erscheint sie als etwas grundlegend anderes: Bei ihr werden nicht einfach zwei oder mehrere alternative Investitionsobjekte verglichen, sondern "alternative courses of action"[22], bestehend aus den ursprünglichen Investitionszahlungsreihen und allen dazu gehörenden Ergänzungszahlungsreihen. Gewählt wird die Kombination von Zahlungsreihen, die zum größeren Endvermögen am Ende der Lebensdauer des längsten Projektes führt.

Wir wollen uns hier mit der Idee des vollständigen Finanzplans zur Beurteilung einzelner Investitionen nicht weiter auseinandersetzen. Es soll zur Kritik der Hinweis auf zwei grundlegende Schwächen genügen: Die erste Schwäche besteht darin, daß der Ansatz "wirklicher" Ergänzungsinvestitionen ins Uferlose führt, zumal dann, wenn auch noch "wirkliche" Konsummöglichkeiten bedacht werden sollen - und diese nicht in die Planung einzubeziehen, wie es bei der Endwertmethode geschieht, wäre nicht sachgerecht. Die zweite Schwäche ist, daß die Konzeption des vollständigen Finanzplans die Idee, man könnte Bedingungen finden, unter denen sich Investitionen einfach und zudem isoliert beurteilen lassen, nicht einmal mehr zu verfolgen versucht. Die Empfehlung, man sollte von allen denkbaren Kombinationen von Investitionen und Finanzierungsmöglichkeiten diejenige wählen, die der Investor am günstigsten findet, ist trivial!

Zumindest den ersten Einwand, den der mangelnden Handhabbarkeit aufgrund zu hoher Komplexität, kann man gegen den im folgenden diskutierten Vorschlag nicht erheben.

4.4.2 Die Methode des "Capital Budgeting"

4.4.2.1 Darstellung

Um 1950 entwickelte Joel Dean ein erstes Verfahren zur Abstimmung der Investitions- und Finanzierungsplanung.[23] Der Ansatz besticht gerade dadurch, daß er in seinen Grundzügen sehr einfach ist und zumindest auf den ersten Blick überzeugend und für praktische unternehmerische Entscheidungen verwendbar erscheint. Die Grundidee besteht darin, durch die Planung eines Programms die Ermittlung und Verwendung eines einheitlichen Kalkulationszinsfußes vermeidbar zu machen.

Dean empfiehlt die Konstruktion einer Kapitalbedarfs- und einer Kapitalangebotskurve für eine Unternehmung, durch deren Schnittpunkt simultan Art und Menge der auszu-

22 *Solomon* [Arithmetic], S. 127.

23 Vgl. *Dean* [Budgeting] und die Darstellung bei *Hax* [Investitionstheorie], S. 62-71.

führenden Investitionen und Finanzierungen festgelegt werden. Die **Kapitalbedarfskurve** besteht aus der Menge der möglichen Investitionsobjekte, die nach fallenden Internen Zinsfüßen geordnet werden. Die Internen Zinsfüße werden weiterhin mit r bezeichnet. Die **Kapitalangebotskurve** wird durch die Finanzierungsmöglichkeiten gebildet, die nach steigenden mit c bezeichneten expliziten Kapitalkosten geordnet sind. Die Funktionen der Mittelverwendungs- und der Mittelbeschaffungsmöglichkeiten geben an, welche Geldbeträge zu welchem Satz angelegt bzw. beschafft werden können. Unterstellt wird damit ein unvollkommener Kapitalmarkt, der dem Fall der sogenannten schwachen Kapitalrationierung entspricht. Das Dean-Modell läßt sich aber analog auch im Fall der strikten Kapitalrationierung verwenden. Mittelverwendungs- und Mittelbeschaffungsmöglichkeiten können in einer Tabelle oder in einer Graphik gegenübergestellt werden.

Wir betrachten ein Beispiel mit fünf Investitionsobjekten und drei Finanzierungsmöglichkeiten. Die Objekte sind in der folgenden Tabelle zusammengestellt und nach fallenden internen Zinsfüßen und steigenden Kostensätzen geordnet:

Investitionsobjekt	Investitionsbetrag	Interner Zinsfuß in %
1	200	20
2	100	15
3	200	12
4	300	10
5	200	5
Finanzierungsmöglichkeiten	**Finanzierungsbetrag**	**Kapitalkosten in %**
1	500	3
2	400	8
3	400	15

Die Investitionsobjekte und die Finanzierungsmöglichkeiten seien beliebig teilbar. Die folgende Abbildung 4.4 zeigt die graphische Gegenüberstellung der Kapitalbedarfs- und der Kapitalangebotskurve.

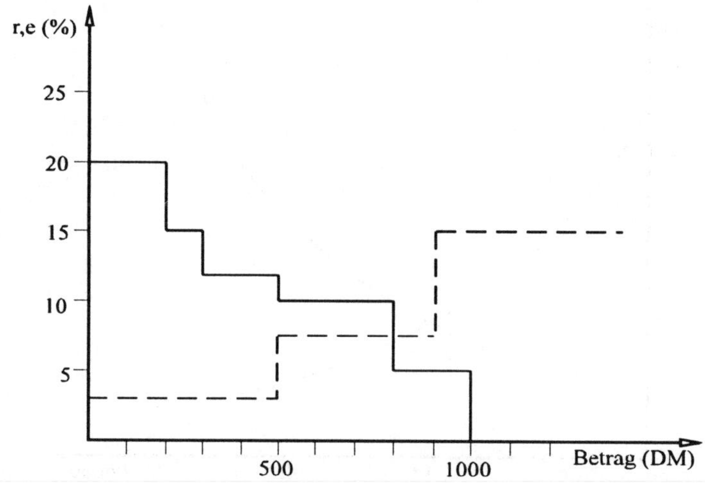

Abb. 4.4: Optimales Kapitalbudget nach Dean

Das **optimale Kapitalbudget** umfaßt die ersten vier Investitionsobjekte, die erste Finanzierungsmöglichkeit und die zweite zu 75%. Es erbringt einen "Gewinn" (pro Jahr) von 70. Dieser "Gewinn" ist als Fläche zwischen den Kurven ablesbar. Durch die Art der Anordnung werden bei dem Dean-Modell die jeweils rentabelsten Investitionsobjekte zusammen mit den jeweils "billigsten" Finanzierungen solange als vorteilhaft akzeptiert, wie der Interne Zinsfuß der Investitionen über dem ihnen zugeordneten Finanzierungskostensatz liegt. Die beiden Kurven stellen genaugenommen die Grenzerträge und die Grenzkosten der Mittelverwendungen und der Mittelbeschaffungen dar.

Der Punkt, an dem sich die beiden Kurven schneiden, wird **cut-off-point** genannt. Er gibt das optimale Investitions- und Finanzierungsprogramm und zugleich das optimale Investitions- und Finanzierungsvolumen oder die optimale "Betriebsgröße" an. Jenseits des Schnittpunktes liegende Objektpaare werden verworfen, weil die Mittelbeschaffung mehr kosten würde, als ihre Verwendung einbrächte.

Wenn man die Treppenkurven in dem Beispiel durch stetige Kurven ersetzt, kann man nicht nur das optimale Investitions- und Finanzierungsvolumen A*, sondern auch den dazugehörigen Zinssatz r* im Schnittpunkt der Kurven bestimmen. Diesen Zinssatz nennt man die **cut-off-rate**.

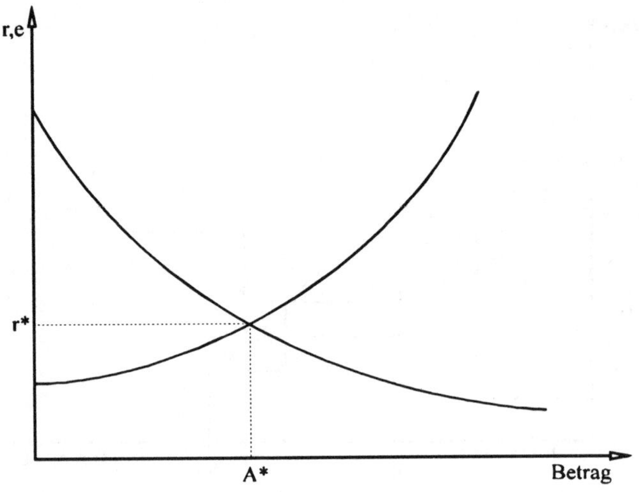

Abb. 4.5: Optimales Investitions- und Finanzierungsvolumen und cut-off-rate

Dieser Satz r* stellt zugleich zweierlei dar,

(1) den Internen Zinsfuß der besten Investitionsalternative, die (durch die links vom Schnittpunkt angeordneten und somit akzeptierten Investitionen) gerade ausgeschlossen oder verdrängt wird,

(2) die Kosten der letzten gerade akzeptierten Finanzierung.

Das Problem von Ergänzungsinvestitionen bezüglich des Investitionsbetrages stellt sich bei dieser Methode nicht, denn es wird explizit erfaßt, welche Investitionen insgesamt im Zeitpunkt t_0 durchgeführt werden und wie sie finanziert werden. Offensichtlich unterstellt die Methode, daß die in die Kapitalangebots- und -nachfragekurven einbezogenen Investitionsobjekte und Finanzierungsmöglichkeiten unabhängig voneinander sind. Das bedeutet dreierlei: Erstens hängt der Interne Zinsfuß der einzelnen Investitionen nicht davon ab, welche anderen Investitionen durchgeführt werden; es gibt damit also auch keine sachlich-technischen Abhängigkeiten zwischen Investitionen. Zweitens sind auch die Finanzierungskosten der einzelnen Finanzierungsmöglichkeiten unabhängig davon, welche anderen Finanzierungsmöglichkeiten in Anspruch genommen werden. Drittens gibt es keinerlei Abhängigkeiten zwischen Investitionen und ihren Internen Zinsfüßen einerseits und Finanzierungsmöglichkeiten und ihren Kosten andererseits.

Wenn man mit der cut-off-rate r* als Kalkulationszinsfuß die Kapitalwerte der Investitionen berechnen würde, käme als Ergebnis heraus, daß nur die links von dem Schnittpunkt liegenden Investitionen vorteilhaft sind. Doch man braucht den Kalkulationszinsfuß und die Kapitalwertberechnung überhaupt nicht mehr, denn daß diese Investitionen zusammen mit den zugeordneten Finanzierungen vorteilhaft sind, läßt sich direkt aus der Gegenüberstellung ablesen.

4.4.2.2 Kritik

Die so plausibel erscheinende Methode des "Capital Budgeting" von Dean hat aber auch Schwächen, und diese zu erkennen ist für das Ziel, das wir mit diesem Lehrbuch verfolgen, fast wichtiger als die Methode selbst. Die meisten der zu diskutierenden Einwände sind unmittelbare Anwendungen dessen, was in diesem und dem vorangegangenen Kapitel gezeigt worden ist.

Der **erste Einwand** betrifft die Verwendung des Internen Zinsfußes zur Bildung einer Rangfolge unter den Objekten und damit die **faktische Beschränkung auf eine Planungsperiode**. Er richtet sich damit gegen den *Anschein*, die Methode wäre auch für die Anwendung auf mehrperiodige Planungsprobleme geeignet. Die Methode des Kapitalbudgets unterstellt, daß es sinnvoll sei, Investitionsobjekte nach ihrem Internen Zinsfuß anzuordnen und gegebenenfalls eine Investition mit einem höheren Internen Zinsfuß zu akzeptieren und dafür eine solche mit einem niedrigeren auszuschließen. Weil das Dean-Modell *keinen* vollkommenen Kapitalmarkt unterstellt, kann es finanzielle Engpässe geben, die zu einer solchen Auswahl zwingen. Die Rangordnung nach Internen Zinsfüßen ist aber, selbst wenn man (noch) von sachlich-technischen Alternativen, Interdependenzen und Unteilbarkeitsproblemen absieht, allenfalls dann korrekt, wenn die Laufzeit aller in die Betrachtung einbezogenen Investitions- und Finanzierungsmöglichkeiten einheitlich eine Periode beträgt.[24] Bei Investitionen, die über mehrere Perioden laufen, sind unterschiedliche Laufzeiten und/oder unterschiedliche zeitliche Strukturen der Zahlungsreihen die Regel. Aus dem vorangegangenen Abschnitt wissen wir aber, daß Investitionen mit verschiedenen Laufzeiten oder solche mit unterschiedlich strukturierten Zahlungsreihen nicht direkt vergleichbar sind. Sie müssen vergleichbar gemacht werden. Die Methode des Internen Zinsfußes stellt die Vergleichbarkeit implizit her, indem sie unterstellt, daß Zwischenanlagen oder -finanzierungen (nur) zum Internen Zinsfuß der jeweils betrachteten Investition erfolgen können. Wie wir oben festgestellt haben, ist diese Annahme generell nicht sinnvoll. So könnte zum Beispiel bei korrekter Rechnung eine Investition, die eine Laufzeit von einer Periode und einen Internen Zinsfuß von 25% aufweist, weniger vorteilhaft sein als eine andere mit einer Laufzeit von 10 Jahren und einem Internen Zinsfuß von 15%. Das Dean-Modell würde sie falsch anordnen. Korrekt

24 Ein sozusagen "degenerierter Fall" des Ein-Perioden- oder Zwei-Zeitpunkt-Falls liegt vor, wenn alle Investitionen und Finanzierungen gleiche Laufzeiten aufweisen und in jeder zukünftigen Periode jeweils gleiche Ein- bzw. Auszahlungen verursachen.

wäre es, *vor* der Bildung einer Rangfolge zur Ermittlung der Kapitalbedarfskurve die verschiedenen Investitionsmöglichkeiten dadurch vergleichbar zu machen, daß man Zwischenanlagen und -finanzierungen zur cut-off-rate *der jeweils betreffenden späteren Periode* unterstellt. Diese kennt man aber nicht, wenn man sich auf den Ausgleich von Kapitalbedarf und Kapitalangebot in einer Periode beschränkt. Weil der Fehler, eine Rangordnung nach dem Internen Zinssatz zu bilden, sich allenfalls dann nicht einstellt, wenn die Laufzeit aller Investitionen und Finanzierungen eine Periode beträgt, klassifizieren wir das Dean-Modell **nur als ein Ein-Perioden- oder Zwei-Zeitpunkt-Modell**.

Denselben Sachverhalt kann man sich auch durch folgende Überlegung vor Augen führen: Bei einer Investition, die über mehrere Perioden läuft, genügt es nicht, ihren Internen Zinsfuß an der cut-off-rate der ersten Periode zu messen. Damit würde man nämlich unterstellen, daß die cut-off-rate für alle Perioden die gleiche ist. Diese Unterstellung ist aber generell nicht gerechtfertigt, weil die kritischen Zinssätze, die cut-off-rates, der folgenden Perioden auf Grund des *dann* bestehenden Kapitalbedarfs (Investitionsobjekte) und Kapitalangebots (Finanzierungsmöglichkeiten) zu bestimmen sind. Nicht zuletzt hängt die cut-off-rate der folgenden Perioden davon ab, ob es sich bei genauerer Rechnung als vorteilhaft erweisen würde, eine in die Investitions- und Finanzierungsplanung der ersten (betrachteten) Periode einbezogene Investition oder Finanzierung auf später zu verschieben. Deswegen genügt die simultane Planung des Investitions- und Finanzierungsprogramms einer Periode nicht, sondern eine *mehrperiodige* simultane Planung erscheint erforderlich.

Der **zweite Einwand** gegen das Dean-Modell richtet sich sogar gegen seine Anwendung im Ein-Perioden-Fall. Er gründet sich auf die Möglichkeit von **sachlich-technischen Abhängigkeiten und Unteilbarkeiten**. Auch sie können eine vor der Ermittlung der cut-off-rate erstellte Rangordnung der Objekte nach der Höhe des Internen Zinsfußes fehlerhaft werden lassen. Technisch bedingte Alternativen können in der Kapitalbedarfsfunktion nur einmal auftauchen. Aber welche von mehreren solcher Alternativen die "beste" ist und wie sie in die Kurve aufgenommen werden soll, kann auch im Ein-Perioden-Fall durchaus von der Höhe der cut-off-rate abhängen. Betrachten wir nun noch die Möglichkeit von Unteilbarkeiten. Sind Investitions- oder Finanzierungsprojekte unteilbar, läßt sich nicht mehr uneingeschränkt folgern, daß eine Investitionsmöglichkeit, die 200 Geldeinheiten zu 12% anzulegen gestattet, einer Investition überlegen ist, die 100 Geldeinheiten zu nur 10% anzulegen erlaubt. Es könnte sein, daß die größere, unteilbare Investition zur Folge hat, daß noch eine weitere sehr teure Finanzierung in Anspruch genommen werden muß, während die kleinere Investition, obwohl sie eine geringere Effektivverzinsung aufweist, mit der günstigeren Finanzierung auskommt, so daß Investition und Finanzierung in letzterer Kombination einen höheren Gewinn abwerfen. Wenn es technische Abhängigkeiten und Unteilbarkeiten geben kann, müssen also unterschiedliche Kombinationen von Investition und Finanzierung direkt miteinander verglichen werden. Dies ist zwar prinzipiell möglich, ohne daß man die Planungstechnik von Dean völlig aufgeben müßte,[25] es führt jedoch zu einer recht erheblichen Steigerung des Planungsaufwandes, so daß der Vorteil der Einfachheit zumindest teilweise entfällt.

Der **dritte Einwand** richtet sich gegen die Art, wie im Dean-Modell die Kapitalangebotskurve konstruiert ist. Eine Ordnung der Finanzierungsmöglichkeiten nach steigenden expliziten Kapitalkosten gibt keinen Aufschluß darüber, zu welchen Kosten die **Finanzierung durch eigene Mittel** anzusetzen ist, die sich als implizite Kapitalkosten ergeben. Es kann nicht angehen, daß Investitionen nur über Fremdmittel finanziert werden. Diesem Einwand läßt sich jedoch (teilweise) dadurch Rechnung tragen, daß man das zur Verfügung stehende Eigenkapital als allererste Finanzierungsform mit einem Kapitalkostensatz von 0% ansetzt. Eine derartige Berücksichtigung der Eigenmittel bedeutet nicht etwa, daß sie umsonst für die Finanzierung eingesetzt werden können. Diese Vorgehensweise zieht ihre Berechtigung vielmehr daraus, daß sich die Kosten für den Einsatz des Eigenkapitals als Opportunitätskosten aus dem Verzicht auf die beste nun ausgeschlossene Verwendungsalternative ergeben. Da jedoch (fast) alle Verwendungsalternativen explizit berücksichtigt werden, erübrigt sich ein Ansatz von Opportunitätskosten. Sie ergeben sich erst durch die Bestimmung des optimalen Investitions- und Finanzierungsprogramms, also dann, wenn man sie nicht mehr braucht. Denn natürlich sind die Opportunitätskosten des Eigenkapitals gleich der cut-off-rate, die ja die Verzinsung der besten nun ausgeschlossenen Investitionsmöglichkeit sowie die Kosten der letzten in Anspruch genommenen Finanzierungsmöglichkeit angibt. Dennoch sollte der Einwand, der nach der Berücksichtigung der Kosten der Eigenfinanzierung fragt, nicht völlig vom Tisch gewischt werden. Denn *eine* alternative Verwendungsmöglichkeit für die eigenen Mittel wurde nicht explizit berücksichtigt: der Konsum.

Dies leitet über zum **vierten** und wohl gravierendsten **Einwand** gegen das Dean-Modell als Planungstechnik unter der Annahme sicherer Erwartungen: **Das Dean-Modell vernachlässigt die Konsum- bzw. Ausschüttungsplanung** völlig, und zwar nicht nur im Rahmen des Ansatzes von Eigenkapitalkosten. Maximiert wird bei dem Planungsvorgehen nach Dean lediglich der Gewinn bzw. der entnahmefähige Betrag am Ende der Planungsperiode. Wie wir aus den Zwei-Zeitpunkt-Modellen von Fisher und Hirshleifer gelernt haben, spielt aber auch im Zwei-Zeitpunkt-Fall die Zeitpräferenz des Investors eine wichtige Rolle. Der Konsum des Investors im späteren Zeitpunkt muß gegen den früheren Konsum abgewogen werden. Genau dies ist im Dean-Modell nicht erfaßt und nicht erfaßbar. Vielmehr wird offensichtlich der Konsum im Planungszeitpunkt als gegeben angenommen, denn sonst wüßte man gar nicht, welche Finanzierungsmöglich-

25 Zur Berücksichtigung von Unteilbarkeiten durch Flächenvergleich sowie zur Berücksichtigung von technischen Abhängigkeiten durch Flächenvergleich oder das Verfahren der Differenzinvestition vgl. *Hax* [Investitionstheorie], S. 66f. Dabei sei daran erinnert, daß gerade bei Differenzinvestitionen (im Mehr-Perioden-Fall) die Verwendung des Internen Zinsfußes besonders problematisch ist.

keiten bzw. welcher Anteil der Eigenmittel für den Konsum im Investitionszeitpunkt verbraucht werden und welche für die Finanzierung von Investitionen noch zur Verfügung stehen. Mit anderen Worten: Der "Beginn" der Kapitalangebotskurve wäre nicht mehr gegeben und damit ließe sich auch kein eindeutiger cut-off-point mehr ermitteln. Aus dem Hirshleifer-Modell wissen wir, daß auf einem unvollkommenen Kapitalmarkt nicht nur die Investitions- und Finanzierungsplanung, sondern auch die Konsumplanung simultan optimiert werden müssen. Da das Dean-Modell die Verteilung des Konsums als gegeben annimmt, statt sie simultan zu optimieren, führt somit die Methode des "Capital-Budgeting" nicht einmal für den Zwei-Zeitpunkt-Fall zuverlässig zur Ermittlung des optimalen Investitions- und Finanzierungsprogramms auf einem unvollkommenen Kapitalmarkt bei Sicherheit.

Die bisher diskutierten Einwände akzeptieren die dem Dean-Modell zugrundeliegende Annahme sicherer Erwartungen. Das Modell ist aber von seinem "Erfinder" Joel Dean und von vielen, die es übernommen haben, auch und gerade mit dem Anspruch präsentiert worden, daß es auch praktisch brauchbar sei. Dies läßt es vertretbar erscheinen, auch im Vorgriff auf die folgenden Kapitel kurz zu prüfen, welche Probleme sich für dieses Modell ergeben, wenn man die Unsicherheit der Erwartungen wenigstens ansatzweise berücksichtigt. Das führt zu zwei weiteren Einwänden.

Der **fünfte Einwand** betrifft noch einmal die Art, wie die **Kapitalangebotskurve** konstruiert ist: Durch die Anordnung der Finanzierungsobjekte nach steigenden expliziten Kapitalkosten kann es sich als "optimal" erweisen, daß die externe Finanzierung einer Unternehmung ausschließlich die billigsten Kredite und kein *externes* Eigenkapital vorsieht. Es ist mehr als unwahrscheinlich, daß in der Realität Kreditgeber hinnehmen würden, daß die externe Finanzierung einer Unternehmung ausschließlich Fremdfinanzierung ist. Es gibt also auch vermutlich wichtige Interdependenzen zwischen den erwogenen Finanzierungsmöglichkeiten, die die Methode nicht zu erfassen erlaubt, weil sie die Finanzierungsmöglichkeiten vorweg isoliert anhand ihrer Kapitalkostensätze beschreibt und anordnet.

Damit kommen wir zu dem **sechsten Einwand**: Noch wichtiger als die möglichen Interdependenzen zwischen den Zahlungsreihen verschiedener Investitionsobjekte und vermutlich ebenso wichtig wie die Interdependenzen zwischen verschiedenen Finanzierungsmöglichkeiten dürften die in dem Modell von seiner Konstruktion her nicht erfaßbaren **Interdependenzen zwischen Investition und Finanzierung** sein: Die Art der Investitionen einer Unternehmung und insbesondere ihr Risikograd hat in einer Welt unsicherer Erwartungen mit ziemlicher Sicherheit Auswirkungen auf die Verfügbarkeit von Kapital und auf die Kapitalkosten. Und es gibt auch den umgekehrten Zusammenhang: Die Art, wie Investitionen finanziert werden, dürfte Einfluß darauf haben, welche zukünftigen Zahlungen mit diesen Investitionen verbunden sind; sie dürfte sich damit auch auf die Internen Zinsfüße der Investitionen auswirken, wie wir schon am Ende des

2. Kapitels erläutert haben. Dieser Zusammenhang kommt einem dann nicht zu Bewußtsein, wenn man an der Annahme sicherer Erwartungen festhält. Er wird deshalb in der investitionstheoretischen Literatur, in der diese Annahme vorherrscht, selten formuliert. Gleichwohl ist er der zentrale Einwand, wie wir in späteren Kapiteln noch deutlich machen werden. Dieser Einwand trifft zwar auch die Kapitalwertmethode, aber wenn man schon, wie es das Dean-Modell versucht, Interdependenzen erfaßt, sollte man dabei die vermutlich wichtigsten nicht vergessen.

Läßt man die beiden zuletzt formulierten Einwände erst einmal außer acht, dann kann man als **Ergebnis** festhalten:

> Die Methode des Kapitalbudgets macht die Grundidee der herkömmlichen Simultanplanung deutlich. Sie zeigt, warum auf einem unvollkommenen Kapitalmarkt eine Simultanplanung von Investition und Finanzierung notwendig ist und daß man den für isolierte Vorteilhaftigkeitsberechnungen benötigten Kalkulationszinsfuß erst dann kennt, wenn man ihn nicht mehr braucht.

Doch die Verknüpfungen zwischen den Objekten und zwischen den Perioden und die Konsumplanung sind in dem Modell nicht erfaßt und weitgehend nicht erfaßbar. Der nächste Schritt in der Entwicklung der Investitionstheorie bei Sicherheit, die Formulierung mehrperiodiger Modelle der Simultanplanung, war damit vorprogrammiert. Es wurde versucht, die Mängel zu beseitigen, indem man Modelle der Simultanplanung vorlegte, die die Mehrperiodigkeit und den Konsum zu berücksichtigen erlauben.

4.4.3 Investitions- und Finanzierungsplanung mit Hilfe der Linearen Programmierung

Kapitalmarktunvollkommenheiten, insbesondere quantitativ beschränkte Möglichkeiten der Mittelbeschaffung, führen zu Abhängigkeiten zwischen Objekten und legen es nahe, Investitions- und Finanzierungsprogramme *und den Konsum* simultan zu planen. Wenn ein mehrperiodiges Planungsproblem auf unvollkommenem Kapitalmarkt vorliegt, muß man kompliziertere Planungs- und Rechentechniken anwenden als das Hirshleifer-Modell und das schon im Zwei-Zeitpunkt-Fall mit Fehlern behaftete Dean-Modell. Eine solche Technik ist die **Lineare Programmierung** (LP). Sie stellt eine Methode zur Bestimmung des Maximums einer linearen Zielfunktion mit mehreren Variablen unter linearen Nebenbedingungen dar.

Die durch die Rechnung zu bestimmenden Variablen sind in dem hier diskutierten Zusammenhang die Anzahl von Investitions- und Finanzierungsobjekten der einzelnen in Frage kommenden Arten, die im optimalen Programm zu den verschiedenen in Betracht gezogenen Zeitpunkten t (t = 0, 1,..., T) realisiert werden sollen. Auf das Rechenverfahren[26] wollen wir jedoch nicht näher eingehen, sondern lediglich die Struktur von zwei LP-Modellen skizzieren, die man als finanzwirtschaftliche LP-Modelle[27] bezeichnet. Die Leser sollen dadurch in die Lage versetzt werden, sich ein Bild von der grundsätzlichen Vorgehensweise und den Stärken und Schwächen der Modelle zu machen.

Zuerst betrachten wir einen Modelltyp, der als **Kapitalwertmodell** bezeichnet werden kann. Der Planungszeitraum umfaßt mehrere Perioden. In den früheren Perioden liegen Kapitalbeschränkungen vor. Für die späteren Perioden wird *der Einfachheit halber* ein vollkommener Kapitalmarkt mit dem extern vorgegebenen und konstanten Marktzinssatz i angenommen. Es gibt verschiedene Arten von Investitionsobjekten, die in den Zeitpunkten t (t = 0, 1,..., T-1) gewählt werden können. Jede einzelne Investition ist durch ihre Art und durch den Zeitpunkt des Investitionsbeginns gekennzeichnet; und sie hat eine gegebene Zahlungsreihe. Mit dem extern vorgegebenen Kalkulationszinsfuß i kann deshalb jeder Investition auch ein Kapitalwert zugeordnet werden.

Gefragt wird, wieviele Investitionen der Art j zum Zeitpunkt t realisiert werden sollen. Dabei sind eine Reihe von Nebenbedingungen zu beachten. Die wichtigsten sind die **Finanzierungsbeschränkungen**: Es gibt modellexogen vorgegebene Obergrenzen für die Kredite, die in einem Zeitpunkt zum expliziten Kapitalkostensatz i aufgenommen werden können.

Außerdem ist *in jedem Zeitpunkt* t (t = 0, 1,..., T-1) die strenge **Liquiditätsbedingung** einzuhalten: Die Summe aus vorhandenem Kassenbestand, Einzahlungen aus vorher getätigten Investitionen und Einzahlungen aus den im Zeitpunkt t neu aufgenommenen Krediten darf nicht kleiner sein als die Summe aus den Auszahlungen für Zinsen und Tilgung früher aufgenommener Kredite und den Auszahlungen für im Zeitpunkt t durchzuführende neue Investitionen. Die Liquiditätsbedingungen machen den Zusammenhang zwischen den Perioden besonders deutlich.

Schließlich können vielfältige Beschränkungen etwa hinsichtlich der zulässigen Anzahl der Investitionen bestimmter Art in einer Periode oder in mehreren Perioden oder hinsichtlich der Vereinbarkeit bestimmter Investitionen untereinander eingebaut werden.

Das Ziel der Planungsüberlegungen ist die Maximierung des Kapitalwerts des Investitions- und Finanzierungsprogramms. Da annahmegemäß alle Finanzierungszahlungsreihen einen Internen Zinsfuß in Höhe von i aufweisen, ist ihr Kapitalwert null. Dadurch

26 Vgl. zur Rechentechnik z.B. *Schneider* [Investition], S. 129-134.

27 Diese Kennzeichnung folgt *Seelbach* [Planungsmodelle], ähnlich auch *Swoboda* [Investitionsrechnung]. Von den finanzwirtschaftlichen LP-Modellen sind die sogenannten produktionswirtschaftlichen LP-Modelle zu unterscheiden, die Investitions- (und Finanzierungs-) und Produktions- (und Absatz-)pläne simultan optimieren.

vereinfacht sich die zu maximierende Zielgröße zu der Summe der Kapitalwerte der durchgeführten Investitionen.

Damit ist die Beschreibung des einfachen Kapitalwertmodells, das noch in fast beliebig vielen Hinsichten erweitert werden kann, abgeschlossen, und wir können uns der Frage zuwenden, ob und wie es sich vom Deanschen Kapitalbudget unterscheidet und ob es die oben erhobenen Einwände gegen dieses Modell vermeidet.

Der Vergleich mit dem Dean-Modell zeigt, daß dieses LP-Modell Kapitalbeschränkungen und Liquiditätsengpässe *in mehreren Perioden* zu erfassen erlaubt. Es erlaubt auch, Investitionsmöglichkeiten statt nach dem angreifbaren Merkmal Interner Zinsfuß nach dem korrekten Merkmal Kapitalwert zu ordnen und zu beurteilen. Damit umgeht es die ersten zwei Einwände, die gegen das Dean-Modell erhoben worden sind. Doch durch die Verwendung des Kapitalwertkriteriums mit einem exogen vorgegebenen Kalkulationszinsfuß i handelt sich das LP-Modell einen anderen - und grundlegenden - Einwand ein: Warum soll man die Kapitalwerte mit dem expliziten Kapitalkostensatz i berechnen, wenn wegen der Kapitalbeschränkungen die beste Alternative nicht notwendigerweise der Verzicht auf eine Kreditaufnahme oder die Geldanlage am Kapitalmarkt wäre? Unter den Annahmen dieses Modells ist es gerade *nicht* möglich, die zeitliche Struktur von Zahlungsreihen durch Geldanlage und -aufnahme zum Zinssatz i zu verändern und sie an die gewünschte zeitliche Struktur des Konsums anzupassen. Aber nur wenn die Zahlungsreihen veränderbar sind, führt die Kapitalwertmethode unabhängig von den vorliegenden Konsumpräferenzen zu korrekten Investitionsentscheidungen. Maximiert man Kapitalwerte, ohne daß eine nachträgliche Anpassung des Einkommensstroms an Konsumpräferenzen möglich ist, unterstellt man damit implizit, der Investor wollte seinen Konsum *ausschließlich* im Zeitpunkt t_0 maximieren - eine offensichtlich etwas ausgefallene und wenig überzeugende Zielsetzung!

Man könnte versuchen, die Kapitalwerte mit einem anderen Satz als i zu berechnen, doch welcher zu verwenden wäre, weiß man vor der Rechnung nicht. Das zentrale Problem der Investitionstheorie unter der Annahme eines unvollkommenen Kapitalmarktes, daß man den richtigen Kalkulationszinsfuß vor der Rechnung nicht kennt, umgeht das Kapitalwertmodell - *anders als das Dean-Modell* - nicht. Der entscheidende Einwand gegen das Dean-Modell, daß auf einem unvollkommenen und unvollständigen Kapitalmarkt nicht nur Investitionen und Finanzierung, sondern auch der Konsum simultan zu planen sind, läßt sich hingegen auch gegen das Kapitalwertmodell erheben.[28]

Die spezifische Stärke des Dean-Modells, die Vermeidung eines Kalkulationszinsfußes, und die des einfachen LP-Modells, die Erfassung von Kapitalbeschränkungen und Liquiditätsrestriktionen in *mehreren* Perioden, kombiniert der zweite Typ finanzwirt-

28 Vgl. auch die Kritik von *Moxter* [Programmieren] an dem mit Kapitalwerten operierenden Modell von *Albach* [Investition].

schaftlicher LP-Modelle. Herbert Hax hat ein LP-Modell zur simultanen Investitions- und Finanzierungsplanung auf unvollkommenen Kapitalmärkten vorgestellt, in dem **Konsumausgaben** in den Zeitpunkten t = 1 bis T **ausdrücklich berücksichtigt** werden.[29] Dieses Modell stellt eine konsequente Erweiterung des Dean-Modells auf den Mehr-Perioden-Fall und zugleich eine gewisse Verbesserung hinsichtlich der Einbeziehung der Konsumplanung dar. Es hat mit dem Dean-Modell nicht nur gemeinsam, daß man ohne einen extern vorgegebenen Kalkulationszinsfuß auskommt. Eine weitere Gemeinsamkeit ist, daß man die richtigen Kalkulationszinsfüße für jede Periode innerhalb des Planungszeitraums, die man zur isolierten Investitionsrechnung brauchen würde, erst zusammen mit dem optimalen Investitions- und Finanzierungsprogramm erhält. So wie sich im Dean-Modell die cut-off-rate erst nach der Ermittlung des optimalen Programms ergibt, liefert dieses LP-Modell zugleich mit der optimalen Lösung sogenannte Schattenpreise oder Dualvariablen für alle Nebenbedingungen. Aus den Dualvariablen der beiden Liquiditätsnebenbedingungen für den Periodenanfang und das Periodenende lassen sich (periodenbezogene) Kalkulationszinsfüße errechnen. Wenn man sie hat, braucht man sie zwar nicht mehr, aber eine Kontrollrechnung würde zeigen, daß die und nur die Investitionsprojekte, die im optimalen Programm realisiert werden, bei Verwendung dieser Kalkulationszinsfüße auch einen positiven Kapitalwert haben.

Vielleicht gerade weil dieses LP-Modell eine konsequente Weiterentwicklung des Dean-Modells ist, kann es aber dem Einwand gegen letzteres, daß es die Konsumplanung nicht berücksichtigt, nicht vollends entgehen. Zwar bezieht das Modell von Hax die Konsumplanung ausdrücklich ein, jedoch nicht in individuellen, sondern in ganz bestimmten standardisierten Formen: Entweder es wird unterstellt, der Investor wolle am Ende jeder Periode einen fixen, in der Höhe bekannten Betrag konsumieren und den am Ende des Planungszeitraums entnehmbaren Betrag (Endvermögen) maximieren, oder aber es wird unterstellt, der Investor strebe eine in jeder Periode konstante, maximale Entnahme bei gegebenem Endvermögen an. Mit diesen Annahmen wird zwar signalisiert, daß die Bedeutung der Konsumplanung und das Problem ihrer Erfassung im Modell erkannt wurden, im Grunde wird ihm aber in vergleichbar unzureichender Form Rechnung getragen wie im Dean-Modell (und im Kapitalwertmodell). Es wird - wie im Dean-Modell - lediglich der Konsum am Ende des Planungszeitraums oder aber ein gleichmäßiger Konsumstrom maximiert, statt die Konsummöglichkeiten in unterschiedlichen Zeitpunkten gemäß individueller Präferenzen gegeneinander abzuwägen. Auch der fünfte und der sechste Einwand gegen das Dean-Modell lassen sich gegen die vorgestellten LP-Modelle erheben.

Also bestätigen die wesentlich komplizierteren LP-Modelle im Grunde nur die Ergebnisse, die sich mit erheblich geringerem Aufwand im Rahmen des Dean-Modells ableiten

29 Vgl. *Hax* [Investitions- und Finanzplanung], sowie *ders.* [Investitionstheorie], bes. S. 85-97.

ließen: Auf einem unvollkommenen und/oder unvollständigen Kapitalmarkt müssen Investitionen, Finanzierung und Konsum simultan geplant werden; und dies führt zu einer Komplexität, die *nur durch fehlerträchtige Vereinfachungen* zu bewältigen ist.

4.4.4 Eine Einschätzung der Ansätze zur Simultanplanung

In diesem Abschnitt wurde in knapper Form eine theoretische Entwicklung dargestellt, die besonders die deutschsprachige Investitions- und Finanzierungstheorie für eine lange Zeit geprägt hat. Diese Entwicklung ist folgerichtig. Die Schritte von der Kritik der impliziten, ursprünglich auch nicht durchschauten, Annahmen der finanzmathematischen Methoden bezüglich der Anlage-, Finanzierungs- und Reinvestitionsmöglichkeiten über das Dean-Modell der einperiodigen Programmplanung von Investition und Finanzierung hin zur mehrperiodigen Programmplanung - erst ohne und dann mit Einbeziehung von Konsumplänen in standardisierter Form - folgen dem **Muster von Kritik und Verbesserung**.

Die Kritik betrifft immer eine Vereinfachung, die als eine "unrealistische Annahme" eingestuft wird. Die Verbesserung hebt die Vereinfachung auf, indem sie ein komplexeres Planungsmodell vorlegt. Man braucht mit der Kritik auch nicht bei dem letzten Typ von LP-Modellen aufzuhören. Auch sie enthalten Vereinfachungen und sind daher angreifbar.[30]

Zu fragen ist aber, ob dieses Muster aus Kritik an Vereinfachungen und Vermeidung der Vereinfachungen so sinnvoll ist. In einer komplexen Realität kann es praktisch und theoretisch sinnvoll sein, nach **Vereinfachungen** zu suchen, die besser, d.h. zum Beispiel arbeitssparender und weniger fehlerträchtig sind als andere. Wäre es nicht praktisch nützlich und theoretisch interessant, nach Bedingungen zu suchen, unter denen es vertretbar ist, einzelne Investitionen auch isoliert zu bewerten?[31] Und sind die vorgestellten Simultanplanungsansätze, die zweifellos gewisse "unrealistische Annahmen" vermeiden, tatsächlich nützlicher, interessanter und vertretbarer als die Methoden, die einen vollkommenen Kapitalmarkt unterstellen und dadurch eine isolierte Bewertung von Investitionen vorzunehmen erlauben?

"Nützlich", "interessant" und "vertretbar" sind pragmatische Kategorien, und sie sind nicht scharf abgegrenzt. Was hingegen "Vereinfachung", "Fehler" und "Widerspruch" heißt, ist klarer, denn dies sind logische Kategorien. Trotz der Unschärfe erscheinen uns die pragmatischen Kategorien mindestens ebenso wichtig: Im praktischen Leben wie in

30 So noch in jüngster Zeit *Günther* [Finanzplanung], S. 967.

31 In diesem Sinne wird die o.g. Arbeit von *Hax* durch *Franke/Laux* [Ermittlung] weitergeführt.

der Wissenschaft kommt man nicht umhin zu beurteilen, wann man eine Vereinfachung für "vertretbar" hält.[32]

Betrachten wir darum die in diesem Kapitel nachgezeichnete Entwicklung zu immer umfassenderen Simultanplanungsmodellen unter pragmatischen Gesichtspunkten. Offensichtlich führt jeder Schritt in der theoretischen Entwicklung zu immer weniger praktikablen Methoden. Die geforderten Rechnungen werden immer komplexer, und die Anforderungen an die Datenbeschaffung steigen immer mehr an. In Bezug auf die Praktikabilität haben die Modelle der Investitions- und Finanzierungstheorie trotz des Übergangs zur Simultanplanung also sicherlich nicht gewonnen, und man ist auch nicht zu Modellen gelangt, die eine Planung von Investition, Finanzierung und Konsum ohne jede fehlerträchtige Vereinfachung erlauben.

Wichtiger scheint uns aber ein zweites Argument, das die inhaltliche Ausrichtung der beschriebenen Entwicklung betrifft. Sie ist dadurch gekennzeichnet, daß man an einer **Annahmenkombination** festgehalten hat: Man hat (grob) unvollkommene Kapitalmärkte und sichere Erwartungen unterstellt. Eine Einschätzung der gesamten Entwicklung ist letztlich eine Einschätzung dieser Annahmenkombination und insbesondere ihrer Fruchtbarkeit.

Für die Annahme sicherer Erwartungen kann man gewiß nicht anführen, daß sie zutreffend sei. Deshalb ist sie jedoch nie gewählt worden, sondern allenfalls als eine *vertretbare* Vereinfachung. Anders die Annahme der Markt*un*vollkommenheit: Sie ist immer gewählt worden, weil sie im Vergleich zur Annahme vollkommener Kapitalmärkte für *realistischer* gehalten worden ist. Interessanterweise ist dies nie geprüft und kaum je in Frage gestellt worden. Der Augenschein scheint es auch zu bestätigen. Aber man kann, solange man zugleich sichere Erwartungen unterstellt, die Annahme der Vollkommenheit des Kapitalmarktes empirisch weder bestätigen noch widerlegen, denn da es eine Welt mit sicheren Erwartungen nicht gibt, kann man *in ihr* weder vollkommene noch unvollkommene Kapitalmärkte beobachten. Allenfalls *ganze Annahmenkombinationen* lassen sich empirisch prüfen.

Was kann man in dieser Situation tun? Die erste Möglichkeit besteht darin, die bewußt falsche Annahme sicherer Erwartungen aufzuheben und danach erneut zu fragen, ob die Annahme vollkommener Kapitalmärkte bei unsicheren Erwartungen interessant und fruchtbar - und vielleicht sogar realistisch - ist und, entsprechend der Antwort, mit der angemessenen Annahmenkombination weiterzuarbeiten versuchen. Das tun wir in den folgenden beiden Teilen dieses Buches.

---

32 Vgl. zu einer Reflektion über den Sinn und "Unsinn" von Vereinfachungen und Modellierungen in der Ökonomie *Krugman* [Theory] S. 67-88.

Die zweite Möglichkeit besteht darin, die Annahme sicherer Erwartungen - aus welchen pragmatischen Gründen auch immer - beizubehalten und die Annahme bezüglich der Marktvollkommenheit ebenfalls unter pragmatischen Gesichtspunkten "passend" zu wählen. Die zu wählende Annahmenkombination soll "fruchtbar" sein. Eine Mindestvoraussetzung dafür ist, daß die Annahmenkombination eine *denkbare* Welt beschreibt: Ist es in einer gedachten Welt *mit sicheren Erwartungen*, in der alle Verträge abgeschlossen und ihre Einhaltung auch durchgesetzt werden kann, überhaupt vorstellbar, daß Kapitalbeschränkungen langfristig wirksam sind? Es sei noch einmal daran erinnert, wie wir im vorigen Kapitel die Annahme eines vollkommenen Kapitalmarktes erläutert haben: Die Annahme besagt nicht, daß jemand beliebig hohe Kredite aufnehmen kann, die er nicht zurückzahlen wird, weil dies von potentiellen Kreditgebern richtig antizipiert würde. Es wird nur unterstellt, daß Verschuldungsmöglichkeiten in dem Rahmen bestehen, in dem derjenige, der einen Kredit aufnimmt, auch in der Lage und bereit ist, diesen Kredit zu verzinsen und gegebenenfalls zu tilgen. Daran muß man die Annahmenkombination sicherer Erwartungen und unvollkommener Kapitalmärkte messen! Bisher ist es nicht gelungen, wenigstens eine Situation gedanklich zu konstruieren, in der es (grob) unvollkommene Kapitalmärkte gibt, obwohl die Marktteilnehmer verläßlich wissen, welche Versprechen andere Marktteilnehmer hinsichtlich ihrer zukünftigen Zahlungen abgeben können, und obwohl diese Versprechen auch durchsetzbar sind. Daher passen die den Simultanplanungsmodellen zugrundeliegenden Annahmen nicht zusammen. Es scheint, daß die meist langfristig ausgerichteten LP-Modelle ein Problem lösen wollen, das es langfristig[33] nicht nur nicht gibt, sondern vermutlich auch nicht geben kann. Lösungen zu Problemen, die es zwar nicht gibt, aber im Prinzip geben kann, sind als Annäherungen oder zur gedanklichen Durchdringung realer Probleme mitunter durchaus brauchbar. Aber Lösungen zu Problemen, die man nicht einmal gedanklich konstruieren kann, sind auch dafür nicht geeignet.

Weil sie auf einer Annahmenkombination aufbauen, die für die Analyse der Beziehungen zwischen Investoren bzw. Unternehmen und dem Kapitalmarkt wenig fruchtbar ist, sind die Simultanplanungsansätze sogar von denen kritisiert worden, die sie entwickelt haben. Martin Weingartner, der in den USA ähnliche Modelle wie Horst Albach und Herbert Hax in Deutschland entwickelt hat, fand später die härtesten Worte: Er spricht von einer "naiven und falschen" Problembeschreibung und nennt die entsprechenden Versuche in der Literatur "massively counterproductive"[34]. Wir teilen diese Einschätzung. Ein solches

33 Kurzfristig ausgerichtete LP-Modelle wie z.B. *Deppe* [Grundriß] werden von dieser Kritik nicht getroffen.

34 *Weingartner* [Authors], S. 1429. In diesem lesenswerten Aufsatz reduziert Weingartner das Problem der Simultanplanung mit Hilfe des Fisher-Hirshleifer-Modells auf seinen analytischen Kern. Ähnlich skeptisch, wenn auch in den Formulierungen viel vorsichtiger, äußerte sich auch Hax später zu der von ihm selbst wesentlich vorangetriebenen Entwicklung; vgl. z.B. *Hax* [Unternehmenspolitik].

Urteil zwingt natürlich zu Konsequenzen, die die weitere Struktur dieses Lehrbuches bestimmen. Die Annahmenkombination des unvollkommenen Marktes wird nicht weiter verfolgt. Vielmehr wenden wir uns der Lockerung der Annahme der Sicherheit zu, um später, unter Unsicherheit, auch den unvollkommenen Kapitalmarkt wieder aufzugreifen.

4.5 Zusammenfassung

Dieses Kapitel war den Methoden der Investitionsplanung bei sicheren Erwartungen gewidmet. Zuerst wurden die drei klassischen (oder) finanzmathematischen Methoden der Investitionsrechnung, die Kapitalwertmethode, die Annuitätenmethode und die Methode des Internen Zinsfußes, vorgestellt. Dabei wurde vor allem gezeigt, welche Überlegungen hinter den Rechenverfahren stehen und auf welchen Annahmen sie hinsichtlich der Finanzierungsmöglichkeiten und der Möglichkeiten zur Geldanlage beruhen. Diese Methoden sind so konzipiert, daß mit ihrer Hilfe Investitions- und gegebenenfalls auch Finanzierungsvorhaben einzeln bewertet werden können. Dieser Anspruch ist berechtigt, weil und soweit die Methoden nur eine Verallgemeinerung des im vorigen Kapitel erläuterten Separationstheorems von Fisher auf den Fall von mehr als zwei Zeitpunkten darstellen. Sie setzen also auch voraus, daß es einen vollkommenen und vollständigen Kapitalmarkt gibt.

Danach wurde der Zusammenhang zwischen den Methoden untersucht. Die Kapitalwertmethode und die Methode des Internen Zinsfußes können zu sich widersprechenden Investitionsentscheidungen führen, wenn es darum geht, zwischen Investitionen auszuwählen, die sich gegenseitig ausschließen. Dies ist eine Folge davon, daß die Kapitalwertmethode und die Methode des Internen Zinsfußes auf unterschiedlichen Annahmen über die Möglichkeiten der Geldanlage und der Finanzierung beruhen. Im Falle eines Widerspruchs ist der Kapitalwertmethode eher zu vertrauen als der Methode des Internen Zinsfußes. Die Kapitalwertmethode setzt die Annahme des vollkommenen Kapitalmarktes konsequenter in Handlungsempfehlungen um.

Die Diskussion über die möglichen Widersprüche zwischen den Methoden sollte verdeutlichen, daß das zentrale Problem der Investitionstheorie die Wahl des "richtigen" Kalkulationszinsfußes ist. Wir haben im letzten Teil des Kapitels die Diskussion darüber aufgegriffen, ob und wie man die Bestimmung und Verwendung eines Kalkulationszinsfußes vermeiden kann. Der Grundgedanke besteht darin, statt isoliert über einzelne Investitionen zu entscheiden, ganze Investitions- und Finanzierungsprogramme zusammen (simultan) zu planen. Die Modelle der Simultanplanung erscheinen uns weniger aus praktischen als aus grundsätzlichen und methodischen Erwägungen interessant. Es kam uns darauf an zu verdeutlichen, daß sich die Entwicklung von den Methoden zur

Entscheidung über einzelne Investitionen hin zu Methoden der Simultan- oder Programmplanung zwar folgerichtig aus der Vermutung ergibt, daß der Kapitalmarkt unvollkommen ist, daß diese Entwicklung aber die in sie gesetzten Erwartungen nicht erfüllen konnte. Wir haben zu begründen versucht, warum wir meinen, daß dies eine Folge der Annahmenkombination von sicheren Erwartungen und (grob) unvollkommenen Kapitalmärkten ist, die die Simultanplanungsansätze prägt.

Ausblick

Wir haben in den beiden Kapiteln dieses Teils des Buches Investitions- und Finanzierungsentscheidungen behandelt, soweit sie mit der Annahme sicherer Erwartungen sinnvoll diskutierbar sind. Im Vordergrund standen Fragen, die man gewöhnlich der Investitionstheorie zurechnet. Die für diesen Teil grundlegende Annahme sicherer Erwartungen wurde mit unterschiedlichen Annahmen über den Kapitalmarkt kombiniert: im 3. Kapitel und in der ersten Hälfte des 4. Kapitels mit der Annahme, der Kapitalmarkt sei vollkommen und vollständig, und in der zweiten Hälfte des 4. Kapitels mit der Annahme eines (grob) unvollkommenen und/oder unvollständigen Kapitalmarktes. Man kann die Ausführungen dieses Teils unseres Lehrbuchs deshalb auch als das "Ausprobieren" unterschiedlicher Annahmenkombinationen verstehen.

Die Annahmenkombination von sicheren Erwartungen und vollkommenem und vollständigem Kapitalmarkt führt zu interessanten und auch praktisch brauchbaren wissenschaftlichen Ergebnissen. Für den einfachen Fall eines Planungszeitraums von zwei Perioden macht das Fisher-Modell der Investitions-, Finanzierungs- und Konsumplanung deutlich, daß sich Investitionsentscheidungen so treffen lassen, daß sie wirklich den Zielen des Entscheiders entsprechen, daß sich der Zusammenhang zwischen Investitions- und Konsumplanung auflösen läßt und daß es deshalb auch nicht zu Konflikten kommt, wenn mehrere Personen, die unterschiedliche Präferenzen haben, gemeinsam eine Investition durchzuführen erwägen oder wenn sie die Investitionsentscheidung an einen Dritten, einen Manager, delegieren. Insoweit liefert die Annahme eines vollkommenen Kapitalmarktes sogar den Ansatz zu einer Theorie der Organisation von Investitionsentscheidungen. Die in der Praxis sehr gebräuchliche Kapitalwertmethode und, mit gewissen Einschränkungen, auch die Methode des Internen Zinsfußes verallgemeinern nur das, was das Fisher-Modell mit seinem Separationstheorem bietet, auf den Fall, in dem die Laufzeit einer Investition mehr als eine Periode beträgt.

Die Annahmenkombination von sicheren Erwartungen und vollkommenem und vollständigem Kapitalmarkt ist also wirklich wissenschaftlich interessant und praktisch nützlich. Wir klassifizieren sie als "fruchtbar". In der Geschichte unseres Faches ist sie aber stark angegriffen worden; und der erste Angriffspunkt war die Annahme, der Kapitalmarkt wäre vollkommen. Die Einschätzung, daß dies eine "unrealistische Annahme" sei, wurde in der Weise umgesetzt, daß man Modelle der Investitions- und Finanzierungsplanung bei unvollkommenem Kapitalmarkt entwickelte. Bei unvollkommenem Kapitalmarkt ist es nicht möglich, über Investitions- oder Finanzierungsprojekte isoliert zu entscheiden. Die auf dieser Einsicht aufbauenden Modelle zur Simultanplanung sind im 4. Kapitel dargestellt und dabei auch beurteilt worden. Sie bilden den Endpunkt einer Entwicklung, die vor einigen Jahren zum Stillstand gekommenen ist, weil, so unsere Einschätzung, die zugrundeliegende Annahmenkombination nicht fruchtbar ist. Ein solches Urteil zwingt natürlich zu Konsequenzen. Man muß eine fruchtbarere Konstellation der grundlegenden Annahmen suchen, mit der man weiterarbeiten kann.

Es gibt vier mögliche Kombinationen der für die Investitions- und Finanzierungstheorie grundlegenden Annahmen bezüglich der Sicherheit oder Unsicherheit der Erwartungen und bezüglich der Vollkommenheit oder Unvollkommenheit des Kapitalmarktes. Sie sind in der folgenden Tabelle zusammengestellt.

Erwartungen	Kapitalmarkt	
	vollkommen	unvollkommen
sicher	Fisher-Modell, Kapitalwertmethode etc. *Kap. 3 und Abschnitte 4.2-3*	Simultanplanung: Dean-Modell und LP-Modelle *Abschnitt 4.4*
unsicher	neoklassische Finanzierungs- und Kapitalmarkttheorie *Teile III und IV*	neo-institutionalistische Finanzierungstheorie *Teil V*

Tab. II.A.1: Annahmenkombinationen

Im Gegensatz zu der im hinteren Teil des 4. Kapitels ausführlich diskutierten Annahmenkonstellation ist jede andere Konstellation der Annahmen sichere/unsichere Erwartungen und vollkommener/unvollkommener Kapitalmarkt u.E. fruchtbar und als Basis für eine Weiterentwicklung der Investitions- und Finanzierungstheorie geeignet. Schauen wir sie uns kurz an.

Behält man die **Annahme sicherer Erwartungen** trotz ihrer unbezweifelbaren empirischen Falschheit bei, weil sie praktische Planungen und wissenschaftliche Theorien so ungemein erleichtert, dann sollte man sie mit der vorsichtig gebrauchten **Annahme des vollkommenen Kapitalmarktes** kombinieren. Bei dieser Annahmenkombination kann man, ohne willkürlich zu werden, die Kapitalwertmethode als Investitionsrechenverfahren verwenden. Ein "vorsichtiger Gebrauch" ist dadurch gekennzeichnet, daß man versucht, die Umstände, die in der Realität zu Kapitalbeschränkungen und dergleichen zu führen scheinen, in geeigneter Weise in Planungsrechnungen bzw. in wissenschaftliche Theorien einzubauen, ohne die logische Struktur der Kapitalwertmethode in Frage zu stellen.

Die Annahme unsicherer Erwartungen läßt sich u.E. in fruchtbarer Weise sowohl mit der Annahme eines vollkommenen als auch mit der Annahme eines unvollkommenen

Kapitalmarktes kombinieren. In den beiden folgenden Teilen dieses Buches werden wir weitgehend die für die kapitalmarktorientierte oder neoklassische Finanzierungstheorie typische **Annahmenkombination von unsicheren Erwartungen und vollkommenem Kapitalmarkt** verwenden. Sie erlaubt es, viele wichtige, interessante und auch praktisch höchst brauchbare Ergebnisse abzuleiten, und entgegen dem, was man erst einmal vermuten würde, ist die Annahme eines vollkommenen Marktes trotz unsicherer Erwartungen keineswegs offensichtlich falsch. In der neoklassischen Modellwelt mit dieser Annahmenkonstellation gibt es keinen Anlaß zur Simultanplanung. Das Leitmotiv ist, wie bei Sicherheit und vollkommenem Kapitalmarkt auch, die Zerlegbarkeit von komplexen Entscheidungsproblemen in leichter handhabbare Teilprobleme ("Separation"). Wie wir im nächsten Teil zeigen und im darauf folgenden Teil auch noch verallgemeinern werden, gibt es ein höchst interessantes und verblüffendes Phänomen, das sich als das Spiegelbild der Separierbarkeit darstellt: die Irrelevanz der Unternehmensfinanzierung.

Auch die **Annahmenkombination von unsicheren Erwartungen und unvollkommenem Kapitalmarkt** ist fruchtbar, und sie könnte sogar als "realistisch" eingeschätzt werden. Sie ist kennzeichnend für die neo-institutionalistische Perspektive, die im letzten Teil dieses Buches vorherrschen wird. Interessanterweise wirft diese Perspektive auch ein ganz anderes Licht auf die Organisationsprobleme, die die Annahme des vollkommenen Kapitalmarktes so wirksam neutralisiert, wie auch auf das "Problem der Programmplanung", das einen der Schwerpunkte des 4. Kapitels bildete. Wie oben am Ende des Abschnitts 4.4.2 angedeutet wurde, gibt es vermutlich bei Unsicherheit Interdependenzen zwischen Investitionen und Finanzierungen, die zu einer Simultanplanung nötigen. Diese Interdependenzen sind aber nicht rein technisch bedingt wie diejenigen, die in der herkömmlichen, sichere Erwartungen unterstellenden Literatur zur Simultanplanung immer wieder diskutiert werden, noch resultieren sie allein aus der Mittelknappheit. Sie sind deshalb auch nicht allein dadurch zu erfassen, daß man mit *gegebenen* Zahlungsreihen von Investitions- und Finanzierungsmöglichkeiten einfach nur anders rechnet als bei einem vollkommen Kapitalmarkt. Diese Interdependenzen sind nicht auf der Ebene der Entscheidungskalküle zu erfassen. Interessanter und wichtiger ist es, diese Interdependenzen auf der Ebene der Projekte und ihrer Zahlungsströme selbst zu erfassen: Ob und wie Kapital beschafft werden kann, hängt davon ab, welche Investitionen finanziert werden sollen; und zu welchen zukünftigen Zahlungen - auch an externe Kapitalgeber - Investitionen führen, hängt vermutlich in starkem Maße davon ab, wie und von wem sie finanziert werden. Wir werden später, die Ausführungen im 2. Kapitel weiterführend, diese Interdependenzen ausführlicher behandeln.[35]

35 Vgl. zu dieser Interpretation der Simultanplanungsansätze auch *Krahnen* [Investitionsmodelle].

Literaturhinweise zum Teil II

Eine sehr gute und zudem authentische Quelle zum Fisher-Modell der Trennbarkeit von Konsum-, Investitions- und Finanzierungsentscheidungen, einschließlich der Variante mit einem Kapitalmarkt, auf dem sich die Zinssätze für Geldanlage und Kreditaufnahme unterscheiden, findet man in

Jack Hirshleifer, Investment, Interest and Capital, Englewood Cliffs (N.J.) 1970.

Von diesem Buch gibt es auch eine deutsche Übersetzung unter dem Titel "Kapitaltheorie" (Köln 1974). Ausführlichere und zum Teil wesentlich anspruchsvollere Darstellungen aller angesprochenen Probleme der Investitionstheorie findet man in den Kapiteln 1 - 6 des amerikanischen Standardlehrbuchs

Brealey, Richard/Myers, Stewart, Principles of Corporate Finance, 5th. ed., New York 1996

sowie in der deutschen Literatur u.a. bei

Herbert Hax, Investitionstheorie, 5. Aufl., Würzburg/Wien 1985,

Lutz Kruschwitz, Investitionsrechnung, 6. Aufl., Berlin/New York 1995 und

Dieter Schneider, Investition, Finanzierung und Besteuerung, 7. Aufl., Wiesbaden 1992, insb. Kapitel AII und Kapitel AIII a.

In diesen Quellen wird auch das Problem der Bestimmung der optimalen Nutzungsdauer und des optimalen Ersatzzeitpunktes von Investitionen als konsequente Anwendung der investitionsrechnerischen Methoden behandelt. Einen Überblick über weitere Verfahren der Investitionsrechnung, die wir nicht behandelt haben, bieten

Blohm, Klaus/Lüder, Hans, Investition, 8. Aufl., München 1995.

Der wichtige in unserer Darstellung ausgelassene Aspekt der Berücksichtigung von Steuern bei der Investitionsplanung wird besonders ausführlich bei *Schneider* behandelt.

Teil III

Finanzierung (und Investition) bei gegebenem Unsicherheitsgrad

Orientierung

Wir betrachten in diesem Teil des Buches Finanzierungsprobleme mit einer marktorientierten, neoklassischen "Brille" und untersuchen, wie die Kapitalkosten einer Unternehmung von Finanzierungsentscheidungen abhängen. Weil wir dabei die grundsätzliche Perspektive des Teils II beibehalten, werden wir auch im Teil III wieder dieselbe grundsätzliche Einsicht herausarbeiten: Wenn der Kapitalmarkt vollkommen und vollständig ist, lassen sich Probleme, die erst einmal umfangreich und komplex erscheinen, in Teilprobleme zerlegen, die sich einfacher darstellen und leichter lösen lassen. Diese Separierbarkeit komplexer Problemenzusammenhänge hat weitreichende Folgen. Es können diejenigen Teile, die sich auf Präferenzen der Entscheidungsträger und andere subjektive Merkmale beziehen, von den anderen Teilen getrennt werden, die nicht subjektiv und persönlichkeitsspezifisch sind. Und damit wirken sich auch Unterschiede zwischen mehreren Personen, insbesondere zwischen verschiedenen Eigentümern einer Unternehmung, nicht darauf aus, wie die Entscheidungen sinnvollerweise getroffen werden sollten.

Investition und Finanzierung gehören immer zusammen. Eine Unternehmung, die investiert, muß ihre Investitionen auch finanzieren, und höhere oder niedrigere Investitionserträge bedeuten immer auch eine Vergrößerung bzw. Verringerung dessen, was die Gesamtheit ihrer Kapitalgeber zu erhalten erwarten kann. Trotzdem kann man entweder die Investitionsseite oder die Finanzierungsseite stärker in den Vordergrund rücken. Im Teil II haben wir die Investitionsseite betont. Die Finanzierung war damit aber nicht gegenstandslos oder sogar nicht-existent. Vielmehr wurde sie nur durch die Annahmenkombination von Sicherheit und vollkommenem Kapitalmarkt als relativ unproblematisch in den Hintergrund gestellt. In diesem Teil werden die Gewichte genau umgekehrt gesetzt. Betont wird die Finanzierung. Aber selbstverständlich gibt es auch die Investitionsseite; denn die von Kapitalgebern beschafften und der Unternehmung zur Verfügung stehenden Mittel werden bzw. sind ("real") investiert. Nicht zuletzt dient die folgende Diskussion von Finanzierungsproblemen auch dazu, den Kapitalkostensatz zu ermitteln, den man bei Investitionsentscheidungen als Kalkulationszinsfuß verwenden sollte.

Investition und Finanzierung gehören auch insofern zusammen, als die Finanzierung einer Unternehmung durch Kapitalgeber für diese eine Investition darstellt. Wie wir zeigen wollen, macht es erst dieser Umstand möglich, erstaunlich handfeste und präzise Aussagen über die Kapitalkosten abzuleiten.

Wenn man Finanzierungsprobleme diskutieren will, ist die Annahme sicherer Erwartungen wenig hilfreich. Bei Sicherheit werden nämlich viele Finanzierungsprobleme einfach trivial, zumal wenn man zugleich einen vollkommenen Kapitalmarkt annimmt. Um Interessantes zu Finanzierungsproblemen sagen zu können, muß man die Annahme sicherer Erwartungen aufgeben oder zumindest abschwächen. Die ausdrückliche Berücksichtigung der Unsicherheit macht viele Überlegungen allerdings sehr kompliziert. Deshalb wollen wir in diesem Teil des Buches die Annahme sicherer Erwartungen nur so wenig abschwächen, wie es unbedingt nötig ist, um Finanzierung überhaupt diskutieren zu können. Wir tun dies, indem wir in diesem Teil des Buches einen gegebenen Unsicherheitsgrad der Investitionen annehmen.

Was bedeutet diese Annahme inhaltlich? Wir werden *Unterschiede* im Unsicherheitsgrad mehrerer Investitionen ebenso aus der Betrachtung ausschließen wie bestimmte Einflußfaktoren, die den Unsicherheitsgrad einzelner Investitionen *verändern* könnten. Wir unterstellen damit, daß der Unsicherheitsgrad *einzelner* Investitionen nicht davon abhängt, welche *anderen* Investitionen eine Unternehmung tätigt[1] und daß die Art der *Finanzierung* sich nicht darauf auswirkt, wie unsicher die *Investitionen* sind und wie unsicher folglich die Gesamtheit der Zahlungen ist, die alle Kapitalgeber zusammen erwarten können.[2] Berücksichtigt man lediglich diesen Zusammenhang zwischen der Unsicherheit der Investitionen und der Finanzierung, kann man sogar die Unsicherheit der Einzahlungen, die mit den Investitionen verbunden sind, gedanklich wieder ausblenden *und so rechnen, als ob* die Investitionserträge sicher wären.[3] Das macht es leichter, sich auf die Finanzierungsprobleme zu konzentrieren. Es bedeutet freilich nicht, daß die Investitionen als wirklich sicher behandelt werden. Implizit ist die Unsicherheit immer gegeben, und deshalb muß man sie bei der Interpretation von Modellen auch mitdenken.

Nur der Vereinfachung der Darstellung zuliebe unterstellen wir in diesem Teil auch weitgehend, daß die Unsicherheit der Investitionserträge nicht auf alle Zahlungen an alle Kapitalgeber durchschlägt, sondern daß sie vor allem die Eigenkapitalgeber trifft. Also ist besonders Eigenkapital "unsicher"; jedenfalls behandeln wir es als "unsicherer" als Fremdkapital. Zusätzlich setzen wir als Annahme, daß das riskantere Eigenkapital auch teurer als das weniger riskante Fremdkapital ist. Diese beiden Annahmen über Risiko- und Kostenunterschiede werden im folgenden erläutert. Hier mag es genügen, darauf hinzuweisen, daß sie der allgemeinen Lebenserfahrung entsprechen: Beteiligungen sind für Kapitalgeber im allgemeinen unsicherer und ertragreicher als Kredite, und Aktien sind für Anleger unsicherer und ertragreicher als festverzinsliche Wertpapiere.

Bedeutet dies in Verbindung mit der Annahme eines "gegebenen Unsicherheitsgrades" auch, daß die Unsicherheit *einer Art der Finanzierung* unabhängig davon ist, welche *anderen Arten der Finanzierung* eine Unternehmung verwendet? Das kann nicht sein! Schließlich ist die Unsicherheit der Investitionen gegeben; sie kann nicht einfach dadurch verringert werden, daß in einer Unternehmung mehr Fremdkapital eingesetzt wird. Im 6. Kapitel werden wir sogar im Detail diskutieren, wie sich der Unsicherheitsgrad des

1 Diese Art des Risikoverbundes diskutieren wir erst im Teil IV.
2 Diesen Zusammenhang greifen wir erst im Teil V auf.
3 Ähnlich auch *Swoboda* [Finanzierung], S. 5.

Eigenkapitals ändert, wenn sich der Verschuldungsgrad einer Unternehmung ändert. Aber im 5. Kapitel sehen wir auch von diesem Zusammenhang ab und unterstellen einfach, daß bei gegebenen Investitionsplänen der Unsicherheitsgrad des Eigenkapitals auch gegeben - und höher als der des Fremdkapitals - ist.

Im Mittelpunkt des 3. Kapitel stand die Separierbarkeit von komplexen Problemen in einfachere Teilprobleme. In diesem Teil werden wir unsere Leser sozusagen mit dem "Zwilling" der Separationstheoreme bekanntmachen, den sogenannten "Irrelevanztheoremen". Irrelevanztheoreme sind Aussagen darüber, daß bestimmte Entscheidungen *ohne Bedeutung* sind: ohne Bedeutung für die Investitionsentscheidungen, die eine Unternehmung trifft und ohne Bedeutung für das Ausmaß der Zielerreichung der Personen, die sich der Unternehmung als Instrument bedienen. Die zentrale Aussage dieses Teils des Buches ist, daß bei vollkommenen und vollständigen Kapitalmärkten die *gesamte Unternehmensfinanzierung "irrelevant"* ist. Einfach ausgedrückt: Es ist egal, wie sich eine Unternehmung finanziert, wenn sie nur die "objektiv vorteilhaften" Investitionen durchführt. Daß es ein Kriterium dafür gibt, welche Investitionen "objektiv vorteilhaft" sind, und daß die nötigen Mittel zu ihrer Durchführung beschafft werden können, ergibt sich wiederum aus der Annahme des vollkommenen und vollständigen Kapitalmarktes.

Kapitel 5

Finanzierungskosten einzelner Finanzierungsarten

5.1 Lernziele

Im Zentrum dieses Kapitels stehen die Kosten des Eigenkapitals einer Aktiengesellschaft (AG). Wir untersuchen zuerst die Kosten vorhandenen Eigenkapitals und der Eigenfinanzierung, d.h. der Beschaffung (zusätzlichen) Eigenkapitals von bisherigen Eigentümern (Aktionären), dann die der Beteiligungsfinanzierung im engeren Sinne, d.h. der Beschaffung (zusätzlichen) Eigenkapitals von Personen, die bisher nicht Aktionäre waren, und schließlich die der Selbstfinanzierung, d.h. der Einbehaltung von Gewinnen. Abschließend vergleichen wir die Finanzierungskosten der drei verschiedenen Arten der Eigenkapitalfinanzierung miteinander und gehen kurz auf die Kosten der Fremdfinanzierung ein.[1] Die Leser sollen dabei lernen,

(1) worin für die einzelnen Finanzierungsarten die Finanzierungskosten bestehen,

(2) daß es eine für alle Arten der Eigenkapitalfinanzierung gemeinsame Methode zur Bestimmung der Höhe der Finanzierungskosten gibt; sie besteht darin, das Denken in Opportunitätskosten mit den Annahmen des Gleichgewichts am Kapitalmarkt und der Vollkommenheit dieses Marktes zu verknüpfen,

(3) daß die Bestimmung von Eigenkapitalkosten inhaltlich dieselbe Überlegung enthält wie die Bewertung von Unternehmungen oder Unternehmensanteilen (Aktien),

(4) daß auf einem vollkommenen Kapitalmarkt die Finanzierungskosten aller Arten der Eigenkapitalfinanzierung gleich hoch sind und

(5) daß die Überlegungen hinter dem Konzept der Eigenkapitalkosten wieder nur eine Variation des Leitmotivs der neoklassischen Finanzierungstheorie darstellen: Auf einem vollkommenen Kapitalmarkt sind im Gleichgewicht komplexe Entscheidungsprobleme in Teilprobleme zerlegbar, und einige der Teilprobleme sind irrelevant.

Wir sprechen im folgenden von **Finanzierungskosten**, wenn wir einzelne Finanzierungsarten betrachten, und von **Kapitalkosten**, wenn wir die gesamte Finanzierung einer Unternehmung betrachten. Die Diskussion der Finanzierungskosten einzelner Finanzierungsarten dient vor allem zur Vorbereitung der erst im nächsten Kapitel zu behandelnden Frage, wie sich die Kapitalkosten einer Unternehmung aus den Finanzierungskosten

---

1 Wir sehen von vielen institutionellen Details und insb. von der Besteuerung ab. Zu deren Einfluß auf die Eigenkapitalkosten vgl. *Swoboda* [Finanzierung], S. 46-66.

der einzelnen Finanzierungsarten ergeben. Typischerweise verwenden Unternehmungen nicht nur eine Art der Finanzierung, es erleichtert aber das Verständnis der Ausführungen in dem vorliegenden Kapitel, wenn man sich vorstellt, daß über Investitionen zu entscheiden ist, für die die erforderlichen Mittel nur in der jeweils diskutierten Finanzierungsart beschafft werden, oder daß der Zusammenhang zwischen der jeweils betrachteten Finanzierung und anderen Finanzierungen ausgeblendet werden kann.

5.2 Die Kosten des Eigenkapitals

5.2.1 Die Problematik der Bestimmung von Eigenkapitalkosten

Die Bestimmung von Eigenkapitalkosten ist aus drei Gründen konzeptionell schwierig:

(1) Die Beschaffung und Verwendung von Eigenkapital erlegt der Unternehmung keine festen und vorweg bekannten Auszahlungsverpflichtungen auf; und

(2) Gewinne, die als Dividenden von der Unternehmung an deren Eigentümer ausgezahlt werden, können nicht als Kosten interpretiert werden, wenn man die Unternehmung als Instrument der Aktionäre und nicht als selbständige Einheit ansieht.

Aus (1) und (2) könnte man folgern, Eigenkapital wäre kostenlos. Doch wie wenig haltbar diese Einschätzung ist, ergibt sich aus folgendem Gedanken: Wenn Eigenkapital kostenlos wäre, könnte es immer, unabhängig von der Höhe des Zinssatzes am Kapitalmarkt, vorteilhaft erscheinen, eine mit Eigenkapital finanzierte Investition durchzuführen, wenn ihre Rendite gerade 1% betrüge. Dies dürfte aber selbst dann nicht sinnvoll sein, wenn die Unternehmung keine ertragreichere Mittelverwendung hätte, sofern der Kapitalmarktzinssatz für vergleichbar unsichere Anlagen über 1% liegt: Die Aktionäre könnten nämlich die für die Investition gebrauchten Mittel selbst besser verwenden, indem sie sie verbrauchen oder auf dem Kapitalmarkt anlegen. Daraus ergibt sich schon, daß der Finanzierungskostensatz für Eigenkapital, in Form eines Zinssatzes ausgedrückt, der Nutzen oder Ertrag der Eigenkapitalgeber, ihr sogenannter **Alternativertragssatz**, ist. Doch damit ist das Problem nur präzisiert, nicht aber gelöst, denn daß die Aktionäre nicht persönlich bekannt sind und daß sich der Aktionärskreis auch laufend ändern kann, sind charakteristische Merkmale einer AG. Aus ihnen folgt:

(3) Die Unternehmensleitung einer AG kann ihre Aktionäre nicht nach deren Alternativertragssätzen fragen.

Das Problem besteht also darin, eine Methode zur Bestimmung der Alternativertragssätze der Aktionäre zu finden.

5.2.2 Eigenfinanzierung und Anteilsbewertung

5.2.2.1 Anteilsbewertung als konzeptionelle Basis der Bestimmung von Finanzierungskosten

Im Falle einer AG ist Eigenfinanzierung die Beschaffung von zusätzlichem Eigenkapital von den bisherigen Aktionären. Der **Kostensatz der Eigenfinanzierung**, der im folgenden mit dem Symbol e bezeichnet wird, stellt bei einer AG zugleich dreierlei dar:

(1) Er ist die Rendite, die die Aktionäre als Verzinsung ihrer Kapitalanlage fordern oder erwarten, *weil* sie diese bei einer alternativen Mittelverwendung erzielen können. Relevant ist nur der **Alternativertragssatz** der besten erreichbaren und risikomäßig vergleichbaren Alternative.

(2) Er ist die **Mindestverzinsung**, die eine eigenfinanzierte Investition mindestens erbringen muß, wenn es im Interesse der Aktionäre liegen soll, sie durchzuführen.

(3) Er ist der **Diskontierungszinssatz "der Börse"**, d.h. derjenige Zinssatz, mit dem die aktuellen und potentiellen Aktionäre die Vorteile diskontieren, die mit dem Besitz einer Aktie der betrachteten Unternehmung verbunden sind.

Daß sich die ersten beiden Formulierungen inhaltlich entsprechen, wurde bereits in den vorigen Kapiteln gezeigt. Zu verstehen, warum auch die dritte Formulierung äquivalent ist, stellt den Schlüssel zum Problem der Bestimmung von Eigenkapitalkosten dar.

Die Leitung einer AG mit einem anonymen Aktionärskreis kann den Alternativertragssatz ihrer Aktionäre *aus dem Börsenkurs* der Aktien zu *erschließen* versuchen. Den Börsenkurs BK_0 einer Aktie im Zeitpunkt t_0 kann man nämlich als Einschätzung ihres "Wertes" W_0 durch den Markt, d.h. die Gesamtheit der aktuellen und potentiellen Aktionäre, ansehen. Wir setzen den "Wert" einer Aktie mit ihrem Kurs gleich, und zwar sowohl für den Zeitpunkt, für den Eigenkapitalkosten ermittelt werden sollen, als auch für zukünftige Zeitpunkte:

$$\text{Wert} = \text{Kurs oder } W_0 = BK_0,\ W_1 = BK_1 \text{ usw. und allgemein:}$$

$$W_t = BK_t \text{ für } t = 0, 1, \ldots \tag{5.1}$$

Gleichung 5.1 bringt die wichtige Annahme zum Ausdruck, daß sich der Markt für die Aktien der betrachteten AG im **Gleichgewicht** befindet. In Ungleichgewichtssituationen sind die Gleichsetzung von Wert und Preis (Kurs) *und damit auch alle folgenden Überlegungen* nicht vertretbar!

Der Kurs BK_0 ist im Zeitpunkt t_0 *beobachtbar*. Der Wert W_0 ist hingegen nur zu *erschließen*, indem man fragt, anhand welcher Überlegungen ein *rational* handelnder, *normaler* oder typischer Anleger eine Aktie bewerten würde. Mit den Attributen "rational" und "normal" soll zum Ausdruck gebracht werden, daß wir Anleger, die Aktien aufgrund rein emotionaler Impulse kaufen, ebenso aus der Betrachtung ausschließen wollen wie solche, die eine Aktie aus besonderen Motiven[2] oder aufgrund besonderer Informationen - einschließlich sogenannter Insider-Informationen - kaufen oder halten, oder weil sie "spekulative" Erwartungen haben, die von den allgemeinen Erwartungen der anderen Marktteilnehmer abweichen.

Aktien zu kaufen oder zu halten, stellt für die Aktionäre eine Investition dar. Aus dem 4. Kapitel ist bekannt, daß der **Ertragswert** einer Investition der Grenzpreis ist, den jemand für den Einzahlungsstrom dieser Investition zu zahlen bereit ist. Der Einzahlungsstrom der Investition "Kaufen" oder "Halten" einer Aktie besteht aus zwei Komponenten, den zukünftigen Nettodividenden während der Zeit, in der die Aktie gehalten wird, und gegebenenfalls einem Verkaufserlös. Beide Komponenten müssen genauer betrachtet werden.

Die **Nettodividenden** sind die als Dividenden deklarierten Zahlungen der Unternehmung an ihre Aktionäre *einschließlich* eventueller Kapitalrückzahlungen im Falle einer Liquidation oder einer Kapitalherabsetzung und *abzüglich der Einlagen*, die die Eigentümer nach dem Bewertungszeitpunkt noch erbringen müssen. Solche Einlagen muß man deshalb berücksichtigen, weil sie möglicherweise vorgenommen werden, um Investitionen zu tätigen, aus denen später Einzahlungen an das Unternehmen fließen, die schließlich als Dividenden ausgeschüttet werden.[3] Die Nettodividenden sind, genau so, wie wir es im 3. Kapitel für die Zahlungsreihen von Investitionsvorhaben formuliert haben, das Ergebnis von zuvor getroffenen Investitionsentscheidungen. Da wir in diesem Teil von Organisationsproblemen absehen, liegt es nahe zu unterstellen, daß auch nach dem Bewertungszeitpunkt t_0 die Investitionsentscheidungen getroffen werden, die im Interesse der bisherigen Aktionäre liegen. Zu prognostizieren und in die Bewertung einzubeziehen sind also die Nettodividenden bei *optimalen* Investitionsplänen.

Die zweite Komponente des Einzahlungsstroms eines Aktionärs ist der **Verkaufserlös**. Ein Verkauf in einem späteren Zeitpunkt erbringt den dann herrschenden Kurs. Wegen der Annahme, daß auch später der Kurs dem *dann* geltenden Wert entspricht, der seinerseits von den danach erwarteten Nettodividenden abhängt,[4] gilt:

> Der **Wert einer Aktie** gleicht dem Barwert aller erwarteten zukünftigen Nettodividenden pro Aktie, mit denen die Aktionäre rechnen, wenn sie unterstellen, daß die Unternehmung alle vorteilhaften Investitionen durchführt.

2 Ein solches Motiv könnte das Streben nach der Stimmenmehrheit in der Hauptversammlung sein.

3 Wie in diesem Zusammenhang Kapitalerhöhungen zu berücksichtigen sind, wird im Abschnitt 5.2.3 diskutiert.

4 Wenn ein Anleger erwartet, daß BK_t nicht gleich W_t ist, erwartet er für den Zeitpunkt t ein Ungleichgewicht der Börsenbewertung. Er muß dann explizit ermitteln, zu welchem Zeitpunkt er gegebenenfalls seine Aktien verkauft und wie er den Verkaufserlös anderweitig anlegt.

Die Behauptung, daß der Wert einer Aktie "nur" dem Barwert der Dividenden entspricht, mag für manchen intensiv am Börsengeschehen interessierten Leser befremdlich und schwer verständlich erscheinen, zumal die meisten "Börsianer" erwartete Kurssteigerungen für viel wichtiger als die Dividenden halten. Dieser Einwand ist völlig richtig: Auch wenn wir in unserer Darstellung von der Unsicherheit der Zukunft absehen, ist die Zukunft trotzdem unsicher, und dies hat zur Folge, daß sich die Erwartungen über zukünftige Dividenden und mit ihnen Börsenkurse schnell und heftig ändern können. Das ändert aber nichts an der grundsätzlichen Aussage, daß zukünftige Kurse von den *dann* herrschenden Erwartungen über die *dann* erwarteten Dividenden bestimmt werden, denn ein anderer finanzieller Vorteil als das Recht auf zukünftige Dividenden ist mit dem Kauf einer Aktie nicht verbunden.

Bei der Bestimmung ihres Grenzpreises für eine Aktie verwenden die Aktionäre einen **Diskontierungszinsfuß**.[5] Dieser bringt zum Ausdruck, welche Rendite der Investition "Kaufen oder Halten der Aktie" sie *fordern*; und dies hängt davon ab, welche Rendite sie in einer vergleichbaren alternativen Geldanlage *erwarten* können oder wie wichtig es ihnen ist, Einkommen für Konsum verwenden zu können.[6] Einen höheren (niedrigeren) Diskontierungszinssatz bei der Aktienbewertung zu verwenden, bedeutet, eine höhere (niedrigere) Verzinsung auf das eingesetzte Kapital zu fordern. Die Grundidee der Aktienbewertung - und allgemeiner: der Unternehmensbewertung[7] - besteht also in einem *Vorteilsvergleich*: Der Wert einer Aktie ist gleich dem Preis einer Alternative, die einen gleichen oder hinsichtlich der drei Dimensionen Höhe, zeitliche Struktur und Unsicherheit gleichwertigen Einkommensstrom erwarten läßt. Die erwartete Verzinsung der Alternative, die sich einem Anleger bietet und die er für vergleichbar und relevant hält, stellt seinen **Alternativertragssatz** dar. Dieser Alternativertragssatz *der Aktionäre* ist der **Eigenkapitalkostensatz**, der Kostensatz für die Finanzierung mit Eigenkapital. Die bisherigen Überlegungen lassen sich als Gleichung 5.2 zusammenfassen:

$$(5.2) \quad W_0 = \sum_{t=1}^{\infty} \frac{D_t}{(1+e)^t}$$

Sie gibt in allgemeiner Form an, wie eine Aktie zu bewerten ist. W_0, der Wert im Zeitpunkt t_0, ist die gesuchte Größe. D_t bezeichnet die von den Aktionären erwarteten Dividenden pro Aktie zu den Zeitpunkten ab t_1, und e gibt den Diskontierungszinsfuß an, den die Aktionäre verwenden. D_t und e gelten bei der Bewertung als gegeben, was weder impliziert, daß die zukünftigen Dividenden sicher wären noch daß es einfach wäre,

5 Von der Möglichkeit, daß sich dieser Zinsfuß für verschiedene Perioden unterscheidet, sehen wir der Vereinfachung zuliebe ab.

6 Vgl. aber Abschnitt 5.4.2, in dem wir die Rolle des Konsums ausdrücklich aufgreifen werden.

7 Vgl. dazu *Moxter* [Grundsätze], S. 10.

die zukünftigen Dividenden D_t und den anzuwendenden Diskontierungssatz e zu bestimmen.

Der Marktpreis oder Kurs einer Aktie ergibt sich bei gegebener Anzahl von Aktien einer Unternehmung aus der Nachfrage der aktuellen und potentiellen Aktionäre, und diese Nachfrage richtet sich ihrerseits nach der Bewertung der Aktie durch die Anleger. Ist der Kurs niedriger als der Wert gemäß Gleichung 5.2, wird die Aktie nachgefragt. Dadurch steigt ihr Kurs. Ist der Kurs höher als der Wert, versuchen Anleger, die Aktie zu verkaufen, und der Kurs sinkt, bis die Gleichgewichtsbedingung 5.1 erfüllt ist. Unter der Annahme, daß am Markt für Aktien die Werte von Aktien durch "richtige" Bewertungen gemäß Gleichung 5.2 bestimmt werden und daß diese Bewertungen von normalen Aktionären vorgenommen werden und nicht spekulative Übertreibungen und dergleichen die Kurse bestimmen, gilt damit für den Kurs BK_0 der Aktien einer Unternehmung:

$$(5.3) \quad BK_0 = \sum_{t=1}^{\infty} \frac{D_t}{(1+e)^t}$$

Gleichung 5.2 drückt die subjektive Bewertung einer Aktie durch einen *normalen Anleger* aus. Hingegen zeigt 5.3 die Bewertung *durch den Markt*. Um deutlich zu machen, daß es sich dabei um eine Aussage über die Preisbildung handelt, sollte man eigentlich von der "Bepreisung" einer Aktie durch den Markt sprechen. Anders als bei einer Bewertung gemäß Gleichung 5.2, bei der W_0 bestimmt werden soll, ist in 5.3 BK_0 gegeben. Unterstellt man, daß "der Markt" auch die zukünftigen Dividenden D_t im Prinzip richtig einschätzt, ist die Unbekannte in der Gleichung 5.3 das e, der von "der Börse" verwendete Diskontierungssatz. Er zeigt die "required rate of return" der Börse und damit die Kosten der Eigenfinanzierung der AG an.

Die in den Gleichungen 5.2 und 5.3 empfohlenen bzw. unterstellten Bewertungen sind **rationale Bewertungen**. Sie beruhen auf Überlegungen und Erwartungen, die sich als *gerechtfertigt* erweisen, denn das e aus Gleichung 5.3 ist nicht nur die **geforderte Rendite**, sondern auch die **zu erwartende Rendite** für jemanden, der die Aktie beim Kurs BK_0 kauft oder hält. Dies folgt aus der unterstellten Gleichheit von Kurs und Wert sowohl im Zeitpunkt t_0 als auch in den späteren Zeitpunkten t_1 und danach, und es läßt sich durch eine einfache Umformung zeigen. Die Summe in der Gleichung 5.2 läßt sich zerlegen in

$$(5.4) \quad W_0 = \frac{D_1}{1+e} + \frac{1}{1+e}\sum_{t=2}^{\infty} \frac{D_t}{(1+e)^{t-1}} = \frac{D_1}{1+e} + \frac{W_1}{1+e} = \frac{D_1 + W_1}{1+e} \; .$$

Dieselbe Umformung der Gleichung 5.3 mit BK statt W ist ebenso zulässig: Der auf den Zeitpunkt t_1 bezogene Barwert der Dividenden ab t_2 ist der Wert W_1 der Aktie im Zeitpunkt t_1. Er entspricht bei (erwartetem) Gleichgewicht am Aktienmarkt auch dem (erwarteten) Kurs BK_1.

> Der Kurs im Zeitpunkt t_0 ist gleichermaßen der Barwert aller erwarteten zukünftigen Dividenden wie die um eine Periode diskontierte Summe aus der nächsten Dividende und dem Wert bzw. Kurs am Ende der ersten Periode.

In der Bewertung der Aktie spielt der erwartete zukünftige Kurs keine *eigenständige* Rolle. Dies erkennt man,wenn man die Gleichung 5.4 nach e auflöst. Dann erhält man

$$(5.5)\quad \begin{aligned} W_0\,(1+e) &= D_1 + W_1 \text{ bzw. } BK_0\,(1+e) = D_1 + BK_1 \text{ sowie} \\ W_0\,e &= D_1 + (W_1 - W_0) \text{ bzw. } BK_0\,e = D_1 + (BK_1 - BK_0). \end{aligned}$$

Einen weiteren wichtigen Sachverhalt erkennt man, wenn man die Gleichung 5.5 durch W_0 bzw. BK_0 dividiert:

$$(5.6)\quad e = \frac{D_1 + (W_1 - W_0)}{W_0} \quad \text{bzw.} \quad e = \frac{D_1 + (BK_1 - BK_0)}{BK_0}$$

> Die Rendite, die die Aktionäre zu *erhalten* erwarten, stimmt mit der von ihnen *geforderten* Rendite, dem von "der Börse" verwendeten Diskontierungssatz, überein.[8]

Die Übereinstimmung zwischen derjenigen Rendite, die die Aktionäre zu erhalten erwarten, wenn sich der Kurs in den Zeitpunkten t_0 und t_1 nach den Bewertungsformeln 5.2 bzw. 5.3 bildet, und der (erwarteten) Rendite e, die sie fordern, ist ein charakteristisches Merkmal des Modells der Aktienbewertung als Barwert aller zukünftigen Dividenden, das wir gerade vorgestellt haben, und vieler anderer Bewertungsmodelle, die wir in diesem und den folgenden Kapiteln noch behandeln werden. Wiese das Aktienbewertungsmodell dieses Merkmal nicht auf, könnte man auch nicht, wie wir es vorschlagen, von dem beobachteten Kurs und den erwarteten Dividenden auf die von den Aktionären geforderte Verzinsung e, ihren Alternativertragssatz, schließen. Dieses Merkmal ist also offensichtlich wichtig, und darum werden wir es im Abschnitt 5.2.2.4 ausführlich diskutieren. Vorher wollen wir aber die Verwendung von e als Eigenkapitalkostensatz noch weiter begründen und illustrieren.

Daß der Finanzierungskostensatz e, mit dem "die Börse" die zukünftigen Dividenden auf die Aktien einer bestimmten Aktiengesellschaft bewertet (oder "bepreist"), zugleich der Ertragssatz der *relevanten* Alternative *aller* Aktionäre ist, ergibt sich im Umkehrschluß aus folgender Überlegung: Ihr Alternativertragssatz kann nicht höher und nicht niedriger als e sein. Warum kann er nicht höher als e sein? Ein einzelner potentieller Anleger, der

8 Das gilt ebenso für spätere Perioden wie für die erste Periode.

nur Anlagemöglichkeiten hätte, die eine höhere Rendite als e erwarten ließen, würde diese vernünftigerweise wahrnehmen. Er wäre deshalb beim Kurs BK_0 und der Rendite e kein Aktionär der betrachteten AG. Falls allen oder vielen Aktionären bessere Anlagemöglichkeiten als solche mit dem Ertragssatz e zur Verfügung stünden, läge der Kurs der Aktien der betrachteten AG angesichts gegebener Dividendenerwartungen unter BK_0. Damit wäre dann auch die Rendite ihrer Aktien höher. Also ist bei gegebenem Kurs der Alternativertragssatz nicht höher als e. Er kann auch nicht geringer als e sein, denn die Aktionäre sind auch nicht auf schlechtere Anlagemöglichkeiten als auf solche mit der Rendite e angewiesen: Sie könnten weitere Aktien dieser oder einer vergleichbaren Unternehmung kaufen und damit angesichts der angenommenen Vollkommenheit des Marktes die Rendite e erzielen. Also ist der Alternativertragssatz nicht geringer als e. Somit muß er mit e übereinstimmen. Dies gilt, wie die ausführliche Begründung deutlich machen sollte, nur bei Gleichgewicht am (vollkommenen) Kapitalmarkt.

Der methodische Ansatz, die von Eigenkapitalgebern geforderte Mindestverzinsung aus dem Börsenkurs zu erschließen, verbindet das Denken in Opportunitätskosten der Aktionäre mit einer einfachen Gleichgewichtsüberlegung. Dennoch hat er auch Schwächen:

(1) Die Gleichung 5.2 ist ein normatives Bewertungsmodell, d.h. sie gibt an, wie Aktionäre vernünftigerweise Aktien bewerten sollten. In Gleichung 5.3 wird aber die Überlegung umgedreht, und die Gleichung zur Bestimmung des Wertes wird als Erklärung des Preises (Kurses) verwendet. Es ist durchaus fraglich, ob sich Aktienkurse wirklich so bilden, wie es das normative Bewertungsmodell empfiehlt.

(2) Um bei gegebenem BK_0 auf e schließen zu können, müßte die Unternehmensleitung wissen, welche zukünftigen Dividenden die Aktionäre erwarten. In der Regel weiß sie aber nur, mit welchen Dividenden sie selbst rechnet. Wenn sie von ihren eigenen Erwartungen und Planungen ausgeht, die Aktionäre aber andere Erwartungen haben, schleicht sich ein Fehler ein. Rechnen die Aktionäre beispielsweise mit geringeren Dividenden als die Unternehmensleitung, wird ein zu hoher Wert für e ermittelt.

(3) Auch die Möglichkeit, daß verschiedene Aktionäre unterschiedliche Alternativertragssätze haben und mit unterschiedlichen Dividenden rechnen, wird nicht berücksichtigt. Die beiden Unterschiede können gerade so zusammenwirken, daß daraus trotzdem derselbe Wert für eine Aktie resultiert. In dieser Situation wäre der Rückschluß vom Aktienkurs auf den Alternativertragssatz der Aktionäre nicht zulässig.

(4) e ist ein Interner Zinsfuß. Die Bestimmung von e aus 5.2 bzw. 5.3 kann mathematisch und rechentechnisch problematisch sein. Außerdem erhält man mit e einen einheitlichen Finanzierungskostensatz für verschiedene Perioden. Die Alternativertragssätze der Anleger können sich jedoch von Periode zu Periode unterscheiden.

5.2.2.2 Praktikable Bewertungsmodelle

Trotz der genannten Einwände gibt der beschriebene Ansatz der Unternehmensleitung wertvolle Anhaltspunkte für die Bestimmung der Eigenkapitalkosten. Operational wird er, wenn man vereinfachende Annahmen über die zeitliche Struktur der (erwarteten) Dividenden trifft, die es erlauben, die Gleichungen 5.2 und 5.3 nach e aufzulösen. Wir betrachten zwei einfache Beispiele für derartige Operationalisierungen:

1. Beispiel: Die Aktionäre erwarten einen **ewigen uniformen Dividendenstrom** in Höhe von D = 15. Der Wert - und im Gleichgewicht auch der Kurs - beträgt 120. Dann läßt sich e bestimmen aus

(5.7)
$$\frac{D}{e} = W \quad \text{bzw.} \quad \frac{D}{W} = e \quad \text{und im Beispiel:}$$

$$W = \frac{15}{e} = 120 \quad \text{bzw.} \quad e = \frac{15}{120} = 12{,}5\%.$$

Bei den statischen Verhältnissen, die diese elementarste aller denkbaren Bewertungsformeln abbildet, besteht die Rendite nur in der Dividende bezogen auf den Wert oder den Kurs. Kursänderungen gibt es, wenn sich die Erwartungen erfüllen, nicht; und deshalb stimmt die von den Aktionären verlangte Rendite mit der erzielten Dividendenrendite überein. Im Beispiel beläuft sie sich auf 12,5%.

An dieser Bewertungsformel läßt sich der oben unter (2) genannte Einwand erläutern: Die Unternehmensleitung rechnet mit D = 15 und ermittelt e = 12,5%. Wenn die Aktionäre mit D = 12 rechneten, ergibt sich e = 10%. Dann beträgt ihr Alternativertragssatz nicht 12,5%, sondern 10%.

2. Beispiel: Die Aktionäre und die Unternehmensleitung rechnen mit einem von Jahr zu Jahr um die konstante Wachstumsrate g **wachsenden Dividendenstrom**. Im Bewertungszeitpunkt t_0 sei gerade eine Dividende D_0 ausgezahlt worden. Die Wachstumsrate g der Dividenden sei 2,5%. Die nächste Dividende D_1, die nach einem Jahr erwartet wird, betrage 12. Rechnerisch entspricht sie dem Produkt aus der Dividende in t_0 und dem Wachstums*faktor* (1+g): $D_1 = D_0\,(1+g) = 12$. Die übernächste Dividende D_2 ergibt sich entsprechend als $D_2 = D_1\,(1+g) = D_0\,(1+g)^2$ usw.. In diesem Beispiel beläuft sie sich auf 12,30. Bei einem Diskontierungssatz e ergibt sich als Barwert der ewig wachsenden Dividendenreihe - und damit als Wert und Kurs der Aktie

(5.8)
$$W_0 = \frac{D_1}{1+e} + \frac{D_2}{(1+e)^2} + \frac{D_3}{(1+e)^3} \cdots \quad \text{bzw.}$$

$$(5.9)\quad W_0 = D_0\frac{1+g}{1+e} + D_0\frac{(1+g)^2}{(1+e)^2} + D_0\frac{(1+g)^3}{(1+e)^3} + \cdots \quad \text{oder kürzer:}$$

$$(5.10)\quad W_0 = \frac{D_0\,(1+g)}{e-g} = \frac{D_1}{e-g} \qquad (\text{für } e > g)$$ [9].

In dem Beispiel erhält man

$$W_0 = 120 = \frac{12}{e-0{,}025}\;.$$

Durch Umformung von Gleichung 5.10 ergibt sich als Rendite der Aktionäre in der ersten Periode (und analog für die folgenden Perioden)

$$(5.11)\quad e = \frac{D_1}{W_0} + g \quad \text{bzw. im Beispiel} \quad e = \frac{12}{120} + 0{,}025 = 12{,}5\%\;.$$

Die von den Aktionären geforderte Rendite auf ihr Kapital, die sich angesichts der erwarteten Dividenden im Kurs der Aktie ausdrückt, setzt sich aus zwei Komponenten zusammen: aus der sogenannten Dividendenrendite (D_1/W_0) bzw. (D_1/BK_0) und der Wachstumsrate g. g ist nicht nur die Wachstumsrate der Dividenden, sondern auch die des Aktienkurses: Man erkennt dies, wenn man e konstant hält und den Wert W_1 bzw. den Kurs BK_1 der Aktie in t_1 bestimmt. Analog zu Gleichung 5.10 gilt nämlich auch

$$(5.12)\quad W_1 = \frac{D_2}{e-g} \quad \text{bzw. im Beispiel} \quad W_1 = \frac{12{,}3}{0{,}125-0{,}025} = 123\,.$$

Einsetzen von $D_2 = D_1\,(1+g)$ führt zu

$$(5.13)\quad W_1 = \frac{D_1}{e-g}\cdot(1+g)$$

und wegen der Gleichheit von Wert und Kurs auch zu

$$(5.14)\quad W_1 = W_0\,(1+g) = BK_1 = BK_0\,(1+g)\;.$$

9 Man kann sich diese Formel durch folgende Überlegung plausibel machen: Durch die Diskontierung werden zukünftige Dividenden "abgewertet". Ihr heutiger Wert ist um so kleiner, je später in der Zukunft die einzelnen Dividenden anfallen und je höher der Diskontierungszinsfuß e ist. Die zukünftigen Beträge der einzelnen Dividenden sind aber bei kontinuierlichem Dividendenwachstum um so größer, je später in der Zukunft sie anfallen und je höher die Wachstumsrate ist. Das Wachstum wirkt sich auf den heutigen Wert der zukünftigen Dividenden genau entgegengesetzt aus wie die Diskontierung. (Daher muß e auch größer als g sein, denn sonst würde der Wert der Aktien - und der Dividenden - unendlich.)

Das im zweiten Beispiel vorgestellte Bewertungsmodell ist in der Literatur als **Gordon-Modell** oder "constant growth model" bekannt.[10] Auch dieses Modell ist insofern ein Modell, das rationale Erwartungen der Anleger unterstellt, als die Aktionäre - im Durchschnitt bzw. wenn sich die Erwartungen über die zukünftigen Dividenden erfüllen - über Kurswachstum und Dividenden eine Rendite gemäß Gleichung 5.6 auf das eingesetzte Kapital W_0 bzw. BK_0 erhalten, die der erwarteten und geforderten Rendite entspricht.

In den beiden Beispielen wurden sehr einfache Formen der zeitlichen Entwicklung der Dividenden unterstellt. Wenn diese Annahmen über die Dividendenentwicklung nicht stimmen, muß man entweder e direkt aus der unvereinfachten Gleichung 5.2 bzw. 5.3 ermitteln oder andere, passendere Approximationen suchen.[11]

5.2.2.3 Anwendungen und Anwendbarkeitsvoraussetzungen

Wir haben gezeigt, daß die Bewertung von Eigenkapitalanteilen oder Aktien und die Bestimmung der Finanzierungskosten der Eigenfinanzierung auf einem vollkommenen Kapitalmarkt im Gleichgewicht nur die beiden Seiten ein und derselben Medaille sind. Im Gleichgewicht kann man aus beobachtbaren Marktpreisen und einer Schätzung zukünftiger Dividenden ablesen, wie hoch der Ertragssatz ist, den die Aktionäre in der besten ihnen erreichbaren, vergleichbaren und nicht ohnehin wahrgenommenen Alternative erzielen können.

Was läßt sich mit diesem Ergebnis praktisch anfangen? Wie wir später ausführlicher darlegen werden, sind die Finanzierungskosten des Eigenkapitals praktisch vor allem deshalb wichtig, weil sie einen Baustein der Kapitalkosten einer mit Eigen- und Fremdkapital finanzierten Unternehmung darstellen. Trotzdem wollen wir hier bereits fragen, ob man auf der Basis der bisherigen Ausführungen, die sich nur auf eine einzige Finanzierungsart beziehen, einen geeigneten Kalkulationszinsfuß ermitteln und mit ihm korrekte, im Interesse der Aktionäre liegende Investitionsentscheidungen treffen kann. Für welche Investitionsentscheidungen und bei welchen Unternehmen ist der nach der beschriebenen Methode ermittelte Alternativertragssatz der Aktionäre als Kalkulationszinsfuß zu gebrauchen, und welche Zahlungen sind gegebenenfalls mit ihm zu diskontieren?

Der Finanzierungskostensatz e der Eigenfinanzierung ist *jedenfalls dann* für die Investitionsentscheidungen einer gegebenen Unternehmung anwendbar und als Diskontierungszinsfuß auf die *gesamte* Zahlungsreihe einer betrachteten Investition anzuwenden, wenn

10 Vgl. *Gordon/Shapiro* [Mindestrendite] und ausführlicher *Gordon* [Investment], bes. S. 43-66.

11 Vgl. die "valuation models" in der Literatur zur Wertpapieranalyse, z.B. *Sharpe* [Investments], S. 414-440.

(1) mit seiner Hilfe Investitionen beurteilt werden sollen, die denselben Unsicherheitsgrad aufweisen wie die bisherigen Investitionen der Unternehmung, *und*

(2) die Investitionen nur durch zusätzliches Eigenkapital von den bisherigen Aktionären finanziert werden *und*

(3) sich durch die Zuführung neuen Eigenkapitals die Art und Weise der Finanzierung der Unternehmung nicht ändert und damit der Unsicherheitsgrad der Aktien des Unternehmens gleich bleibt.

Die Bedingungen (2) und (3) sind nur dann gleichzeitig erfüllt, wenn die betrachtete Unternehmung bisher ausschließlich mit Eigenkapital finanziert wurde. Dies legt die Vermutung nahe, daß der Finanzierungskostensatz e nur in dem völlig unwahrscheinlichen Fall einer auch bisher rein eigenfinanzierten Unternehmung anwendbar ist. Die Anwendungsbedingungen erscheinen also extrem beschränkt. Doch dieser Eindruck trügt. Man kann nämlich die Annahme des gleichen Unsicherheitsgrades für den Fall einer AG, die bisher außer mit Eigenkapital auch mit Fremdkapital finanziert ist, wie folgt deuten: Eine bestimmte betrachtete Investition *und* ihre Finanzierung weisen zusammen denselben gegebenen Unsicherheitsgrad auf, wenn die Investition genauso riskant ist wie die bereits durchgeführten Investitionen *und* wenn sie in demselben Verhältnis mit neuem Eigen- und Fremdkapital finanziert wird, wie es die Unternehmung bisher aufweist. Der Finanzierungskostensatz der Eigenfinanzierung e ist in diesem Fall die geforderte (und erwartete) Rendite *auf das zusätzliche Eigen*kapital, das die Aktionäre aufbringen sollen, um die Investition zu finanzieren. Und er ist (nur) auf diejenigen zusätzlichen Einzahlungen anzuwenden, die den Eigenkapitalgebern zufließen. Das sind die Einzahlungen aus der Investition, vermindert um die nötigen Zahlungen an Fremdkapitalgeber.

Immer dann, wenn sich die Art der Finanzierung der erwogenen neuen Investition von der bisherigen Finanzierung unterscheidet und wenn der Unsicherheitsgrad der neuen Investition anders ist als der der bisherigen, kann man nicht mit dem Eigenkapitalkostensatz e alleine rechnen. Auf diese komplizierteren Anwendungsfälle gehen wir später ein.

Doch wir wollen nicht bei Erwägungen der Praktikabilität stehen bleiben, sondern fragen, ob es auch legitim oder konzeptionell richtig ist, Investitionsobjekte isoliert zu beurteilen. Unter den Annahmen, die wir für dieses Kapitel getroffen haben, ist dies legitim. Es ergibt sich aus den folgenden fünf Argumenten:

(1) Die Annahme des *gegebenen Unsicherheitsgrades* kann man so deuten, daß die eventuelle Durchführung einer betrachteten Investition keinen Einfluß auf die Unsicherheit anderer Investitionen hat und (deshalb) auch den für diese geltenden Kalkulationszinsfuß nicht beeinflußt.

(2) Die Annahme, daß es zwischen den Investitionsobjekten *keine sachlich-technischen Interdependenzen* gibt, bedeutet, daß auch die bei Kapitalwertberechnungen zugrunde zu legenden Zahlungsreihen der Investitionen voneinander unabhängig sind.

Aus (1) und (2) folgt, daß die Kapitalwerte verschiedener Investitionen voneinander unabhängig sind.

(3) *Kapitalwerte und Ertragswerte sind additiv*, wie sich für den Fall sicherer Erwartungen aus ihrer Definition ergibt, die im 4. Kapitel vorgestellt worden ist. Es folgt auch aus den Bewertungsgleichungen 5.2 und 5.3, wenn man zusätzlich annimmt, daß der jeweils anzuwendende Kalkulationszinsfuß gegeben ist. Additivität bedeutet, daß die Summe der Kapitalwerte eines Bündels von Investitionen gleich dem Kapitalwert der Summe der Zahlungen ist, die mit allen Investitionen verbunden sind, die zu dem Bündel gehören.

(4) Die Maximierung des Marktwertes (des Eigenkapitals) einer AG, die bei gegebener Anzahl der Aktien der Maximierung des Aktienkurses entspricht, ist bei einem *vollkommenem Kapitalmarkt* eine sinnvolle Zielsetzung, denn ein maximales "Vermögen" der Aktionäre bedeutet, daß jeder einzelne von ihnen denjenigen Konsumstrom erreichen kann, der seinen Wünschen hinsichtlich der zeitlichen Struktur und der Unsicherheit am besten entspricht.

(5) Im *Gleichgewicht* entsprechen auf einem vollkommenen Markt die *Ertragswerte von Finanztiteln* deren *Marktwerten*. Der Kapitalwert einer einzelnen erwogenen Investition ist derjenige Betrag, um den sich der Marktwert (des Eigenkapitals) der AG ändert, wenn eine von "der Börse" bis dahin nicht erwartete vorteilhafte Investitionsmöglichkeit auftaucht.

Unter den aufgeführten Voraussetzungen ist es nicht nur praktisch, sondern auch konzeptionell richtig, mit Kapitalwerten einzelner Investitionen zu rechnen. Dazu benötigt man einen Kalkulationszinsfuß, der im Falle reiner Eigenfinanzierung dem von den Aktionären geforderten Satz bzw. deren Alternativertragssatz bzw. dem von "der Börse" verwendeten Diskontierungssatz e entspricht.

5.2.2.4 Rationale Erwartungen, Antizipation und Informationseffizienz des Kapitalmarktes

Wenn "die Börse" Aktien zu jedem Zeitpunkt mit den vorgestellten Dividenden-Diskontierungsmodellen bewertet, können die Aktionäre auch diejenige Rendite zu erhalten erwarten, die sie "fordern", also ihre "required rate of return". Man könnte nun denken, daß sich dies allein daraus ergibt, daß in diesen Bewertungsmodellen so gerechnet wird, als ob die zukünftigen Zahlungen sicher wären, oder, mit anderen Worten, daß die an sich vorhandene Unsicherheit gedanklich ausgeblendet wird. Im folgenden wollen wir zeigen, daß dies nicht der Grund ist. Es liegt vielmehr an einem besonderen Merkmal der Bewertungsmodelle und der auf ihnen aufbauenden Vorstellung darüber, wie sich Börsenkurse bilden: Sie unterstellen **"rationale Erwartungen"**. Rationale Erwartungen sind **"im Prinzip richtige Erwartungen".** Aber das sagt erst einmal noch nicht viel, und deshalb sind beide Begriffe zusammen zu erläutern.

Hinter der Frage nach der Bedeutung der Begriffe steht die grundsätzlichere Frage, ob es überhaupt vertretbar ist zu unterstellen, daß Anleger zwar unsichere Erwartungen haben, weil die Erträge von Investitionen objektiv unsicher sind, daß ihre Erwartungen aber im Prinzip richtig sind. Genau dies haben wir in diesem Kapitel bisher durchgehend unterstellt und werden es auch weiterhin tun. Diese Annahme bildet die Basis unserer Empfehlung, den Eigenkapitalkostensatz aus der Bewertung der Aktien an der Börse zu erschließen, und allein deshalb ist es wichtig, sie genauer zu betrachten. Diese Diskussion wird uns zu einer der zentralen Thesen der Finanzierungstheorie führen, deren empirische Bestätigung viel dazu beigetragen hat, daß die neoklassische, marktorientierte Sichtweise oder "Brille" so weithin akzeptiert worden ist. Es ist die **"efficient market hypothesis"**, die These von der effizienten Informationsverarbeitung durch den Kapitalmarkt oder kurz: die Effizienzthese.

Die erste Frage lautet also: Was bedeuten die Begriffe "rationale" oder "im Prinzip richtige Erwartungen", und worauf beziehen sie sich? Um sie zu beantworten, beschreiben wir zuerst eine Situation, in der die Aktionäre, "der Markt", keine "rationalen Erwartungen" haben und gleichzeitig sicher sind, daß ihre Erwartungen zutreffen:

Es gibt zahlreiche Praktikermethoden der Aktienbewertung. So wird zum Beispiel empfohlen, Aktien zu bewerten, indem man den Bilanzgewinn pro Aktie nach bestimmten Verfahren "bereinigt" und den aufbereiteten Gewinn mit einem sogenannten Multiplikator multipliziert. Der Multiplikator, der für Gruppen ähnlicher Aktien gilt und z.B. 14 betragen könnte, bringt unter anderem die Verzinsungsforderung der Aktionäre zum Ausdruck.[12]

Was passiert, wenn sich *alle* Aktionäre *jederzeit* nach diesem Bewertungsmodell richten? Es bilden sich *in den Zeitpunkten* t_0 *und* t_1 *(und später)* Kurse, die dieser Bewertungsmethode entsprechen, und zusammen mit den Dividenden determinieren die Kurse die Renditen, die die Aktionäre zu erhalten erwarten können. Bei Verwendung der genannten Methoden werden die Aktionäre *ex post* feststellen, daß sich - außer durch Zufall - die Rendite auf das von ihnen eingesetzte Kapital von der erwarteten und "verlangten" Rendite unterscheidet, die eine der Determinanten des Multiplikators bildet. Beispielsweise könnte ein solches Bewertungsmodell *systematisch* zu Kursen führen, aus denen sich - unter Einbeziehung der Dividenden - niedrigere Renditen ergeben als die geforder-

12 Vgl. zu solchen Bewertungsmodellen z.B. *Sharpe* [Investments], S. 424.

te und erwartete Rendite. *Das kann - und wird - auch dann passieren, wenn sich die Erwartungen der Aktionäre über den bereinigten Bilanzgewinn hundertprozentig erfüllen.*

Eine Bewertung, die zu Anlageentscheidungen und Kursen führt, bei denen sich die Verzinsungserwartungen *systematisch nicht* erfüllen, kann nicht vernünftig oder "rational" sein; oder, wie man auch sagt, sie beruht nicht auf "rationalen Erwartungen". Es ist wichtig zu verstehen und als erstes Ergebnis festzuhalten: Sichere Erwartungen über die Bewertungsdeterminanten sind keine Garantie für eine "richtige" Kursbildung, bei der sich die Renditeerwartungen erfüllen. In dem Fall der Praktikermethoden der Aktienbewertung sind die systematischen Enttäuschungen nicht eine Folge falscher Erwartungen über die zukünftigen Gewinne als der einzigen prognostizierten Kursdeterminante. Sie ergeben sich vielmehr daraus, daß aus diesen Erwartungen nicht die besten Schlüsse gezogen werden. Als zweites Ergebnis folgt daraus unmittelbar: Würden Aktienkurse auf solchen Bewertungen beruhen, könnte man aus ihnen auch nicht die Verzinsungserwartungen oder Alternativertragssätze der Aktionäre "ablesen".

Aus der Umkehrung der bisherigen Überlegungen läßt sich nun ableiten, was es heißt, daß "rationale Erwartungen" vorliegen: Rational nennt man Erwartungen dann, wenn die Art und Weise, wie die Aktionäre - und zwar alle Aktionäre, also "der Markt". Erwartungen über die Bewertungsdeterminanten bilden *und in Entscheidungen* über den Kauf oder Verkauf oder das Halten von Aktien *umsetzen,* dazu führen, daß auch die Marktpreise zustande kommen, die sie erwartet haben.[13] Wirtschaftssubjekte, die rationale Erwartungen bilden, haben keinen Anlaß, ihre Art der Erwartungsbildung *und* ihre darauf aufbauenden Entscheidungsregeln zu verändern. Würden sie andere Erwartungen bilden und andere Bewertungen vornehmen, begingen sie systematische Fehler, und es läge kein Gleichgewicht vor. Die Marktteilnehmer könnten dann nämlich ihre wirtschaftliche Situation systematisch verbessern, wenn sie die Art ihrer Erwartungsbildung, ihre Bewertungen und ihre Anlageentscheidungen ändern würden, und dadurch würden auch andere Kurse zustande kommen.[14]

---

13 Im Vorgriff auf später zu erläuternde Begriffe läßt sich diese Aussage folgendermaßen präzisieren: Bei Sicherheit heißt es, daß sich genau und mit Sicherheit die erwarteten Kurse einstellen werden. Bei Unsicherheit und Risikoneutralität bedeutet es, daß sich eine Wahrscheinlichkeitsverteilung möglicher zukünftiger Kurse ergibt, die denselben Erwartungswert hat wie den, den die Marktteilnehmer erwarten, und im allgemeinsten Fall bedeutet es, daß sich am Markt diejenige "wahre" Wahrscheinlichkeitsverteilung zukünftiger Kurse einstellt, mit der die Anleger rechnen.

14 Die Idee der Aktienbewertung anhand der erwarteten zukünftigen Dividenden ist eine einfache, aber sehr wichtige Konkretisierung des allgemeineren Konzepts "rationaler Erwartungen", das zuerst von John Muth formuliert worden ist. Rational nennt man, Muth folgend, Erwartungen dann, wenn sie sich (im Durchschnitt) auch erfüllen. Vgl. dazu außer *Muth* [Expectations] die sehr anschauliche Darstellung des Konzepts der rationalen Erwartungen in *Maddock/Carter* [Guide].

Man darf also rationale Erwartungen nicht mit sicheren Erwartungen gleichsetzen. Das Attribut "rational" betrifft auch nicht nur die Erwartungen selbst, sondern das Zusammenwirken von dreierlei: den Erwartungen der Marktteilnehmer, ihren Entscheidungen und den Marktpreisen, die sich ergeben, wenn die Anleger auf ihre Erwartungen gestützt Entscheidungen treffen. Die Bewertung gemäß dem Dividenden-Diskontierungsmodell beruht auf rationalen, im Prinzip richtigen Erwartungen in diesem Sinne: Die Erwartungen führen zu Anlageentscheidungen, und diese führen zu den Kursen in den verschiedenen Zeitpunkten t_0, t_1 und danach, auf die sich die Erwartungen beziehen. Nur weil das Modell dieses Merkmal aufweist, kann man aus den beobachtbaren Kursen und den erwarteten Dividenden auf die Eigenkapitalkosten schließen.

Auch bei Unsicherheit kann es "rationale Erwartungen" geben. Bei rationalen Erwartungen müßten sich aufgrund der Entscheidungen der Anleger die Kurse so bilden, daß die Rendite, die die Aktionäre *im Durchschnitt* erhalten[15] oder die sie zu erhalten erwarten *können*, der geforderten *erwarteten* Rendite gleich ist.

Nun machen wir den zweiten Schritt und verallgemeinern das Konzept der rationalen Erwartungen zur These von der **Informationseffizienz des Kapitalmarktes**. Dazu ist es erforderlich, die Annahme, daß sich Anleger so verhalten, als ob sie sichere Erwartungen hätten, stärker abzuschwächen als bisher. Um zu verdeutlichen, was bei Unsicherheit dem Konzept der rationalen Erwartungen entspricht, untersuchen wir die Auswirkungen von Ereignissen, die die Erwartungen der Aktionäre ändern, auf Aktienkurse. Wir unterscheiden dabei zwischen **echten Überraschungen**, bei denen niemand mit dem betreffenden Ereignis gerechnet hat, und vorweg für möglich gehaltenen **Erwartungsänderungen**.[16]

Wir entwickeln die Effizienzthese anhand eines Zahlenbeispiels mit zwei Varianten. Die Zahlen sind in der Tabelle 5.1 auf S. 214 zusammengestellt. Betrachtet werden drei Zeitpunkte t_0, t_1 und t_2, in denen Ereignisse stattfinden, und Aktienkurse jeweils vor und nach dem Ereignis. Folgende allgemeine Annahmen werden getroffen: Ein betrachtetes Unternehmen hatte bisher einschließlich des Zeitpunktes t_0 regelmäßig eine duchschnittliche Dividende von 10 (pro Aktie) ausgeschüttet. Es wurde erwartet, daß sich dies nicht ändert. Für die Bewertung der erwarteten Dividenden verwendet die Börse den Diskontierungssatz $e = 10\%$. Die Anwendung der Bewertungsformel 5.7 führt dazu, daß nach jeder Dividendenausschüttung der Aktienkurs 100 beträgt, daß er im Verlauf jeder Periode bis zur nächsten Dividendenausschüttung auf 110 steigt und dann unmittelbar nach der Dividendenausschüttung wieder auf 100 fällt, weil dies angesichts der danach erwar-

15 Zum Beispiel wenn sich solche Situationen oft wiederholen würden.

16 Die strikte Unterscheidung der beiden Fälle ist eine der in den Wirtschaftswissenschaften üblichen Idealisierungen. In der Realität enthalten Erwartungsänderungen meistens sowohl einen Teil echter Überraschung als auch einen Teil, der vorweg für möglich gehalten worden war.

teten späteren Dividenden der gerechtfertigte Kurs ist. Die Börse rechnet so, als ob die Dividenden sicher wären, obwohl sie es in Wirklichkeit nicht sind.[17]

Für die betrachtete Unternehmung eröffnet sich nun eine außerordentlich attraktive Investitionsmöglichkeit im Zeitpunkt t_2. Damit sie wahrgenommen werden kann, müssen die Aktionäre *im Zeitpunkt t_2* zusätzliche 50 DM pro Aktie einlegen, und die für t_1 und t_2 erwarteten Dividenden von 10 werden nicht ausbezahlt, sondern einbehalten, um die Investition zu finanzieren. Nach der Kapitalzuführung und dem Beginn der Investition im Zeitpunkt t_2 beträgt der Kurs 270.[18] Dieser Kurs im Zeitpunkt t_2 sei "quasi-sicher", d.h. die Aktionäre rechnen, sobald sie verläßlich über die Investitionsmöglichkeit informiert worden sind, mit ihm, als wäre er sicher.

Die beiden Varianten des Zahlenbeispiels unterscheiden sich danach, (1) wann Informationen auftauchen und (2) ob sie "nur" zum Inhalt haben, daß sich eine bereits für möglich gehaltene Zukunftsentwicklung auch einstellen wird, oder ob sie echte Überraschungen beinhalten. Zur Vereinfachung der Darstellung wird in dem folgenden Beispiel davon abgesehen, daß die Anleger in ihrer Gesamtheit risikoscheu sind. Sie bewerten Aktien anhand der Summe aus erwarteter Dividende und erwartetem zukünftigem Kurs und diskontieren diese mit dem Kalkulationszinsfuß 10%.

1. Variante: Die Information über die Investitionsmöglichkeit taucht unmittelbar vor dem Zeitpunkt t_1 völlig überraschend für die Aktionäre auf und wird von ihnen - mit Recht - als verläßlich eingestuft. Die Dividenden für t_1 und t_2 werden abgesagt, und die Kapitalzuführung in t_2 wird angekündigt. Wie entwickelt sich der Kurs der Aktie ab t_0?

Weil Aktienkurse von Erwartungen abhängen, muß vom spätesten relevanten Zeitpunkt zurückgerechnet werden. Der Kurs im Zeitpunkt t_2 *nach* der Kapitalzuführung und zum Beginn der Investition beträgt 270. Im Zeitpunkt t_2 steigt er um die 50, die pro Aktie zugeführt werden. Kurz vor t_2 beträgt er somit 220. Eine Periode früher, aber *nach* Zugang der Information in t_1, liegt er bei 200. Das ist der Preis einer Aktie der betrachteten Risikoklasse, bei der die Börse damit rechnet, daß sie im Zeitpunkt t_2 einen Kurs von 220 haben wird, bzw. es ist der um eine Periode mit dem Zinssatz e diskontierte erwartete Kurs von 220 unmittelbar vor t_2. Ehe die Information über die günstige Investitionsmöglichkeit verbreitet wurde, also kurz vor t_1, hatte die Börse damit gerechnet, daß die nächste Dividendenzahlung unmittelbar bevorsteht, und die Aktien deshalb mit 110 (= 10/0,1 + 10) bewertet. Im Zeitpunkt der Bekanntgabe der Information steigt

---

17 Die an sich gegebene Unsicherheit ist auch der Grund, warum der relevante Kapitalmarktsatz e, mit dem die Erträge aus der Aktie bewertet werden, höher ist, als es der Kapitalmarktsatz für wirklich risikolose Geldanlagen wäre.

18 Die Investition hat im Zeitpunkt des Investitionsbeginns einen Kapitalwert von 99 pro Aktie. Er ergibt sich durch folgende Rechnung: 99 = 270 - 50 - 10 (1+0,10) - 10 - 100. = neuer Kurs in t_2 - Zuzahlung in t_2 - aufgezinster Dividendenverzicht in t_1 - Dividendenverzicht in t_2 - hypothetischer Kurs unmittelbar nach t_2 ohne die Investition.

deshalb der Kurs *überraschend* von 110 auf 200. Wer nach t_1 die Aktie zu einem geringeren Kurs als 200 kaufen könnte, könnte erwarten, eine höhere als die hier wegen des an sich bestehenden Risikos mit 10% angesetzte Normalverzinsung zu erzielen. Im Gleichgewicht ist dies nicht möglich, und deshalb ist 200 der Gleichgewichtskurs unmittelbar nach Informationszugang in t_1. Der Gleichgewichtskurs nach der Dividende in t_0 beträgt hingegen nur 100, weil die Investitionsmöglichkeit vorher nicht bekannt und auch nicht absehbar war, und bis unmittelbar vor t_1 steigt er auf 110.

Schon diese einfache Variante zeigt: Die Durchführung der Investition und die mit ihr verbundenen Dividendensteigerungen werden in dem Moment im Aktienkurs vorweggenommen oder antizipiert, in dem sie bekannt werden. Der Kurs steigt nicht erst im Zeitpunkt t_2, in dem die Eigenfinanzierung durchgeführt und die Investition begonnen wird, sondern schon in denjenigen Zeitpunkt, zu dem die Investitionsmöglichkeit *bekannt wird*. Was nach t_1 folgt, ist absehbar und im Kurs antizipiert: Bis zum Zeitpunkt t_2 steigt der Kurs um 10% auf 220. Dies entspricht der Normalverzinsung. Im Zeitpunkt t_2 springt er auf 270, was aber *ausschließlich* auf die Kapitalzuführung von 50 pro Aktie zurückzuführen ist und somit niemanden mehr überrascht. Vor t_1 war die überraschende Kurssteigerung annahmegemäß nicht absehbar, und deshalb betrug die in t_0 wie auch unmittelbar vor t_1 *erwartete* Rendite 10%. *Trotz der echten Überraschung* im Zeitpunkt t_1 ist es in jedem Zeitpunkt möglich, aus der Beobachtung der Kurse und aus *zutreffenden* Unterstellungen darüber, welche zukünftigen Dividenden die Aktionäre erwarten, auf die von ihnen "geforderte" Verzinsung zu schließen.

Damit ist die Idee der **Antizipation von Information in Kursen** eingeführt. Sie ist wichtig und auch realistisch. Es wäre nicht nur ein offensichtlicher Verstoß gegen die Annahme eines vollkommenen Kapitalmarktes im Gleichgewicht, sondern auch als Aussage über die Preisbildung an realen Börsen sehr unplausibel, wenn jemand behaupten würde, daß *absehbare* zukünftige Ereignisse und insbesondere absehbare höhere zukünftige Aktienkurse sich nicht immer schon in den aktuellen Kursen niedergeschlagen hätten und daß Anleger, die die betreffende Aktie kaufen, mehr als die sachgerecht definierte Normalverzinsung erwarten könnten. Eine solche Behauptung würde unterstellen, andere Anleger ließen sich die Möglichkeit entgehen, von absehbaren Kurssteigerungen zu profitieren und dabei mehr als die Normalverzinsung zu verdienen.

Ein Aktienmarkt, auf dem sich Kurse so bilden wie in diesem Beispiel, befindet sich im Gleichgewicht und verarbeitet verfügbare Informationen korrekt. Eugene Fama hat die **Effizienzthese** entwickelt und bekanntgemacht. Er definierte folgendermaßen:

> Ein Kapitalmarkt heißt dann "(informationally) efficient if, at any time, all available information is 'fully reflected' in the prices".[19]

19 *Fama* [Efficient], S. 383.

Was bedeutet es, daß Informationen jederzeit vollständig in den Preisen reflektiert sind? Famas Formulierung legt folgende Interpretation nahe:[20] Aus der Beobachtung von Kursen und vergangenen Kursverläufen kann man auf zugrundeliegende Ereignisse und Informationen über sie schließen. Im Beispiel würde die Kurssteigerung im Zeitpunkt t_1 jemandem, der dies noch nicht wüßte, "zeigen", daß eine sehr günstige Investitionsmöglichkeit aufgetaucht ist. Aber abgesehen von Sonderfällen ist dieser Rückschluß nicht möglich. Aus dem Beispiel ergibt sich aber auch eine andere Interpretation von "fully reflected": Eine bestimmte Information ist dann im Kurs "fully reflected", wenn Anleger nicht *erwarten* können, daß sich auf der Basis von verfügbaren Informationen Anlageentscheidungen treffen lassen, die mehr als die sachgerecht definierte Normalverzinsung einbringen. Im Einzelfall kann ein "Spekulant" natürlich ebenso Glück wie Pech haben; auch Informationen, die in den Kursen "fully reflected" sind, schaffen keine Sicherheit.

Wir untersuchen nun, was passiert, wenn der Informationszugang weniger einfach ist. Dazu bilden wir die **2. Variante** des Beispiels: Nach der Dividendenzahlung im Zeitpunkt t_0 wird überraschend (und verläßlich) bekannt, daß im Zeitpunkt t_1 *möglicherweise* die (dann ebenso verläßliche) Information mit dem Inhalt eingehen wird, daß die oben beschriebene Investitionsmöglichkeit in t_2 wirklich besteht. Wenn sie eingeht, werden die Dividenden in t_1 und t_2 gestrichen und die Eigenkapitalzuführung von 50 pro Aktie für t_2 angekündigt, und der Kurs springt in t_1 auf 200. *Möglicherweise* gibt die Unternehmensleitung in t_1 aber auch die - genauso verläßliche - Information, daß sich *bestimmt* weder für t_2 noch für einen späteren Zeitpunkt eine solche Investitionsgelegenheit eröffnet. In diesem Fall wird in t_1 die Dividende von (erwarteten) 10 ausgeschüttet, und danach stellt sich der Kurs von 100 ein, weil ab t_2 wie bisher eine regelmäßige Dividende von 10 erwartet werden kann. Diese beiden möglichen Informationen seien gleich wahrscheinlich.

Wie verläuft dann der Kurs ab t_0? Man muß wieder rückwärts rechnen. Wenn im Zeitpunkt t_1 die gute Nachricht eingeht, beträgt der Kurs unmittelbar vor dem Zeitpunkt t_2 220 und im Zeitpunkt t_1 200. Geht die schlechte Nachricht ein, beträgt der Kurs unmittelbar nach t_1 100 und unmittelbar vor t_1 110, weil noch die Dividende gezahlt wird. Der erwartete (oder mittlere) Kurs unmittelbar vor dem Zeitpunkt t_1 - und damit auch der Gleichgewichtskurs unmittelbar vor t_1 - beträgt damit 155.[21] Der Gleichgewichtskurs *nach* Informationszugang und Dividendenzahlung im Zeitpunkt t_0 in Höhe von 140,91 ergibt sich als der um eine Periode diskontierte *erwartete* Kurs von 155 unmittelbar vor dem Zeitpunkt t_1.

---

20 Fama war sich der geringen Präzision dieser Aussage durchaus bewußt, weshalb er wohl auch die zitierten Anführungszeichen um "fully reflected" gesetzt hat.

21 Es sei daran erinnert, daß die Anleger in ihrer Gesamtheit die Aktie so bewerten, als ob sie nicht risikoscheu wäre.

Da wir in dieser Variante annehmen, daß die Aktionäre eine *wirkliche* Überraschung erleben, wenn ihnen in t_0 die mögliche gute Nachricht für den Zeitpunkt t_1 angekündigt wird, springt der Kurs (nach Dividendenausschüttung) in t_0 von 100 auf 140,91. In t_1 steigt er entweder auf 200, oder er fällt (wegen der dann doch noch zu zahlenden Dividende) auf 110, je nachdem, welche Information zugeht.

Die Abfolge der Ereignisse und der Kurse zu den verschiedenen Zeitpunkten für die beiden Varianten des Beispiels sind in der Tabelle 5.1 zusammengestellt.

Zeitpunkt	t_0		t_1		t_2	
	vor	nach	vor	nach	vor	nach
Ereignis	Dividende von 10 und evtl. Info-Zugang		Info-Zugang und ggf. Dividende		Zuzahlung und Investitionsbeginn oder Dividende	
1. Variante	110	100	110	200	220	270
2. Variante	110	140,91	155	200 oder 100	220 oder 110	270 oder 100

Tabelle 5.1: Kursentwicklung auf einem "effizienten Kapitalmarkt"

Man könnte nun noch weitere Varianten bilden, die sich danach unterscheiden, wann die Information zugeht oder wie wahrscheinlich die gute bzw. die schlechte Information ist. Wenn beispielsweise die Aktionäre schon vor dem Zeitpunkt t_0 wissen, daß sie im Zeitpunkt t_1 möglicherweise - mit 50% Wahrscheinlichkeit - die gute Nachricht erhalten werden, beträgt der Kurs bereits unmittelbar vor t_0 wegen der für den Zeitpunkt t_0 erwarteten Dividende 150,91.

Wie sich aus dem Beispiel ergibt, lassen sich drei Gründe unterscheiden, warum sich Kurse ändern: Es gibt

(1) die überhaupt nicht überraschenden Kursänderungen infolge von Kapitalzuführungen oder sicheren Dividendenzahlungen sowie infolge des Zeitablaufs,

(2) die Kursänderungen, die vorweg für möglich gehalten worden sind und die aus - ebenfalls vorweg für möglich gehaltenen - Erwartungsänderungen resultieren, und

(3) die echten Überraschungen.[22]

Zwischen den Zeitpunkten t_0 und t_1 bzw. t_1 und t_2 bewirkt jeweils allein der Zeitablauf eine Kursänderung, die - je nach der betrachteten Variante - ganz oder teilweise oder überhaupt nicht durch anschließende Dividenden ausgeglichen wird und die zusammen

22 Siehe aber noch einmal Anmerkung 16.

mit der (erwarteten) Dividende zu der (erwarteten) Normalverzinsung auf das eingesetzte Kapital führt. Die Kurssteigerung im Zeitpunkt t_1 von 155 auf 200 bzw. die Kurssenkung von 155 auf 100 (plus Dividende) in den Varianten 2 unseres Beispiels stellen vorweg für möglich gehaltene Kursänderungen dar. Auf einem "efficient capital market" werden sie im Kurs antizipiert. Die Antizipation der Auswirkungen für möglich gehaltener, aber nicht sicherer Entwicklungen im Börsenkurs hebt die Unsicherheit nicht auf. Aber die verfügbare Information über sie ist nicht profitabel ausnutzbar. Die echten Überraschungen sind definitionsgemäß nicht vorhersehbar, und deshalb gibt es keine Information über sie, welche die Anleger auszunutzen versuchen könnten.

In unserem Beispiel - und allgemein auf einem "informationseffizienten Kapitalmarkt" - bilden sich Kurse so, daß man verfügbare Information nicht profitabel ausnutzen kann, um mehr als die sachgerecht definierte und risikoangepaßte Normalverzinsung zu bekommen. In diesem Sinne ist Famas Formulierung zu verstehen, Informationen seien auf effizienten Kapitalmärkten "fully reflected in the prices". Damit bilden sich die Kurse aber auch so, daß in jedem Zeitpunkt die Rendite, mit der die Aktionäre aufgrund der ihnen verfügbaren Information rechnen können, demjenigen Diskontierungs- *oder Alternativertragssatz* gleich ist, den "die Börse" verwendet, wenn sie aktuelle Kurse als Barwerte zukünftiger Dividenden und/oder Kurse ermittelt. Die Erwartungen werden (im Durchschnitt) erfüllt. Das Konzept der Informationseffizienz des Kapitalmarktes entspricht dem schon bekannten Konzept der rationalen Erwartungen.

Bei Markteffizienz bzw. rationalen Erwartungen bilden sich Kurse so, daß man - wenigstens im Prinzip - von den beobachteten Börsenkursen auf den Alternativertragssatz der Anleger schließen kann. In unserem Beispiel kann jemand, der weiß, welche Informationen und Erwartungen die Aktionäre haben, in *jedem* Zeitpunkt aus der Beobachtung der Kurse auf den Eigenkapitalkostensatz e schließen. Ohne Markteffizienz bzw. rationale Erwartungen wäre dieser Schluß, der unseren Überlegungen im Abschnitt 5.2.2 zugrunde liegt, nicht zulässig. Allein dies gibt Anlaß, nach der Erläuterung des Konzepts der Informationseffizienz auch kurz auf die Geltung der Effizienzthese einzugehen.

Keine andere sozialwissenschaftliche These ist so oft, so sorgfältig, in so vielfältiger Weise und mit so vielen Daten empirisch überprüft worden wie die Effizienzthese.[23] Dabei ist ihre empirische Prüfung nicht einfach. Die positive Aussage, daß "die Börse" Informationen im Prinzip richtig verarbeitet, ist überhaupt nicht direkt prüfbar. Prüfbar ist nur die negative Implikation, daß sich im Durchschnitt nicht mehr als die "Normalverzinsung" erzielen läßt. Aber auch das ist nicht einfach, denn die Effizienzthese besagt nicht nur, daß *bestimmte* Methoden, "ungewöhnliche" Aktienkursänderungen zu prognostizieren und darauf aufbauend erfolgreich zu spekulieren, nicht funktionieren, sondern daß es überhaupt keine solchen Methoden gibt. Ein empirischer Test kann immer nur

23 Vgl. zu dieser - zutreffenden - Einschätzung *Jensen* [Evidence].

Aufschluß darüber geben, ob bestimmte Arten, bestimmte Informationen für Kursprognosen und Anlageentscheidungen auszunutzen, erfolgreich sind. Selbst wenn sich alle überprüften Methoden als ungeeignet herausstellen sollten, gäbe es immer noch andere, bisher nicht geprüfte, die möglicherweise erfolgreich sind.

Hinzu kommen Methodenprobleme: Wie ist die "Information" abzugrenzen, von der man prüfen möchte, ob sie in Kursen "fully reflected" bzw. (nicht) ausnutzbar ist? Wann ist Information "available", und für wen ist sie verfügbar? Und wie ist die "risikoangepaßte Normalverzinsung" zu bestimmen, von der die Effizienzthese besagt, daß Börsianer auch bei raffinierter Verwertung verfügbarer Informationen nicht systematisch mehr als sie erzielen können?

Trotz dieser Probleme weisen die empirischen Tests in eine klare Richtung: Versucht man, die umfangreiche empirische Literatur zur Effizienzthese[24] zusammenzufassen, und stellt man die Befunde dem gegenüber, was Anlagepraktiker früher und oft noch heute über Aktienkursverläufe und ihre Vorhersagbarkeit dachten und denken,[25] dann kann man die Effizienzthese als eindrucksvoll - wenn auch nicht uneingeschränkt - bestätigt ansehen. Jedenfalls bezüglich der viel gehandelten Aktien an den großen Börsen dieser Welt scheint sie weitgehend zuzutreffen. Sehr viele Methoden, von denen die Anlagepraktiker jahrelang überzeugt waren, haben sich als unbrauchbar erwiesen. Sehr viele Arten von Information, von denen man früher überzeugt war, daß Anleger sie systematisch falsch einschätzen, werden zumindest an den amerikanischen Börsen im Prinzip richtig eingestuft. Die empirische Kapitalmarktforschung hat zwar keine abschließende Klärung gebracht[26], aber sie hat dazu geführt, daß die meisten Wissenschaftler heute die Effizienzthese als weitgehend richtig einschätzen. Außerdem ist sie einfach deshalb plausibel, weil jede Gegenthese wenig plausibel ist: Gäbe es erfolgreiche Methoden, um Aktienkursänderungen systematisch vorherzusehen und diese Prognosen auszunutzen, würden sie vermutlich schnell entdeckt, weil dem Entdecker große Gewinnchancen an der Börse winken. Die Methoden würden genutzt, und dies würde die Gesetzmäßigkeiten, auf denen sie beruhen, außer Kraft setzen.

Der Schluß von den beobachtbaren Börsenkursen auf die unbeobachtbaren Eigenkapitalkosten erscheint somit im Lichte theoretischer und empirischer Argumente weniger kühn, als man denken könnte.

---

24 Vgl. dazu insb. *Fama* [Efficient] und *Fama* [Markets].

25 Die gesamte Praktikerliteratur zur sogenannten technischen Aktienanalyse und Teile der Literatur zur sogenannten fundamentalen Aktienanalyse beruhen auf der Vermutung, daß sich "ungewöhnliche" Kursänderungen vorhersagen lassen. Dies setzt zwingend voraus, daß es Informationen gibt, die zugänglich sind und sich noch nicht richtig in den Kursen niedergeschlagen haben, und steht in klarem Widerspruch zur Effizienzthese. Vgl. dazu ausführlich *Schmidt* [Aktienkursprognosen].

26 Vgl. als Überblick mit einer eher skeptischen Tendenz z.B. *Fortune* [Efficiency] oder *Shanken/Smith* [Implications] und mit grundsätzlich methodischen Erwägungen *De Bondt/Thaler* [Decision-Making] sowie *De Bondt/Thaler* [Anomalies].

5.2.3 Die Kosten der Beteiligungsfinanzierung und die Bewertung von Bezugsrechten

Das Aktiengesetz schreibt vor, wie in Deutschland bei einer AG die Beschaffung von Eigenkapital abzulaufen hat. Die wichtigste und am weitesten verbreitete Form ist die der **"ordentlichen" Kapitalerhöhung** oder "Kapitalerhöhung gegen Einlagen". Die Hauptversammlung der AG beschließt, das Grundkapital zu erhöhen und neue Aktien auszugeben, deren gesamter Nennwert gleich der Grundkapitalerhöhung ist. Der **Nennwert** einer einzelnen Aktie ist der auf der Aktienurkunde aufgedruckte Geldbetrag, im Normalfall 50 DM oder 5 DM. Der Nennwert hat nur die Funktion anzuzeigen, welcher Anteil der Unternehmung dem Besitzer einer Aktie "gehört", welchen Anteil an den Dividenden er erhält und welchen Anteil an Stimmen er in der Hauptversammlung besitzt. Der Anteil ergibt sich, wenn man den Nennwert durch das Grundkapital dividiert. Vom Nennwert sind der Kurswert oder Börsenkurs und der Ausgabe- oder Emissionskurs zu unterscheiden. Der **Emissionskurs** ist der Geldbetrag, den ein Aktionär, der im Zuge einer Kapitalerhöhung eine neue (oder "junge") Aktie bezieht (oder "zeichnet"), in die Unternehmenskasse einzahlen muß. Der Emissionskurs darf nicht kleiner als der Nennwert sein,[27] und er kann aus praktischen Gründen nicht über dem Börsenkurs liegen. Wie hoch der Emissionskurs bei einer Kapitalerhöhung ist, muß im Hauptversammlungsbeschluß festgelegt sein. Da dieser Beschluß zeitlich vor der Durchführung der Kapitalerhöhung gefaßt werden muß und da der Börsenkurs der alten Aktien, der am Tag der Kapitalerhöhung gelten wird, nicht genau vorhergesagt werden kann, muß der Emissionskurs unter dem voraussichtlichen Börsenkurs liegen. Andernfalls könnte es nämlich vorkommen, daß zum Zeitpunkt der Emission die jungen Aktien teurer wären als die alten und deshalb nicht übernommen würden.

Eine Kapitalerhöhung ist eine Maßnahme der Eigenfinanzierung, wenn nur die bisherigen Aktionäre die jungen Aktien übernehmen. Bei einer AG kann man aber nicht sicher sein, ob die Personen, die sich an der Kapitalerhöhung beteiligen und der Unternehmung neues Eigenkapital zur Verfügung stellen, zum Kreis der bisherigen Aktionäre gehören oder nicht. Wenn sie es nicht tun, stellt eine Kapitalerhöhung Beteiligungsfinanzierung dar. Es soll in diesem Abschnitt untersucht werden, ob es Einfluß auf die Kosten der Eigenkapitalfinanzierung hat, wenn neue Aktien zu einem Emissionskurs ausgegeben werden, der unter dem Börsenkurs liegt, und ob es einen für die *bisherigen* Aktionäre besonders günstigen Emissionskurs gibt. Aus den Antworten auf diese Fragen kann dann unmittelbar auf die Finanzierungskosten der Beteiligungsfinanzierung geschlossen werden.

Da mit jeder Aktie gleichen Nennwerts ein gleicher Dividendenanteil verbunden ist, stellt es einen Vorteil dar, wenn jemand junge Aktien, die den gleichen Nennwert wie die alten

---

27 Emissionen unter pari, d.h. zu einem Emissionskurs unter dem Nennwert, sind nach §9 Abs. 1 AktG verboten, weil sie eine Gefährdung der Gläubiger darstellen würden.

Aktien haben, zu einem Emissionskurs beziehen kann, der unter dem Börsenkurs liegt. Er bekäme dann einen Dividendenanteil billiger, als wenn er eine Aktie an der Börse kaufen müßte. Um diesen Vorteil unter den Aktionären gemäß ihren bisherigen Anteilen gleichmäßig zu verteilen, hat ein Aktionär nach deutschem Aktienrecht ein sogenanntes Bezugsrecht. Das **Bezugsrecht** ist das Recht eines Aktionärs, im Verhältnis zu seiner bisherigen Beteiligung an der AG neue Aktien zu beziehen. Das Bezugsrecht, das mit einer Aktie verbunden ist, kann verkauft werden. Bezugsrechte werden vor einer Kapitalerhöhung als selbständige Wertpapiere an der Börse gehandelt. Auf der Hauptversammlung, die die Kapitalerhöhung beschließt, werden der **Emissionskurs** und die Anzahl der auszugebenden neuen Aktien festgelegt. Damit sind zugleich der *Betrag*, der der Unternehmung zufließt und investiert werden kann, und das **Bezugsverhältnis** bestimmt. Das Bezugsverhältnis ist das Verhältnis zwischen der Zahl (bzw. dem Nennwert) der alten und der neuen Aktien. Es gibt an, wieviele alte Aktien bzw. wieviele Bezugsrechte ein Aktionär benötigt, um eine neue Aktie zum Emissionskurs beziehen zu können. Ist der Betrag, der beschafft werden soll, vorgegeben, kann man nur bestimmte Kombinationen aus Emissionskurs und Bezugsverhältnis wählen!

Anhand eines Zahlenbeispiels läßt sich zeigen, wie sich die Wahl des Emissionskurses und des Bezugsverhältnisses auf den Kurs der Aktie und auf die Vermögenslage eines Aktionärs auswirkt: Eine Unternehmung hatte bisher 10.000 Aktien mit einem Nennwert von 50 ausgegeben, die zum Kurs von 400 an der Börse gehandelt werden. Der Marktwert des Eigenkapitals beträgt 4 Mio. (= 400 · 10.000), und das Grundkapital beträgt 500.000. Durch die Ausgabe von 1.000 jungen Aktien zum Emissionskurs von 200 und mit einem Nennwert von 50 sollen zusätzliche 200.000 für Investitionen beschafft werden. Das Bezugsverhältnis ist also 10:1. Durch die Kapitalerhöhung steigt zwar das Grundkapital der Gesellschaft um 10% von 500.000 auf 550.000, aber das Eigenkapital gemessen zu Marktwerten wird nur im Verhältnis 1:20 erhöht. Denn wenn die jungen Aktien ausgegeben und bezahlt sind, befinden sich zusätzlich 200.000 in der Unternehmenskasse. Der Gesamtwert des Eigenkapitals hat sich nur um die eingezahlten 200.000 auf 4.200.000 erhöht. Da es nun aber 11.000 Aktien gibt, beläuft sich der Anteil des Gesamtwertes, der auf eine Aktie entfällt und damit der Wert einer Aktie auf 4.200.000 : 11.000 = 381,82.

Wenn nach der Kapitalerhöhung der Wert einer (alten) Aktie, den wir wieder mit dem Kurs gleichsetzen, weil wir weiterhin Gleichgewicht am Kapitalmarkt voraussetzen, nur noch 381,82 beträgt, dann muß er offenbar um 18,18 (= 400 - 381,82) gesunken sein. Diese Kurssenkung bezeichnet man als **Bezugsrechtsabschlag**. Er gleicht dem Wert des Bezugsrechts, das mit dem Besitz einer (alten) Aktie verbunden ist. Man erkennt dies an der folgenden Überlegung: Ein Anleger muß den Emissionskurs in Geld und so viele Bezugsrechte besitzen, wie das Bezugsverhältnis beträgt, um eine neue Aktie zu kaufen. Deren Wert entspricht im Beispiel 381,82.

Mit den Symbolen

BR	= Wert des Bezugsrechts
nBK	= neuer Börsenkurs ("Kurs ex Bezugsrecht")
EmK	= Emissionskurs der jungen Aktien
BV	= Bezugsverhältnis
aBK	= alter Börsenkurs

erhält man folgende Beziehung:

$$(5.15)\quad EmK + (BV \cdot BR) = nBK \quad \text{bzw. im Beispiel} \quad 200 + (10 \cdot 18{,}18) = 381{,}82$$

Ein Anleger kann eine Aktie zum Emissionskurs (im Beispiel 200) kaufen, wenn er so viele Bezugsrechte hat, wie das Bezugsverhältnis (im Beispiel 10) beträgt. Er kann also durch den Besitz von der dem Bezugsverhältnis (BV) entsprechenden Anzahl von Bezugsrechten die Differenz zwischen dem Kurs einer Aktie nach Kapitalerhöhung (381,82) und dem Emissionskurs (200) "ersparen". Daraus ergibt sich die Grundformel zur Bestimmung des Wertes eines Bezugsrechts:

$$(5.16)\quad BR = \frac{nBK - EmK}{BV} \quad \text{bzw.} \quad BR = \frac{381{,}82 - 200}{10} = 18{,}18$$

Die Überlegung, mit der im Text der neue Kurs (nBK) als **Mischkurs** ausgerechnet worden ist, läßt sich in der Formel 5.17 zusammenfassen:

$$(5.17)\quad nBK = \frac{aBK \cdot BV + EmK}{BV + 1}$$

Die Summe aus dem Wert von BV alten Aktien (Kurs aBK) und dem als Emissionskurs (EmK) pro junger Aktie einzulegenden Geldbetrag verteilt sich nach Durchführung der Kapitalerhöhung auf BV + 1 Aktien. Den nach 5.17 als Mischkurs ermittelten neuen Kurs (nBK) kann man in die Gleichung 5.16 einsetzen. Man erhält dann die Gleichung 5.18. Der Ausdruck auf der rechten Seite ist aus dem mittleren Ausdruck durch einfache Umformung zu gewinnen, indem man EmK mit BV + 1 multipliziert und dann kürzt:

$$(5.18)\quad BR = \frac{nBK - EmK}{BV} = \frac{\frac{aBK \cdot BV + EmK}{BV + 1} - EmK}{BV} = \frac{aBK - EmK}{BV + 1}$$

Im Beispiel:

$$BR = \frac{381{,}82 - 200}{10} = \frac{\frac{400 \cdot 10 + 200}{10 + 1} - 200}{10} = \frac{400 - 200}{10 + 1} = 18{,}18$$

Nun werden die **Bedingungen der Kapitalerhöhung** im Beispiel variiert. Die 200.000 sollen nun durch die Ausgabe von 2.000 jungen Aktien beschafft werden, deren Emissionskurs entsprechend 100 sein muß, damit die Emission wie vorher eine Kapitalzuführung von 200.000 bewirkt. Das Bezugsverhältnis ist 10.000 : 2.000 = 5:1. Der Wert einer Aktie nach der Kapitalerhöhung beträgt 4.200.000 : 12.000 = 350. Die Differenz zwischen 400 und 350 ist zugleich der Bezugsrechtsabschlag und der Wert eines Bezugsrechts, denn man benötigt jetzt nur 5 Bezugsrechte, um 250 (= 350-100) zu sparen:

$$BR = \frac{350 - 100}{5} = \frac{\frac{400 \cdot 5 + 100}{5 + 1} - 100}{5} = \frac{400 - 100}{5 + 1} = 50$$

Der rechnerische Wert des Bezugsrechts ist ein **Gleichgewichtspreis**: Läge der Preis eines Bezugsrechts über dem rechnerischen Wert, wäre es für einen Altaktionär günstiger, Bezugsrechte zu verkaufen und alte Aktien an der Börse zu erwerben, statt an der Kapitalerhöhung teilzunehmen. Wäre er niedriger, wäre der Kauf von Bezugsrechten und der Bezug junger Aktien günstiger als der Kauf von Aktien an der Börse. Der Preis eines Bezugsrechts an der Börse muß sich daher so einstellen, daß es gleichgültig ist, ob jemand Bezugsrechte erwirbt und ausübt oder ob er Aktien an der Börse kauft.

Mit Hilfe der abgeleiteten Bezugsrechtsformel kann gezeigt werden, daß es *ohne Einfluß* auf die Vermögensposition eines Aktionärs ist,

(1) wie die Bezugsbedingungen im Sinne einer Konstellation von Bezugsverhältnis und Emissionskurs, die eine bestimmte Kapitalzuführung bewirkt, gestaltet sind und

(2) ob er die Bezugsmöglichkeit wahrnimmt.

Dazu nehmen wir an, daß ein Aktionär (mindestens) 10 Aktien und 200 Geldeinheiten besitzt, und untersuchen seine Vermögensposition für *zwei mögliche Verhaltensweisen* und *bei zwei verschiedenen Bezugsbedingungen.*

Die Bezugsbedingungen sind die im Beispiel schon verwendeten. Die Zahlen in Klammern beziehen sich auf die Variation des Beispiels.

(1) Die Kapitalerhöhung findet mit dem Emissionskurs 200 (100) und dem Bezugsverhältnis 10:1 (5:1) statt. Der Aktionär *verkauft* seine Bezugsrechte zum Kurs von 18,18 (50) und verfügt dann über

10 Aktien zum Kurs von 381,82 (350)	=	3.818,18	(3.500)
+ 10 Bezugsrechtserlöse zu je 18,18 (50)	=	181,82	(500)
+ 200 in bar	=	200	(200)
		4.200	(4.200)

(2) Die Kapitalerhöhung wird durchgeführt, und der Aktionär *übt sein Bezugsrecht aus*. Er besitzt dann 11 Aktien (12 Aktien) zum Kurs von 381,81 (350) = 4.200.

Das gesetzliche Bezugsrecht und dessen Börsenhandel zu einem Preis in Höhe des rechnerischen Werts des Bezugsrechts führen *zusammen* zu folgendem Effekt:

Es ist für die Vermögensposition eines Aktionärs irrelevant, ob neue Aktien zu einem niedrigen oder zu einem hohen Kurs ausgegeben werden.

Dieses wichtige Ergebnis hat zwei wichtige **Implikationen**:

(1) Es ist bei *jeder* (zulässigen) Kombination von Emissionskurs und Bezugsverhältnis für einen Aktionär gleichgültig, ob er an der Kapitalerhöhung teilnimmt. Man darf daher so rechnen, als ob er es täte.

(2) Man kann bei der Ermittlung der Kosten der Eigenfinanzierung so rechnen, als ob der Emissionskurs mit dem Börsenkurs (der alten *und neuen* Aktien) übereinstimmt.

Beides zusammen erlaubt es, bei der Bestimmung der Kosten der *Eigenfinanzierung* nach der einfachen Methode vorzugehen, die im Abschnitt 5.2.2 vorgestellt worden ist: Der Finanzierungskostensatz der Beteiligungsfinanzierung entspricht auch bei realistischen Vorstellungen über den Ablauf einer Kapitalerhöhung dem aus dem Börsenkurs zu erschließenden Alternativertragssatz e der Aktionäre.

Ehe wir fragen, was dieses Ergebnis für die Kosten der *Beteiligungsfinanzierung* bedeutet, ist auf eine möglicherweise befremdende Implikation der abgeleiteten Bezugsrechtsformel hinzuweisen. Sie wird deutlich, wenn man prüft, wie die Vermögenslage des Aktionärs in dem Beispiel wäre, wenn die Unternehmung die Kapitalerhöhung unterlassen würde: Er hätte dann 10 Aktien zum Kurs von 400 und zusätzlich 200 Geldeinheiten, zusammen also auch 4.200. Es scheint, daß nicht nur die Bedingungen der Kapitalerhöhung, sondern auch die Kapitalerhöhung selbst für die Aktionäre irrelevant sind. Dies muß erstaunen, denn man könnte meinen, daß eine Kapitalerhöhung die Voraussetzung dafür ist, daß günstige Investitionen durchgeführt werden können, und ist sie nicht allein deshalb für die Aktionäre attraktiv?

Der Rechenschritt, in dem die befremdlich erscheinende Implikation zuerst auftaucht, ist die Ermittlung des Mischkurses: Wieso führt im dargestellten Beispiel die Einlage von 200.000 nur zu einer betragsmäßig gleichen Werterhöhung? Kann diese Werterhöhung damit erklärt werden, daß 200.000 zusätzlich in die Unternehmenskasse geflossen sind? Steigt der Unternehmenswert bei der Einlage von 200.000 nur um 200.000, dann kann es sich bei der Wertsteigerung von 200.000 nur um den Barwert der durch die eingebrachten Mittel erzielbaren zusätzlichen Erträge handeln, bzw. der Kapitalwert der mit der Kapitalerhöhung zu finanzierenden Investition muß null betragen. Wenn die letztgenannte Folgerung auch richtig wäre, wäre es aber überhaupt nicht mehr erstaunlich, daß die gesamte Kapitalzuführung für die Aktionäre irrelevant ist, denn die finanzierte Investition ist anscheinend weder vorteilhaft noch unvorteilhaft. Es drängt sich die Folgerung auf, daß die These von der Irrelevanz der Emissionsbedingungen nur für den trivialen Fall gilt, daß sich die zu finanzierenden Investitionen ohnehin nicht lohnen.

Wenn man die Mischformel 5.17 und dann die Bestimmungsgleichung 5.18 für den Wert des Bezugsrechts verwendet, setzt man in der Tat voraus, daß die Kapitalerhöhung selbst nur eine Wertsteigerung des Eigenkapitals in Höhe des eingebrachten Betrags bewirkt. Aber man setzt *nicht* zugleich voraus, daß die mit den eingelegten Mitteln finanzierten Investitionen keinen eigenständigen Wert hätten, sondern vielmehr, daß sich die durch Investition und Kapitalerhöhung *zusammen* ermöglichte Wertsteigerung im Zeitpunkt der Kapitalerhöhung schon vollständig im alten Börsenkurs niedergeschlagen hat. Wenn "die Börse" in der Erwartung, die Investition könnte zum Finanzierungskostensatz e finanziert werden, die Entscheidung über die Investition und die damit erzielbare Wert- und Kurssteigerung antizipiert hat, ist in der Tat die Kapitalerhöhung an sich für die Aktionäre wertlos, und man kann die Mischformel verwenden. Unter den Annahmen rationaler, im Prinzip richtiger Erwartungen und eines vollkommenen und informationseffizienten Kapitalmarktes ist die Erwartung, daß die Investition finanzierbar ist, berechtigt. Bereits dann, wenn eine attraktive Investitionsmöglichkeit auftaucht und bekannt wird, paßt sich der Kurs an die Erwartung an, daß sie auch genutzt wird, und dann hat die Durchführung der Kapitalerhöhung selbst nur den Effekt, daß, mit den Zahlen unseres Beispiels, 200.000 zusätzlich in der Unternehmenskasse vorhanden sind.

Wir wenden uns nach dieser grundsätzlichen Betrachtung wieder der Bestimmung der Finanzierungskosten zu. Es muß noch gezeigt werden, daß auf einem vollkommenen Kapitalmarkt die Finanzierungskosten der Beteiligungsfinanzierung im engeren Sinne, die Eigenkapitalbeschaffung von neuen Eigentümern oder Aktionären, gleich den Kosten der Eigenfinanzierung sind. Dabei können wir auf den Erläuterungen zur Bedeutung und zur Bewertung von Bezugsrechten aufbauen.

Wenn sich eine AG Eigenkapital beschafft, indem sie Aktien an neue Aktionäre ausgibt (oder verkauft), liegt ein Fall von Beteiligungsfinanzierung vor. Die Beteiligungsfinanzierung ist aus der Sicht der bisherigen oder "alten" Aktionäre zu beurteilen, da die Unternehmensleitung annahmegemäß in deren Interesse handeln soll. Die Beteiligungsfinanzierung schafft die Möglichkeit, Investitionen durchzuführen und damit die an alle Aktionäre ausschüttbaren Dividenden zu erhöhen. Dafür müssen die alten Aktionäre den neuen Aktionären einen Anteil an den zukünftigen Dividenden abtreten. Die Kosten der Beteiligungsfinanzierung ergeben sich aus dem Verhältnis zwischen einerseits den zukünftigen

Dividenden, die an die neuen Aktionäre zu bezahlen sind, und andererseits der Summe aus dem Betrag, der der Unternehmung durch die Einlage zufließt, und aus dem Betrag, den ihre bisherigen Aktionäre durch Bezugsrechts- oder Anteilsverkauf erhalten. Anders als die Eigenfinanzierung ist die Beteiligungsfinanzierung für die Einheit, die aus der Gesellschaft und den bisherigen Aktionären besteht, durch eine normale Finanzierungszahlungsreihe zu beschreiben.

Dies ist freilich eine rein formale Feststellung, die noch keine Aussage über die Höhe dieser Finanzierungskosten erlaubt. Darum ist sie inhaltlich aufzufüllen. Neue Aktionäre stellen einer AG nur dann Kapital zur Verfügung, wenn es für sie vorteilhaft ist. Der Maßstab dafür sind die für sie bei alternativen Anlagemöglichkeiten erzielbaren Renditen, ihre Alternativertragssätze. Auf einem vollkommenen Kapitalmarkt sind aber die Alternativen, die sich *neuen* Aktionären bieten oder auf deren Wahrnehmung sie verzichten müssen, wenn sie Aktien kaufen, nicht schlechter als die der bisherigen Aktionäre. Der Alternativertragssatz potentieller neuer Aktionäre kann daher nicht unter dem Alternativertragssatz der alten Aktionäre, liegen. Er kann aber auch nicht höher sein, denn wenn alle potentiellen Aktionäre alternative Anlagemöglichkeiten hätten, die (deutlich) mehr als die Rendite e erbringen würden, wäre auch bisher niemand bereit gewesen, die Aktien zum Kurs BK_0 zu kaufen oder zu halten. Aus der Tatsache, daß BK_0 als Börsenkurs notiert wird und daß zu diesem Kurs Aktien gehandelt und an Personen verkauft werden können, die noch nicht Aktionäre sind, kann man schließen, daß es Personen gibt, deren Alternativertragssatz nicht über e liegt. Es mag zwar Personen geben, die einen höheren Alternativertragssatz haben, sie sind aber keine potentiellen Aktionäre.

Wenn der Alternativertragssatz potentieller neuer Aktionäre e entspricht, müßte es im Prinzip möglich sein, neue Aktien zum bisherigen Börsenkurs an neue Aktionäre zu verkaufen. Und wenn neue Aktionäre mit der Rendite e auf das eingesetzte Kapital zufriedenzustellen sind, gibt es keinen Grund, warum die bisherigen Aktionäre ihnen eine höhere Rendite einräumen sollten. Was sie an neue Aktionäre abtreten, geht ihnen verloren.

Wegen des Bezugsrechts wirken Kapitalerhöhungen zu einem anderen Emissionskurs so, als wäre der Emissionskurs gleich dem (alten und neuen) Börsenkurs. Man kann so rechnen, als wäre der Emissionskurs gleich dem Börsenkurs. Die neuen Aktionäre können damit rechnen, ihre geforderte Mindestverzinsung in Höhe ihres Alternativertragssatzes zu erhalten, und die bisherigen Aktionäre geben nicht mehr von den zukünftigen Dividenden ab, als unbedingt nötig ist. Der sogenannte freihändige Verkauf von Aktien an der Börse durch die AG selbst zum aktuellen Börsenkurs ist zwar in den USA der Normalfall der Beteiligungsfinanzierung, in Deutschland ist er aber die Ausnahme. Hier ist der Normalfall die "ordentliche Kapitalerhöhung" mit Bezugsrecht für die alten Aktionäre. Das sieht nach einem gewichtigen Unterschied aus. Da es aber ein Bezugsrecht gibt und weil dieses am Kapitalmarkt - zum Gleichgewichtspreis - verkauft werden kann, ist dieser Unterschied im Ergebnis gegenstandslos; seine scheinbare Wirkung ist neutralisiert. Wie gezeigt worden ist, bewirkt ein Bezugsrechtshandel an der Börse zu einem Kurs in Höhe des rechnerischen Werts des Bezugsrechts, daß die Emissionsbedingungen für die bisherigen Aktionäre gleichgültig sind. Wenn neue Aktionäre von den alten Aktionären Bezugsrechte kaufen müssen, um neue Aktien zum Emissionskurs beziehen zu können, sind beide Seiten so gestellt, *als ob* die neuen Aktionäre den alten Aktionären Aktien zum Börsenkurs abkaufen würden. Damit haben wir das wichtige Ergebnis abgeleitet:

> Die **Finanzierungskosten der Beteiligungsfinanzierung** sind unter den Bedingungen eines vollkommenen Kapitalmarktes im Gleichgewicht ebenso hoch wie die Finanzierungskosten der Eigenfinanzierung. Für die Beurteilung von Investitionen ist es deshalb belanglos, ob Mittel für Investitionen durch Maßnahmen der Eigenfinanzierung oder der Beteiligungsfinanzierung beschafft werden.

5.2.4 Die Kosten der Selbstfinanzierung und die "optimale" Dividendenpolitik

Von Selbstfinanzierung spricht man, wenn Gewinne, die aus rechtlichen Gründen ausschüttbar sind, nicht ausgeschüttet, sondern einbehalten werden. Selbstfinanzierung ist eine Form der internen Finanzierung. Außer der Selbstfinanzierung gehören zur internen Finanzierung auch die Finanzierung über Abschreibungen und die Finanzierung durch die Bildung von Rückstellungen. Im Gegensatz zur externen Finanzierung ist mit der Selbstfinanzierung *kein Mittelzufluß an die Unternehmung* verbunden. Damit eine Selbstfinanzierung überhaupt möglich ist, müssen der Unternehmung aber Mittel zugeflossen sein, und es muß ein Gewinn erzielt worden sein. Bei einer AG sind im Normalfall der Selbstfinanzierung vorher Mittel über Gütermärkte (v.a. Absatzmärkte für die Produkte oder Leistungen der Unternehmung) zugeflossen. Sonst ist kein Geld vorhanden, das ausgeschüttet werden könnte. Nach deutschem Recht darf eine AG, von Sonderfällen abgesehen, nicht mehr ausschütten als ihren bilanziell ermittelten Gewinn, der im Aktiengesetz als Jahresüberschuß bezeichnet wird.[28]

Die Entscheidung, Selbstfinanzierung vorzunehmen, soweit dies zulässig ist, stellt also die Entscheidung dar, ob Mittel ausgeschüttet werden sollen oder nicht. Im Rahmen einer entscheidungsorientierten und an Zahlungsvorgängen ausgerichteten Betrachtungsweise ist es daher nur konsequent, Selbstfinanzierung als Problem der Ausschüttungspolitik zu behandeln. Die Frage nach den Kosten der Selbstfinanzierung lautet dann: An welchem Kalkulationszinsfuß sind Investitionsobjekte zu messen, um zu entscheiden, ob

---

28 Vgl. zur ökonomischen Funktion der durch diese Vorschrift bewirkten Ausschüttungssperre unten S. 444.

es im Interesse der Eigentümer sein soll, Mittel einzubehalten und zu investieren, statt sie auszuschütten?

> Der Finanzierungskostensatz der Selbstfinanzierung ist der "kritische Zinssatz" für intern finanzierte Investitionen.

Im allgemeinen Fall, d.h. wenn man nicht nur Aktiengesellschaften betrachtet und nicht die Annahme eines vollkommenen Kapitalmarktes trifft, ist die Bestimmung der optimalen Ausschüttungspolitik einer Unternehmung deshalb so schwierig, weil die Ausschüttungen einerseits den Konsumeinkommensstrom der Eigenkapitalgeber und andererseits die Möglichkeiten der Unternehmung beeinflussen, Investitionen zu tätigen. Optimal ist die Ausschüttungspolitik, die dazu führt, daß die Eigentümer den Einkommensstrom mit der von ihnen gewünschten zeitlichen Struktur erhalten und gleichzeitig die Investitionen durchgeführt werden, die vorteilhaft erscheinen, weil sie die Konsummöglichkeiten der Eigentümer erhöhen. Daß es dabei zu Interessenkonflikten kommen kann, wenn verschiedene Eigentümer einer Unternehmung unterschiedliche Konsumwünsche haben, liegt auf der Hand. Im allgemeinen "kostet" die Einbehaltung von Mitteln den Preis des Konsumverzichts der Eigentümer, und andererseits "kostet" die Ausschüttung den Verzicht auf möglicherweise attraktive Investitionen. Hier einen Ausgleich zu finden, ist ein Problem, für das es keine allgemeine Lösung gibt.

Wir untersuchen hier aber nur den Fall einer AG, deren Aktien an der Börse gehandelt werden, und unterstellen dabei einen vollkommenen Kapitalmarkt. In diesem Fall stellt sich die Situation anders dar, und es ist möglich, die Finanzierungskosten der Selbstfinanzierung einfacher, präziser und allgemein zu bestimmen. Der Grund dafür ist folgender:

> Bei vollkommenem Kapitalmarkt muß die Ausschüttungspolitik weder an den Konsumwünschen der Aktionäre noch an den Investitionsmöglichkeiten der Unternehmung ausgerichtet werden. Ist e die Aktienrendite der Aktien der betreffenden Gesellschaft, dann ist bei vollkommenem Kapitalmarkt e auch der Kostensatz der Selbstfinanzierung.

Im folgenden wird diese Behauptung begründet und anschließend untersucht, welche Folgerungen sich aus ihr ergeben. Zunächst wollen wir unseren Lesern in Erinnerung rufen, was die Annahme impliziert, die Aktien einer Unternehmung würden auf einem vollkommenen Markt gehandelt und korrekt bewertet, und was unter diesen Bedingungen die Aussage bedeutet, die Rendite der Aktien betrage e: Es bedeutet, daß jemand, der eine Aktie kauft oder verkauft, einen Zahlungsstrom mit der erwarteten Rendite von e erwirbt bzw. aufgibt. Im Gleichgewicht ist e der Alternativertragssatz aktueller und potentieller Aktionäre. Wir begründen zuerst, warum es nicht nötig ist, daß eine AG ihre Ausschüttungspolitik an den *Konsumwünschen* ihrer Aktionäre orientiert. Wir unterstellen dabei erst einmal, daß die Unternehmung statt dessen die Ausschüttungen an ihren Investitionsmöglichkeiten ausrichtet, den Aktionären also gerade so viel ausschüttet, wie sie von ihren Nettoeinzahlungen aus früher getätigten Investitionen dann übrigbehält, wenn sie alle vorteilhaften Investitionen durchführt und bezahlt. Es sei aber vorweg betont: Die Ausrichtung der Ausschüttungen an den Investitionsmöglichkeiten ist nicht nötig und nicht optimal. Genau dies, d.h. die Unabhängigkeit der Ausschüttungsentscheidung von den Investitionsmöglichkeiten, wird anschließend gezeigt.[29]

Die Dividendenpolitik einer AG braucht nicht an den **Konsumwünschen** der Eigenkapitalgeber ausgerichtet zu werden; denn falls die Unternehmung Mittel intern zu einem Zinssatz reinvestieren kann, der größer oder gleich e ist, und falls die daraus resultierende zeitliche Struktur der Ausschüttungen nicht den Konsumwünschen von Aktionären entspricht, können diese an der Börse Teile ihres Aktienbestandes verkaufen, um so den Einkommensstrom mit der von ihnen gewünschten zeitlichen Struktur zu erreichen[30]. Die interne Investition der Mittel zu einem Zinssatz größer als e schafft die besten Voraussetzungen dafür, weil Investitionen, die gemessen an dem Kalkulationszinsfuß e einen positiven Kapitalwert aufweisen, zu Kurssteigerungen führen.

Dazu sei ein Beispiel betrachtet: Ein Aktionär habe 100 Aktien einer Unternehmung. Der Börsenkurs sei 110. Die Unternehmung könnte 10 als Dividende pro Aktie ausschütten. Dann fiele der Kurs auf 100 (Dividendenabschlag). Der Aktionär möchte mindestens 1.000 für seinen Konsum ausgeben. Bei Ausschüttung der Dividende von 10 pro Aktie würde der Aktionär 1.000 (= 100 · 10) in bar und 10.000 (= 100 · 100) als Wert seiner Aktien besitzen. Nehmen wir aber an, die Unternehmung könnte die 10 pro Aktie sehr günstig investieren, wenn sie sie einbehielte. Dadurch würde der Aktienkurs auf (zum Beispiel) 125 steigen. Der Aktionär hätte dann Aktien im Wert von 12.500 (= 100 · 125) Um sein gewünschtes Einkommen von 1.000 zu erhalten, müßte er nur 8 Aktien verkaufen, und besäße dann 1.000 (= 8 · 125) in bar wie im Falle der Ausschüttung und dazu noch 92 Aktien mit einem Gesamtwert von 11.500. Der Verzicht auf die Dividendenausschüttung würde ihm insofern nützen, als ein höheres Vermögen bei einem vollkommenen Kapitalmarkt auch bessere Konsummöglichkeiten bei jeder gewünschten zeitlichen Verteilung der Konsumausgaben bedeutet.

Wenn Aktionäre zur Finanzierung ihrer Konsumwünsche Aktien verkaufen, deren Börsenkurs sich aus der Diskontierung der zukünftigen Dividenden mit dem Satz e ergibt, dann geben sie bei Anteilsverkauf eine Geldanlage auf, die ihnen die Rendite e erbringen würde.

---

29 Wir könnten genauso annehmen, daß die Unternehmung ihre Ausschüttungen daran ausrichtet, wieviel sie in früheren Perioden ausgeschüttet hat oder welche Ausschüttungen branchenüblich sind oder an irgendwelchen anderen Erwägungen. Die Praxis läßt vor allem vier Einflußgrößen der Dividendenpolitik erkennen: (1) erzielte Gewinne, (2) Investitionsmöglichkeiten und damit Finanzierungsbedarf, (3) vergangene Dividenden und (4) branchenübliche Dividenden.

30 Insofern ist es unter den genannten Bedingungen nicht maßgeblich, daß Aktiengesellschaften, aus Gründen des Gläubigerschutzes, Beschränkungen hinsichtlich der möglichen Gewinnausschüttungen unterliegen.

Das ist ein erstes wichtiges Ergebnis dieses Abschnitts:

> Die **Finanzierungskosten der Selbstfinanzierung** sind Opportunitätskosten in Höhe der Rendite der Aktien der Unternehmung. Da diese Rendite im Gleichgewicht mit dem Alternativertragssatz e der Aktionäre übereinstimmt, kostet auch die Selbstfinanzierung den Finanzierungskostensatz e.

Daß der Verkauf von Aktien, die vom Markt richtig bewertet werden, den Ertragssatz e kostet, ist aber, wie man leicht sehen kann, nicht davon abhängig, ob die Unternehmung einbehaltene Mittel günstig reinvestieren kann und ob die Unternehmensleitung vernünftige Investitionsentscheidungen trifft. Selbst wenn sie eine völlig abwegige Investitionspolitik verfolgen sollte, hätte eine korrekte Bewertung der Aktien am Kapitalmarkt zur Folge, daß der Ertragssatz, der Aktionären entgeht, wenn sie Aktien verkaufen, um ihren Konsum zu finanzieren, der von anderen Anlagemöglichkeiten am Kapitalmarkt determinierten Rendite e entsprechen würde. Der Grund dafür, daß **Dividendenpolitik und Konsumpläne** entkoppelt werden oder **separiert** werden können, ist ausschließlich die "richtige" Marktbewertung im Gleichgewicht auf einem vollkommenen Kapitalmarkt. Dies entspricht völlig dem Ergebnis des 3. Kapitels.

Wir heben nun die Annahme auf, die wir bisher verwendet haben, und prüfen, ob es sinnvoll ist, die Ausschüttungen an den *Investitionsmöglichkeiten* auszurichten und zum Beispiel auf Ausschüttungen zu verzichten, wenn sich günstige Investitionsmöglichkeiten anbieten. Auch die vorhandenen Investitionsmöglichkeiten sind kein Maßstab, an dem Ausschüttungsentscheidungen ausgerichtet werden müßten. Die Frage, welche Investitionspolitik eine Unternehmensleitung sinnvollerweise im Interesse ihrer Aktionäre verfolgen sollte, ist eine andere als die, wieviel sie als Dividenden ausschütten sollte. Das Kriterium, an dem Investitionsentscheidungen auszurichten sind, ist der Kapitalwert der Investitionen bzw. ihre Auswirkung auf den Markt- und Kurswert. Bei einem vollkommenen Kapitalmarkt ist die Auswirkung einer Investition auf den Marktwert unabhängig davon, wie sie finanziert wird. Natürlich erfordert die Ausschüttung von Dividenden, also der Verzicht auf Selbstfinanzierung, daß die für Investitionen erforderlichen Mittel gegebenenfalls aus anderen Quellen beschafft werden. Das könnte eine Kreditaufnahme oder eine Beteiligungsfinanzierung sein. Um der Annahme eines gegebenen Risikogrades gerecht zu werden, betrachten wir hier die Ausgabe neuer Aktien an neue Aktionäre als Alternative zur Selbstfinanzierung von Investitionen. Annahmegemäß fordern neue Aktionäre eine Rendite von e auf die von ihnen bereitgestellten Mittel. Ihnen muß ein so großer Teil der zukünftigen auch durch die betrachteten Investitionen erwirtschafteten Dividenden zufließen, daß sie erwarten können, die von ihnen geforderte Rendite zu erzielen. Eine Investition, die bei Selbstfinanzierung mit dem Finanzierungskostensatz e einen positiven Kapitalwert hätte, wäre auch bei Beteiligungsfinanzierung mit Finanzierungskosten von e vorteilhaft.

Das heißt:

> Die Ausschüttung kostet so viel wie der Ersatz der auszuschüttenden Mittel. Weil ausgeschüttete Mittel durch externe Finanzierung ersetzbar sind, braucht nicht auf Investitionen verzichtet zu werden, und damit ist auch die **Dividendenentscheidung unabhängig von den Investitionsmöglichkeiten**.

Ehe wir die Folgerung daraus diskutieren, daß die Dividendenpolitik einer AG sowohl von den Konsumwünschen der Aktionäre als auch von den Investitionsmöglichkeiten unabhängig ist, wollen wir den letzten Punkt noch weiter verdeutlichen, indem wir unser Beispiel fortführen.

Der eben erwähnte Anleger habe gerade ein Prozent aller Aktien der AG, deren Dividenden- und Investitionspolitik wir betrachten. Alle bereits genannten Zahlen müssen nur mit 100 multipliziert werden, um zu den Zahlen zu gelangen, die für die ganze AG gelten. Die Investition, die durch Gewinneinbehaltung finanziert werden könnte, hat eine Anschaffungsauszahlung von 100.000 und weist bei dem Finanzierungskostensatz e einen Ertragswert von 250.000 auf. Ihr Kapitalwert beträgt damit 150.000. Die Unternehmung schüttet eine Dividende von 10 pro Aktie und damit von insgesamt 100.000 aus. Die Durchführung und externe Finanzierung der betrachteten Investition würde den Gesamtwert der Aktien der *bisherigen* Aktionäre um den Kapitalwert erhöhen. Er stiege also auf 1,15 Mio., und der Wert der Aktien des betrachteten Aktionärs wäre damit 11.500, *obwohl* er seine Dividenden von 1.000 erhalten hat. Seine Einkommens- und Vermögensposition ist damit genau dieselbe, die wir unter der Annahme errechnet haben, daß keine Dividende bezahlt wird und der Aktionär seinen Konsum finanziert, indem er 8 Aktien - und damit 8% seiner Aktien - an neue Aktionäre verkauft hat. Die Entsprechung ist keineswegs verblüffend, denn es läuft auf dasselbe hinaus, ob die einzelnen Aktionäre oder ob die Unternehmung neuen Eigenkapitalgebern 8% der zukünftigen Dividendenansprüche abtreten, um den Konsum von 1000 für den einen Aktionär bzw. von 100.000 für alle Aktionäre zu finanzieren. Und damit ist bewiesen, daß die Finanzierungskosten der Selbstfinanzierung auch e betragen.

Wenn die Dividendenpolitik sowohl von den Konsumwünschen als auch von den Investitionsmöglichkeiten unabhängig ist, stellt sich die Frage, wovon sie denn sonst abhängig ist. Bei vollkommenem Kapitalmarkt, rationalen oder im Prinzip richtigen Erwartungen der Aktionäre lautet die scheinbar verblüffende Antwort: Sie ist von nichts abhängig. Genau das besagt die **These von der Irrelevanz der Dividendenpolitik**:

> Es ist es aus Sicht der Aktionäre irrelevant, wieviel eine AG als Dividenden ausschüttet, vorausgesetzt, daß sich die Unternehmensleitung nicht durch die Einbehaltung von Mitteln dazu verleiten läßt, unvorteilhafte Investitionen durchzuführen, und sich nicht durch die Ausschüttung davon abhalten läßt, vorteilhafte Investitionen vorzunehmen.

Auf einem vollkommenen Kapitalmarkt kann die AG durch Beteiligungsfinanzierung ebenso die für Investitionen erforderlichen Mittel ersetzen, wie Aktionäre durch Anteilsverkauf sich Mittel zur Finanzierung ihrer Konsumausgaben beschaffen können, wenn die AG aus ihrer Sicht zu wenig ausschüttet.

Wie bei der Beteiligungsfinanzierung zeigt sich auch bei der Selbstfinanzierung, daß ihre Kosten nur deshalb (und nur dann) mit den Kosten der Eigenfinanzierung übereinstimmen, weil (und wenn) man unterstellen kann, daß der Börsenkurs ein Gleichgewichtspreis ist und sich die Wertsteigerung der Aktien infolge der Investitionsmöglichkeiten immer schon voll im Kurs niedergeschlagen hat. Wenn die Wertsteigerung noch nicht antizipiert ist oder wenn aus anderen Gründen der Börsenkurs kein Gleichgewichtskurs ist oder der Kapitalmarkt unvollkommen ist, ist die Ausschüttungspolitik einer AG auch nicht mehr irrelevant, sondern vielmehr abhängig von den Konsumwünschen der Aktionäre und den Investitionsmöglichkeiten der Unternehmung. Was im letzten Abschnitt gezeigt wurde, gilt erneut:

> **Irrelevanz- und Separationstheoreme gehören zusammen.** Der Irrelevanz der Dividendenpolitik entspricht die Trennbarkeit von Investitions- und Ausschüttungsentscheidungen. Für die Ausschüttungsentscheidungen gibt es im Rahmen der hier zugrunde gelegten Annahmen kein Optimalitätskriterium, aber für Investitionen, die nur mit Eigenkapital finanziert werden, gilt das übliche Kriterium: der Kapitalwert, berechnet mit dem Finanzierungskostensatz e.

So verblüffend wie sie erscheinen mag, sollte die zuerst 1961 von Merton Miller und Franco Modigliani formulierte und bewiesene These von der Irrelevanz der Dividendenpolitik unseren Lesern doch nicht überraschend vorkommen. Daß Konsum- und Investitionsentscheidungen trennbar sind und daß sich beide nur an Marktpreisen orientieren und daß Finanzierungsvorgänge nur Verschiebungen von Einkommen zwischen verschiedenen Zeitpunkten darstellen, die sich nicht auf den Ertrags- *und* Marktwert der erreichbaren Einkommenskombinationen auswirken, sollte ihnen bereits vertraut sein: Es ist handelt sich nur um die Übertragung des Separationstheorems von Fisher auf die Modellwelt mit unsicheren Erwartungen und einem gegebenen Unsicherheitsgrad und auf den Fall von Eigenkapital.

5.2.5 Der Zusammenhang zwischen den Formen der Eigenkapitalfinanzierung

Wir haben die Finanzierungskosten des Eigenkapitals mit zwei Argumenten abgehandelt:

(1) Die Kosten der Eigenfinanzierung sind gleich der von den Eigenkapitalgebern geforderten Rendite e. Sie ist der Alternativertragssatz der Eigentümer und kann aus dem

Börsenkurs erschlossen werden. e stellt auch die Aktienrendite dar, die ein Aktionär zu erhalten erwarten kann bzw. im Durchschnitt erhält.

(2) Die Kosten der Beteiligungsfinanzierung und die der Selbstfinanzierung sind den Kosten der Eigenfinanzierung gleich. Sie betragen also auch e.

Daraus folgt als Ergebnis ein **drittes wichtiges Irrelevanztheorem**:

Die Kosten des Eigenkapitals betragen e, unabhängig davon, ob Eigenkapital durch Eigenfinanzierung, durch Beteiligungsfinanzierung im engeren Sinne oder durch Gewinneinbehaltung beschafft wird.

Die einzelnen Formen der Eigenkapitalfinanzierung hängen nicht nur in der Weise zusammen, daß ihre Kosten gleich sind. Ein weiterer Zusammenhang ergibt sich daraus, daß nicht einzelne Mittelbeschaffungen einzelne Mittelverwendungen finanzieren. Eine solche Zurechnung ist prinzipiell nicht möglich: Sämtliche Mittelbeschaffungen finanzieren alle Mittelverwendungen. Die isolierende Gegenüberstellung in den Abschnitten 5.2.2, 5.2.3 und 5.2.4 von Finanzierungskosten einzelner Formen der Eigenkapitalfinanzierung könnte im Lichte dieses liquiditätsbedingten Zusammenhangs irreführend wirken. Unter den getroffenen Annahmen - vollkommener Kapitalmarkt im Gleichgewicht und im Prinzip richtige Erwartungen - kann man von der Unterscheidung zwischen den verschiedenen Formen der Eigenkapitalfinanzierung absehen und die Eigenkapitalfinanzierung als einen einheitlichen Block der Fremdfinanzierung gegenüberstellen. Um dies vorzubereiten, gehen wir noch kurz auf die Finanzierungskosten des Fremdkapitals ein.

5.3 Die Kosten der Fremdfinanzierung

Bei Fremdfinanzierung ist es unproblematisch, einer Finanzierungsentscheidung Zahlungen zuzurechnen. Wenn eine Unternehmung einen Kredit in der Form eines *Darlehens* aufnimmt, erhält sie Einzahlungen und verpflichtet sich zu festgelegten zukünftigen Auszahlungen. Ein solcher Kredit läßt sich daher problemlos durch eine Finanzierungszahlungsreihe beschreiben. Sie enthält nur effektive Zahlungen und alle effektiven Zahlungen, die durch die Entscheidung, den Kredit aufzunehmen, ausgelöst werden. Diese Zahlungsreihe hat bei der üblichen zeitlichen Verteilung der mit einem Darlehen verbundenen Zahlungen nur einen Internen Zinsfuß. Dieser ist der **Finanzierungskostensatz für Fremdkapital**. Bei einem vollkommenen Kapitalmarkt für Fremdkapital gibt es zu einem gegebenen Zeitpunkt, bei gegebener Laufzeit und gegebenem Unsicherheitsgrad am Kapitalmarkt nur einen einheitlichen Fremdkapitalkostensatz. Bei einer flachen Zinsstruktur ist der Zinssatz zudem von dem Zeitpunkt und der Fristigkeit unabhängig. Zur Unterscheidung vom Internen Zinsfuß von Investitionszahlungsreihen sei er hier mit i bezeichnet. Mit A_t und E_t als Aus- und Einzahlungen im Zusammenhang mit der Fremdkapitalbeschaffung in den Zeitpunkten t ist i definiert durch die Gleichung

$$(5.19)\quad E_0 = \sum_{t=1}^{\infty} \frac{A_t}{(1+i)^t}.$$

Es liegt nahe, den Fremdkapitalkostensatz i so zu interpretieren, als würde Sicherheit vorliegen und als würden alle Zahlungsverpflichtungen auch erfüllt. Dies drückt die Gleichung 5.19 aus. Aber es ist natürlich auch denkbar, daß Fremdfinanzierung unsicher ist. In diesem Falle muß man zwischen dem vereinbarten Fremdkapitalkostensatz und dem erwarteten Fremdkapitalkostensatz unterscheiden. Wenn der Fall eintreten kann und von den Beteiligten auch für möglich gehalten wird, daß ein Kreditnehmer seine Zahlungsverpflichtungen nicht erfüllt, ist der erwartete Fremdkapitalkostensatz niedriger als der vereinbarte: Die erwartete Verzinsung aus der Sicht des Kreditnehmers ist niedriger als die versprochene oder vereinbarte; und genauso ist der Kostensatz der Fremdfinanzierung für einen Kreditnehmer und damit auch für eine Unternehmung, die einen Kredit aufnimmt, geringer als der vereinbarte. Gleichung 5.19 müßte modifiziert werden, um das Ausfallrisiko zu erfassen; in der obigen Form paßt diese Gleichung nur für den Grenzfall der sicheren Fremdfinanzierung.

Die Bestimmung der Kapitalkosten bei den Maßnahmen der Fremdfinanzierung, die keine zusätzlichen Einzahlungen auslösen, sondern Einzahlungen vorziehen und/oder Auszahlungen verschieben, erfolgt nach dem gleichen Prinzip: Die von einer Entscheidung abhängigen zusätzlichen Aus- und Einzahlungen werden gegenübergestellt.

Betrachten wir als Beispiel einen *Lieferantenkredit*: Eine Unternehmung hat Waren im Wert von 120.000 gekauft. Sie hat ein Zahlungsziel von einem Jahr. Das heißt, sie muß erst nach einem Jahr 120.000 bezahlen. Nimmt sie den Lieferantenkredit nicht in Anspruch, braucht sie hingegen nur 100.000 zu zahlen. Die Entscheidung für die Zahlung zum früheren Termin kann man als eine Investition interpretieren: Gegenüberzustellen sind eine Mehrauszahlung jetzt von 100.000 und eine Minderauszahlung von 120.000 nach einem Jahr. Nimmt die Unternehmung den Lieferantenkredit in Anspruch, verzichtet sie auf eine mögliche Investition von 100.000 mit dem Internen Zinsfuß von 20%. Das sind die Kosten der Auszahlungsverschiebung. Sie sind Opportunitätskosten.

Ein weiteres Beispiel ist *Leasing*. Der Kauf einer Anlage im Wert von 100.000 im Zeitpunkt t_0 wird vermieden. Dafür sind in den Zeitpunkten t_1, t_2 und t_3 je 50.000 an "Miete" zu zahlen. Diese Zahlungsreihe hat einen Internen Zinsfuß von 23,34%, bzw. Leasing als Finanzierungsform kostet in diesem Beispiel 23,34%.

Die Behandlung von Kosten der Fremdfinanzierung unter den Annahmen "quasi-sicherer Erwartungen" und eines vollkommenen Kapitalmarktes im Gleichgewicht kann nicht mehr als eine simple finanzmathematische Definition liefern. Alle inhaltlichen Probleme sind durch die Annahmen ausgegrenzt: Eine offensichtliche Kostenkomponente der Fremdfinanzierung ist darin zu sehen, daß durch Verschuldung das Risiko der Eigenkapitalgeber zunimmt. Diese Rückwirkung wird im nächsten Kapitel ausführlich diskutiert. Eine weitere Kostenkomponente sind die Auswirkungen von Besicherungsanforderungen von Fremdkapitalgebern. Diese Kosten kann man u.a. als Auswirkung davon ansehen, daß Kapitalmärkte doch nicht in idealer Weise vollkommen sind. Dasselbe gilt für Transaktionskosten im engen Sinne wie z.B. die Kosten für den Druck von Wertpapierurkunden bei der Finanzierung mit Obligationen. Ein Teil dieser Kosten wäre in einer neoinstitutionalistischen Betrachtung erklärbar und erfaßbar. Dies würde aber voraussetzen, daß die Annahmen der "Quasi-Sicherheit" und der Marktvollkommenheit stärker abgeschwächt werden, als es in diesem Kapitel geschieht. In den Rahmen dieses Kapitels passen sie nicht. Schließlich gibt es zwischen den einzelnen Formen der Fremdfinanzierung Kostenunterschiede, die allein auf steuerliche Einflüsse zurückzuführen sind. Auch diese haben wir aus der Betrachtung ausgeschlossen.

5.4 Zusammenfassung

In diesem Kapitel wurden hauptsächlich die Eigenkapitalkosten diskutiert. Finanzielle Mittel, die eine Unternehmung von ihren bisherigen Eigentümern bekommt, oder die sie einbehält, indem sie sie nicht an die Eigentümer ausschüttet, sind nicht kostenlos. Sie haben Opportunitätskosten, da die Eigentümer diese Mittel anderweitig anlegen könnten. Die Kosten der Beteiligungsfinanzierung im engeren Sinne entstehen daraus, daß neue Eigentümer durch die Zuführung von Eigenkapital einen Anspruch auf einen Anteil an den zukünftigen Gewinnen und Dividenden erwerben. Wenn man steuerliche Aspekte außer acht läßt, alle möglichen Unternehmensformen betrachtet und von einem unvollkommenen Kapitalmarkt oder einem Kapitalmarkt ausgeht, der sich nicht im Gleichgewicht befindet, kann man über die Eigenkapitalkosten nicht mehr viel Allgemeingültiges sagen. Über die Kosten des Eigenkapitals von Aktiengesellschaften, deren Aktien an der Börse gehandelt und dort auf der Basis der zukünftigen Dividenden richtig oder gleichgewichtig bewertet werden, läßt sich jedoch viel mehr sagen. Es war das methodische Ziel dieses Kapitels herauszuarbeiten, daß die marktorientierte oder neoklassische Richtung der Finanzierungstheorie auf die Annahme eines vollkommenen Kapitalmarktes im Gleichgewicht angewiesen ist und wie weitreichend deren Folgen sind.

Im Gleichgewicht kann man aus dem Börsenkurs der Aktien einer Gesellschaft auf den Alternativertragssatz der Aktionäre schließen. Es ist derjenige Kalkulationszinsfuß, bei dem der Kurs gleich dem Gegenwartswert der zukünftigen Dividenden ist. Im Gleichgewicht haben alle Aktionäre denselben Alternativertragssatz. Dieser Satz stellt die Finanzierungskosten der Eigenfinanzierung dar.

Eigenfinanzierung und Beteiligungsfinanzierung erfolgen bei einer AG praktisch in der Form der Kapitalerhöhung. Die bisherigen Aktionäre erhalten ein Bezugsrecht, das sie berechtigt, neue Aktien zum Emissionskurs zu erwerben, der unter dem Börsenkurs liegen kann. Wenn diese Bezugsrechte am Kapitalmarkt richtig bewertet werden, sind die Bedingungen einer Kapitalerhöhung für die Aktionäre "irrelevant". Dies ist das **erste Irrelevanztheorem** dieses Kapitels. Wenn alte Aktionäre durch Bezugsrechte geschützt sind, stimmen im Gleichgewicht die Kosten der Beteiligungsfinanzierung auch dann mit den Kosten der Eigenfinanzierung überein, wenn neue Aktionäre neue Aktien zu einem Emissionskurs beziehen, der unter dem Börsenkurs liegt.

Die Selbstfinanzierung durch Einbehaltung ausschüttbarer Mittel weist ebenfalls dieselben Kosten auf. Daher sind die Kosten der Eigenkapitalfinanzierung unabhängig davon, auf welchem Wege Eigenkapital beschafft wird. Jede Form der Eigenkapitalfinanzierung ist auf einem vollkommenen Kapitalmarkt im Gleichgewicht für die bisherigen Aktionäre gleich günstig. Dies ist das **zweite Irrelevanztheorem**.

Da alle Formen der Eigenkapitalfinanzierung gleich teuer sind, gibt es auch keinen Grund, warum Investitionsentscheidungen von den Ausschüttungsentscheidungen abhängen sollten: Zusätzliche Ausschüttungen könnten gegebenenfalls immer durch zusätzliche Beteiligungsfinanzierung ausgeglichen werden. Darum gibt es unter den getroffenen Annahmen für eine AG auch keine optimale Ausschüttungs- oder Dividendenpolitik. Die Dividendenpolitik hat im Gleichgewicht auf einem vollkommenen Kapitalmarkt keinen Einfluß auf die Konsummöglichkeiten und die Vermögensposition der Aktionäre und den Marktwert der Aktien. Dies ist das **dritte Irrelevanztheorem**.

Die Irrelevanztheoreme sind sehr starke Aussagen, und sie gelten auch bei Unsicherheit, solange ein vollkommener Kapitalmarkt und Gleichgewicht vorausgesetzt werden. Das Korrelat der Irrelevanztheoreme sind **Separationstheoreme**, das heißt Begründungen darüber, warum es korrekt ist, Investitionsentscheidungen von Unternehmen und Konsumentscheidungen von Haushalten voneinander zu trennen. Unter den in diesem Kapitel getroffenen Annahmen ist die Trennung theoretisch zulässig und praktisch sinnvoll.

Kapitel 6

Kapitalstruktur und Kapitalkosten bei gemischter Finanzierung

6.1 Lernziele

In diesem Kapitel wird geprüft, ob und wie die Kapitalkosten bzw. die durchschnittlichen Finanzierungskosten einer Unternehmung und insbesondere ihre Eigenkapitalkosten davon abhängen, wie stark die Unternehmung verschuldet ist, und ob es eine optimale Kapitalstruktur gibt. Stand in Kapitel 5 der Nachweis im Mittelpunkt, daß die Eigenkapitalkosten auf einem vollkommenen Kapitalmarkt von der Art der Eigenkapitalbeschaffung unabhängig sind, so wird nun vor allem gezeigt, daß auf vollkommenen Kapitalmärkten auch die durchschnittlichen Kapitalkosten und der Gesamtwert des Unternehmens von der Zusammensetzung der Finanzierung unabhängig sind. Damit gibt es unter bestimmten Bedingungen keine optimale Kapitalstruktur, die Kapitalstruktur ist "irrelevant".

Die Leser sollen daher in diesem Kapitel lernen,

(1) wie mittels der traditionellen These zur optimalen Kapitalstruktur argumentiert wird, wie dies anhand der Gegenthese von Modigliani und Miller (MM) geschieht und worin die Unterschiede bestehen,

(2) daß zwischen den konkurrierenden Thesen nicht nur ein inhaltlicher, sondern auch und vor allem ein methodischer Unterschied besteht: Die Anhänger der traditionellen These argumentieren nur mit Verhaltensweisen und berücksichtigen den Kapitalmarkt nicht. Modigliani und Miller stützen ihre Gegenthese nicht auf andere Verhaltensannahmen, sondern sie nehmen an, daß ein einfacher marktmäßiger Ausgleichsmechanismus wirksam ist,

(3) daß die zu vermutende reale Bedeutung der Finanzierung eine Folge der Unvollkommenheit des Kapitalmarktes sein muß. Auch wenn die These von Modigliani und Miller nicht zutreffen sollte, bildet sie doch den geeigneteren gedanklichen Ausgangspunkt zur Analyse realer Finanzierungsprobleme als die traditionelle These.

6.2 Wirkungen erhöhter Verschuldung

6.2.1 Ausgangssituation und Fragestellung

Wir betrachten im folgenden eine Unternehmung, bei der die Haftung der Gesellschafter auf ihren Gesellschaftsanteil beschränkt ist und die Gesellschafter ihre Einlage geleistet haben. Es kann sich also hierbei sowohl um eine GmbH wie um eine AG handeln. Allerdings gehen wir bereits in Abschnitt 6.3 auf die Betrachtung des Falles von Aktiengesellschaften über, deren Eigenkapitalanteile als Aktien an der Börse gehandelt werden. Auch Fremdkapitalanteile kann man sich als Wertpapiere verbrieft und börsengehandelt vorstellen. Ein Beispiel hierfür sind Obligationen.

Auf der Grundlage des vorangegangenen Kapitels kann man die durchschnittlichen Finanzierungskosten - oder einfach: die Kapitalkosten - einer Unternehmung definieren als

$$(6.1) \quad k = e \cdot \frac{EK}{EK+FK} + i \cdot \frac{FK}{EK+FK} \quad .$$

Dabei bezeichnen

k die (durchschnittlichen) Kapitalkosten

e die Kosten des Eigenkapitals

EK die Menge des Eigenkapitals

i die Kosten des Fremdkapitals

FK die Menge des Fremdkapitals

Als **Kapitalstruktur** wird allgemein das Verhältnis der verschiedenen Kapitalarten zueinander verstanden. In diesem Kapitel wird der Begriff enger gebraucht. Er bezeichnet hier das Verhältnis von Fremd- zu Eigenkapital einer Unternehmung. Weitere Unterteilungen wie die des Eigenkapitals nach der Ausstattung mit Stimmrechten oder des Fremdkapitals nach der Fristigkeit der Kapitalüberlassung werden nicht betrachtet. Eigenkapital und Fremdkapital werden jeweils als homogen behandelt.

Die Kapitalstruktur wird mit dem Symbol l bezeichnet und gibt das Verhältnis von Fremd- zu Eigenkapital wieder: l = FK : EK. Obwohl die so definierte Kapitalstruktur und der Verschuldungsgrad sachlich eng zusammenhängen, muß man die beiden Begriffe unterscheiden. Der **Verschuldungsgrad** ist definiert als der Fremdkapital*anteil* an der Gesamtfinanzierung. Einem Verschuldungsgrad von 100% entspricht $l = \infty$.

Es erweist sich in diesem Kapitel als sehr wichtig, wie man bei der Bestimmung der Kapitalstruktur bzw. des Verschuldungsgrades die Mengen an Eigen- und Fremdkapital mißt. Als denkbare Alternativen kommen hierfür eingesetzte Geldbeträge, Buchwerte und Marktwerte in Frage. Eingesetzte Geldbeträge kann man wiederum auf unterschiedliche Weise messen, zum einen über diejenigen Geldbeträge, die dem Unternehmen früher zugeflossen sind oder noch zufließen, und zum anderen über das Kapital, das in der Unternehmung gebunden ist. Die Marktwerte von Eigen- und Fremdkapital werden über die Marktwerte der entsprechenden Wertpapiere, der Aktien und Obligationen, gemessen. Wenn man, wie wir es im folgenden der Vereinfachung zuliebe weitgehend tun werden, unterstellt, daß Fremdkapital risikofrei und der Zinssatz für risikofreie Kredite und Geldanlagen im Zeitablauf konstant und damit sicher ist, entspricht der Marktwert des Fremdkapitals dessen Nominalwert. Im folgenden unterstellen wir weitgehend die Geltung dieser beiden Annahmen.

Bei der Diskussion der Frage, ob es eine optimale Kapitalstruktur gibt und wovon sie gegebenenfalls abhängt, vergleicht man die Kapitalkosten bzw. die Unternehmens-Gesamtwerte (im Sinne der Summe aus dem Wert des Eigen- und Fremdkapitals) bei alternativen Kapitalstrukturen. Dies entspricht einer **Alternativbetrachtung**. Man kann sich dem Problem auch nähern, indem man sich einen *Vorgang* der Umfinanzierung vorstellt, bei dem eine bestimmte Menge an Eigenkapital zugeführt und gleichzeitig dieselbe Menge an Fremdkapital zurückgezahlt oder - umgekehrt - zusätzliches Fremdkapital aufgenommen und derselbe Betrag an die Eigenkapitalgeber ausgeschüttet würde, und fragt, welche Auswirkung dies auf die Höhe der Kapitalkosten bzw. auf den Unternehmenswert hätte. Auch bei dieser Vorstellung der **Kapitalsubstitution** werden gedanklich der Bestand des in der Unternehmung vorhandenen bzw. gebundenen bzw. investierten Kapitals und die Art und die Menge der Investitionen der Unternehmung als gegeben unterstellt.[1] Durch die Annahme gegebener Investitionen kann man die Diskussion auf Finanzierungsfragen beschränken. Damit werden gedanklich die möglichen direkten Effekte der Kapitalstrukturänderung, die im folgenden diskutiert werden, von ihren möglichen indirekten Effekten isoliert, die sich durch deren Auswirkungen auf die Investitionsentscheidungen ergeben könnten. Ob es sachlich und theoretisch gerechtfertigt ist, die Investitionen als gegeben zu betrachten oder ob dies nur ein didaktischer Kunstgriff ist, der einen in Wirklichkeit geltenden Zusammenhang willkürlich zerschneidet, hängt davon ab, ob die Kapitalstruktur irrelevant ist oder nicht.

Investitionserträge sind unsicher. Mit den Investitionen wird auch deren Unsicherheitsgrad als gegeben unterstellt. Eine von allen Teilnehmern an der Diskussion über die optimale Kapitalstruktur akzeptierte Voraussetzung ist, daß Kapitalgeber *risikoscheu* sind und daß die Kapitalkosten der einzelnen Finanzierungsarten von ihrem Risiko abhängen. Da Eigenkapitalgeber ein höheres Risiko tragen als Fremdkapitalgeber, sind die Eigenkapitalkosten e höher als die Fremdkapitalkosten i.

---

1 Zu Alternativ- und Sukzessivbetrachtung vgl. auch *Lehmann/Moog* [Rechnungswesen], S. 462-472.

Wenn wegen des höheren Risikos des Eigenkapitals die Kosten des Eigenkapitals höher als die Fremdkapitalkosten sind, könnte eine Unternehmensleitung versuchen, die durchschnittlichen Kapitalkosten zu senken, indem sie "teures" Eigenkapital durch "billiges" Fremdkapital ersetzt und den Eigenkapitalgebern die Möglichkeit gibt, das freigesetzte Eigenkapital an anderer Stelle ertragbringend einzusetzen. Blieben e und i bei Variation der Kapitalstruktur konstant, müßte dies möglich sein. Eine Kapitalstruktur mit mehr Fremdkapital bzw. einem höheren Verschuldungsgrad erschiene dann günstiger, weil die Kapitalkosten geringer wären. Ob dies auch im Interesse der Eigenkapitalgeber oder Eigentümer liegt, sei vorerst offengelassen.

Bei Konstanz von e und i wäre bei höherer Verschuldung auch der Unternehmenswert größer. Aus einer analogen Übertragung der dort allein auf Aktien bezogenen Grundidee des vorigen Kapitels wird ersichtlich, daß es einen Zusammenhang zwischen den Kapitalkosten und dem Unternehmenswert gibt: Der Unternehmenswert ist der mit dem (durchschnittlichen) Kapitalkostensatz k berechnete Barwert V der Bruttoerträge Y (Dividenden plus Zinsen) der Unternehmung:

$$(6.2) \quad V = \sum_{t=1}^{\infty} \frac{Y_t}{(1+k)^t}$$

Die Variablen V und Y beziehen sich auf das Gesamtunternehmen und nicht wie die Variablen W und D im vorigen Kapitel auf die einzelne Aktie. Aus der Formel 6.2 wird deutlich, daß bei gegebenen Investitionen und gegebenen, wenn auch unsicheren Bruttogewinnen der Senkung der Kapitalkosten k eine Erhöhung des Unternehmenswertes V entspricht. Die optimale Kapitalstruktur ist dann erreicht, wenn die Kapitalkosten k minimal sind und damit der Unternehmenswert V maximal ist. Doch die Kosten der einzelnen Kapitalarten, also e und i, sind nicht notwendigerweise konstant, wenn sich die Kapitalstruktur *l* verändert. Daher ist genauer zu fragen, *wie* sich die Kosten des Eigen- und des Fremdkapitals ändern und ob sich nicht *trotz* der Änderungen eine optimale, d.h. von den Eigenkapitalgebern bevorzugte Kapitalstruktur finden läßt. Es wird sich als entscheidend für die Beantwortung dieser Fragen erweisen, *warum* sich die Kosten der einzelnen Kapitalarten ändern, wenn die Kapitalstruktur verändert wird.

6.2.2 Geschäftsrisiko und Finanzierungsrisiko

Wir untersuchen in diesem Abschnitt zunächst, wie sich die Verschuldung auf das Risiko und den Ertrag (Abschnitt 6.2.3) des Eigenkapitals einer Unternehmung auswirkt. Dabei schauen wir auf das *eingesetzte* Kapital, hier ersteinmal gemessen durch die der Unternehmung überlassenen Beträge. Die Rendite oder der Interne Zinsfuß r auf das *gesamte* in einer Unternehmung eingesetzte Kapital ist unsicher. Sie kann mit bestimmten Wahrscheinlichkeiten verschiedene Werte annehmen. Beispielsweise könnten die Renditen auf das Gesamtkapital einer Unternehmung durch folgende Wahrscheinlichkeitsverteilung beschrieben werden:

$$r = \begin{cases} 4\% & \text{mit} \quad p(s_1) = 1/3 \\ 8\% & \text{mit} \quad p(s_2) = 1/3 \\ 12\% & \text{mit} \quad p(s_3) = 1/3 \end{cases}$$

Es werden drei Umweltzustände für möglich gehalten. Diese werden mit dem Symbol s_i bezeichnet, wobei i = 1, 2, 3. p steht für Wahrscheinlichkeit ("probability"). $p(s_i)$ geben die Wahrscheinlichkeiten dafür an, daß die drei Umweltzustände eintreten und mit ihnen die entsprechenden Gesamtkapitalrenditen erzielt werden. In diesem Beispiel sind alle drei möglichen Renditen gleich wahrscheinlich.

Die Tatsache, daß die Renditen r auf das *gesamte* eingesetzte Kapital unsicher sind, bezeichnet man als das **Geschäftsrisiko** ("business risk") oder Investitionsrisiko oder Ertragsrisiko einer Unternehmung. Das Geschäftsrisiko hängt allein davon ab, welche Investitionen durchgeführt werden. Es ist, da wir annehmen, daß die Investitionen gegeben sind, unabhängig davon, wie sie finanziert werden. Wir erinnern noch einmal daran, daß diese Annahme eine wichtige Vereinfachung in der Beschreibung des Finanzierungsproblems darstellt, die der Rechtfertigung bedarf.

Wenn die Investitionen einer Unternehmung zum Teil mit Eigenkapital und zum Teil mit Fremdkapital finanziert werden, unterscheidet sich die mit r_e bezeichnete (unsichere) Rendite auf das eingesetzte Eigenkapital von der (unsicheren) Rendite r auf das eingesetzte Gesamtkapital.[2] Auf das Fremdkapital sind *feste* Zinszahlungen in Höhe von $i \cdot FK$ zu leisten. Die Eigenkapitalgeber verfügen über einen Residualanspruch. Sie erhalten das, was von dem unsicheren Investitionsertrag $r \cdot (EK + FK)$ nach Abzug der Fremdkapitalzinsen $i \cdot FK$ verbleibt, so daß sich ihr Anspruch auf den sogenannten **Nettoertrag** $r \cdot (EK + FK) - i \cdot FK$ beläuft. Setzt man dies ins Verhältnis zu dem eingesetzten Eigenkapital, erhält man die (unsichere) Eigenkapitalrendite:[3]

$$(6.3) \quad r_e = \frac{r \cdot (EK+FK) - i \cdot FK}{EK}$$

---

2 Es erleichtert das Verständnis, wenn man sich vorstellt, daß die Investitionen zu unendlich langen Einzahlungsströmen führen. Es ist aber ebenso möglich, sich die Investitionen als solche mit einheitlicher und gegebener beschränkter Laufzeit vorzustellen. Die hilfreiche Vorstellung beschränkt die Allgemeinheit der Aussagen nicht.

3 Die Definition der Eigenkapitalrendite in Gleichung 6.3 gilt gleichermaßen für die erwartete Eigenkapitalrendite wie für die Eigenkapitalrendite in einem bestimmten Zustand. Daher steht das Wort "unsicher" in Klammern.

Aus der im Beispiel angegebenen Wahrscheinlichkeitsverteilung für die Rendite des Gesamtkapitals und aus den folgenden beispielhaft angenommenen Zahlenwerten

$$\begin{aligned} EK + FK &= \text{Investitionsbetrag} = 100 \\ FK &= 50 \\ i &= 6\% \\ i \cdot FK &= \text{Zinsen} = 3 \end{aligned}$$

ergibt sich folgende Wahrscheinlichkeitsverteilung für die Eigenkapitalrendite:

$$r_e = \begin{cases} \dfrac{100 \cdot 0{,}04 - 50 \cdot 0{,}06}{50} = 2\ \% \text{ mit } p(s_1) = \dfrac{1}{3} \\ \dfrac{8-3}{50} = 10\ \% \text{ mit } p(s_2) = \dfrac{1}{3} \\ \dfrac{12-3}{50} = 18\ \% \text{ mit } p(s_3) = \dfrac{1}{3} \end{cases}$$

Durch die Umformung der Gleichung 6.3 wird ersichtlich, daß die (unsichere) Rendite r_e auf das eingesetzte Eigenkapital eine *lineare* Funktion der Kapitalstruktur *l* ist:

(6.4) $r_e \cdot EK = r \cdot (EK + FK) - i \cdot FK = r \cdot EK + (r - i) \cdot FK$ und

(6.5) $r_e = r + (r - i) \cdot (FK / EK) = r + (r - i) \cdot l$

Je nach der Höhe von *l* ist die Wahrscheinlichkeitsverteilung der Eigenkapitalrendite breiter oder enger. Eine breitere (engere) Wahrscheinlichkeitsverteilung zeigt ein höheres (geringeres) **Risiko** an. In der folgenden Tabelle sind die Wahrscheinlichkeitsverteilungen für die möglichen Eigenkapitalrenditen des Beispiels bei vier verschiedenen Kapitalstrukturen angegeben:

	l = 0:100	*l* = 25:75	*l* = 50:50	*l* = 75 : 25
s_1	4%	3,33%	2%	-2%
s_2	8%	8,67%	10%	14%
s_3	12%	14%	18%	30%

Tab. 6.1: Eigenkapitalrenditen bei verschiedenen Kapitalstrukturen

Die Zahlen in der Tabelle 6.1 liefern eine *intuitive* Vorstellung davon, daß die Eigenkapitalrendite mit zunehmender Verschuldung riskanter wird. Dieser Sachverhalt wird als **Finanzierungs- oder Kapitalstrukturrisiko** ("financial risk") bezeichnet. Es gibt also einen Zusammenhang zwischen der Kapitalstruktur l und dem Risiko der Eigenkapitalrendite:

> Bei stärkerer Verschuldung ist die Eigenkapitalrendite riskanter oder unsicherer als bei geringerer Verschuldung.[4]

Für die Aussage, daß das Risiko der Eigenkapitalrendite mit dem Verschuldungsgrad ansteigt, ist dreierlei entscheidend: erstens die Definition der Rendite als das Verhältnis von Nettoertrag zu *eingesetztem* Kapital, zweitens das eher intuitive Verständnis von "höherem Risiko" als einer breiteren Streuung der möglichen Eigenkapitalrenditen und drittens die Annahme, daß die für möglich gehaltenen Gesamtkapitalrenditen und ihre Wahrscheinlichkeiten von der Verschuldung unabhängig sind.

Wir haben hier neben dem "business risk" nur das "financial risk" behandelt und dabei letzteres in einer recht engen Weise interpretiert. Die Verschuldung einer Unternehmung an sich ist eine *Ursache* dafür, daß ihr Eigenkapital mit "financial risk" behaftet ist. Der Zusammenhang ist aber so eng, daß man das Verhältnis von Fremd- zu Eigenkapital l (wie auch den Verschuldungsgrad) auch als *Maß* des Finanzierungsrisikos einer Unternehmung bzw. der Eigenkapitalgeberposition deuten und verwenden kann. Hiervon werden wir im folgenden Gebrauch machen.

Es ist wichtig zu verstehen, was unsere Definition von Finanzierungsrisiko impliziert. So wie der Begriff hier verwendet wird, besteht das Finanzierungsrisiko *ausschließlich* darin, daß bei stärkerer Verschuldung die möglichen Eigenkapitalrenditen unsicherer werden. Andere denkbare Risiken einer (höheren) Verschuldung wie z.B. das Risiko der Zahlungsunfähigkeit (Illiquiditätsrisiko) und des Unternehmenszusammenbruchs (Konkursrisiko) und das Risiko von Vermögensverschiebungen, die in der älteren Literatur und im Rahmen des neo-institutionalistischen Ansatzes der Finanzierungstheorie berücksichtigt werden, werden nicht erfaßt. Illiquiditäts- und Konkursrisiko wie auch Vermögensverschiebungsrisiken sind kaum sachgerecht zu erfassen, wenn man, wie wir es hier getan haben und wie es in der kapitalmarktorientierten Literatur zur optimalen Kapitalstruktur weitgehend üblich ist, die Investitionen einer Unternehmung und damit die möglichen Gesamtkapitalrenditen als gegeben unterstellt; denn ein Konkurs hätte mutmaßlich

4 Man beachte, daß dies nur für die Rendite, also das Verhältnis von Nettoertrag zu dem in der betrachteten Unternehmung eingesetzten Eigenkapital, gilt. Da im Falle der Kapitalsubstitution die Eigenkapitalgeber das Geld, das der Unternehmung als Fremdkapital zugeführt wird, erhalten würden und anderweitig anlegen könnten, wäre die Wahrscheinlichkeitsverteilung der Gesamterträge auf *ihr* Gesamtvermögen, das dann teilweise in dem Unternehmen und teilweise an anderer Stelle angelegt ist, in der Regel auch eine andere.

Rückwirkungen auf die Investitionen und ihre Erträge und würde erst durch diese - mutmaßlich negativen - Rückwirkungen zu einem wirklichen Problem.

6.2.3 Die Wirkung der Verschuldung auf den Ertrag des Eigenkapitals

Den "Ertrag des Eigenkapitals" definieren wir als die **erwartete Rendite** auf das eingesetzte Eigenkapital und den "Ertrag des Gesamtkapitals" als die Rendite auf das eingesetzte Gesamtkapital. Formal ist die erwartete Rendite der Erwartungswert, d.h. der mit den Eintrittswahrscheinlichkeiten als Gewichten berechnete gewogene Durchschnitt der möglichen Renditen in den verschiedenen Umweltzuständen. Wir bezeichnen die Erwartungswerte der Eigenkapital- und der Gesamtkapitalrendite mit den Symbolen μ_e bzw. μ.

Die Gleichung 6.5 gilt für alle möglichen Werte von r_e bzw. r. Daher gilt sie auch für die Erwartungswerte der Eigenkapital- und der Gesamtkapitalrendite μ_e bzw. μ[5]

(6.6) $\mu_e = \mu + (\mu - i) \cdot l$.

Die Differenz zwischen μ, der erwarteten Gesamtkapitalrendite, und i, dem Fremdkapitalkostensatz, ist die "Gewinnmarge", die sich ergibt, wenn Fremdkapital zu i beschafft und zu μ investiert wird. Da man das Verhältnis von Fremd- zu Eigenkapital l als ein Maß für das Finanzierungsrisiko ansehen kann, läßt sich das Produkt $(\mu\text{-}i) \cdot l$ zugleich als **Risikoprämie** interpretieren. Übersteigt die erwartete Rendite auf das Gesamtkapital μ den Fremdkapitalzins i *und* ist i unabhängig von l, dann gilt:

> Die **erwartete Eigenkapitalrendite** steigt mit der Verschuldung an; und bei konstantem i und gegebenen Investitionen steigt sie linear mit dem Verhältnis von eingesetztem Fremdkapital zu eingesetztem Eigenkapital.

Man nennt die durch Verschuldung ermöglichte Steigerung der erwarteten Rendite auf das eingesetzte Eigenkapital den "Leverage-Ertrag". **"Leverage"** bedeutet so etwas wie Hebelwirkung des Fremdkapitals. Analog bezeichnet man das Finanzierungsrisiko in der oben eingeführten Interpretation als das "Leverage-Risiko".

Wir können damit als **Ergebnis** dieses Abschnitts festhalten, daß die Verschuldung zwei Effekte hat. Zum einen steigert sie gegenüber dem Fall reiner Eigenkapitalfinanzierung das Risiko des Eigenkapitals, und zum anderen erhöht sie auch dessen erwartete Rendite. Diese Aussagen beziehen sich aber jeweils nur auf das in der betrachteten Unternehmung eingesetzte Eigenkapital. Daß wir das Fremdkapital-Eigenkapital-Verhältnis einmal als

5 Vgl. dazu Abschnitt 7.2.2 im nächsten Kapitel.

Ursache und einmal als Maß des Finanzierungsrisikos verwenden, mag kompliziert erscheinen. Aber es stellt eine korrekte Vorgehensweise dar, weil wir in diesem Kapitel keine Aussagen über die Wirkungen des Finanzierungsrisikos ableiten, die eine differenziertere Art der Risikomessung erfordern würden.

6.3 Die traditionelle These der optimalen Kapitalstruktur

6.3.1 Verschuldung und Kapitalkosten

Bei der Suche nach der optimalen Kapitalstruktur einer Aktiengesellschaft könnte man die Vor- und Nachteile zunehmender Verschuldung gegenüberstellen. Optimal ist diejenige Kapitalstruktur, die die durchschnittlichen Kapitalkosten minimiert bzw. den Gesamtwert der Unternehmung maximiert. Bei ihr wären die Vorteile der letzten Einheit eingesetzten Fremdkapitals gerade noch größer als ihre Nachteile. Dabei wirken folgende drei Effekte zusammen:

(1) Bei zunehmender Verschuldung wird "teures" Eigenkapital durch "billiges" Fremdkapital substituiert.

(2) Dafür wird das Eigenkapital "riskanter", und die von Eigenkapitalgebern *geforderte* Verzinsung, die Eigenkapitalkosten pro "Mengeneinheit" Kapital, steigt ab einem nicht näher bestimmten Niveau der Verschuldung an.

(3) Bei starker Verschuldung steigen auch die Fremdkapitalkosten, da bzw. wenn Gläubiger ihre Kredite für riskant zu halten beginnen und eine Risikoprämie fordern.

Der erste Effekt bewirkt bei zunehmender Verschuldung eine Verminderung der Kapitalkosten, wohingegen der zweite und der dritte Effekt zu einem Anstieg der Kapitalkosten führen. Diese drei Effekte und ihr Zusammenwirken kommen in der Gleichung

$$(6.7)\quad k(l) = e(l)\cdot\frac{EK}{EK+FK} + i(l)\cdot\frac{FK}{EK+FK}$$

zum Ausdruck, wenn man sie mit passenden Annahmen über den Verlauf der Abhängigkeiten $e(l)$ und $i(l)$ kombiniert.

In der folgenden Abbildung 6.1 sind diese drei Effekte graphisch dargestellt. Die obere Kurve zeigt die Eigenkapitalkosten, die untere die Fremdkapitalkosten, jeweils in Abhängigkeit von der Kapitalstruktur. Die mittlere Kurve stellt den gewogenen Durchschnitt der Eigen- und der Fremdkapitalkosten als die durchschnittlichen Kapitalkosten dar. Die

Funktion k(*l*) verläuft u-förmig.[6] Sie weist ihr Minimum *k**(*l*) bei der optimalen Kapitalstruktur *l** auf. Bis *l** erreicht ist, überwiegt bei zunehmender Verschuldung der erste Effekt. Wird mehr Fremdkapital als bei dem Verhältnis *l** aufgenommen, dann ist der Anstieg der Eigenkapitalkosten - und bei weiterer Verschuldung auch der Anstieg der Fremdkapitalkosten - derart ausgeprägt, daß sich die Kapitalkosten trotz des noch wirkenden ersten Effektes erhöhen.

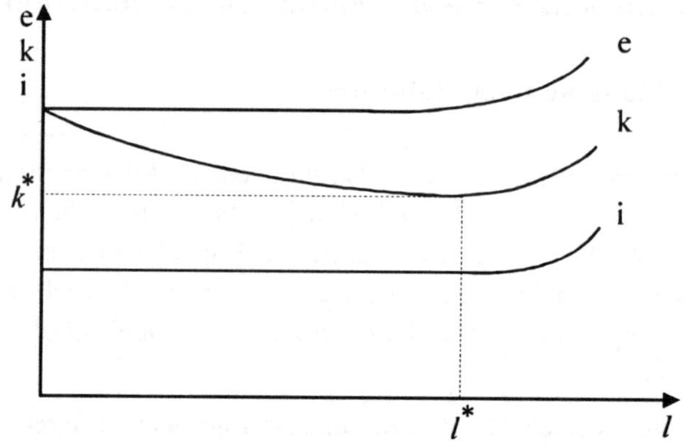

Abb. 6.1: Kapitalkosten gemäß der traditionellen These

Es ist der Kern der **traditionellen These** zum Kapitalstrukturproblem, daß es ein Minimum der (durchschnittlichen) Kapitalkosten und somit eine optimale Kapitalstruktur gibt. Zu ihrem Verständnis, und um sie mit der noch darzustellenden Gegenthese vergleichen zu können, ist es sehr wichtig, sich den Aufbau der Abbildung 6.1 bzw. die gedankliche Struktur bewußt zu machen, die hinter ihr steht: Die (durchschnittlichen) Kapitalkosten k(*l*) sind das *"Ergebnis"* der Wahl der Kapitalstruktur, die Eigen- und Fremdkapitalkosten sind die *"Ursachen"*. Die Verläufe der oberen und der unteren Kurve gehen ihrerseits auf *Verhaltensannahmen* zurück: Von den Eigenkapitalgebern ist die durch zusätzliche Verschuldung mögliche Renditesteigerung erwünscht, das zusätzliche Risiko führt solange zu keiner steigenden Renditeforderung, wie sich die Verschuldung in Grenzen hält. Insoweit erscheint die optimale Kapitalstruktur gemäß der traditionellen These nicht nur optimal aus Sicht der Unternehmung - was immer dies genau heißen mag[7] -, sondern auch aus Sicht ihrer "Eigentümer". Möglicherweise nehmen die Eigenkapitalgeber das Risiko auch nicht wahr. Erst von einem bestimmten Verschuldungsgrad an reagieren sie

6 Daß die Kurve k(*l*) u-förmig und nicht bis *l** linear fallend verläuft, liegt daran, daß in der Abbildung 6.1 die Verschuldung *nicht* durch den Anteil des Fremdkapitals am Gesamtkapital, sondern durch das Verhältnis FK/EK gemessen wird.

7 Vgl. hierzu Abschn. 12.2.1.

auf das zusätzliche Risiko mit erhöhten Renditeforderungen. Die Fremdkapitalgeber reagieren erst - wenn überhaupt[8] - bei weiter steigender Verschuldung mit einer höheren Zinsforderung, weil mögliche Verluste zunächst von den Eigenkapitalgebern getragen werden, ehe sie auf das Fremdkapital durchschlagen. Welche Form die Kurve $e(l)$ genau annimmt, ist für die traditionelle These nicht entscheidend. Wichtig ist nur, daß die risikobedingte Steigerung von $e(l)$ von einem gewissen Verschuldungsgrad an den kapitalkostenmindernden Effekt der Substitution von Eigenkapital durch Fremdkapital überwiegt. Der Anstieg der Fremdkapitalkosten ist für die Herleitung der traditionellen These also nicht von allzu großer Bedeutung. Er wird hier und in der Literatur nur deshalb unterstellt, um einheitliche und plausibel erscheinende Verhaltensannahmen zu treffen.

Die wesentliche Grundlage der traditionellen These bilden also Vermutungen über die **Verhaltensweisen** der Kapitalgeber: Wie nehmen sie Risiko wahr? Wie passen sie die von ihnen "geforderte Verzinsung" an das Finanzierungsrisiko an? Wir haben in Abschnitt 6.2.2 das finanzielle Risiko mit dem Verhältnis von Fremd- zu Eigenkapital gleichgesetzt. Wer die traditionelle These vertritt, wird diese Gleichsetzung nicht ohne weiteres akzeptieren, sondern zwischen dem Fremdkapital-Eigenkapital-Verhältnis als einer möglichen und sicher auch wichtigen Ursache des Risikos einerseits und dem von den Kapitalgebern empfundenen Risiko andererseits unterscheiden. Ob dies sinnvoll ist oder nicht, soll hier nicht erörtert werden, denn es kommt nur darauf an, zu erfassen und zu verstehen, wie sich Aktionäre verhalten. Sie passen ihre Verzinsungsforderungen jedenfalls so an, daß es eine optimale Kapitalstruktur l^* gibt.

6.3.2 Verschuldung und Unternehmenswert

Für ein erstes Verständnis der traditionellen These, daß es eine optimale Kapitalstruktur gibt, ist es angebracht, sich auf Finanzierungs- und Kapitalkostenverläufe zu beziehen. Dies entspricht auch der wissenschaftsgeschichtlichen Entwicklung: In der Literatur wurde das Thema der optimalen Kapitalstruktur jahrzehntelang ausschließlich mit Bezug auf die Kapitalkosten diskutiert. Es sei angemerkt, daß dies gut zu der traditionellen Betrachtungsweise der Finanzwirtschaft paßt, die wir im 1. Kapitel dieses Buches vorge-

8 Wie sich mögliche Reaktionen von Fremdkapitalgebern auf die Fremdkapitalkosten der Unternehmung auswirken, ist gleichwohl fraglich. Wenn das befürchtete Ausfallrisiko wirklich besteht, unterscheiden sich die nominelle oder vereinbarte Verzinsung und die erwartete Verzinsung. Letztere ist geringer. Es ist eher angebracht, nicht die vereinbarte, sondern die erwartete Verzinsung als Kapitalkostensatz für risikobehaftetes Fremdkapital zu verwenden. Tut man dies, verläuft die Fremdkapitalkostenkurve trotz des Ausfallrisikos nicht notwendigerweise in der Weise, wie es in der Abbildung 6.1 angenommen wird. Diese Abbildung, die der älteren Literatur folgt, unterscheidet nicht zwischen vereinbarter und erwarteter Verzinsung, obwohl dies sachlich geboten wäre.

stellt haben: Die Unternehmung "an sich" ist der Bezugspunkt der Überlegungen, und alle Arten von Kapitalgebern, einschließlich der Eigenkapitalgeber, stehen irgendwie außerhalb der Unternehmung. Insofern erscheint das, was sie fordern und erhalten, auch als wirkliche Kosten der Unternehmung und nicht (nur) als Ausdruck der Opportunitätskosten der Aktionäre. Marktwerte interessieren nicht; insbesondere weil sie nicht die relevante Zielgröße darstellen, an der Finanzierungsentscheidungen auszurichten wären. Deshalb ist es auch konsequent, die Kapitalmengen über eingesetzte, dem Unternehmen zugeflossene Beträge von Eigen- und Fremdkapital zu messen. Würde man statt dessen Marktwerte verwenden, würde sich allerdings kein anderes Ergebnis einstellen als das bereits hergeleitete. Zu der traditionellen Betrachtungsweise paßt weiterhin, daß wenig auf die möglichen Wirkungen von Marktmechanismen geachtet wird, und deshalb erschien es auch kaum nötig und sinnvoll, die traditionelle These in den Kategorien von Marktwerten zu formulieren. Gleichwohl ist dies möglich und nicht nur um der Vollständigkeit und der Verknüpfung mit den Ausführungen im letzten Kapitel willen sinnvoll, sondern es dient auch dazu, den Übergang zur neuen Theorie der Kapitalstruktur vorzubereiten.

Bezogen auf Marktwerte ist die optimale Kapitalstruktur als diejenige zu definieren, bei der der Unternehmenswert, verstanden als die Summe aus dem Marktwert des Eigenkapitals und dem Marktwert des Fremdkapitals sein Maximum erreicht. Weil wir hier der Vereinfachung zuliebe das Fremdkapital als risikolos unterstellen, gleicht dessen Marktwert seinem Nominalwert. Dasjenige Ausmaß an Verschuldung, das den Unternehmenswert maximiert, unterscheidet sich nicht von dem, bei dem die Kapitalkosten ihr Minimum erreichen. Das folgt unmittelbar aus der Formel 6.2.

Was entspricht dem Vorgang der Substitution von teurem Eigenkapital durch billigeres Fremdkapital, wenn man nicht die Kapitalkosten, sondern den Unternehmenswert in den Mittelpunkt der Überlegungen stellt? Ein solcher Ersetzungsvorgang hätte **vier Effekte**:

(1) Der Nominalbetrag und damit der Marktwert des Fremdkapitals nimmt um den zusätzlich aufgenommenen Geldbetrag zu.

(2) Der Marktwert des Eigenkapitals nimmt um den an die Eigenkapitalgeber zurückbezahlten Geldbetrag ab.

(3) Weil annahmegemäß die erwartete Gesamtkapitalrendite den Fremdkapitalkostensatz übersteigt, erhöht sich die erwartete Rendite des verbliebenen Eigenkapitals ("Leverage-Ertrag"), wodurch der Marktwert des Eigenkapitals zunimmt.

(4) Weil die Unternehmung stärker verschuldet ist ("Leverage-Risiko"), nehmen die Aktionäre ein höheres Risiko wahr und diskontieren die Dividenden, die Bruttogewinne abzüglich der - nun höheren - Zinsen, mit einem höheren Kalkulationszinsfuß, weshalb der Marktwert des Eigenkapitals abnimmt.

Der Zusammenhang sei an einem **Beispiel** erläutert. Eine AG hat bisher ein Gesamtkapital von 20.000, das sich auf Fremdkapital mit einem (Markt- und Nominal- oder Buch-) Wert von 10.000, und Eigenkapital mit einem Marktwert von ebenfalls 10.000 aufteilt.[9] Der erwartete Bruttoertrag des Unternehmens beträgt 2.000 pro Periode. Die Gesamtkapitalrendite beträgt somit 10%. Der Fremdkapitalzinssatz beträgt 5%, was zu einer jährlichen Zinsbelastung von 500 führt. Die Eigenkapitalgeber erhalten 1.500, und damit ist die Eigenkapitalrendite 15%. Dies sind die Eigenkapitalkosten im Sinne der von den Aktionären geforderten Verzinsung, wie im vorangegangenen Kapitel erläutert wurde. Nun soll ein Betrag von 1.000 als zusätzliches Fremdkapital aufgenommen und anschließend sofort an die Aktionäre ausgeschüttet werden. Alle Zahlungen mit Ausnahme derer, die unmittelbar mit der Kapitalstrukturänderung verbunden sind, sind ewige Renten. Welche Effekte hätte die erwogene Umfinanzierung?

Der Wert des Fremdkapitals würde um 1.000 auf 11.000 zunehmen. Die Zinsen würden auf 550 steigen, so daß als Dividende 1.450 übrigblieben. Die geforderte Verzinsung der Aktionäre würde wegen der erhöhten Verschuldung auf (z.B.) 15,5% ansteigen. Der mit diesem Kalkulationszinsfuß berechnete Barwert der Dividenden ergäbe den neuen Marktwert des Eigenkapitals. Er würde auf 9.355 (=1.450/0,155) ansteigen, und damit betrüge der Gesamtmarktwert der Unternehmung 20.355 (=11.000 + 9.355). Die Kapitalstruktur würde "verbessert": Der Marktwert stiege (und die Kapitalkosten fielen auf etwa 9,7%). Es würde sich lohnen, die Verschuldung noch weiter zu steigern, bis der Marktwert ein Maximum erreicht. Wenn die traditionelle These zutrifft, gibt es ein solches Maximum. Damit ist die Kapitalstruktur für die Kapitalkosten, für den Gesamtwert einer Aktiengesellschaft, für den Wohlstand der Aktionäre und für die Bestimmung des "richtigen" Kalkulationszinsfußes für Investitionsentscheidungen wichtig. Die Kapitalstruktur ist "relevant". Weil die Kapitalkosten von der Kapitalstruktur abhängen, ist auch das Kriterium dafür, welche Investitionen durchzuführen sind, abhängig von den Finanzierungsentscheidungen. Damit ist es, wenn man die traditionelle These als geltend unterstellt, auch theoretisch *nicht* korrekt, die Investitionen als gegeben zu betrachten.

Die Betrachtung von Marktwerten einerseits und Kapitalkosten andererseits ist im Ergebnis äquivalent. Aber es ist wichtig, auf einen Unterschied hinzuweisen: Bei der Kapitalkosten-Variante liegt es nahe, die Kapitalmengen, die als Gewichtungsfaktoren bei der Ermittlung der durchschnittlichen Kapitalkosten verwendet werden, über eingesetzte Mengen im Sinne von beschafften, der Unternehmung zugeflossenen Kapitalbeträgen zu messen. Die Marktwert-Variante drängt geradezu auf, die Mengen von Eigenkapital und Fremdkapital anhand ihrer Marktwerte zu erfassen. Ist damit der Blick erst einmal auf Marktwerte gerichtet, liegt es nahe, die Berücksichtigung von Marktbewer-

9 Die Aufteilung auf einzelne Aktien ist für die Überlegung nicht relevant.

tungen auch in weiteren Hinsichten in die Analyse einzubeziehen - und damit den Schritt zur modernen Betrachtungsweise zu vollziehen.

6.3.3 Beurteilung der Verhaltensannahmen

Wie kann man die traditionelle These, die zumindest durchaus plausibel erscheint, kritisieren und einschätzen? Dafür gibt es mehrere Ansatzpunkte. Wir wollen hier nur einen betrachten, nämlich die verwendeten Verhaltensannahmen. Auf den ersten Blick erscheinen sie recht vernünftig. Man könnte der traditionellen These aber entgegenhalten, daß ihre Annahmen über die Verhaltensweisen der Eigenkapitalgeber willkürlich sind. Warum sollten diese das Kapitalstrukturrisiko nicht sofort bzw. bei geringen Werten von l wahrnehmen und als unangenehm empfinden und mit einer höheren Renditeforderung reagieren, d.h. Aktien geringer bewerten? Zweifellos sind die Verhaltensannahmen der traditionellen These nicht völlig überzeugend. Dies ist jedoch kein gutes Argument, denn Verhaltensannahmen können nie und brauchen auch nicht so gewählt zu sein, daß sich gegen sie nicht der Einwand erheben ließe, sie wären möglicherweise nicht ganz zutreffend.

Man könnte im Prinzip Verhaltensannahmen direkt durch Beobachtung zu überprüfen versuchen. Das ist in dem hier diskutierten Zusammenhang jedoch nicht realisierbar. Ein alternativer Weg ihrer Überprüfung besteht darin, daß man diejenigen Verhaltensannahmen sucht, die zu einer Aussage führen würden, die der traditionellen These *offensichtlich* widerspricht, und dann vergleicht, ob die Verhaltensannahmen, die der traditionellen These entsprechen und zu dem u-förmigen Kapitalkostenverlauf führen, plausibler erscheinen als diejenigen, die einer Gegenthese und damit einen ganz anderen Kapitalkostenverlauf zur Folge hätten. Dieser Weg wird nun beschritten.

Eine Gegenthese zur traditionellen These ist die, daß es keine optimale Kapitalstruktur gibt und daß die Kapitalkosten und der Gesamtunternehmenswert bei allen denkbaren Kapitalstrukturen gleich hoch sind. Die Kapitalkosten k wären dann eine Konstante. In der Abbildung 6.2 sind sie entsprechend als Parallele zur Abszisse eingezeichnet. Aus welchen Annahmen über das Verhalten von Kapitalgebern ließe sich dies herleiten?

Es liegt nahe, folgende Annahmenkonstellation in Betracht zu ziehen: Fremdkapitalgeber reagieren überhaupt nicht auf eine erhöhte Verschuldung (i ist konstant), und jede Erhöhung des Fremdkapital-Eigenkapital-Verhältnisses l um eine Einheit löst eine *gleich große* Erhöhung der Eigenkapitalkosten im Sinne der von den Eigenkapitalgebern geforderten Rendite e aus. Die von den Eigenkapitalgebern geforderte Rendite würde dann mit dem Verschuldungsgrad *linear* ansteigen.

Für die Konstanz der Kapitalkosten genügt es aber nicht, daß die Finanzierungskosten des Fremdkapitals i konstant sind und die Eigenkapitalkostenkurve linear mit *l* ansteigt. Es ist zudem eine solche Konstellation der Parameter Steigung und Achsenabschnitt nötig, bei der sich bei zunehmender Verschuldung der Effekt, daß die Eigenkapitalkosten wegen des erhöhten Finanzierungsrisikos steigen, und der Effekt, daß teures Eigenkapital durch billiges Fremdkapital ersetzt wird, gerade ausgleichen. Diese Bedingung ist nur dann erfüllt, wenn die Gerade, die die Eigenkapitalkosten beschreibt, die Form

$$(6.8) \quad e(l) = e_0 + (e_0 - i) \cdot l$$

aufweist. Daß nur dann die Kapitalkosten eine Konstante sind und wie in Abbildung 6.2 verlaufen, erkennt man, wenn man die Gleichung 6.8 in die Gleichung 6.7 einsetzt.[10]

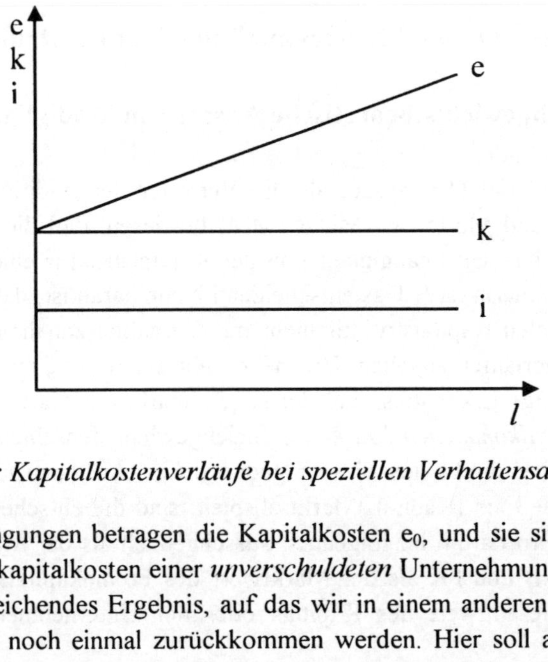

Abb. 6.2: Kapitalkostenverläufe bei speziellen Verhaltensannahmen

Unter diesen Bedingungen betragen die Kapitalkosten e_0, und sie sind damit gerade so hoch wie die Eigenkapitalkosten einer *unverschuldeten* Unternehmung. Dies ist ein interessantes und weitreichendes Ergebnis, auf das wir in einem anderen Zusammenhang im nächsten Abschnitt noch einmal zurückkommen werden. Hier soll aber erst einmal die Frage behandelt werden, wie plausibel die Verhaltensannahmen sind, die zu diesem Kapitalkostenverlauf führen würden. Und die Antwort liegt auf der Hand: Die Verhaltensannahmen, bei denen die in Abbildung 6.2 dargestellten Kurvenverläufe gelten, sind viel spezieller und allein deshalb auch weniger plausibel als die Annahmen, die der traditionellen These und der Abbildung 6.1 zugrunde liegen.

---

10 Vgl. aber auch unten, Abschnitt 6.4.4.

Dies ist ein wichtiges **Zwischenergebnis**:

> Solange man nur mit Annahmen über Verhaltensweisen argumentiert, erscheint die traditionelle These von der Existenz einer optimalen Kapitalstruktur der entgegengesetzten These deutlich überlegen.

Es ist aber weder nötig noch sinnvoll, sich bei der Diskussion der Kapitalstruktur und der Einschätzung der traditionellen These nur auf Verhaltensannahmen und ihre Plausibilität zu stützen. Im nächsten Abschnitt werden wir eine andere Argumentationsweise kennenlernen, aus der sich ergibt, warum die Kapitalkosten konstant und den Eigenkapitalkosten einer unverschuldeten Unternehmung gleich sein können, *ohne* daß dafür offensichtlich willkürliche und unplausible Verhaltensannahmen gebraucht würden.

6.4 Die These von der "Irrelevanz" der Kapitalstruktur

6.4.1 Der gleichgewichtstheoretische Ansatz von Modigliani/Miller

Mit einem ganz anderen Denkansatz als die Vertreter der traditionellen These haben Franco Modigliani und Merton H. Miller (MM) bewiesen, daß die Kapitalkosten konstant sind und daß ihre Unabhängigkeit von der Kapitalstruktur eine Folge des Gleichgewichts am Kapitalmarkt ist.[11] Das entscheidend Neue daran ist, daß diese Autoren das Problem der optimalen Kapitalstruktur nicht mit Verhaltensannahmen und der Analyse von Kapitalkostenverläufen angehen. Vielmehr steht am Anfang ihrer Überlegungen die einfache und geläufige Erkenntnis, daß der Kapitalmarkt ein Markt ist und daß *gleiche Güter* auf einem *vollkommenen Markt* im Gleichgewicht denselben Preis haben. Alles andere folgt ziemlich direkt aus diesem gedanklichen Ausgangspunkt. Weil sich der Gleichgewichtsprozeß am (Kapital-)Markt abspielt, sind die entscheidenden Größen die Marktwerte. EK wird darum im folgenden ausschließlich als der Marktwert des Eigenkapitals (der Aktien) und FK als der Marktwert des Fremdkapitals (der Obligationen) verstanden. Der Gesamtwert des Kapitals oder der Unternehmenswert wird mit V bezeichnet.

---

11 Die folgenden Ausführungen stützen sich auf die ursprüngliche Fassung der These, die *Modigliani* und *Miller* in [Cost] veröffentlicht haben. Sie selbst und andere Autoren haben später die Irrelevanzthese verallgemeinert und auch neue Beweistechniken verwendet. Die Originalarbeit und wichtige frühe Stellungnahmen sind in *Hax/Laux* [Finanzierung] zusammengestellt. Einen ausführlichen Überblick über die neueren Diskussionsbeiträge enthält *Swoboda* [Finanzierung].

Er ist *definitionsgemäß* gleich der Summe aus den Marktwerten des Eigen- und Fremdkapitals:

(6.9) $V = EK + FK$

Wenn es verschuldete Unternehmen (Index v) und unverschuldete Unternehmen (Index u) gibt, gilt gleichermaßen:[12]

(6.10a) $V_v = EK_v + FK$ und (6.10b) $V_u = EK_u$

Als gleich definieren MM Vermögensgüter und Vermögenspositionen nur dann, wenn sie

(a) gleichen Ertrag,

(b) gleiches Geschäftsrisiko *und*

(c) gleiches Finanzierungs- oder Kapitalstrukturrisiko

haben. Unternehmungen mit gleichem Geschäftsrisiko gehören, wie MM dies nennen, zu einer **Risikoklasse**. Ihr Finanzierungsrisiko ist dann gleich hoch, wenn sie denselben Verschuldungsgrad oder dieselbe Kapitalstruktur aufweisen. Man beachte, daß man mit solchen Risikomaßen keine *Risikounterschiede* messen kann. Das aber versuchen MM auch nicht. Für die Begründung ihrer Thesen ist es ausreichend, entscheiden zu können, ob Risiken gleich oder verschieden sind. Es ist dafür auch nicht relevant, ob Kapitalgeber möglicherweise das Finanzierungsrisiko irgendwie anders als in dem hier eingeführten Sinne wahrnehmen und definieren und die Kapitalstruktur nur als eine unter verschiedenen Determinanten des Finanzierungsrisikos ansehen.

MM zeigen, daß zwei Unternehmungen, die sich *nur* hinsichtlich des Finanzierungsrisikos unterscheiden, auf einem vollkommenen Kapitalmarkt keine verschiedenen Unternehmenswerte haben *können*, wie es die traditionelle These behauptet. Hätten zwei Gesellschaften, die sich nur durch ihre Kapitalstruktur unterscheiden, verschiedene Unternehmenswerte, bestünde solange eine *risikolose* Gewinnmöglichkeit, bis sie sich angeglichen hätten. Dies läßt sich anhand eines sogenannten Arbitragebeweises zeigen.

6.4.2 Der Arbitragebeweis

Gegeben seien zwei Unternehmungen, die derselben Risikoklasse angehören. Die V-AG sei verschuldet, die U-AG sei unverschuldet. Beide erzielen einen erwarteten zukünftigen

12 FK ist nicht mit einem Index versehen, weil nur die verschuldete AG Fremdkapital in ihrer Kapitalstruktur aufweist.

Bruttogewinn Y (vor Abzug von Zinsen) in Höhe von 150.000. Von Steuern und (anderen) Marktunvollkommenheiten wird abgesehen, es wird also ein vollkommener Kapitalmarkt unterstellt. Zudem wird der einfachen Darstellung zuliebe angenommen, daß Fremdkapital sicher und der Zinssatz für Fremdkapital im Zeitablauf konstant ist. Beim Fremdkapital entsprechen sich daher Nominal- oder Buchwerte und Marktwerte. Für die Unternehmungen gelten folgende Zahlen:[13]

	U-AG	V-AG
Erwarteter Bruttogewinn Y	150.000	150.000
Fremdkapital FK	0	700.000
Zinssatz i	-	10%
Zinsen = i · FK	0	70.000
Eigenkapital (Marktwert) EK	1.000.000	500.000
Gesamtwert V = EK + FK	1.000.000	1.200.000
Eigenkapitalkostensatz e	?	?

Tab. 6.2: Arbitragebeispiel

Nimmt man wie MM an, daß die Zahlungsströme ewig fließen (und Gewinne ausgeschüttet werden), kann man aus dem Nettogewinn (Bruttogewinn minus Zinsen) bzw. der Dividende pro Periode und dem Marktwert des Eigenkapitals unmittelbar auf den Eigenkapitalkostensatz schließen. Für die U-AG beträgt er 15% = 150.000 : 1 Mio. und für die V-AG 16% = (150.000 - 70.000) : 500.000.

Die in der Tabelle 6.2 beschriebene Situation mit V_u = 1 Mio. und V_v = 1,2 Mio. bzw. mit e_u = 15% und e_v = 16%, in der sich die Unternehmenswerte voneinander unterscheiden, spiegelt genau das wider, was die traditionelle These als "normal" unterstellt. Aber diese Situation stellt *kein* Gleichgewicht dar. Das läßt sich folgendermaßen zeigen: Ein Aktionär der V-AG, der z.B. 1 Prozent der V-Aktien hält, kann sich besserstellen, wenn er seine V-Aktien für 5.000 verkauft und für den Verkaufserlös U-Aktien kauft. Solange er V-Aktien hält, hat er als Eigenkapitalgeber der V-AG ein Kapitalstrukturrisiko zu tragen, bei den U-Aktien dagegen nicht. Die beiden Positionen sind daher nicht vergleichbar. Sie werden erst vergleichbar, wenn der Aktionär sich beim Kauf der U-Aktien ein Kapitalstrukturrisiko *schafft*, das dem Kapitalstrukturrisiko bei einer Beteiligung an der V-AG entspricht. Das Verhältnis *l* von FK zu EK bei der V-Aktie beträgt 7:5. Wenn der Aktionär 5.000 durch den Verkauf der V-Aktien erlöst, einen Kredit in Höhe von 7.000 zum Zinssatz i aufnimmt und den dann vorhandenen Betrag von insgesamt 12.000

13 Das Zahlenbeispiel und die folgenden Erläuterungen sind an *Swoboda* [Investition], S. 152-157 angelehnt. Zu angebrachten Bedenken gegenüber der Verwendung des *erwarteten* Bruttogewinns vgl. *Drukarczyk*, [Theorie], S. 130f.

in U-Aktien anlegt, hat er für sich *privat* dieselbe "Kapitalstruktur" von 7:5 hergestellt, die er auch als V-Aktionär hatte.

Das Einkommen des Aktionärs aus den V-Aktien belief sich auf 1 Prozent des Gewinns Y der V-AG *nach* Abzug der Zinsen, der annahmegemäß vollständig ausgeschüttet wird, also auf 800. Der Anteil des Aktionärs am Gewinn (und den Dividenden) der U-AG entspricht seinem Anteil an den U-Aktien. Der gesamte Marktwert der U-Aktien beträgt 1.000.000, und er hat 12.000 investiert. Somit hält er einen Anteil von 1,2 Prozent. Da die U-AG unverschuldet ist, kann der gesamte Bruttoertrag von 150.000 als Dividende an alle Aktionäre ausgeschüttet werden. Der Aktionär erhält deshalb pro Periode 1.800 als Dividende. Er muß aber für den privaten Kredit Zinsen in Höhe von $700 = 7.000 \cdot 0,1$ (pro Periode) bezahlen. Es verbleiben ihm deshalb 1.100. Der Tausch von Aktien der verschuldeten Unternehmung gegen private Verschuldung und Aktien der unverschuldeten Unternehmen hat ihm eine Steigerung seines Einkommens um 300 gebracht. Sein Risiko - business risk *und* financial risk - ist gleich geblieben, und er hat auch nicht mehr an eigenen Mitteln eingesetzt als in der Ausgangsposition.

Einen Gewinn ohne Einsatz finanzieller Mittel und ohne zusätzliches Risiko wie in unserem Beispiel die Differenz zwischen 1.100 und 800 (pro Periode) nennt man einen **Arbitragegewinn**. Solange die Möglichkeit besteht, Arbitragegewinne zu erzielen, liegt ein *Ungleichgewicht* vor. Andere Aktionäre werden die Arbitragemöglichkeit auch erkennen, V-Aktien verkaufen, sich privat verschulden und U-Aktien kaufen. Dadurch fällt der Kurs der V-Aktien, und/oder der Kurs der U-Aktien steigt.

Wie man aus dem Zahlenbeispiel erkennen kann, sind Arbitragegewinne nur dann ausgeschlossen, wenn die Marktwerte der beiden Unternehmungen gleich sind ($V_u = V_v$). Für die Ausschaltung der Arbitragemöglichkeit ist es nicht wichtig, ob sich der Gesamtwert der V-AG an den der U-AG anpaßt oder umgekehrt oder ob sich beide im Zuge der Anpassung verändern. Im Gleichgewicht muß gelten:

$$(6.11) \quad V_u = V_v \quad \text{und damit} \quad V_u = EK_u = EK_v + FK$$

Um die Darstellung einfach zu halten, nehmen wir an, daß die U-AG mit $V_u = EK_u = 1.000.000$ richtig bewertet ist und daß sich der Börsenkurs und somit der Marktwert des Eigenkapitals der V-AG daran anpaßt, wenn das Ungleichgewicht in der beschriebenen Ausgangssituation von den Marktteilnehmern zum Verschwinden gebracht wird. In dem betrachteten Zahlenbeispiel muß im Gleichgewicht gelten:

$$1.000.000 = 300.000 + 700.000$$

Ausgehend von der in der Tabelle 6.2 gezeigten Situation des Ungleichgewichts fällt der Marktwert der V-Aktien um 200.000 auf seine korrekte Höhe von 300.000. Daß dann keine Arbitragemöglichkeit mehr besteht, läßt sich erkennen, wenn man prüft, was ein bisheriger V-Aktionär erreicht, wenn er zum Beispiel 1 Prozent der V-Aktien verkauft, sich verschuldet und U-Aktien kauft. Der Aktionär erlöst 3.000 durch den Verkauf. Das Kapitalstrukturrisiko der V-Aktien, gemessen durch *l*, beträgt nun, nach der Kursanpassung, 7 : 3. Der Aktionär muß die mittelbare Verschuldung, die er als Besitzer von V-Aktien hatte, durch eine unmittelbare oder private Verschuldung ersetzen, wenn er Aktien der unverschuldeten U-AG kauft, damit sich sein Gesamtrisiko nicht ändert. Hierzu muß er einen Kredit in Höhe von 7.000 aufnehmen und kann dann 10.000 in U-Aktien investieren. Dafür erhält er einen Anteil von 1 Prozent am Eigenkapital der U-AG und einen Anspruch auf 1 Prozent ihrer Gewinne und Dividenden. Er bekommt 1.500 (pro Periode) ausgezahlt. Hiervon sind die Zinsen von 700 für den privaten Kredit abzuziehen. Es verbleiben ihm 800. Dieser Betrag entspricht genau dem einen Prozent der Nettogewinne, die er als V-Aktionär bekommen würde.

Der dargestellte Vorgang des Tausches von V-Aktien gegen U-Aktien und private Verschuldung ("**homemade leverage**") ist schwieriger zu verstehen als die umgekehrte Operation. Sie würde darin bestehen, daß ein bisheriger U-Aktionär, der z.B. 1 Prozent der U-Aktien gehalten hat, nun V-Anteile erwirbt. Dazu muß er sein Geld in Aktien und in Fremdkapital (Obligationen) der V-AG anlegen. Als Aktionär der unverschuldeten Unternehmung hätte er 1 Prozent des (Brutto- und Netto-) Gewinns Y bekommen, und dies wäre unabhängig davon gewesen, wie hoch dieser Gewinn ist. Um bei der V-AG auch in jedem Falle 1 Prozent des Bruttogewinns zu bekommen, muß er offenbar 1 Prozent des Eigenkapitals (der Aktien) und 1 Prozent des Fremdkapitals (der Obligationen) halten, denn dann bekommt er 1 Prozent des Nettogewinns und 1 Prozent der Zinsen, was zusammen gerade 1 Prozent des Bruttogewinns ausmacht. Dadurch würde er für sich den "Leverage-Effekt" gerade ausgleichen und sich demselben Kapitalstrukturrisiko - nämlich dem von null - aussetzen wie vorher. Im Beispiel würde er beim Verkauf von 1 Prozent der U-Aktien 10.000 erlösen. Um Anspruch auf 1 Prozent des Bruttogewinns der V-AG zu bekommen, brauchte er bei den in Tabelle 6.2 angenommenen Zahlen 5.000 (für 1% von EK) und 7.000 (für 1% von FK), also 12.000. Er müßte bei dem Tausch 2.000 zulegen, um seine Einkommenserwartungen nicht zu verschlechtern. Auch daran zeigt sich wieder, daß $EK_v = 300.000$ (und nicht die 500.000 in der Tabelle 6.2) den Gleichgewichtswert für alle Aktien der V-AG darstellt.

Das ist die wichtigste Aussage von MM, das **erste MM-Theorem**:

> Die Gesamtwerte von zwei Unternehmungen in einer Risikoklasse, die gleiche erwartete Bruttogewinne aufweisen, unterscheiden sich trotz unterschiedlicher Kapitalstrukturen nicht.

Durch private Verschuldung bzw. durch Beteiligung am Fremdkapital einer verschuldeten Unternehmung können Anleger, die Aktien einer Gesellschaft halten, für sich immer eine Vermögensposition herstellen, deren Geschäfts- und Finanzierungsrisiko mit denen der Aktien der anderen Unternehmung übereinstimmt. Zwei Vermögenspositionen mit identischem Risiko müssen auf einem vollkommenen Markt im Gleichgewicht den gleichen Preis haben. Die einzige Verhaltensannahme, die dabei unterstellt wird, besagt, daß Marktteilnehmer Möglichkeiten, Arbitragegewinne zu erzielen, nicht ungenutzt lassen.

Der gedachte Anpassungsprozeß, der von einem Ungleichgewicht zum Gleichgewicht führt, läuft in der Weise ab, daß sich der Marktwert des Eigenkapitals ändert, solange man, MM folgend, das Fremdkapital als risikolos betrachtet. Dessen Marktwert FK ist dann gegeben und von der Kapitalstruktur unabhängig.

Die Gleichungen 6.11 besagen also, daß sich der Wert des Eigenkapitals einer verschuldeten Unternehmung aus dem Wert einer ansonsten gleichen unverschuldeten Unternehmung errechnen läßt, indem man den (Markt- und) Nominalwert des Fremdkapitals abzieht. Daß man die Ersetzung, die zur Gleichung 6.11 führt, vornehmen kann, gilt aber, wie gesagt, nur im Kapitalmarktgleichgewicht. Wenn V_u und FK gegeben sind und wenn - im Gleichgewicht - V_u und V_v gleich sind, *muß* sich EK_v so anpassen, daß die Gleichung 6.11 gilt.

Die zentrale Aussage von MM läßt sich auch herleiten, indem man die Definition der Gleichung 6.10a und die Gleichgewichtsbedingung der Gleichungen 6.11 kombiniert. Setzt man den Wert für EK_v aus Gleichung 6.11 in Gleichung 6.10a ein, erhält man

$$(6.12)\quad V_v = EK_v + FK = (V_u - FK) + FK = V_u\,.$$

Diese Aussage wird konkreter und eventuell sogar für die praktische Bewertung des Eigenkapitals einer verschuldeten Unternehmung verwendbar,[14] wenn man nun noch zusätzlich annimmt, daß V_u der mit dem Eigenkapitalkostensatz e_u für unverschuldete Unternehmen dieser Risikoklasse berechnete Barwert des uniformen, ewig fließenden Gewinn- und Dividendenstroms Y ist. Man erhält dann die Formel

$$(6.13)\quad EK_v = \frac{Y}{e_u} - FK\,.$$

Doch für die Geltung der zentralen These von der Irrelevanz der Kapitalstruktur auf einem vollkommen Kapitalmarkt im Gleichgewicht ist es unerheblich, ob man die Konkretisierung, die in 6.13 enthalten ist, vornehmen kann oder nicht.

Der Arbitragemechanismus führt zu einem Gleichgewicht der Bewertung *innerhalb* der Risikoklasse, d.h. einem Gleichgewicht der Bewertungen von zwei (oder mehr) Unter-

14 Dieser Anspruch auf praktische Verwendbarkeit wird besonders kritisch diskutiert von *Drukarcyk* [Unternehmensbewertung],], S. 124-134.

nehmungen, die dasselbe Geschäftsrisiko aufweisen. Wie die Bewertung von Unternehmen einer Risikoklasse im Vergleich zu denen aus einer anderen Risikoklassen erfolgt, wird in dem Beweis von MM nicht behandelt. e_u ist vorgegeben und gilt nur für die betrachtete Risikoklasse. Damit ist auch ungeklärt, wann das Eigenkapital einer Unternehmung "richtig" bewertet ist. Die Beschränkung der Gleichgewichtsüberlegung auf das Gleichgewicht innerhalb einer Risikoklasse wird im 9. Kapitel aufgehoben. Dort wird gezeigt, wovon im Gleichgewicht die Eigenkapitalkosten von Unternehmen mit verschiedenem Geschäftsrisiko abhängen.

6.4.3 Eigenkapitalkosten gemäß Modigliani/Miller

Auch wenn sich die Argumentation von MM nur auf die Anpassung von Marktwerten bezieht, hat der von ihnen ins Spiel gebrachte Gleichgewichtsmechanismus doch auch Implikationen für die Eigenkapitalkosten verschuldeter Unternehmungen und für deren durchschnittliche Kapitalkosten. Sie sollen nun herausgearbeitet werden. Das geschieht vor allem, um den Gegensatz zur traditionellen These zu verdeutlichen, die mit der Betrachtung von Finanzierungs- und Kapitalkostenverläufen beginnt und sie ins Zentrum der Überlegungen rückt. Wir untersuchen zuerst die Eigenkapitalkosten. Die analytische und graphische Darstellung wird erleichtert, wenn wir, wie bisher MM folgend, annehmen, daß alle Zahlungsströme ewig fließende uniforme Ströme sind und daß die Zinsen auf das Fremdkapital sicher und konstant sind. Diese beiden Annahmen sind jedoch nicht notwendig.

Der Eigenkapitalkostensatz e_v für verschuldete Unternehmen ist anknüpfend an das vorangegangene Kapitel als derjenige Kalkulationszinsfuß definiert, bei dem der Barwert der (erwarteten) Dividenden mit dem Marktwert übereinstimmt.

Ausgehend von der Gleichgewichtsbedingung $V_v = V_u$ kann man die Eigenkapitalkosten als Funktion der Kapitalstruktur bestimmen: Aus der Definition des Eigenkapitalkostensatzes folgt

$$(6.14) \quad e_v = \frac{Y - i \cdot FK}{EK_v}.$$

Im Zähler stehen die (erwarteten) Nettogewinne, die als Dividenden ausgeschüttet werden. Im Gleichgewicht ist auch die unverschuldete Unternehmung richtig bewertet, weshalb $V_u = Y : e_u$ gilt. Dieser Ausdruck läßt sich nach Y auflösen und in Gleichung 6.14 einsetzen, woraus sich

(6.15) $$e_v = \frac{e_u \cdot V_u - i \cdot FK}{EK_v} .$$

ergibt. Im Gleichgewicht ist auch die verschuldete Unternehmung richtig bewertet, und beide Unternehmensgesamtwerte sind gleich, so daß $V_u = EK_v + FK$ gilt. Setzt man diesen Ausdruck in 6.15 ein, erhält man

(6.16) $$e_v = \frac{e_u \cdot (EK_v + FK) - i \cdot FK}{EK_v} .$$

Durch Multiplizieren, Umstellen und Kürzen gewinnt man die *lineare* Funktion

(6.17) $$e(l) = e_0 + (e_0 - i) \cdot FK / EK = e_0 + (e_0 - i) \cdot l ,$$

in der die speziellen Symbole e_u und e_v durch die allgemeineren Symbole e_0 und $e(l)$ für die Eigenkapitalkosten bei einem Fremdkapital-Eigenkapital-Verhältnis von 0 bzw. l ersetzt sind. Der Index bzw. der Klammerzusatz bei $e(l)$ bezeichnen das nun als Variable behandelte Verhältnis von Fremd- zu Eigenkapital.

Wie im Gleichgewicht bei risikolosem Fremdkapital und vollkommenem Kapitalmarkt die Eigenkapitalkosten vom Fremdkapital-Eigenkapital-Verhältnis abhängen, ist der Inhalt des **zweiten MM-Theorems**:

> Die Eigenkapitalkosten sind eine lineare Funktion des Verhältnisses l der Marktwerte von Eigenkapital und Fremdkapital.

Da in die Herleitung der Gleichung 6.17 ohnehin schon Gleichgewichtsbedingungen eingehen, kann man nun noch einen Schritt weitergehen und e_0 durch μ ersetzen. Dahinter steht folgende Überlegung, die im vorigen Kapitel im Detail entwickelt worden ist: Die von den Eigenkapitalgebern *geforderte* Rendite $e(l)$ ist, wenn die Aktien an der Börse aufgrund ihrer Ertragsaussichten richtig bewertet werden, *im Gleichgewicht* so hoch wie die Rendite $\mu(l)$, die sie zu *bekommen* erwarten können. Setzt man μ statt e_0 in Gleichung 6.17 ein, erhält man die **erwartete Gleichgewichtsrendite** auf den Marktwert des Eigenkapitals verschuldeter Unternehmungen in Abhängigkeit von der (erwarteten) Rendite auf das *gesamte* (ebenfalls mit Marktwerten gemessene) Kapital *und* von der *Kapitalstruktur:*

(6.18) $$\mu(l) = e(l) = \mu + (\mu - i) \cdot l$$

Von der Form her ist die lineare Beziehung für die Eigenkapitalkosten, d.h. für die von den Eigenkapitalgebern geforderte Verzinsung, nicht von den bereits eingeführten Beziehungen 6.5 und 6.8 zu unterscheiden. Die Gleichungen 6.5 bzw. 6.6, die Gleichung 6.8 und die Gleichungen 6.17 bzw. 6.18 haben zwar eine identische mathematische Form, aber sie unterscheiden sich hinsichtlich dessen, was sie zum Ausdruck bringen:

- die Gleichungen 6.5 und 6.6 sind die Definition der (erwarteten) Eigenkapitalrendite,
- Gleichung 6.8 ist eine Verhaltensannahme, und
- die Gleichungen 6.17 und 6.18 sind Gleichgewichtsbedingungen.

Eine Definition gilt einfach dadurch, daß sie vorgegeben ist. Ob eine Verhaltensannahme zutrifft, ist eine empirische Frage; die der Gleichung 6.8 ist so speziell, daß sie vermutlich nicht zutrifft. Ob eine Gleichgewichtsbedingung gilt, ist keine empirische Frage. Sie wird als "geltend" unterstellt, wenn man Eigenschaften von Gleichgewichtssituationen, wie z.B. den Zusammenhang zwischen Risiko und Ertrag, untersucht.

6.4.4 Kapitalkosten gemäß Modigliani/Miller

Wie die (durchschnittlichen) Kapitalkosten k von der Kapitalstruktur abhängen, ergibt sich unmittelbar aus Gleichung 6.2 in Verbindung mit dem ersten MM-Theorem, das besagt, daß der Unternehmenswert von der Kapitalstruktur unabhängig ist: Dann müssen auch die Kapitalkosten unabhängig von der Kapitalstruktur sein.

Um den Vergleich zur traditionellen These zu ermöglichen, wollen wir dieses Ergebnis aber auch noch einmal auf anderem Wege herleiten. Die (durchschnittlichen) Kapitalkosten sind in Gleichung 6.1 definiert worden. Gleichung 6.7 zeigt in allgemeinster Form an, wie sie sich aus den Komponenten $e(l)$ und $i(l)$ ergeben. Da im Gleichgewicht die Eigenkapitalkosten einer verschuldeten Unternehmung linear mit dem Verhältnis von Fremd- zu Eigenkapital ansteigen, läßt sich ausrechnen, wie k von l abhängt. Setzt man den Ausdruck für $e(l)$ aus Gleichung 6.17 in Gleichung 6.7 ein und nimmt man weiterhin an, daß der Fremdkapitalkostensatz i unabhängig vom Verschuldungsgrad ist, dann erhält man für $k(l)$

$$(6.19)\quad k(l) = \frac{EK}{EK+FK}\left[e_0 + (e_0 - i)\cdot\frac{FK}{EK}\right] + \frac{FK}{EK+FK}\cdot i\ .$$

Ausmultiplizieren und Erweitern der eckigen Klammer führt zu

$$(6.20)\quad k(l) = \frac{EK}{EK+FK}\cdot\frac{e_0\cdot EK + e_0\cdot FK - i\cdot FK}{EK} + \frac{i\cdot FK}{EK+FK},$$

und Umstellen und Kürzen ergibt

$$(6.21)\quad k(l) = \frac{e_0\cdot(EK+FK) - i\cdot FK + i\cdot FK}{EK+FK} = e_0\ .$$

Das Ergebnis dieser einfachen Rechnung - bzw. die unmittelbare Umkehrung der Gleichung 6.2 - stellt das **dritte MM-Theorem** dar:

> Die Kapitalkosten einer verschuldeten Unternehmung sind im Gleichgewicht konstant und somit unabhängig von der Kapitalstruktur. Sie gleichen den (Eigen-)Kapitalkosten einer unverschuldeten Unternehmung aus derselben Risikoklasse und der erwarteten Rendite des zu Marktwerten bewerteten Gesamtkapitals von Unternehmungen in der Risikoklasse.

Der charakteristische Unterschied zwischen der traditionellen These und der MM-These ist nicht nur im Ergebnis zu sehen, sondern vor allem in der Art der Argumentation. Um diesen methodischen Unterschied deutlich zu machen, sei das Ergebnis noch einmal in graphischer Form veranschaulicht. Die Abbildung 6.3 entspricht genau der Abbildung 6.2. Nur ist hier die logische Reihenfolge umgekehrt: Der *erste* und zentrale Schritt ist, daß der Gesamtwert konstant ist. Da definitionsgemäß die Kapitalkosten einer Unternehmung derjenige Kalkulationszinsfuß sind, bei dem der Barwert *aller* Auszahlungen an Kapitalgeber, d.h. Dividenden *und* Zinsen, gleich dem Marktwert von Eigen- und Fremdkapital ist, kann man die Unabhängigkeit des Unternehmenswertes von der Kapitalstruktur auch dadurch ausdrücken, daß man in Abbildung 6.3 $k(l)$ als Parallele zur Abszisse einzeichnet. Der *zweite* Schritt ist, i bzw. FK als gegeben zu berücksichtigen. $i(l)$ muß nicht parallel zur Abszisse bzw. zu $k(l)$ verlaufen, aber für einen anderen Verlauf spricht wenig. Der *dritte* Schritt besteht darin, $e(l)$ einzutragen. Da EK eine Residualgröße ist, die durch V und FK bestimmt wird, ist auch $e(l)$ eine Residualgröße: *Weil* $k(l)$ konstant ist und *wenn* $i(l)$ auch konstant ist, muß $e(l)$ eine lineare Funktion des Fremdkapital-Eigenkapital-Verhältnisses mit der Steigung $(e_0 - i)$ sein. Die Ziffern an den Geraden zeigen die logische Reihenfolge an, in der die Abbildung 6.3 konstruiert ist. In den Abbildungen 6.1 und 6.2 ist die Reihenfolge hingegen umgekehrt.

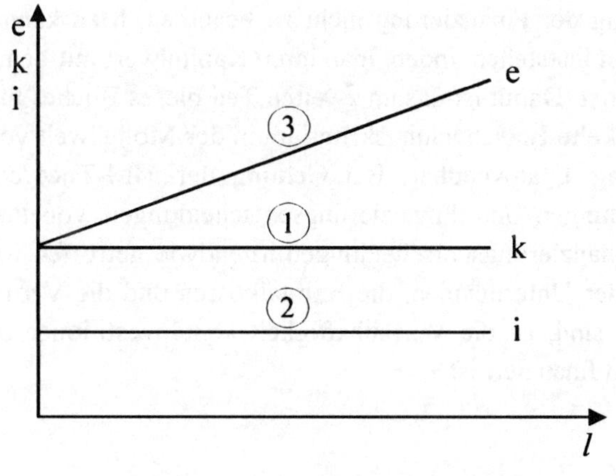

Abb. 6.3: Kapitalkosten nach MM

Der Unterschied im logischen Aufbau der Argumentation wird dann in den Abbildungen, die die Kapitalkostenverläufe gemäß der traditionellen These und gemäß der MM-These darstellen, besonders deutlich, wenn man - aus welchen Gründen auch immer - annimmt, daß die Fremdkapitalkosten bei hohem *l* ansteigen. Gemäß der traditionellen These steigen die Eigenkapitalkosten an (Verhaltensannahme); und als Resultat steigen auch die durchschnittlichen Kapitalkosten, wie in Abbildung 6.1 dargestellt ist, an. Gemäß der MM-These sind im Gleichgewicht der Gesamtwert der Unternehmung und damit notwendigerweise auch ihre (durchschnittlichen) Kapitalkosten konstant. Dies führt dazu, daß dann, wenn bei hoher Verschuldung die Fremdkapitalkosten ansteigen sollten, die Eigenkapitalkosten mit *abnehmender* Rate ansteigen würden.[15]

Um einschätzen zu können, ob die Kurve k(*l*) einen u-förmigen Verlauf aufweist und ob es demgemäß eine optimale Kapitalstruktur gibt, die es zu suchen lohnt, oder ob sie eine Konstante darstellt, ist es sehr wichtig zu wissen, wie man zu diesem Ergebnis gelangt: Ergäbe sich die Konstanz von k(*l*) nur in Folge von Verhaltensannahmen, wäre der parallele Verlauf äußerst unplausibel. Das ist oben gezeigt worden. Wenn aber gemäß der Logik von MM der Verlauf von k(*l*) eine Folge des Gleichgewichts ist, ist ein u-förmiger Kurvenverlauf sehr wenig plausibel. Er würde im Rahmen der Annahmen von MM voraussetzen, daß *ganz bestimmte* Ungleichgewichte und Bewertungsfehler am Kapitalmarkt *auf Dauer* bestehen und Arbitragemöglichkeiten ungenutzt blieben.

6.4.5 Implikationen für die Investitionsplanung

Daß es keine optimale Kapitalstruktur gibt, hat eine wichtige Implikation für die Investitionsplanung: Bei Geltung der MM-These braucht man bei Investitionsentscheidungen die Zusammensetzung der Finanzierung nicht zu beachten. Man kann die Vorteilhaftigkeit von Investitionen feststellen, indem man ihren Kapitalwert mit dem Kalkulationszinsfuß k bzw. e_0 berechnet. Damit ist das im zweiten Teil dieses Buches für den Fall sicherer Erwartungen entwickelte Entscheidungskriterium in der Modellwelt von MM auch, trotz unsicherer Erwartungen, anwendbar. Bei Geltung der MM-Theoreme ist es legitim, Investitionsentscheidungen und Finanzierungsentscheidungen voneinander zu trennen. Natürlich müssen Finanzierungsentscheidungen irgendwie getroffen werden, aber da sie für den Marktwert der Unternehmen, die Kapitalkosten und die Vermögensposition der Aktionäre irrelevant sind, ist die Vorteilhaftigkeit von Investitionen unabhängig davon, wie ein Unternehmen finanziert ist.

---

15 Vgl. dazu *Robichek/Myers* [Decisions], S 28.

Das Spiegelbild des **Irrelevanztheorems,** daß die Kapitalstruktur nicht relevant ist, stellt das **Separationstheorem** dar, daß Investitions- und Finanzierungsentscheidungen trennbar sind.

Daß in der von MM unterstellten Modellwelt des vollkommenen Kapitalmarktes für Fremdkapital und für Eigenkapital innerhalb einer Risikoklasse das Vorteilhaftigkeitskriterium für Investitionen gegeben und von der Finanzierung der Unternehmung unabhängig ist, rechtfertigt die Annahme gegebener Investitionspläne, die in diesem Kapitel durchgehend verwendet worden ist. Im Umkehrschluß ergibt sich, daß diese Annahme dann nicht theoretisch gerechtfertigt ist, wenn statt der Irrelevanzthese die traditionelle These gilt.[16] Ohne daß dies für die Überlegungen in diesem Kapitel wesentlich wäre, kann man ergänzend klären, welche Investitionen es sind, die wir in diesem Kapitel bei der Diskussion der Finanzierungsprobleme als "gegeben" unterstellt haben: Es müßten, wenn die Manager einer Unternehmung die im Interesse der Aktionäre optimalen Entscheidungen treffen, diejenigen Investitionen innerhalb der vorgegebenen Risikoklasse sein, die - gemessen an dem Kalkulationszinsfuß k bzw. e_0 - einen positiven Kapitalwert aufweisen. Der Zusammenhang zwischen Irrelevanz- und Separationstheoremen und die implizite Unterstellung optimaler Investitionspläne entsprechen genau denjenigen, die wir bereits in den vorigen drei Kapiteln vorgestellt haben.

6.4.6 Annahmen und Annahmenkritik und Erweiterungen

Es ist sehr wichtig zu erkennen, welche Annahmen hinter unserem an die Originalarbeit von Modigliani und Miller angelehnten Beweis für die These von der Irrelevanz der Kapitalstruktur stehen. Die wichtigsten sind:

(1) Eigen- und Fremdkapitaltitel werden auf vollkommenen und vollständigen Kapitalmärkten gehandelt; es gibt keine Transaktionskosten, und die Marktpreise (Kurse, Zinssätze) sind für alle Marktteilnehmer einheitlich und gegeben.

(2) Es gibt kein Liquiditäts- und Konkursrisiko.

(3) Die Investitionspläne, die die erwarteten zukünftigen Bruttogewinne Y bestimmen, sind gegeben und von der Finanzierung unabhängig.

16 Bei Geltung der traditionellen These wären bei unterschiedlichen Kapitalstrukturen und somit unterschiedlichen Kapitalkosten jeweils andere Investitionsvolumina optimal, und man müßte davon ausgehen, daß auch andere Investitionspläne verfolgt würden.

(4) Unternehmungen lassen sich in Risikoklassen einteilen, die allein durch das Geschäftsrisiko ausreichend gekennzeichnet sind. Innerhalb einer Risikoklasse gibt es mindestens zwei Unternehmungen.

(5) Eigen- und Fremdkapital bzw. Dividenden und Zinserträge werden steuerlich gleichbehandelt.

Man kann nun versuchen, die einzelnen Annahmen daraufhin zu prüfen, ob sie die Realität einigermaßen zutreffend beschreiben. Dabei wird man schnell feststellen, daß schon die erste Annahme offensichtlich falsch ist: Es gibt in der Realität nicht nur Transaktionskosten, sondern auch die Möglichkeiten von Unternehmungen, Kredite aufzunehmen, erscheinen eindeutig besser als die von Privatpersonen. Das allein wäre ausreichend, um an der Wirksamkeit des Arbitragemechanismus in der Realität zu zweifeln. Gegen die anderen Annahmen sind ähnliche Einwände zu erheben. So gibt es insbesondere in der Realität die Konkursgefahr.

Man muß wissen, was die Annahmen besagen, und ob sie zutreffen. Dabei darf man aber nicht zu schnell urteilen. So ist der Vergleich zwischen den Möglichkeiten zur Kreditaufnahme für eine Unternehmung und eine Privatperson durchaus heikel. Einerseits ist ein Kredit an eine Privatperson für eine Bank mit einem anderen Risiko behaftet als ein Kredit an eine große Aktiengesellschaft. Frau Terberger oder Herr Schmidt können sich dem Zugriff der Bank, von der sie einen Kredit bekommen, leichter entziehen als die Hoechst AG. Andererseits ist die Haftung der Aktionäre der Hoechst AG auf ihre Einlage beschränkt, während Frau Terberger und Herr Schmidt als Privatpersonen unbeschränkt haften. Sie müssen der Bank die vereinbarten Zins- und Tilgungszahlungen leisten, auch wenn eine AG, deren Aktien sie möglicherweise auf Kredit kaufen, in Konkurs gehen sollte. Was wir als Unternehmenskredit und als Kredit einer Privatperson beobachten können, ist also im Hinblick auf das Risiko für Kreditgeber durchaus verschieden. Man kann daher selbst auf einem vollkommenen Kapitalmarkt nicht erwarten, daß beide gleich teuer sind.

Dieses Beispiel mag ausreichen, um zu verdeutlichen, daß sich der Realismus von Annahmen nicht leicht abschätzen läßt. Darauf kommt es aber nicht an, denn es ist sehr fraglich, ob man eine These wie die von der Irrelevanz der Kapitalstruktur allein anhand der Kritik der *isolierten* Annahmen beurteilen kann. An zwei Beispielen sei gezeigt, wo die Grenzen der isolierten Annahmenkritik liegen:

(1) Betrachten wir die zweite der oben angeführten Annahmen: Offenbar gibt es Liquiditätsprobleme und Konkursgefahren in der Realität. Betrachtet man diese Annahme aber nicht isoliert, sondern im Zusammenhang mit den anderen Annahmen, dann erscheint auch sie ganz plausibel: Warum sollte es denn Liquiditätsprobleme und Konkurs überhaupt geben, wenn die Kapitalmärkte vollkommen und die Investitionspläne gegeben sind und wenn die Marktteilnehmer am Kapitalmarkt alles über

eine Unternehmung wissen, was man wissen kann? Liquiditätsprobleme könnten dann jederzeit durch weitere Kapitalbeschaffung behoben werden, und Konkurse wären überflüssig, weil alle Kapitalgeber gegebenenfalls volles Einvernehmen darüber herstellen könnten, daß es in ihrem gemeinsamen Interesse liegt, die Unternehmung aufzulösen, wenn dies der beste Investitionsplan sein sollte. Im Kontext gesehen wäre sogar die entgegengesetzte Annahme, daß es Liquiditätsprobleme gibt, willkürlich und damit auch unplausibel. Diese "Verteidigung" der zweiten Annahme hätte ihrerseits Rückwirkungen auf die Plausibilität der ersten Annahme: Warum sollten sich denn Unterschiede zwischen Unternehmungen und Privatpersonen hinsichtlich der Verschuldungsmöglichkeiten ergeben und sich im Zeitablauf erhalten können, wenn die Verschuldung beider für ihre Kreditgeber erkennbar risikolos ist?

(2) Betrachten wir die vierte der genannten Annahmen: Das Konzept der "Risikoklasse" ist ausgesprochen vage. Und wenn man es zu präzisieren versucht, gelangt man leicht dazu, daß jede Unternehmung für sich eine Risikoklasse bildet. Wenn das so ist, sind die Voraussetzungen für die Wirksamkeit des oben beschriebenen Arbitragemechanismus nicht erfüllt. Doch auch diese Kritik ist weniger gravierend, als sie scheint, denn der Beweis der Irrelevanzthese kann auch ohne diese Annahme geführt werden.[17]

Die Kritik an *einer* Annahme ist generell nur dann als Kritik an der Geltung der abgeleiteten Sätze, der Theoreme, anzusehen, wenn sich nachweisen läßt, daß der Beweis ohne die betreffende Annahme nicht möglich ist. Die neuere Literatur über die MM-These zeigt, daß sich die Irrelevanz der Kapitalstruktur aus bedeutend schwächeren Annahmen als den oben genannten ableiten läßt.[18] Die anderen Beweise sind allerdings nicht ganz so einfach zu verstehen.

Wenn die Kritik der isolierten Annahmen keine ausreichende Basis zur Beurteilung der Irrelevanzthese bietet, muß eine andere Basis gesucht werden. Eine mögliche Basis ist die empirische Bestätigung: So ist zu fragen, ob die durchschnittlichen Kapitalkosten realer Unternehmungen unabhängig von der gewählten Kapitalstruktur sind. Die bisherigen Tests der MM-These haben nicht zu eindeutigen Ergebnissen geführt. Dies liegt u.a. an der Schwierigkeit, Risikoklassen abzugrenzen und den Einfluß der Besteuerung auf die Kapitalkosten zu eliminieren.[19]

Eine andere mögliche Beurteilungsbasis ist die Konsequenz oder Stringenz des methodischen Ansatzes. Verwendet man diese Basis, *um die MM-These mit der traditionellen*

---

17 Ein Beweis, der ohne das Konzept der Risikoklassen auskommt, wird unten im Abschnitt 9.4.2 dargestellt.

18 Die wichtigsten Verallgemeinerungen des MM-Theorems sind *Stiglitz* [Re-Examination], *Schall* [Valuation], *Stiglitz* [Irrelevance] und *Fama* [Effects].

19 Vgl. insbesondere die klassische Untersuchung von z.B. *Miller/Modigliani* [Estimates].

These zu vergleichen, erscheint uns die Einschätzung einfach. Die MM-These ist aus methodischen Gründen überlegen, denn nur sie ist stringent. Bei der traditionellen These wird die Wirkung des Kapitalmarkts für bereits emittierte Wertpapiere nicht berücksichtigt. Die traditionelle These enthält nicht etwa eine andere Auffassung über den Marktmechanismus als die MM-These, sondern sie enthält überhaupt keine; sie vergißt, den Kapitalmarkt überhaupt zu berücksichtigen!

Die methodische Überlegenheit zeigt sich u.E. auch an dem Verlauf der langen Diskussion, die sich in der Fachliteratur an die Veröffentlichung der Originalarbeit von MM angeschlossen hat.[20] Immer wieder haben Kritiker Bedenken gegen einzelne Annahmen ausgedrückt, und immer wieder ist es MM und ihren Parteigängern gelungen, die Vermeidbarkeit der kritisierten Annahmen nachzuweisen und immer weniger einschränkende Annahmen erfordernde Beweise für die These zu liefern. In dieser Diskussion hat sich gezeigt, daß zwei Annahmen entscheidend sind, nämlich

(1) die des vollkommenen Kapitalmarktes und

(2) die der gegebenen Investitionspläne.

Gerade diese Annahmenkombination - und ihr Zusammenhang - ist kennzeichnend für die neoklassische Richtung der modernen Investitions- und Finanzierungstheorie.

Der u.E. einfachste und zugleich allgemeinste Beweis beruht auf der Überlegung, daß die Finanzierung einer Unternehmung als eine Regelung darüber verstanden werden kann, welche Kapitalgeber - oder allgemeiner: welche Anspruchsberechtigten - unter welchen Bedingungen welche Anteile der Zahlungen bekommen, die eine Unternehmung leisten kann, weil sie diese Zahlungen ihrerseits von den Gütermärkten erhält. Die Finanzierung ist einerseits eine Aufteilung einer "Gesamtposition" in Teile oder, wie man auch sagt,[21] in "Parten" und andererseits Mittelbeschaffung durch den "Verkauf" von Parten an Kapitalgeber. Die Parten haben Marktpreise, deren Summe den Gesamtwert der Unternehmung ausmacht. Bei gegebenen Investitionsplänen bzw. bei Geltung eines von der Finanzierung unabhängigen Investitionskriteriums ist die zu finanzierende und aufzuteilende "Position" von der mit der Finanzierung oder der Kapitalstruktur im weiteren Sinne festgelegten Aufteilung unabhängig. Verschiedene Finanzierungsweisen oder verschiedene Kapitalstrukturen oder verschiedene Partenteilungen sind nichts weiter als unterschiedliche Aufteilungsregeln.

---

20 Vgl. *Miller* [Thirty].

21 Vgl. *Stützel* [Elementarkategorien], S. 29 f.

Wird die Annahme des vollkommenen Kapitalmarktes extrem weitgehend interpretiert, besagt sie:

(1) Das Aufteilen einer Position in Parten und das Zusammenfügen von Parten zu anderen Parten oder zu der Gesamtposition sind kostenlos - und zwar für jeden, der eine Position in Parten zerlegen oder Parten umgestalten oder zusammenfügen will.

(2) Alle durch die Teilung einer Position entstehenden Parten werden auf vollkommenen Märkten gehandelt.

(3) Alle Marktteilnehmer haben gleichen Zugang zu diesen Märkten.

Unter diesen Bedingungen gibt es keine Kapitalstruktur, die den Marktwert maximiert, und eine Unternehmensleitung hat keine Finanzierungs*probleme* zu lösen. Der Grund dafür ist, daß sich im Gleichgewicht die Marktpreise für *alle* Parten so bilden, daß der Wert aller Parten zusammen *bei allen denkbaren Aufteilungen* der Gesamtposition gleich ist. Wäre es anders, gäbe es Möglichkeiten, durch Veränderung der Aufteilung Arbitragegewinne zu erzielen. Diese Möglichkeiten würden genutzt, und dadurch würden sich die Preise für mögliche Parten anpassen, bis die Arbitragemöglichkeit verschwunden ist. Die Irrelevanz der Kapitalstruktur ist somit eine Eigenschaft von Gleichgewichtspreisen.

Man kann sich das vorgetragene sehr abstrakte Argument durch folgende Überlegung einsichtig machen: Nehmen wir an, daß es eine bestimmte mit l^* bezeichnete Aufteilung oder Kapitalstruktur gibt, die, aus welchen Gründen auch immer, von den Partenkäufern, d.h. von allen Kapitalgebern, bevorzugt wird. Bei diesem Verhältnis ist der Unternehmenswert $V(l^*)$. Daß l^* von allen bevorzugt wird, bedeutet, daß $V(l^*)$ größer oder gleich $V(l)$ für alle möglichen l ist. Wenn nun die Unternehmensleitung eine Kapitalstruktur $l \neq l^*$ mit $V(l) < V(l^*)$ wählt, bietet sich die Möglichkeit, alle Parten zum Preis $V(l)$ am annahmegemäß vollkommenen Kapitalmarkt aufzukaufen, die Kapitalstruktur von l in l^* zu verändern und die neuen Parten zum Preis $V(l^*)$ zu verkaufen. Wer diese "Umfinanzierung" vornimmt, "verdient" die Differenz $V(l^*) - V(l)$. Da annahmegemäß das Bilden und Umbilden von Parten kostenlos ist - es gibt keine Transaktionskosten - und von jedem vorgenommen werden kann - alle haben gleichen Marktzugang - wird die Konkurrenz um diese Profitmöglichkeit den Marktwert $V(l)$ unabhängig von der durch die Unternehmung selbst gewählten Kapitalstruktur auf $V(l^*)$ hinauftreiben, und der Unternehmenswert beträgt immer $V(l^*)$.[22]

Mit dieser Überlegung wird auch verständlich, warum die Konkursmöglichkeit *allein* die Irrelevanz der Kapitalstruktur nicht in Frage stellt: Wenn Konkurs möglich ist, ohne daß die an alle Kapitalgeber zusammen verteilbaren (unsicheren) Einzahlungsüberschüsse davon tangiert werden, gilt das gerade vorgetragene Argument uneingeschränkt. Es ist

22 Dieser Beweis stammt von *Schall* [Valuation]; vgl. auch *Haley/Schall* [Theory], S. 202-208.

nämlich nicht davon abhängig, daß es eine risikolose Parte gibt. Daß Konkurs möglich ist, stellt für sich genommen nur ein Merkmal einer Aufteilungsregelung dar. Nicht die **Konkursmöglichkeit**, sondern nur **Konkurskosten** *könnten* die These von MM erschüttern.[23] Die mögliche Bedeutung der Konkurskosten würde sich daraus ergeben, daß infolge der Möglichkeit des Konkurses bei starker Verschuldung die "Position" verändert wird. Es gibt dann mögliche Umweltzustände, in denen infolge der Konkurskosten an alle Kapitalgeber zusammen weniger verteilt werden kann, als wenn eine weniger "riskante" Kapitalstruktur gewählt wird. Doch auch diese verbreitete Überlegung[24] hält einer gleichgewichtstheoretischen Überprüfung nicht stand: Wenn die Konkurskosten eine Folge der gewählten Finanzierungsweise sind, findet sich im Gleichgewicht und bei vollkommenem Kapitalmarkt - annahmegemäß - immer jemand, der einen Gewinn in Höhe der erwarteten Konkurskosten machen möchte und - annahmegemäß - machen kann, indem er die Kapitalstruktur so ändert, daß die Konkursgefahr beseitigt wird.[25]

Der Denkansatz von MM ist nicht nur in der Weise erweitert worden, daß neuere und allgemeinere Beweise für die These gefunden worden sind, daß die Kapitalstruktur einer Unternehmung "irrelevant" ist, sondern die markt- und gleichgewichtstheoretische Argumentation wurde verallgemeinert und auf neue Zusammenhänge angewendet. Damit wurde der Zusammenhang zwischen den Irrelevanztheoremen, die wir im vorigen Kapitel behandelt haben, insb. dem Theorem von der Irrelevanz der Dividendenpolitik, und dem Theorem von der Irrelevanz der Kapitalstruktur erkennbar, und es wurde deutlich, daß bei Gleichgewicht und vollkommenen Kapitalmärkten die **gesamte Unternehmensfinanzierung irrelevant** ist. Zu dieser gehören auch die sogenannte aktive Finanzierung in der Form der Geldanlage am Kapitalmarkt und die gesamte Risikopolitik einer Unternehmung. Als Verallgemeinerung des im vorigen Kapitel vorgeführten Arguments von MM, daß Aktionäre die Verschuldung einer "zu wenig" verschuldeten Unternehmung durch eigene Verschuldung ersetzen oder bei einer "zu stark" verschuldeten Unternehmung durch den gleichzeitigen Kauf von Aktien und Obligationen faktisch neutralisieren können, läßt sich der allgemeine Lehrsatz entwickeln, daß es keinen Grund für eine Unternehmung gibt, durch Finanzoperationen etwas zu unternehmen, was die Aktionäre am Kapitalmarkt selbst tun *oder korrigieren* können. Vieles, was Finanzmanager seit Jahren betreiben, erscheint im Licht der verallgemeinerten Theorie von MM als die Suche nach Scheinlösungen für Scheinprobleme: Finanzierung scheint irrelevant zu sein! Die

---

23 Vgl. *Stiglitz* [Re-Examination] und *Fama* [Effects].

24 Dies ist ein Teil der in amerikanischen Lehrbüchern vorherrschenden "Kompromißformel". Dort wird die MM-These zwar für eine Welt ohne Steuern und Konkursmöglichkeiten als zutreffend eingestuft, aber es soll trotzdem eine optimale Kapitalstruktur bei "mäßiger" Verschuldung geben: Verschuldung ist günstig, weil Fremdkapital (in den USA) steuerbegünstigt ist, aber bei hoher Verschuldung übersteigen die erwarteten Konkurskosten den Steuervorteil. Vgl. z. B. *Van Horne* [Management], S. 262 f. Sehr kritisch dazu *Miller* [Debt].

25 Vgl. *Haugen/Senbet* [Insignificance].

Argumente, die dies nahelegen, sind stark. So wie MM mit ihrem Denkansatz einer ganz neuen Sicht der Zusammenhänge zum Durchbruch verholfen haben,[26] bedarf es eines neuen Perspektivenwechsels, um ihrer Position etwas entgegensetzen zu können. Dieser Perspektivenwechsel ist schon im 2. Kapitel beschrieben worden und wird im letzten Teil des Buches weiter ausgeführt.

6.5 Zusammenfassung

Dieses Kapitel verallgemeinert die Überlegungen des vorangegangenen Kapitels auf den Fall der gemischten Finanzierung mit Eigen- und Fremdkapital und behandelt die Fragen, ob es überhaupt eine optimale Kapitalstruktur gibt und wodurch diese bestimmt wird.

Der Einsatz von Fremdkapital erscheint aus der Sicht der Eigenkapitalgeber vorteilhaft, weil dadurch die erwartete Rentabilität des eingesetzten Eigenkapitals erhöht werden kann. Andererseits erhöht er auch ihr Risiko und damit die Eigenkapitalkosten. Es gibt zwei konkurrierende Auffassungen darüber, wie die beiden Effekte zusammenwirken. Nach der traditionellen These steigen die Eigenkapitalkosten bei "mäßiger" Verschuldung noch nicht an. Der Einsatz des billigeren Fremdkapitals senkt die durchschnittlichen Kapitalkosten. Es gibt aber einen Verschuldungsgrad, bei dem die Eigenkapitalgeber ein Finanzierungsrisiko empfinden. Von diesem Punkt an nehmen die Eigenkapitalkosten mit der Verschuldung zu. Die optimale Kapitalstruktur ist dort erreicht, wo die Steigerung der Eigenkapitalkosten durch zusätzliche Verschuldung den Vorteil aus dem Einsatz des billigeren Fremdkapitals ausgleicht.

Der Verlauf der Kapitalkostenkurven gemäß der traditionellen These ergibt sich aus recht plausiblen Annahmen über die Verhaltensweisen von Kapitalgebern. Wenn aus diesen Annahmen der u-förmige Verlauf der Kapitalkostenkurve resultieren soll, muß man aber zudem unterstellen, daß es keinen wirksamen Marktmechanismus gibt, der ein Gleichgewicht zwischen den Marktwerten von unterschiedlich stark verschuldeten Unternehmungen herbeiführt.

Modigliani und Miller als die Begründer der nach ihnen benannten Gegenthese kümmern sich überhaupt nicht um die Verhaltensannahmen. Sie argumentieren ausschließlich mit Gleichgewichtsüberlegungen. Sie zeigen, daß die mit der traditionellen These beschriebene Situation ein Ungleichgewicht darstellt: Wenn zwei ansonsten gleiche Aktiengesellschaften nur wegen unterschiedlicher Kapitalstrukturen unterschiedliche (durchschnittliche) Kapitalkosten und damit unterschiedlich hohe Marktwerte aufweisen, bietet sich

26 Modigliani und Miller hatten allerdings Vorläufer. Außer Irving Fisher ist hier insb. *John B. Williams* [Theory] zu nennen.

für Aktionäre die Möglichkeit, ohne Risiko und ohne Einsatz eigener Mittel ihr Einkommen zu erhöhen. Diese Arbitragemöglichkeit beruht darauf, daß Aktionäre die Verschuldung von Unternehmungen durch eigene Verschuldung ersetzen können bzw. die Verschuldung einer Unternehmung für sich neutralisieren können. Infolge der Arbitrage werden die Gesamtwerte gleich großer Unternehmungen in einer Risikoklasse gleich. Daraus - und nicht aus Verhaltensannahmen - folgt, daß die Eigenkapitalkosten eine linear steigende Funktion des Verhältnisses von Fremd- zu Eigenkapital sind und daß die durchschnittlichen Kapitalkosten im Gleichgewicht unabhängig von der Verschuldung sind. Es gibt auf einem vollkommenen Kapitalmarkt im Gleichgewicht keine optimale Kapitalstruktur. Investitionsentscheidungen können in diesem Falle mit einem von der Finanzierung unabhängigen Kalkulationszinsfuß getroffen werden.

Die nachfolgende Diskussion in der Literatur hat gezeigt, daß sich die MM-These beträchtlich verallgemeinern läßt. Auf die angreifbare Annahme bei MM, daß Fremdkapital risikolos ist, kann man verzichten. Nicht verzichtbar erscheinen jedoch die Annahmen, daß die Investitionspläne von der Finanzierung unabhängig sind und daß der Kapitalmarkt vollkommen ist. "Reale" Finanzierungsprobleme dürften sich wohl nur erfassen lassen, wenn man diese beiden Annahmen aufhebt oder abschwächt.

Ausblick

Im Mittelpunkt dieses Teils standen die Irrelevanz- und Separationstheoreme, die den Kern der neoklassischen oder marktorientierten Finanzierungstheorie bilden. Unsere Darstellung sollte erkennbar machen, daß diese Richtung der Investitions- und Finanzierungstheorie eine eindrucksvolle gedankliche Geschlossenheit, eine zwingende - zum konsequenten Weiterdenken anregende und anhaltende - innere Logik und eine erstaunliche Reichweite aufweist. Nicht zuletzt deshalb hat sie auch sehr wichtige praktische Implikationen. Sie macht deutlich, daß die Existenz eines funktionsfähigen Kapitalmarktes Finanzierungsprobleme von Unternehmen sehr stark verändert, entschärft und, wenn man die Irrelevanzthesen wörtlich nimmt, sogar völlig irrelevant macht.

Die letztgenannte Implikation erscheint so ungeheuerlich, daß sie Bedenken wecken muß; und dies ist wohl auch einer der Gründe, warum die Irrelevanztheoreme erfahrungsgemäß bei Studenten auf Verständnisschwierigkeiten stoßen. Manche(r) praktisch Veranlagte unter ihnen mag zwar die Separationstheoreme intuitiv als vernünftig ansehen und sie auch unabhängig von ihrem theoretischen Hintergrund zu akzeptieren geneigt sein, einfach weil sie das praktische Leben erleichtern. Bei den Irrelevanztheoremen ist das aber ganz anders. Sie laufen der ungeschulten Intuition entgegen; es erscheint einfach wirklichkeitsfremd anzunehmen, daß es "eigentlich" keine Finanzierungsprobleme gibt.

Hinter der Ablehnung können gute Gründe stehen. Wir haben in diesem Teil schon gelegentlich mit knappen Andeutungen auf sie verwiesen und werden sie im letzten Teil des Buches ausführlicher darlegen. Gleichwohl scheint es uns wichtig, daß unsere Leser verstehen, daß Separationstheoreme und Irrelevanztheoreme zusammengehören. Sie bilden eine logische Einheit, weil sie sich gemeinsam aus der Annahme eines vollkommenen und vollständigen Kapitalmarktes ergeben. Man kann, streng genommen, nicht eine Folgerung aus einer Annahme akzeptieren und eine andere ablehnen. Sie hängen beide untrennbar von dem strikten Annahmenrahmen der neoklassischen Theorie ab. Der erneute Hinweis auf die Bedeutung dieser Annahmen soll den Übergang zum Teil V des Buches vorbereiten, in dem eine andere Grundannahme verwendet und die "marktorientierte, neoklassische Brille" oder Sichtweise durch eine andere, die "neoinstitutionalistische Brille" ersetzt wird.

Doch zuerst ist ein anderer möglicher Vorbehalt aufzugreifen. Wir haben in diesem Teil die Unsicherheit nur in rudimentärer Form in die Analyse einbezogen. Das könnte Bedenken erwecken, daß die in diesem Teil verwendete vereinfachende Annahme eines "gegebenen Unsicherheitsgrades" der Grund dafür ist, daß sich die so eigenartig erscheinenden Irrelevanzthesen herleiten lassen. Unter anderem um diesen Verdacht zu zerstreuen, werden wir im Teil IV die neoklassische, marktorientierte Richtung noch weiter verfolgen und die entsprechende "Brille" noch weiter tragen. Wir wollen dort nämlich zeigen, daß sich die wichtigsten qualitativen Aussagen der marktorientierten Theorie, die Separations- und Irrelevanztheoreme, auch dann ableiten lassen, wenn man die Unsicherheit in wesentlich differenzierterer Form erfaßt - vorausgesetzt freilich, daß man dabei auch die Annahme der Vollkommenheit des Kapitalmarktes in geeigneter Form beibehält.

Literaturhinweise zum Teil III

Die wichtigsten Quellen zu den Themen, die in diesem Teil behandelt wurden, sind zweifellos die beiden Originalarbeiten

Miller, Merton H./Modigliani, Franco: Dividend Policy, Growth, and the Valuation of Shares, in: Journal of Business, Vol. 34 (1961), S. 411-433, und

Modigliani,Franco/Miller, Merton H.: The Cost of Capital, Corporation Finance, and the Theory of Investment, in: American Economic Review, Vol. 48 (1958), S. 261-297.

Der erstgenannte Aufsatz enthält die These von der Irrelevanz der Eigenfinanzierung und der Dividendenpolitik, der andere die "klassische" Fassung der These von der Irrelevanz der Kapitalstruktur. Unter den Arbeiten, die die MM-Thesen verallgemeinert haben, erscheint uns besonders lesenswert - und auch relativ leicht zu lesen - der Aufsatz von

Fama, Eugene F.: The Effects of a Firm's Investment and Financing Decisions on the Welfare of its Security Holders, in: American Economic Review, Vol. 68 (1978), S. 272-284.

Einen guten Überblick über die Entwicklung der Diskussion findet man bei

Miller, Merton H.: The Modigliani-Miller Propositions Thirty Years After, in: Journal of Economic Perspectives, Vol. 2 (1988), S. 99-120.

Teil IV

Investitions- und Finanzierungsentscheidungen bei Unsicherheit

Orientierung

Investitionsentscheidungen sind in ausgeprägter Form zukunftsorientiert, und die Zukunft ist immer unsicher. Das legt es nahe zu fordern, daß bei Entscheidungen über Investitionsvorhaben die Unsicherheit der Erwartungen über die Zukunft ausdrücklich berücksichtigt wird. Die Frage ist nur, wie das geschehen kann. Einen Ansatzpunkt dazu bietet die Entscheidungstheorie, deren Grundzüge wir im 7. Kapitel vorstellen wollen, mit dem dieser Teil des Buches beginnt. Als Entscheidungstheorie bezeichnet man die normative, Empfehlungen gebende, Lehre von den rationalen oder vernünftigen Entscheidungen. Wie es scheint, hat die Entscheidungstheorie eine unmittelbare Bedeutung für die Investitionstheorie.

Aus der Sicht der Kapitalgeber sind auch Finanzierungsentscheidungen Investitionsentscheidungen unter Unsicherheit, denn Kapitalgeber können in der Regel nicht sicher sein, welche zukünftigen Zahlungen sie wirklich erhalten, wenn sie jemandem Geld überlassen. Insofern ist die Behandlung der Entscheidungstheorie im nächsten Kapitel auch für Finanzierungsentscheidungen relevant. Wie das 8. Kapitel zeigen wird, bilden die Entscheidungen von Kapitalgebern über ihre Geldanlage sogar eine besonders interessante Klasse von Entscheidungen unter Unsicherheit, denn bei diesen läßt sich ein wichtiger Aspekt des Umgangs mit dem Risiko besonders deutlich herausstellen. Es ist der Effekt der Risikoreduktion durch Risikostreuung oder "Diversifikation". Gleichwohl könnte der Eindruck entstehen, daß die Entscheidungstheorie für die Finanzierungsprobleme weniger unmittelbare Relevanz hätte, weil die Risiken der "Financiers" einer Unternehmung nur eine Seite des Finanzierungsrisikos sind. Die andere Seite ist, daß eine externe Finanzierung auch für die Unternehmung und ihre Eigentümer Risiken schafft, wie wir im letzten Kapitel am Beispiel des "leverage-Risikos" der Fremdkapitalaufnahme gezeigt haben. Das ist vermutlich der Grund, warum man in der (etwas) älteren Literatur zu Investitions- und Finanzierungsfragen die Entscheidungstheorie eher im Zusammenhang mit Investitions- als mit Finanzierungsproblemen diskutiert findet.

Auch wenn es sich anzubieten scheint, entscheidungstheoretische Lehrsätze *direkt* auf Investitions- und Finanzierungsentscheidungen anzuwenden, müssen wir unsere Leser warnen: Der Anschein trügt! Wir werden im nächsten Kapitel unter anderem zeigen, daß und warum eine direkte Anwendung der Entscheidungstheorie auf Investitions- und Finanzierungsentscheidungen nur in wenigen Fällen möglich ist. Der wesentliche Grund dafür ist, daß die Entscheidungstheorie keine Theorie der Marktbewertung ist. Aus der Anwendung der Entscheidungstheorie ergibt sich nicht, wie sich die Durchführung einer Investition oder die Wahrnehmung einer Finanzierungsmöglichkeit auf den Marktwert der Unternehmung auswirken würde, und folglich auch nicht, wie hoch der richtige

Kapitalkostensatz zur Berechnung ihrer Vorteilhaftigkeit sein sollte. (Vom zweiten Kapitel her sollten sich die Leser daran erinnern, daß die Marktwertmaximierung eine sinnvolle Zielgröße zur Beurteilung von Entscheidungen ist; und im letzten Kapitel sollte deutlich werden, daß es eine Entsprechung zwischen Marktwert und Kapitalkostensatz gibt!)

Wenn der direkte Weg von der Entscheidungstheorie zu Investitionsentscheidungen im allgemeinen nicht gangbar ist, braucht man einen anderen, indirekten Weg. In den beiden Kapiteln 8 und 9 werden wir einen solchen indirekten Weg zur Anwendung der Entscheidungstheorie auf Investitionsentscheidungen vorstellen. Bei diesem Weg erweisen sich der Kapitalmarkt und die Kapitalmarktbewertung im Gleichgewicht als sehr wichtig. Wie wir zeigen wollen, entspricht er genau der Logik der neoklassischen kapitalmarktorientierten Finanzierungstheorie.

Der Weg hat drei Stationen, die den drei Kapiteln dieses Teils entsprechen: Im 7. Kapitel zeigen wir, wie man generell bei Unsicherheit rationale Entscheidungen treffen kann und sollte. Im 8. Kapitel zeigen wir, wie Geldanleger am Kapitalmarkt rationale Entscheidungen treffen können und sollten. Wenn sie sich so verhalten, wie es im 8. Kapitel empfohlen wird, stellt sich - unter später ausführlich erläuterten Bedingungen - am Kapitalmarkt ein Gleichgewicht bei Unsicherheit ein. Das 9. Kapitel zeigt, welche Marktbewertung der Anteile oder Aktien der *einzelnen* Unternehmung bei einem solchen Gleichgewicht gelten müßte, und leitet daraus einen Kapitalkostensatz für einzelne Unternehmen und für einzelne Investitionen ab. Diese Marktbewertung und dieser Kapitalkostensatz hängen *in einer theoretisch genau angebbaren Weise* von dem Risiko der Investitionen ab, die die Unternehmung durchführt. Damit wird die Zielsetzung der Marktwertmaximierung operationalisiert, und es wird derjenige Kalkulationszinsfuß bestimmt, mit dem man - unabhängig von dem Konzept der Risikoklasse - Investitionen korrekt bewerten kann.

Dieser Teil des Buches stellt also nicht nur wichtige Einzelthemen der modernen Investitions- und Finanzierungstheorie vor, sondern er ist so aufgebaut, daß wir für den Fall der Unsicherheit eine Verallgemeinerung der Kapitalwertmethode und des Separationstheorems von Fisher aus dem 3. Kapitel und der Irrelevanz- und Separationstheoreme von Modigliani und Miller aus dem 6. Kapitel bekommen. Das *Lernziel des ganzen vierten Teils* des Buches ist, daß die Leser außer den vielen wichtigen Details diesen Zusammenhang wirklich verstehen. Damit endet die Darstellung der neoklassischen Investitions- und Finanzierungstheorie.

Kapitel 7

Die Darstellung und Lösung von Entscheidungsproblemen bei Unsicherheit

7.1 Lernziele

Wir wollen in diesem Kapitel die Grundzüge der Entscheidungstheorie vorstellen. Die Leser sollen

(1) eine Vorstellung davon bekommen, womit sich die Entscheidungstheorie beschäftigt, was an ihr "normativ" ist und was man sich unter "rationalen" oder "vernünftigen" Entscheidungen vorzustellen hat,

(2) einige wichtige Grundbegriffe und Grundmodelle der Entscheidungstheorie kennenlernen,

(3) lernen, wie man allgemein ein Entscheidungsproblem unter Unsicherheit darstellen und lösen kann,

(4) erkennen, daß es zwei methodisch unterschiedliche Ansätze gibt, wie man ein Entscheidungsproblem darstellen und lösen kann, und schließlich

(5) verstehen, daß und warum die *direkte* Anwendung der Entscheidungstheorie auf Investitionsentscheidungen nur in wenigen Fällen möglich ist und daß es wichtig wäre, eine Alternative zu der direkten Anwendung zu finden.

Die Person, die eine Entscheidung trifft, wird im folgenden kurz als "der Entscheider" bezeichnet.

7.2 Die Darstellung von Entscheidungsproblemen bei Unsicherheit

7.2.1 Die vollständige Darstellung von Entscheidungsproblemen

Unsicherheit bedeutet, daß der Entscheider nicht sicher sein kann, welche Folgen die von ihm getroffene Entscheidung haben wird. Er hält verschiedene einander ausschließende Folgen oder Ergebnisse seiner Entscheidung für möglich. Ob die Unsicherheit "in der Sache liegt" wie beim Roulette oder ob sie "nur" daraus resultiert, daß der Entscheider nicht alle relevanten Zusammenhänge völlig überblicken kann, ist eine komplizierte

Frage, die uns hier nicht zu interessieren braucht.[1] Wir setzen "Unsicherheit" mit "unsicheren Erwartungen" und "unvollkommener Information" gleich. Wir unterstellen aber, daß sich der Entscheider der Unsicherheit bewußt ist. Beispielsweise weiß ein Investor zwar nicht, zu welchem Einkommensstrom eine bestimmte Investition, die er erwägt, wirklich führen würde, aber er hält drei Einkommensströme für möglich. Die Breite der Einkommensströme betrage bei gleicher Laufzeit entweder 4.000, 6.000 oder 7.000 Geldeinheiten.

Zu welchen Ergebnissen eine Entscheidung führen kann, hängt von vielen Umständen ab, die außerhalb des Einflußbereichs des Entscheiders liegen. Man kann solche Umstände Umweltfaktoren nennen. Eine bestimmte Konstellation solcher Umweltfaktoren nennt man in der Entscheidungstheorie einen **Umweltzustand**, abgekürzt mit s_j. Das s steht für den englischen Ausdruck *state of nature*; und der Index j bezeichnet einen bestimmten Umweltzustand. Er läuft von 1 bis n. Die Menge S ist die Gesamtheit der Umweltzustände, die ein Entscheider für möglich hält. Es geht also zunächst nur um die subjektive Unsicherheit des jeweils betrachteten Entscheiders. Die vollständige Beschreibung eines Entscheidungsproblems impliziert, daß sich seine Unsicherheit allein darauf bezieht, welcher Umweltzustand eintritt. Wenn der Umweltzustand bekannt ist, ist damit für den Entscheider das Ergebnis einer betrachteten Entscheidung sicher.[2] In der Entscheidungstheorie wird gewöhnlich die weitergehende Annahme getroffen, daß der Entscheider nicht nur eine subjektive Vorstellung davon hat, welche Umweltzustände möglich sind, sondern daß diese subjektive Vorstellung auch insofern richtig ist, als sie alle objektiv möglichen Umweltzustände erfaßt.

Zur vollständigen Darstellung eines Entscheidungsproblems gehört *als erstes*, daß ein Entscheider alle Umweltzustände benennen, unterscheiden und kennzeichnen kann. Das setzt eine sehr weitgehende Fähigkeit voraus, Informationen zu gewinnen und zu verarbeiten. Die Umweltzustände müssen so gekennzeichnet werden, daß sich später angeben läßt, welcher Umweltzustand wirklich eingetreten ist, und es darf kein Umweltzustand vergessen werden. Formal ausgedrückt: Die Menge S der Umweltzustände s_j muß den Raum der Möglichkeiten ausfüllen, und die Elemente der Menge müssen überschneidungsfrei sein.

Zur vollständigen Darstellung eines Entscheidungsproblems gehört *als zweites* die Kennzeichnung der **Handlungsmöglichkeiten**. Eine Handlungsmöglichkeit oder Entschei-

---

1 Die Unterscheidung ist wichtig, wenn es z.B. darum geht zu entscheiden, ob jemand Informationen einholen soll, um seinen (subjektiven) Informationsstand zu verbessern. Vgl. zu diesem Problem ausführlich *Laux* [Entscheidungstheorie], S. 281-314.

2 Schneider spricht deshalb prägnant von der "vollständigen Gewißheit über die Ungewißheit": Der Entscheider muß wirklich wissen, welche Umweltzustände eintreten können und welche Ergebnisse eine betrachtete Entscheidung bei Eintritt jedes Umweltzustandes hat. Vgl. dazu *Schneider* [Investition], S. 445.

dungsalternative wird mit dem Symbol a_i bezeichnet. a steht für das englische *act*. Der Index i läuft von 1 bis m (wobei m gleich, größer oder kleiner als n sein kann). Die Menge der Handlungsmöglichkeiten wird mit A bezeichnet. Wie die Menge der Umweltzustände muß auch die Menge der Handlungsmöglichkeiten vollständig und überschneidungsfrei beschrieben werden. Das heißt, es müssen alle in einer gegebenen Situation in Betracht kommenden Handlungsmöglichkeiten aufgeführt werden, und es muß eindeutig sein, welche Maßnahmen ergriffen werden, wenn sich der Entscheider für eine Handlungsmöglichkeit entscheidet.

Außer den vollständigen Listen der m Handlungsmöglichkeiten und der n Umweltzustände muß ein Entscheider für die vollständige Darstellung eines Entscheidungsproblems *als drittes* (m·n) **Ergebnisse** abschätzen können. Die ausgewählte Handlungsmöglichkeit und der eintretende Umweltzustand bestimmen zusammen, welches (dann sichere) Ergebnis eintreten wird. Ergebnisse werden mit dem Symbol e_{ij} (mit i = 1,..., m und j = 1,..., n) bezeichnet. Jedem Paar von a_i und s_j ist ein (eindeutiges) Ergebnis zuzuordnen: $e_{ij} = e(a_i, s_j)$.

Mit den vollständigen Listen der Handlungsmöglichkeiten a_i, der Umweltzustände s_j und der Ergebnisse e_{ij}, die jedem Paar von a_i und s_j zugeordnet sind, ist die Beschreibung des Entscheidungsproblems noch nicht abgeschlossen. Ein Entscheider hat immer irgendwelche Informationen, die es ihm erlauben abzuschätzen, ob ein Umweltzustand eher eintreten kann als ein anderer. Gleichgültig, ob ihm seine Erwartungen gut oder schlecht begründet erscheinen, sollte er sie in der Form von **subjektiven Wahrscheinlichkeiten** für das Eintreten der Umweltzustände ausdrücken.[3] Diese Wahrscheinlichkeiten werden mit p_j oder $p(s_j)$, mit j = 1,..., n, bezeichnet. Die Summe der subjektiven Wahrscheinlichkeiten ist definitionsgemäß gleich 1. Man kann mit subjektiven Wahrscheinlichkeiten genauso rechnen wie mit sogenannten objektiven Wahrscheinlichkeiten, wie man sie z.B. für die Berechnung der Erfolgschancen bei Glücksspielen verwendet.

Solche subjektiven Wahrscheinlichkeiten sind natürlich leichter zu ermitteln, wenn man sich dabei auf Häufigkeitsverteilungen der Vergangenheit oder ähnliches stützen kann. Aber auch wenn es eine solche solide Basis gibt, bleiben die Wahrscheinlichkeiten, mit denen man zukunftsbezogen rechnet, doch subjektive Wahrscheinlichkeiten: Sie enthalten *immer* mindestens die subjektive Einschätzung, daß die Zukunft nicht anders wird als die Vergangenheit oder sich in einer bestimmten Weise von der Vergangenheit unterscheidet. Ein solches subjektives Element genügt, um Wahrscheinlichkeiten als subjektiv einzustufen.

---

3 Die Unsicherheitssituation unter Angabe der Wahrscheinlichkeiten für das Eintreten der verschiedenen Umweltzustände wird - zurückgehend auf *Knight* [Risk] S. 232 - als Risikosituation bezeichnet, während eine Unsicherheitssituation ohne Angabe von Wahrscheinlichkeiten eine Ungewißheitssituation genannt wird.

Unabhängig davon, wie gut sich ein Entscheider informiert fühlt, stellt es eine vernünftige Art der Verarbeitung der jeweils vorhandenen Informationen dar, wenn man diese in subjektive Wahrscheinlichkeiten übersetzt und mit ihnen so rechnet, als wären sie objektive Wahrscheinlichkeiten.[4] Zur vollständigen Darstellung eines Entscheidungsproblems bei Risiko gehört somit *als viertes* die Angabe subjektiver Wahrscheinlichkeiten für das Eintreten der Umweltzustände bzw. der Ergebnisse.

Die Zusammenstellung der Handlungsmöglichkeiten, der Umweltzustände mit ihren Eintrittswahrscheinlichkeiten und der Ergebnisse in der Form einer Tabelle nennt man **Ergebnismatrix**. Die Handlungsmöglichkeiten a_i (i = 1,..., m) stehen in der Vorspalte, die Umweltzustände s_j (j = 1,..., n) mit ihren Wahrscheinlichkeiten p_j (j = 1,..., n) in der Kopfzeile und die Ergebnisse e_{ij} (i = 1,..., m; j = 1,..., n) in den Matrixfeldern.

	$s_1(p_1)$	$s_2(p_2)$	....	$s_j(p_j)$	....	$s_n(p_n)$
a_1	e_{11}	e_{12}	....	e_{1j}	....	e_{1n}
a_2	e_{21}	e_{22}	....	e_{2j}	....	e_{2n}
⋮	⋮	⋮		⋮		⋮
a_i	e_{i1}	e_{i2}	....	e_{ij}	....	e_{in}
⋮	⋮	⋮		⋮		⋮
a_m	e_{m1}	e_{m2}	....	e_{mj}	....	e_{mn}

Tab. 7.1: Aufbau einer Ergebnismatrix

Das folgende Beispiel enthält drei Handlungsalternativen und drei Umweltzustände.

	s_1 (1/4)	s_2 (1/2)	s_3 (1/4)
a_1	10.000	5.000	4.000
a_2	4.000	6.000	7.000
a_3	12.000	8.000	0

Tab. 7.2: Beispiel einer Ergebnismatrix

4 Vgl. zur Begründung z.B. *Raiffa* [Einführung], S. 128-156. Eine entschiedene Kritik an dem Konzept und der Verwendung subjektiver Wahrscheinlichkeiten äußert *Schneider* [Investition], S. 445-452.

Wenn ein Entscheider eine Ergebnismatrix angeben kann, hat er das Entscheidungsproblem vollständig dargestellt und kann sich seiner Lösung zuwenden.

Wie man sieht, erfordert die vollständige Darstellung eines Entscheidungsproblems in der Form der Ergebnismatrix unter Umständen einen enormen Aufwand an Informationsbeschaffung und -verarbeitung. Die Gegenüberstellung der strengen Anforderungen an die Liste der Umweltzustände einerseits und des simplen Beispiels andererseits läßt ahnen, daß die Anforderungen, die die vollständige Darstellung an den Entscheider stellt, unerfüllbar sein können. Mitunter kann die Informationsbeschaffung dadurch erleichtert werden, daß ein Entscheider eine mathematisch leicht handhabbare vollständige Wahrscheinlichkeitsverteilung über mögliche Umweltzustände bzw. Ergebnisse wie z.B. eine Normalverteilung angibt. Eine Unterscheidung ist hier wichtig: Die Angabe einer solchen Wahrscheinlichkeitsverteilung für die möglichen Zustände bzw. Ergebnisse kann, wenn die Daten dies erlauben, eine subjektiv völlig richtige und damit vollständige Beschreibung des Entscheidungsproblems liefern. Sie kann auch eine Vereinfachung darstellen, wobei sie dann Informationen unterdrückt.

Der Hinweis, daß es schwer und in der Praxis oft sogar unmöglich ist, ein Entscheidungsproblem in der beschriebenen Weise vollständig darzustellen, sollte in seiner Bedeutung nicht mißverstanden werden. Er bedeutet nicht, daß die vollständige Darstellung überflüssig oder nutzlos ist. Aus zwei Gründen ist sie das nicht. Zum einen kann es in der Praxis sehr hilfreich sein, ein reales Entscheidungsproblem auch dann in die Form einer Entscheidungsmatrix zu bringen, wenn darin noch Vereinfachungen stecken.[5] Zum anderen ist die vollständige Darstellung sozusagen als ein theoretisches Ideal wichtig, um Grundsatzfragen der Entscheidungstheorie durchdenken zu können. Im folgenden machen wir vor allem von dieser Funktion Gebrauch.

7.2.2 Die Darstellung mit Hilfe von Parametern

Ein Parameter einer Häufigkeitsverteilung oder einer Wahrscheinlichkeitsverteilung ist eine Kennziffer zur Beschreibung der Verteilung. Aus der Statistik ist bekannt, wie man Verteilungen durch Parameter kennzeichnet. Die Normalverteilung mit der bekannten Glockenkurve ist das wichtigste Beispiel einer Verteilung, die sich allein durch die Angabe der zwei Parameter Erwartungswert und Standardabweichung vollständig beschreiben läßt. Es ist möglich, die angenommene oder vermutete Wahrscheinlichkeitsverteilung der unsicheren Ergebnisse einer Entscheidung durch Parameter dieser

5 Auf die Frage, wie solche Vereinfachungen zu bewerten sind, wollen wir hier nicht eingehen. Zu einer entscheidungstheoretischen Beantwortung vgl. *Laux* [Entscheidungstheorie], S. 315-341.

Verteilung darzustellen, auch wenn man die ganze Verteilung nicht kennt. Insofern ist die Darstellung eines Entscheidungsproblems mit Hilfe von Parameter ein zweiter, methodisch eigenständiger Ansatz in der Entscheidungstheorie. Die Leser sollten sich nicht durch den Umstand verwirren lassen, daß man die Parameter einer Verteilung natürlich auch ausrechnen kann, wenn man die Menge der einzelnen möglichen Ergebnisse mit ihren zugehörigen Wahrscheinlichkeiten kennt. Dies geschieht oft, und so auch mehrfach in den folgenden Ausführungen, allein aus didaktischen Gründen.

Die Darstellung eines Entscheidungsproblems durch die Angabe der Handlungsmöglichkeiten und der Parameter der Verteilung der Ergebnisse, die mit den verschiedenen Handlungsmöglichkeiten erreicht werden können, ist oft einfacher als die vollständige Beschreibung im oben erläuterten Sinne. Dem Vorteil, daß man weniger Informationen braucht, stehen jedoch Nachteile gegenüber. Der erste ist, daß man nach den "richtigen" Parametern suchen muß, d.h. nach solchen, die auch in einer klaren Beziehung zu den Zielen der entscheidenden Person stehen. Der zweite ist, daß eine Wahrscheinlichkeitsverteilung (z.B. von Ergebnissen oder von Umweltzuständen) sich nicht immer durch wenige Parameter kennzeichnen läßt. Ein dritter ist, daß man Schätzfehler machen kann, wenn man die konkreten Zahlenwerte der Parameter bestimmen will. (Wenn man die Parameter einer gegebenen und bekannten Verteilung ausrechnet, tritt dieses Problem nicht auf.)

Der methodische Ansatz, Handlungsmöglichkeiten nicht durch die Gesamtheit der möglichen Ergebnisse, sondern nur durch Parameter einer (angenommenen) Ergebnisverteilung zu beschreiben, legt folgenden Gedanken nahe: Wenn ein Investor eine Investitionsmöglichkeit anhand von "Ertrag" und "Risiko" kennzeichnen möchte, müßte man je einen Parameter der Ergebnisverteilung finden, der den "Ertrag" und das "Risiko" beschreibt. Diese Parameter wären dann als Maßgrößen für "Ertrag" und "Risiko" zu verstehen. Wie können "Ertrag" und "Risiko" von Handlungsmöglichkeiten gemessen werden, bzw. welche Parameter einer Ergebnisverteilung lassen sich als Maße für "Ertrag" und "Risiko" verwenden?

Die *Messung des "Ertrages"* ist ziemlich unproblematisch: Man nimmt den Mittelwert der möglichen Ergebnisse, um damit auszudrücken, welches Ergebnis *erwartet* wird. Wie aus der statistischen Methodenlehre bekannt ist, gibt es mehrere Arten von Mittelwerten. Wir verwenden hier den (mathematischen) **Erwartungswert**. Andere Mittelwerte sind der wahrscheinlichste oder "dichteste" Wert (Modus) oder der der Lage nach mittlere Wert (Median). Der Erwartungswert ist definiert als der gewogene Durchschnitt der möglichen Ergebnisse e_{ij}, gewichtet mit ihren Eintrittswahrscheinlichkeiten p_j. Ein Erwartungswert kann durch zwei Schreibweisen ausgedrückt werden. $E(\cdot)$ ist die *Rechenanweisung* ("Operator") "Bilde den Erwartungswert der in der Klammer anstelle des Punktes einzusetzenden Variablen".

μ_i ist das *Symbol* für den Erwartungswert des Ergebnisses bei Wahl der Handlungsmöglichkeit i:

$$(7.1) \quad E(e_i) = \mu_i = \sum_{j=1}^{n} e_{ij}\, p_j \,.$$

Die Formel legt nahe, daß man den Erwartungswert *errechnet*. Das ist mitunter möglich, aber man kann ihn, wie gesagt, auch *schätzen*, statt ihn zu errechnen.[6] Die Formel macht deutlich, *was* die Schätzung zum Ausdruck bringen soll. Sie legt aber nicht fest, welcher Art die Ergebnisse sind, für die man einen Mittelwert berechnet oder schätzt. Diese können z.B. Geldbeträge oder Renditen sein. Wichtig ist nur, daß es überhaupt möglich ist, für sie einen Erwartungswert zu bestimmen. Bei rein qualitativ beschriebenen Ergebnissen ist das offensichtlich nicht der Fall, aber es ist auch nicht immer schon dann möglich, wenn sich die zu erfassenden Größen in Zahlen ausdrücken lassen.

Auf einen **speziellen Anwendungsfall** sei kurz eingegangen: Wenn ein Kredit mit einer Laufzeit von einem Jahr mit einer gewissen Ausfallwahrscheinlichkeit behaftet ist, unterscheiden sich die *vereinbarte* Verzinsung und die *erwartete* Verzinsung. Beispielsweise führt eine Wahrscheinlichkeit von 3% für einen Totalausfall (p_a) dazu, daß bei einer vereinbarten Verzinsung i_v von 10% die erwartete Verzinsung i_e nur 6,7% beträgt. Das folgt aus der Rechnung

$$1 + i_e = (1 + i_v) \cdot (1 - p_a) \quad \text{bzw. } i_e = 1{,}10 \cdot 0{,}97 - 1 = 0{,}067 \,.$$

Die erwartete Verzinsung ist nicht etwa das Produkt aus der vereinbarten Verzinsung und der Wahrscheinlichkeit einer vertragsgemäßen Rückzahlung.[7]

Schwieriger ist die *Messung des "Risikos"*. Es liegt nahe, das dem Mittelwert entsprechende Streuungsmaß zu verwenden. Wie man in jedem Lehrbuch zur statistischen Methodenlehre nachlesen kann, entspricht dem Erwartungswert als Mittelwert die Varianz bzw. die Standardabweichung als Streuungsmaß. Die Varianz wird mit dem Symbol var oder σ^2 und die Standardabweichung mit dem Symbol σ bezeichnet. Ein Index oder ein Klammerzusatz zu σ^2 bzw. σ zeigt an, zu welcher Variablen die Streuung angegeben wird.

6 Das ist bei praktischen Anwendungen die vorherrschende Methodik, weil sie die Anforderung an die Verfügbarkeit von Informationen reduziert.

7 Es ist manchmal wichtig, die obige Rechnung umzukehren und auszurechnen, wie hoch die *vereinbarte* Verzinsung sein muß, damit sich bei gegebener Ausfallwahrscheinlichkeit eine bestimmte *erwartete* Verzinsung ergibt. So würde z.B. eine erwartete Verzinsung von 10% bei einer Wahrscheinlichkeit von 3% für einen Totalausfall eine vereinbarte Verzinsung von 1,10 : 0,97 - 1 = 0,134 oder 13,4% erfordern.

Für eine bestimmte Handlungsmöglichkeit i sind **Varianz** und **Standardabweichung** definiert als

$$(7.2) \quad \text{var}(e_i) = \sigma_i^2 = \sum_{j=1}^{n} (e_{ij} - \mu_i)^2 \, p_j \quad \text{und} \quad \sigma_i = \sqrt{\sigma_i^2} \; .$$

var(·) ist wie E(·) eine Rechenanweisung.

Die **Berechnung** der Varianz und der Standardabweichung kann man sich durch folgende Überlegung einprägen: Die Abweichungen der einzelnen möglichen Werte vom jeweiligen Mittelwert (e_{ij} - μ_i) haben zum Teil ein positives und zum Teil ein negatives Vorzeichen. Damit sich die positiven und die negativen Abweichungen nicht gegenseitig aufheben, werden sie ins Quadrat erhoben, ehe ihr Durchschnitt gebildet wird. Die Dimension der Varianz ist dadurch z.B. "DM im Quadrat". Die Standardabweichung ist die Wurzel aus der Varianz. Die Errechnung der Standardabweichung gibt dem Streuungsmaß wieder die Dimension, z.B. DM, in der auch der Erwartungswert ausgedrückt ist. Wann man mit der Varianz und wann man mit der Standardabweichung rechnet, ist allein eine Frage der Bequemlichkeit der Berechnung.

Die **Interpretation** des Erwartungswertes und der Standardabweichung kann man sich durch folgende Überlegung einprägen: Fragt man jemanden, der die Wahrscheinlichkeitsverteilung kennt, nach einer "möglichst guten" Schätzung eines quantitativen Ergebnisses, wird er den Erwartungswert nennen. Da der Erwartungswert nicht mit Sicherheit eintritt, kann man weiterfragen, mit welcher Abweichung des wirklichen Wertes vom Erwartungswert diese Person rechnet. Sie wird dann die Standardabweichung nennen, denn diese gibt an, wie weit die einzelnen möglichen Ergebnisse im Durchschnitt vom erwarteten Ergebnis abweichen. Sie stellt eine "möglichst gute" Schätzung der Abweichungen dar.[8] Für die Normalverteilung mit der bekannten Glockenkurve gilt auch folgendes: Wenn sich das unsichere Ereignis sehr häufig wiederholte, lägen rund zwei Drittel der Ergebnisse im Bereich zwischen Erwartungswert minus Standardabweichung und Erwartungswert plus Standardabweichung.

Wenn man Risiko als die Möglichkeit betrachtet, daß sich Ergebnisse einstellen, die von dem erwarteten Ergebnis abweichen, dann ist es zumindest plausibel, die Streuung als Risikomaß zu verwenden. Doch man kann Risiko auch anders verstehen, nämlich z.B. als die Möglichkeit, daß sich Ergebnisse einstellen, die schlechter sind als das erwartete Ergebnis. Dafür müßte man dann das Risiko auch anders messen. Wieder anders messen müßte man, wenn man unter Risiko die Möglichkeit versteht, daß ein Kredit nicht zurückgezahlt wird oder daß ein bestimmter Mindestwert nicht erreicht wird oder daß

8 Was "möglichst gut" bedeutet, hängt davon ab, wie Schätzfehler bewertet werden. Vgl. z.B. *Schlittgen* [Einführung], S. 292.

eine Unternehmung in finanzielle Schwierigkeiten gerät. Im letztgenannten Fall wäre die Ruin- oder Konkurswahrscheinlichkeit als Risikomaß zu verwenden. Auf ihre Berechnung wollen wir hier aber nicht eingehen.

Wie diese Überlegungen schon nahelegen, gibt es kein eindeutiges und ideales Risikomaß, das für alle Entscheider und für alle Entscheidungssituationen gleichermaßen angemessen wäre.[9]

Nachdem man eine Regel ausgewählt hat, wie Ertrag und Risiko von Handlungsalternativen beschrieben werden sollen, und wenn man für bestimmte Handlungsmöglichkeiten die Werte der beiden Parameter ermittelt hat, kann man die Handlungsalternativen als Punkte in einem Koordinatenkreuz darstellen, wie es die Abbildung 7.1 zeigt. Darin sind für vier Handlungsmöglichkeiten (a_1 bis a_4) an der Ordinate die Parameterwerte für den "Ertrag" und an der Abszisse die Parameterwerte für das "Risiko" abgetragen.

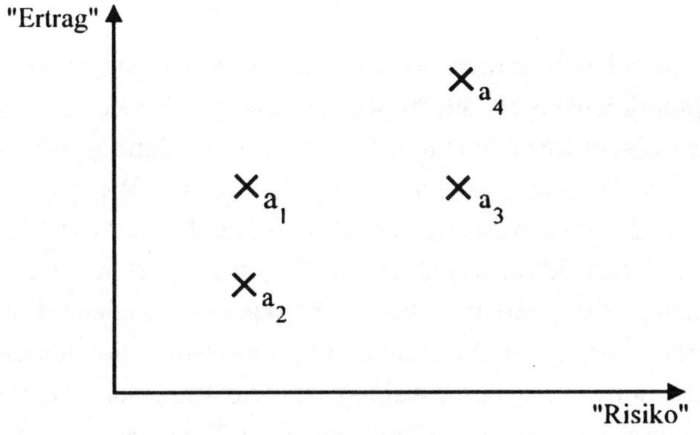

Abb. 7.1: Risiko-Ertrags-Kombinationen

Die Eintragung der Parameterwerte in ein solches Diagramm schließt unsere Vorstellung der zweiten Art, ein Entscheidungsproblem darzustellen, ab. Es ist zu beachten, daß sich nur wenige Verteilungen allein durch zwei Parameter, insbesondere durch Erwartungswert und Standardabweichung, vollständig charakterisieren lassen. Das wichtigste Beispiel für eine Wahrscheinlichkeitsverteilung, bei der die Angabe von zwei Parametern genügt, ist - wie schon erwähnt - die Normalverteilung. Bei anderen Verteilungen braucht man zu einer vollständigen Charakterisierung weitere Parameter, z.B. ein Maß für die Schiefe. Noch andere Verteilungen sind durch wenige Parameter überhaupt nicht angemessen zu kennzeichnen. Die Angabe von nur zwei Parametern stellt daher in vielen Fällen eine fehlerträchtige Vereinfachung dar.

9 Vgl. dazu ausführlich *Markowitz* [Portfolio], S. 286-303, und grundlegend *Rothschild/Stiglitz* [Risk].

Ein weiteres wichtiges Problem ist, wie man Parameter von Ergebnisverteilungen empirisch ermitteln kann. Dazu läßt sich wenig Allgemeines sagen. Im Spezialfall der Anlageentscheidung von Kapitalgebern ist das aber anders. Im nächsten Kapitel werden wir deshalb auch ausführlich auf die Ermittlung von Ergebnisverteilungen eingehen. Als nächstes ist die Frage aufzuwerfen, wie man ein Entscheidungsproblem, das man in einer der beiden vorgestellten Weisen beschrieben hat, auch lösen kann bzw. lösen sollte. Dieser Frage wenden wir uns im nächsten Abschnitt zu.

7.3 Die Lösung von Entscheidungsproblemen mit Hilfe von Entscheidungsregeln

7.3.1 Das Problem der Auswahl von Entscheidungsregeln

Eine Entscheidungsregel stellt eine Vorschrift dar, wie ein Entscheider vorzugehen hat, um eine Handlungsmöglichkeit als die "beste" zu ermitteln und auszuwählen, nachdem er das Entscheidungsproblem formuliert hat. Es gibt verschiedene Entscheidungsregeln. Sie führen nicht immer zu übereinstimmenden Entscheidungen. Welche Handlungsmöglichkeit als die "beste" anzusehen ist, folgt somit *auch* aus der verwendeten Entscheidungsregel. Aber welche Entscheidungsregel ist korrekt, welche sollte man angesichts dieser Situation verwenden? Man muß offenbar nicht nur verschiedene Entscheidungsregeln kennen und anwenden können, sondern man muß auch Vorstellungen darüber haben, wie eine "gute" Entscheidungsregel auszuwählen ist. Die Entscheidungstheorie befaßt sich mit beiden Problemen: der Kennzeichnung einzelner Entscheidungsregeln zur Auswahl einer Handlungsmöglichkeit und der Auswahl einer Entscheidungsregel aus der Gesamtheit der bekannten Entscheidungsregeln.[10] Wir diskutieren zuerst mehrere Entscheidungsregeln, die an die vollständige Darstellung von Entscheidungsproblemen anknüpfen, und danach eine, die sich auf die Parameterdarstellung stützt.

10 Vgl. z.B. *Bamberg/Coenenberg* [Entscheidungslehre], *Bitz* [Entscheidungstheorie], *Laux* [Entscheidungstheorie], *Raiffa* [Einführung], *Schneeweiß* [Entscheidungskriterien] sowie *Teichmann* [Investitionsentscheidung].

7.3.2 Entscheidungsregeln für vollständig beschriebene Entscheidungsprobleme

Ein bekanntes Beispiel für eine Entscheidungsregel, an dem sich gut verdeutlichen läßt, wie Entscheidungsregeln kritisiert und beurteilt werden können, ist die sogenannte **Minimax-Regel**. Sie lautet:

> Wähle von den Handlungsmöglichkeiten diejenige aus, bei der das *schlechteste* Ergebnis *am besten* ist, d.h. wähle das Maximum unter den Minima der Zeilen in der Ergebnismatrix.

Für das in der Tabelle 7.2 angegebene Beispiel bestimmt man zuerst die Zeilenminima, d.h. das jeweils ungünstigste Ergebnis, das sich einstellen kann, wenn die Handlungsmöglichkeiten a_1 bis a_3 gewählt werden. Sie betragen 4.000 bei a_1, 4.000 bei a_2 und 0 bei a_3. Die Minimax-Regel empfiehlt in diesem Fall, entweder die erste oder die zweite Handlungsmöglichkeit zu wählen.

Gegen die Minimax-Regel lassen sich, wie gegen einige andere Entscheidungsregeln auch, zwei gravierende **Einwände** erheben:

(1) Sie schreibt dem Entscheider eine extreme Risikoscheu vor. Wer nicht ausschließlich daran interessiert ist, den maximal möglichen Verlust so gering wie möglich zu halten, sollte eine weniger "vorsichtige" Entscheidungsregel anwenden.

(2) Außerdem werden bei der Auswahl der "besten" Handlungsalternative Informationen nicht genutzt, obwohl sie vorhanden sind. Die Regel orientiert sich nämlich nur an einem Wert aus der ganzen Verteilung und ignoriert die Informationen über alle anderen Ergebnisse außer dem schlechtesten, und sie macht auch keinen Gebrauch von den Informationen, die gegebenenfalls in den Wahrscheinlichkeitsziffern stecken.

Es gibt Entscheidungsregeln, die zwar nicht wie die Minimax-Regel eine starre und zudem wenig plausible Einstellung gegenüber dem Risiko enthalten, die aber ebenfalls nicht alle verfügbaren Informationen nutzen. Sie sollen hier nicht dargestellt werden.[11]

Bei der **Kritik** von Entscheidungsregeln wie der Minimax-Regel muß man zwei Kritikebenen unterscheiden: Zum einen gibt es die *immanente Kritik*. Sie fragt, ob das Problem, so wie es die "Erfinder" einer solchen Regel gesehen haben, gut gelöst ist. Zur immanenten Kritik gehört der Einwand (1). Daneben gibt es die Kritik, die sich gegen die Vorstellung richtet, wie das Problem sinnvollerweise zu formulieren sei. Der Einwand (2) liegt zum Teil auf dieser Ebene: Die Anhänger der Minimax-Regel haben wohl geglaubt, Wahrscheinlichkeiten müßten objektive Wahrscheinlichkeiten sein. Daher hielten sie den

11 Vgl. dazu z.B. *Laux* [Entscheidungstheorie], S. 116-127, und *Teichmann* [Investitionsentscheidung], S. 96-124 .

Fall, daß es keine Wahrscheinlichkeiten gibt, für denkbar.[12] Die Kritik, daß die Minimax-Regel Wahrscheinlichkeitsinformation unterdrückt, setzt voraus, daß es immer vernünftig ist, subjektive Wahrscheinlichkeiten anzugeben und zu verarbeiten. Sie ist daher eine Kritik an der Formulierung des Problems, und nicht an der Lösung.

Eine Entscheidungsregel, die nicht den Fehler beinhaltet, Informationen zu vernachlässigen, ist die **Erwartungswertregel**. Sie lautet:

> Wähle die Handlungsmöglichkeit, bei der der *Erwartungswert* der Ergebnisse *am höchsten* ist.

In unserem Beispiel ergeben sich folgende Erwartungswerte:

$$\mu_1 = \frac{1}{4}\cdot 10.000 + \frac{1}{2}\cdot 5.000 + \frac{1}{4}\cdot 4.000 = 6.000$$

$$\mu_2 = \frac{1}{4}\cdot 4.000 + \frac{1}{2}\cdot 6.000 + \frac{1}{4}\cdot 7.000 = 5.750$$

$$\mu_3 = \frac{1}{4}\cdot 12.000 + \frac{1}{2}\cdot 8.000 + \frac{1}{4}\cdot 0 \quad = 7.000$$

Die Entscheidung nach dem Erwartungswert berücksichtigt alle Informationen, aber sie unterstellt, daß der Entscheider dem Risiko gegenüber indifferent ist; sie impliziert Risikoneutralität. Betrachten wir eine zusätzliche Alternative a_4, bei der in jedem Umweltzustand ein Einkommensstrom von 6.999 erwartet wird. Die 6.999 sind damit sicher. Ist es wirklich besser, die unsichere Alternative a_3 mit dem Erwartungswert von 7.000 statt der Alternative a_4 mit dem sicheren Ergebnis von 6.999 zu wählen? Es gibt keine überzeugenden Argumente, die die Empfehlung rechtfertigen würden, ein Entscheider sollte das Risiko, die Möglichkeit der Abweichung der Ergebnisse vom Erwartungswert, ignorieren. Insbesondere wäre es ein Mißverständnis zu glauben, es wäre in irgendeinem Sinne "rational", bei Entscheidungen das Risiko *nicht* zu berücksichtigen.

Wie man sieht, gibt es durchaus Gesichtspunkte, die es erlauben, Entscheidungsregeln zu kritisieren und auf die Kritik aufbauend zwischen Entscheidungsregeln auszuwählen. Wir haben anhand von Beispielen zwei Gesichtspunkte eingeführt: die möglichst freie **individuelle Risikoberücksichtigung** und die möglichst umfassende **Informationsverwertung**. Auf einen dritten werden wir später noch hinweisen.

---

12 Vgl. dazu *Teichmann* [Investitionsentscheidung], S. 97 f. Ob diese Einschätzung für A. Wald, den Erfinder der Minimax-Regel, zutrifft, ist fraglich, da Wald spieltheoretische Konzepte verwendet; vgl. *Wald* [Functions], S. 27.

Die beiden Entscheidungsregeln, die in der Investitions- und Finanzierungstheorie am meisten gebraucht werden, sind unter diesen beiden Gesichtspunkten einwandfrei. Eine der beiden ist das sogenannte **(μ,σ)-Kriterium.** Es ist die Regel, daß man zwischen Handlungsmöglichkeiten aufgrund ihrer Parameter für "Ertrag" und "Risiko" auswählen und dabei "Ertrag" und "Risiko" in spezifischer Weise messen und gemäß der eigenen Risikoneigung bewerten soll. Diese Entscheidungsregel ist zwar hier schon zu nennen, weil sich die Parameter einer Ergebnisverteilung auch aus der vollständigen Beschreibung ableiten lassen, wie oben bereits erwähnt wurde. Da aber die Parameter-Beschreibung genügt, um das (μ,σ)-Kriterium anzuwenden, wird es erst im nächsten Unterabschnitt dargestellt.

Die andere Entscheidungsregel, gegen die die bisher genannten Einwände nicht erhoben werden können, ist das **Bernoulli-Kriterium**. Es lautet:

> Wähle die Handlungsmöglichkeit mit dem *höchsten Erwartungswert* (abgekürzt mit E) *des Nutzens*[13] der möglichen Ergebnisse.

In Symbolen lautet das Bernoulli-Kriterium:

$$(7.3) \quad E[u(e_{ij})] = \sum_{j=1}^{n} u(e_{ij})\, p_j \rightarrow \max! \quad (i=1,\ldots,m)$$

Man braucht zur *Anwendung* des Bernoulli-Kriteriums eine Funktion $u(e_{ij})$, mit der die möglichen Ergebnisse *bewertet* werden. Denn in die Durchschnittsbildung gehen nicht die Ergebnisse e_{ij} selbst ein, sondern die ihnen zugeordneten Bewertungs- oder Nutzengrößen $u(e_{ij})$. Der Verlauf der Nutzenfunktion einer Person drückt deren *individuelle* Einstellung gegenüber dem Risiko aus. Es gibt also keine generell gültige "richtige" **Nutzenfunktion**. In der folgenden Abbildung 7.2 ist die Nutzenfunktion *einer* Person angegeben. Auf der Abszisse sind die Ergebnisse (e_{ij}) aus dem obigen Beispiel (in Tausend) abgetragen. Auf der Ordinate stehen die Bewertungsziffern oder Nutzengrößen $u(e_{ij})$.[14] Wie man die individuelle Nutzenfunktion einer Person in der Realität ermitteln kann bzw. wie jemand seine eigene Risikoeinstellung in einer Nutzenfunktion ausdrücken kann, wird in der Speziallliteratur diskutiert.[15] Wir werden am Ende dieses Abschnitts nur in ganz knapper Form die Grundidee der Ermittlung einer Nutzenfunktion vorstellen.

---

13 Gemeint ist hier der Bernoulli-Nutzen. Im Gegensatz zu den Nutzenfunktionen der mikroökonomischen Theorie unter Sicherheit hat hier die Differenz zwischen zwei Nutzenniveaus eine kardinale Bedeutung. Daraus folgt, daß nicht alle positiven Transformationen, sondern nur positive Lineartransformationen für Bernoulli-Nutzenfunktionen zugelassen sind. Vgl. dazu S. 292 und *Kreps* [Course] S. 76f.

14 Die Wertetabelle für die einzelnen Paare von Ergebnissen und zugeordneten Nutzenziffern können die Leser aus der Abbildung 7.2. und der nachfolgenden Rechnung im Text erschließen.

15 Vgl. z.B. *Laux* [Entscheidungstheorie], S. 170-173.

Die Nutzenfunktion in Abbildung 7.2 drückt, wie unten gezeigt wird, **Risikoscheu** aus, denn sie ist konkav (rechtsgekrümmt). Es kann zwar angenommen werden, daß Risikoscheu die in der Realität vorherrschende Einstellung gegenüber Risiko ist, aber ebensowenig wie Risikoneutralität ist Risikoscheu in irgendeinem Sinne generell vernünftig oder empfehlenswert.

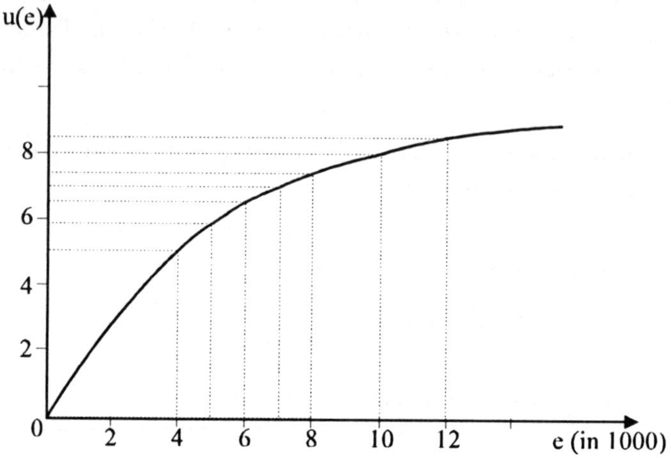

Abb. 7.2: Eine Nutzenfunktion

Die Erwartungswerte des Nutzens für die drei Handlungsmöglichkeiten des Beispiels betragen

für a_1: $\frac{1}{4}\cdot u(10.000) + \frac{1}{2}\cdot u(5.000) + \frac{1}{4}\cdot u(4.000) = \frac{1}{4}\cdot 8 + \frac{1}{2}\cdot 5{,}8 + \frac{1}{4}\cdot 5 = 6{,}15$

für a_2: $= \frac{1}{4}\cdot 5 + \frac{1}{2}\cdot 6{,}5 + \frac{1}{4}\cdot 7 = 6{,}25$

für a_3: $= 5{,}825$

Wer eine solche Risikoeinstellung hat, wie sie durch die Nutzenfunktion in Abbildung 7.2 zum Ausdruck kommt, sollte die Handlungsmöglichkeit a_2 wählen. Bei ihr ist der Erwartungswert des Nutzens oder, wie man auch sagt, der **Erwartungsnutzen** am größten, obwohl diese den *kleinsten* Erwartungswert des Ergebnisses aufweist. Verschiedene Personen haben in der Regel auch unterschiedliche Nutzenfunktionen. Daher könnte für eine andere Person auch eine andere Handlungsmöglichkeit als a_2 die beste sein.

Als nächstes ist zu erklären, warum ein konkaver Verlauf (Rechtskrümmung) der Nutzenfunktion Risikoscheu ausdrückt. Eine Funktion nennt man konkav (konvex), wenn jede lineare Verbindung zwischen zwei Punkten, die auf der Kurve liegen, unter (über) der Kurve verläuft. In der Abbildung 7.3 ist die gleiche Nutzenfunktion dargestellt wie in der Abbildung 7.2. Betrachtet werden nun zwei weitere Handlungsmöglichkeiten, die wir mit a_5 und a_6 bezeichnen. a_6 führe zu dem sicheren Ergebnis von 5. (Damit ist 5 zugleich auch der Erwartungswert dieses Ergebnisses.) Dagegen sei das Ergebnis von a_5 unsicher. Es betrage mit *gleicher Wahrscheinlichkeit* (von 0,5) entweder 10 oder 0. Als Erwartungswert des unsicheren Ergebnisses der Handlungsmöglichkeit a_5 ergibt sich 5. Er ist also genauso groß wie das sichere Ergebnis der Handlungsmöglichkeit a_6.

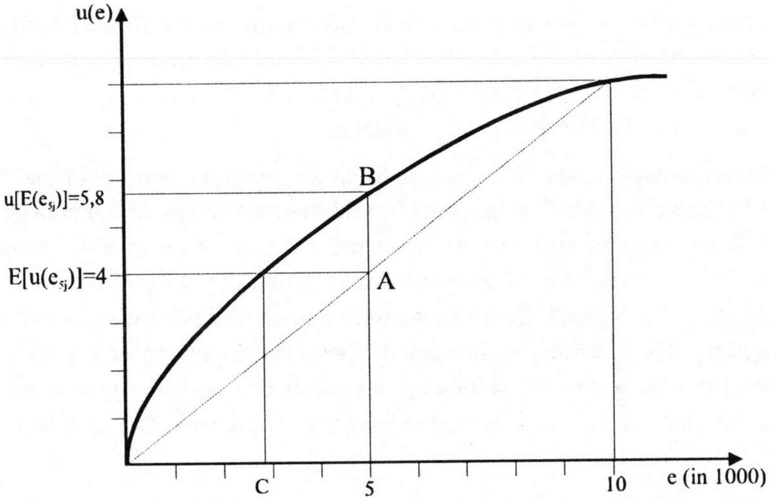

Abb. 7.3: Nutzenfunktion und Sicherheitsäquivalent

Jetzt sind die Nutzen zu vergleichen. Der Nutzen des Ergebnisses von a_6 ist $u(5) = 5{,}8$, wie man aus Abbildung 7.3 entnehmen kann.[16] Die Nutzen der einzelnen Ergebnisse, die sich bei Wahl von a_5 einstellen können, sind gemäß Abbildung 7.3 $u(10) = 8$ und $u(0) = 0$. Der Erwartungswert des Nutzens der Handlungsmöglichkeit a_5 ist 4. Also ist der (erwartete) Nutzen der Handlungsmöglichkeit a_6 mit 5,8 höher als der Erwartungsnutzen des Ergebnisses der Handlungsmöglichkeit a_5. Den Ausdruck "hat einen höheren erwarteten Nutzen" kann man einfach mit "wird vorgezogen" übersetzen. Daher wird die Handlungsmöglichkeit a_6 mit dem sicheren Ergebnis der Handlungsmöglichkeit a_5 mit dem unsicheren Ergebnis vorgezogen.

16 Dies ist zugleich der Nutzen des Erwartungswertes und der Erwartungswert des Nutzens von a_6, da dieses Ergebnis ja sicher ist.

Man kann Risikoscheu nun zuerst für den speziellen Fall definieren, daß es wie in unserem letzten Beispiel ein sicheres Ergebnis gibt: Jemand ist risikoscheu, wenn er eine Handlungsmöglichkeit, die ihm ein bestimmtes Ergebnis mit Sicherheit bringt, höher bewertet als jede andere Handlungsmöglichkeit, die unsicher ist und denselben Erwartungswert der Ergebnisse aufweist. Auf die Vorstellungshilfe, die eine sichere Handlungsmöglichkeit wie a_6 bietet, kann man aber auch verzichten und Risikoscheu allgemein definieren:

> **Risikoscheu (Risikofreude)** liegt vor, wenn der Erwartungswert des Nutzens der Ergebnisse kleiner (größer) ist als der Nutzen des Erwartungswertes der Ergebnisse. Bei **Risikoneutralität** sind beide gleich.

Die Nutzenfunktion einer risikoscheuen (risikofreudigen) Person ist rechtsgekrümmt (linksgekrümmt) bzw. konkav (konvex). Bei Risikoneutralität ist die Nutzenfunktion eine Gerade.[17] In der Abbildung 7.3 erkennt man die Risikoscheu an dem Verhältnis zwischen dem Erwartungswert des Nutzens $E[u(e_{5j})]$ und dem Nutzen des Erwartungswertes $u[E(e_{5j})] = u\ (\mu_5)$ für die Handlungsmöglichkeit a_5.

Um den Erwartungswert des Nutzens graphisch zu ermitteln, muß man die Punkte auf der Nutzenfunktion, die den Ergebnissen (10 und 0) entsprechen, durch eine gerade Linie verbinden. Dann errichtet man eine Senkrechte auf der Abszisse im Erwartungswert der Ergebnisse. Diese schneidet die Gerade im Punkt A und die Nutzenfunktion im Punkt B in der Abbildung 7.3. Gemäß dem Strahlensatz ist der Ordinatenwert von Punkt A der Erwartungswert des Nutzens; er beträgt 4. Der Ordinatenwert von Punkt B ist der Nutzen des Erwartungswertes; er beträgt 5,8. Daß der Erwartungswert des Nutzens kleiner ist als der Nutzen des Erwartungswertes, impliziert, daß die Kurve konkav (rechtsgekrümmt) ist.

In der Abbildung 7.3 ist noch der Abszissenwert C eingetragen. C ist das sogenannte **Sicherheitsäquivalent**, d.h. dasjenige *sichere* Ergebnis, das vom Entscheider *gleich bewertet* wird (den gleichen Nutzen hat) wie die unsichere Handlungsmöglichkeit a_5. Im Beispiel ist C (rund) 2,9. Die Differenz zwischen dem Erwartungswert und dem Sicherheitsäquivalent kann man als **Risikoabschlag** vom erwarteten Ergebnis interpretieren. Im Beispiel beträgt er (rund) 2,1.

Man kann strenger beweisen, als wir es getan haben, daß es vernünftig ist, Entscheidungen unter Unsicherheit mit Hilfe einer subjektiven Nutzenfunktion nach dem Bernoulli-Kriterium zu treffen. Hier wurde nur gezeigt, daß es andere Entscheidungsregeln gibt, die typische Fehler enthalten. Für das Bernoulli-Kriterium spricht, daß es diese Fehler - nämlich Informationen zu unterdrücken und eine bestimmte Einstellung gegenüber dem Risiko zu erzwingen - nicht enthält. Im Rahmen eines komplizierten Beweises läßt sich

17 Vgl. zur Messung der Risikoaversion grundlegend *Pratt* [Risk Aversion] und *Arrow* [Theory].

mehr zeigen: Das Bernoulli-Kriterium ist die *einzige* Entscheidungsregel, die mit einigen sehr plausiblen Axiomen rationalen Verhaltens kompatibel ist und deren Verwendung deshalb häufig mit rationalem Verhalten bei Unsicherheit gleichgesetzt wird.[18] Wir werden später auf eines dieser Axiome zurückgreifen.

Auf der Erklärung, wieso eine konkave Nutzenfunktion Risikoscheu ausdrückt, aufbauend, wollen wir hier abschließend wenigstens die Grundidee davon vermitteln, wie man eine Nutzenfunktion für eine bestimmte Person *konstruieren* kann: In der Abbildung 7.3 und in dem Beispiel mit den Alternativen a_5 und a_6 ist 0 das schlechteste und 10 das beste Ergebnis. Wenn nun der betreffenden Person, für die die Nutzenfunktion ermittelt werden soll, angeboten wird, entweder ein *sicheres* Einkommen von zum Beispiel 5 (Tausend DM) zu erhalten oder ein Lotterielos, mit dem sie entweder 10 oder 0 gewinnen kann, dann wird sie wie wohl jeder Mensch die Entscheidung davon abhängig machen, wie groß bei der Lotterie die Wahrscheinlichkeit p für den Gewinn der 10 und die Gegenwahrscheinlichkeit (1 - p) für den "Gewinn" von 0 ist. Je größer p ist, um so eher wird die Lotterie gewählt. Es gibt nun für jeden Menschen eine Wahrscheinlichkeit p*, bei der er unentschieden ist. Bei dieser Wahrscheinlichkeit sind ihm die beiden angebotenen Alternativen - sichere 5 oder unsichere 10 bzw. 0 - "äquivalent". Deshalb nennt man diese Wahrscheinlichkeit auch die **Äquivalenzwahrscheinlichkeit**. Diese Äquivalenzwahrscheinlichkeit braucht natürlich nicht 0,5 zu betragen; denn das würde gerade Risikoneutralität darstellen. Wie hoch sie ist, hängt von der subjektiven Einstellung gegenüber dem Risiko ab, und diese wird ihrerseits durch viele Sachverhalte wie die Persönlichkeitsstruktur und die aktuelle Lebenssituation bestimmt.

Nehmen wir an, eine eindringliche Befragung ergäbe, daß die Äquivalenzwahrscheinlichkeit einer bestimmten Person 72,5% oder 0,725 beträgt. Liegt die Wahrscheinlichkeit für den Gewinn der 10 in der angebotenen Lotterie, bei der man 10 oder 0 gewinnen kann, über 0,725, wird die Lotterie gewählt, anderenfalls die sicheren 5. Daraus ergibt sich ein Punkt der Nutzenfunktion, denn die Äquivalenzwahrscheinlichkeit ist inhaltlich nichts anderes als ein Ausdruck für den Nutzenwert: Eine Lotterie aus dem besten und dem schlechtesten Ergebnis mit dem Erwartungswert 5 hat eine Äquivalenzwahrscheinlichkeit von 0,725 oder einfacher: Der "Nutzen" von 5 beträgt 0,725.

Dieselbe Überlegung bzw. dieselbe Art der Befragung kann nun für ein anderes unter den möglichen Ergebnissen durchgeführt werden. Wir wählen als Beispiel das Einkommen von 7: Wie hoch muß die Wahrscheinlichkeit p* für den Gewinn von 10 (und die Gegenwahrscheinlichkeit (1 - p*) für den "Gewinn" von 0) bei einer Lotterie sein, damit eine Teilnahme an dieser Lotterie von der betrachteten Person als äquivalent zu sicheren 7 angesehen wird? Die Befragung ergebe eine Äquivalenzwahrscheinlichkeit von 87,5% oder 0,875. Damit hätten wir einen zweiten Punkt der Nutzenfunktion: Der "Nutzen"

18 Vgl. z.B. *Laux* [Entscheidungstheorie], S. 174-182, und die dort angegebene Literatur.

von 7 ist 0,875. Der "Nutzen" des Einkommens von 0, dem schlechtesten in Betracht gezogenen Ergebnis, wird mit 0 und der von 10 mit 1 normiert, was natürlich auch den Äquivalenzwahrscheinlichkeiten für die Ergebnisse 0 und 10 entspricht.

Hat man für alle anderen denkbaren Einkommen zwischen 0 und 10 in derselben Weise die Äquivalenzwahrscheinlichkeiten festgestellt, dann hat man damit bereits die Nutzenfunktion der betrachteten Person ermittelt, - und wenn man die so ermittelten Werte noch mit dem Faktor 8 multipliziert, hat man sogar die Nutzenziffern, die wir in unserem Beispiel und in den Abbildungen verwendet haben. Eine Nutzenfunktion ist nichts anderes als eine positive Lineartransformation der Äquivalenzwahrscheinlichkeiten, die eine Person bei hypothetischen Wetten angeben würde, bei der sie das beste oder das schlechteste der in Betracht kommenden Ergebnisse gewinnen kann. Das wesentliche Merkmal der Nutzenfunktion ist ihre Krümmung, denn an dieser zeigt sich die Risikoeinstellung. Dieses Merkmal ändert sich nicht bei einer positiven Lineartransformation, d.h. wenn man jede Nutzenziffer mit einem positiven Faktor wie dem hier völlig willkürlich gewählten Faktor 8 multipliziert und/oder einen absoluten Betrag addiert.

7.3.3 Entscheidungsregeln für die Zwei-Parameter-Darstellung

Wenn Handlungsalternativen durch ein Maß für Ertrag und ein Maß für Risiko gekennzeichnet werden, ist eine **zweistufige Entscheidungsregel** anzuwenden. Hier soll nur der Fall risikoscheuer Investoren betrachtet werden. Risikoscheue Investoren bevorzugen höheren Ertrag bei gleichem Risiko und niedrigeres Risiko bei gleichem Ertrag. Diese Definition für Risikoscheu ist auf die Parameterdarstellung bezogen. Sie ist aber inhaltlich mit der auf die Nutzenfunktion bezogenen Definition - konkaver Verlauf oder Rechtskrümmung - vereinbar. Bei den folgenden Ausführungen greifen wir auf das Beispiel mit den vier Handlungsalternativen a_1 bis a_4 zurück, das der Abbildung 7.1 am Anfang dieses Kapitels zugrunde liegt. Für die vier Handlungsmöglichkeiten gelten die folgenden Parameterwerte:

	a_1	a_2	a_3	a_4
Ertrag	6	4	6	8
Risiko	4	4	6	6

Tab. 7.3: Risiko-Ertrags-Kombinationen

Die erste Stufe bildet ein sogenanntes **Effizienzkriterium**. Es wirkt wie ein vorgeschalteter Filter, denn es enthält die Forderung: Scheide die Alternativen aus der weiteren

Auswahl aus, die wie a_2 aus der Abbildung 7.1 bzw. der Tabelle 7.3 einen geringeren Ertrag bei gleichem Risiko oder wie a_3 in dieser Abbildung ein größeres Risiko bei gleichem Ertrag haben als irgendeine andere. In dem Beispiel werden durch die Vorauswahl a_2 und a_3 eliminiert. a_1 und a_4 bleiben zur Endauswahl, sie sind *effizient.*

Effizient nennt man eine Handlungsalternative dann, wenn es keine andere gibt, die bei (mindestens) gleich hohem Ertrag ein geringeres Risiko hat, und keine, die bei (höchstens) gleich hohem Risiko einen höheren Ertrag aufweist.

Die Vorauswahl nach diesem Effizienzkriterium bedeutet, daß die Überlegungen in diesem Unterabschnitt nur für risikoscheue Investoren gelten.

Um zwischen effizienten Alternativen auszuwählen, braucht man als zweite Stufe eine **Austauschregel** zwischen Risiko und Ertrag. Alternative a_4 aus der Abbildung 7.1 bzw. der Tabelle 7.3 führt zu einem höheren (erwarteten) Ertrag und zugleich zu mehr Risiko als Alternative a_1. Fühlt sich ein Investor durch den höheren Ertrag von a_4 für das höhere Risiko ausreichend entschädigt? Wenn ja, wählt er a_4, wenn nein, wählt er a_1. Eine solche Austauschregel kann man *zum Beispiel* aus einer Zielfunktion mit der einfachen Form

$$Z = \text{Ertragsmaß} - b \cdot \text{Risikomaß} \quad \text{mit } b > 0$$

herleiten. b ist darin ein Maß für die Risikoaversion. Allgemein gilt: Z ist eine Funktion mit positiver Ableitung nach dem Ertragsmaß und negativer Ableitung nach dem Risikomaß bzw. mit positiver Ableitung von "Ertrag" nach "Risiko" bei gegebenem Wert von Z. Austauschregeln zwischen Risiko und Ertrag lassen sich durch **Risiko-Ertrags-Indifferenzkurven** darstellen. Eine solche Indifferenzkurve enthält die Gesamtheit aller von einem bestimmten Entscheider gleich bewerteten Kombinationen von Risiko und Ertrag. In Abbildung 7.4 ist eine Schar von Indifferenzkurven eines Entscheiders gezeichnet. Weiter links und weiter oben liegende Kurven bezeichnen bevorzugte Kombinationen von Risiko und Ertrag.

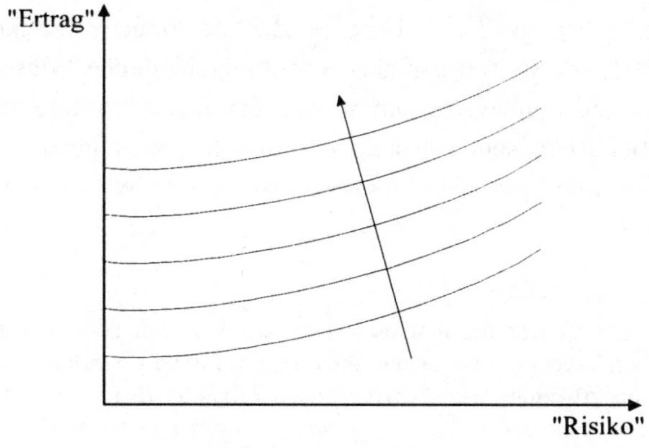

Abb. 7.4: Risiko-Ertrags-Indifferenzkurven

Die Steigung der Indifferenzkurven hängt von der individuellen Risikoneigung ab. In der Abbildung 7.5 sind je eine Indifferenzkurve aus der entsprechenden Schar von Indifferenzkurven für einen risikoneutralen (U_1), einen mäßig risikoscheuen (U_2) und einen stark risikoscheuen Entscheider (U_3) dargestellt.

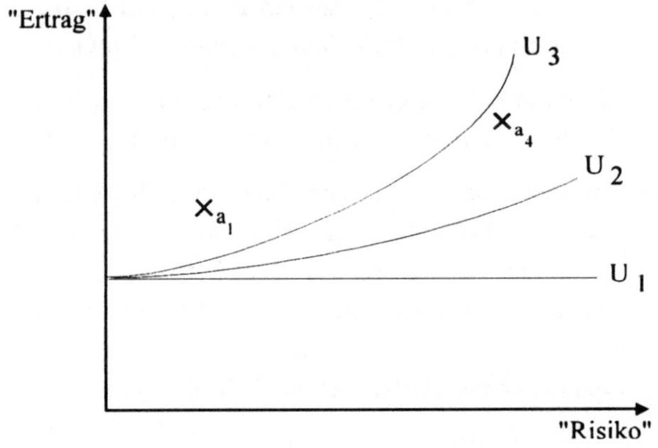

Abb. 7.5: Indifferenzkurven für unterschiedlich risikoscheue Entscheider

Wenn man die Punkte a_1 und a_4 aus der Abbildung 7.1 in die Abbildung 7.5 überträgt, sieht man, daß *in diesem Beispiel* der ausgeprägt risikoscheue Entscheider die risikoärmere Handlungsalternative a_1 wählen sollte, während für den risikoneutralen Entscheider a_4 günstiger ist: Sie bringt ihn auf eine höhere Indifferenzkurve und damit zu einem höheren Grad der Zielerreichung.

Es ist sehr wichtig, die oben im Zusammenhang mit dem Bernoulli-Kriterium diskutierten Nutzenfunktionen und die hier vorgestellten Indifferenzkurven auseinanderzuhalten. Die Verwechslungsgefahr ist groß, weil beide die persönliche Risikoeinstellung eines Entscheiders ausdrücken. Sie tun das aber auf unterschiedliche Weise. Die Nutzenfunktion ist bei Risikoscheu konkav; sie nimmt mit abnehmender Rate zu. Die Indifferenzkurven verlaufen bei Risikoscheu ansteigend. Bei der oben genannten einfachen Zielfunktion sind die Indifferenzkurven Geraden, häufig werden sie wie in Abbildung 7.4 konvex dargestellt.[19]

19 Formal ausgedrückt zeigt sich die Risikoscheu bei der Nutzenfunktion an der *negativen zweiten* Ableitung von u nach e (bei *positiver erster* Ableitung), während sie sich bei der Indifferenzkurve an der positiven ersten Ableitung von "Ertrag" nach "Risiko" (bei *beliebiger zweiter* Ableitung) erkennen läßt. Wenn man aber "Ertrag" als Erwartungswert und "Risiko" als Standardabweichung mißt, ist die *zweite* Ableitung auch *positiv*. Die Indifferenzkurven verlaufen bei Risikoaversion konvex; vgl. *Borch* [Note].

Die bisherigen Ausführungen über Entscheidungsregeln für die Zwei-Parameter-Darstellung gelten unabhängig davon, wie Ertrag und Risiko gemessen werden. Doch solange die Meßvorschriften nicht angegeben werden, sind die Aussagen nicht operational. Im Abschnitt 7.2.2 ist schon dargestellt worden, daß man den Ertrag durch den (errechneten oder geschätzten) Mittelwert μ_i der Wahrscheinlichkeitsverteilung der möglichen Ergebnisse einer Handlungsmöglichkeit i messen kann und daß sich das Risiko durch die (errechnete oder geschätzte) Varianz σ^2 oder die Standardabweichung σ messen läßt. Konkretisiert man die Vorstellung darüber, was "Ertrag" und "Risiko" sind, in dieser Weise, erhält man als eine weitere Entscheidungsregel das sogenannte **(μ,σ)-Kriterium**. Das ist die andere Entscheidungsregel, von der wir oben sagten, gegen sie könne *nicht* eingewendet werden, daß sie die Risikoneigung des Entscheiders vorschreibt ("normiert") oder daß sie Informationen ungenutzt läßt. Mit anderen Worten: Das (μ,σ)-Kriterium erscheint vernünftig.

Es gibt jedoch kein allgemeingültiges Risikomaß, das man unabhängig von den genauen Risikovorstellungen des Entscheiders dazu verwenden kann, eine Vorauswahl zu treffen, effiziente Handlungsalternativen darzustellen und zwischen ihnen auszuwählen. Entscheidungen aufgrund der durch Mittelwert und Varianz gemessenen Eigenschaften von Handlungsalternativen sind auch nicht immer rational im Sinne der Axiome vernünftigen Entscheidens, aus denen das Bernoulli-Kriterium hergeleitet werden kann. Die Entscheidungen anhand der zwei Parameter Mittelwert und Varianz sind nur dann *vernünftig im Sinne des Bernoulli-Kriteriums*, wenn die Nutzenfunktion des Entscheiders quadratisch ist[20] oder wenn die Verteilung der möglichen Ergebnisse eine Normalverteilung ist. Meist sind Ergebnisse nicht normalverteilt, und quadratische Nutzenfunktionen führen unter Umständen zu unsinnigen Entscheidungen.[21]

Den zuletzt genannten Punkt wollen wir an dem Beispiel der "effizienten" Handlungsmöglichkeiten a_1 und a_4 und der oben eingeführten ganz einfachen linearen Zielfunktion $Z = \mu - b \cdot \sigma$ mit μ als Ertragsmaß und σ als Risikomaß demonstrieren. Auf den ersten Blick erscheint es ein vertretbarer Ausdruck von subjektiver Risikoabwehr zu sein, daß ein Investor bei seinen Entscheidungen einen "Risikoaversionskoeffizienten" b von 1,1 verwendet. Das führt zu folgenden Werten der Zielfunktion:

$$Z(a_1) = Z_1 = 6 - 1{,}1 \cdot 4 = 1{,}6 \quad \text{und} \quad Z(a_4) = Z_4 = 8 - 1{,}1 \cdot 6 = 1{,}4$$

Danach erscheint die Handlungsmöglichkeit a_1 eindeutig günstiger als a_4. Aber diese Empfehlung ist - *unabhängig von der Risikoneigung des Entscheiders* - nicht generell richtig, denn hinter den hier nur durch ihre Parameter gekennzeichneten Handlungsmög-

20 Eine quadratische Nutzenfunktion hat die Form $u(e) = a\,e^2 + b\,e + c$.

21 Vgl. *Schneeweiß* [Entscheidungskriterien], S. 96-100, *Borch* [Note], und *Levy/Sarnat* [Investment], S. 312-315.

lichkeiten können folgende mögliche Ergebnisse mit ihren zugehörigen Wahrscheinlichkeiten stehen: Nehmen wir an, es gibt zwei Umweltzustände s_1 und s_2 mit jeweils 50% Wahrscheinlichkeit. Im Umweltzustand s_1 führen beide Alternativen zu einem Ergebnis von 2. Im Umweltzustand s_2 bringt a_1 ein Ergebnis von 10 und a_4 ein Ergebnis von 14. Aus diesen Einzelwerten der möglichen Ergebnisse resultieren zwar die Mittelwerte und die Standardabweichungen, die oben in der Tabelle angegeben sind, aber die Alternative a_4 ist eindeutig besser als a_1, weil sie in einem Umweltzustand (s_1) gleichviel und im anderen (s_2) mehr einbringt. Formal ausgedrückt: a_4 dominiert a_1, oder a_1 ist, wenn man nicht die Parameter, sondern die möglichen Ergebnisse anschaut, nicht effizient.

Wie das Beispiel zeigt, verstößt das (μ,σ)-Kriterium mitunter gegen das **Dominanzprinzip**. Das Dominanzprinzip ist ein wichtiges und zugleich sehr plausibles Axiom rationalen Verhaltens, das man auch zur Herleitung des Bernoulli-Kriteriums braucht. Es besagt:

> Eine Handlungsmöglichkeit soll bevorzugt werden, wenn sie in mindestens einem Umweltzustand *mehr* und in keinem *weniger* bringt als eine andere.

Mit dieser Kritik des (μ,σ)-Kriteriums, dem möglichen Verstoß gegen das Dominanzprinzip, haben wir zusätzlich zu den beiden oben schon angegebenen noch einen dritten Gesichtspunkt zur Beurteilung von Entscheidungsregeln eingeführt, nämlich die Vereinbarkeit mit der Bernoulli-Axiomatik. Fordert man, daß eine Entscheidungsregel mit den Bernoulli-Axiomen vereinbar ist, ergeben sich Vorbehalte gegen die Zwei-Parameter-Darstellung und gegen das (μ,σ)-Kriterium. Diese Vorbehalte sollten die Leser nicht vergessen, auch wenn die Parameter-Darstellung und das (μ,σ)-Kriterium die Grundlage der Diskussion im nächsten Kapitel bilden werden.

7.4 Probleme bei der Anwendung der Entscheidungstheorie auf Investitionsentscheidungen

7.4.1 Grundprobleme der direkten Anwendung der Entscheidungstheorie

Wegen der Bedeutung der Unsicherheit über die Zukunft, insbesondere für langfristige Entscheidungen wie Investitions- und Finanzierungsentscheidungen, ist es überaus naheliegend, die Konzepte und Methoden der Entscheidungstheorie bei der Beurteilung der Vorteilhaftigkeit von Investitions- und Finanzierungsmaßnahmen heranzuziehen. Die Anwendung der Entscheidungstheorie kommt sowohl bei der Darstellung von Investitionsentscheidungsproblemen als auch bei ihrer Lösung in Betracht. In Teilen der Literatur werden solche Übertragungen vorgeschlagen, wobei man sich vor allem auf die Beurteilung einzelner Investitionsvorhaben konzentriert. Aus Gründen der Praktikabilität liegt es nahe, den Schwerpunkt so zu setzen. Es soll in diesem Abschnitt vor allem gezeigt werden, welche Schwierigkeiten sich bei dem Versuch ergeben, die Entscheidungstheorie *direkt* auf *Investitions*entscheidungen anzuwenden.

Betrachten wir zuerst die Darstellung von Entscheidungsproblemen. Wie oben dargelegt wurde, muß ein Entscheider bei der vollständigen Darstellung eines Entscheidungsproblems alle Umweltzustände, alle Handlungsalternativen, die vollständige Liste der Ergebnisse und die (subjektiven) Wahrscheinlichkeiten für das Eintreten der Umweltzustände angeben können, um eine Ergebnismatrix aufzustellen.

Welche Ergebnisse sich als Folge der Entscheidung für eine Handlungsalternative einstellen, hängt davon ab, welcher Umweltzustand eintritt. Die möglichen Umweltzustände sind ihrerseits das Ergebnis des Zusammenwirkens von einzelnen Umweltfaktoren. Die Entscheidungstheorie erzieht dazu, die komplexen Abhängigkeiten zwischen den vielfältigen Umweltfaktoren zu untersuchen. Sie bietet dafür auch spezielle Techniken, so beispielsweise die Simulationstechnik[22]. Diese erlaubt es zu erfassen, daß die Ausprägungen der *einzelnen* Umwelt*faktoren* unsicher sein und zugleich die Ausprägungen *verschiedener* Umweltfaktoren voneinander abhängen können. Zwischen ihnen können sogenannte *stochastische Abhängigkeiten* bestehen, die durch Simulation gut erfaßbar sind. Beispielsweise kann der Wettbewerbsdruck am Absatzmarkt von der allgemeinen Konjunkturlage abhängen. Noch interessanter und noch schwieriger zu erfassen als stochastische Abhängigkeiten zwischen zeitgleich wirkenden Umweltfaktoren sind stochastische Abhängigkeiten zwischen den verschiedenen Zeitperioden. So könnte die Konkurrenzsituation am Absatzmarkt in einem Jahr davon abhängen, wie die Konkurrenzsituation im Vorjahr war; oder sie könnte auch von der Konjunkturlage des Vorjahres abhängen. Jede mögliche Konstellation aller relevanten Umweltfaktoren stellt einen Umweltzustand im Sinne der Entscheidungstheorie dar. Gibt es viele relevante und in komplexer Weise stochastisch verbundene Umweltfaktoren, resultiert daraus erst recht eine enorme Zahl von Umweltzuständen.

Wenn man trotz der damit offensichtlich verbundenen praktischen Probleme alle Umweltfaktoren mit allen zwischen ihnen möglichen Abhängigkeiten erfaßt hat, verfügt man über ein umfassendes Bild davon, was passieren kann. Lassen sich die Handlungsalternativen und die Ergebnisse des Zusammenwirkens von Handlungsalternativen und Umweltzuständen wenigstens im Prinzip ähnlich erfassen?

In der Entscheidungstheorie wird in sehr abstrakter Weise von "Handlungsmöglichkeiten" und "Ergebnissen" gesprochen. Die Größen, auf die man Entscheidungsregeln anwenden könnte, können aber nicht beliebige "Ergebnisse" von Investitionsvorhaben

---

22 Vgl. z.B. *Adelberger/Günther* [Fall- und Projektstudien] sowie die Aufsätze von *Hertz*, *Hillier* und *Hespos/Strassmann* in *Albach* [Investitionstheorie].

sein, sondern sie müssen in einem engen, nachvollziehbaren Zusammenhang zu den Größen stehen, auf die sich die Ziele von Entscheidern beziehen. Wie im zweiten und dritten Kapitel dargelegt worden ist, sind die relevanten Zielgrößen **Einkommensströme**. Beide Wortteile sind wichtig: Es geht um Einkommen, insbesondere solches, das für Konsumzwecke verwendet werden kann, und um Ströme oder Reihen von Einkommenszahlungen zu mehreren Zeitpunkten. Die Wahl von Handlungsmöglichkeiten führt zu unsicheren bzw. zustandsabhängigen Ergebnissen in der Form von (Konsum-) Einkommens*strömen*. Entsprechend sind die Handlungsmöglichkeiten und die in die Felder einer Entscheidungsmatrix einzutragenden Ergebnisse zu beschreiben, und entsprechend sind bei der vollständigen Darstellung die Umweltzustände so detailliert zu erfassen, daß sie wenigstens im Prinzip je nach Wahl der Handlungsmöglichkeit zu genau einem (Konsum-) Einkommensstrom führen. Dieses Erfordernis hat massive Konsequenzen: Einkommensströme sind nicht das Ergebnis einzelner Investitionsvorhaben, sondern von ganzen Investitions- und Finanzierungsprogrammen. Wenn man nicht ein spezifisches Argument heranziehen kann, warum Investitions- oder Finanzierungsmaßnahmen individuell bewertbar sind, kann man die Entscheidungstheorie nicht auf einzelne Investitions- und Finanzierungsvorhaben anwenden. Als ein solches Argument wurde in den vorangegangenen Kapiteln die Annahme eines vollkommenen und vollständigen Kapitalmarktes verwendet. Es bleibt als Aufgabe für die nächsten Kapitel zu prüfen, ob sich dieses Argument von dem Fall sicherer und quasi-sicherer Erwartungen auch auf den Fall unsicherer Erwartungen übertragen läßt.

Wir halten als erstes **Ergebnis** fest, daß die "vollständige Darstellung" eines Entscheidungsproblems unter Unsicherheit für *einzelne* Investitionsvorhaben überhaupt nicht sinnvoll möglich ist, weil (Konsum-) Einkommensströme das Ergebnis von Investitions- und Finanzierungsprogrammen und nicht von einzelnen Projekten sind; und auch für Investitions- und Finanzierungsprogramme ist die "vollständige Darstellung" allenfalls im Prinzip und nicht in der Praxis möglich.

Stellt sich das Problem bei der Parameterdarstellung anders und möglicherweise weniger gravierend dar? In der Tat reduziert es sich in einer Hinsicht: Da nicht alle einzelnen Ergebnisse erfaßt werden müssen, erscheint die Aufgabe, ein Entscheidungsproblem darzustellen, weniger komplex. Sonst ändert sich allerdings nicht viel, und es kommen andere Probleme hinzu, bzw. es wird besser erkennbar, worin die Probleme der Programmplanung unter Unsicherheit bestehen.

Greifen wir zuerst den letztgenannten Punkt auf. Für die Parameterdarstellung braucht man ein Risikomaß, und dieses Risikomaß sollte etwas über das Risiko der relevanten Zielgröße "(Konsum-) Einkommensstrom" aussagen. Das Risiko eines solchen Stromes ist nicht gleichzusetzen mit dem Risiko der Zahlungsströme einzelner Investitionsobjekte. Wie wir im nächsten Kapitel ausführlich erläutern werden, gibt es fast immer einen Risikoverbund zwischen verschiedenen Investitionsobjekten. Risiken können sich kumulieren oder auch gegenseitig kompensieren oder wie im Fall einer Versicherung tendenziell verringern. Diese risikobezogene Interdependenz macht es von vornherein unmöglich, Einzelinvestitionen entscheidungstheoretisch korrekt zu beurteilen; und die einer entscheidungstheoretischen Beurteilung zu unterziehenden Investitions- und Finanzierungsprogramme müssen zudem so zusammengestellt sein, daß mögliche Risikoausgleichseffekte optimal genutzt werden. Die in diesem Sinne optimierten Zahlungsströme von ganzen Programmen wären die anhand von Parametern ihrer (geschätzten) Wahrscheinlichkeitsverteilung zu beschreibenden unsicheren Ergebnisse.

Selbst wenn dieses Problem der der Entscheidung vorgelagerten Programmplanung gelöst werden könnte und der Entscheider eine Vorstellung von den unsicheren Einkommensströmen ganzer Investitions- und Finanzierungsprogramme entwickeln könnte, kommt das für die Parameterdarstellung spezifische Problem hinzu: Jeder der verschiedenen möglichen Einkommensströme ist eine Zahlungsreihe mit ungewisser Höhe in jedem zukünftigen Zahlungszeitpunkt. Er ist ein Vektor und kein Skalar (eine einzelne Zahl). Außer in dem Sonderfall, daß sich bei einer Handlungsmöglichkeit in jedem zukünftigen Zeitpunkt t_1 bis t_n immer die gleiche - aus der Sicht des Zeitpunktes t_0 unsichere - Höhe des Einkommens realisiert, kann man für unsichere Ströme keine Parameter für Ertrag (Mittelwert) und Risiko (Standardabweichung) ausrechnen, wie man sie für die Parameterdarstellung brauchte. Um sich dieses Problem zu vergegenwärtigen, überlege man, ob es möglich wäre, *in jeweils einer Zahl* die mittlere Breite des Rheins bei den möglichen Witterungsbedingungen des nächsten Winters und deren Standardabweichung anzugeben. Das geht grundsätzlich nicht. In jeweils einer Zahl könnte man höchstens den Mittelwert und die Streuung der Breite des Flusses an einer bestimmten Meßstelle angeben. Der Mittelwert und die Streuung der möglichen Rheinbreiten im nächsten Winter bei Mainz unterscheiden sich von der mittleren Breite und ihrer Streuung bei Bingen, bei Koblenz und bei Duisburg. Die Parameterdarstellung ist also überhaupt nicht möglich, wenn nicht ein Weg gefunden wird, die Mehrperiodigkeit der Ergebnisse irgendwie aus der Problemdefinition zu eliminieren.

Auch wenn die bisher genannten Probleme bei der Darstellung von "realen" Investitionsentscheidungsproblemen schon unüberwindbar erscheinen, sei trotzdem noch ihre **entscheidungstheoretische Lösung** angesprochen. Wenn ganze Einkommensströme die maßgeblichen "Ergebnisse" sind und wenn in den einzelnen Feldern der Ergebnismatrix auch Einkommensströme stehen, ist es im Prinzip denkbar, das Bernoulli-Kriterium anzuwenden, so wie es sich im Prinzip auch auf Ergebnisse anwenden läßt, die allein oder auch durch qualitative Merkmale beschrieben werden. Aber die zum Beispiel nach dem oben beschriebenen Verfahren der hypothetischen Wetten zu ermittelnden Nutzenziffern müssen dann auch Bewertungen ganzer Einkommensströme darstellen; und mit der Aufgabe, ganze, gegebenenfalls sehr lange laufende Ströme zu bewerten, wird jeder Entscheider praktisch überfordert sein.

Andere Entscheidungsregeln wie das oben genannte Minimax-Kriterium brauchen bei ihrer Umsetzung eine Einordnung danach, welches das "schlechteste" Ergebnis ist. Von einem Strom zukünftiger Einkommen kann man aber wieder nur in Ausnahmefällen sagen, daß er der schmalste ist. Der Ausnahmefall ist gegeben, wenn alle Einkommenskomponenten, also die Einkommensbeträge jedes einzelnen Jahres, bei einem Strom kleiner sind als bei allen anderen. Solche Entscheidungsregeln sind also nicht generell anwendbar, und die Ausnahmefälle, in denen sie doch anwendbar sind, dürften selten sein. Viel wichtiger ist aber noch, daß alle Entscheidungsregeln, die Mittelwerte und Streuungsmaße verwenden, nicht anwendbar sind, wenn diese Maße überhaupt nicht angegeben werden können, wie es bei Zahlungsreihen (und bei qualitativen Ergebnissen) der Fall ist.

7.4.2 Die sogenannte Risikoanalyse

Wegen dieser Schwierigkeiten, also sowohl aus grundsätzlichen Erwägungen als auch aus Gründen der Praktikabilität, brauchte man einzelne Zahlen als diejenigen (unsicheren oder bedingten) Ergebnisse, auf die die Entscheidungsregeln angewendet werden können. Möglicherweise könnten aus der Investitionstheorie bei Sicherheit bekannte **Kennziffern** wie Kapitalwerte im Entscheidungszeitpunkt t_0 oder Interne Zinsfüße diese Rolle übernehmen: Man kann ja für verschiedene Umweltzustände zukünftige Einkommensströme schätzen und diese dann - jeweils pro Umweltzustand - diskontieren und in einer Zahl, dem Kapitalwert oder dem Internen Zinsfuß, zusammenfassen. Durch die Kombination von Simulation und Diskontierung könnte man sogar **"Wahscheinlichkeitsverteilungen" von Kapitalwerten und Internen Zinsfüßen** erzeugen. Dieses Vorgehen ist in der Literatur vorgeschlagen worden und wird dort als **Risikoanalyse** bezeichnet. Die Anhänger der Risikoanalyse schlagen vor, durch Simulation Wahrscheinlichkeitsverteilungen zukünftiger Erträge zu erzeugen, daraus "Wahrscheinlichkeitsverteilungen" von Kapitalwerten oder Internen Zinsfüßen zu ermitteln und auf diese rechnerisch erzeugten "Wahrscheinlichkeitsverteilungen" die bekannten Entscheidungsregeln anzuwenden.[23] Beispielsweise wird empfohlen, den Erwartungswert der "Wahrscheinlichkeitsverteilung" des Kapitalwerts oder des Internen Zinsfußes einer betrachteten Investitionsalternative zu ermitteln und zu prüfen, ob er größer oder kleiner als null ist, oder zwischen verschiedenen Investitionsalternativen dadurch zu entscheiden, daß man für sie Mittelwert und Streuung (Varianz oder Standardabweichung) der denkbaren Kapitalwerte oder Internen Zinsfüße berechnet, diese in ein Indifferenzkurvensystem einträgt und dann diejenige Alternative auswählt, die auf der höchsten Indif-

23 Vgl. insbesondere *Hertz* [Policies].

ferenzkurve liegt. Solche Rechenoperationen führen zu Resultaten, die als Empfehlungen für Entscheidungen erscheinen. Aber solche Empfehlungen sind im Grunde willkürlich. Eine Entscheidungsregel wie die, man solle investieren, wenn der Erwartungswert der Wahrscheinlichkeitsverteilung denkbarer Kapitalwerte positiv ist, ist nicht durch eine nachvollziehbare Kette von Argumenten aus dem Ziel der Entscheider abzuleiten. Der Grund für diese Willkürlichkeit ist, daß die Präferenzen der Investoren sich auf wirkliche Konsummöglichkeiten und nicht auf Verteilungen gedachter Rechengrößen beziehen. Konsum kommt in der Risikoanalyse überhaupt nicht vor.

Die Risikoanalyse als direkte Anwendung von Entscheidungsregeln auf die rechnerisch erzeugten "Wahrscheinlichkeitsverteilungen" von Kapitalwerten oder Internen Zinsfüßen beruht auf einem **theoretisch-methodischen Mißverständnis**. Die Risikoanalyse klärt nicht, wie man vernünftigerweise entscheiden sollte. Nicht nur das, sie liefert auch nicht die Zahlen, die man in eine willkürfreie Entscheidungsregel einsetzen könnte. Das liegt an der irreführenden Vorstellung einer Wahrscheinlichkeitsverteilung von Kapitalwerten oder Internen Zinsfüßen bzw. an einer fehlerhaften Interpretation der investitionstheoretischen Grundbegriffe:

> Der **Kapitalwert** kann aufgrund seiner Funktion und Interpretation nicht unsicher sein, deshalb gibt es für ihn auch **keine Wahrscheinlichkeitsverteilung**.[24]

Im vierten Kapitel sind die Funktion und die Interpretation des Kapitalwertes und des Internen Zinsfußes dargestellt worden: Der Kapitalwert ist ein Grenzpreis oder eine Vermögensmehrung im Entscheidungszeitpunkt bzw. ein Betrag, um den sich bei Durchführung der betrachteten Investition der mögliche Konsum im Entscheidungszeitpunkt erhöht. Und er dient als Entscheidungskriterium. Was könnte es heißen, wenn jemand sagt, er würde mit 30% Wahrscheinlichkeit im Zeitpunkt t_0 einen bestimmten Mehrkonsum tätigen oder eine Investition wäre mit 30% Wahrscheinlichkeit vorteilhaft? Entweder sie ist vorteilhaft oder nicht! Was soll es heißen, wenn jemand sagt, er würde sich mit 60 % Wahrscheinlichkeit für eine bestimmte Investition und mit 40% gegen sie entscheiden? Entscheiden kann man sich nur ganz oder gar nicht! Was heißt es, wenn jemand dem Anbieter eines Patents sagt, er würde mit 30% Wahrscheinlichkeit den geforderten Preis bezahlen und das Patent kaufen und mit 70% nicht? Entweder er kauft das Patent oder er läßt es bleiben.[25]

---

24 Eine Einschränkung dieser Aussage könnte sich nur ergeben, wenn man das Schätzrisiko im Sinne der Bayesianischen Statistik erfaßte; vgl. *Bawa/Brown/Klein* [Estimation], S. 2-4 und S. 37-40. Dieses Schätzrisiko ist jedoch nicht Gegenstand der Risikoanalyse und wird auch in diesem Buch nicht berücksichtigt.

25 Es ist etwas anderes, wenn jemand nur 30% des geforderten Kaufpreises bezahlt oder wenn vereinbart ist, daß nur unter bestimmten Bedingungen, deren Wahrscheinlichkeit 30% betrage, der Kaufpreis zu bezahlen ist. In diesen beiden Fällen geht der Käufer eine bindende - wenn auch eventuell bedingte - Verpflichtung ein. Ebenfalls etwas anderes ist es, wenn man in einem früheren

Von seiner inhaltlichen Bedeutung und seiner Funktion her ist der Kapitalwert ein (sicherer) Preis und keine Wahrscheinlichkeitsverteilung, auch wenn die den Kapitalwert bestimmenden zukünftigen Zahlungen unsicher sind. Dasselbe gilt für den Internen Zinsfuß. Auch er ist ein Entscheidungswert und keine unsichere Größe.

Man braucht für die Investitionsrechnung als Entscheidungskriterium *nicht mehrere unsichere Kapitalwerte* zukünftiger Zahlungen oder mehrere Interne Zinsfüße, sondern einen *einwertigen oder sicheren Kapitalwert* für *unsichere* zukünftige *Zahlungen* bzw. einen eindeutigen Internen Zinsfuß.

Diesen eindeutigen Kapitalwert unsicherer zukünftiger Zahlungen könnte man genau so als Entscheidungskriterium verwenden, wie es für den Fall sicherer Erwartungen im vierten Kapitel vorgeführt worden ist: Wenn er positiv ist, stellt er eine Vermögensmehrung im Entscheidungszeitpunkt dar; und das würde für die Durchführung der Investition sprechen, wenn diese Vermögensmehrung auf dem Kapitalmarkt in einen Mehrkonsum mit der gewünschten zeitlichen Struktur umgewandelt werden kann. Der Kapitalwert kann auch als Grenzpreis genutzt werden. Als solcher sagt er dem Entscheider, wieviel er maximal für eine Investitionsmöglichkeit mit unsicherem Ausgang bezahlen kann, ohne daß er sich wirtschaftlich schlechter stellt, als wenn er auf die Investition verzichtet. Um Kapitalwerte unsicherer zukünftiger Zahlungen zu ermitteln, braucht man jedoch eine Bewertungstheorie, die die Unsicherheit ausdrücklich berücksichtigt. Darauf kommen wir im nächsten und vor allem im übernächsten Kapitel zurück.

Wir halten als **Ergebnis** fest: Der fundamentale Mangel der meisten Verfahren zur direkten Verwendung der Entscheidungstheorie für die Investitionsrechnung ist, daß man zwar komplizierte Dinge berechnen kann, daß man aber nicht weiß, was man mit den Resultaten solcher Rechnungen anfangen soll.[26]

Außer in dem praktisch wenig plausiblen Sonderfall, daß jemand in der Lage ist, alle möglichen zukünftigen Einkommensströme über mehrere zukünftige Perioden aufzuzählen, ihnen Nutzenziffern zuzuordnen und das Bernoulli-Kriterium anzuwenden, führt die direkte Anwendung der Entscheidungstheorie zu willkürlichen Ergebnissen. Die direkte Übernahme der Entscheidungstheorie in die Investitionstheorie reicht nicht aus, um die beiden Grundprobleme der Investitionstheorie zu lösen: Die Handlungsfolgen sind zeitverschieden und unsicher.

Die Investitionstheorie schafft es, wie wir gesehen haben, mit dem isolierten Problem der Zeitverschiedenheit umzugehen, solange sichere oder quasi-sichere Erwartungen und ein

---

Zeitpunkt eine Mutmaßung in der Form eines Wahrscheinlichkeitsurteils darüber abgibt, wie man später möglicherweise entscheiden wird. Diesen Fall werden wir im nächsten Unterabschnitt behandeln.

26 Diesen Einwand gegen die Risikoanalyse findet man auch bei *Brealey/Myers* [Principles], S. 251-255.

vollkommener Kapitalmarkt unterstellt werden können. Die Entscheidungstheorie kommt mit dem isolierten Problem der Unsicherheit zurecht, aber nur solange man die Zeitverschiedenheit der zu bewertenden Handlungsfolgen nicht berücksichtigt. Die Synthese steht noch aus. Sie ist in einer Bewertungstheorie unter Unsicherheit zu suchen.

Die enormen Schwierigkeiten, das allgemeine Problem der Entscheidung über zeitverschiedene und unsichere Vorteile zu lösen, rechtfertigen es, vereinfachte Probleme zu betrachten. Eine Vereinfachung ist, daß nur wirklich einperiodige Probleme untersucht werden: Am Periodenanfang ist die Entscheidung zu treffen, am Periodenende stellt sich das "Ergebnis" ein. Wird das "Ergebnis" durch unsichere zustandsabhängige Endvermögen (Kassenbestände) beschrieben, die zugleich Konsumeinkommen darstellen und plant der Entscheider im Zeitpunkt t_0 keinen Konsum vorzunehmen oder kann sicheren Konsum im Zeitpunkt t_0 und unsicheren Konsum im Zeitpunkt t_1 gegeneinander abwägen,[27] kann die Entscheidungstheorie unmittelbar angewendet werden. Wirklich einperiodige Entscheidungsprobleme sind korrekt lösbar, weil die "Ergebnisse" nicht Ströme, sondern einzelne Zahlen sind. Diese Einsicht kann in zwei Hinsichten ausgebaut werden, die wir im nächsten Unterabschnitt ansprechen wollen.

7.4.3 Vereinfachte Investitionsentscheidungen und indirekte Anwendungen

7.4.3.1 Die sogenannte flexible Planung

Man kann genau wie einperiodige Probleme auch zwei-, drei- und mehrperiodige Probleme entscheidungstheoretisch dann korrekt beschreiben und lösen, wenn als Zielgröße nur der Kassenbestand (Endvermögen) am Ende der letzten Periode verwendet werden kann, denn diese Zielgröße ist auch eine (unsichere) Zeitpunktgröße und kein Strom. Da es grundsätzlich ein Fehler ist, von der Interdependenz der Konsumwünsche zu verschiedenen Zeitpunkten abzusehen, schließt diese Art, die Unsicherheit zu berücksichtigen, also immer einen methodischen Fehler ein. Aber selbst wenn man diesen Fehler hinzunehmen bereit ist, ist die Erweiterung der Investitionsplanung auf mehr als eine Periode nicht trivial; denn in den Zeitpunkten vor dem letzten *können noch Entscheidungen getroffen werden*, die die Zielgröße, den Kassenbestand am Ende der letzten Periode, beeinflussen, und diese Möglichkeit sollte man schon im (ersten) Entscheidungszeitpunkt bedenken.

Betrachten wir ein Beispiel mit drei Perioden bzw. mit den vier Zeitpunkten t_0 bis t_3. t_0 ist der Entscheidungszeitpunkt. t_3 ist der Endzeitpunkt, in dem sich das "Ergebnis" als Kassenbestand niederschlägt und gegebenenfalls auch konsumieren läßt. In den dazwi-

27 Vgl. dazu *Fama/Miller* [Theory], S. 233-253.

schen liegenden Zeitpunkten t_1 und t_2 können Informationen eingehen, die es dem Entscheider erlauben, *dann* mit einem gegenüber dem Zeitpunkt t_0 verbesserten Informationsstand Entscheidungen zu treffen. Im Zeitpunkt t_0 weiß der Entscheider nicht, welche Informationen er in t_1 und t_2 *wirklich* erhalten wird. Er weiß nur, so wird im Rahmen der flexiblen Planung unterstellt, welche Umstände sich realisieren *können* und welche Informationen er dadurch mit welchen Wahrscheinlichkeiten bekommen kann. Er kennt also nicht die "wahre Realität", aber er kennt das oder den wahren stochastischen Zusammenhang der Ereignisse und damit zugleich das "Informationssystem": Aus dem Eintreten bestimmter Ereignisse im Zeitpunkt t_1 (bzw. t_2) kann er erkennen, daß er seine Erwartungen bezüglich der möglichen Ereignisse in den Zeitpunkten t_2 (bzw. t_3) revidieren muß und wie diese Revision *gegebenenfalls* zu erfolgen hat. Wüßte er in t_0 schon *sicher*, was er in t_1 und t_2 erfahren wird, dann hätte er die Informationen ja schon im Zeitpunkt t_0. Da der Entscheider in t_0 eine (annahmegemäß richtige) Vorstellung davon hat, welche Sachverhalte sich in den einzelnen späteren Zeitpunkten einstellen *können* und wie diese zugleich seine Erwartungen über die danach folgenden Ereignisse verändern werden, kann er dies schon in t_0 in seine Planung einbeziehen. Er kann deshalb in t_0 **bedingte Pläne** für die späteren Entscheidungszeitpunkte t_1 und t_2 aufstellen. Wie er dann in t_1 und in t_2 wirklich entscheiden wird, hängt davon ab, was bis dahin passiert ist und welche Veränderungen der Erwartungen sich realisiert haben werden.

Wer diesen Zusammenhang zwischen den Perioden bedenkt, betreibt **flexible Planung**. Flexibel zu planen bedeutet, sich Handlungsspielräume dann offenzuhalten, wenn dadurch die Zielerreichung verbessert werden kann.[28] Rechentechnisch geht man dabei so vor, daß man vom letzten betrachteten Zeitpunkt, in dem noch Entscheidungen getroffen werden können (in unserem Beispiel also von t_2), gedanklich zurückschreitet. Man überlegt, was die optimale Entscheidung in t_2 wäre, wenn sich bis dahin die verschiedenen für möglich gehaltenen Umweltentwicklungen eingestellt hätten. Welche Umweltentwicklungen bis t_2 eintreten, ist für den Entscheider ein Datum. Was er bei Eintritt der möglichen Umweltentwicklungen in t_2 noch entscheiden kann, hängt hingegen von den Entscheidungen und Maßnahmen ab, die vorher getroffen wurden. Bei den (bedingten) Entscheidung in t_1 wird man entsprechend berücksichtigen, daß man sich für die möglichen späteren Entscheidungssituationen, die in t_2 eintreten können, eine möglichst günstige Ausgangssituation schafft. Entsprechend ist in t_0 zu entscheiden. Das Ergebnis solcher Überlegungen ist eine **Strategie**, d.h. eine Kombination aus unbedingten Entscheidungen für t_0 und bedingten Entscheidungen für t_1 und t_2.

Die flexible Planung ist eine im Rahmen ihrer Problemstellung korrekte und auch praktisch bedeutsame Methode zur Berücksichtigung der Unsicherheit bei Investitions-

28 Vgl. *Hax/Laux* [Verfahrensregeln], hier S. 323. Zur flexiblen Planung vgl. umfassend *Laux* [Investitionsplanung].

entscheidungen. Die Empfehlung, eine bestimmte Strategie von unbedingten Entscheidungen für den ersten Entscheidungszeitpunkt und bedingten Entscheidungen für spätere Zeitpunkte auszuwählen, ist logisch einwandfrei; die Empfehlung ist nicht willkürlich. Der Nachteil ist, daß die Mehrperiodigkeit nur zur Hälfte erfaßt wird: Sie wird zwar bei den Entscheidungen und damit bei der Formulierung der Handlungsalternativen berücksichtigt, nicht aber bei der Zielformulierung.

7.4.3.2 "Kurzsichtige" Planung

Die Einsicht, daß sich für einperiodige Entscheidungsprobleme mit der Entscheidung am Periodenanfang und bewertungsrelevanten "Ergebnissen" am Periodenende im Sinne der Entscheidungstheorie weitgehend korrekte und sogar praktikable Lösungen finden lassen, kann auch in der Weise genutzt werden, daß man versucht, **"pseudo-einperiodge" Entscheidungsprobleme** zu formulieren. Dazu müssen mehrperiodige Probleme auf einperiodige Probleme zurückgeführt werden, es muß ein einperiodiges "Ersatzproblem" formuliert und dann auch gelöst werden können. Die Bedingungen, unter denen man bei einperiodiger Planung - die Literatur spricht von "kurzsichtiger Planung"[29] - keine Fehler macht, sind allerdings restriktiv. Im allgemeinen ist die Verkürzung mehrperiodiger Planung auf einperiodige Planung nicht möglich. Im folgenden soll nur eine grobe Vorstellung davon vermittelt werden, warum die fehlerfreie Reduktion mehrperiodiger Entscheidungsprobleme auf einperiodige schwierig ist, wie sie im Prinzip erfolgen könnte und warum sie nur in Sonderfällen gelingt. Für die Diskussion der Sonderfälle sei auf die Spezialliteratur verwiesen.[30]

Es liegt nahe, so etwas wie das "Vermögen" im Zeitpunkt t_1 als Ersatz-Zielgröße für die eigentlich interessierenden Konsumströme ab t_1 (c_1, c_2, c_3,...) zu verwenden und den Nutzen dieses "Vermögens" gegen den Nutzen von Konsum im Zeitpunkt t_0 abzuwägen. (Zur Vereinfachung betrachten wir im folgenden nur c_2 als Repräsentanten der Zukunft nach t_1.) Aus der Sicht des Entscheidungszeitpunktes t_0 ist das "Vermögen" in t_1 zustandsabhängig und damit unsicher. Auf die möglichen Ausprägungen des t_1-"Vermögens" kann man eine Entscheidungsregel anwenden. Aber was ist das "Vermögen" in t_1? In Übertragung der Überlegungen, die wir im dritten und vierten Kapitel vorgestellt haben, ist es immer zweierlei zugleich: Zum einen kann man das zustandsabhängige Vermögen im Zeitpunkt t_1 verstehen als die Summe aus der zustandsabhängigen Einzahlung, die die Investition im Zeitpunkt t_1 erbringt, und der *zustandsabhängigen Bewertung* der wiederum *zustandsabhängigen Erwartungen* darüber, welche

29 Vgl. z.B. *Mossin* [Multiperiod], hier S. 223.

30 Vgl. außer *Mossin* [Multiperiod] vor allem *Hakansson* [Strategies] und *Fama* [Decisions].

Einzahlungen in t_2 mit welchen Wahrscheinlichkeiten erfolgen können. Zum anderen stellt das zustandsabhängige "Vermögen" in t_1 die Summe aus dem zustandsabhängigen Geldbetrag, der in t_1 verbraucht wird, und dem Geldbetrag dar, der in t_1 angelegt wird, um ihn in t_2 zusammen mit dem *dann* zufließenden Investitionsertrag verbrauchen zu können. Dabei ist zu beachten, daß der zwischen t_1 und t_2 angelegte Betrag - erstens - negativ sein, also eine Verschuldung darstellen kann und - zweitens - entweder sicher oder riskant angelegt werden kann.

Die Ausführungen im Abschnitt 3.3 zum Separationstheorem von Fisher zeigen, daß unter den Bedingungen von Sicherheit und vollkommenem Kapitalmarkt das Vermögen in t_1 wirklich eine vollwertige Ersatzgröße für den Konsumstrom mit den Komponenten c_1 und c_2 darstellt. Gilt dies bei Unsicherheit ebenso? Die Antwort wird dadurch erschwert, daß es zwischen den betrachteten Zeitpunkten t_1 und t_2 komplexe Verknüpfungen gibt: Schon aus der Diskussion des Investitions-Konsum-Problems bei Sicherheit wissen wir, daß der Konsum in einem Zeitpunkt nicht unabhängig von dem Konsum im anderen Zeitpunkt bewertet werden kann und daß mehr Konsum in einem Zeitpunkt zu weniger Konsummöglichkeiten in dem anderen Zeitpunkt führt. Bei Unsicherheit gilt zusätzlich, daß sich im Zeitablauf die Erwartungen ändern können. Das betrifft zweierlei: erstens die *Erwartungen* in t_1 *über die Zahlungen*, die in t_2 aus der betrachteten Investitionsobjekt (oder gegebenenfalls dem betrachteten Investitions- und Finanzierungsprogramm) fließen werden, und zweitens den (eventuell unsicheren) *Zinssatz*, zu dem Zahlungen zwischen den Zeitpunkten t_1 und t_2 - und weiteren Zeitpunkten - verschoben werden können. Eine "kurzsichtige", einperiodige Planung in der Form von Entscheidungen allein anhand der möglichen Werte des t_1-"Vermögens" ist nur dann korrekt, wenn eine oder mehrere dieser Verknüpfungen aufgehoben werden. Das ist eine *notwendige* Bedingung.

Zwei verschiedene *hinreichende* Bedingungen sind bekannt: Eine hinreichende Bedingung betrifft die Verwendung einer - woraus auch immer resultierenden - Erhöhung[31] des Vermögens in t_1. Kurzsichtige Planung ist dann korrekt, wenn die Erhöhung des Vermögens ganz spezifische Auswirkungen darauf hat, wie der Entscheider im Zeitpunkt t_1 sein dann vorhandenes Vermögen auf die drei Verwendungen Konsum im Zeitpunkt t_1, risikolose Anlage bis t_2 und riskante Anlage bis t_2 aufteilt. Dies setzt wiederum voraus, daß seine Nutzenfunktion (im Sinne des Bernoulli-Kriteriums) ganz bestimmte - und keineswegs allgemeine - Eigenschaften aufweist. Es setzt also eine sehr spezifische Risikoeinstellung voraus.

Die andere hinreichende Bedingung betrifft die Ursachen von Vermögensänderungen. Sie lautet, daß eine Veränderung des "Vermögens" in t_1 *nur eine Folge* von veränderten Einkommenszahlungen in t_1 und t_2 sein darf. Damit wird eine andere mögliche Ursache

31 Bzw. entsprechend eine Verminderung.

für Vermögensänderungen ausgeschlossen, nämlich Änderungen der *Bewertung* von zukünftigen Einzahlungen (mit gegebener Höhe und gegebenen Wahrscheinlichkeiten). Wie wir im dritten und vierten Kapitel für den Fall sicherer Erwartungen gezeigt haben, stellt eine solche Bewertung immer einen Vergleich mit den am Markt gegebenen Alternativen dar. Daß sich die Bewertung nicht ändern darf, bedeutet deshalb, daß *schon im Zeitpunkt* t_0 mit Sicherheit die zustandsabhängigen Möglichkeiten zur Geldanlage oder zur Verschuldung im Zeitpunkt t_0 gegeben und bekannt sind. Diese Bedingung stellt somit eine extrem weitgehende Fassung der bereits bekannten Annahme des vollkommenen und vollständigen Kapitalmarktes dar.

Nur ein vollkommener und vollständiger Kapitalmarkt erlaubt, genau wie wir es für den Fall sicherer und quasi-sicherer Erwartungen gezeigt haben, eine Bewertung von (unsicheren) Einkommensströmen, die unabhängig von den spezifischen Konsumwünschen und der Risikoneigung des Investors oder einer Mehrheit von Investoren ist. Der nächste gedankliche Schritt besteht deshalb darin, eine solche Bewertungstheorie zu finden, die es erlauben würde, auch schon für den Entscheidungszeitpunkt t_0 eine solche Bewertung der unsicheren Zahlungsströme einer einzelnen Investition oder eines ganzen Investitions- und Finanzierungsprogramms vorzunehmen, daß die Wahl der Investitionsalternative mit dem höchsten "Marktwert" im Zeitpunkt t_0 auch den am höchsten bewerteten Konsumeinkommensstrom zu erreichen erlaubt. Die nächsten beiden Kapitel sind dieser Aufgabe gewidmet.

7.5 Zusammenfassung

In diesem Kapitel ist gezeigt worden, wie man Entscheidungsprobleme unter Unsicherheit formulieren und lösen kann, wenn man von dem für Investitionsentscheidungen charakteristischen Umstand absieht, daß ihre Folgen sich auf mehrere zukünftige Zeitpunkte erstrecken.

Entscheidungsprobleme unter Unsicherheit lassen sich vollständig beschreiben. In einer Ergebnismatrix sind alle Handlungsmöglichkeiten und alle Umweltzustände mit ihren Eintrittswahrscheinlichkeiten anzugeben sowie die Ergebnisse, die sich einstellen, wenn eine Handlungsmöglichkeit gewählt wird und ein Umweltzustand eintritt. Neben der vollständigen Beschreibung gibt es die Beschreibung durch die Angabe der Parameter der Wahrscheinlichkeitsverteilung der Ergebnisse der Handlungsmöglichkeiten. Die Parameter Erwartungswert und Standardabweichung kann man als Maße für "Ertrag" und "Risiko" der Handlungsmöglichkeiten interpretieren.

Zur Lösung von Entscheidungsproblemen verwendet man Entscheidungsregeln. Die beste Entscheidungsregel zur Lösung vollständig formulierter Entscheidungsprobleme ist das Bernoulli-Kriterium. Zu seiner Anwendung braucht man eine Nutzenfunktion, die die Risikoneigung des Entscheiders ausdrückt. Durch zwei Parameter der Ergebnisverteilungen beschriebene Entscheidungsprobleme löst man, indem man zuerst die "effizienten" von den "ineffizienten" Handlungsmöglichkeiten trennt und dann die beste unter den "effizienten" Handlungsmöglichkeiten anhand der persönlichen Bewertung von "Ertrag" und "Risiko" ermittelt. Diese persönliche Bewertung, die die Risikoneigung des Entscheiders ausdrückt, kann durch Indifferenzkurven dargestellt werden.

Die direkte Übertragung der Entscheidungstheorie auf Investitionsentscheidungen ist problematisch, weil die Handlungsfolgen bei Investitionsentscheidungen nicht nur unsicher sind, sondern sich auf mehrere zukünftige Perioden erstrecken. Die Entscheidungstheorie kann zwar die Unsicherheit erfassen, im allgemeinen aber nicht zugleich die Mehrperiodigkeit. Angeblich praktische Verfahren wie die Risikoanalyse sind daher zwar geeignet, die Unsicherheit von Investitionsentscheidungen deutlich zu machen, sie führen aber nicht zu willkürfreien Entscheidungen, weil sich keine klare gedankliche Verknüpfung zwischen den Ergebnissen der Rechnung und den Zielen des Entscheiders herstellen läßt.

Korrekt und mitunter sogar praktisch lösbar sind Investitionsentscheidungsprobleme dann, wenn sie sich so formulieren lassen, daß die zu bewertenden unsicheren "Ergebnisse" in einem Zeitpunkt anfallen. Diese Gleichzeitigkeit der Ergebnisse kann man bei der "flexiblen Planung" unterstellen. Wenn sich eine Nutzenfunktion über "Endvermögen" am Ende der ersten Planungsperiode angeben läßt und insb. wenn sich Marktwerte oder Marktwertänderungen für Investitionen im Entscheidungszeitpunkt bestimmen lassen, kann man mehrperiodige Investitionsentscheidungen willkürfrei als einperiodige oder sogar "zeitlose" Entscheidungen formulieren und lösen. Dazu ist dann jedoch eine Theorie der Marktbewertung unter Unsicherheit erforderlich, mit deren Hilfe man die möglichen Marktwerte abschätzen kann.

Kapitel 8

Entscheidungen von Kapitalanlegern: Portfolio Selection

8.1 Lernziele

Dieses Kapitel soll zwei Aufgaben erfüllen: Zum einen soll eine wichtige Klasse von Investitionsentscheidungen unter Unsicherheit behandelt werden, nämlich die Entscheidungen über die Geldanlage in Aktien, die an der Börse gehandelt werden. Zum anderen soll die im nächsten Kapitel weiter auszubauende Einsicht vorbereitet werden, daß die Entscheidungen von Kapitalanlegern die wichtigste Determinante der Finanzierungsmöglichkeiten von Unternehmungen sind. Die Theorie der Anlageplanung und die auf ihr aufbauende Theorie des Kapitalmarktgleichgewichts stehen inhaltlich zwischen den Themenkreisen Investition und Finanzierung und ergänzen unsere Ausführungen zum Thema Kapitalkosten um eine weiterreichende Erfassung des Risikos.

Ein Charakteristikum der Geldanlage in Aktien ist, daß Anleger fast ausnahmslos nicht nur Aktien einer Unternehmung, sondern Wertpapiermischungen, sogenannte **Portefeuilles**, halten. Durch das Mischen von Wertpapieren entstehen Vorteile, weil sich die Risiken der einzelnen Wertpapiere gegenseitig beeinflussen. Wie stark diese Vorteile ausgeprägt sind, wovon sie abhängen und wie sie am besten genutzt werden können, ist der Inhalt der Lehre von der Portefeuillebildung oder, wie der inzwischen international übliche Ausdruck lautet, der "portfolio selection".

Die Leser sollen in diesem Kapitel mit drei Grundideen vertraut werden:

(1) Diversifikation mindert das Risiko eines Portefeuilles. Wie stark das Risiko reduziert wird, hängt von den Eigenschaften der Aktien im Portefeuille und von der Zusammensetzung oder Struktur des Portefeuilles ab.

(2) Sogenannte effiziente Aktienportefeuilles erhält man, wenn man die Möglichkeit der Risikoreduktion durch Diversifikation soweit ausnutzt, wie es möglich und sinnvoll ist. Dies kann durch die Wahl der Zusammensetzung des Portefeuilles geschehen. Im allgemeinen Fall ist die optimale Zusammensetzung des Aktienportefeuilles eines Anlegers von dessen Risikoneigung abhängig.

(3) Wenn die Möglichkeit besteht, Geld zu einem gegebenen Zinssatz risikolos anzulegen und sich zu demselben Zinssatz zu verschulden und mit dem Kreditbetrag Aktien zu kaufen, ist die optimale Zusammensetzung des Aktienportefeuilles eines Anlegers hingegen unabhängig von seiner Risikoneigung. Auch für die Zusammensetzung optimaler Aktienportefeuilles gibt es also ein Separationstheorem.

8.2 Risikoreduktion durch Diversifikation

8.2.1 Die Grundidee

Wenn eine Textilfabrik Badehosen produziert, ist der Geschäftserfolg im Sommer abhängig vom Wetter. Wenn sie Regenschirmbezüge herstellt, ist er es auch. In einem warmen Sommer werden viele Badehosen und wenige Regenschirme verkauft, in einem verregneten Sommer ist es gerade umgekehrt. Um das Absatzrisiko zu mindern, sollte die Textilfabrik beide Produkte herstellen. Bei gutem Wetter gleicht der Gewinn bei den Badehosen den Verlust bei den Regenschirmen aus, bei schlechtem Wetter ist es umgekehrt.

In diesem Fall ist die Diversifikation des Produktions- und Absatzprogrammes ein Beispiel für eine besonders ausgeprägte Risikominderung, weil sich die erfolgsbestimmenden Ereignisse, die Absatzmöglichkeiten für Regenschirme und Badehosen, in Abhängigkeit vom Wetter gegenläufig entwickeln. Die gegenläufige Entwicklung stärkt den Effekt der Risikoreduktion, aber sie ist nicht nötig, wie man am Beispiel der Versicherung sieht: Die einzelnen Versicherungsfälle sind weitgehend unabhängig voneinander. Daher kann eine Versicherungsgesellschaft davon ausgehen, daß ihre Belastung durch Schadensfälle einer bestimmten Art weitgehend sicher ist, während es zugleich für den einzelnen Versicherten sehr unsicher ist, ob er im nächsten Jahr z.B. einen Verkehrsunfall haben wird. Wie stark das Zusammenfassen von Einzelrisiken in einer Versicherung das Gesamtrisiko reduziert, hängt davon ab, wieviele Versicherungsnehmer bei einer Gesellschaft versichert sind.

Der Effekt der Risikoreduktion ist auch nicht davon abhängig, wie man das Risiko definiert und mißt. Eine meist zu einfache, mitunter aber akzeptable Definition ist, daß man das Risiko mit der Wahrscheinlichkeit des Eintretens eines besonders unerwünschten Zustandes gleichsetzt. Die für viele Großunternehmungen und Regierungen geltende Vorschrift, daß nie mehr als zwei Vorstands- bzw. Regierungsmitglieder in einem Flugzeug fliegen dürfen, ist eine Maßnahme der Diversifikation. Sie reduziert die Wahrscheinlichkeit, daß der gesamte Vorstand bzw. die gesamte Regierung ausfällt. Ähnlich läßt sich die Diversifikation von Bezugsquellen deuten: Wenn beispielsweise eine Unternehmung dringend auf die Versorgung mit bestimmten Rohstoffen aus politisch instabilen fernen Ländern angewiesen ist, stellt es für sie einen besonders unerwünschten Zustand dar, falls sie überhaupt nicht beliefert wird. Dieses Risiko läßt sich reduzieren, indem z.B. der betreffende Rohstoff aus zwei Ländern bezogen wird. Denn daß die Lieferungen aus beiden Ländern zugleich ausfallen, ist weniger wahrscheinlich, als daß es in einem Land zu Lieferschwierigkeiten kommt.

Das Beispiel des Bezugsrisikos zeigt auch, daß eine Risikoreduktion selbst dann eintritt, wenn die beiden den Erfolg bestimmenden Ereignisse, hier die Lieferstörungen, nicht unabhängig voneinander sind. Es sei die Wahrscheinlichkeit für Lieferstörungen in jedem der beiden Länder 10%. Wenn es aber in einem Land z.B. aus politischen Gründen zu Lieferstörungen kommt, sei die Wahrscheinlichkeit, daß dann auch die Lieferung aus dem anderen Land ausfällt, 30% statt 10%. Trotz dieser Abhängigkeit kann die Diversifikation auf zwei Rohstofflieferländer das Risiko eines Totalausfalls von 10% auf 3% senken. Nur in dem Sonderfall, daß ein Land immer dann nicht liefert, wenn auch das andere ausfällt, senkt die Diversifikation der Bezugsquellen das Bezugsrisiko nicht.

8.2.2 Diversifikation in einem Aktienportefeuille

Wir müssen hier eine terminologische Vorbemerkung machen. Eine Person kann Vermögen in verschiedenen Formen halten. Sie kann "Humanvermögen" haben, d.h. aufgrund von Ausbildung etc. sich gesteigerte Einkommenserwartungen für die Zukunft verschafft haben. Sie kann Versicherungs- und Rentenansprüche besitzen, über ein Eigenheim oder sonstige nicht leicht marktgängige Vermögensgüter verfügen usw. Von all diesen Vermögensformen wird im folgenden abgesehen,[1] denn wir betrachten nur die Geldanlage in Wertpapieren, speziell die in Aktien. Dabei werden die Begriffe "Wertpapiere" und "Aktien" nicht so verwendet, wie es den juristischen Abgrenzungskriterien entspricht, sondern als theoretische Begriffe: Als **Wertpapiere** werden hier ertragbringende Vermögensgüter bezeichnet, die auf gut organisierten Märkten gehandelt werden, und als **Aktien** solche Wertpapiere, deren Ertrag unsicher ist. Reale Wertpapiere oder Wertpapiere im Rechtssinne wie Anleihen der Deutschen Bahn AG oder Aktien der Mannesmann AG sind wichtige Beispiele für Wertpapiere bzw. für Aktien im Sinne der Theorie.

Der interessanteste und vom Gegenstand dieses Buches her wichtigste Fall der Diversifikation ist die Bildung eines Aktienportefeuilles. Zuerst soll der Effekt der Risikoreduktion durch Anlagestreuung anhand des einfachsten Falls mit nur zwei Aktien untersucht werden.

Wir gehen davon aus, daß ein bestimmter Geldbetrag auf Aktien der Gesellschaft 1 und Aktien der Gesellschaft 2 - oder kürzer: auf Aktien der Art 1 und Aktien der Art 2 oder noch kürzer: auf Aktie 1 und Aktie 2 - aufgeteilt werden soll. x_1 sei der in Aktie 1 investierte Anteil des anzulegenden Geldbetrages, x_2 der in Aktie 2 investierte Anteil. Es gilt $x_1 + x_2 = 1$.

---

1 Die Vernachlässigung solcher Vermögensformen bedeutet nicht die Unterstellung, daß Anleger kein Vermögen in diesen Formen hätten, sondern nur, daß sich die Entscheidungen über die Geldanlage in Wertpapieren von den sonstigen Vermögensentscheidungen trennen lassen. Vgl. dazu (mit Recht) kritisch *Schneider* [Investition], S. 542.

Hierzu treffen wir folgende **Annahmen**:

(1) Die Aktien sind beliebig teilbar.

(2) Der Anleger hat einen Planungszeitraum von einer Periode.

(3) Seine Präferenzen beziehen sich auf sein Vermögen am Periodenende[2].

(4) Der Anleger ist risikoscheu.

(5) Seine Präferenzen lassen sich durch eine Maßgröße für "Ertrag" und eine Maßgröße für "Risiko", wie sie im vorigen Kapitel eingeführt worden sind, erfassen.

Der Erwartungswert des *Endvermögens* am Periodenende dient als Maß für den Ertrag und die Varianz bzw. die Standardabweichung als Maß für das Risiko. Im folgenden verwenden wir anstelle der Parameter der Verteilung des Endvermögens jedoch den Erwartungswert und die Varianz bzw. die Standardabweichung der *Renditen* des Portefeuilles als diejenigen Größen, auf die sich die Bewertung des Anlegers bezieht. Das hat in diesem Kapitel keine inhaltlichen Auswirkungen, es vereinfacht nur die Darstellung.

Die Aktien haben am Periodenende einen (unsicheren) Kurswert $\widetilde{BK}_1$. Zur Vereinfachung sei unterstellt, daß die (unsichere) Dividende $\tilde{D}_1$ am Periodenende ausgezahlt wird. Der gegenwärtige Börsenkurs BK_0 ist bekannt. Der unsichere Ertrag einer Aktie während der Periode setzt sich zusammen aus der Dividende und der Kursänderung: $\tilde{D}_1 + (\widetilde{BK}_1 - BK_0)$. Unsichere Größen wie $\tilde{D}_1$ und $\widetilde{BK}_1$ nennt man Zufallsvariablen.

> Eine **Zufallsvariable** ist eine Funktion, die bei bestimmten Umweltzuständen bestimmte Werte (Ausprägungen oder Realisationen) annimmt. Die Umweltzustände treten wiederum mit bestimmter Wahrscheinlichkeit ein.

So sind z.B. am Periodenanfang die Dividende und der Kurs am Periodenende Zufallsvariablen. Um dies zu verdeutlichen, stehen in diesem und dem folgenden Kapitel sogenannte Tilden (Schlangenlinien) über denjenigen Symbolen, die Zufallsvariablen bezeichnen. Eine bestimmte Ausprägung einer Zufallsvariable ist selbst keine Zufallsvariable, sondern eine sichere Größe.

> Die (unsichere) **Rendite** einer Aktie i ist definiert als ihr (unsicherer) **Ertrag** pro eingesetzter Geldeinheit. Sie wird mit $\tilde{r}_i$ bezeichnet.

---

2 Vgl. *Fama/Miller* [Theory], S. 321-335, zu dem Nachweis, daß bzw. unter welchen Bedingungen eine auf das Vermögen im Zeitpunkt t_1, das Ende der Planungsperiode, bezogene einperiodige Anlageplanung mit einer simultanen Berücksichtigung der Konsumwünsche in den Zeitpunkten t_0, t_2, t_3, ..., vereinbar ist.

(8.1) $$\tilde{r}_i = \frac{\tilde{D}_1 + (\tilde{BK}_1 - BK_0)}{BK_0} = \frac{\text{Dividende + Kursänderung}}{\text{Anfangskurs}}$$

Im Abschnitt 2.2 des vorigen Kapitels haben wir darauf hingewiesen, daß man die Wahrscheinlichkeitsverteilung eines unsicheren Ergebnisses entweder direkt oder aber indirekt als Wahrscheinlichkeitsverteilung von Umweltzuständen darstellen kann, denen dann bedingte sichere Ergebnisse zugeordnet werden. Besonders zur Klärung grundlegender Zusammenhänge ist diese indirekte Darstellungsweise meistens geeigneter. Aus diesem Grunde wird sie auch im folgenden verwendet. Wir nehmen deshalb an, die mit dem Index j = 1, ..., n gekennzeichneten Umweltzustände seien unsicher, und welches Ergebnis sich wirklich einstellt, sei *nur* davon abhängig, welcher Umweltzustand eintritt. p_j ist die Wahrscheinlichkeit für das Eintreten des Umweltzustandes j und damit für die Rendite r_{ij} der Aktie i im Umweltzustand j. Bei *gegebenem* Umweltzustand ist r_{ij} eine sichere Größe.

Nehmen wir beispielsweise an, es gebe vier Umweltzustände. Die Wahrscheinlichkeiten für die Umweltzustände seien einheitlich 0,25. Die Tabelle 8.1 enthält in ihrem mittleren Teil die Renditen der Aktien 1 und 2 in den Umweltzuständen 1 bis 4.

Umweltzustand		Aktie $\tilde{r}_i$		Portefeuille $\tilde{r}_p$		
				$x_1 = 0,5$	$x_1 = 0,67$	$x_1 = 0,75$
j	p_j	$\tilde{r}_1$	$\tilde{r}_2$	$x_2 = 0,5$	$x_2 = 0,33$	$x_2 = 0,25$
1	0,25	-6%	0%	-3%	-4%	-4,5%
2	0,25	+2%	-10%	-4%	-2%	-1%
3	0,25	+10%	+14%	+12%	+11,33%	+11%
4	0,25	+14%	+20%	+17%	+16%	+15,5%
μ		+5%	+6%	+5,5%	+5,33%	+5,25%

Tab. 8.1: Aktien- und Portefeuillerenditen

Die Mittelwerte der Wahrscheinlichkeitsverteilungen der Renditen der einzelnen Aktien werden durch die Erwartungswerte gemessen und mit $E(\tilde{r}_i) = \mu_i$ (für i = 1, 2) bezeichnet. Sie sind in der untersten Zeile der Tabelle 8.1 eingetragen. Im Beispiel haben sie die Werte $E(\tilde{r}_1) = \mu_1 = 5\%$ und $E(\tilde{r}_2) = \mu_2 = 6\%$. Der Mittelwert der möglichen Renditen ist das Maß für den Ertrag einer Geldanlage.

Mit $E(\tilde{r}_P) = \mu_P$ wird der Erwartungswert der Rendite eines Portefeuilles bezeichnet. Die Rendite eines Portefeuilles in *einem* Umweltzustand j ist der mit den Portefeuilleanteilen x_1 und x_2 gewogene Durchschnitt aus den Renditen der Aktien 1 und 2 in diesem Umweltzustand:

$$(8.2) \quad r_{pj} = x_1 r_{1j} + x_2 r_{2j}$$

Unter Verwendung der im vorigen Kapitel eingeführten Definition des Erwartungswertes erhält man für den **Erwartungswert der Rendite eines Portefeuilles**:

$$(8.3) \quad E(\tilde{r}_p) = \mu_p = \sum_{j=1}^{n} (x_1 r_{1j} + x_2 r_{2j}) p_j = \sum_{j=1}^{n} x_1 r_{1j} p_j + \sum_{j=1}^{n} x_2 r_{2j} p_j = x_1 \mu_1 + x_2 \mu_2$$

Er gleicht also gerade dem gewogenen Durchschnitt der Erwartungswerte der Renditen für die einzelnen Aktien, wobei die Portefeuilleanteile x_1 und x_2 als Gewichte dienen.

Wir betrachten dazu ein Beispiel. In der rechten Hälfte der Tabelle 8.1 sind die Portefeuillerenditen pro Umweltzustand und die erwarteten Portefeuillerenditen jeweils für drei verschiedene Portefeuillezusammensetzungen angegeben. Dabei fällt auf, daß sich die drei erwarteten Portefeuillerenditen, die in den drei Matrixfeldern unten rechts stehen, auf zwei Wegen als Durchschnitte berechnen lassen: einmal als Durchschnitt der zustandsabhängigen Portefeuillerenditen, gewichtet mit den Eintrittswahrscheinlichkeiten der Umweltzustände, und zum anderen als Durchschnitt der erwarteten Aktienrenditen, gewichtet mit den Portefeuilleanteilen.[3] Dieser in der Gleichung 8.3 erfaßte Zusammenhang läßt sich auch so ausdrücken:

> Der **Ertrag** des Portefeuilles ist der Durchschnittsertrag der Aktien im Portefeuille.

Daß es sich als so einfach erweist, die erwartete Rendite oder den "Ertrag" eines Portefeuilles aus den erwarteten Renditen der Aktien in dem Portefeuille zu errechnen, gibt Anlaß zu prüfen, ob sich auch das Risiko eines Portefeuilles als gewogenes Mittel der Risiken der einzelnen Aktien bestimmen läßt, wenn man dabei das Risiko für das Portefeuille und für die einzelnen Aktien durch die Standardabweichung der zustandsabhängigen Renditen mißt. Im allgemeinen ist das *Portefeuillerisiko nicht gleich dem Durchschnittsrisiko* der Aktien im Portefeuille. Um dies zeigen zu können, müssen aber noch einige weitere Definitionen eingeführt und erläutert werden.

> Die **Varianz** einer Zufallsvariablen ist der Erwartungswert der quadrierten Abweichungen der möglichen Werte von ihrem Erwartungswert.

---

3 Rechnerisch sind die Werte bei beiden Arten der Ermittlung identisch. Das heißt freilich nicht, daß die beiden Wege auch hinsichtlich der praktischen Probleme der Datenbeschaffung gleich sind.

Die Varianz wird mit dem Symbol σ^2 oder var(·) bezeichnet.[4] Für σ_i^2, die **Varianz der Rendite** $\tilde{r}_i$ der Aktie i, gilt:

$$(8.4) \quad \mathrm{var}(\tilde{r}_i) = \sigma_i^2 = \sum_{j=1}^{n} (r_{ij} - \mu_i)^2 p_j$$

Die Varianz der Rendite der Aktie 1 aus dem in Tabelle 8.1 angegebenen Beispiel beträgt

$$(-6-5)^2 \cdot \frac{1}{4} + (2-5)^2 \cdot \frac{1}{4} + (10-5)^2 \cdot \frac{1}{4} + (14-5)^2 \cdot \frac{1}{4} = \frac{236}{4} = 59.$$

Die Varianzen der Renditen der Aktien 1 und 2 und die der drei unterschiedlich zusammengesetzten Portefeuilles werden entsprechend aus den zustandsabhängigen Renditen errechnet. Sie sind in der ersten Zeile der Tabelle 8.2 angegeben.

Die **Standardabweichung** einer Zufallsvariablen ist die Quadratwurzel aus der Varianz.

Für die Standardabweichung der Rendite der Aktie i gilt deshalb

$$(8.5) \quad \sigma_i = \sqrt{\mathrm{var}(\tilde{r}_i)} = \sqrt{\sum_{j=1}^{n} (r_{ij} - \mu_i)^2 p_j}.$$

Die Berechnung und die Interpretation der Varianz und der Standardabweichung sind schon im letzten Kapitel erläutert worden.

Die Standardabweichungen der Renditen der Aktien 1 und 2 und der drei Portefeuilles sind in der mittleren Zeile des rechten Teils der Tabelle 8.2 angegeben. In der unteren Zeile sind die nach der einfachen Formel für einen Durchschnitt berechneten "**Durchschnittsrisiken**" (DR) der drei Portefeuilles eingetragen:

$$(8.6) \quad DR = x_1\sigma_1 + x_2\sigma_2$$

Anhand der Zahlen des Beispiels kann schon die Frage nach dem Verhältnis von Portefeuillerisiko und "Durchschnittsrisiko" beantwortet werden. Man sieht: Das Portefeuillerisiko ist kleiner als das Durchschnittsrisiko.

---

4 Zur Notation: var (·) für die Varianz und E (·) für den Erwartungswert - und entsprechend unten cov (·,·) für die Kovarianz - sind sog. Operatoren, d.h. Anweisungen, bestimmte Rechnungen vorzunehmen. Der Punkt bzw. die Punkte in Klammern weist (weisen) darauf hin, daß an diese Stelle die Zufallsvariable(n) einzusetzen ist (sind), für die die Rechnung vorgenommen werden soll. Die Funktion der in Klammern anzugebenden Zufallsvariablen ist der von Indizes ähnlich. Man schreibt deshalb statt var ($\tilde{r}_i$) oder σ_i^2 auch $\sigma^2(\tilde{r}_i)$, ohne daß dadurch Mißverständnisse entstehen dürften.

	Aktie $\tilde{r}_i$		Portefeuille $\tilde{r}_P$		
			$x_1 = 0,5$	$x_1 = 0,66$	$x_1 = 0,75$
	$\tilde{r}_1$	$\tilde{r}_2$	$x_2 = 0,5$	$x_2 = 0,33$	$x_2 = 0,25$
σ^2	59	138	84,25	72,67	68,06
σ	7,68	11,75	9,18	8,52	8,25
DR			9,72	9,04	8,70
$cov(\tilde{r}_1,\tilde{r}_2)$	70				
ρ_{12}	0,77577				

Tab. 8.2: Risikomaße für Portefeuilles

In der Beispielrechnung wurden die beiden Risikomaße $\sigma(\tilde{r}_i)$ und DR_i für die drei Portefeuillezusammensetzungen aus den *zustandsabhängigen Portefeuillerenditen* errechnet. Oft sind diese Zahlen aber nicht verfügbar. Daher ist zu fragen, ob und wie sich das Portefeuillerisiko aus den Risiken der Aktien im Portefeuille errechnen läßt. Um dies zeigen zu können, müssen einige weitere Begriffe sowie einige Regeln für das Rechnen mit Zufallsvariablen eingeführt werden. Diese Begriffe und Rechenregeln sollten die Leser genau studieren, weil sie für die Portefeuilletheorie von grundlegender Bedeutung sind und auch in späteren Abschnitten gebraucht werden.

Das Produkt aus einer Zufallsvariablen, z.B. $\tilde{r}_i$, und einem konstanten Faktor, z.B. x_i, ist auch eine Zufallsvariable. Für deren **Varianz** gilt wegen Gleichung 8.4:

$$(8.7) \quad var(x_i\,\tilde{r}_i) = \sum_{j=1}^{n} (x_i\,r_{ij} - x_i\,\mu_i)^2\,p_j = x_i^2 \sum_{j=1}^{n} (r_{ij} - \mu_i)^2\,p_j = x_i^2\,var(\tilde{r}_i) = x_i^2\,\sigma_i^2$$

Durch das Ausmultiplizieren enthält jeder Summand den konstanten Faktor x_i^2. Wegen 8.5 und 8.7 gilt für die Standardabweichung des Produkts aus einer Zufallsvariablen und einer Konstanten:

$$(8.8) \quad \sigma(x_i\,\tilde{r}_i) = \sqrt{var(x_i\,\tilde{r}_i)} = \sqrt{x_i^2\,var(\tilde{r}_i)} = x_i \cdot \sqrt{var(\tilde{r}_i)} = x_i \cdot \sigma_i$$

Das Risiko eines Portefeuilles hängt außer von den Varianzen der Renditen der einzelnen Aktien auch von deren Kovarianz ab.

Die **Kovarianz** von zwei Zufallsvariablen ist der Erwartungswert des Produktes der Abweichungen der beiden Zufallsvariablen von ihrem jeweiligen Mittelwert.

Die Kovarianz wird ausführlich mit dem Symbol cov (·,·) und kürzer mit σ_{ij} bezeichnet, wobei in der Klammer bzw. als Indizes die beiden Variablen genannt werden, deren Kovarianz ausgedrückt wird. Sind $\tilde{r}_1$ und $\tilde{r}_2$ die beiden Zufallsvariablen, errechnet sich die Kovarianz als

$$(8.9) \quad \text{cov}(\tilde{r}_1, \tilde{r}_2) = \sum_{j=1}^{n} [(r_{1j} - \mu_1)(r_{2j} - \mu_2)] p_j = \sigma_{12}.$$

Wie der Name andeutet, ist die Kovarianz ein Maß dafür, wie sehr die beiden Zufallsvariablen *zusammen*, d.h. *in gleicher Richtung und in gleicher Stärke*, von ihren Mittelwerten abweichen. In die Summation in Gleichung 8.9 gehen im allgemeinen positive und negative Summanden ein. Ein positiver Summand ergibt sich, wenn bei einem Umweltzustand die Renditen der *beiden* Aktien entweder über oder unter ihren Mittelwerten liegen. Einen negativen Summanden erhält man, wenn die positive Abweichung der einen Rendite mit einer negativen Abweichung der anderen Rendite zusammentrifft. Überwiegen die positiven Summanden, ist dies ein Zeichen dafür, daß die Renditen der Aktien im Durchschnitt in der gleichen Richtung variieren. Die Kovarianz hat dann ein positives *Vorzeichen*. Der *Betrag* der Kovarianz hängt davon ab, ob "große" Abweichungen der einen Rendite von ihrem Mittelwert eher mit "großen" oder mit "kleinen" Abweichungen der anderen Rendite von deren Mittelwert zusammentreffen. Ist der Betrag der Kovarianz "groß", bedeutet dies, daß der Zusammenhang der zwei Zufallsvariablen eng ist. Bei einem losen Zusammenhang ist der Betrag der Kovarianz "klein". (Was "groß" bzw. "klein" ist hängt von den Werten ab, die die Zufallsvariablen annehmen können.)

In dem obigen Zahlenbeispiel (Tabelle 8.1) ergibt sich als Kovarianz zwischen r_1 und r_2:

$$\text{cov}(\tilde{r}_1, \tilde{r}_2) = \sigma_{12} = (-11)\cdot(-6)\cdot\frac{1}{4} + (-3)\cdot(-16)\cdot\frac{1}{4} + 5\cdot 8\cdot\frac{1}{4} + 9\cdot 14\cdot\frac{1}{4} = 70$$

Aus den Definitionen der Varianz (Gleichung 8.4) und der Kovarianz (Gleichung 8.9) ergibt sich, daß die Varianz ein Spezialfall der Kovarianz ist: Sie ist die Kovarianz einer Zufallsvariablen mit sich selbst. Die Varianz ist auch insofern ein Sonderfall der Kovarianz, als der Zusammenhang zwischen zwei Zufallsvariablen nie enger sein kann als der zwischen einer Zufallsvariablen und ihr selbst. Sind die zwei Zufallsvariablen, deren Kovarianz bestimmt wird, Produkte aus je einer Zufallsvariablen und einer Konstanten, dann gilt:

$$(8.10) \quad \begin{aligned} \text{cov}(x_1 \tilde{r}_1, x_2 \tilde{r}_2) &= \sum_{j=1}^{n} [(x_1 r_{1j} - x_1 \mu_1)(x_2 r_{2j} - x_2 \mu_2)] p_j \\ &= x_1 x_2 \sum_{j=1}^{n} [(r_{1j} - \mu_1)(r_{2j} - \mu_2)] p_j = x_1 x_2 \,\text{cov}(\tilde{r}_1, \tilde{r}_2) = x_1 x_2 \sigma_{12} \end{aligned}$$

Mit den Renditen $\tilde{r}_1$ und $\tilde{r}_2$ als Zufallsvariablen und den Portefeuilleanteilen $x_1 = x_2 = 0{,}5$ als Konstanten erhalten wir in unserem Zahlenbeispiel $0{,}5 \cdot 0{,}5 \cdot 70 = 17{,}5$.

Um die **Varianz einer Summe** zu bestimmen, braucht man die Kovarianz, denn die Varianz einer Summe aus zwei Zufallsvariablen, z.B. von $\tilde{r}_1$ und $\tilde{r}_2$, ist die Summe aus

- der Varianz der ersten,
- der Kovarianz der ersten mit der zweiten,
- der Varianz der zweiten und
- der Kovarianz der zweiten mit der ersten.

Da die Kovarianzen zwischen $\tilde{r}_1$ und $\tilde{r}_2$ und zwischen $\tilde{r}_2$ und $\tilde{r}_1$ gemäß der Definitionsgleichung 8.9 übereinstimmen, kann man diese Summe vereinfachen zu:

$$(8.11)\quad \operatorname{var}(\tilde{r}_1 + \tilde{r}_2) = \operatorname{var}(\tilde{r}_1) + \operatorname{var}(\tilde{r}_2) + 2\operatorname{cov}(\tilde{r}_1, \tilde{r}_2) = \sigma_1^2 + \sigma_2^2 + 2\sigma_{12}$$

Sind die Zufallsvariablen selbst Produkte aus je einer Zufallsvariablen (Rendite) und einem konstanten Faktor (Portefeuilleanteil), gilt unter Verwendung der Gleichungen 8.7, 8.10 und 8.11:

$$(8.12)\quad \operatorname{var}(x_1 \tilde{r}_1 + x_2 \tilde{r}_2) = x_1^2 \operatorname{var}(\tilde{r}_1) + x_2^2 \operatorname{var}(\tilde{r}_2) + 2 x_1 x_2 \operatorname{cov}(\tilde{r}_1, \tilde{r}_2)$$

$$= x_1^2 \sigma_1^2 + x_2^2 \sigma_2^2 + 2 x_1 x_2 \sigma_{12}$$

Die Gleichung 8.12 ist sehr wichtig. Sie zeigt, wie sich das Risiko eines Portefeuilles aus den Risiken der Aktien im Portefeuille zusammensetzt: Die Einzelrisiken, die Portefeuilleanteile und das Maß des Zusammenhanges zwischen den Renditen bestimmen zusammen das Portefeuillerisiko.

> Weil die Kovarianz in das Portefeuillerisiko eingeht, besteht ein **Risikoverbund** zwischen den Aktien. Man kann das Risiko einer Aktie in einem Portefeuille nicht isoliert erfassen.

Im Zahlenbeispiel ergeben sich unter Verwendung von 8.12 folgende Varianzen und Standardabweichungen der Portefeuillerenditen in Abhängigkeit von der Portefeuillezusammensetzung:

Portefeuille-zusammensetzung		Portefeuillerendite				
x_1	x_2	$x_1^2 \cdot \sigma_1^2$	$x_2^2 \cdot \sigma_2^2$	$2x_1x_2\sigma_{12}$	σ_p^2	σ_p
0,5	0,5	0,25·59	0,25·138	2·0,5·0,5·70	84,25	9,18
0,67	0,33	0,44·59	0,11·138	2·0,67·0,33·70	72,67	8,52
0,75	0,25	0,56·59	0,06·138	2·0,75·0,25·70	68,06	8,25

Tab. 8.3: Portefeuillerisiko und Portefeuillezusammensetzung

Die Zahlen in der Tabelle 8.3 entsprechen genau denen, die oben aus den zustandsabhängigen Portefeuillerenditen errechnet worden sind. Hier wurden sie aber *aus den Parametern* Varianz und Kovarianz der Aktien im Portefeuille ermittelt. Die Art der Berechnung ändert nichts an dem Ergebnis, daß (von einem Ausnahmefall abgesehen) das Portefeuillerisiko, ausgedrückt als Standardabweichung, kleiner ist als das "Durchschnittsrisiko" des Portefeuilles.

Um den bisher anhand eines Zahlenbeispiels dargestellten Unterschied zwischen Portefeuillerisiko (σ_p) und "Durchschnittsrisiko" (DR) allgemein zeigen zu können, brauchen wir noch einen Begriff aus der Statistik: den Korrelationskoeffizienten.

Der **Korrelationskoeffizient** ist die durch das Produkt der Standardabweichungen der beiden Zufallsvariablen dividierte Kovarianz.

Der Zweck der Division - oder, wie man auch sagt: der Normierung - ist, zu einer Zahl zu kommen, die von ihrer Dimension her anschaulich und interpretierbar ist. Der Korrelationskoeffizient wird mit dem Symbol ρ_{ij} gekennzeichnet, dessen Indizes die beiden Variablen kennzeichnen, zwischen denen die Korrelation besteht, die zum Ausdruck gebracht wird. Für die Zufallsvariablen $\tilde{r}_1$ und $\tilde{r}_2$ gilt:

(8.13) $$\rho_{1,2} = \frac{\text{cov}(\tilde{r}_1, \tilde{r}_2)}{\sqrt{\text{var}(\tilde{r}_1) \cdot \text{var}(\tilde{r}_2)}} = \frac{\sigma_{12}}{\sigma_1 \sigma_2}$$ bzw. als Umkehrung:

(8.13a) $$\text{cov}(\tilde{r}_1, \tilde{r}_2) = \sigma_1 \sigma_2 \, \rho_{12}$$

In unserem Zahlenbeispiel ist - ohne Berücksichtigung der Portefeuilleanteile - der Korrelationskoeffizient

$$\frac{70}{7{,}68 \cdot 11{,}75} \approx 0{,}8\,.$$

Die Normierung, d.h. die Division durch das Produkt aus den beiden Standardabweichungen, macht aus dem Korrelationskoeffizienten eine dimensionslose Zahl. Sie hat eine weitere wichtige Eigenschaft: Der "krasseste Fall" eines positiven Zusammenhangs zwischen "zwei" Zufallsvariablen liegt dann vor, wenn die beiden identisch sind. Daher ist die Kovarianz einer Zufallsvariablen mit sich selber sozusagen die Obergrenze des Wertes, den die Kovarianz annehmen kann. Die Kovarianz einer Variablen mit sich selbst ist aber die Varianz. Dividiert man sie durch die Standardabweichungen der "beiden" Zufallsvariablen, erhält man $\sigma_i^2/(\sigma_i \cdot \sigma_i)$, und das ist natürlich gleich 1. Der Korrelationskoeffizient kann also nicht höher liegen als 1, und mit einer entsprechenden Überlegung erhält man als Untergrenze -1. Der Korrelationskoeffizient liegt also aufgrund seiner Definition im Bereich zwischen -1 und +1:

$$(8.14)\quad -1 \leq \rho_{ij} \leq +1$$

Mit Hilfe der Gleichung 8.13a kann die wichtige Gleichung 8.12 für die Varianz der Rendite des Portefeuilles auch geschrieben werden als

$$(8.15)\quad \sigma_p^2 = \text{var}(\tilde{r}_p) = x_1^2\sigma_1^2 + x_2^2\sigma_2^2 + 2x_1x_2\sigma_1\sigma_2\rho_{12}\ .$$

Die Varianz der Portefeuillerendite hat die Dimension "Rendite-Prozente im Quadrat". Um sie mit dem in Gleichung 8.6 definierten "Durchschnittsrisiko" vergleichen zu können, müssen wir die Dimensionen angleichen. Es ist einfacher, wenn man für die direkte Gegenüberstellung das "Durchschnittsrisiko" ins Quadrat erhebt, statt die Standardabweichung, die die Wurzel aus der Varianz ist, zu berechnen. Dazu muß man DR nach der bekannten Formel $(a + b)^2 = a^2 + 2ab + b^2$ quadrieren. Das ergibt:

$$(8.16)\quad DR^2 = (x_1\sigma_1)^2 + 2(x_1\sigma_1)(x_2\sigma_2) + (x_2\sigma_2)^2$$

oder ausmultipliziert, umgestellt und im letzten Teil um den Faktor 1 erweitert:

$$(8.17)\quad DR^2 = x_1^2\sigma_1^2 + x_2^2\sigma_2^2 + 2x_1x_2\sigma_1\sigma_2 \cdot 1$$

Diesen Ausdruck kann man nun unmittelbar mit dem Ausdruck für die Varianz der Portefeuillerendite 8.15 vergleichen. Dort steht der Faktor ρ_{12}, wo hier der Faktor 1 steht. Daraus folgt, daß das Durchschnittsrisiko dann und nur dann dem Risiko des Portefeuilles entspricht, wenn der Korrelationskoeffizient den Wert +1 annimmt. Wie wir oben in der Gleichung 8.14 dargestellt haben, kann der Korrelationskoeffizient nicht größer als +1 sein. Ein Korrelationskoeffizient von +1 stellt den Sonderfall **vollständiger positiver Korrelation** dar. Nur in diesem Sonderfall ist das Portefeuillerisiko gleich dem Durchschnittsrisiko, sonst ist es kleiner. Die Relation "Durchschnittsrisiko größer gleich

Portefeuillerisiko" gilt auch, wenn man die Wurzeln zieht, d.h. DR mit σ_p vergleicht. Als **Ergebnis** ist festzuhalten:

> Der *Erwartungswert* der Rendite eines Portefeuilles ist gleich dem mit den Portefeuilleanteilen gewogenen Mittel der Erwartungswerte der Renditen der einzelnen Aktien im Portefeuille; der Portefeuilleertrag ist gleich dem Durchschnittsertrag der Aktien im Portefeuille, aber
>
> die *Standardabweichung* der Rendite eines Portefeuilles ist außer im Extremfall vollkommener positiver Korrelation zwischen den Aktienrenditen kleiner als das mit den Portefeuilleanteilen gewogene Mittel der Standardabweichungen der einzelnen Aktien im Portefeuille; das Portefeuillerisiko ist kleiner als das Durchschnittsrisiko der Aktien im Portefeuille.

Die Gleichungen 8.14 bis 8.16 lassen auch erkennen, daß sich im Sonderfall vollständiger negativer Korrelation der Renditen zweier Aktien ein risikoloses Portefeuille bilden läßt. Setzt man in 8.15 für ρ_{12} den Wert -1 ein und formt man 8.15 nur durch Umgruppierung um zu

$$(8.18)\quad \sigma_\rho^2 = (x_1\sigma_1)^2 - 2(x_1\sigma_1)(x_2\sigma_2) + (x_2\sigma_2)^2,$$

dann kann man in Umkehrung der bekannten Formel $(a-b)^2 = a^2 - 2ab + b^2$ die Wurzel ziehen. Diese Wurzel ist die Standardabweichung der Portefeuillerendite. Sie beträgt generell $|x_1\sigma_1 - x_2\sigma_2|$, und sie kann risikolos sein. Das ist genau dann der Fall, wenn sich die Portefeuilleanteile der beiden Aktien umgekehrt proportional zu den Standardabweichungen ihrer Renditen verhalten:

$$(8.19)\quad x_1\sigma_1 - x_2\sigma_2 = 0 \quad \Rightarrow \quad \frac{x_1}{x_2} = \frac{\sigma_2}{\sigma_1}$$

Dieses Ergebnis ist plausibel: genau gegenläufige Risiken kompensieren sich nur dann völlig, wenn die Aktie mit dem geringeren Risiko - im Beispiel der Abbildung 8.1 die durch den Punkt A dargestellte Aktie 1 - in dem Portefeuille stärker vertreten ist als Aktie 2 (Punkt B).

Nun führen wir die Überlegung über den Zusammenhang von Ertrag und Risiko bei gegebenen Portefeuilleanteilen fort, indem wir die Portefeuilleanteile x_1 und x_2 nicht mehr als Daten, sondern als Veränderliche behandeln. Wie man aus den Gleichungen 8.3 und 8.12 ersehen kann, hängt es von den Portefeuilleanteilen x_1 und x_2 ab, welchen

Erwartungswert und welche Standardabweichung die Rendite eines Portefeuilles hat, das aus zwei Aktien gebildet wird.[5]

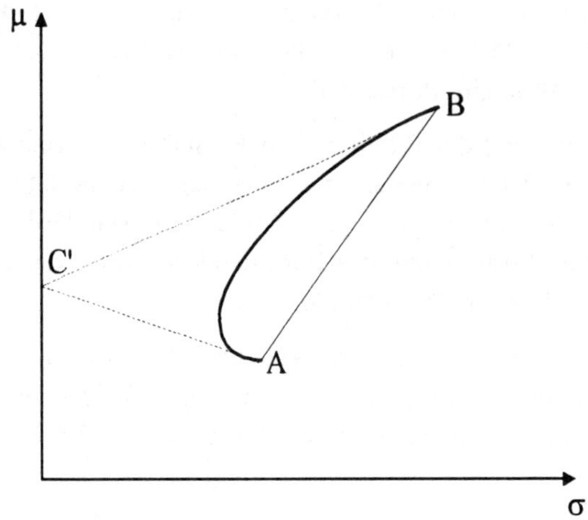

Abb. 8.1: Ertrag und Risiko bei Portefeuilles aus zwei Aktien

Die Punkte A und B in Abbildung 8.1 sind durch die μ- und σ-Koordinatenwerte für die Renditen der Aktien 1 und 2 festgelegt. Die *gerade* Verbindungslinie stellt die entsprechenden Werte für alle möglichen Portefeuilles im Sonderfall vollkommener positiver Korrelation dar. Die *rechtsgekrümmte* Linie AB stellt Risiko-Ertrags-Werte möglicher Portefeuilles aus den Aktien 1 und 2 dar, wenn die Renditen nicht vollkommen korreliert sind. Je nachdem, wie hoch die Korrelation ist, nähert sich die Kurve mehr oder weniger der gepunkteten Linie an. Diese Gerade enthält alle Portefeuilles mit positiven Aktienanteilen im Sonderfall vollkommener negativer Korrelation. Das Portefeuille C' ist dasjenige unter ihnen, dessen Ertrag sicher ($\sigma = 0$) ist.[6] Jeder Punkt auf den Linien entspricht einer unterschiedlichen Portefeuillezusammensetzung, d.h. anderen Werten von x_1 und x_2, und je nach der Höhe des Korrelationskoeffizienten ist die Krümmung schwächer oder stärker. Durch die Festlegung der Portefeuilleanteile x_1 und x_2 kann ein Anleger wählen, welchen Punkt auf der Kurve er erreichen will.

5 Die in der Abbildungen 8.1 bis 8.4 und im folgenden Text vorkommenden Aktien 1 und 2 entsprechen hinsichtlich der Zahlenwerte für Ertrag und Risiko *nicht* den in den Tabellen 8.1 bis 8.3 verwendeten Beispielaktien.

6 Daß diese Verbindung zwischen C' und B eine Gerade ist, folgt aus der Anwendung der Formel 8.15 in Verbindung mit der Tatsache, daß für das Portefeuille C' die Standardabweichung 0 beträgt bzw. aus 8.8. Es ist dann ganz einfach, aus der Varianz die Wurzel zu ziehen und die Standardabweichung zu ermitteln. Wir gehen auf diesen Zusammenhang im nächsten Abschnitt noch ausführlicher ein.

8.3 Effiziente und optimale Aktienportefeuilles

In diesem Abschnitt betrachten wir weiterhin nur Aktienportefeuilles, d.h. Zusammenstellungen risikobehafteter Wertpapiere. Durch diese Beschränkung werden nicht nur solche Anlagemöglichkeiten aus der weiteren Betrachtung vorerst ausgeschieden, die für sich genommen risikolos sind ($\sigma_i = 0$), sondern auch Paare von Aktien i und j, deren Erträge vollständig korreliert sind ($\rho_{ij} = +1$ *oder* -1) und die sich daher zu risikolosen Kombinationen zusammenfügen ließen.[7]

Untersucht werden nun die Eigenschaften von Aktienportefeuilles mit *mehr als zwei* Aktien. Ausgehend von dem Fall mit zwei Aktien wird zuerst der Fall mit drei Aktien untersucht und dann die Verallgemeinerung auf m Aktien vorgenommen. Dabei interessieren vor allem die **qualitativen Eigenschaften** effizienter und optimaler Portefeuilles. Die quantitativen Aspekte stehen nicht im Vordergrund. Rechentechniken zur Bestimmung effizienter und optimaler Portefeuilles werden nicht behandelt.[8]

Wir behalten die Grundannahme bei, daß der Investor risikoscheu ist und Portefeuilles anhand der Maßgrößen erwartete Portefeuillerendite (als Maß für den Ertrag) und Standardabweichung (als Maß für das Risiko) bewertet. Er bevorzugt Portefeuilles, die im (μ,σ)-Koordinatensystem, das in den Abbildungen 8.1 bis 8.5 gebraucht wird, weiter links oben liegen als andere. Ein Portefeuille läßt sich durch den Geldeinsatz und durch dessen Aufteilung kennzeichnen: Ein bestimmter vorgegebener Geldbetrag wird insgesamt investiert. Er wird auf m Aktien (im Sinne von Aktien von m verschiedenen Unternehmen) aufgeteilt, die durch den Index i gekennzeichnet sind. Der Index i läuft entsprechend von 1 bis m. Der auf Aktie i entfallende Anteil am insgesamt investierten Geldbetrag wird mit x_i bezeichnet. Die Summe der Anteile ist definitionsgemäß gleich 1. Geht man von einem gegebenen Geldeinsatz aus, genügen zur Kennzeichnung des Portefeuilles die im Portefeuille enthaltenen Aktien i (i =1,..., m) und die Portefeuilleaufteilung bzw. der Vektor (x_1,..., x_m).

Ebenso wie durch die in das Portefeuille *eingehenden* Aktien und ihre Portefeuilleanteile kann man ein Portefeuille durch die Parameter der Wahrscheinlichkeitsverteilung für die *möglichen Ergebnisse* beschreiben. Die möglichen Ergebnisse sind Marktwerte des Portefeuilles am Periodenende (einschließlich Dividenden). Der Marktwert des Portefeuilles am Periodenende in jedem Umweltzustand hängt, wie wir in einer Verallgemeinerung der Ausführungen im letzten Abschnitt zeigen werden, von der Zusammensetzung des Portefeuilles und den Marktwerten am Periodenende der einzelnen Aktien im Porte-

7 Würde man negative Werte für x_i, sogenannte Leerverkäufe, zulassen, könnten auch mit Aktien, deren Renditen vollkommen positiv korreliert sind, risikolose Portefeuilles gebildet werden. Dies ist einer der Gründe, warum die vollkommene Korrelation auch ausgeschlossen ist.

8 Vgl. dazu ausführlich *Sharpe* [Portfolio], S. 244-273, und *Elton/Gruber* [Portfolio], S. 97-126.

feuille ab. Dividiert man diese Marktwerte durch die eingesetzten Geldbeträge, erhält man gemäß Formel 8.1 Renditen. Die Parameter "Ertrag" (Erwartungswert) und "Risiko" (Varianz oder Standardabweichung) der Wahrscheinlichkeitsverteilung der möglichen Marktwerte bzw. der möglichen Renditen des gesamten Portefeuilles lassen sich mit Formeln berechnen, die den für den Zwei-Aktien-Fall entwickelten Formeln entsprechen. Insbesondere gilt auch bei m Aktien, daß das Risiko des Portefeuilles davon abhängt, wie stark die Renditen der einzelnen Aktien im Portefeuille korreliert sind.

Der Einfachheit halber werden im folgenden weiterhin statt Beträgen (Marktwerten) die Renditen von einzelnen Aktien bzw. von Portefeuilles betrachtet. Die Darstellung wird weitgehend graphisch erfolgen. Dies erlaubt es in vielen Fällen, ein Portefeuille wie den entsprechenden Punkt im Risiko-Ertrags-Diagramm zu bezeichnen, durch den es dargestellt wird. Nur wo dies zu Mißverständnissen führt, wird ein Portefeuille durch seine Zusammensetzung gekennzeichnet. Allein der einfachen Darstellung dient es, wenn im folgenden nur positive Portefeuilleanteile x_i berücksichtigt werden.

Ein Investor, der ein optimales Portefeuille bestimmen will, kann in *zwei Schritten* vorgehen: Im ersten Schritt sind die *effizienten* Portefeuilles aus der Gesamtheit der möglichen Portefeuilles auszusondern. Im zweiten Schritt ist das *optimale* unter den effizienten Portefeuilles zu wählen. Der Begriff "effizient" wird sinngemäß so gebraucht, wie er schon im Abschnitt 3 des letzten Kapitels für die Entscheidung über einzelne Investitionsobjekte erläutert worden ist.

> Ein **Portefeuille** heißt dann **effizient**, wenn es kein anderes gibt, das bei (mindestens) ebenso hohem "Ertrag" ein geringeres "Risiko" oder bei (höchstens) gleich großem "Risiko" einen höheren "Ertrag" aufweist.

Alle Kombinationen aus den beiden Aktien 1 und 2 in der Abbildung 8.2 sind auf der gekrümmten Verbindungslinie der Punkte A und B aufgetragen. Die einzelnen Punkte auf der Verbindungslinie erhält man, indem man z.B. von $x_1 = 1$ und $x_2 = 0$ (Punkt A) ausgehend den Portefeuilleanteil x_1 kontinuierlich verringert und entsprechend x_2 steigen läßt. Jeder Punkt auf dieser Linie repräsentiert also ein bestimmtes Portefeuille mit einer bestimmten Zusammensetzung (x_1,x_2) aus den beiden Aktien. Effizient sind nur die Punkte auf dem durchgezogenen Teil der Verbindungslinie. Das Portefeuille C ist dasjenige mit der kleinsten Standardabweichung. Punkte unterhalb von C stellen nicht-effiziente Portefeuilles dar.[9]

9 Solange man nur positive Portefeuilleanteile betrachtet, kann auch das Portefeuille A dasjenige mit der kleinsten Varianz sein. In diesem Fall wäre die gesamte Linie AB effizient. Ob das der Fall ist, hängt von der Korrelation ab.

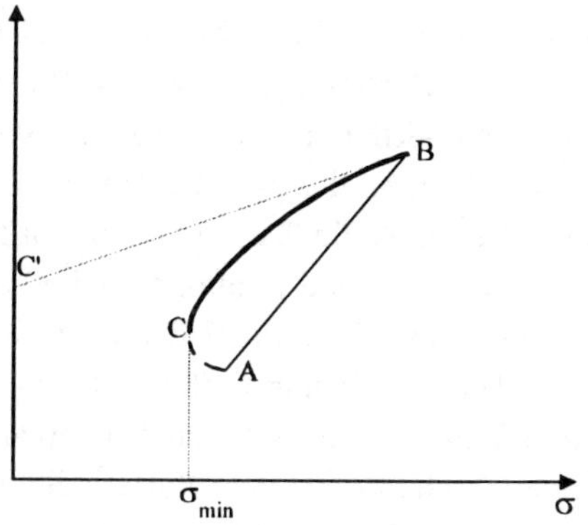

Abb. 8.2: Effiziente Portefeuilles aus zwei Aktien

Eine Voraussetzung dafür, daß sich die Bestimmung optimaler Portefeuilles in zwei Schritte zerlegen läßt, ist ein streng konkaver Verlauf der Kurve, die die effizienten Portefeuilles enthält. Streng konkav ist eine Kurve, wenn jede lineare Verbindung zwischen zwei beliebigen auf der Kurve liegenden Punkten unterhalb der Kurve verläuft.

Die Linie CB der effizienten (x_1, x_2)-Portefeuilles in Abbildung 8.2 ist konkav, weil die Linie zwischen den Punkten A und B rechtsgekrümmt ist. Die Rechtskrümmung der Kurve AB mit den Portefeuilles aus den Aktien 1 und 2 folgt aus der Annahme, daß die Renditen der beiden Aktien weder vollständig positiv noch vollständig negativ korreliert sind. Wie im vorigen Abschnitt gezeigt worden ist, ist das Portefeuillerisiko kleiner als das "Durchschnittsrisiko", weil die vollständige positive Korrelation ausgeschlossen ist. Die Risiko-Ertrags-Kombinationen aus den Aktien 1 und 2 liegen daher links von der Geraden, die die Punkte A und B verbindet. (Dazu war die Annahme $\rho_{12} < +1$ nötig.) Da außerdem die vollkommene negative Korrelation ausgeschlossen ist, gibt es auch kein risikoloses Portefeuille aus den beiden Aktien. Gäbe es ein solches risikoloses Portefeuille, das ganz bestimmte Werte für x_1 und x_2 aufweisen müßte, wäre es als Punkt C' links oberhalb von C auf der Ordinate (wegen $\sigma = 0$) darzustellen. Alle effizienten riskanten Portefeuilles lägen in diesem Fall auf der gepunkteten Geraden zwischen C' und B. Da dieser Extremfall auch ausgeschlossen ist, liegt die Menge der Portefeuilles auf einer stetigen, rechtsgekrümmten Kurve.

Man kann sich den streng konkaven Kurvenverlauf zwischen C und B auch durch folgende Überlegung verdeutlichen: Portefeuilles wie das Portefeuille C können Bestandteile von (anderen) Portefeuilles sein. Jedes aus den Aktien 1 und 2 gebildete Portefeuille wie z.B. das Portefeuille C hat eine unsichere Portefeuillerendite. Da diese auch von der Rendite der Aktie 1 abhängt, kann sie mit der Rendite der Aktie 2 *nicht* vollständig korreliert sein. Für alle Portefeuilles, die als Bestandteil das Portefeuille C und die Aktie 2 mit positiven Portefeuilleanteilen x_C und x_2 enthalten, gilt ebenfalls, daß ihr Portefeuillerisiko kleiner als ihr "Durchschnittsrisiko" ist. Die Kurve mit diesen Portefeuilles ist also auch (streng) konkav oder rechtsgekrümmt. Und was für Portefeuille C gilt, gilt für jedes andere Portefeuille, das aus den Aktien 1 und 2 gebildet werden kann. Da das Portefeuille C und alle anderen Portefeuilles aber nur die Aktien 1 und 2 enthalten, können die Portefeuilles, die aus ihnen und der Aktie 2 gebildet sind, auch nur auf der Linie liegen, die alle Portefeuilles aus den Aktien 1 und 2 enthält. Daher ist diese Linie in ihrem ganzen Verlauf von Punkt A bis Punkt B stetig und rechtsgekrümmt. Dazu ein Beispiel: Nehmen wir einmal an, daß das Portefeuille C (bzw. der Punkt C) in den Abbildungen 8.2 und 8.3 die Aktien 1 und 2 im Verhältnis 4/5 zu 1/5 enthält. Der in der Abbildung 8.3 eingeführte Punkt F sei eine Mischung aus dem Portefeuille C und der Aktie 2 im Verhältnis $x_C = 1/4$ zu $x_2 = 3/4$. In dem durch den Punkt F dargestellten Portefeuille ist damit die Aktie 1 mit einem Anteil von (4/5 · 1/4 =) 1/5 und die Aktie 2 mit dem Anteil (1/5 · 1/4 + 3/4 =) 4/5 enthalten.

Nun wird die Aktie 3 in die Betrachtung einbezogen. Sie ist durch den Punkt D in der Abbildung 8.3 dargestellt. Ihre Rendite ist annahmegemäß weder vollkommen positiv noch vollkommen negativ mit den Renditen der Aktien 1 und 2 korreliert. Daher ist die Korrelation mit den Renditen aller aus den Aktien 1 und 2 gebildeten Portefeuilles (wie z.B. der Portefeuilles C und F) auch unvollkommen.

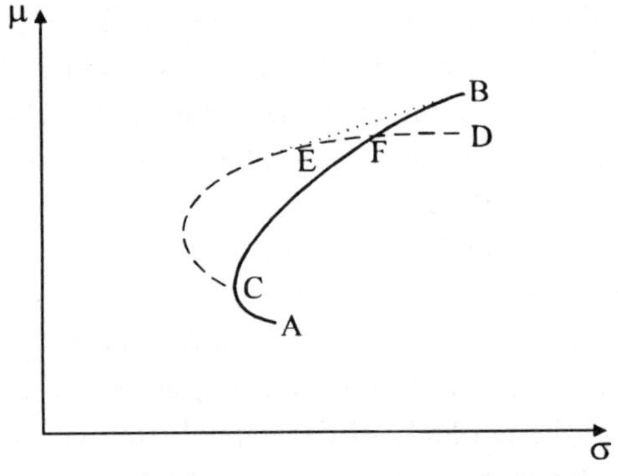

Abb. 8.3: Portefeuilles aus drei Aktien

Es lassen sich nun Portefeuilles bilden, die die *drei Aktien* mit bestimmten (nicht-negativen) Anteilen x_1, x_2 und x_3 enthalten. Solche Portefeuilles kann man sich auch als Mischungen aus der Aktie 3 und einem Portefeuille wie *zum Beispiel* dem Portefeuille C vorstellen, das seinerseits aus den Aktien 1 und 2 gebildet ist. In der Abbildung 8.3 zeigt die gestrichelte Linie CD, welche Risiko-Ertrags-Kombinationen sich durch unterschiedliche Zusammensetzungen (x_C, x_3) erreichen lassen. Welche Form hat die Verbindungslinie CD mit den Risiko-Ertrags-Kombinationen der Portefeuilles (x_C, x_3)? Wegen der annahmegemäß unvollkommenen Korrelation der Renditen r_C und r_3 ist sie ebenfalls rechtsgekrümmt.

Die Einbeziehung der Aktie 3 scheint die Konkavität des Kurvenzuges zu zerstören, der alle effizienten Portefeuilles enthält, die sich als Mischungen aus der Aktie 3 und dem Portefeuille C bilden lassen. Man könnte denken, daß sich die Linie der effizienten Portefeuilles aus dem effizienten Teil der Kurve CEF und dem Kurventeil FB zusammensetzt. Diese Linie ist aber nicht konkav, wie man z.B. am Punkt F sieht. Dieser Punkt liegt nämlich unterhalb der in Abbildung 8.3 mit Strichpunkten gezeichneten linearen Verbindung zwischen den zwei Punkten E und B. Der willkürlich links von Punkt F gewählte Punkt E ist ein beliebiges Mischportefeuille aus dem Mischportefeuille C und der Aktie 3. Aus der Nichtkonkavität der Linie CEFB folgt aber nicht, daß die Menge der *effizienten* Portefeuilles, die man aus den Aktien 1, 2 und 3 bilden kann, nicht auf einer konkaven Linie liegt. Es folgt vielmehr lediglich, daß der Punkt F kein effizientes Portefeuille darstellt, denn sowohl der Punkt E als auch der Punkt B sind mögliche Aufteilungen des zu investierenden Betrages, also mögliche Portefeuilles. Daher sind auch die Kombinationen aus ihnen mögliche Portefeuilles. Da die Rendite des Portefeuilles, das durch Punkt E dargestellt wird, und die Rendite der Aktie 2 (Punkt B) unvollständig korreliert sind, liegen die Risiko-Ertrags-Kombinationen aller (x_E, x_2)-Portefeuilles *links oberhalb* der in der Abbildung 8.3 eingezeichneten Geraden zwischen den Punkten E und B. Ein Teil dieser Portefeuilles ist effizient gegenüber Punkt F; also ist Punkt F ineffizient.

Dieselbe Überlegung läßt sich auf jedes nicht-konkave Segment der Linie mit den - vermeintlich - effizienten Aktienportefeuilles anwenden, und daraus ergibt sich, daß entgegen dem ersten Anschein die Linie der effizienten Portefeuilles doch konkav ist.

An der Abbildung 8.3 lassen sich einige interessante Beobachtungen machen:

(1) Die Aktie 3 ist Bestandteil effizienter Portefeuilles, obwohl sie selbst im Vergleich zu den möglichen (x_1, x_2)-Kombinationen nicht effizient ist.

(2) Einige der vorher effizienten Portefeuilles aus den Aktien 1 und 2 sind nach der Einbeziehung der Aktie 3 nicht mehr effizient. Es sind (mindestens) die (x_1, x_2)-Portefeuilles zwischen den Punkten C und F.

(3) Durch die Einbeziehung der Aktie 3 verschiebt sich die Menge der effizienten Portefeuilles offensichtlich nach links oben, d.h. in die Richtung, die einer höheren Zielerreichung entspricht.

(4) Wie die Betrachtung des Portefeuilles E und der mit seiner Beteiligung herstellbaren weiteren Portefeuilles schon zeigt, liegt die Linie aller effizienten Portefeuilles aus den Aktien 1, 2 und 3 links oben von dem Linienzug CEFB und erst recht links oben

von der Linie AB.[10] Zu diesem Ergebnis kommt man auch, wenn man bedenkt, daß sich die Aktie 3 nicht nur mit dem Portefeuille C aus den Aktien 1 und 2 kombinieren läßt, sondern mit jedem anderen Portefeuille aus diesen beiden Aktien.[11]

Die schrittweise Einbeziehung aller weiteren für die Geldanlage in Betracht kommenden Aktien (i = 4, ..., m) verschiebt die Linie der effizienten Portefeuilles weiter nach links oben. Diese durch vollständige Ausnutzung des Diversifikationseffekts erreichbare Linie, die in Abbildung 8.4 dargestellt ist, nennt man die **"efficient frontier"**. Schneider spricht anschaulich von der "Kurve guter Handlungsmöglichkeiten"[12]. Unter der noch einmal hervorzuhebenden Annahme, daß es keine risikolosen Wertpapiere gibt und daß sich auch aus den betrachteten Wertpapieren keine risikolosen Portefeuilles erzeugen lassen, können wir als weiteres wichtiges **Ergebnis** dieses Kapitels festhalten:

Die "efficient frontier" ist streng konkav.

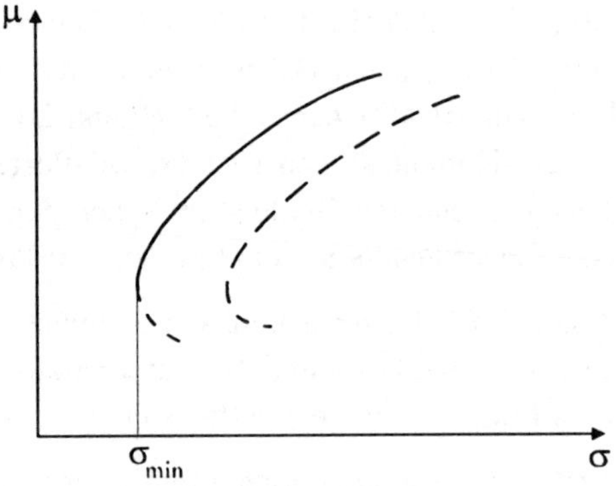

Abb. 8.4: Die "efficient frontier" für m Aktien

Jeder einzelne Punkt auf der Linie der effizienten Portefeuilles repräsentiert eine ganz bestimmte - und eine jeweils andere - Portefeuillezusammensetzung aus den betrachteten m Aktien, d.h. ein ganz bestimmtes Verhältnis zwischen den Anteilen x_1 bis x_m des insgesamt in "Aktien" investierten Geldbetrags.

Auf die komplizierten Rechentechniken, wie man effiziente Portefeuilles ermitteln kann, ist hier nicht einzugehen. Wenn ein Anleger im ersten Schritt seines Entscheidungs-

10 Auch die Linie CEB in der Form, in der sie in der Abbildung 8.3 dargestellt ist, stellt nicht notwendigerweise die effiziente Linie aller möglichen Portefeuilles aus den drei Aktien dar. Diese kann aber jedenfalls nicht rechts unterhalb der gezeichneten Linie CEB liegen.

11 Die Konstruktion, die wir ausgehend von dem Mischportefeuille C mit den Komponenten Aktie 1 und Aktie 2 vorgeführt haben, beruht nicht darauf, daß das Portefeuille C dasjenige aus den zwei Aktien ist, bei dem die Standardabweichung minimal ist.

12 *Schneider* [Investition], S. 476, und zur "efficient frontier" *Sharpe* [Portfolio], S. 33.

prozesses die "effiziente Linie" bestimmt hat (oder sie aus irgendeiner anderen Quelle kennt), kann er als zweiten Schritt auf der Basis seiner eigenen, subjektiven Bewertung von Risiko und Ertrag das für ihn *optimale* unter den effizienten Aktienportefeuilles auswählen. Dazu können die im vorigen Kapitel (Abschnitt 7.3.2) eingeführten Risiko-Ertrags-Indifferenzkurven verwendet werden. Annahmegemäß ist der Anleger risikoscheu. Das heißt, daß seine Indifferenzkurven ansteigen und/oder konvex sind.[13] Gewählt werden sollte das Aktienportefeuille, mit dem die höchste, d.h. die am weitesten links oben liegende Indifferenzkurve erreicht werden kann. Legt man die Abbildung 7.4 aus dem vorigen Kapitel und die Abbildung 8.4 zusammen, wird die graphische Lösung deutlich: Optimal ist das Portefeuille, das durch den Punkt Q in Abbildung 8.5 dargestellt wird. In ihm tangiert die effiziente Linie die höchste Indifferenzkurve. Für andere Investoren mit stärkerer oder schwächerer Risikoscheu würde sich ein anderer Tangentialpunkt und damit auch eine andere Portefeuillezusammensetzung als optimal ergeben.

Unter den getroffenen Annahmen ist damit auch die Zusammensetzung des optimalen Aktienportefeuilles subjektiv und abhängig von der individuellen Risikoeinstellung des betrachteten Anlegers.

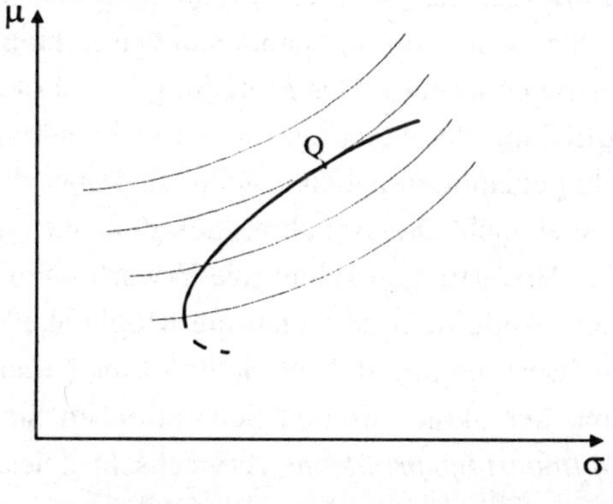

Abb. 8.5: Effiziente und optimale Aktienportefeuilles

Daß es eine eindeutige Lösung für das Problem der Auswahl des optimalen unter den effizienten Aktienportefeuilles gibt, folgt aus der Konvexität der Indifferenzkurven im (μ, σ)-Raum, die die Risikoaversion des Anlegers repräsentiert, und der Konkavität der Linie der effizienten Aktienportefeuilles, die den Diversifikationseffekt widerspiegelt.

13 Ansteigende Indifferenzkurven drücken Risikoaversion aus. Wenn ein Anleger das Risiko durch die Varianz mißt und eine Zielfunktion von der Form $Z = \mu - b\,\sigma^2$ mit $b > 0$ hat (was unter bestimmten Bedingungen mit den Axiomen des Bernoulli-Prinzips vereinbar ist), sind die Indifferenzkurven im (μ, σ^2)-Raum ansteigende Geraden, während die Indifferenzkurven im (μ, σ)-Raum konvex sind, wie sie auch in Abbildung 8.5 dargestellt werden.

Aus dem Interesse an der Existenz und Eindeutigkeit einer optimalen Lösung erklärt sich, warum so ausführlich geprüft worden ist, ob die Linie der effizienten Aktienportefeuilles konkav ist. Wir wollen die Leser auf eine Parallele zwischen der Argumentation, die wir hier vorgeführt haben, und derjenigen zur "Subjektivität" der Bewertung zeitverschiedener Vorteile und der Präferenzabhängigkeit der optimalen Investitionsentscheidung im Abschnitt 3.3.2 im 3. Kapitel hinweisen. Die Parallele sollte bei aufmerksamen Lesern die Erwartung wecken, daß diese Subjektivität dann *nicht mehr* gelten wird, wenn wir den Aspekt des vollkommenen Kapitalmarktes einführen werden, was im folgenden Absatz und oben entsprechend im Abschnitt 3.3.3 geschieht.

Hier ist eine theoriegeschichtliche Anmerkung anzufügen: Die Idee, die Anlageentscheidung eines Geldanlegers in zwei Schritte zu zerlegen, stammt von Harry Markowitz, der die hier vorgestellte Theorie der Portefeuilleauswahl begründet und dafür 1990 den Nobelpreis bekommen hat. Markowitz dachte sogar an drei Schritte: Der erste Schritt ist die Aktienanalyse als Methode, um die Zahlen für Mittelwerte, Varianzen und Kovarianzen der Renditen der einzelnen Aktien zu gewinnen, die in die Berechnung der "efficient frontier" eingehen. Der zweite Schritt ist die Berechnung dieser Linie der effizienten Aktienportefeuilles; und der dritte Schritt ist die Auswahl des optimalen unter den erreichbaren effizienten Portefeuilles. Nach der Vorstellung von Markowitz wäre nur der dritte Schritt "subjektiv"; die beiden vorangegangenen wären hingegen eher Arbeiten, die man "Technokraten" übertragen könnte. Der Einteilung in Schritte entspricht somit auch eine organisatorische Aufteilung des Planungs- und Entscheidungsprozesses.[14] Ganz so "objektiv", wie Markowitz geglaubt zu haben scheint, sind aber die ersten beiden Schritte nicht, denn wir haben bisher nicht die Annahme aus dem vorigen Kapitel aufgehoben, daß die zugrundeliegenden Erwartungen subjektive Erwartungen (mit subjektiven Wahrscheinlichkeiten) darstellen. Außerdem darf man die Möglichkeit der *rechentechnischen* Zerlegung in die Schritte "Bestimmung der effizienten Linie" und "Auswahl des optimalen Portefeuilles" nicht mit der ökonomischen Separation im Sinne der Zerlegbarkeit in zwei getrennt lösbare *Optimierungsprobleme* verwechseln. Diesem Thema wenden wir uns nun zu.

8.4 Portefeuillestruktur und Risikoneigung: Separation

Bisher wurden nur Möglichkeiten zur risikobehafteten Geldanlage betrachtet. Die Annahme, daß es nur "Aktien" gibt, war sogar notwendig, um den konkaven Verlauf der Kurve der effizienten Portefeuilles ableiten zu können. Wir heben diese Annahme nun auf

14 Vgl. dazu *Markowitz* [Selection].

und unterstellen statt dessen, daß es eine **risikolose Anlagemöglichkeit** gibt. Es ist problematisch, was man in der Realität als risikolose Anlagemöglichkeit ansehen könnte: So sind z.B. nominell sichere Anlagemöglichkeiten hinsichtlich der Kaufkraft unsicher, wenn, wie es in der Realität der Fall ist, die Inflationsrate unsicher ist. Langfristig laufende festverzinsliche Wertpapiere sind auch hinsichtlich ihrer Rendite in den einzelnen Perioden unsicher, da in der Realität der Zinssatz für die späteren Perioden unsicher ist und da sich Zinsänderungen in späteren Perioden auf den Kurs der festverzinslichen Wertpapiere am Ende der früheren Perioden auswirken. Der Vorstellung einer risikolosen Geldanlage kommen vom Staat emittierte Wertpapiere am nächsten, die am Ende der betrachteten Planungsperiode fällig sind.[15] Ihre Rendite ist der risikolose Zinssatz i_f.

Wenn die risikolose Geldanlage möglich ist, besteht das Portefeuille eines Anlegers aus einem risikobehafteten Anteil, den wir im folgenden mit a bezeichnen wollen, und einem risikolosen Anteil 1 - a. Die Anteile a bzw. 1 - a werden durch den in jede Anlagemöglichkeit - riskant bzw. risikolos - investierten Geldbetrag, dividiert durch den insgesamt anzulegenden Geldbetrag, gemessen. Das ganze Portefeuille eines Anlegers ist also ein **Mischportefeuille** aus riskanter und risikoloser Anlage.

Der risikobehaftete Teil a ist ein Aktienportefeuille, wie wir es im vorigen Abschnitt untersucht haben. Es enthält die einzelnen Aktien i (i = 1,..., m) mit den Anteilen x_1 bis x_m am insgesamt *riskant angelegten* Geldbetrag. Ist die Zusammensetzung des riskanten Teils, d.h. des Aktienportefeuilles, gegeben, kann man Mischportefeuilles ausreichend dadurch beschreiben, daß man den Anteil a angibt. Erwartungswert und Standardabweichung der Renditen von Mischportefeuilles mit dem risikobehafteten Anteil a werden mit μ_a und σ_a bezeichnet.

Eine wichtige *zusätzliche Annahme* ist, daß zum Zinssatz i_f nicht nur Geld in beliebiger Stückelung angelegt, sondern auch aufgenommen werden kann. Bezüglich der *sicheren* Anlage wird also ein **vollkommener und vollständiger Kapitalmarkt** unterstellt. Daher ist a auch nicht auf Werte bis +1 beschränkt, und 1 - a kann negative Werte annehmen. Ein Wert von a = 1,5 bedeutet beispielsweise, daß ein Anleger, der über einen anzulegenden Betrag in Höhe von 100.000 verfügt, einen Kredit in Höhe von 0,5 (= 1 - a) mal 100.000 gleich 50.000 aufnimmt und die Summe von 150.000 so auf die m Aktien aufteilt, wie es seiner Vorstellung von der optimalen Zusammensetzung des Aktienportefeuilles entspricht.

Die Möglichkeit zu risikoloser Geldanlage und zu risikoloser Verschuldung zum "sicheren" Zinssatz i_f verändert die Menge (d.h. die Gesamtheit) der möglichen und der

15 Vgl. z.B. *Levy/Sarnat* [Investment], S. 114. Allgemein gilt jedoch, daß sich ein Vermögensgut nur dann als risikolos einstufen läßt, wenn (a) seine Laufzeit dem Planungszeitraum der Investoren entspricht und (b) seine "Maßeinheit" (z.B. nominal vs. real) derjenigen gleicht, in der die Investoren ihre Zielgröße messen; vgl. *Stützel* [Relativität].

effizienten Portefeuilles und führt zu qualitativ anderen Ergebnissen als denen, die im letzten Abschnitt herausgearbeitet worden sind. Das wichtigste neue **Ergebnis** ist, daß sich das Entscheidungsproblem eines Anlegers nun in *anderer* Weise als im Abschnitt 8.3 behandelten Fall mit ausschließlich riskanten Anlagemöglichkeiten in *zwei Teile zerlegen* ("**separieren**") läßt:

(1) Im *ersten Teil* wird die risikobehaftete Geldanlage geplant. Das bedeutet, es wird die optimale - und nicht nur die effiziente - Zusammensetzung oder Struktur des *Aktienportefeuilles* bestimmt. Dabei wird festgelegt, welche risikoreichen Vermögensgüter zu welchen Anteilen im Aktienportefeuille enthalten sein sollen. Dieser erste Teil des Entscheidungsproblems ist **unabhängig von dem Ausmaß der Risikoaversion** des Anlegers.

(2) Im *zweiten Teil* wird die Risikoneigung des Anlegers dadurch berücksichtigt, daß festgelegt wird, wie sehr das Risiko des Aktienportefeuilles durch **Geldanlage** zum sicheren Zinssatz gemildert **oder** durch **Kreditaufnahme** erhöht wird.

Dies ist der Inhalt des sog. **Separationstheorems von Tobin**[16], das im folgenden erläutert werden soll.

Der Erwartungswert (μ_f) und die Standardabweichung (σ_f) der risikolosen Anlage sind definitionsgemäß i_f und 0. Für ein beliebiges Aktienportefeuille P (Punkt P in Abbildung 8.6) seien die entsprechenden Werte μ_p und σ_p vorgegeben. μ_p sei größer als i_f. Betrachten wir nun Mischportefeuilles, von denen der Anteil a riskant im Aktienportefeuille P und der Rest (1 - a) sicher zum Satz i_f angelegt wird. Für solche Mischportefeuilles wird der Index a verwendet. Ertrag (μ_a) und Risiko (σ_a) eines Mischportefeuilles hängen von der durch a gekennzeichneten Aufteilung der Mittel ab. Für die erwartete **Rendite** erhält man

$$(8.20)\quad \mu_a = a\mu_p + (1-a)i_f$$

und für die **Standardabweichung** gilt nach Gleichung 8.5 und 8.15

$$(8.21)\quad \sigma_a = \sqrt{a^2\sigma_p^2 + (1-a)^2\sigma_f^2 + 2a(1-a)\sigma_p\sigma_f\rho_{pf}}\ .$$

Eine wesentliche Vereinfachung von 8.21 ist nun aber möglich, weil die Varianz der risikolosen Anlage (σ_f) und die Korrelation (ρ_{pf}) null betragen. Es bleibt nur der erste Summand unter der Wurzel, und die Standardabweichung lautet folglich einfach

$$(8.22)\quad \sigma_a = \sqrt{a^2\sigma_p^2} = a\sigma_p\ ,$$

16 Vgl. *Tobin* [Preference], und dazu *Franke* [Kapitalmarkt] und *Rudolph* [Bedeutung].

was der Gleichung 8.8 entspricht. Die Gleichung 8.22 enthält ein erstes *wichtiges Ergebnis* und einen *charakteristischen Unterschied* gegenüber dem Fall mit ausschließlich riskanten Anlagemöglichkeiten: Das Risiko des Mischportefeuilles steigt genau wie der Ertrag linear mit dem riskanten Portefeuilleanteil a an, und deshalb kann a sogar als **Risikomaß für Mischportefeuilles** gebraucht werden.

Wenn man die Gleichung 8.20 für den Ertrag des Mischportefeuilles umstellt zu

$$(8.23)\quad \mu_a = i_f + a(\mu_p - i_f)\ ,$$

kann man sie als Beziehung zwischen Ertrag und Risiko von Mischportefeuilles interpretieren. Die Beziehung ist linear, und der Ertrag setzt sich zusammen aus einem risikolosen Basiszinssatz i_f und einer Risikoprämie. Diese ist das Produkt aus einem Risikomaß a und einer Risikoprämie pro Risikoeinheit $(\mu_p - i_f)$.

Die Beziehungen 8.20 bis 8.23 sind völlig allgemein. Sie gelten für jedes Mischportefeuille aus riskanter und sicherer Geldanlage, unabhängig davon, ob das riskante (Aktien -) Portefeuille effizient ist oder nicht. Sie gelten damit aber auch für Mischportefeuilles mit solchen (riskanten) Aktienportefeuilles, die wie das durch den Punkt P in Abbildung 8.6 dargestellte Aktienportefeuille, effizient sind.

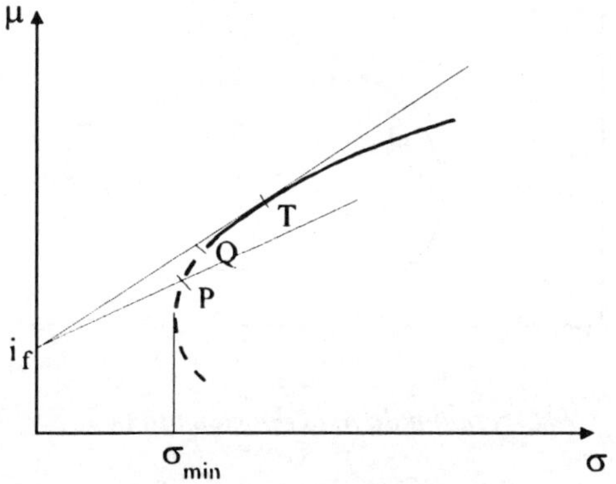

Abb. 8.6: Mischportefeuilles

Wenn die risikolose Anlage zu i_f möglich ist, sind die unterhalb von Punkt P liegenden Aktienportefeuilles auf der ursprünglich - ohne risikolose Anlagemöglichkeit - effizienten Linie keine effizienten Portefeuilles mehr: Es gibt aus i_f und P zusammengesetzte Mischportefeuilles, die bei gleichem Risiko einen höheren erwarteten Ertrag aufweisen als die in Abbildung 8.6 durch die gestrichelte Linie gekennzeichneten Aktienportefeuilles.

Genau so, wie man aus der risikolosen Anlage zu i_f und dem riskanten Portefeuille P Mischportefeuilles bilden kann, lassen sich auch aus der sicheren zu i_f und dem durch den Punkt Q in Abbildung 8.6 dargestellten riskanten Portefeuille Mischportefeuilles bilden. Sie wären - je nach dem Wert von a - auf einer Geraden durch die Punkte i_f und Q im (μ,σ)-Koordinatensystem darzustellen. Da diese Gerade links oberhalb der Geraden durch die Punkte i_f und P verläuft, können die aus risikoloser Geldanlage und dem Aktienportefeuille P gebildeten Mischportefeuilles nicht effizient sein. Die Fortsetzung dieser Überlegung führt zu einem wichtigen **Ergebnis**:

> Nur Mischportefeuilles aus der (positiven oder negativen) sicheren Anlage zu i_f und einem Aktienportefeuille mit *einer* bestimmten Zusammensetzung sind effiziente Portefeuilles.

Die Menge der effizienten Portefeuilles ist die Gerade in den Abbildungen 8.6 und 8.7, die durch die Punkte i_f und T verläuft. T ist der Tangentialpunkt einer Geraden, die von i_f aus an die Kurve der effizienten Aktienportefeuilles angelegt werden kann.

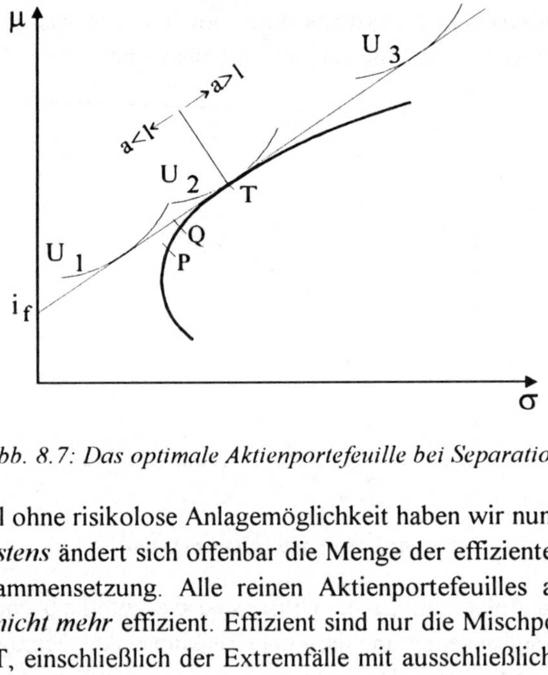

Abb. 8.7: Das optimale Aktienportefeuille bei Separation

Gegenüber dem Fall ohne risikolose Anlagemöglichkeit haben wir nun wesentliche Änderungen erreicht: *Erstens* ändert sich offenbar die Menge der effizienten Portefeuilles hinsichtlich ihrer Zusammensetzung. Alle reinen Aktienportefeuilles außer dem Aktienportefeuille T sind *nicht mehr* effizient. Effizient sind nur die Mischportefeuilles mit dem Aktienportefeuille T, einschließlich der Extremfälle mit ausschließlich risikoloser Anlage (a = 0) und mit ausschließlich riskanter Anlage, aber ohne Kreditaufnahme (a = 1). Alle effizienten Mischportefeuilles enthalten also das effiziente Aktienportefeuille T.

Zweitens ändert sich gegenüber dem Fall ohne risikoloses Wertpapier auch der Verlauf der Linie mit den Risiko-Ertrags-Kombinationen aller effizienten (Misch-)Portefeuilles:

Sie ist eine Gerade im (μ,σ)-Diagramm; im Fall ohne risikolose Anlage dagegen ist sie streng konkav.

Diese Änderungen haben *drittens* Konsequenzen für die Auswahl des optimalen Portefeuilles. Ein Investor, der risikoscheu ist, wählt sein optimales Portefeuille nur unter den effizienten Portefeuilles aus. Dazu braucht er - unabhängig vom Ausmaß seiner Risikoscheu - nur das Aktienportefeuille im Tangentialpunkt, also das Aktienportefeuille T, mit dessen Parametern Mittelwert und Standardabweichung der Rendite zu kennen. Es gibt keinen Grund, die gesamte "efficient frontier" zu berechnen. Die Bestimmung der Portefeuilleanteile x_i bis x_m der Aktien 1 bis m *im Aktienportefeuille T* ist der erste Schritt der Entscheidung. Erst im zweiten Schritt wird ein Anleger das Ausmaß seiner Risikoscheu berücksichtigen. Er muß abwägen, wieviel Risiko er für wieviel Ertrag zu übernehmen bereit ist. Ein eher risikoscheuer Investor, dessen Präferenzen in der Abbildung 8.7 durch die Indifferenzkurve U_1 dargestellt sind, wird sein Geld auf das Aktienportefeuille und die risikolose Geldanlage aufteilen. Je risikoscheuer er ist, um so kleiner wird der für ihn optimale Anteil a. Ein mittelmäßig risikoscheuer Anleger mit Indifferenzkurven wie U_2 legt seinen gesamten anzulegenden Betrag im Aktienportefeuille M an. Ein Anleger mit Indifferenzkurven wie U_3, der so wenig risikoscheu ist, daß er für mehr Ertrag als μ_T auch mehr Risiko als σ_T zu tragen bereit ist, verschuldet sich und kauft für das gesamte Geld, d.h. seinen Ausgangsbetrag und den Kredit, Aktien in der Zusammensetzung des Aktienportefeuilles T.

Betrachten wir dazu ein Zahlenbeispiel: i_r sei 6%, μ_T sei 12%, und σ_T sei 14%.[17] Der anzulegende Betrag sei 100.000 Geldeinheiten. Der vorsichtigste der drei Investoren wählt a = 0,5. Sein erwarteter Gewinn (Vermögenszuwachs) am Periodenende ist $50.000 \cdot 0{,}06 + 50.000 \cdot 0{,}12 = 9.000$. Die Standardabweichung des Gewinns beträgt $50.000 \cdot 0{,}14 = 7.000$. Für den zweiten Investor gilt a = 1; sein erwarteter Gewinn ist 12.000 mit der Standardabweichung 14.000.

Der am wenigsten risikoscheue Investor wählt a = 1,5. Er nimmt einen Kredit von 50.000 auf, den er am Periodenende mit Zinsen zurückzahlen muß. Sein erwarteter (Netto-)Gewinn am Periodenende beträgt $150.000 \cdot 0{,}12 - 50.000 \cdot 0{,}06 = 15.000$. Die Standardabweichung des Gewinns beträgt $150.000 \cdot 0{,}14 = 21.000$.

Es ist nun gezeigt worden, daß es nicht nur *möglich* ist, die Portefeuilleentscheidungen in zwei Schritte zu zerlegen, sondern daß es auch *optimal* ist, zuerst die Struktur des riskanten Portefeuilles T zu bestimmen und dann das der individuellen Risikoneigung entsprechende Mischportefeuille aus der risikolosen Anlage (oder dem Kredit) zu i_r und dem Aktienportefeuille T festzulegen.

---

17 Diese Zahlen sind den historischen Werten für die jährlichen Renditen nicht unähnlich, die ein Anleger in den vergangenen 50 Jahren in den USA hätte erzielen können; vgl. *Brealey/Myers* [Principles], S. 143-153.

In welchem Verhältnis die Aktien im Portefeuille T eines Investors zueinander stehen, also die *Zusammensetzung* des (optimalen) Aktienportefeuilles, ist unabhängig von der individuellen Risikoneigung.

Dieses Ergebnis ist qualitativ verschieden von dem Fall, in dem nur Portefeuilles aus risikobehafteten Wertpapieren gebildet werden können. Die qualitative Änderung der Ergebnisse entspricht dem, was wir oben im 3. Kapitel im Zusammenhang mit dem Fisher-Modell und im 6. Kapitel im Zusammenhang mit dem Modigliani-Miller-Modell demonstriert haben: Wenn es ausreichend "vollkommene" Kapitalmärkte gibt, treten die subjektiven Elemente in der optimalen Entscheidung zurück. Sie werden dadurch nicht etwa irrelevant, sondern sie bleiben grundlegend bestimmend. Nur wirken sie sich nicht in spezifischer Weise auf alle Entscheidungen aus. Der "Kapitalmarkt" mit der Möglichkeit zur Geldanlage und zur Kreditaufnahme[18] erlaubt es nur, die präferenzabhängigen und die nicht präferenzabhängigen Elemente eines komplexen Entscheidungsproblems voneinander zu trennen.

8.5 Ertrag und Risiko im Gleichgewicht: Ein Ausblick

In allen drei vorangegangenen Teilen dieses Buches haben wir mit Nachdruck darauf hingewiesen, wie wichtig es wäre, eine Theorie zu haben, die uns erklärt, wie "der Kapitalmarkt", d.h. die Gesamtheit der Anleger, unsichere Vermögensgüter bewertet. Die Theorie der Portfolio Selection von Markowitz und das Separationstheorem von Tobin stellen die Grundlage dar, von der aus Sharpe und Lintner die gesuchte Theorie der Marktbewertung konstruiert haben.[19] Der grundlegende Unterschied liegt in der Art der Theorien: Haben wir bisher normative Theorien betrachtet, die Empfehlungen enthalten, wie ein risikoscheuer Investor sein Geld "vernünftigerweise"[20] anlegen sollte, wird nun eine positive Theorie gesucht. Die grundlegende Frage dabei lautet: Welche Art eines Marktgleichgewichts und welche Marktbewertungen risikobehafteter Vermögensgüter ("Aktien") ergeben sich, wenn sich Investoren so verhalten, wie es ihnen von der Theorie

18 Wir haben hier absichtlich nicht von der "Möglichkeit zur *risikolosen* Geldanlage und Verschuldung" gesprochen, weil die Annahme der Existenz eines "riskless asset" nur den Nachweis der Trennbarkeit einfacher zu führen erlaubt. Notwendig ist sie nämlich nicht. Sie kann ersetzt werden durch andere Annahmen wie die, daß die Geldbeträge, die auf die einzelnen risikobehafteten Wertpapiere angelegt werden können, auch negative Beträge sein können oder, mit anderen Worten, daß auch Leerverkäufe von "Aktien" unbeschränkt möglich sind.

19 Vgl. *Sharpe* [Portfolio] und *Lintner* [Valuation].

20 Man bedenke allerdings, daß wir hier als Entscheidungsregel das (μ,σ)-Prinzip verwenden und ein im Grunde mehrperiodiges Problem auf ein einperiodisches Problem reduziert haben. Gegen beides haben wir oben im 7. Kapitel (leichte) Vorbehalte angemeldet.

der Portfolio Selection empfohlen wird und eine Reihe weiterer vereinfachender Annahmen getroffen wird?[21] Eine solche "Kapitalmarkttheorie" interessiert uns insbesondere, weil sie eine Aussage darüber erlaubt, welche Beziehung im Gleichgewicht zwischen dem zu erwartenden Ertrag und dem - sachgemäß definierten - Risiko einzelner Aktien besteht.

Betrachten wir zuerst das Kapitalmarktgleichgewicht: Wenn der Kapitalmarkt (für risikolose Geldanlage bzw. Verschuldung) vollkommen ist, wenn alle Anleger gleiche (homogene) Erwartungen haben und wenn sie alle - in unterschiedlichem Ausmaß - risikoscheu sind, dann halten alle dasselbe Aktienportefeuille, und zwar das Tangentialportefeuille T. Aktien werden dann *nur* als Teil dieses Portefeuilles gehalten! Gleichgewicht am Aktienmarkt liegt vor, wenn alle Aktien, die einen positiven Wert haben, von jemandem gehalten werden. Unter den genannten Annahmen enthält das Aktienportefeuille T alle am Markt umlaufenden Aktien im Verhältnis ihrer Marktwerte. Man bezeichnet es daher als das "Marktportefeuille"- und drückt dies durch das Symbol M (für Markt) statt T für (Tangential) aus.

Was bedeutet diese Gleichgewichtsbedingung für die Bewertung bzw. das Verhältnis von Ertrag und Risiko? Weil risikoscheue Investoren sinnvollerweise Portefeuilles halten, bewerten sie Aktien vernünftigerweise nicht isoliert, sondern als Bausteine ihrer Portefeuilles. Da sie alle das Aktienportefeuille T halten, bewerten sie Aktien als Bausteine dieses Portefeuilles. Das hat natürlich Auswirkungen darauf, was man unter dem "Ertrag" und dem "Risiko" einer einzelnen Aktie zu verstehen hat:

> Der "Ertrag" einer Aktie ist ihr Beitrag zum "Ertrag" des "Marktportefeuilles", und ihr "Risiko" ist ihr Beitrag zum "Risiko" dieses Portefeuilles.

Wir wissen aus Abschnitt 8.2.2 auch, daß das so verstandene Risiko einer Aktie nicht ihr ganzes Risiko ist, denn ein Teil des Gesamtrisikos einer Aktie ist durch Diversifikation vermeidbar, wie sie jeder "vernünftige" Investor betreiben sollte. Es gibt aber auch einen Teil des Risikos einer Aktie, der trotz Diversifikation bestehen bleibt. Wir nennen diesen Teil das "nicht-diversifizierbare" oder das "systematische" Risiko. Das sachlich richtig gemessene Risiko einer einzelnen Aktie ist ihr systematisches Risiko. Wie im nächsten Kapitel ausführlich gezeigt werden soll, entspricht es im Gleichgewicht der Kovarianz oder der Korrelation ihrer Rendite mit der Rendite des Marktportefeuilles oder einfach "mit dem Markt".

Mit Hilfe dieses Risikomaßes läßt sich eine einfache Gleichgewichtsbeziehung zwischen dem erwarteten Ertrag und dem (Kovarianz-) Risiko einzelner Aktien formulieren. Im nächsten Kapitel wird dieser Zusammenhang erläutert, und es wird gezeigt, wie er genutzt werden kann.

21 Die Annahmen werden im nächsten Kapitel noch ausführlicher diskutiert.

8.6 Zusammenfassung

Durch Diversifikation lassen sich Risiken vermindern. Ein praktisch wichtiger und theoretisch interessanter Fall der Risikoreduktion durch Diversifikation ist die Anlagestreuung durch Bildung eines Aktienportefeuilles. In diesem Kapitel sind die Grundzüge der Theorie der Portefeuillebildung oder der Wertpapiermischung dargestellt worden.

Der Effekt der Risikoreduktion wird deutlich, wenn man den Ertrag und das Risiko der einzelnen Aktien im Portefeuille mit dem Ertrag und dem Risiko des Portefeuilles vergleicht. Dabei werden Ertrag und Risiko durch den Erwartungswert bzw. durch die Varianz oder die Standardabweichung der Renditen der einzelnen Aktien bzw. des Portefeuilles gemessen. Es zeigt sich, daß der Ertrag des Portefeuilles gleich dem durchschnittlichen Ertrag der Aktien im Portefeuille ist, während das Risiko des Portefeuilles im allgemeinen kleiner ist als das durchschnittliche Risiko der einzelnen Aktien. Die Risikoreduktion stellt sich immer dann ein, wenn die Renditen der einzelnen Aktien nicht vollkommen positiv miteinander korreliert sind.

Sind die Erwartungswerte, die Standardabweichungen und die Korrelationskoeffizienten der Renditen der Aktien im Portefeuille gegeben, hängen Ertrag und Risiko des Portefeuilles davon ab, wie das Portefeuille zusammengesetzt ist. Es lassen sich durch die Wahl der Portefeuillezusammensetzung effiziente Portefeuilles ermitteln. Das sind solche, die bei (höchstens) ebenso großem Risiko mehr Ertrag und bei (mindestens) gleichem Ertrag weniger Risiko aufweisen als alle anderen möglichen Portefeuilles. Ein risikoscheuer Anleger wird das für ihn optimale Portefeuille aus der Gesamtheit der effizienten Portefeuilles auswählen. Solange nur die Geldanlage in Aktien, also in risikobehaftete Vermögensgüter, in Frage kommt, werden unterschiedlich risikoscheue Anleger auch unterschiedlich zusammengesetzte Aktienportefeuilles wählen.

Bezieht man die Möglichkeit der risikolosen Geldanlage und der Kreditaufnahme ein, ändert sich dieses Ergebnis. Es gilt das Separationstheorem von Tobin: Die Entscheidung über die Zusammenstellung des Aktienportefeuilles kann von der Entscheidung, wieviel Risiko ein Anleger übernehmen will, getrennt werden. Das Maß der Risikoscheu zeigt sich *nur* daran, welchen Anteil seines insgesamt anzulegenden Betrages ein Anleger riskant und welchen er risikolos anlegt bzw. wie sehr er sich verschuldet, um zusätzlich Aktien zu kaufen. Für den riskant angelegten Betrag ist hingegen immer die gleiche Zusammensetzung des Aktienportefeuilles optimal. Wenn für alle Anleger am Kapitalmarkt das Separationstheorem gilt, wenn sie gleiche Erwartungen haben und wenn sie zum gleichen risikolosen Zinssatz Geld anlegen und aufnehmen können, halten sie alle dasselbe Aktienportefeuille. Dieses muß das "Marktportefeuille" sein, in dem alle Aktien im Verhältnis ihrer Marktwerte enthalten sind. Das richtige Risikomaß für einzelne Aktien ist ihr Beitrag zum Risiko dieses Portefeuilles. Im Gleichgewicht müßte der Ertrag einer Aktie, ihre erwartete Rendite, eine Funktion ihres so gemessenen Risikos sein.

Kapitel 9

Kapitalkosten und Risiko

9.1 Lernziele

In diesem Kapitel soll die Kapitalmarkttheorie mit ihrem Herzstück, dem sogenannten "Capital Asset Pricing Model" (CAPM), dargestellt werden, und es soll gezeigt werden, wie sich mit seiner Hilfe ein Kapitalkostensatz für Entscheidungen über einzelne Investitionsobjekte bestimmen läßt, der deren Risiko ausdrücklich und korrekt zu berücksichtigen erlaubt. Damit werden drei Fragen erneut aufgegriffen, die in den vorangegangenen Kapiteln immer wieder gestellt worden sind:

(1) die Frage nach der Vergleichbarkeit zwischen Investitionen und der oder den zu ihrer Beurteilung herangezogenen alternativen Mittelverwendungen,

(2) die Frage nach der Methode der Risikomessung für Investitionsobjekte und

(3) die Frage nach der Bedeutung der Einbindung von Unternehmungen in einen Kapitalmarkt für die Möglichkeit, Investitions- und gegebenenfalls auch Finanzierungsvorhaben isoliert zu beurteilen.

Daraus ergeben sich folgende Lernziele für dieses Kapitel:

(1) Die Leser sollen die einfache Grundidee des CAPM als eines Gleichgewichtsmodells auf einem vollkommenen Kapitalmarkt verstehen.

(2) Sie sollen erkennen, daß und warum im Rahmen des CAPM Risiko anders gemessen wird, als es bisher in diesem Buch dargestellt worden ist.

(3) Sie sollen verstehen, wie das Thema dieses Kapitels an den Punkten ansetzt, an denen die Ausführungen in den Teilen II und III und im 8. Kapitel aufgehört haben.

(4) Schließlich sollen sie erkennen, daß und warum das CAPM nur eine pragmatische Lösung des Problems der Investitionsentscheidung unter Unsicherheit bietet.

9.2 Einordnung

Vermutlich ist das dritte Lernziel am schwierigsten zu erreichen. Deshalb beginnt dieses Kapitel mit einer Einordnung. Im Teil II dieses Buches haben wir die Frage nach dem "richtigen" Kalkulationszinsfuß als ein zentrales Problem herausgestellt. Um es lösen zu können, braucht man eine Theorie der Finanzierungs- und Anlagemöglichkeiten am Kapitalmarkt. Die Investitionstheorie macht die Funktion des Kapitalkostensatzes oder Kalkulationszinsfußes als Vergleichsbasis klar. Aber weil sie weitgehend mit der Annahme sicherer Erwartungen arbeitet, bietet sie keine ausreichende Basis für eine markttheoretische Bestimmung des Kapitalkostensatzes bei Unsicherheit. Das vorliegende Kapitel zeigt, wie sich aus einem einfachen Modell des Kapitalmarktgleichgewichts ein solcher Kapitalkostensatz herleiten läßt.

Im Teil III, das vor allem Finanzierungsentscheidungen in einer Welt "quasi-sicherer" Erwartungen behandelt hat, sollte erkennbar werden, daß die Marktbewertung von Unternehmensanteilen, insbesondere von Aktien, und die Bestimmung von Eigenkapitalkosten inhaltlich dasselbe sind. Dieser Gedanke der Entsprechung von Bewertung am Markt und Kapitalkosten soll in diesem Kapitel wieder aufgegriffen und vertieft werden. Der Einfluß des Risikos wurde bei den Überlegungen im 5. Kapitel weitgehend vernachlässigt. Insofern soll das, was in diesem Kapitel zu präsentieren ist, auch eine Erweiterung auf den Fall der Unsicherheit bieten.

Im 6. Kapitel wurde dann ein spezieller Aspekt des Risikos berücksichtigt, das sogenannte "leverage risk" der Verschuldung. Es wurde gezeigt, daß die konsequente Beachtung marktmäßiger Ausgleichsmechanismen zur These von der Irrelevanz der Kapitalstruktur für den Unternehmenswert und auch für die Kapitalkosten einer Unternehmung führt: Es gibt unter den von Modigliani und Miller eingeführten Annahmen einen einheitlichen, von der Kapitalstruktur unabhängigen Kapitalkostensatz für die Beurteilung von Investitionen, und deshalb kann man Investitionen auch isoliert beurteilen. Unter den Modellannahmen von Modigliani und Miller ist die Gleichgewichtsverzinsung und damit auch der Eigenkapitalkostensatz eine linear ansteigende Funktion des - als ausreichendes Risikomaß dienenden - Verschuldungsgrades. Dies wirft die im folgenden zu beantwortende Frage auf, ob sich die Thesen von der Irrelevanz der Finanzierung und der Linearität der Beziehung zwischen Eigenkapitalkosten und Risiko auch dann aufrechterhalten lassen, wenn das Risiko anders gemessen wird.

Damit der für die Beweisführung von MM wesentliche Arbitrageprozeß ablaufen kann, muß es zwei Unternehmen geben, die derselben Risikoklasse angehören und sich *nur* hinsichtlich ihres Verschuldungsgrades unterscheiden. Dies zeigt, wie wenig allgemein der ursprüngliche Beweis von MM ist, und es gibt Anlaß zu vermuten, daß auch die Empfehlung, zur Beurteilung von Investitionen den einheitlichen Kapitalkostensatz zu verwenden, nicht allgemeingültig ist. Sie gilt in der Tat nur für Investitionen, die ebendieser Risikoklasse angehören. Was man braucht, ist eine Regel zur Beurteilung von "unterschiedlich riskanten" Unternehmen bzw. Investitionen und ein dafür geeignetes Meßverfahren für das Risiko. Diese Regel sollte im Interesse der Einfachheit zu einem vom Risiko abhängigen Kapitalkostensatz führen, mit dem Investitionen möglichst isoliert beurteilt werden können. Damit die Bestimmung und die Verwendung dieses risikoabhängigen Kalkulationszinsfußes nicht willkürlich sind, sollte sich dieser aus einer Markttheorie ableiten lassen, die die Risikoaversion der (meisten) Anleger am Kapitalmarkt berücksichtigt und Arbitragemöglichkeiten ausschließt. Die in diesem Kapitel aufzugreifende Frage lautet damit: Gibt es einen Kapitalkostensatz, der für die isolierte Beurteilung unterschiedlich riskanter Investitionen geeignet ist?

Im 7. Kapitel haben wir die Unsicherheit der Zukunft wesentlich differenzierter berücksichtigt als vorher. Damit wurde aber zugleich ein Grund erkennbar, warum es besonders problematisch erscheinen könnte, Investitions- und Finanzierungsvorhaben isoliert zu beurteilen: Die Zusammenstellung verschiedener Projekte verändert das Risiko, von dem die Entscheidungstheorie gerade lehrt, daß es bei Entscheidungen berücksichtigt werden sollte. Die direkte Verwendung der Entscheidungstheorie für die Beurteilung von Investitionen - besonders von einzelnen Investitionen - kommt außer in Sonderfällen nicht in Betracht, weil die Entscheidungstheorie keine Bewertungstheorie darstellt. Der gedankliche "Umweg" von der Entscheidungstheorie zur Beurteilung von Investitions- und Finanzierungsvorhaben führte uns über die Theorie der Portefeuillebildung, die den Gegenstand des 8. Kapitels bildet. Dort wurde zuerst der Aspekt des Risikoverbundes herausgearbeitet, um dann zu zeigen, wie er bei Entscheidungen von Kapitalanlegern berücksichtigt werden kann und sollte. Die Portefeuilletheorie ist in erster Linie eine Theorie über Entscheidungen von Kapitalgebern. Damit weist sie aber auch den gedanklichen Weg zurück zum Kapitalmarkt. Aus der Portefeuilletheorie ergibt sich nämlich eine Theorie des Gleichgewichts am Kapitalmarkt bei Unsicherheit. Diese Kapitalmarkttheorie ist im vorigen Kapitel angekündigt, aber noch nicht dargestellt worden. Das geschieht im folgenden Abschnitt 9.3. Im Abschnitt 9.4 wird dann gezeigt, wie sie sich zur Bestimmung von Kapitalkostensätzen für Investitionsentscheidungen verwenden läßt.

9.3 Das "Capital Asset Pricing Model" der Kapitalmarkttheorie

9.3.1 Von der Portefeuilletheorie zur Kapitalmarkttheorie

Die Kapitalmarkttheorie ist nicht wie die Portefeuilletheorie eine normative Theorie über Anlegerentscheidungen, sondern eine positive Theorie über die Preisbildung am Kapitalmarkt. Eine **normative Theorie** enthält Aussagen darüber, wie sich Wirtschaftssubjekte (sinnvollerweise oder rationalerweise oder aus ethisch-moralischen Gründen) verhalten und/oder wie sie entscheiden sollten. Dagegen trifft eine **positive Theorie** Aussagen über Sachverhalte und Regelmäßigkeiten in der Realität. Die in den Wirtschaftswissenschaften üblichen positiven Theorien über die Preisbildung auf Märkten bauen auf Annahmen darüber auf, wie sich die Marktteilnehmer verhalten. Eine zwar recht spezielle, aber für die ökonomische Theorie geradezu kennzeichnende Art von Annahmen über individuelles Verhalten ist die, daß sie sich so verhalten, wie es in den entsprechenden normativen Theorien als rational oder sinnvoll empfohlen wird. In diesem Sinne baut auch die **Kapitalmarkttheorie** auf der Theorie der Portefeuillebildung auf. Sie stellt und beantwortet die Frage, welche Preise und Preisverhältnisse und damit welche Renditen sich am Kapitalmarkt ergeben, wenn sich die Marktteilnehmer so entscheiden, wie es die Portefeuilletheorie nahelegt, und wenn am Kapitalmarkt **Gleichgewicht** herrscht.

Weil die Portefeuilletheorie die Basis der Kapitalmarkttheorie ist, werden hier die wichtigsten Ergebnisse des vorigen Kapitels noch einmal kurz zusammengefaßt:

Anleger sind risikoscheu und halten Portefeuilles, die bezüglich der Größen Ertrag und Risiko effizient sind. Ertrag und Risiko werden durch den Erwartungswert und die Standardabweichung oder die Varianz der einperiodigen Portefeuillerenditen gemessen. Die Menge der effizienten Portefeuilles, die nur Aktien enthalten, ist als der ansteigende Teil der konkaven Linie in der Abbildung 8.6 des vorigen Kapitels dargestellt.

Wenn keine Möglichkeit zu risikoloser Geldanlage besteht, wählt jeder Anleger jenen Punkt auf der "effizienten Linie", der seiner Risikoneigung am besten entspricht. Die Risikoneigung drückt sich in der Steigung der Indifferenzkurven aus. Jeder Punkt auf der "effizienten Linie" bezeichnet ein Portefeuille mit einer ganz bestimmten, festgelegten Zusammensetzung. Man kann sich einen Punkt wie P oder T in Abbildung 8.6 als einen Investmentfonds vorstellen, dessen Fondsvermögen in einer ganz bestimmten Weise auf einzelne Aktien aufgeteilt ist.

Die "efficient frontier" ist insofern subjektiv oder anlegerspezifisch, als sie sich aus den subjektiven Erwartungen der einzelnen Anleger ergibt. Daß verschiedene Anleger verschiedene (effiziente) Portefeuilles halten, hat somit zwei Gründe: unterschiedliche Erwartungen, die zu unterschiedlichen "efficient frontiers" führen, und unterschiedliche Risikoneigungen. Wenn wir vereinfachend annehmen, daß alle Anleger dieselben Erwartungen haben, ist für alle Anleger die Linie der effizienten Aktienportefeuilles identisch. Daß sie unterschiedliche Portefeuilles halten, ist dann ausschließlich eine Folge unterschiedlicher Risikoeinstellungen.

Wenn die Möglichkeit der risikolosen Geldanlage zum Zinssatz i_f besteht, kann ein Anleger sein Geld auf ein Aktienportefeuille (oder einen Investmentfonds, der nur Aktien enthält), wie P oder T und die risikolose Anlagemöglichkeit aufteilen. Dadurch werden Risiko-Ertrags-Kombinationen erreichbar, die auf den Verbindungsgeraden zwischen i_f und P bzw. T liegen. Diese Mischportefeuilles sind effizient gegenüber reinen Aktienportefeuilles links unterhalb der Punkte P bzw. T auf der "efficient frontier". Da T der Tangentialpunkt des Strahls von i_f an die effiziente Linie ist, geht nur das Aktienportefeuille T in effiziente Mischportefeuilles ein. Besteht zusätzlich die Möglichkeit risikoloser Verschuldung zum Satz i_f, gilt das Separationstheorem von Tobin: Auf der Geraden durch i_f und T links von T liegen die Risiko-Ertrags-Kombinationen, die ein Anleger erreichen kann, wenn er sein Geld auf die sichere Anlage und das Portefeuille T aufteilt. Geradenpunkte rechts von T sind erreichbar, wenn ein Anleger Geld zum Zinssatz i_f aufnimmt und dieses Geld zusammen mit dem ursprünglich anzulegenden Betrag in das Portefeuille T investiert. Da keine besseren Risiko-Ertrags-Kombinationen als die auf der Geraden durch i_f und T erreichbar sind, hält ein Anleger Aktien in dem Verhältnis, das der Zusammensetzung des Portefeuilles T entspricht. Die Risikoneigung bestimmt nicht die Zusammensetzung des Aktienportefeuilles, sondern nur den Anteil des insgesamt anzulegenden Betrages, der in Aktien investiert werden soll. Bei unterschiedlichen ("heterogenen") Erwartungen können sich mit den effizienten Linien auch die Tangentialpunkte T von Anleger zu Anleger unterscheiden. Das ändert aber nichts daran, daß für jeden von ihnen nur Mischportefeuilles mit "seinem" Aktienportefeuille T effizient sind.

9.3.2 Die Kapitalmarkttheorie als Theorie des Gleichgewichts am Kapitalmarkt

In der Kapitalmarkttheorie fragt man, welche Eigenschaften ein Gleichgewicht am Kapitalmarkt aufweist, wenn sich alle Anleger so verhalten, wie es die Portefeuilletheorie empfiehlt. Dazu werden folgende wichtige **ergänzende Annahmen** getroffen:

(1) Es gibt eine risikolose Anlage- und Verschuldungsmöglichkeit, die den vorgegebenen Zinssatz i_f erbringt bzw. kostet.

(2) Es gibt m risikobehaftete Anlagemöglichkeiten (Arten von "Aktien"). Die Zahl der umlaufenden Aktien jeder Art i (i = 1,..., m) ist vorgegeben.

(3) Alle Anlagemöglichkeiten werden auf vollkommenen Märkten gehandelt: Es gibt keine Transaktionskosten, und kein einzelner Investor kann durch seine Entscheidungen die Marktpreise (Aktienkurse bzw. Zinssätze) beeinflussen. Alle Marktteilnehmer haben gleichen unbehinderten Marktzugang.

(4) Alle Anlagemöglichkeiten sind beliebig teilbar.

(5) Alle Investoren sind risikoscheu und beurteilen Portefeuilles anhand der Parameter Erwartungswert und Standardabweichung der Rendite.

(6) Alle Anleger haben einen Planungshorizont von einer Periode.

(7) Alle Anleger haben übereinstimmende ("homogene") Erwartungen, d.h. sie schätzen die Erwartungswerte, die Standardabweichungen und die Kovarianzen aller Aktienrenditen gleich ein.

Unter diesen Bedingungen, von denen besonders die der homogenen Erwartungen, des gleichen Marktzugangs und der unbeschränkten Anlage- und Verschuldungsmöglichkeit auf dem vollkommenen Markt für die sichere Geldanlage hervorzuheben sind, gilt die oben dargestellte Überlegung für jeden einzelnen Anleger in gleicher Weise. Für alle ist die effiziente Linie dieselbe, für alle gilt dasselbe Aktienportefeuille T, und alle halten nur effiziente Mischportefeuilles. Jeder wird seiner individuellen Risikoneigung gemäß einen (nicht notwendigerweise positiven) Teil seines Geldes risikolos und einen Teil riskant anlegen. Jeder wird, soweit er Aktien kauft, das Portefeuille T halten. Die Situation ist damit so, als ob alle Anleger ihr Vermögen teilweise sicher und teilweise in dem einen Investmentfonds investiert hätten.

Die Zusammensetzung oder Struktur des Aktienportefeuilles T läßt sich aus der Überlegung, daß alle Anleger Aktien nur in der Zusammensetzung des Portefeuilles T halten, in Verbindung mit einer Gleichgewichtsbedingung über die Aktienkurse[1] ableiten: Von einem Gleichgewicht kann man nur sprechen, wenn alle Anleger zusammen alle Aktien halten, die einen positiven Kurs haben. Da alle das einheitliche Aktienportefeuille T halten, muß dieses Portefeuille, der große Investmentfonds, alle Aktien enthalten. Aktien, die nicht Teil dieses Portefeuilles wären, würden von niemandem gehalten und hätten deshalb einen Kurs von 0, bzw. wenn es solche Aktien gäbe, die einen Kurs von 0 und zugleich einen positiven Wert hätten und die nicht im Portefeuille T enthalten wären, wäre dieses Portefeuille nicht effizient. Die wertmäßige Zusammensetzung dieses Portefeuilles muß deshalb dem Verhältnis der Marktwerte der in ihm enthaltenen Aktien entsprechen. Daher heißt das - annahmegemäß für alle Anleger gleiche - Tangentialportefeuille auch "das **Marktportefeuille**"; und es wird im Rahmen der Markt-Gleichgewichtstheorie - also von hier an - mit dem Symbol M bezeichnet. Die Zusammensetzung des Portefeuilles M bildet den Aktienmarkt ab.

Bleiben wir bei der Hilfsvorstellung des einen von allen Anlegern gehaltenen Investmentfonds. Sein Fondsvermögen ist im Verhältnis der Marktwerte der am Markt umlaufenden Aktien zusammengesetzt. Wenn es z.B. 50.000 A-Aktien, 20.000 B-Aktien usw. gibt und wenn der Kurs der A-Aktien 200 (Geldeinheiten), der der B-Aktien 300 usw. beträgt, ist der Marktwert der A-Aktien 10 Mio. (= 50.000 mal 200), der der B-Aktien 6 Mio. (= 20.000 mal 300) usw. Die wertmäßigen Anteile der Aktien der einzelnen Gesell-

1 Die Gleichgewichtsbedingung hinsichtlich der risikolosen Anlage betrachten wir hier nicht. Sie steht aber im Zentrum der Überlegungen, die Tobin in seinem Beitrag angestellt hat, in dem er das nach ihm benannte Separationstheorem formuliert hat. Diese Gleichgewichtsbeziehung ist eine der Grundlagen der modernen Zinstheorie. Vgl. dazu *Tobin* [Preference].

schaften am Fondsvermögen verhalten sich wie 10 zu 6 zu ... . Teilt man diese Marktwerte der einzelnen Aktien durch ihre Summe, d.h. den gesamten Marktwert aller Aktien, erhält man die Portefeuilleanteile x_i (i = 1,..., m) am Fondsvermögen bzw. am Marktportefeuille M bzw. am *Aktien*portefeuille jedes einzelnen Anlegers.

Das ist die erste wichtige Aussage der Kapitalmarkttheorie:

> Alle Anleger halten gleich strukturierte Aktienportefeuilles, und deren Zusammensetzung entspricht dem Verhältnis der Marktwerte der einzelnen Aktien.

Aus dieser Aussage ergibt sich, natürlich genau genommen nur bei Geltung der genannten zusätzlichen Bedingungen, eine empirische Aussage darüber, wie alle effizienten Portefeuilles im μ-σ-Raum liegen müßten.[2] Zur Illustration dieser Aussage kann man historische Daten[3] für "risikolose" Zinsen und die Mittelwerte und Standardabweichungen der einjährigen Renditen gut diversifizierter amerikanischer Aktienportefeuilles verwenden und folgende "realistische" Werte ansetzen: $i_f = 5\%$, $\mu_M = 15\%$ und $\sigma_M = 20\%$. *Effiziente* Portefeuilles, die unter den genanten Bedingungen immer Mischportefeuilles mit dem risikobehafteten Anteil a und dem risikolosen Anteil (1 - a) sind, müßten dann auf einer Geraden mit der Gleichung

(9.1) $\mu_a = i_f + a\,(\mu_M - i_f)$ bzw. $\mu_a = 5\% + a\,(15\% - 5\%)$

für die erwartete Rendite und

(9.2) $\sigma_a = a\,\sigma_M$ und (9.3) $a = \sigma_a / \sigma_M$ bzw. $\sigma_a = a \cdot 20\,\%$

für das Risiko liegen. Diese Beziehung nennt man, ihrem "Entdecker" William Sharpe folgend, die **Kapitalmarktlinie**. Der riskant angelegte Anteil a - und damit gemäß Gleichung 9.2 auch σ_a / σ_M - ist ein **Risikomaß** für (effiziente) Mischportefeuilles. Das erlaubt folgende Interpretation der Gleichung 9.1:

> Die Gleichgewichtsverzinsung effizienter Portefeuilles ist die Summe aus einer Basisverzinsung für risikolose Geldanlage i_f und einer Risikoprämie a $(\mu_M - i_f)$, die ihrerseits das Produkt aus einem Maß für das Risiko a eines bestimmten (effizienten) Portefeuilles und einer Risikoprämie pro Risikoeinheit $(\mu_M - i_f)$ ist.

---

2 Die praktischen und empirischen Probleme der Bestimmung, was genau man sich in der Realität unter "der" risikolosen Anlage und "dem Marktportefeuille" vorzustellen hat und wie hoch Mittelwert und Standardabweichung ihrer möglichen Renditen in einem bestimmten Jahr sind, sollen hier nicht diskutiert werden. Hilfsweise kann man sich die risikolose Anlage als den Kauf von Staatspapieren mit der (Rest-) Laufzeit von einem Jahr und das Marktportefeuille durch einen Aktienindex repräsentiert vorstellen.

3 Vgl. *Brealey/Myers* [Principles], S. 143-153.

Das subjektive, investorspezifische Element dieser Beziehung ist nur das Ausmaß des übernommenen Risikos, also a. Es hängt von dem gewählten Portefeuille ab. Die Leser sollten die formale und inhaltliche Entsprechung zu der Interpretation der linearen Risiko-Ertrags-Beziehung erkennen, die wir im 6. Kapitel für den Zusammenhang zwischen der Aktienrendite verschuldeter Unternehmen und dem Verhältnis von Fremdkapital zu Eigenkapital als Risikomaß abgeleitet und dort als Gleichung 6.17 bzw. 6.18 ausgedrückt haben. Die Kapitalmarktlinie mit σ_a als Risikomaß ist in Abbildung 9.1 dargestellt.

Die Kapitalmarktlinie ist eine empirische Beziehung, und sie scheint sich auch in der Realität bestätigen zu lassen.[4] Das Interessante an der Gleichgewichtstheorie des Kapitalmarktes ist aber nicht, daß sie Aussagen über Risiko-Ertrags-Beziehungen effizienter Portefeuilles enthält, sondern daß sie auch Aussagen über den Zusammenhang zwischen Risiko und Ertrag *einzelner* Aktien erlaubt. Diesen wenden wir uns nun zu.

9.3.3 Die Risiko-Ertrags-Beziehung für einzelne Aktien

Wir fragen nun zuerst, wie sich der Ertrag und das Risiko des Marktportefeuilles aus den Ertrags- und Risikowerten der Aktien herleiten lassen, die in diesem Portefeuille enthalten sind. Wenn eine solche Aufteilung gefunden ist, werden wir in einem zweiten Schritt zeigen, daß diese Aufteilung - und mit ihr dann auch eine Beziehung zwischen Ertrag und Risiko einzelner Aktien - einer **Gleichgewichtsbedingung** am Kapitalmarkt entspricht.

Der **Ertrag** des Marktportefeuilles M ist definiert als seine erwartete Rendite. Sie läßt sich sehr leicht auf die einzelnen Aktien aufteilen: Jeder Aktie wird ihr Beitrag zum Portefeuilleertrag zugeordnet. Der Beitrag einer einzelnen Aktie i zum Ertrag des Marktportefeuilles pro investierter Geldeinheit ist die erwartete Aktienrendite μ_i. Dies ergibt sich, wie im Abschnitt 8.2 gezeigt worden ist, unmittelbar aus der Formel für den Portefeuillertrag. Man kann festhalten: μ_i ist der Ertrag einer Aktie i, *auch wenn* sie als Teil eines Portefeuilles gehalten wird.

Das **Risiko** des Marktportefeuilles M ist definiert als die Standardabweichung oder die Varianz der möglichen Renditen des Marktportefeuilles. Die Varianz und die Standardabweichung der Rendite des Marktportefeuilles bezeichnen wir mit $\text{var}(\tilde{r}_M)$ oder σ_M^2 bzw. mit $\sigma(\tilde{r}_M)$ oder σ_M. Trotz der breiten Streuung im Marktportefeuille ist dessen Rendite unsicher. Man betrachte nur, wie stark sich ein Aktienindex wie z.B. der DAX-Index deutscher Aktien oder der amerikanische Standard and Poor's-500-Index, der die Tendenz des gesamten Aktienmarktes erfassen und insofern die Wertentwicklung "des

4 Vgl. dazu z.B. *Sharpe* [Investments], S. 373f.

Marktes" widerspiegeln soll, im Laufe eines Jahres verändern kann. Hier interessiert nun, wie sich das Risiko des Marktportefeuilles auf die einzelnen Aktien aufteilen oder zurechnen läßt. Der rechnerischen Einfachheit halber verwenden wir im folgenden die Varianz als Risikomaß.

Im Abschnitt 8.2 ist dargestellt worden, wie sich bei zwei Aktien die Varianz der Portefeuillerendite aus den Varianzen und der Kovarianz der Einzelrenditen ergibt. Die Kovarianz geht in die Formel 8.15 zweimal ein, wobei die Portefeuilleanteile als Gewichtungsfaktoren dienen. Dies ändert sich nicht, wenn die Zahl der Aktien im Portefeuille m (mit m > 2) beträgt. Gleichung 9.4 ist eine Verallgemeinerung der Gleichung 8.15. Darin bezeichnen die Indizes i und k zwei beliebige Aktien aus der Menge der m Aktien, die das Portefeuille bilden. Die Portefeuillevarianz beträgt

$$(9.4) \quad \operatorname{var}(\tilde{r}_M) = \sigma_M^2 = \sum_{i=1}^{m} x_i^2 \sigma_i^2 + 2\sum_{i=1}^{m}\sum_{k>1}^{m} x_i x_k \operatorname{cov}(\tilde{r}_i, \tilde{r}_k)$$

$$\text{Portefeuille-varianz} = \text{Summe der Einzelvarianzen} + \text{zweimal Summe der paarweisen Kovarianzen}$$

Auch wenn es nicht so scheint, ist die Formel 9.4 sehr einfach. Schreibt man σ_{ik} für $\operatorname{cov}(\tilde{r}_i, \tilde{r}_M)$ und σ_{ii} für σ_i^2 - die Varianz ist ein Sonderfall der Kovarianz -, dann kann man 9.4 zu 9.5 umformen. Der Faktor 2 vor der Summe der Kovarianzen in 9.4 verschwindet in 9.5 wegen der Änderung der Summationsgrenzen

$$(9.5) \quad \sigma_M^2 = \sum_{i=1}^{m} x_i^2 \sigma_{ii} + \sum_{i=1}^{m}\sum_{\substack{k=1\\k\neq i}}^{m} x_i x_k \sigma_{ik} = \sum_{i=1}^{m}\sum_{k=1}^{m} x_i x_k \sigma_{ik} \, .$$

Man kann nun x_i vor die innere Summation ziehen und erhält

$$(9.6) \quad \sigma_M^2 = \sum_{i=1}^{m} x_i \left(\sum_{k=1}^{m} x_k \sigma_{ik} \right).$$

Betrachten wir zuerst den Inhalt der runden Klammer für eine gegebene Aktie i. Für diesen Klammerausdruck gibt es eine einfache Interpretationsmöglichkeit: Er stellt die **durchschnittliche Kovarianz** dar; er ist der gewogene Durchschnitt der Kovarianzen der Rendite der Aktie i mit den Renditen aller Aktien, d.h. mit denen aller *anderen* Aktien k (k = 1,..., i -1, i +1,..., m) und mit sich selbst (k = i). Letztere ist die Varianz der Aktie i. Die Gewichtungsfaktoren sind die Anteile x_k der Aktien an dem betrachteten Portefeuille. Da wir das Risiko des Marktportefeuilles - und nicht das eines beliebigen Portefeuilles - aufteilen wollen, stellen die x_k die Anteile der Aktien k (k = 1,..., m) am Marktportefeuille dar, aus deren Kovarianzen mit der Rendite der Aktie i hier der Durchschnitt gebildet wird. In der Klammer steht also die durchschnittliche Kovarianz der Aktie i mit den Aktien im Marktportefeuille.[5] Das ist die Kovarianz der Rendite der Aktie i mit der Rendite des Marktportefeuilles oder, wie man abkürzend sagen kann, die Kovarianz der Aktie i mit "dem Markt". Sie kann als $\text{cov}(\tilde{r}_i, \tilde{r}_M)$ bezeichnet werden. Ersetzt man den Klammerausdruck in 9.5 durch $\text{cov}(\tilde{r}_i, \tilde{r}_M)$, erhält man

$$(9.7) \quad \text{var}\,(\tilde{r}_M) = \sigma_M^2 = \sum_{i=1}^{m} x_i \;\text{cov}(\tilde{r}_i, \tilde{r}_M).$$

Die äußere Summation in Gleichung 9.6 bzw. die Summation in Gleichung 9.7 bildet noch einen Durchschnitt. Es ist der (gewogene) Durchschnitt der Kovarianzen der einzelnen Aktien i (i = 1,..., m) mit dem Marktportefeuille, wobei wieder die Portefeuilleanteile x_i der Aktien i am Marktportefeuille M als Gewichte dienen. Wir halten fest:

> Die Varianz der Rendite des Marktportefeuilles ist die **durchschnittliche Kovarianz** der Renditen der einzelnen Aktien mit der Rendite des Marktportefeuilles.

Hieran erkennt man sofort, wieviel eine Aktie pro investierter Geldeinheit zum Risiko des Marktportefeuilles beiträgt, und welches Risiko ihr zugerechnet werden kann: Es ist so viel, wie ihre Kovarianz mit dem Marktportefeuille beträgt: $\text{cov}(\tilde{r}_i, \tilde{r}_M)$.

Gleichung 9.7 läßt erkennen, daß nicht die Varianz der Rendite einer Aktie, sondern die durchschnittliche Kovarianz ihrer Rendite mit den Renditen aller Aktien bestimmt, wieviel Risiko diese Aktie zum Gesamtrisiko eines breit gestreuten Portefeuilles beiträgt. Das individuelle Risiko, die Varianz, wird durch die Portefeuillebildung nahezu völlig ausgeglichen. Die Varianz der Aktie i ist nur einer von m Summanden, aus denen sich die Kovarianz der Rendite der Aktie i mit der Marktrendite ergibt. Wenn die Zahl m der Aktien im Marktportefeuille groß ist, ist der Anteil der Varianz(en) der Aktienrendite(n) an der Varianz des Marktportefeuilles im Vergleich zum Anteil der Kovarianzen klein, auch wenn die einzelnen Varianzen größer sein mögen als die Kovarianzen der Renditen der einzelnen Aktien mit denen der anderen Aktien.[6]

Durch die Portefeuillebildung kann aber das Kovarianz-Risiko nicht eliminiert werden, das deshalb auch das **"systematische Risiko"** genannt wird. Es reflektiert marktweite, die einzelnen Aktien gemeinsam, aber in unterschiedlichem Maße betreffende Kursschwankungen.[7] Wenn Aktien als Bestandteile von Portefeuilles gehalten werden, ist das

---

5 Zum Beispiel ist bei i = 3 und m = 5 der Klammerausdruck die Summe der gewichteten Kovarianzen der Aktie 3 mit der Aktie 1, mit der Aktie 2, mit der Aktie 3 - das ist die Varianz der Aktie 3! -, mit der Aktie 4 und mit der Aktie 5.

6 Vgl. *Sharpe* [Portfolio], S. 128f.

7 Insofern ist das einleitend gebrauchte Beispiel aus dem Abschnitt 8.2.1 mit Badehosen und Regenschirmen etwas irreführend: Es gibt zum Beispiel den Einfluß der Konjunktur, der sich sowohl

sinnvolle Risikomaß für sie ihr Beitrag zum Portefeuillerisiko, und das ist die Kovarianz mit dem Markt oder ihr "systematisches Risiko". Der Gegenbegriff "**unsystematisches Risiko**" bezeichnet den Teil des Gesamtrisikos $\sigma^2(\tilde{r}_i)$, der nicht in dem erläuterten Sinne systematisch ist und der deshalb auch "diversifiable risk" genannt wird, weil er durch die Anlagestreuung zum Verschwinden gebracht werden kann.

Wir halten als **Zwischenergebnis** fest:

(1) Der Ertrag des Marktportefeuilles ist der Erwartungswert der Rendite des Marktportefeuilles.

(2) Der Ertrag einer einzelnen Aktie ist ihr Beitrag zum "Ertrag" des Marktportefeuilles. Das ist der Erwartungswert ihrer Rendite.

(3) Das Risiko des Marktportefeuilles ist die Standardabweichung oder die Varianz der Portefeuillerendite.

(4) Das für die Bewertung am Markt relevante Risiko einer einzelnen Aktie ist ihr Beitrag zum "Risiko" des Marktportefeuilles, also $\mathrm{cov}(\tilde{r}_i, \tilde{r}_M)$.

Das Risikomaß $\mathrm{cov}(\tilde{r}_i, \tilde{r}_M)$ für einzelne Aktien, die im Kapitalmarktgleichgewicht als Teil des Marktportefeuilles M gehalten werden, hat eine wichtige formale Eigenschaft: Es ist linear. Betrachtet man das Marktportefeuille als gegeben, ist der Wert, den dieses Risikomaß für eine Aktie annimmt, unabhängig von dem Wert, den es für bestimmte einzelne andere Aktien annimmt. Damit läßt sich eine Geldanlage am Kapitalmarkt *isoliert* durch dieses Risikomaß kennzeichnen. Das hat eine wichtige Implikation: Der Wert dieses Risikomaßes für ein Bündel (d.h. auch: für ein nicht stark diversifiziertes Portefeuille) von z.B. drei Aktien ist das gewogene arithmetische Mittel der Werte, die dieses Risikomaß für die drei einzelnen Anlagemöglichkeiten annimmt. Die Gewichtungsfaktoren sind die anteiligen Geldbeträge, mit denen die drei Aktien in diesem schlecht diversifizierten Portefeuille enthalten sind. Wir werden auf diese Eigenschaft des Risikomaßes später zurückkommen, wenn wir Unternehmungen als unvollständig diversifizierte "Portefeuilles" von Investitionsobjekten kennzeichnen werden.

Die Linearität dieses Risikomaßes $\mathrm{cov}(\tilde{r}_i, \tilde{r}_M)$ für einzelne Aktien läßt sich auch so formulieren, daß die Entsprechung zu dem Ertragsmaß μ_i und vor allem der Gegensatz zu dem im 8. Kapitel gebrauchten Risikomaß σ_i deutlich wird:

> Der Ertrag eines Bündels von Geldanlagemöglichkeiten ist gleich dem Durchschnitt der einzelnen Erträge, *und*

---

auf den Absatz von Badehosen als auch den von Regenschirmen auswirkt und der durch die Produktdiversifikation nicht verschwindet.

das für die Marktbewertung *relevante* Risiko eines Bündels von Geldanlagemöglichkeiten ist *auch* gleich dem Durchschnitt der Risiken der einzelnen Anlagemöglichkeiten.

Hier ist aber vor einem **Mißverständnis** zu warnen: Das Risikomaß $\mathrm{cov}(\tilde{r}_i, \tilde{r}_M)$ gilt nur für den Anleger, der das effiziente Aktienportefeuille M hält. Wenn jemand - aus welchen Gründen auch immer - eine einzelne Aktie hält, trägt er das gesamte Risiko $\sigma^2(\tilde{r}_i)$ bzw $\sigma(\tilde{r}_i)$. Wer sich bei der Geldanlage in Aktien nur nach dem Risikomaß $\mathrm{cov}(\tilde{r}_i, \tilde{r}_M)$ richtet, muß deshalb *zusätzlich* darauf achten, daß er das "unsystematische Risiko" durch Diversifikation zum Verschwinden bringt, sofern er seine Vermögensposition nach den Maßgrößen Ertrag und Risiko beurteilt.[8]

Wir haben nun mit den aktienindividuellen Ertrags- und Risikomaßen μ_i und $\mathrm{cov}(\tilde{r}_i, \tilde{r}_M)$ eine mögliche Aufteilung des Gesamtertrags und des Gesamtrisikos des Marktportefeuilles M auf die einzelnen Aktien gefunden. Diese Aufteilung ist aber nicht die einzige denkbare. Es bleibt daher den zweiten Schritt zu tun und zu zeigen, daß diese Aufteilung eine besondere ist, nämlich eine solche, die eine Gleichgewichtsbedingung erfüllt.[9] Mit diesem zweiten Schritt können wir zugleich zeigen, wie Ertrag und Risiko einzelner Aktien *untereinander* zusammenhängen. Der im folgenden darzustellende Zusammenhang gilt nur, dies muß man beachten, wenn der Kapitalmarkt im Gleichgewicht ist.

Für den Nachweis, bei dem die hergeleiteten Aussagen über die relevanten Ertrags- und Risikomaße verwendet werden, ist es hilfreich, den (erwarteten) Ertrag des Marktportefeuilles und den einzelner Aktien als die Summe aus dem risikolosen Zinssatz i_f und einer Risikoprämie auszudrücken. Die **Risikoprämie** ist definitionsgemäß die erwartete Rendite vermindert um die risikolose Verzinsung:

$$\mu_M = i_f + (\mu_M - i_f) \qquad \text{und} \qquad \mu_i = i_f + (\mu_i - i_f)$$

Im Gleichgewicht muß die Risikoprämie *pro Risikoeinheit* für alle Aktien gleich sein. Für zwei beliebige, durch die Indizes i und k gekennzeichneten Aktien gilt dann:

---

8 Nicht jede Wirtschaftseinheit muß "vernünftigerweise" Anlagemöglichkeiten anhand von Ertrag und *Gesamt*risiko, also einschließlich des unsystematischen Risikos, bewerten. Wenn Unternehmungen (einschließlich Banken) z.B. Aktien kaufen, brauchen sie sich in der Modellwelt, die hier diskutiert wird, *nicht* um das unsystematische Risiko zu kümmern, da dies ihre eigenen Aktionäre selbst tun können: Ihre Aktionäre können - und sollten vernünftigerweise - diversifizierte Portefeuilles halten. Unternehmungen, die im Interesse ihrer Aktionäre handeln und daher ihren Marktwert maximieren wollen, brauchen nur auf den Ertrag und das *systematische* Risiko der von ihnen erworbenen Vermögensgegenstände zu achten. Vgl. zum Beweis z.B. *Haley/Schall* [Theory], S. 442-445.

9 Auf den Nachweis, daß sie diese Bedingung als einzige erfüllt, verzichten wir hier allerdings. Vgl. dazu z.B. *Sharpe* [Portfolio], S. 87.

$$(9.8)\qquad \frac{\mu_i - i_f}{\text{cov}(\tilde{r}_i, \tilde{r}_M)} = \frac{\mu_k - i_f}{\text{cov}(\tilde{r}_k, \tilde{r}_M)}$$

Gleichung 9.8 ist eine **Gleichgewichtsbedingung**. Wäre sie verletzt, wäre eine Aktie, die mehr Ertrag pro Risikoeinheit als andere erwarten läßt, als Baustein von Portefeuilles begehrt. Das hätte zur Folge, daß sie am Kapitalmarkt verstärkt nachgefragt würde. Dadurch würden ihr Kurs steigen und damit ihre erwartete Rendite μ_i und ihre Risikoprämie $(\mu_i - i_f)$ sinken, bis die Gleichgewichtsbedingung 9.8 erfüllt ist.

Jedes Portefeuille - und somit auch das Portefeuille M - ist ein Bündel von Aktien. Was für die einzelnen Aktien in 9.8 ausgedrückt ist, gilt wegen $\Sigma x_i = 1$ bzw. wegen der Proportionalität gemäß 9.8 auch für alle Portefeuilles und damit auch für das Portefeuille M:

$$(9.9)\qquad \frac{\mu_i - i_f}{\text{cov}(\tilde{r}_i, \tilde{r}_M)} = \frac{\sum_{i=1}^{m} x_i(\mu_i - i_f)}{\sum_{i=1}^{m} x_i \,\text{cov}(\tilde{r}_i, \tilde{r}_M)}$$

Der Quotient auf der rechten Seite von 9.9 läßt sich vereinfachen und dann leicht interpretieren: Die mit den Portefeuilleanteilen gewichteten Durchschnitte der erwarteten Renditen und der Kovarianzen sind nach den Gleichungen 8.3 und 9.7 die erwartete Rendite des Marktportefeuilles und deren Varianz. Wir erhalten damit die Gleichgewichtsbedingung

$$(9.10)\qquad \frac{\mu_i - i_f}{\text{cov}(\tilde{r}_i, \tilde{r}_M)} = \frac{\mu_M - i_f}{\text{var}(\tilde{r}_M)}.$$

Aus ihr läßt sich durch eine einfache Umstellung die wichtige Formel

$$(9.11)\qquad \mu_i = i_f + \frac{\mu_M - i_f}{\text{var}(\tilde{r}_M)} \cdot \text{cov}(\tilde{r}_i, \tilde{r}_M) = i_f + \frac{\text{cov}(\tilde{r}_i, \tilde{r}_M)}{\text{var}(\tilde{r}_M)} \cdot (\mu_M - i_f)$$

gewinnen. Sie drückt aus, daß im Gleichgewicht am Kapitalmarkt zwischen dem individuellen bewertungsrelevanten Risiko einer Aktie und ihrem Ertrag eine lineare Beziehung besteht. Die Gleichung 9.11 stellt das **"Capital Asset Pricing Model" (CAPM)** in seiner Standardform dar.

In Worten sagt Gleichung 9.11:

> Im Gleichgewicht ist die erwartete Rendite einer Aktie die Summe aus dem risikolosen Zinssatz und einer Risikoprämie, die sich als Produkt aus einer Risikoprämie pro Risikoeinheit - $(\mu_M - i_f)/\mathrm{var}(\tilde{r}_M)$ - und dem aktienindividuellen Risikomaß $\mathrm{cov}(\tilde{r}_i, \tilde{r}_M)$ ergibt.

Weil das CAPM für einzelne Aktien gilt, gilt es auch für Portefeuilles, unabhängig davon, ob diese effizient sind oder nicht.

Nicht nur für praktische Anwendungen, auf die wir erst im nächsten Abschnitt eingehen wollen, sondern auch wegen der größeren Einprägsamkeit empfiehlt es sich, die Gleichung 9.11 umzustellen zu

$$(9.12)\quad \mu_i = i_f + (\mu_M - i_f) \cdot \beta_i \quad \text{mit } \beta_i = \frac{\mathrm{cov}(\tilde{r}_i, \tilde{r}_M)}{\mathrm{var}(\tilde{r}_M)}\ .$$

In der bekannteren Fassung 9.12 des CAPM taucht zum ersten mal der Koeffizient β_i auf. Er ist ein zentraler Baustein der Kapitalmarkttheorie. Von seiner Interpretation her ist β_i weiterhin ein individuelles Risikomaß für *einzelne* Aktien oder Geldanlagemöglichkeiten. Deshalb trägt er den Index i. Die Division durch die Varianz der Rendite des Marktportefeuilles standardisiert das oben abgeleitete aktienindividuelle Risikomaß $\mathrm{cov}(\tilde{r}_i, \tilde{r}_M)$ und macht β_i zu einer dimensionslosen Größe. Von seiner Form her ist β_i ein Regressionskoeffizient. Er zeigt nämlich die *empirische* Beziehung zwischen der Rendite - nicht: der *erwarteten* Rendite - einer bestimmten Aktie i oder des betrachteten (nicht notwendigerweise effizienten) Portefeuilles und der Rendite des Marktportefeuilles. Dies hilft, wie noch zu zeigen sein wird, bei der Ermittlung der Risikomaße, die man benötigt, um das CAPM praktisch anwenden zu können.

In Worten sagt Gleichung 9.12 und damit das CAPM:

> Im Gleichgewicht ist die erwartete Rendite einer Aktie die Summe aus dem risikolosen Zinssatz und einer Risikoprämie, die sich als Produkt aus einer Marktrisikoprämie pro Risikoeinheit - $(\mu_M - i_f)$ - und dem aktienindividuellen Risikomaß β_i ergibt.

Diese Gleichgewichtsbeziehung 9.11 bzw. 9.12 des CAPM weist alle "wünschenswerten" **Eigenschaften** auf:

(1) Sie ist linear; der "Ertrag", der Erwartungswert der Rendite einer einzelnen Aktie, setzt sich zusammen aus dem Basiszinssatz i_f für risikolose Geldanlagen und einer Risikoprämie, die ihrerseits das Produkt aus einem Risikomaß und einer Risikoprämie pro Risikoeinheit ist.

(2) Die Größen i_f und $(\mu_M - i_f)/\text{var}(\tilde{r}_M)$ sind als Basiszinssatz und Risikoprämie pro Risikoeinheit vom Markt her vorgegeben und somit keine unternehmensindividuellen Größen.

(3) Nur das Risikomaß $\text{cov}(\tilde{r}_i, \tilde{r}_M)$ - bzw. β_i - ist pro Geldanlagemöglichkeit ("Aktie") individuell verschieden.

(4) Dieses Risikomaß ist für einzelne Anlagemöglichkeiten ("Aktien") isoliert angebbar, und es ist in dem Sinne linear, daß das Risikomaß für Bündel von Objekten gleich dem Durchschnitt der Risikomaße der Komponenten des Bündels ist.

Damit entspricht diese Risiko-Ertrags-Beziehung für einzelne Aktien und für nicht-effiziente (und effiziente) Portefeuilles in formaler Hinsicht genau zwei Risiko-Ertrags-Beziehungen, die wir schon kennengelernt haben. Die eine ist die Funktion der Eigenkapitalkosten im Gleichgewicht nach Modigliani und Miller mit dem Verhältnis von Fremd- zu Eigenkapital als Risikomaß, die im 6. Kapitel hergeleitet wurde. Die andere ist die im Abschnitt 9.3.2 vorgestellte Gleichgewichtsbeziehung zwischen Standardabweichung und erwarteter Rendite effizienter, gut diversifizierter Portefeuilles, die sogenannte Kapitalmarktlinie.

Die lineare Beziehung des CAPM wird, wieder William Sharpe folgend, auch als **Wertpapiermarktlinie** ("security market line"[10]) bezeichnet. Es ist wichtig, sie genau von der "capital market line" zu unterscheiden: Beide sind lineare Gleichgewichtsbeziehungen für Ertrag und Risiko; beide haben den gleichen Absolutbetrag (Ordinatenabschnitt) i_f. Aber sie gelten für unterschiedliche Anlageobjekte, nämlich in einem Fall nur für effiziente Portefeuilles und im anderen Fall auch für einzelne Aktien und ineffiziente Portefeuilles, und sie verwenden unterschiedliche Risikomaße.

Wir können nun die Kapitalmarktlinie in Abbildung 9.1 und die Wertpapiermarktlinie in Abbildung 9.2 graphisch gegenüberstellen. In Abbildung 9.1 ist das Risikomaß σ_a, die Standardabweichung der Rendite des betrachteten effizienten (Misch-) Portefeuilles, in Abbildung 9.2 ist das Risikomaß β_i. Für das Marktportefeuille hat β_M den Wert 1. In beiden Abbildungen sind die Werte für den Ertrag (μ_M) und das Risiko (σ_M bzw. 1) des Marktportefeuilles besonders hervorgehoben.

10 Vgl. *Sharpe* [Portfolio], S. 89.

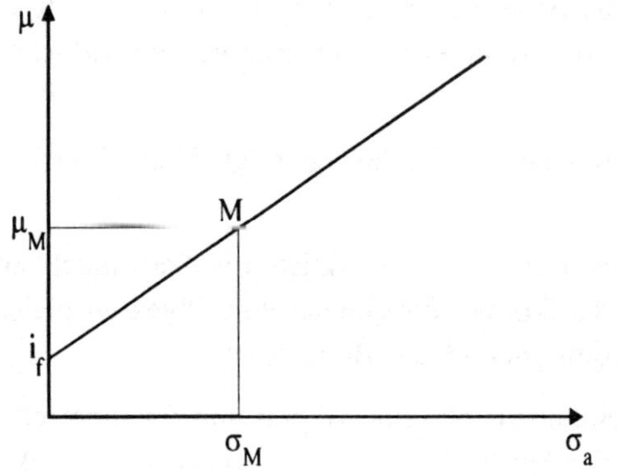

Abb. 9.1: Die Kapitalmarktlinie

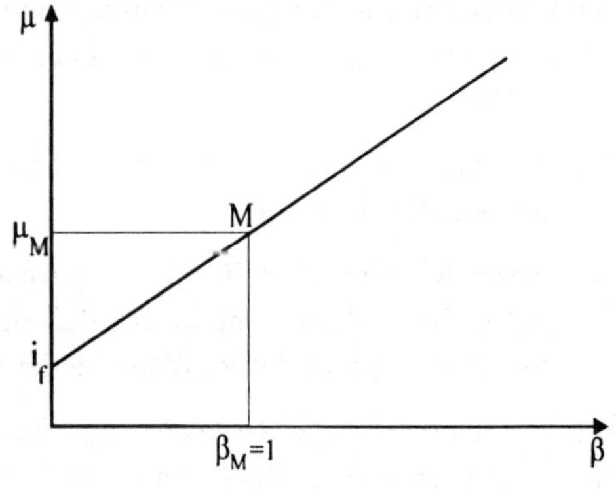

Abb. 9.2: Die Wertpapiermarktlinie oder das CAPM

9.3.4 Das CAPM als empirische Beziehung

Wie die Kapitalmarktlinie kann man auch das CAPM als eine empirische Beziehung deuten. Es ist auch mehrfach mit realen Daten getestet worden. Dabei stellt es sich natürlich ebenso wie bei praktischen Anwendungen als besonders schwierig heraus, die relevanten Werte für i_f, μ_M und β_i zu schätzen, denn dies sind Erwartungsgrößen, die "Erwartungen des Marktes", die sich auf ein gegebenes Jahr beziehen, und sie entsprechen nicht notwendigerweise historischen Größen. Bei empirischen Überprüfungen des CAPM hat man sich viel Mühe gegeben, diese Probleme zu überwinden. Ob es gelungen ist, ist sehr fraglich. Insbesondere die Operationalisierung, was denn "das Marktportefeuille" ist, hat sich als eine kaum überwindbare Hürde erwiesen. Dieses Problem zu diskutieren, würde den Rahmen dieses Lehrbuches sprengen.[11] Aber wir wollen kurz darauf eingehen, wie man die β_i-Werte einzelner Aktien ermitteln kann. Diese Diskussion dient zugleich dazu, unsere Leser weiter mit diesem für das CAPM grundlegenden Risikomaß vertraut zu machen.

Wie gesagt ist der Koeffizient β zugleich ein Risikomaß innerhalb einer Gleichgewichtsbeziehung zwischen Ertrag und Risiko und ein Regressionskoeffizient, der die Abhängigkeit der Rendite der Aktie i in einem gegebenen Zeitraum von der Rendite des Markt-

11 Vgl. dazu vor allem die kritische Position von *Roll* [Critique].

portefeuilles darstellt. Aus der Eigenschaft, ein Regressionskoeffizient zu sein, läßt sich ein Weg ableiten, um empirische β-Werte zu bestimmen.[12]

Dies sei am Beispiel von Aktien erläutert: Die Rendite $\tilde{r}_M$ des Marktes und die Rendite $\tilde{r}_i$ einer Aktie i sind beide unsicher. Sie können also verschiedene Werte annehmen. Wertepaare für diese Renditen (z.B. aus der Vergangenheit) kann man in einem Diagramm wie in Abbildung 9.3 als Punkte darstellen. Wenn ein systematischer Zusammenhang zwischen den Abweichungen der beiden Renditen von ihren jeweiligen Mittelwerten besteht, sind die Punkte mehr oder weniger eng um eine Ausgleichslinie herum verteilt. Eine solche Ausgleichslinie nennt man eine Regressionsgerade.

Die Steigung dieser Regressionsgeraden, die in der Literatur als **characteristic line**[13] bezeichnet wird, ist der Regressionskoeffizient β. Für die Aktie i beträgt er β_i. β_i gibt an, wie stark die Rendite der Aktie i *im Durchschnitt* der für möglich gehaltenen Realisationen von Wertepaaren für r_M und r_i von ihrem Erwartungswert μ_i abweicht, wenn die Rendite $\tilde{r}_M$ des Marktes um *eine* Einheit von ihrem Erwartungswert μ_M abweicht:

$$(9.13)\quad \beta_i = \frac{\text{relative Abweichung der Aktienrendite}}{\text{relative Abweichung der Marktrendite}}$$

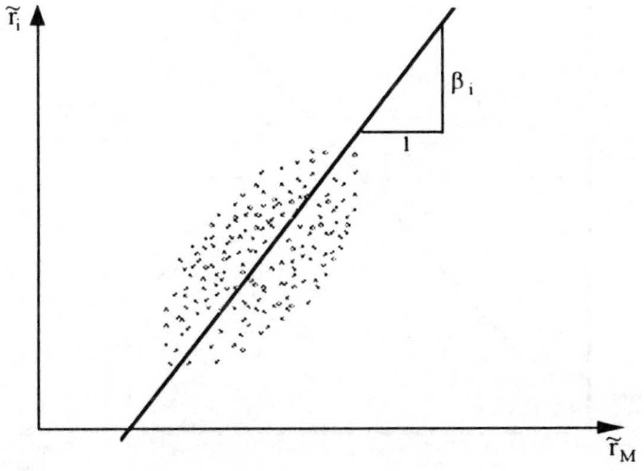

Abb. 9.3: "Characteristic line"

Das Steigungsmaß der Regressionsgeraden β_i ist damit auch ein Maß für die Empfindlichkeit der Aktienrendite gegenüber allgemeinen Marktschwankungen. In der Sprache der Börsenpraktiker sagt man, β_i mißt die "Volatilität" einer Aktie. Von Aktie zu Aktie variiert es, *wie eng* der Zusammenhang zwischen der Aktienrendite und der Marktrendite ist. Ist er eng, liegen die Punkte in Abbildung 9.3 nahe bei der Regressionsgeraden. Dann

12 Vgl. hierzu vor allem *Fama* [Foundations], S. 63-98.

13 *Sharpe* [Portfolio], S.91, vgl. dazu auch S. 91-94 u. S. 156.

ist das Gesamtrisiko einer Aktie weitgehend "systematisches Risiko". Ist der Zusammenhang lose, liegen die Punkte weiter von der Geraden entfernt. Dann überwiegt das "unsystematische Risiko", das aber nicht bewertungsrelevant ist, weil es durch Diversifikation zum Verschwinden gebracht werden kann.[14]

Für die Gleichgewichtsrendite gemäß dem CAPM ist nicht die Enge des Zusammenhanges, sondern allein dessen *Richtung* wichtig. Der Regressionskoeffizient β_i ist unabhängig davon, wie eng der Zusammenhang zwischen Aktien- und Marktrendite ist, denn er zeigt nur die Richtung der Abhängigkeit an. Der Durchschnitt der β_i Werte aller Aktien und damit der β-Wert des Marktportefeuilles (β_M) muß 1 sein.[15] Eine Aktie, deren Kurs tendenziell überproportional auf eine allgemeine Markttendenz reagiert, hat ein β_i über 1, eine "konservative" Aktie, die im Durchschnitt, also "normalerweise" unterproportional reagiert, hat ein β_i unter 1. Negative Werte für β_i sind möglich, aber selten. Eine Aktie, deren Kurs der allgemeinen Markttendenz entgegenläuft, hätte ein negatives β_i. Ein Beispiel könnten Goldminen-Aktien sein: Schlechte Zeiten sind in der Vergangenheit oft gute Zeiten für Goldminen gewesen. In Abbildung 9.4 sind die "characteristic lines" verschiedener Aktien und (fett gezeichnet) die des Marktes dargestellt.

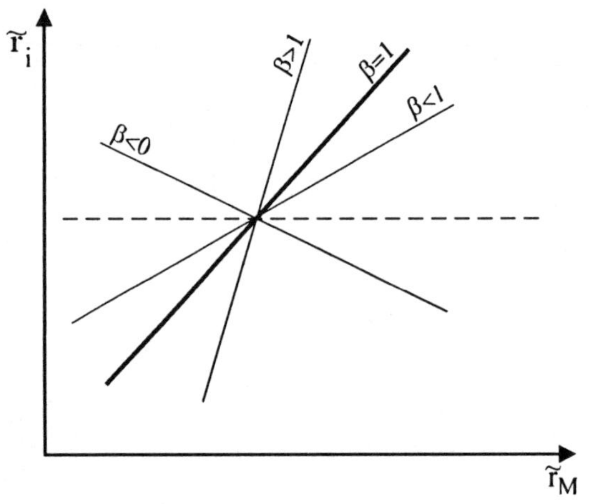

Abb. 9.4: Verschiedene "characteristic lines"

14 Aus der Enge des Zusammenhanges zwischen der Aktienrendite und der Marktrendite läßt sich nach der Methode der Varianzzerlegung bestimmen, welcher Anteil am Gesamtrisiko einer Aktie "systematisches" Risiko ist und welcher durch Diversifikation verschwindet. Berechnungen für amerikanische Aktien zeigen, daß im Durchschnitt nur ein Drittel des Gesamtrisikos "systematisch" ist.

15 Das ergibt sich auch aus der Definition von β_i in Gleichung 9.12; die Kovarianz einer Variablen mit sich selbst ist die Varianz, und damit sind Zähler und Nenner des Bruches gleich, und der Wert beträgt 1.

Die des Marktes hat eine Steigung von 1: Der Markt entwickelt sich immer proportional zum Markt!

Die "characteristic line" und ihr Steigungsmaß β_i bilden einen empirischen Zusammenhang zwischen den einzelnen möglichen Werten der Aktienrendite und den möglichen Werten der Marktrendite ab. Dieser Zusammenhang ist nicht wie das CAPM eine Gleichgewichtsbeziehung. Dennoch kann man unter bestimmten Bedingungen die empirischen β-Werte verschiedener Aktien oder verschiedener nicht breit gestreuter Portefeuilles verwenden und in die Gleichgewichtsbeziehung 9.13 einsetzen, um das CAPM empirisch zu prüfen bzw. um es anzuwenden.[16]

Was würde man erwarten, bei einer empirischen Überprüfung des CAPMs herauszufinden? Das CAPM enthält die empirische Behauptung,

- daß die Wertpapiermarktlinie eine positive Steigung hat,
- daß ihr Ordinatenabschnitt i_f beträgt,
- daß ihr Steigungsmaß $(\mu_M - i_f)$ beträgt,
- daß die erwartete Rendite nur von β_i abhängt und damit
- daß die Einbeziehung des "unsystematischen" Risikos und anderer Risikomaße die Renditeprognosen nicht zu verbessern erlaubt.

Frühe empirische Arbeiten haben diese Behauptungen zu bestätigen vermocht. Inzwischen ist man von der empirischen Geltung des CAPM weitaus weniger überzeugt. Die Positionen der Fachleute gehen heute sehr weit auseinander: Einige zweifeln generell an der Testbarkeit des CAPM;[17] andere meinen, daß die empirischen Bestätigungen doch recht aussagefähig seien, und wieder andere vertreten die Auffassung, das Modell sei weitgehend falsch. Insbesondere wird bezweifelt, daß die Wertpapiermarktlinie überhaupt ansteigt.[18] Konkurrierende Gleichgewichtstheorien des Kapitalmarktes weisen allerdings ähnliche Stärken und Schwächen auf. Trotz aller Zweifel halten wir im folgenden am CAPM fest. Der Grund dafür ist, daß es keine andere Theorie des Kapitalmarktgleichgewichts gibt, die - trotz allem - zugleich recht gut empirisch bestätigt ist und sich so sehr für eine einsichtige Interpretation im Sinne der neoklassischen Sichtweise der Finanzierungstheorie eignet.

---

16 Vgl. *Fama* [Foundations], S. 344.

17 Vgl. insb. *Roll* [Critique].

18 Vgl. dazu *Haugen* [Theory].

9.4 Die Anwendungen des CAPM

9.4.1 CAPM und Investitionsentscheidungen

9.4.1.1 Risikoabhängige Kapitalkosten auf der Grundlage des CAPM

Im 4. Kapitel hatten wir dargestellt, daß sich Investitionsentscheidungen dann korrekt isoliert treffen lassen, wenn man die Kapitalwertmethode oder die Methode des Internen Zinsfußes verwendet - und verwenden kann. Bei Normalinvestitionen, die sich nicht aus sachlich-technischen Gründen gegenseitig ausschließen und bei vollkommenem und vollständigem Kapitalmarkt, lassen die beiden Methoden dieselben Investitionen als vorteilhaft erscheinen. Investitionen mit positivem Kapitalwert haben einen Internen Zinsfuß, der höher ist als der Kalkulationszinsfuß, mit dem ihr Kapitalwert berechnet wird. Der Kapitalwert einer Investition ist gleich der Vermögensmehrung, die sie bewirkt und damit die Ausgangsbasis, von der aus der Investor seine Konsumausgaben so planen kann, wie es seiner Zeitpräferenz entspricht.

Wir haben zudem für den Fall sicherer Erwartungen herausgestellt, daß sich dann keine Konflikte zwischen mehreren Investoren mit unterschiedlichen Zeitpräferenzen ergeben und daß dann Investitionsentscheidungen an einen Dritten, einen Manager, delegiert werden können, wenn sichergestellt ist, daß sie nach dem Kapitalwertkriterium oder - sofern die beiden Methoden nicht zu widersprechenden Entscheidungen führen - nach dem Kriterium des Internen Zinsfußes getroffen werden. Schließlich haben die Ausführungen des zweiten Teils dieses Buches deutlich gemacht, daß sich - bei vollkommenem Kapitalmarkt - mit den genannten Methoden einzelne Investitions- und Finanzierungsprojekte isoliert bewerten lassen.

Die entscheidende Rolle spielt der Kalkulationszinsfuß. Er gibt in komprimierter Form an, wie Einkommen im Zeitablauf so verschoben werden kann, wie es den Konsumwünschen eines Investors entspricht, und zu welchen Preisen zukünftige Zahlungen am Kapitalmarkt ge- und verkauft werden können.

Das CAPM der Kapitalmarkttheorie bietet die Möglichkeit, diese Ideen völlig analog auf den Fall unsicherer Erwartungen zu übertragen. Die Modellwelt unterstellt einen vollkommenen und vollständigen Markt für die "Güter", die auf diesem Kapitalmarkt gehandelt werden können und die die Wirtschaftssubjekte mutmaßlich auch handeln wollen: Der risikolose Zinssatz gibt an, wie Einkommen in der Zeit verschoben werden kann, und die Risikoprämie pro Einheit systematischen Risikos gibt an, wie die Übernahme einer Einheit von Risiko, die nicht durch Diversifikation zum Verschwinden gebracht werden kann, am Markt entlohnt wird. Der Teilmarkt für sicheres Einkommen und der für Risikoübernahme ist vollkommen, und seine Preise sind für alle Marktteilnehmer unbeeinflußbar und gegeben. Die "Präferenzen" der Marktteilnehmer werden wie in der Portefeuilletheorie beschrieben. Sie beziehen sich nur auf die Parameter Ertrag und Risiko. Insoweit ist der Kapitalmarkt auch vollständig, denn die einzigen für die Wirtschaftssubjekte relevanten "Güter", Einkommen und Risiko, können gehandelt werden: Jeder kann nach seinen eigenen Wünschen mehr oder weniger sparen und mehr oder weniger Risiko übernehmen.

Die **Gleichgewichtsverzinsung** der CAPM-Gleichung

$$(9.12)\quad \mu_i = i_f + (\mu_M - i_f)\cdot\beta_i \qquad \text{mit } \beta_i = \frac{\text{cov}(\tilde{r}_i, \tilde{r}_M)}{\text{var}(\tilde{r}_M)}$$

stellt den **risikoabhängigen Alternativertragssatz** *aller* Aktionäre dar, d.h. die risikomäßig vergleichbare Rendite, die Aktionäre einer Unternehmung alternativ erreichen können und die sie deshalb als Mindestrendite von Investitionen fordern, wenn es vorteilhaft sein soll, diese Investitionen durchzuführen. Sie zeigt zugleich an, wie sich im Gleichgewicht Marktwerte für unsichere Zahlungen bilden: Sie ergeben sich - im Markt -, indem Erwartungswerte unsicherer zukünftiger Zahlungen mit diesem Satz diskontiert werden. Diese Bewertungen sind nicht subjektiv und präferenzanhängig, sondern objektive, d.h. für den einzelnen Marktteilnehmer gegebene, Marktbewertungen.

Daraus ergibt sich unmittelbar, wie das CAPM für Investitionsentscheidungen anzuwenden ist. Weil es gewöhnlich - und so auch in unserer Darstellung - in der Form einer Renditen-Beziehung dargestellt wird, zeigen wir zuerst seine Anwendung im Rahmen der Methode des Internen Zinsfußes, um danach auf die Anwendung im Zusammenhang mit der Kapitalwertmethode einzugehen.

9.4.1.2 Renditevergleich und CAPM

Wir betrachten im folgenden ein denkbar einfaches Investitionsproblem. Gegeben seien vier Investitionsmöglichkeiten mit der Laufzeit einer Periode, die sich nicht gegenseitig ausschließen, so daß problemlos die Methode des Internen Zinsfußes anwendbar ist. Die einzelnen Investitionsmöglichkeiten werden durch den Index i (i = 1,..., 4) gekennzeichnet. Am Periodenende erbringen sie einen unsicheren Einzahlungsüberschuß $\tilde{V}_{i1}$. Entsprechend ist auch die Rendite $\tilde{r}_i$ auf das bei ihnen jeweils einzusetzende Kapital unsicher. Die erwartete Rendite ist μ_i.

Zur Vereinfachung nehmen wir an, die Unternehmung, die die Investitionen erwägt, sei bisher nur mit Eigenkapital finanziert und die betrachteten Investitionen würden gegebenenfalls auch nur mit Eigenkapital finanziert. Diese drei Annahmen - keine sachlich-technischen Interdependenzen, einperiodige Laufzeit der Investitionen und Finanzierung nur durch Eigenkapital - werden im weiteren Verlauf des Abschnitts diskutiert und teilweise modifiziert. Der "Kunstgriff" besteht nun einfach darin, Investitionsobjekte so zu kennzeichnen, daß sie unmittelbar der durch das CAPM vorgegebenen Alternative gegenübergestellt werden können.

Das CAPM gibt an, welche Risiko-Ertrags-Kombinationen am Kapitalmarkt erreichbar sind. Die erreichbaren Kombinationen sind in der folgenden Abbildung 9.5 durch die Wertpapiermarktlinie aus Abbildung 9.2 dargestellt. Das Maß für den Ertrag ist, gemäß dem CAPM, die erwartete Rendite, und das Risikomaß ist das systematische Risiko oder das Kovarianzrisiko, hier in der standardisierten Form als β_U. Der Index U steht für "Unternehmung". Entsprechend müssen auch die vier Investitionsmöglichkeiten durch den Erwartungswert ihrer Renditen und ihr β_i beschrieben werden.

Betrachten wir erst den Punkt a_0. Er gibt die als Risiko-Ertrags-Kombination ausgedrückte Marktbewertung der Unternehmung wieder. Daß der Punkt a_0 auf der Wertpapiermarktlinie liegt, drückt aus, daß die Aktien der Unternehmung - ohne Berücksichtigung der erwogenen Investitionen - gleichgewichtig oder korrekt bewertet werden. Die Risiko-Ertrags-Kombination des Punktes a_0 ist für Anleger durch Kauf oder Halten dieser Aktien zu erreichen. Andere Punkte auf der Wertpapiermarktlinie sind erreichbar, wenn sie andere Aktien mit einem anderen β kaufen oder wenn sie Aktien der betrachteten Unternehmung mit sicherer Geldanlage mischen oder teilweise auf Kredit kaufen. Der Ordinatenwert zu a_0 zeigt die Kapitalkosten der bisher getätigten Investitionen der Unternehmung an und entspricht dem e_0 bzw. k bei Modigliani/Miller aus dem 6. Kapitel.[19]

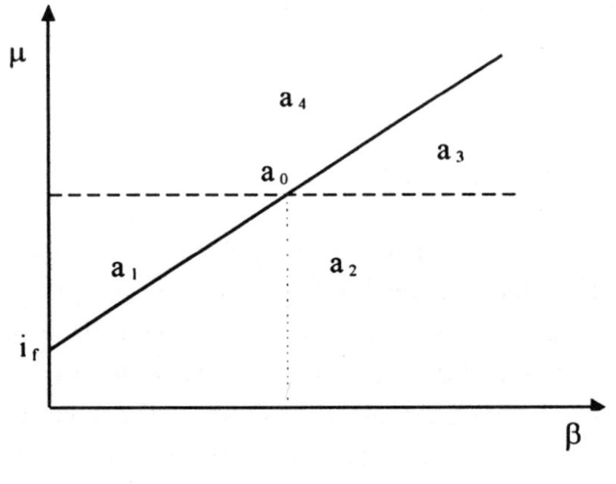

Abb. 9.5: Wertpapiermarktlinie mit Investitionsmöglichkeiten

19 Und entsprechend gilt die Regel von Modigliani/Miller für die Beurteilung von Investitionsobjekten, nämlich Investitionen mit einem positiven Kapitalwert bei einem Zinssatz von e_0 bzw. k zu akzeptieren, nur für solche mit demselben β wie a_0.

Die Punkte a_1, a_2, a_3 und a_4 in der Abbildung 9.5 stellen die vier in Betracht gezogenen Investitionen dar, die von der Unternehmung sowohl einzeln als auch in beliebigen Kombinationen durchgeführt werden können. Daß sie sich in diesem Koordinatenkreuz überhaupt eintragen lassen, setzt voraus, daß für sie Ertrag und Risiko auch so angegeben werden können, wie es dem CAPM entspricht, nämlich als die Erwartungswerte und die standardisierten (durch σ_M^2 dividierten) Kovarianzen ihrer Renditen mit der Rendite des Marktportefeuilles. Die Zulässigkeit dieser Art der Risikomessung könnte fraglich erscheinen. Wir gehen darauf noch ein.

Eine Entscheidungsregel für die Unternehmung liegt auf der Hand: Für eine in Betracht gezogene Investition wird geprüft, ob sie mehr Ertrag bringt als den risikoangepaßten Kapitalkostensatz oder Alternativertragssatz. Ist dies der Fall, wird die Investition angenommen, anderenfalls wird sie verworfen. Die oberhalb der Wertpapiermarktlinie liegenden Investitionsobjekte a_1 und a_4 sind günstiger als die Risiko-Ertrags-Kombinationen, die die Aktionäre am Kapitalmarkt selbst erreichen können. Sie sollten angenommen werden, wenn die Unternehmensleitung im Aktionärsinteresse handeln möchte. Unterhalb der Linie liegende Investitionsobjekte wie a_2 und a_3 sind zu verwerfen.

An den Investitionsobjekten a_1 und a_3 läßt sich die Bedeutung der expliziten Risikoberücksichtigung erkennen: a_1 ist vorteilhaft, *obwohl* sein Ertrag geringer ist als derjenige, den die Aktionäre bisher erreicht haben (Punkt a_0), also auch kleiner als "die Kapitalkosten" der Unternehmung gemäß der Theorie von MM. Das "Risiko" des Investitionsobjekts 1 ist aber um so viel geringer als das bisherige systematische Risiko der Unternehmung, daß der Minderertrag mehr als aufgewogen wird. Entsprechende Überlegungen zeigen, warum das Investitionsobjekt 3 trotz höheren Ertrags unvorteilhaft ist.

Was anhand der Abbildung 9.5 graphisch veranschaulicht wurde, läßt sich auch analytisch erfassen: Wir betrachten eigenfinanzierte einperiodige Investitionsobjekte. Ein Investitionsobjekt hat unter Unsicherheit verschiedene mögliche Interne Zinsfüße oder Renditen. Deren Verteilung weist einen Erwartungswert μ_i und eine bestimmte Kovarianz mit der Rendite des Marktportefeuilles, $\text{cov}(\tilde{r}_i, \tilde{r}_M)$, auf. Setzt man diese beiden Werte in die Gleichung 9.12 ein, läßt sich die (erwartete) Gleichgewichtsrendite errechnen, die das Investitionsobjekt erbringen würde, wenn es schon am Kapitalmarkt gehandelt und gemäß seinem Risikobeitrag, d.h. gleichgewichtig bewertet würde. Zu prüfen ist dann, ob gilt:

$$(9.14) \quad \mu_i \gtreqless i_f + \frac{\mu_M - i_f}{\text{var}(\tilde{r}_M)} \text{cov}(\tilde{r}_i, \tilde{r}_M)$$

Der entscheidende Schritt bei der vorgestellten Verwendung des CAPM als einer theoretisch fundierten und gleichwohl praktisch nützlichen Entscheidungshilfe ist die Art, wie dabei für einzelne Investitionen das Risiko gemessen wird. Als Risikomaß wird die Kovarianz ihrer Renditen mit der Rendite des Marktportefeuilles oder das β_i verwendet, und dessen Wert ist für jede betrachtete Investition isoliert angegeben worden, also unabhängig davon, welche Unternehmung die Investition erwägt und welche anderen Investitionen diese Unternehmung bereits durchgeführt hat und noch durchführen wird. Warum β das korrekte Risikomaß für Aktien ist, wurde bei der Herleitung des CAPM bereits erläutert. Wieso ist es nun aber korrekt, dieses Risikomaß *auch für einzelne Investitionsobjekte* anzuwenden? Die Antwort auf diese entscheidende Frage ergibt sich aus der Logik des CAPM als einer Markt-Bewertungstheorie und aus der Definition von β in Gleichung 9.12:

β ist eine Umformung der Kovarianz. Für die Marktbewertung der Aktien der betreffenden Unternehmung ist zwar das β oder die Kovarianz der Rendite der Aktien der Unternehmung mit der Rendite des Marktportefeuilles relevant, aber die **Kovarianz** - und ebenso β_i - ist ein **lineares Risikomaß**. Das bedeutet: Das Kovarianz- oder β-Risiko eines Bündels von Objekten ist gleich dem Durchschnitt der Kovarianz- bzw. β-Risikowerte der einzelnen Objekte in dem Bündel. Damit sind auch die Kovarianz der Rendite der Aktien einer Unternehmung mit dem Markt und der β-Wert einer Unternehmung gleich dem gewogenen Durchschnitt der Kovarianz- bzw. β-Werte der einzelnen in einer Unternehmung zusammengefaßten Investitionen, denn eine Unternehmung ist - aus neoklassischer Sicht - nichts anderes als ein Bündel von Investitionsobjekten.

Das ist der Grund, warum es *theoretisch* gerechtfertigt ist, einzelne Investitionen wie einzelne Aktien zu behandeln, die als Teil des Marktportefeuilles gehalten werden, und "Ertrag" und "Risiko" für sie individuell zu messen. Aus der theoretischen Begründung ergibt sich auch, wie man praktisch den Zahlenwert für das Risiko eines einzelnen Investitionsobjekts ermittelt, das dann in eine Gegenüberstellung wie in der Abbildung 9.5 oder in Gleichung 9.14 eingehen kann: Man stellt sich vor, das betrachtete Investitionsobjekt wäre eine selbständige Aktiengesellschaft, deren Aktien an der Börse gehandelt würden, und versucht abzuschätzen, wie stark der Kurs dieser Aktien im Durchschnitt auf allgemeine Marktentwicklungen reagieren würde. Die Antwort auf diese Frage liefert - in Anwendung der Gleichung 9.13 - eine Schätzung des bewertungsrelevanten Risikos der betrachteten Investition. Der Investition werden dabei, wie es im 3. Kapitel erläutert worden ist, die und nur die zusätzlichen Zahlungen zugerechnet, die durch die Investitionsentscheidung gegebenenfalls ausgelöst würden.

Es mag zwar praktisch schwierig sein, die Werte für die erwartete Rendite und insbesondere für das Kovarianzrisiko einer einzelnen Investition korrekt anzugeben, aber Probleme der Datenbeschaffung sind keine Besonderheit der hier diskutierten Verwendung des CAPM für Investitionsentscheidungen. Man kann sich auch wie bei jeder anderen Datenbeschaffung gedanklicher Hilfskonstruktionen bedienen, um wenigstens zu begründeten Abschätzungen zu gelangen. Ob sich die Mühe lohnt und ob damit auch die Verwendung des CAPM für die Beurteilung von Investitionen praktisch sinnvoll und nicht nur theoretisch interessant erscheint, hängt davon ab, wie sehr die Gleichgewichtsrendite am Kapitalmarkt von dem Risiko bestimmt wird. Wenn die Werte von 5% für i_f und 15% für μ_M zutreffen, die wir oben als historische Größen genannt haben, ist es offenbar wichtig, wenigstens über eine grobe Schätzung des systematischen Risikos zu verfügen. Der Risikozuschlag im Kalkulationszinsfuß ist dann ja im Durchschnitt doppelt so groß wie der Basiszinssatz für risikolose Geldanlagen. Aber selbst wenn der Risikozuschlag im Marktportefeuille deutlich geringer ist, dürfte sich die Mühe lohnen.

Hier wollen wir ausnahmsweise einmal auf eine **Vorgehensweise der Praxis** eingehen. Es ist inzwischen in fast allen großen Unternehmen üblich, finanzmathematische Methoden der Investitionsrechnung zu verwenden. Dabei wird häufig dem unterschiedlichen "Risiko" von Investitionen dadurch Rechnung getragen, daß man dem Kalkulationszinsfuß einen Risikozuschlag hinzufügt und daß dieser von der Art der Investition abhängt. So wird bei Ersatzinvestitionen meist ein geringer, bei Erweiterungsinvestitionen in schon bekannten Geschäftsbereichen ein mittlerer und bei Investitionen auf neuen Tätigkeitsfeldern ein hoher Zuschlag verwendet. Das Problem dieser Vorgehensweise ist nicht, daß sie zu grob und pauschalierend ist, sondern daß sie das falsche Risikomaß verwendet. Sie berücksichtigt das *gesamte* Risiko und nicht nur das bewertungsrelevante *systematische* Risiko oder β-Risiko. Die Kapitalmarkttheorie läßt unmittelbar erkennen, daß eine Ersatzinvestition in einem bekannten Geschäftsbereich A dann viel "riskanter" im Sinne des CAPM ist und deshalb von ihr eine höhere Mindestverzinsung zu verlangen ist als eine Neuinvestition in einem fremden Geschäftsbereich B, wenn im Geschäftsbereich A die Erträge stärker als im Geschäftsbereich B von Faktoren - wie z.B. der Konjunktur- oder Zinsentwicklung - abhängen, die zugleich die allgemeine Börsenkursentwicklung beeinflussen. Selbst wenn man nur grobe Schätzungen für die β-Werte einzelner Investitionen angeben kann, dürften diese zu deutlich sachgerechteren Risikozuschlägen im Kalkulationszinsfuß führen als die in der Praxis vorherrschende Methode.

Zum Abschluß der Darstellung der einfachsten Art, wie das CAPM auf Investitionsentscheidungen angewendet werden kann, betrachten wir ein **Zahlenbeispiel**: Die Werte für die Marktparameter i_f und μ_M seien die oben genannten 5% bzw. 15%. Die erwartete Rendite der Aktien einer (nur mit Eigenkapital finanzierten) Unternehmung, die eine bestimmte Investition durchzuführen erwägt, betrage 20%. Die erwartete Rendite der betrachteten Investition beläuft sich auf 15%. Ihre Empfindlichkeit gegenüber der allgemeinen Tendenz am Kapitalmarkt, also ihr individueller β-Wert, wird auf 0,8 geschätzt.

Es wäre in dieser Situation falsch, die Rendite der Investition mit "dem Kapitalkostensatz" der Unternehmung von 20% zu vergleichen und die Investition auf dieser Basis abzulehnen. Eine Rendite oder einen Kapitalkostensatz von 20% hat die Unternehmung bei den angenommenen Marktparametern offenbar nur wegen ihres β-Risikos; denn $5\% + \beta_i\,(15\% - 5\%) = 20\%$ impliziert $\beta_i = 1{,}5$.

Die bisherigen Investitionen der Unternehmung scheinen recht sensibel auf allgemeine Marktschwankungen zu reagieren. Das ist bei der betrachteten Investition nicht der Fall. Für sie beträgt der risikomäßig vergleichbare Alternativertragssatz, mit dem die erwartete Rendite der Investition zu vergleichen ist, $\mu_i = 0{,}05 + (0{,}15 - 0{,}05) \cdot 0{,}8 = 0{,}13$ oder 13%. Die Investition erscheint an diesem Kapitalkostensatz gemessen vorteilhaft. Man beachte, daß seine Berechnung unabhängig davon ist, wie hoch der β-Wert der Unternehmung bisher war.

An dieser Stelle ist auf zwei theoretische oder konzeptionelle Schwierigkeiten hinzuweisen, die die Anwendung des CAPM zur Lösung von Investitionsentscheidungsproblemen angreifbar machen. Sie gelten für die Anwendung des CAPM im Rahmen der Methode des Internen Zinsfußes ebenso wie für die Kapitalwertmethode:

(1) Die Entscheidung, daß eine betrachtete Investition durchgeführt werden soll, ändert schon das Marktportefeuille, denn die Investition mit ihren unsicheren Erträgen wird Teil des Marktportefeuilles. Stellt man die erwartete Kovarianz-Ertrag-Kombination einer Aktie einer gegebenen Marktbewertungslinie gegenüber, nimmt man eine **Partialbetrachtung** vor, d.h. man vernachlässigt mögliche Rückwirkungen der Entscheidung auf das Marktportefeuille und auf die Parameter der Wahrscheinlichkeitsverteilung seiner Rendite. Es liegt nahe zu vermuten, daß man diesen möglichen Einfluß auch wirklich vernachlässigen kann, weil bzw. wenn die betrachtete Investition im Vergleich zum Marktportefeuille klein ist. Die Vermutung mag berechtigt sein, doch ihre Überprüfung ist sehr schwierig.[20]

(2) Die Vorstellung, daß es überhaupt Investitionsobjekte gibt, die mehr als den risikoangepaßten Alternativertragssatz erwarten lassen, ist - streng genommen - mit der Kapitalmarkttheorie und der in ihr steckenden Gleichgewichtsannahme nicht vereinbar: Das Marktportefeuille enthält ja annahmegemäß alle risikobehafteten Vermögensgüter, und da eine im Vergleich zur Marktbewertungslinie günstige Investitionsmöglichkeit auch ein "risky asset" ist, müßte sie eigentlich (schon) Teil des Marktportefeuilles sein, und sie müßte dann im Gleichgewicht auf der Marktbewertungslinie liegen. Man mag sich hier mit der Vorstellung helfen, daß das Investitionsprojekt erst in den Markt und damit in das Marktportefeuille eingefügt wird. Die in Abbildung 9.5 dargestellte Situation mit den Investitionsmöglichkeiten a_1 und a_4 wäre dann als eine **Ungleichgewichtssituation** denkbar, die nur kurzfristig besteht und durch einen Anpassungsprozeß ausgeglichen wird. Diese gedankliche Hilfskonstruktion ist plausibel, aber ob sie auch richtig ist, läßt sich nicht entscheiden, denn das CAPM ist keine Ungleichgewichtstheorie und enthält auch keine Aussagen darüber, ob und ggfs. wie ein Anpassungsprozeß abläuft.

20 Darauf weist bes. *Saelzle* [Kapitalmarktreaktionen] hin.

9.4.1.3 Kapitalwertmethode und CAPM

Bei der Beurteilung von sich nicht gegenseitig ausschließenden einperiodigen Investitionen ist es gleichgültig, ob man die Kapitalwertmethode oder die Methode des Internen Zinsfußes verwendet. Bei Auswahlentscheidungen ist die Verwendbarkeit der Methode des Internen Zinsfußes hingegen beschränkt. Sie kann zu Fehlentscheidungen führen. Allein dies gebietet es, kurz auf die Verwendung des CAPM im Rahmen der Kapitalwertmethode einzugehen.

Kapitalwerte sind Bestandsgrößen mit einem bestimmten Bezugszeitpunkt, meistens t_0, und sie haben die Dimension "Geldeinheiten" (DM). Analog zu 9.14 läßt sich eine entsprechende Beziehung mit Bestandsgrößen in der Dimension "Geldeinheiten" formulieren. Der Erwartungswert der unsicheren Einzahlungen einer Investition i im Zeitpunkt t_1 wird mit $E(\tilde{V}_{i1})$ bezeichnet. Die Anschaffungsauszahlung und der Kapitalwert heißen wie bisher A_{i0} und K_{i0}. Der mit V_{i0} bezeichnete Ertragswert, eine sichere Größe, ist die Summe aus A_{i0} und K_{i0}. Er ergibt sich,

(1) wenn man entweder den Erwartungswert von $\tilde{V}_{i1}$ mit dem risikoangepaßten Kalkulationszinsfuß gemäß CAPM - und damit auch mit dem projektspezifischen β_i - diskontiert, da dieser ja die vergleichbare Alternative darstellt, *oder*

(2) wenn man das Sicherheitsäquivalent[21] der unsicheren Einzahlung oder des unsicheren Endwertes am Periodenende $SÄ(\tilde{V}_{i1})$ mit dem vergleichbaren Zinssatz diskontiert. Einem Sicherheitsäquivalent vergleichbar ist der risikolose Zinssatz i_f.

Aus der Tatsache, daß beide Berechnungsmethoden für den Kapitalwert zu demselben Ergebnis führen müssen, läßt sich ein expliziter Ausdruck für das Sicherheitsäquivalent herleiten. Die Einzelheiten dieser Herleitung sind mühsam.[22] Wir beschränken uns darauf, das Ergebnis zu nennen und kurz zu erläutern, weil wir es später noch einmal verwenden wollen. Gleichung 9.15 ist die Formel für den Ertragswert V_{i0} als Barwert des Sicherheitsäquivalents einer unsicheren Einzahlung $\tilde{V}_{i1}$ um eine Periode:

$$(9.15) \qquad V_{i0} = \frac{E(\tilde{V}_{i1}) - \dfrac{\lambda}{V_{M0}} \cdot cov(\tilde{V}_{i1}, \tilde{V}_{M1})}{1 + i_f} = FK_0 + EK_0$$

Das Sicherheitsäquivalent ist seinerseits die Differenz aus dem Erwartungswert der Einzahlung und dem Risikoabschlag, und dieser hängt *nur* davon ab, wieviel systematisches

---

21 Das allgemeine *subjektive* Konzept des Sicherheitsäquivalents ist in Abschnitt 7.3.2 vorgestellt worden. Man beachte, daß wir hier ein Sicherheitsäquivalent im Rahmen einer *objektiven* oder Marktbewertung betrachten.

22 Vgl. hierzu *Mossin* [Markets], insb. Kapitel 4 oder *Saelzle* [Kapitalmarkttheorie], S. 91f.

oder nicht diversifizierbares oder Kovarianz-Risiko mit dem betrachteten Investitionsvorhaben verbunden ist. Er errechnet sich - wie der Risikozuschlag zum Kalkulationszinsfuß - als Produkt aus einem individuellen Risikomaß, der Kovarianz der Bestandsgrößen "Wert des Vermögensguts" und "Wert des Marktportefeuilles" zum Zeitpunkt t_1 und einer vom Markt vorgegebenen Risikoprämie pro Risikoeinheit. Das Symbol λ steht für die Risikoprämie pro Risikoeinheit in der Standardform 9.11 des CAPM, und die Division durch V_{M0} dient nur der Angleichung der Dimensionen.

Mit der Formel 9.15 kann man in der Modellwelt des CAPM ausrechnen, wie hoch der Marktwert einer betrachteten Investition ist, wie groß die Vermögensmehrung der Eigentümer einer Unternehmung und die Steigerung des Gesamtwerts ihres Eigenkapitals ist, wenn die Unternehmung die betrachtete Investition durchführt, und man kann eine korrekte Auswahl zwischen Investitionen treffen, die sich gegenseitig ausschließen. Das hebt unsere erste vereinfachende Annahme - keine sachlich-technischen Interdependenzen und keine gegenseitige Unvereinbarkeit - auf.

Die zweite vereinfachende Annahme in unserem einfachsten Investitionsproblem war die, daß die Laufzeit der erwogenen Investitionen nur eine Periode betrifft. Auch um diese Annahme entschärfen zu können, ist es wichtig, das CAPM mit dem Kapitalwertkriterium zu verknüpfen, weil die Methode des Internen Zinsfußes bei der Entscheidung über mehrperiodige Investitionen auf Probleme stoßen kann.

Bei mehrperiodiger Anwendung sind die beiden Fassungen der Kapitalwertformel allein aus praktischen Erwägungen nicht gleichwertig. Unterschiede zwischen den Perioden hinsichtlich des Risikos, das sich in den einzelnen Perioden auswirken kann, sind der wichtigste Grund, warum bei mehrperiodigen Investitionsprojekten die Diskontierung des Sicherheitsäquivalents mit dem risikolosen Zinssatz generell den besseren methodischen Ansatz darstellt als die Diskontierung des Erwartungswertes mit einem risikoangepaßten Zinssatz. Die Ermittlung des Risikoabschlags vom Erwartungswert zwingt dazu, sich die Frage bewußt zu machen, wieviel Risiko auf die betrachtete Periode entfällt und welches Risiko sich in jeder Periode möglicherweise auflöst. Die Verwendung eines Risikozuschlags zum Kalkulationszinsfuß verleitet hingegen dazu, unberechtigte Pauschalannahmen zu treffen: Setzt man in die Kapitalwertformel einen von Periode zu Periode einheitlichen Risikozuschlag zum Zinsfuß ein und diskontiert man damit Einzahlungsüberschüsse verschiedener Zeitpunkte, unterstellt man, daß sich die Unsicherheit von Periode zu Periode mechanisch erhöht. Dies führt allenfalls aus Zufall zu sinnvollen Ergebnissen.[23]

23 Vgl. *Brealey/Myers* [Principles], S. 224-228 und 229f. Die zweifelhaften Implikationen der Anwendung eines konstanten Risikozuschlags bei mehrperiodiger Bewertung zeigt eindrucksvoll *Ballwieser* [Wahl].

Hinter dem praktischen Problem bei der Anwendung des CAPM zur Beurteilung von Investitionen, die zu Einzahlungen in *mehreren* zukünftigen Perioden führen, steht ein Grundsatzproblem: Ist eine mehrperiodige Verwendung des CAPM überhaupt theoretisch zulässig, da dieses Modell als ein einperiodiges Modell konzipiert ist? Die Diskussion dieses Grundsatzproblems würde den Rahmen dieses Lehrbuchs sprengen. Wir wollen uns darauf beschränken anzudeuten, woraus sich das Grundproblem ergibt.[24]

Das CAPM ist von seiner Konstruktion her ein einperiodiges Modell. Unsicher sind die Werte der Vermögensgüter am Periodenende, also die Werte für $\tilde{V}_{i1}$ und $\tilde{V}_{M1}$. Deren Unsicherheit ist in dem Modell nicht erklärt, sondern extern vorgegeben. Für jemanden, der das CAPM so verwenden will, wie wir es gerade beschrieben haben, sind die Marktparameter Zinssatz und Risikoprämie pro Risikoeinheit gegeben und zudem aus der Sicht des Entscheidungszeitpunktes auch sicher.

Bei einer mehrperiodigen Anwendung des CAPM ist dies nicht mehr der Fall. Der Zinssatz und die Risikoprämie späterer Perioden sind zwar auch dann für den einzelnen Anwender gegeben, aber aus der Sicht des Entscheidungszeitpunktes t_0 ist beispielsweise der Zinssatz für die Zeit zwischen t_1 und t_2 unsicher.

Wenn man das CAPM zur Beurteilung einer Investition anwenden will, muß man ein mehrperiodiges Problem auf ein einperiodiges Problem "zurechtstutzen"; und man kann, wenn dies gelingt, rekursiv vom letzten Zahlungszeitpunkt ausgehend, das Problem lösen. Beispielsweise muß man bei einer Investition mit unsicheren Einzahlungen in den Zeitpunkten t_1 und t_2 im ersten Schritt die möglichen "Werte" der Investition im Zeitpunkt t_1, die aus der Sicht von t_0 unsicher sind, ermitteln; und auf die Wahrscheinlichkeitsverteilung dieser "Werte" kann man dann das einperiodige CAPM mit den bekannten, gegebenen und sicheren Marktparametern der ersten Periode anwenden.

Die einzelnen möglichen "Werte" der Investition im Zeitpunkt t_1 sind nun aber jeweils die Summe aus der unsicheren Einzahlung der Investition im Zeitpunkt t_1 und des auf t_1 bezogenen Barwerts der Einzahlungen in späteren Zeitpunkten. Diese Barwerte sind aus zwei Gründen unsicher: zum einen, weil die Zahlungen selbst unsicher sind, und zum anderen, weil die Marktparameter der späteren Perioden unsicher sind. Wie man der zweiten Quelle der Unsicherheit, der Unsicherheit über die Marktparameter der zweiten und späterer Perioden, Rechnung trägt, insbesondere wie diese Unsicherheit mit der anderen Quelle der Unsicherheit über die späteren Zahlungen, zusammenwirkt und wie bei Unsicherheit über die Marktparameter der *zweiten* Periode genau das systematische Risiko der *ersten* Periode zu bestimmen ist, stellt das grundsätzliche Problem dar, für das es bisher keine generelle Lösung gibt.

24 Vgl. zu einer ausführlichen Diskussion der mehrperiodigen Verwendung des CAPM *Copeland/ Weston* [Theory], S. 401-411.

Der gegenwärtige Stand der Fachdiskussion läßt sich auf den knappen Nenner bringen, daß im Mehrperiodenfall das CAPM nur eine pragmatische, nicht aber eine theoretisch wirklich korrekte Lösung für Investitionsprobleme darstellt.

9.4.2 CAPM und Finanzierungsentscheidungen

In diesem Abschnitt wenden wir uns der Frage zu, ob die These von der Irrelevanz der Kapitalstruktur - und allgemeiner: der Irrelevanz der gesamten Finanzierungspolitik - einer Aktiengesellschaft auch im Rahmen des CAPM gilt. Damit greifen wir zugleich die bei der Diskussion im letzten Unterabschnitt getroffene Annahme auf, eine Unternehmung, die über Investitionen zu entscheiden hat, sei nur mit Eigenkapital finanziert. Wir beschränken uns wieder auf die Diskussion des Ein-Perioden-Falles.

9.4.2.1 Kapitalstruktur und Unternehmenswert

Die Annahmen, unter denen das Capital Asset Pricing Model abgeleitet werden kann, entsprechen den Annahmen von Modigliani und Miller (MM), nur sind sie spezifischer (weshalb man auch zu spezifischeren Aussagen gelangen kann). Insbesondere wird im CAPM wie bei MM unterstellt, daß der Kapitalmarkt vollkommen ist und daß alle Finanzierungstitel einer Unternehmung auf vollkommenen Märkten für Aktien und Obligationen gehandelt werden. Daher läßt sich im Rahmen des CAPM auch relativ leicht beweisen, daß der Wert der Unternehmung gleich der Summe aus dem Marktwert des Eigenkapitals und dem Marktwert des Fremdkapitals am Kapitalmarkt ist. Der Beweis wird durch die Linearität des Risikomaßes Kovarianz bzw. β ermöglicht. Zur Vereinfachung betrachten wir hier nur den Fall, daß Fremdkapital risikolos ist.[25] Dann ist auch das Sicherheitsäquivalent gleich dem Rückzahlungsbetrag. Dieser Betrag am Periodenende sei mit FK_1 bezeichnet; er schließt Zinsen ein. Der unsichere Wert des Eigenkapitals am Periodenende sei $\widetilde{EK}_1$. FK_1 und $\widetilde{EK}_1$ sind Marktwerte im Sinne von Produkten aus Anzahl und Kurs (in t_1) der betroffenen Wertpapiere.

Das erste Theorem von MM besagt, daß der Gesamtwert einer AG unabhängig davon ist, wie sein Kapital strukturiert ist. Dies läßt sich zeigen, indem man die Marktwerte des Eigenkapitals und des Fremdkapitals mit der Bewertungsformel 9.15 selbständig bestimmt und sie addiert und die Summe dann mit dem genauso bestimmten Marktwert der Gesamterträge der Unternehmung vergleicht.

---

25 Zum entsprechenden Beweis bei risikobehaftetem Fremdkapital vgl. *Haugen/Pappas* [Equilibrium].

Man erhält:

$$(9.16)\qquad EK_0+FK_0 = \frac{E(\widetilde{EK}_1) - \frac{\lambda}{V_{M0}} \cdot cov(\widetilde{EK}_1, \tilde{V}_{M1})}{1+i_f} + \frac{FK}{1+i_f}$$

Da sich die Kovarianz nicht ändert, wenn man zu der Zufallsvariablen $\widetilde{EK}_1$ eine Konstante addiert, und da man an die Stelle der sicheren Größe FK_1 auch ihren Erwartungswert $E(FK_1)$ einsetzen kann, läßt sich 9.16 umformen zu

$$(9.17)\qquad EK_0+FK_0 = \frac{E(\widetilde{EK}_1 + FK_1) - \frac{\lambda}{V_{M0}} \cdot cov([\widetilde{EK}_1 + FK_1], \tilde{V}_{M1})}{1+i_f}$$

Nun ist aber der (unsichere) Gesamtwert $\tilde{V}_{U1}$ der Unternehmung (Index U) im Zeitpunkt 1, definitionsgemäß gleich $\widetilde{EK}_1 + FK_1$.

Wenn man dies im Zähler der rechten Seite von Gleichung 9.17 einsetzt, erhält man genau dasselbe, wie wenn man die Bewertungsgleichung 9.15 direkt auf $\tilde{V}_{U1}$ anwendet:

$$(9.18)\qquad V_{i0} = \frac{E(\tilde{V}_{U1}) - \frac{\lambda}{V_{M0}} \cdot cov(\tilde{V}_{U1}, \tilde{V}_{M1})}{1+i_f} = EK_0 + FK_0$$

Der Gesamtwert ist also gleich der Summe der selbständig ermittelten Werte für Fremdkapital und Eigenkapitel. Dies gilt unabhängig davon, welche Werte für FK_1 und $\widetilde{EK}_1$ gewählt werden, d.h. es gilt für jede Kapitalstruktur. Daher gilt auch im CAPM wie bei MM, daß die Kapitalstruktur ohne Einfluß auf den Unternehmenswert ist.

9.4.2.2 Kapitalstruktur, Kapitalkosten und CAPM

Der Zusammenhang zwischen dem bewertungsrelevanten Risiko der einzelnen von einer Unternehmung ausgegebenen Wertpapierarten und dem Risiko der gesamten Unternehmung bestimmt die vom Markt im Gleichgewicht geforderte Rendite. Aus der Linearität des Risikomaßes β folgt, daß der β-Wert der Gesamtunternehmung der gewogene Durchschnitt der β-Werte der von der Unternehmung ausgegebenen Wertpapiere ist. Bezeichnet man den β-Wert des investierten Kapitals oder der Unternehmung mit β_U, den des Eigenkapitals (der Aktien) mit β_{EK} und den des Fremdkapitals (der Schuldverschreibungen) mit β_{FK}, gilt für das Unternehmen i

$$(9.19)\quad \beta_U = \frac{EK}{EK+FK}\cdot\beta_{EK} + \frac{FK}{EK+FK}\cdot\beta_{FK}.$$

Man beachte, daß β_U durch die Investitionen der Unternehmung vorgegeben ist. Damit bestimmt β_U auch die möglichen Werte für β_{EK} und β_{FK} - und nicht umgekehrt! Oben haben wir bei dem Zahlenbeispiel für die Verwendung des CAPM für Investitionsentscheidungen einen Wert für β_U von 1,5 verwendet. Dieser Wert könnte zu den Werten $\beta_{EK} =$ 2,5 und $\beta_{FK} = 0$ bei einem Eigenkapitalanteil von 60% und einem Fremdkapitalanteil von 40% passen.

Aus 9.19 kann man im Umkehrschluß für eine ganze Unternehmung oder für ein bestimmtes Investitionsvorhaben den Wert von β_{EK} ermitteln und daraus auf die geforderte Aktienrendite schließen, wenn man nach der oben beschriebenen Methode das Unternehmens- bzw. Projekt-Beta geschätzt hat. Als Gewichte sind die Anteile des Eigen- und Fremdkapitals an der Unternehmensfinanzierung (Index U) bzw. an der speziellen Finanzierung für das erwogene Projekt (Index i) zu verwenden. In dem hier ausschließlich behandelten Sonderfall des risikolosen Fremdkapitals ergibt sich für Unternehmen und Projekte

$$(9.20)\quad \beta_{EK} = \beta_U\cdot\frac{EK+FK}{EK} \quad \text{bzw.} \quad \beta_{EK} = \beta_i\cdot\frac{EK+FK}{EK}.$$

Wenn man das obige Beispiel fortführt, erhält man für das Gesamtunternehmen $\beta_{EK} = 1{,}5\cdot(100/60) = 2{,}5$. Das in diesem Beispiel erwogene Investitionsprojekt weist ein systematisches Risiko von $\beta_i = 0{,}8$ auf. Wenn nun dieses Vorhaben je zur Hälfte mit Eigen- und Fremdkapital finanziert werden soll, ergibt sich für das systematische Risiko des Eigenkapitals für die betrachtete Investition der Wert $\beta_{EK} = 0{,}8\cdot(2/1) = 1{,}6$.

Die Eigenkapitalkosten sind gemäß dem zweiten Theorem von MM eine linear steigende Funktion des Verschuldungsrisikos, gemessen durch das Verhältnis von Fremdkapital zu Eigenkapital. Setzt man in die Formel der Wertpapiermarktlinie 9.11 den gemäß 9.20 umgerechneten Wert für β_{EK} nun den Wert für β_U bzw. β_i ein, erhält man die Gleichgewichtsbeziehung für die Eigenkapitalrendite in Abhängigkeit von der Verschuldung:

$$(9.21)\quad \mu_{EK} = i_f + (\mu_M - i_f)\cdot\beta_{EK} = i_f + (\mu_M - i_f)\cdot\beta_U\cdot\frac{EK+FK}{EK}$$

$$= i_f + (\mu_M - i_f)\cdot\beta_U + (\mu_M - i_f)\cdot\beta_U\cdot\frac{FK}{EK}$$

Diese lineare Beziehung enthält - in strikter Analogie zu der entsprechenden Beziehung in Formel 6.17[26] - als Summe aus

(1) der risikolosen Verzinsung i_f,

(2) der Risikoprämie $(\mu_M - i_f) \cdot \beta_U$ und

(3) eine nur vom Verhältnis FK : EK abhängige Risikoprämie für das "leverage"- oder Verschuldungsrisiko.

Die Summe der ersten beiden Posten entspricht dem e_0, die der drei Posten dem $e(l)$ bei MM.

Nach dem dritten Theorem von MM sind die (durchschnittlichen) Kapitalkosten $k(l)$ eine Konstante in Höhe von e_0. Daß dies auch im Rahmen des CAPM gilt, erkennt man, wenn man den mit den Kapitalanteilen gewogenen Durchschnitt aus den Eigenkapitalkosten gemäß Gleichung 9.21 und den Fremdkapitalkosten i_f bildet, ausmultipliziert und addiert bzw. subtrahiert. Es ergibt sich: Die (durchschnittlichen) Kapitalkosten sind konstant und damit unabhängig von der Zusammensetzung der Finanzierung, und sie entsprechen der Gleichgewichtsverzinsung des CAPM für unverschuldete Unternehmen.

Die Unabhängigkeit der Kapitalkosten hat eine wichtige Konsequenz: Man braucht für die Beurteilung von Investitionen gerade nicht zu wissen, wie die Unternehmung ein betrachtetes Investitionsprojekt finanzieren möchte. Deshalb kann man sich für die Investitionsplanung auch die Mühe sparen, ein β für das eingesetzte Eigenkapital und, darauf aufbauend, die Eigenkapitalkosten zu berechnen. Die Vorgehensweise im letzten Abschnitt ist korrekt; die dort getroffene Annahme reiner Eigenfinanzierung enthält im Zusammenhang mit dem CAPM keine zusätzliche Einschränkung. Und allgemein gilt: Auch im Rahmen des CAPM kann man Investitionsvorhaben isoliert bewerten.

> Das CAPM spezifiziert die Marktbewertung für den Fall unterschiedlicher Risiken und bestätigt die Irrelevanz- und Separationstheoreme, die die gesamte neoklassische Investitions- und Finanzierungstheorie prägen.

9.4.3 Eine vorsichtige Einschätzung

Als Ergebnis ist festzuhalten, daß das CAPM als theoretische Basis für die Ableitung der Investitionskriterien nur bedingt geeignet ist. Es schafft praktische Probleme, insbesondere solche der Datenbeschaffung, und dies insbesondere bei mehrperiodiger Verwendung. Die theoretische Geschlossenheit wird dann, wenn man das CAPM zur Bestim-

---

26 Die Analogie erkennt man sofort, wenn man e_0 durch $i_f + (e_0 - i_f)$ ersetzt.

mung einer Alternativrendite heranzieht, im Mehrperiodenzusammenhang auch fraglich. Eine dritte Schwierigkeit ist oben im Abschnitt 9.3.3 auch schon angesprochen worden. Gilt die Gleichgewichtsbeziehung zwischen Ertrag und Risiko in der Realität überhaupt? Diese Frage mag überraschen, denn das CAPM ist logisch einwandfrei abgeleitet worden. Doch dies sichert nur ihre logische Geschlossenheit. Es sagt hingegen nichts darüber aus, ob das CAPM auch empirisch gilt und ob es überhaupt empirisch prüfbar ist.

Aber all diese Schwächen gelten natürlich erst recht für eine Investitionstheorie, in der von der Unsicherheit ganz abgesehen und trotzdem ein vollkommener Kapitalmarkt unterstellt wird (Kapitel 3 und 4). Andere Ansätze weisen andere Schwierigkeiten theoretischer und praktischer Art auf. Insbesondere übersehen sie, daß es einen Kapitalmarktzusammenhang gibt, in den Unternehmen eingebettet sind und daß die Aktionäre diversifizierte Portefeuilles halten. Man sollte daher u.E. das CAPM trotz der geäußerten Vorbehalte nicht nur in theoretischer und konzeptioneller Hinsicht gegenüber den Ansätzen der Investitionstheorie, die sichere Erwartungen unterstellen und zur simultanen Totalplanung zwingen (Kapitel 4), und gegenüber denen, die eine naive direkte Anwendung der Entscheidungstheorie empfehlen (Kapitel 7), als Fortschritt ansehen: Gerade weil es die isolierte Betrachtung von Objekten erlaubt, ist das CAPM auch unter Gesichtspunkten der Praktikabilität vorzuziehen.

9.5 Zusammenfassung

In diesem Kapitel ist das "Capital Asset Pricing Model" (CAPM) der Kapitalmarkttheorie abgeleitet worden, und es ist gezeigt worden, daß es die ursprünglich für den Fall sicherer Erwartungen entwickelten finanzmathematischen Methoden zur Beurteilung einzelner Investitionen auch im Fall unsicherer Erwartungen anzuwenden erlaubt.

Das CAPM ist eine Gleichgewichtsbeziehung zwischen dem Ertrag und dem Risiko einzelner risikobehafteter Geldanlagemöglichkeiten. Es besagt, daß die erwartete Gleichgewichtsrendite eine lineare Funktion "des Risikos" ist. Das relevante Risikomaß ist die Kovarianz der Rendite der Anlagemöglichkeit mit der Rendite des Marktportefeuilles, das alle risikobehafteten Anlagemöglichkeiten enthält. Die Besonderheit dieses Risikomaßes ist, daß es zuläßt, das Risiko einer Geldanlage isoliert anzugeben. Nicht das gesamte Risiko einer Geldanlage ist für seine Bewertung im Kapitalmarkt relevant, sondern nur der Teil, der durch Diversifikation nicht verschwindet. Das durch Diversifikation verschwindende Risiko wird am Kapitalmarkt im Gleichgewicht nicht durch eine Risikoprämie kompensiert.

Es ist gezeigt worden, wie man im Prinzip versuchen kann, das bewertungsrelevante Risiko abzuschätzen. Bei einer Aktie ist es ermittelbar, indem man prüft, wie empfindlich der Kurs der Aktie im Durchschnitt auf eine allgemeine Börsentendenz reagiert. Das so empirisch ermittelte "systematische" Risiko kann in das CAPM eingesetzt werden. Man erhält dann - im Falle einperiodiger Investitionen - den "richtigen" Risikozuschlag zum Zinsfuß bzw. das "richtige" Sicherheitsäquivalent. Mit beiden läßt sich ein korrekter Kapitalwert bei Unsicherheit errechnen.

Auch wenn seine Verwendung im Mehrperiodenfall nicht nur praktische, sondern auch theoretische oder konzeptionelle Schwierigkeiten bereitet, ist das CAPM doch die Markt-Bewertungstheorie unter Unsicherheit, die am Ende der früheren Kapitel wiederholt gefordert worden ist. Sie ist von der Konzeption her klar, nicht willkürlich und weitgehend geschlossen, und sie könnte auch der Ausgangspunkt für die Entwicklung praktikabler Rechenverfahren sein. Der Endpunkt der Investitions- und Finanzierungstheorie ist das CAPM aber sicher nicht. Das liegt unter anderem daran, daß es uneingeschränkt der neoklassischen Denktradition zugehört und deren Schwächen teilt. Auch in der Welt des CAPM ist kein Platz für finanzielle Institutionen, und finanzwirtschaftliche Entscheidungsprobleme sind auch in ihr nur allzu verkürzt formulierbar.

Ausblick

Hier endet unsere Behandlung der kapitalmarktorientierten oder neoklassischen Investitions- und Finanzierungstheorie. Wir haben nacheinander im Teil II den Fall sicherer Erwartungen behandelt, im Teil III den Fall mit Unsicherheit, aber gegebenem Unsicherheitsgrad der Investititonen, und im Teil IV den Fall der Unsicherheit, bei dem sich der Unsicherheitsgrad der Investitionen unterscheiden kann. Weitgehend, wenn auch nicht durchgehend, wurde dabei die Annahme des vollkommenen und vollständigen Kapitalmarktes gebraucht. Wie wir im Ausblick am Ende des Teil II angekündigt haben, ging es uns vor allem darum herauszustellen, daß die Denkformen und die qualitativen Aussagen der kapitalmarktorientierten Investitions- und Finanzierungstheorie bei vollkommenem Markt dieselben sind, unabhängig davon, ob und wie man die Unsicherheit der Erwartungen in der Theorie ausdrücklich berücksichtig: Die zentralen Irrelevanz- und Separationstheoreme gelten gleichermaßen in der Modellwelt von Fisher (sichere Erwartungen), in der Modellwelt von Modigliani und Miller (gegebener Unsicherheitsgrad oder gleiche Risikoklasse) und in der Modellwelt des Capital Asset Pricing Model, in der auch Risikounterschiede erfaßbar sind.

Das CAPM stellt einen Höhepunkt der Entwicklung der kapitalmarktorientierten Theorie dar, gerade weil der Effekt der Risikoreduktion durch Diversifikation nahelegt zu vermuten, daß zwischen verschiedenen Investitionsobjekten und zwischen verschiedenen Finanztiteln Verbundeffekte bestehen, die gegen eine isolierte Bewertung sprechen würden. Angesichts dieser möglichen Ausgangsvermutung stellt es eine besonders wichtige und weitreichende Einsicht dar, daß sich trotzdem einfache und plausible Bedingungen für ein Marktgleichgewicht ableiten lassen, das eine isolierte Beurteilung von Investitionen und Finanztiteln zuläßt und das zur Irrelevanz der Finanzierungspolitik führt. Es ist kein Wunder, daß William Sharpe 1990 für die Entdeckung des CAPM mit dem Nobelpreis für Wirtschaftswissenschaften geehrt worden ist.

Wenn wir das CAPM als einen Höhepunkt klassifizieren, dann heißt dies freilich nicht, daß die Entwicklung dieser Theorierichtung nicht weitergegangen ist und zu wichtigen weiteren Einsichten geführt hat, die die Finanzwelt - und insbesondere das Geschehen auf den organisierten Kapitalmärkten - revolutioniert haben. Unter den vielen Fortentwicklungen, die strikt der dargestellten Logik der kapitalmarktorientierten Finanzierungstheorie folgen, die wir aber im Rahmen dieses Buches nicht behandeln können, ist insbesondere die Theorie der präferenzfreien oder objektiven Bewertung von Optionen und anderen sogenannten derivativen Finanzinstrumenten zu nennen.[27] Wir hoffen, daß unsere Leser dann, wenn sie sich mit diesen Theorien beschäftigen, leichter erkennen

27 Vgl. dazu die grundlegende Arbeit von *Black/Scholes* [Options].

können, in welcher Denktradition diese stehen und welche Art von Aussagen man von ihnen erwarten kann: Marktgleichgewichts- und Marktbewertungstheorien, Irrelevanztheoreme und Separationstheoreme.

Es lag uns daran, unseren Lesern deutlich zu machen, daß die Annahmenkonstellation unsicherer Erwartungen und eines vollkommenen und vollständigen Kapitalmarktes fruchtbar ist. Sie führt zu konsistenten und wichtigen Ergebnissen, und sie ist auch nicht offensichtlich falsch. Es gibt gute Gründe, sich dafür zu *entscheiden*, daß man die Welt durch die Brille der kapitalmarktorientierten Theorie ansieht. Wenn man diese Brille absetzt, wie wir es im nächsten Teil dieses Buches tun werden, dann stellt auch dies eine Entscheidung dar. Auch wenn man ihre Bedeutung nicht unterschätzen sollte, erzwingen allerdings empirische Befunde darüber, daß reale Kapitalmärkte vielleicht doch nicht so vollkommen sind, wie die neoklassische Theorie unterstellt,[28] eine solche Entscheidung nicht.

Wichtiger als Zweifel an dem Realismus der Annahme des vollkommenen und vollständigen Kapitalmarktes ist etwas anderes: ein Unbehagen gegenüber den Implikationen der Theorie. Diese scheint ja dann, wenn man sie ganz wörtlich nimmt, zu besagen, daß Finanzierungsentscheidungen - und mit ihnen auch die institutionellen Merkmale der Unternehmensfinanzierung und die Finanzinstitutionen wie Banken und Versicherungen - "eigentlich irrelevant" sind. Man sollte zwar die Möglichkeit nicht gänzlich ausschließen, daß dies wirklich der Fall ist und daß Finanzierungsentscheidungen, Finanzierungsinstrumente und Finanzinstitutionen allein wegen Steuern und dergleichen wichtig sind. Aber plausibel ist diese Konsequenz keinesfalls. Wenn die Finanzierung und die Finanzinstitutionen doch wichtig sind, dann stellt es einen gewichtigen Einwand gegen eine Richtung der Theorie dar, daß sie diese Sachverhalte nicht zu erfassen erlaubt; und es läßt es geraten erscheinen, einen ausführlichen Blick auf eine andere Theorierichtung zu werfen, die nicht so blind gegenüber diesen vermutlich doch wichtigen und interessanten Sachverhalten ist. Die neo-institutionalistische Finanzierungstheorie, der wir uns im nächsten Teil zuwenden, hat dieses Potential, und sie hat es gerade deshalb, weil sie die Annahme eines vollkommenen Kapitalmarktes bewußt vermeidet.

---

28 Vgl. etwa *de Bondt/Thaler* [Anomalies] und *Haugen* [Finance].

Literaturhinweise zum Teil IV

Zwei Bücher scheinen uns besonders geeignet, in die Grundlagen der Entscheidungstheorie einzuführen:

Laux, Helmut, Entscheidungstheorie, Band I: Grundlagen, 3. Aufl., Berlin 1995, und

Bamberg, Günter/Coenenberg, Adolf, Betriebswirtschaftliche Entscheidungslehre, 8. Aufl., München 1994.

Beide Bücher eignen sich sowohl zum Selbststudium als auch als Nachschlagewerke.

Als eine zugleich didaktisch sehr geschickte und sehr präzise Darstellung der Portefeuille- und Kapitalmarkttheorie empfehlen wir immer noch

Sharpe, William F., Portfolio Theory and Capital Markets, New York u.a. 1970

sowie als eine aktuellere, umfangreichere und vermutlich auch leichter zu beschaffende Quelle das Standardlehrbuch

Elton, Edwin J./Gruber, Martin J., Modern Portfolio Theory and Investment Analysis, 5. Aufl., New York 1995.

Deutschsprachige Darstellungen der Entscheidungstheorie, der Portefeuilletheorie und der Kapitalmarkttheorie sowie deren Implikationen für Investitions- und Finanzierungsentscheidungen findet man inzwischen in zahlreichen Büchern. Wir verweisen besonders auf das sehr gute neue Lehrbuch

Kruschwitz, Lutz, Finanzierung und Investition, Berlin/New York 1995,

das - auf einem höheren Anspruchsniveau - ebenso konsequent die kapitalmarktorientierte Sicht der Investitions- und Finanzierungstheorie abhandelt wie das sehr ansprechende amerikanische Standardlehrbuch

Brealey, Richard A./Myers, Stewart C., Principles of Corporate Finance, 5. Aufl., New York 1996.

In dem Buch von Brealey und Myers wird insbesondere auch in formal einfacher Weise das Problem der Anwendung des CAPM im Mehrperiodenfall behandelt.

Vom Anspruchsniveau her schwerer als die bisher genannte Literatur - und als unser Text - und im Ergebnis gegenüber der Entscheidungstheorie und dem CAPM wesentlich kritischer ist die ausführliche Diskussion bei

Schneider, Dieter, Investition, Finanzierung und Besteuerung, 7. Aufl., Wiesbaden 1992, insb. S. 427-526.

Teil V

Investitions- und Finanzierungsprobleme aus neo-institutionalistischer Sicht

Orientierung

Mit dem letzten Teil des Buches wenden wir uns der neo-institutionalistischen Richtung der Investitions- und Finanzierungstheorie zu. Wir setzen die neoklassische, marktorientierte Brille ab und betrachten die Realität durch eine neo-institutionalistische Brille. Der Blick richtet sich dabei zwar auf dasselbe Objekt, dieselbe Realität des Investierens und Finanzierens, aber durch die neo-institutionalistische Brille erscheint diese Realität anders. Die andere Brille läßt nicht nur dieselben Sachverhalte anders erscheinen, sondern sie läßt auch andere Sachverhalte hervortreten und andere verblassen. Nicht das generelle Wirken des Marktmechanismus, sondern die Einzelheiten von Finanzbeziehungen und ihre institutionellen Merkmale rücken in den Mittelpunkt der Betrachtung. Man kann diese als Details einstufen, doch wie es die Theorie zu zeigen erlaubt, sind es *wichtige* Details mit weitreichenden Konsequenzen für das "große Bild".

Mit der Hinwendung zu einer anderen Sichtweise werden auch die Modelle und Theorien in ihrer Struktur und ihrem Geltungsanspruch anders; und die Schlüsse, die man aus neo-institutionalistischen Modellen und Theorien ziehen kann, haben einen anderen Charakter als diejenigen, die die neoklassische Theorie zuläßt oder zumindest nahelegt. Sie sind weniger weitreichend, weniger generell und weniger präzise. Der Unterschied in der Art der Aussagen hat seinen Grund in einer unterschiedlichen Sicht dessen, was diese "Sache" ausmacht: Die allgemeinen und sehr prägnanten Aussagen der kapitalmarktorientierten Investitions- und Finanzierungstheorie, die Irrelevanz- und Separationstheoreme und die präzisen Vorteilhaftigkeitskriterien, sind gerade deshalb möglich, weil die Annahme des vollkommenen und vollständigen Kapitalmarktes getroffen wird und alle Informationsprobleme aus der Theorie ausgeblendet werden: Am Kapitalmarkt werden Zahlungsströme gehandelt, und jeder Marktteilnehmer weiß genau, was er dabei kauft oder verkauft.

Die neo-institutionalistische Theorie vermeidet diese Annahme des vollkommenen Kapitalmarktes bewußt und läßt sich gerade nicht auf die Abstraktion ein, Finanzierungsbeziehungen von vornherein mit dem Kauf und Verkauf von Zahlungsströmen gleichzusetzen, deren Merkmale Käufern und Verkäufern gleichermaßen bekannt sind. Wenn aber die neo-institutionalistische Sicht die Welt als komplizierter erkennbar macht als die neoklassische Sicht, dann ist es nicht verwunderlich, daß aus neo-institutionalistischen Modellen und Theorien weniger weitreichende, weniger allgemeine und weniger präzise Schlußfolgerungen abgeleitet werden können. Gerade weil, wie wir zeigen werden, so viel von den Bedingungen der spezifischen Situation abhängt, in der Wirtschaftssubjekte Transaktionen vornehmen und insbesondere Finanzierungsbeziehungen eingehen, kann die neo-institutionalistische Theorie nur Hinweise darauf geben, welche Probleme sich nicht durch einen Marktmechanismus auflösen (lassen) und welche anderen Möglichkeiten zur Lösung von Problemen es gibt. Das heißt freilich nicht, daß diese Schlußfolgerungen der Theorie und ihre Hinweise weniger praxisrelevant sind, denn wie schon im einleitenden Teil erkennbar werden sollte und in diesem Teil weiter erläutert wird, erlaubt es diese Sichtweise, sehr praxisnahe Themen und Fragen aufzugreifen. Die Hinweise sind zwar nur Hinweise, aber sie bieten eine Orientierung.

Auch wenn sie mit diesem Teil die neoklassische Modellwelt verlassen, können und sollen unsere Leser das Wissen nicht vergessen, das ihnen die neoklassische Sichtweise vermittelt hat. Im Gegenteil, die Besonderheiten der neo-institutionalistischen Finanzierungstheorie werden erst dann deutlich, wenn man sie mit der neoklassischen, marktorientierten Theorie vergleicht. Die beiden Richtungen sind auch nicht so unterschiedlich, wie es scheinen könnte. Immerhin entstammen sie der gemeinsamen Wurzel der neoklassischen Markttheorie. Sie haben vor allem die Ausgangsannahme gemeinsam, daß sich Wirtschaftssubjekte rational verhalten und ihre eigenen Ziele verfolgen. Sie unterscheiden sich allerdings darin, wie die Bedingungen beschrieben werden, unter denen Transaktionen zustande kommen.

Wir wollen hier noch einmal das Bild der Stadtrundfahrt aufgreifen, mit dem wir den ersten Teil abgeschlossen haben. Der Übergang von der neoklassischen, marktorientierten zur neo-institutionalistischen Investitions- und Finanzierungstheorie ist wie der Schritt von einem Stadtviertel mit großen Plätzen und langen Alleen in ein anderes Viertel mit engen Gassen. Daß man in diesem Viertel vieles wiederfindet, was man in dem alten, finanzwirtschaftlichen Viertel kennengelernt hat, das wir im ersten Kapitel beschrieben haben, sollte nicht zu dem Fehlschluß führen, man wäre wirklich in dem alten Viertel. Das "neo-institutionalistische Viertel" ist zwar auch verwinkelt und schwer überschaubar, aber seine Häuser und Plätze sind durchaus zeitgemäß. Die neo-institutionalistische Theorie ist Teil der modernen Theorie; und gerade deshalb kann sie alte - und mitunter durchaus praxisnahe - Themen und Fragen aufgreifen und neue Antworten zu ihnen entwerfen. Sie versucht, Erklärungen zu geben, wo die Finanzwirtschaftslehre nur Beschreibungen und Systematisierungen anzubieten hat.

Im 10. Kapitel stellen wir die Wurzeln, die Formen und die Argumentationsweise des neo-institutionalistischen Ansatzes dar. Im 11. Kapitel wenden wir den Ansatz an, um Finanzierungsformen als Institutionen zu analysieren. Im abschließenden 12. Kapitel greifen wir die Frage nach der "optimalen Unternehmensfinanzierung", die im Zentrum der neoklassischen Finanzierungstheorie steht, aus neo-institutionalistischer Sicht auf, und wir erweitern das Spektrum der in die Betrachtung einbezogenen Institutionen um die Institution "Bank". Ein sehr selektiver Blick auf den Kapitalmarkt als Institution schließt das Kapitel und damit das Buch ab.

Kapitel 10

Wurzeln und Grundmuster der neo-institutionalistischen Argumentation

10.1 Lernziele

In diesem Kapitel wird zunächst dargestellt, worin aus neo-institutionalistischer Sicht das Grundproblem der Finanzierung besteht. Es unterscheidet sich grundlegend von dem Problem der Bewertung mehrperiodischer und unsicherer Zahlungsströme, um das die kapitalmarktorientierte Finanzierungstheorie kreist. Ausführlicher, als es im Überblicksteil dieses Buches möglich war, soll dabei gezeigt werden,

(1) durch welche Variation im Annahmenrahmen sich die neo-institutionalistische Modellwelt von der neoklassischen unterscheidet,

(2) daß das Grundproblem von Finanzierungsbeziehungen gemäß neo-institutionalistischer Sicht in erster Linie aus Informationsproblemen entsteht und zu Problemen bei der Einigung und der Kooperation zwischen den potentiellen Partnern einer Finanzierungsbeziehung führt,

(3) welche Konsequenzen sich hieraus bezüglich der zentralen Fragestellungen der Finanzierungstheorie ergeben und mit welcher Art von Überlegungen der neo-institutionalistische Ansatz - im Gegensatz zum neoklassischen - seine Fragestellungen behandelt.

Dabei soll zugleich deutlich werden,

(4) daß und warum sich die neo-institutionalistische Finanzierungstheorie auf die Analyse typisierter Situationen und auf beispielhafte Problemlösungen beschränken muß, statt sich um allgemeingültige Problemlösungen zu bemühen, und

(5) daß aus diesem Grund die neo-institutionalistische Finanzierungstheorie auch kaum den Anspruch erheben kann, handfeste Entscheidungsregeln für eine streng optimale Lösung von Finanzierungsproblemen zu bieten, und sich statt dessen um ein Verständnis realer Finanzierungsprobleme und einen Einblick in die Bedeutung von Institutionen für deren Lösung bemüht.

10.2 Der Übergang von der kapitalmarktorientierten zur neo-institutionalistischen Sicht

10.2.1 Unterschiedliche Grundprobleme trotz gemeinsamer Wurzeln

Die kapitalmarktorientierte und die neo-institutionalistische Richtung der Investitions- und Finanzierungstheorie sind eng verwandt. Sie entstammen denselben Wurzeln der betriebswirtschaftlichen und vor allem der volkswirtschaftlichen mikroökonomischen Theorie. Ihre Gemeinsamkeit zeigt sich daran, daß beide die Merkmale aufweisen, die die moderne, entscheidungsorientierte Sicht kennzeichnen. Sie betrachten beide als Zielträger nicht das Unternehmen, sondern Personen, die in den Rollen von Kapitalnehmern oder Investoren und Kapitalgebern oder Geldanlegern die Maximierung ihres Nutzens anstreben. Um ihren Nutzen zu erhöhen - so die Ausgangslage in beiden Sichtweisen - wollen die Beteiligten Investitionen vornehmen. Oft wird die Durchführung einer Investition erst möglich, wenn mehrere Personen Ressourcen - Zeit, Arbeitskraft, Wissen und vor allem Kapital - einsetzen. Wer eine Investitionsgelegenheit hat und sie nicht allein mit seinen eigenen Mitteln ausnutzen kann oder will, und wer die zeitliche Struktur und die Unsicherheit seines Einkommens verändern will, wird sich "Partner" suchen und mit ihnen in Beziehung treten, um seine Investitions-, Finanzierungs- und Konsumströme zu verbessern. Solche Beziehungen weisen zwei Aspekte auf. Zum einen entsteht eine Gemeinsamkeit oder **Kooperation**; Kapitalgeber und Kapitalnehmer tun etwas zusammen: Sie finanzieren und realisieren zum Beispiel zusammen ein Investitionsvorhaben. Wie diese Kooperation ausgeprägt ist, hängt von den Bedingungen des Einzelfalles ab. Die Rede von "Kooperation" soll nicht suggerieren, daß die Beiträge, die jeder zu ihr leistet, gleich oder gleichwertig sind. Der andere Aspekt ist, daß eine solche Kooperation immer auch eine Art von **Tausch** darstellt: Die "Partner" tauschen Beiträge zur Kooperation gegen erwartete Anteile an den Erträgen der Kooperation. Auch worin die ausgetauschten Beiträge zur Kooperation und die Ansprüche auf Anteile am Kooperationsertrag im einzelnen Fall bestehen und wie sie definiert sind, hängt von den Bedingungen des Einzelfalles ab. Kooperation und Tausch sind Aspekte jeder wirtschaftlichen Beziehung und somit auch jeder Finanzbeziehung. Nur erscheint manchmal der Aspekt des Tausches offensichtlicher und insofern wichtiger als der der Kooperation. Aber immer sind beide vorhanden. Auch etwas, was "an sich" ein reiner Tausch ist, enthält ein Element von Kooperation und damit von Gemeinsamkeit: Die Beteiligten tauschen etwas miteinander, und sie sind gemeinsam daran interessiert, daß der Tausch möglich ist, daß sie sich einigen können und daß der Tausch erfolgreich durchgeführt wird.

Man kann die marktorientierte, neoklassische und die neo-institutionalistische Investitions- und Finanzierungstheorie danach unterscheiden, wie stark der Aspekt oder das Element des Tausches und wie stark der Aspekt oder das Element der Kooperation und der Gemeinsamkeit betont und hervorgehoben werden. In der marktorientierten Theorie steht der Tausch im Vordergrund, und der dahinter stehende Aspekt der Kooperation wird weitgehend übersehen. Die neo-institutionalistische Theorie betont hingegen eher den Aspekt der Kooperation und der Gemeinsamkeit; und sie tut es auch dann, wenn sie Vorgänge beschreibt, die "offensichtlich" Tauschvorgänge sind. Im Unterschied zu der anderen Richtung thematisiert sie damit die Probleme der Einigung in dem Zeitpunkt, in dem eine Kooperation beginnt und Ansprüche bzw. Beiträge und Versprechen auf spätere Beiträge ausgetauscht werden, wie auch in späteren Zeitpunkten, wenn die Kooperation "gelebt" und die Ansprüche und Versprechen erfüllt werden sollen.

Einigungs- und Kooperationsprobleme ergeben sich daraus, daß jeder Transaktionspartner an der Maximierung des Nutzens *seines* Anteils und damit nicht automatisch auch an der Maximierung des Wohls des oder der anderen interessiert ist. Das ist nun freilich keine besonders neue Erkenntnis. Auch wenn man sich wirtschaftliche Beziehungen als ganz einfache Tauschvorgänge vorstellt, geht man in der ökonomischen Theorie davon aus, daß jeder einzelne nur seine eigenen Interessen verfolgt. Das ist dann nicht problematisch, wenn der andere, der Tauschpartner, seine Interessen dadurch wirksam schützen kann, daß er sich reiflich überlegt, ob er sich auf den Tausch einläßt. Im "reinen Tausch" ist das Element der Kooperation wenig deutlich, und die Interessenkonflikte erscheinen eng begrenzt. Die übliche mikroökonomische Theorie, wie man sie in den Lehrbüchern findet, legt den Eindruck einer engen Begrenzung der Interessenkonflikte dadurch nahe, daß sie unterstellt, die Marktteilnehmer wüßten genau, was die getauschten Objekte sind, und daß sie den Tauschvorgang selbst kaum thematisiert. Unterschiedliche Informationsstände der Tauschpartner über die bewertungsrelevanten Eigenschaften der Tauschobjekte und Zweifel daran, ob Tauschvorgänge ordnungsgemäß abgewickelt und Verträge erfüllt werden, kommen in der herkömmlichen Mikroökonomie nicht vor. Der Pferdehandel ist gerade deshalb nicht das Musterbeispiel der üblichen Markt- und Preistheorie, weil es die sprichwörtlichen Roßtäuscher gibt und es so schwer ist zu erkennen, was sie ihren Käufern anbieten.

Die neo-institutionalistische Sicht macht die Elemente von Kooperation, auch soweit sie im Tausch selbst enthalten sind, und die damit verbundenen Gefahren und Interessenkonflikte bewußt. Sie beschreibt Finanzierungsbeziehungen damit auch als einen Verteilungskampf zwischen den Beteiligten. Im Vergleich zu den damit angesprochenen Interessenkonflikten muten die potentiellen Konflikte, auf die sich die kapitalmarktorientierte Sicht konzentriert und die sich nur aus unterschiedlichen Präferenzen bezüglich der zeitlichen Struktur und des Unsicherheitsgrades von Zahlungsströmen ergeben, geradezu unbedeutend an.

Wie konnte es überhaupt dazu kommen, daß die kapitalmarktorientierte Sicht, die sich doch zuerst entwickelte und damit auch als Vorläuferin der neo-institutionalistischen

Sicht anzusehen ist, diese viel schwerwiegender anmutenden Interessenkonflikte, die erst der Neo-Institutionalismus ins Zentrum rückt, überging?

Eine einfache Antwort auf diese Frage lautet: Um Probleme zu sehen, muß man erst auf sie hingewiesen werden, und diesen Hinweis hat die kapitalmarktorientierte Investitions- und Finanzierungstheorie nicht bekommen. Solche Hinweise entnimmt man aus den Theorien, auf die man sich stützt und bezieht. Die marktorientierte oder neoklassische Investitions- und Finanzierungstheorie hat sich immer sehr stark an der allgemeinen Entwicklung der mikroökonomischen Theorie, der Markt, Preis-, Allokations- und Gleichgewichtstheorie, orientiert und sich von ihr beeinflussen und prägen lassen. Daß diese die Finanzierungstheorie nicht auf die gravierenden Interessenkonflikte hinweisen konnte, liegt einfach daran, daß sie auch selbst den Verteilungskampf zwischen Transaktionspartnern nicht gesehen hat und sich auf die Analyse der harmonisierenden Kraft des Marktmechanismus konzentrierte. In genau dieser Tradition steht die kapitalmarktorientierte Sicht: Sie beschreibt das Transaktionsumfeld der Investitions- und Finanzierungspartner durch einen reibungslos funktionierenden Markt und untersucht, welche Probleme durch den Markt gelöst werden können. Der Kreis dieser Probleme ist beschränkt auf die Interessenkonflikte, die in Präferenzunterschieden begründet liegen.

Auf die vielleicht viel grundlegenderen und vorgelagerten Interessenkonflikte, die der Neo-Institutionalismus hervorhebt, wurde die Investitions- und Finanzierungstheorie erst gestoßen, als die Beschreibung der Transaktionssituation, die die neoklassische Markttheorie mit der Annahme vollkommener und vollständiger Märkte prägt, durch neuere Entwicklungen in der mikroökonomischen Theorie in Frage gestellt wurde. Erst durch diese Theorieentwicklungen wurde ein Bewußtsein für diejenigen Probleme geschaffen, mit deren Lösung der Marktmechanismus überfordert ist bzw. die das Funktionieren des Marktmechanismus selbst behindern. Seither wird auch in der allgemeinen mikroökonomischen Literatur betont, was hinter der Annahme eines reibungslos funktionierenden Marktes steht. Indem sie die Probleme der Einigung, der Durchsetzung von Vereinbarungen, der Kooperation und der Interessenkonflikte als wichtig zu erkennen lernten, überschritten Teile der Mikroökonomie selbst die Grenzlinie zwischen der neoklassischen Markttheorie oder Sichtweise und dem Neo-Institutionalismus. Die Entwicklung innerhalb der Finanzierungstheorie ist nur ein Reflex dieser allgemeinen Entwicklung der mikroökonomischen Theorie.

Um verständlich zu machen, wie es zu einer solchen Theorieentwicklung kommen kann, sei die Parallele zu einer Entwicklung gezogen, die den Lesern aus Teil II dieses Buches bereits vertraut sein sollte. Sie ist bezüglich des Ablaufs des Erkenntnisprozesses vergleichbar, denn auch hier wurde man sich erst schrittweise der Tragweite und damit auch der Grenzen eines Annahmenrahmens bewußt. Gemeint ist die Analyse des Geltungsbereichs der klassischen, dynamischen Methoden der Wirtschaftlichkeitsrechnung. Diese Methoden existierten lange, bevor sich die kapitalmarktorientierte Sicht der Investitions-

und Finanzierungstheorie entwickelt hat.[1] Wie zentral für die Anwendbarkeit der Methoden der Wirtschaftlichkeitsrechnung die Annahme eines einheitlichen Kalkulationszinsfußes ist, machte jedoch erst die Analyse dieser Methoden aus kapitalmarktorientierter Sicht bewußt. Erst die Einsicht in die Bedeutung des Kapitalmarktmechanismus öffnete die Augen dafür, daß sich hinter der Annahme eines einheitlichen Kalkulationszinsfußes die Annahme eines vollkommenen und vollständigen Kapitalmarktes bei Sicherheit und flacher Zinsstruktur versteckt, denn nur unter diesen Bedingungen ist es theoretisch korrekt, Investitionen isoliert mit Hilfe eines einheitlichen Zinsfußes zu beurteilen. Genauso erlaubten erst die Weiterentwicklungen der neoklassischen Markttheorie durch die neueren mikroökonomischen Ansätze die Konzentration auf die Frage, welche kritischen Annahmen sich wiederum hinter der Annahme eines vollkommenen Marktes verbergen.

Es gibt eine Reihe ursprünglich nicht miteinander verbundener Weiterentwicklungen der mikroökonomischen Theorie, die dazu geführt haben, daß die neoklassische Modellwelt vollkommener Märkte in Frage gestellt wurde, und die zur Entwicklung des neo-institutionalistischen Argumentationsmusters beitrugen. Wir werden sie in diesem Kapitel noch kurz kennzeichnen. Es erscheint jedoch gerechtfertigt, sie trotz ihrer unterschiedlichen Schwerpunkte als eine Einheit zu betrachten, denn sie alle geben nahezu identische Antworten auf die Frage, welche tieferliegenden Annahmen für einen funktionsfähigen Marktmechanismus sorgen und somit indirekt dafür verantwortlich sind, daß die neoklassische Markttheorie - und mit ihr die kapitalmarktorientierte Investitions- und Finanzierungstheorie - die gemäß der neo-institutionalistischen Sicht zentralen Probleme einfach übersehen hat. Die Annahme einer symmetrischen Informationsverteilung in Verbindung mit der Annahme, daß sich Verträge kostenlos abschließen und durchsetzen lassen, hat die kapitalmarktorientierte Investitions- und Finanzierungstheorie blind gemacht für das, was dem Neo-Institutionalismus als Grundproblem bewußt ist.

10.2.2 Asymmetrische Informationsverteilung und "Transaktionskosten"

Die kapitalmarktorientierte Sicht stellt vor allem die Vorzüge der Handelbarkeit von Zahlungsströmen auf einem vollkommenen und vollständigen Kapitalmarkt heraus. Die Zahlungsströme, die den Gegenstand des Handels bilden, nimmt sie als bekannt und gegeben an: Sie werden durch Investitionsentscheidungen determiniert, für die ein "objektives", nicht von individuellen Präferenzen abhängiges Vorteilhaftigkeitskriterium gilt. Die Finanzierung regelt lediglich die Aufteilung der (unsicheren) Investitions-

1 Vgl. *Schneider* [Betriebswirtschaftslehre], S. 334-341.

zahlungsreihen in einzelne Teile, sogenannte Parten. Auf einem vollkommenen Kapitalmarkt beeinflußt die gewählte Partenteilung jedoch nicht die Preise für Zahlungsströme. Die eindeutige Unterscheidbarkeit der einzelnen Zahlungsströme, die als Gegenstand des Handels auf dem Kapitalmarkt betrachtet werden, wird nicht als Problem gesehen: Jedem beliebigen Zahlungsstrom läßt sich *sein* Preis zuordnen.

Diese eindeutige Zuordnung von Preis und Leistung in Form zukünftiger Zahlungen ist jedoch keineswegs selbstverständlich. Unter der sowohl für die kapitalmarktorientierte als auch für die neo-institutionalistische Sicht geltenden Annahme, daß alle Marktteilnehmer ihren Nutzen maximieren wollen, wird jeder Transaktionspartner versuchen, für einen gegebenen Preis eine möglichst geringe oder geringwertige Gegenleistung zu erbringen. Bei jeder Transaktion treffen also zunächst einmal Partner aufeinander, deren Interessen gegeneinander gerichtet sind und die sich "opportunistisch"[2] verhalten (können). **Opportunismus** ist die Bereitschaft, die eigenen Interessen auch auf Kosten des "Partners" zu verfolgen; und diese Bereitschaft hat besonders dann Konsequenzen, wenn der "Partner" die Gefahr nicht erkennt und/oder sich nicht schützen kann.

Der jeder Transaktion innewohnende Interessenkonflikt muß offensichtlich in der Welt der kapitalmarktorientierten Theorie schon ausgetragen sein, denn jedem Marktteilnehmer ist bekannt, welchen Zahlungsstrom er als Gegenleistung für einen bestimmten Preis zu erwarten oder zu liefern hat. Das Paar aus Preis und Gegenleistung bezeichnen wir im folgenden als die "Tauschkonditionen". Die Annahme des vollkommenen Kapitalmarktes in der neoklassischen Theorie beinhaltet, daß die Tauschkonditionen für den einzelnen Marktteilnehmer ein Datum sind, an das er sich nur durch die angebotene oder nachgefragte Menge anpassen kann. Damit besagt sie nicht nur, daß das Handeln des einzelnen keinen Einfluß auf die Preise hat (vollkommene Konkurrenz), sondern daß er auch die *Substanz* dessen, was getauscht wird, nicht zu seinen Gunsten beeinflussen kann und nicht zu fürchten braucht, daß sein Tauschpartner dies kann. Die Substanz sind die Zahlungsströme; denn genau genommen werden auf Finanzmärkten nicht Zahlungsströme gehandelt, sondern Rechtstitel, die vor allem Ansprüche auf Zahlungsströme repräsentieren. Finanztitel mit Zahlungsströmen gleichzusetzen heißt, die Probleme zu verdrängen, die daraus entstehen können, daß die Zahlungsströme falsch dargestellt oder falsch eingeschätzt werden können und daß sie verändert werden können.[3]

Die vollkommene Konkurrenz als Voraussetzung für eine reibungslose Koordination durch den Marktmechanismus ist der neoklassischen Markttheorie seit langem bewußt. Der neuen Mikroökonomie verdanken wir die Erkenntnis, daß auch dann, wenn sich am

---

2 Vgl. zum Konzept des "opportunistischen Verhaltens" *Williamson* [Institutions], S. 47f.

3 Darauf aufmerksam zu machen, daß auf Märkten nicht allein physische Güter, sondern Rechte Gegenstand von Transaktionen sind, ist einer der wesentlichen Beiträge der Property-Rights-Theorie zur Entstehung des Neo-Institutionalismus. Vgl. hierzu *Furubotn/Pejovich* [Introduction], S. 4f., *Terberger* [Ansätze], S. 47-56, sowie den folgenden Unterabschnitt.

Markt viele Anbieter und Nachfrager gegenüberstehen, die Tauschkonditionen durch das Verhalten des einzelnen bewußt beeinflußt werden können. Die Voraussetzung dafür ist, daß zwischen den Tauschpartnern statt einer symmetrischen eine **asymmetrische Informationsverteilung** herrscht.

Asymmetrische Informationsverteilung ist ein Schlüsselbegriff der neo-institutionalistischen Theorie. Was ist damit gemeint? *Symmetrisch* verteilte Information bedeutet, daß ein Marktteilnehmer über die Leistung, die er selbst zum Tausch anbietet, genauso gut informiert ist wie über die Gegenleistung, die potentielle Transaktionspartner ihm offerieren, und daß dies auch für die andere Marktseite gilt. Bei symmetrischer Informationsverteilung gibt es keine Informationsvorsprünge, und es ist ausgeschlossen, daß Transaktionspartner über die Konditionen eines Tauschgeschäfts im Unklaren gelassen oder sogar bewußt getäuscht werden können.

> Asymmetrisch nennt man eine Informationsverteilung, wenn es Informationsvorsprünge gibt; d.h. wenn ein oder einige Marktteilnehmer besser informiert ist bzw. sind als andere oder zumindest sein könnte(n) *und* wenn die anderen dies wissen oder befürchten müssen. Mit anderen Worten: ein Marktteilnehmer weiß etwas oder könnte etwas wissen, was andere nicht wissen, aber wissen wollen.

Asymmetrische Informationsverteilung ist nicht mit unterschiedlichen ("heterogenen") Erwartungen zu verwechseln. Wenn zwei Besucher beim Pferderennen miteinander wetten, dann tun sie dies vermutlich, weil sie unterschiedliche Erwartungen hegen, welches Pferd zuerst durchs Ziel gehen wird. Die Erwartungen sind verschieden, aber jeder hält seine für die zutreffenden. Mit einem Jockey würden die meisten Besucher nicht darüber wetten, wie erfolgreich das von ihm gerittene Pferd abschneiden wird, weil der Jockey besser informiert ist und seinen Informationsvorteil ausnützen könnte. Die Rennplatzbesucher müßten vermuten, daß er erstens ohnehin besser informiert ist als sie und daß er zweitens, wenn der Einsatz der Wette hoch genug ist, den Ausgang des Rennens so beeinflussen kann und vermutlich beeinflussen wird, wie es seinen - dann durch den Abschluß der Wette mitgeprägten - Interessen entspricht.

Ist Information asymmetrisch verteilt, kommt der oben erwähnte Interessenkonflikt zum Tragen: Für den besser informierten Tauschpartner besteht der Anreiz, den Informationsnachteil des Gegenübers zum eigenen Vorteil auszunutzen, indem er für eine gegebene Leistung eine minderwertige Gegenleistung liefert - sei es, daß die Gegenleistung von vornherein weniger wertvoll ist, als der Tauschpartner vermuten konnte, oder sei es, weil er den Wert im eigenen Interesse verringern kann.

Ein solcher Anreiz besteht generell; Menschen sind nun einmal oft "opportunistisch", aber er wird vor allem dann wirksam, wenn es Informationsvor- bzw. -nachteile gibt. Das ist besonders dann zu erwarten, wenn sich die **Qualität** eines Tauschgegenstands **schwer beurteilen** läßt. Der Handel von Finanztiteln, die Zahlungsströme repräsentieren, bietet sich geradezu als Musterbeispiel für einen Markt mit Informations- und Anreizproblemen an. Während der Kapitalanbieter bzw. -geber Geld heute liefert, erhält er als Gegenleistung ein Versprechen bzw. ein Recht auf zukünftige, u.U. sogar bedingte, mit Unsicherheit behaftete Zahlungen. Ein Versprechen oder Recht ist ein abstraktes Gut. Welche Qualität - oder welche Substanz oder welchen Wert - es tatsächlich aufweist, kann der Kapitalgeber erst in der Zukunft verläßlich beurteilen, wenn das Zahlungsversprechen fällig wird. Und ist das Versprechen bzw. das Recht auf unsichere Zahlungen gerichtet, dann ist es auch im Nachhinein oft schwer feststellbar, ob niedrige oder gar gänzlich ausbleibende Zahlungen auf Risiken zurückzuführen sind, die zwar dem Kapitalnehmer, nicht aber dem Kapitalgeber im Vorhinein bekannt waren, oder ob dafür Umstände verantwortlich sind, die von beiden Partnern von Anfang an mit einer gewissen Wahrscheinlichkeit einkalkuliert worden sind.

Ein Kapitalgeber, der die Qualität eines ihm angebotenen Rechts auf zukünftige Zahlungen in aller Regel schlechter beurteilen kann als der Kapitalnehmer, setzt sich mit einem Finanzierungsangebot der Gefahr aus, daß es für genau diejenigen Kapitalnehmer besonders attraktiv ist, die ihm für den zur Verfügung gestellten Kapitalbetrag einen zukünftigen Zahlungsstrom liefern wollen, der "sein Geld nicht wert" ist. Diese Gefahr kann sich zum einen daraus ergeben, daß von vornherein solche Kapitalnehmer angezogen werden, die zur Erfüllung des abgegebenen Zahlungsversprechens gar nicht fähig sind. Das ist der Fall der **"adverse selection"**[4]. Zum anderen kann der Informationsnachteil des Kapitalgebers auch erst nach Zustandekommen der Finanzierungsbeziehung ausgenutzt werden, indem der Kapitalnehmer **"moral hazard"**-Verhalten[5] an den Tag legt: Er fällt für ihn selbst vorteilhafte Entscheidungen, die jedoch die Qualität des dem Kapitalgeber versprochenen Zahlungsstroms beeinträchtigen. Beide aus asymmetrischer Informationsverteilung resultierenden Gefahren sind letztlich nur zwei Varianten desselben Problems: Informationsnachteile einer Vertragspartei geben der anderen Raum, die Tauschkonditionen zum eigenen Vorteil und zum Nachteil der anderen zu beeinflussen.

Vor einer solchen Übervorteilung kann sich ein potentieller Marktteilnehmer, der sich seines Informationsnachteils bewußt ist, natürlich immer dadurch schützen, daß er sich entweder gänzlich vom Markt zurückzieht oder aber in seinem Tauschangebot das Verhalten der anderen antizipiert. Dieser Selbstschutz skeptischer Kapitalgeber hat allerdings zur Folge, daß nur ein Bruchteil der Transaktionen am Markt stattfindet, die bei symmetrischer Informationsverteilung vorteilhaft wären. Der Markt wird unvollständig, weil unter Umständen nur das Angebot mit der schlechtesten Qualität am Markt verbleibt.[6]

---

4 Zu "adverse selection" vgl. bereits Abschnitt 2.3.2.1 im 2. Kapitel.

5 Zu "moral hazard" vgl. ebd.

6 In einem der wegweisenden Beiträge zur Informationsökonomie wird dies von Akerlof am Beispiel des Gebrauchtwagenmarktes gezeigt; vgl. *Akerlof* ["Lemons"].

Die vertragliche Festlegung der Tauschkonditionen bietet bei asymmetrisch verteilter Information keinen Schutz, denn Verträge können nur durchgesetzt werden, wenn kontrollierbar ist, ob sie erfüllt worden sind; und diese Kontrolle ist bei asymmetrischer Informationsverteilung gerade nicht möglich.

In der Literatur wird eine asymmetrische Informationsverteilung häufig als die übergeordnete Ursache dafür angesehen, daß es zu Funktionsschwächen des Marktmechanismus, zu "moral hazard" und "adverse selection", kommt. Erst als Folge der Informationsprobleme entsteht nach Meinung dieser Autoren[7] die sogenannte **Transaktionskostenproblematik**[8]: Transaktionen kommen in aller Regel nicht - wie in der neoklassischen Markttheorie unterstellt - reibungslos zustande, sondern sie verbrauchen Ressourcen (oder verursachen "Kosten"), insbesondere weil ein Schutz vor unvorteilhaften Tauschbeziehungen nicht kostenlos zu erlangen ist. Insofern liegt unbestreitbar eine oder sogar *die* wesentliche Quelle für "Transaktionskosten" in den Aktivitäten zur Überwindung von Informationsdefiziten.

Dennoch wäre es unangemessen, den Übergang von der Neoklassik zum Neo-Institutionalismus allein in der Aufgabe der Annahme zu sehen, daß die Information am Markt, in Tauschbeziehungen und in Kooperationsbeziehungen symmetrisch verteilt ist. Dies wäre nur dann statthaft, wenn sich die Transaktionskostenproblematik völlig unter das Problem der asymmetrischen Informationsverteilung unterordnen ließe. Es sind jedoch Situationen denkbar, in denen zwar die Informationsverteilung symmetrisch ist, so daß ein Wirtschaftssubjekt es auch genau erkennt, wenn ein potentieller Tauschpartner beabsichtigt, nicht die dem gebotenen Preis entsprechende Leistung zu erbringen, aber in denen es trotzdem Kosten verursacht oder gar unmöglich ist, sich gegen ein solches Verhalten anders als dadurch zu schützen, daß man auf die Transaktion verzichtet. Man denke etwa daran, daß auch der Abschluß eines einfachen Vertrages zumindest Zeit kostet und seine Durchsetzbarkeit ein funktionsfähiges Rechtssystem und einen unabhängigen Dritten voraussetzt, der die Einhaltung des Vertrags beurteilen kann. Eine symmetrische Informationsverteilung ist zwar eine notwendige, aber keine hinreichende Voraussetzung für den reibungslosen Ablauf von Transaktionen.

---

7 Vgl. z.B. *Dahlmann* [Externality] oder *Barzel* [Transaction Costs].

8 Der Begriff der Transaktionskosten wird in unterschiedlichen Bedeutungszusammenhängen gebraucht, deren feine Unterschiede sich erst dann erkennen lassen, wenn man enger mit dem neo-institutionalistischen Argumentationsmuster vertraut ist und die unterschiedlichen theoretischen Strömungen, die ihn beeinflußt haben, zu unterscheiden weiß. Zudem läßt sich die Kategorie der "Transaktionskosten", wenn man sie als Gegensatz zu den in der neoklassischen Markttheorie berücksichtigten Produktionskosten ansieht, gar nicht eindeutig definieren, weil sie sich von letzteren nicht abgrenzen läßt. Deshalb soll hier der Begriff der Transaktionskosten weitgehend vermieden werden. Auf etwaige Unklarheiten oder Verwechslungsgefahren wird an entsprechender Stelle hingewiesen. Vgl. zur Problematik des Begriffs der Transaktionskosten *Terberger* [Ansätze], S. 125-133.

Wenn sich die Gefahr einer Übervorteilung aufgrund einer symmetrischen Informationsverteilung eindeutig erkennen läßt, ist es zwar leichter, sich vor diesen Gefahren zu schützen, aber dies ist nicht immer und erst recht nicht kostenlos möglich. Wenn dieser Schutz fehlt oder aber zu teuer ist, um den Abschluß von Transaktion noch vorteilhaft erscheinen zu lassen, schlägt sich dies in einer **Unvollständigkeit des Marktes** nieder. Verursacht der Schutz Kosten, die die Tauschvorteile lediglich schmälern, aber die Transaktion nicht scheitern lassen, wird der Markt **unvollkommen**.

Werden die Annahme einer symmetrischen Informationsverteilung und/oder die Annahme des kostenlosen Abschlusses und der kostenlosen Durchsetzung von Verträgen aufgehoben, verläßt man die Modellwelt der kapitalmarktorientierten Sicht und betritt die des Neo-Institutionalismus.

> In der neo-institutionalistischen Welt wird die Regelung des grundsätzlichen Interessenkonflikts, der bei jeder Tauschbeziehung - nicht nur am Kapitalmarkt - auftreten kann, zum zentralen Problem: Jeder nutzenmaximierende Partner hat den Anreiz, für eine gegebene Leistung, die er erhält, seinerseits eine möglichst geringe Gegenleistung zu erbringen; und dieser Anreiz kann "ausgelebt" werden, wenn der Partner sich nicht dagegen schützt.

Der neo-institutionalistische Ansatz bleibt allerdings bei der Analyse der Gefährdungen, die schlechter informierten Partnern in Tausch- und Kooperationsbeziehungen drohen, und ihren Auswirkungen auf die Funktionsfähigkeit von Märkten nicht stehen. Er analysiert "Institutionen" - oder allgemeiner: institutionelle Gestaltungen und Regelungen - als mögliche Vorkehrungen gegen die negativen Auswirkungen, die sich aus asymmetrischen Informationsverteilungen für wirtschaftliche Beziehungen im Allgemeinen und für Finanzierungsbeziehungen im Speziellen ergeben könnten. Wie dabei argumentiert wird, stellen wir im übernächsten Abschnitt allgemein dar, und im nächsten Kapitel führen wir es ausführlich für die Grundformen der Finanzierung als besonderen Institutionen vor.

Der Begriff der **"Institutionen"** und damit der Kreis der Sachverhalte, die einer solchen Analyse unterzogen werden oder werden können, ist sehr weit. So wie wir - und weite Teile der neo-institutionalistischen Literatur - diesen Begriff gebrauchen, ist er denkbar ungeeignet, um die Klasse der Sachverhalte, die Institutionen darstellen, von der Klasse der Nicht-Institutionen abzugrenzen. Darauf kommt es aber auch nicht an.[9] Der Begriff wird weitgehend in Übereinstimmung mit seinem unpräzisen, umgangssprachlichen Gebrauch verwendet. Institutionen in diesem weiten Sinne sind alle möglichen Dinge, die irgendwie eingerichtet oder geschaffen worden sind: außer den Finanzierungsformen und den rechtlichen Merkmalen von Finanzierungsbeziehungen auch Banken und Gesetze wie das Insolvenzrecht oder die handelsrechtlichen Rechnungslegungsvorschriften. Auch das

---

9 Anderer Meinung scheint hier Dieter Schneider zu sein, der einen sehr klaren und zur Abgrenzung geeigneten Begriff von Institutionen entwickelt hat. Vgl. *Schneider* [Grundlagen], S. 18-22.

Rechtswesen, Handelsbräuche und sogar die Sprache fallen unter diesen weiten Begriff von Institutionen. Besonders wichtige Institutionen, die schon ausgiebigen und intensiven neo-institutionalistischen Betrachtungen unterworfen wurden, sind die Unternehmung[10], der Staat und, so paradox es auf den ersten Blick erscheinen mag, Märkte, insbesondere organisierte Kapitalmärkte.[11] Es gibt eigentlich fast nichts, was man nicht als Institution betrachten kann, schon betrachtet hat oder sicher demnächst betrachten wird. Die Einordnung eines Sachverhalts unter den Begriff der Institution soll nur anzeigen: Der Autor will ihn unter dem Aspekt betrachten, daß er um seiner Funktion willen geschaffen worden sein könnte. Und diese Funktion wird darin gesehen, die negativen Folgen von asymmetrischer Informationsverteilung und Problemen beim Abschluß und der Durchsetzung von Verträgen zu mildern.

Die methodische Grundannahme des Neo-Institutionalismus besteht darin, Institutionen oder institutionelle Regelungen als Vorkehrungen zu betrachten, die geschaffen sein könnten, um Verhaltensanreize zu gestalten und zu verändern und um damit Verhalten zu steuern. Wenn und weil sie geschaffen sind, können sie - wenigstens im Gedankenexperiment - auch verändert werden. Eine neo-institutionalistische Analyse enthält damit immer auch einen Vergleich verschiedener denkbarer institutioneller Gestaltungen. Dem Gedankenexperiment entspricht ein reales Wahlproblem, das Problem der Auswahl unter verschiedenen möglichen institutionellen Gestaltungen. Dieses institutionelle Wahlproblem stellt sich in der neoklassischen, kapitalmarktorientierten Modellwelt nicht, denn in ihr läßt sich jegliche Transaktionsbeziehung in optimaler Weise über den Marktmechanismus regeln. Und die Existenz eines reibungslos funktionierenden Marktmechanismus sorgt sogar dafür, daß institutionelle Gestaltungsalternativen, wie etwa unterschiedliche Finanzierungsformen, irrelevant sind. Die neoklassische Investitions- und Finanzierungstheorie ist deshalb durchaus konsequent, wenn sie institutionelle Fragen überhaupt nicht ausdrücklich zum Thema macht. Implizit geht sie davon aus, daß es ein einfaches, *aber kostenloses und perfektes* institutionelles System gibt, das den Abschluß und die Durchsetzung von Verträgen und das Funktionieren von Märkten gewährleistet. In der neo-institutionalistischen Finanzierungstheorie bildet dagegen das institutionelle Wahlproblem ein zentrales Thema. Diese Theorie kann zwar nicht mit generellen und streng optimalen Lösungen dieses Wahlproblems aufwarten. Dafür sind die institutionellen Gestaltungsalternativen zu vielfältig und die Wirkungszusammenhänge zu komplex. Aber sie kann Hilfestellung bei der institutionellen Ausgestaltung der Beziehung zwischen Investoren und Kapitalgebern geben, indem sie die Wirkung unterschiedlicher Institutionen auf die Ausprägung und die Auswirkung von Interessenkonflikten zwischen Transaktionspartnern analysiert.

---

10 Vgl. zur neo-institutionalistischen Theorie der Unternehmung den Literaturüberblick in *Ordelheide* [Unternehmung].

11 Vgl. insb. zu organisierten Kapitalmärkten *Hartmut Schmidt* [Wertpapierbörsen], bes. S. 5f.

10.2.3 Unterschiedliche Theorierichtungen als Bausteine des Neo-Institutionalismus

Wir haben jetzt herausgearbeitet, worin der qualitative Unterschied zwischen der kapitalmarktorientierten und der neo-institutionalistischen Sicht besteht und welche Änderungen im Annahmenrahmen den entscheidenden Schritt von einem Theoriegebiet in das andere darstellen. Damit fällt es leichter, eine grobe Einordnung der Fülle unterschiedlicher Literaturrichtungen vorzunehmen, die zur Entstehung der neo-institutionalistischen Sichtweise beigetragen haben und die von uns - und natürlich auch anderen[12] - unter dem Begriff des Neo-Institutionalismus subsumiert werden.

In erster Linie wären hier die **Informationsökonomie**, die **Property-Rights-Theorie**, die **Transaktionskostentheorie** und die **Agency-Theorie** zu nennen. Doch noch weitere Namen ließen sich aufzählen, denn bei den genannten Literaturrichtungen lassen sich wiederum Teilströmungen[13] unterscheiden, wie etwa innerhalb der Agency-Theorie die eher formal ausgerichtete Prinzipal-Agenten-Theorie und die eher verbal argumentierende, sogenannte positive Agency-Theorie.[14] Weiterhin ließe sich hier, ohne damit den Anspruch auf Vollständigkeit erheben zu wollen, die Theorie des "**incomplete contracting**" auflisten, die sich selbst als dem Property-Rights-Ansatz zugehörig versteht.[15] Diese Theorierichtung geht, wie ihr Name schon sagt, davon aus, daß Verträge aufgrund von Informationsproblemen oder Vertragskosten niemals so vollständig sind, daß sie für alle möglichen Umstände, die in der Zukunft eintreten können, Regelungen vorsehen. Unseres Erachtens ist die Verwandtschaft zwischen all diesen Ansätzen so eng, daß es gerechtfertigt erscheint, sie unter dem einheitlichen Namen "Neo-Institutionalismus" zusammenzufassen, ohne jeweils danach zu unterscheiden, ob ein verwendeter Argumentationsbaustein zuerst in der einen oder zuerst in der anderen Literaturrichtung aufgetaucht ist. Um jedoch die Einordnung zu erleichtern, sei kurz skizziert, worauf die

---

12 Die Abgrenzungen werden jedoch teilweise unterschiedlich vorgenommen. Vgl. z.B. *Eggertsson* [Institutions], S. 3-32, insb. S. 6.

13 Weitere Unterscheidungsmöglichkeiten und damit auch neue Namen ergeben sich daraus, daß das Anwendungsgebiet neo-institutionalistischer Argumentation nicht auf Finanzierungsprobleme beschränkt ist, sondern in den unterschiedlichsten Bereichen von Volks- und Betriebswirtschaftslehre verwendet wird. So bezeichnet sich z.B. die Literaturrichtung, die mit neo-institutionalistischen Argumentationen das Verhalten des Staates analysiert, als Neue Politische Ökonomie (vgl. z.B. *Alt/Shepsle* [Political Economy]). Analog hat sich für die Analyse rechtlicher Regelungen der Name Ökonomische Analyse des Rechts herausgebildet (vgl. z.B. *Polinsky* [Law] als eine neo-institutionalistisch geprägte Arbeit auf diesem Gebiet).

14 Als Klassiker der verbalen Agency-Theorie gelten der Aufsatz von *Jensen/Meckling* [Theory] sowie die Aufsätze von *Fama/Jensen* [Separation] und [Agency Problems]. Bekannte Vertreter der formalen Principal-Agent-Theory sind *Holmström* [Hazard] und *Ross* [Agency].

15 Vgl. *Hart* [Contracts], insb. Kap. 3, und *Aghion/Bolton* [Approach].

einzelnen erwähnten Richtungen den Schwerpunkt ihrer Argumentation legen und wie sie ineinandergreifen.

Die **Property-Rights-Theorie**, als deren Vater der Nobelpreisträger Coase[16] gelten kann, legte in gewisser Weise die Grundlage für alle anderen Richtungen, indem sie darauf aufmerksam machte, daß der Gegenstand von Transaktionen am Markt zu grob beschrieben ist, wenn man ihn mit physischen Gütern wie Autos oder Bananen gleichsetzt. Der eigentliche Transaktionsgegenstand sind abstrakte Güter: Es sind Eigentums-, Verfügungs- und Handlungsrechte, - inzwischen auch im Deutschen oft als "Property Rights" bezeichnet, die an einem physischen Gut, aber auch losgelöst von Sachen, bestehen können. Die Eigentums-, Verfügungs- und Handlungsrechte, die gehandelt werden, sind beispielsweise unterschiedlich je nachdem, ob ein Auto Gegenstand eines Kauf- oder eines Mietvertrages ist. Damit ist auch schon der zweite zentrale Begriff der Property-Rights-Theorie gefallen: der **Vertrag als die Institution**, die regelt, welche Rechte und Pflichten den Partnern einer Transaktion zugewiesen werden. Die Property-Rights-Theorie hat den Wandel der Wirtschaftswissenschaft hin zu einer Theorie der Institutionen eingeleitet, denn Property Rights als Grundeinheit von Transaktionen und Gegenstand von Verträgen sind nun einmal nichts anderes als institutionelle Regelungen: "In essence, economics is the study of property rights over scarce resources....The allocation of scarce resources in a society is the assignment of rights to uses of resources."[17]

Allein mit dieser Verfeinerung des Gutsbegriffs ist jedoch der Wandel von der neoklassischen zur neo-institutionalistischen Perspektive noch nicht vollzogen. Die neoklassische Theorie, die reibungslos funktionierende Märkte unterstellt, könnte diesen verfeinerten Gutsbegriff ohne Schwierigkeiten integrieren, indem sie ein verfeinertes Marktsystem einführt, das einen separaten Handel aller Property Rights zuläßt. Insofern müssen Probleme hinzukommen, die ein reibungsloses Funktionieren eines Marktes für alle Property Rights verhindern. Genau solche Probleme, die zu Unvollkommenheiten oder Unvollständigkeiten des Marktes führen, bringt jeder der oben genannten Ansätze durch entsprechende Annahmenkonstellationen in die Entwicklung des Neo-Institutionalismus ein.

Die **Informationsökonomie** untersucht vor allem die Bedeutung der Informationsverteilung für die qualitativen Eigenschaften von Marktgleichgewichten[18]. Sie zeigt dabei unter vielem anderen, daß Informationsasymmetrie zu den schon genannten Phänomenen von "adverse selection" und "moral hazard" führt, die es durch Institutionen zu mildern oder zu heilen gilt. Die **Agency-Theorie** arbeitet ebenfalls mit der Annahme asymmetrischer Informationsverteilung, konzentriert sich aber in erster Linie auf das "moral hazard"-Pro-

16 Vgl. *Coase* [Social Cost].

17 *Alchian* [Pricing], S. 2f.

18 Vgl. zu einem Überblick des Wissenschaftlers, der diese Forschungsrichtung geprägt hat, *Stiglitz* [Causes].

blem. Sie geht der Frage nach, wie durch die institutionelle Ausgestaltung von Kontroll- und Anreizsystemen das Verhalten eines Transaktionspartners mit Informationsvorsprüngen, also etwa eines Managers als "Agenten" der Eigentümer, so gesteuert werden kann, daß auch die Interessen des schlechter informierten Vertragspartners, dem - wie etwa den Aktionären als "Arbeitgeber" des Managers - die Rolle des Prinzipals zugeschrieben wird, Berücksichtigung finden. Sowohl die Property-Rights-Theorie als auch der **Transaktionskostenansatz**[19] sind in den Annahmen, mit Hilfe derer sie Marktunvollkommenheiten rechtfertigen, sehr ähnlich. Dies sollte nicht verwundern, weil sie beide im Ursprung auf Coase[20] zurückgehen. Sie schließen asymmetrische Informationsverteilung zwischen Transaktionspartnern als Ursache für Marktschwächen nicht aus, führen sie aber allgemeiner auf die Kosten der Vertragsformulierung, des Vertragsabschlusses und der Vertragsdurchsetzung zurück. Der Grund für letztere könnte auch - wie es die Transaktionskostentheorie von Williamson annimmt - in der beschränkten Informationsverarbeitungskapazität von Wirtschaftssubjekten liegen, die zu beschränkt rationalem Verhalten führt, oder aber in der mangelnden Überprüfbarkeit von denkbaren Vertragsbestandteilen durch Dritte, was die Durchsetzung von Verträgen trotz symmetrischer Informationsverteilung zwischen den Vertragspartnern verhindern kann. Es verbleibt Raum für "opportunistisches Verhalten", wie das "moral hazard"-Problem in der Terminologie des Transaktionskostenansatzes von Williamson bezeichnet wird. Sowohl die Property-Rights-Theorie als auch der Transaktionskostenansatz gehen der Frage nach, wie angesichts dieser Probleme die Zuweisung von Property Rights bzw. die Ausgestaltung der sogenannten **"governance structure"**[21] so erfolgen kann, daß die negativen Auswirkungen der geschilderten Transaktionsprobleme möglichst gering gehalten werden.

Die unterschiedliche Bezeichnung gleicher Phänomene deutet darauf hin, daß sich die genannten Literaturrichtungen zwar eigenständig entwickelt haben und ihre Hauptvertreter zum Teil sogar heute noch auf die Unterschiedlichkeit Wert legen. Die zahlreichen Überschneidungen belegen jedoch, daß sie alle auf den gleichen Typus von Transaktionsproblemen gestoßen sind. Die Grenzen zwischen den einzelnen Ansätzen sind deshalb so fließend, daß sie sich heute - da jede der genannten Strömungen die anderen wahrgenommen hat - nur noch sehr willkürlich ziehen lassen. Daß die Property-Rights-Theorie und der Transaktionskostenansatz auf ein breiteres Annahmenspektrum als die anderen

---

19 Der einflußreichste Vertreter dieses Ansatzes ist Williamson; vgl. *Williamson* [Markets].

20 Als Vorläufer der Transaktionskostentheorie ließe sich der bereits im Jahre 1937 veröffentliche Aufsatz von *Coase* [Nature] nennen, auf dessen Ideen der Begründer des Transaktionskostenansatzes, Williamson, maßgeblich zurückgreift. Vgl. z.B. *Williamson* [Markets].

21 Vgl. z.B. *Williamson* [Institutions], S. xiii, der mit "contracts und governance structure" die Gesamtheit aller institutionellen Regelungen bezeichnet "that have the purpose and effect of economizing on bounded rationality while simultaneously safeguarding transactions against the hazards of opportunism."

Ansätze zurückgreifen, mit dem sie Marktunvollkommenheiten rechtfertigen, mag allein darin begründet liegen, daß diese Literaturrichtungen sich zumindest anfänglich auf eine verbale Präsentation ihrer Argumente beschränkten. Wer mit formalen Modellen arbeitet, wie etwa die Klassiker der Informationsökonomie oder die Vertreter der formalen Prinzipal-Agenten-Theorie, kann schwerlich von der Annahme der Nutzenmaximierung abgehen und eine mathematisch nicht faßbare "beschränkte Rationalität" von Wirtschaftssubjekten in formale Modelle einführen. Inzwischen gibt es aber auch Agency-Theoretiker, die rein verbal argumentieren und ähnlich gehaltvolle und komplexe Modellwelten entwickeln wie die Transaktionskostentheoretiker; und es gibt Autoren, die sich dem Property-Rights-Ansatz zuordnen, aber formal arbeiten und deshalb auf die dem Transaktionskostentheoretiker vorbehaltene Annahme der "bounded rationality" verzichten.

Gemeinsam ist allen Ansätzen, daß in den Mittelpunkt Transaktionssituationen gestellt werden, bei denen die institutionelle Ausgestaltung der Transaktionsbedingungen zum Problem wird, weil Informationsprobleme und "Transaktionskosten" eine reibungslose Koordination über Märkte verhindern.

10.3 Das neo-institutionalistische Argumentationsmuster

10.3.1 Institutionenvielfalt und Modellvielfalt

Die beiden Voraussetzungen, daß Informationen symmetrisch verteilt sind und daß Transaktionen kostenlos vereinbart und abgewickelt werden können, sind für die reibungslose Koordination der Interessen von Anbietern und Nachfragern, von Kapitalgebern und -nehmern, durch den Marktmechanismus unverzichtbar; und beide Voraussetzungen sind in der Realität oft nicht erfüllt. Wie ist angesichts dieser Sachlage der Gegenstandsbereich und die Aufgabe der Investitions- und Finanzierungstheorie zu kennzeichnen, und wie könnte eine Modellwelt aussehen, in der sich die Informations- und Anreizprobleme stellen, die denjenigen Problemen offensichtlich vorgelagert sind, für die die kapitalmarktorientierte Sicht eine Lösung gesucht hat? Wenn man die erst durch den Neo-Institutionalismus bewußt gemachten Probleme ernst nimmt und nicht mehr unterstellt, daß die Lösung des jeder Tauschbeziehung innewohnenden Interessenkonflikts eine Nichtigkeit ist, kann man nicht einmal mehr davon ausgehen, daß es einen Kapitalmarkt gibt - sei er auch unvollkommen und unvollständig. Denn ein Kapitalmarkt, auf dem sich eine Vielzahl anonymer Anbieter und Nachfrager zum Tausch von Zahlungsströmen begegnet, kann als institutionelle Form der Koordination nur existieren, wenn der Interessenkonflikt zwischen den Parteien zu deren Zufriedenheit gelöst ist.

Um das neo-institutionalistische Problem von der Wurzel her anzugehen, müssen wir uns offensichtlich von der Vorstellung eines Marktes lösen und uns auf die individuelle Beziehung zwischen zwei Tauschpartnern, dem kapitalsuchenden Investor und dem nach einer Kapitalanlage suchenden Financier, zurückbesinnen. Es gilt zu analysieren, welche Informations- und Anreizprobleme ihrer Einigung entgegenstehen und welche institutionellen Regelungen gegen diese Probleme schützen und dadurch eine Einigung ermöglichen könnten. Auf der Basis dieser Analyse der Einigungsproblematik und möglicher institutioneller Lösungen gelingt es dann vielleicht auch, Gestaltungsempfehlungen zu entwickeln, die als Leitlinie für die Ausgestaltung von Finanzierungsbeziehungen und für Investitions- und Finanzierungsentscheidungen dienen können, auch wenn der Inhalt dieser Empfehlungen nicht so präzise ist und auch wenn die Empfehlungen nicht so zwingend hergeleitet werden können wie das Kapitalwertkriterium oder die Regel "Maximiere den Marktwert!".

Dieses Forschungsprogramm einer neo-institutionalistischen Investitions- und Finanzierungstheorie nach dem Muster "Problemdarstellung, Problemanalyse, Suche nach möglichen Lösungen und Auswahl der besten oder zumindest einer guten Lösung" ist zwar einleuchtend und vernünftig, seiner Umsetzung steht aber ein entscheidendes Hindernis entgegen: Es ist unklar, wo die Grenze zwischen Problem und möglichen Lösungen zu ziehen ist. Ein Gedankenexperiment soll dies verdeutlichen.

Versuchen wir uns eine Welt vorzustellen, in der *nur* das folgende Problem existiert: Zwei Individuen, ein Investor und ein potentieller Kapitalgeber, treten einander gegenüber. Sie wissen nichts voneinander, aber alles über sich selbst; es liegt also eine extrem asymmetrische Informationsverteilung vor. Was würde in dieser gedachten Welt passieren? Vermutlich gar nichts! Die beiden würden aneinander vorübergehen, ohne überhaupt zu ahnen, daß sie die Partner einer für beide Seiten durchaus vorteilhaften Transaktion sein könnten. Man könnte einwenden, diese gedachte Situation sei doch zu extrem konstruiert. Die beiden könnten doch zumindest miteinander reden und auf diese Weise von ihrem gegenseitigen Anliegen erfahren. Dies setzt jedoch schon gewisse Institutionen voraus, die die asymmetrische Information ansatzweise abbauen helfen, nämlich Institutionen in Form von Regeln der sozialen Begegnung und der sprachlichen Kommunikation. Selbst wenn man diese Institutionen in einem investitions- und finanzierungstheoretischen Modell als selbstverständlich voraussetzt, hilft dies für unsere Problemanalyse kaum weiter, denn was würde geschehen, wenn sich die beiden gegenseitig tatsächlich als potentieller Kapitalgeber bzw. Kapitalnehmer identifiziert hätten? Vermutlich wieder nichts, denn welcher Kapitalgeber wäre so leichtfertig, sein Geld einem wildfremden Menschen anzuvertrauen, den nichts daran hindert, damit auf Nimmerwiedersehen zu verschwinden? Es gibt in unserer gedachten Welt ohne Institutionen schließlich keinen Fahndungsdienst und keine Gerichtsbarkeit, die bei der Durchsetzung von Verträgen behilflich wären, und nicht einmal Gesetze, die besagen, daß man Verträge halten muß.

Sollte der Kapitalgeber trotz des Fehlens dieser ihn schützenden Institutionen zu einer Kapitalüberlassung bereit sein, weil er an das Gute im Menschen glaubt, und sollte das Vertrauen, das er - dem Ursprung des Wortes Kredit (credere - glauben, vertrauen) getreu - in sein Gegenüber setzt, tatsächlich berechtigt sein und der Kreditnehmer das Geld in der Zukunft zurückzahlen, so müssen in unserer gedachten Welt offensichtlich funktionsfähige soziale Normen von (Zahlungs-)Moral existieren. Und dies ist wiederum eine Institution, die doch eigentlich erst im nächsten Schritt, bei der Suche nach Problemlösungen eingeführt werden sollte.

Dieses Gedankenexperiment sollte deutlich machen: Eine Welt ohne jegliche institutionellen Regelungen, in der Investitions- und Finanzierungsprobleme sinnvoll diskutierbar wären, ist gar nicht vorstellbar. Sie ist damit auch weder als gedanklicher Ausgangspunkt für die Analyse der Wirkung von Institutionen noch als Vergleichsbasis für deren Bewertung geeignet. Ausgangspunkt kann nur eine gedachte Situation, eine Modellwelt, sein, in der Institutionen zwar existieren, aber nicht so perfekt funktionieren, wie es die neoklassische Markttheorie unterstellt. Offenbar gibt es unzählige *denkbare* Welten, die dieser Anforderung genügen. Daraus folgt zwingend: Welche Institutionen es in der hypothetischen Welt gibt, in der die Informations- und Anreizprobleme identifiziert werden, die es zu lösen gilt, und welchen Institutionen die Funktion zugeschrieben wird, als Lösung für die Probleme zu dienen, hängt von der Entscheidung der Forscher ab, die ein Problem definieren und modellhaft lösen wollen. Dies muß zu einer **Vielfalt von Modellen** führen, die sich nicht wie die der marktorientierten Investitions- und Finanzierungstheorie zu einem geschlossenen Theoriesystem zusammenfügen lassen. Dies erklärt zugleich, warum das Bild, das die neo-institutionalistische Forschung nach heutigem Stand zeichnet, einer Landkarte gleicht, auf der erst wenige Flecken kartiert sind.

Die neo-institutionalistische Finanzierungstheorie bemüht sich vor allem um **Erklärungen von Institutionen**, die in der realen Welt der Finanzen zu beobachten sind. Diese Erklärungen sind meist so aufgebaut, daß man zuerst analysiert, welche Informations- und Anreizprobleme zu erwarten wären, wenn es die jeweils untersuchte Institution nicht gäbe, und dann zeigt, daß, warum und in welchem Sinne die betrachtete Institution eine "gute" Lösung dieser Probleme darstellt.[22]

Ähnlich wollen auch wir im nächsten Kapitel vorgehen. Wir werden dort von einer gedachten, hypothetischen Welt ausgehen, bei deren Beschreibung wir zunächst von der Vielzahl von Institutionen, die Finanzierungsbeziehungen in der Realität detailliert regeln, abstrahieren, um im Anschluß derartige Institutionen als mögliche - und möglicherweise auch gute - Lösungen für die ohne sie zutage tretenden Informations- und Anreizprobleme zu interpretieren. Gewisse Institutionen müssen wir dabei jedoch als gegeben unterstellen; und was wir als gegebenen institutionellen Rahmen setzen, ist immer mit einer

22 Vgl. dazu ausführlicher *Schmidt* [Finanzierungstheorie].

gewissen **Willkür** behaftet. So werden wir im nächsten Kapitel davon ausgehen, daß die unterschiedlichen Finanzierungsformen existieren: Es gibt die Fremdfinanzierung und die Finanzierung durch Eigenkapital; und sie sind zu beschreiben und zu unterscheiden anhand ihrer Rechte auf zukünftige Zahlungen. Hingegen werden institutionelle Regelungen, die die Beziehung zwischen den Kapitalnehmern und Kapitalgebern im Detail gestalten, wie etwa die Institution der Kreditsicherheiten oder aber die gesellschaftsrechtlichen Regelungen für Aktiengesellschaften, zunächst außer acht gelassen. Die Leser sollten nicht vergessen, daß mit der Annahme dieses institutionellen Rahmens einige Probleme der institutionellen Gestaltung ausgeblendet werden. Einige Institutionen als gegeben zu unterstellen, wenn man andere untersuchen will, ist unvermeidlich, denn eine völlig institutionenlose Modellwelt als gedanklicher Ausgangspunkt ist, wie wir deutlich zu machen versucht haben, überhaupt nicht vorstellbar. Mit der von uns im nächsten Kapitel gewählten Vorgehensweise läßt sich beispielsweise nicht mehr der Frage nachgehen, ob neben der typischen Fremd- und Eigenkapitalfinanzierung vielleicht eine ganz andere Ausgestaltung der Rechte auf Zahlungsströme denkbar ist und sinnvoll wäre, die es erlauben würde, die Informations- und Anreizprobleme der in der Realität vorzufindenden typischen Fremd- und Eigenkapitalfinanzierung zu vermeiden.[23]

10.3.2 Reibungsverluste im Vergleich zur neoklassischen Idealwelt als Beurteilungsmaßstab für Institutionen

Neo-institutionalistische Erklärungen beobachtbarer, gegebener Institutionen nehmen immer Bezug darauf, daß die Institutionen ein Problem mildern oder lösen sollen. Darin steckt unweigerlich ein bewertendes, normatives Element. Die Erklärung einer existierenden Institution anhand ihrer Funktion kann man sich so *vorstellen*, als hätte jemand die Institution erfunden oder geschaffen und eingeführt, um einen Zweck zu erreichen. Solche Zwecke können vielfältiger Art sein. Ein denkbarer Zweck - und zwar derjenige, den der Neo-Institutionalismus gewöhnlich unterstellt - ist der, Informations- und Anreizprobleme zu lösen und wirtschaftliche Austausch- und Kooperationsbeziehungen zu erleichtern. Daß jemand die Institution erfunden und/oder eingeführt hat, ist nur als eine gedankliche Hilfskonstruktion zu verstehen und nicht als Behauptung über wirkliche Prozesse der Institutionenentstehung.[24] Dennoch: Wer könnte die gedachte Person sein,

---

23 Eine solche Fragestellung ist aber auch möglich, und sie wird in der Literatur unter dem Stichwort "security design" diskutiert; vgl. beispielswiese *Harris/Raviv* [Design].

24 Diese gedankliche Hilfskonstruktion ist, wenn sie nicht als solche erkannt wird, gefährlich. Sie legt nahe zu vermuten, daß alle Institutionen, die es gibt, funktional sind und sich sozusagen in einem Wettbewerbsprozeß durchgesetzt haben. Vgl. zum Nachweis, warum diese Vorstellung eines "survival of the fittest" (institution) unangemessen ist, *Terberger* [Ansätze], S. 134-142.

von der man fingiert, daß sie die Institution um ihrer Funktion willen eingeführt haben könnte? Es kann ein potentieller Transaktionspartner sein, der sich wegen seines Informationsnachteils als gefährdet empfindet. Es kann aber auch ein potentieller Partner mit einem Informationsvorteil sein, der durch die Schaffung oder Einführung der Institution das Mißtrauen und die Skepsis potentieller Partner reduzieren will, um zum Beispiel einen höheren Preis für eine Beteiligung zu erzielen oder seine Zinskosten gering zu halten. Es kann schließlich auch ein Dritter, wie zum Beispiel eine kluge Regierung, sein. Wer auch immer es ist, er hat ein **Bewertungsproblem**: Woran soll er erkennen, daß es "besser" ist, wenn es eine betrachtete Institution gibt, als wenn es sie nicht gäbe? Und wie ist der Kreis der Auswirkungen der fingierten Einführung einer Institution abzugrenzen, die der Bewertung unterworfen werden sollen?

Alle Strömungen des Neo-Institutionalismus sehen sich mit den gleichen Schwierigkeiten konfrontiert, wenn es gilt, einen Maßstab für die Güte von Institutionen zu formulieren, und sie begegnen ihnen auf nahezu identische Art und Weise. Die Schwierigkeiten resultieren letztlich daraus, daß die neoklassische Modellwelt verlassen und durch einen neo-institutionalistischen Annahmenrahmen ersetzt wurde. Die Transaktionsprobleme, die der Neo-Institutionalismus hervorhebt, verhindern ein perfektes Funktionieren von Märkten. Und wenn Märkte nicht perfekt funktionieren, dann kann man auch nicht mehr auf den Preismechanismus vertrauen, der es - wie in der neoklassischen Investitionstheorie - erlaubt, komplexe Entscheidungsprobleme in einfache Teilprobleme zu zerlegen und Lösungen dieser Teilprobleme zu bewerten. Kann der Markt nicht mehr als Garant für die Gültigkeit von Separationstheoremen betrachtet werden, sind sämtliche Entscheidungsprobleme vernetzt. Nicht nur das einzelne Wirtschaftssubjekt muß über Investitionen, Finanzierungen und Konsum simultan entscheiden, sondern durch die institutionelle Ausgestaltung von Transaktionen entstehen Verknüpfungen mit den Entscheidungsproblemen der Transaktionspartner, die zudem Rückwirkungen auf Dritte haben können. In einer "neo-institutionalistischen Welt" verbleibt zwar Raum für die Existenz unterschiedlichster institutioneller Regelungen zur Abwicklung von Transaktionen, aber das institutionelle Wahlproblem ist in dieser Welt genaugenommen ein Teil eines riesigen simultanen Planungsproblems. Für dessen Lösung reicht es offensichtlich nicht aus, lediglich die Entscheidungsprobleme *eines* Wirtschaftssubjekts zu betrachten, sondern die Verhaltensweisen *und die Interessen* oder der Nutzen aller von einer institutionellen Regelung Betroffenen müßten in die Bewertung möglicher Lösungen einbezogen werden. An Marktwerten oder ähnlichem läßt sich die "Qualität" der betrachteten Institution nicht ablesen.

Selbst wenn man von den Schwierigkeiten absieht, die daraus entstehen, daß sich Nutzenwerte unterschiedlicher Personen nicht zu einem allgemeinen Maß der "sozialen Wohlfahrt" zusammenfassen lassen, ist unmittelbar einsichtig, daß sich dieses gigantische simultane Planungsproblem weder formulieren noch lösen läßt. Neo-institutionalistische

Analysen müssen deshalb drastische Vereinfachungen vornehmen, wollen sie nicht völlig an der Komplexität des Bewertungsproblems scheitern.

Die Vereinfachung erfolgt durch die - bereits bekannte - Konzentration auf Beispiele, auf Fallstudien und auf typisierte, idealisierte und isolierte Konstellationen, die immer so konzipiert sind, daß das simultane Planungsproblem irgendwo abgeschnitten ist. Man stellt eine Transaktionsbeziehung, etwa die Beziehung zwischen einem Kapitalnehmer und Kapitalgeber, oder eine Auswahl von Transaktionsbeziehungen in den Mittelpunkt; Interdependenzen zu anderen Transaktionen, wie sie etwa durch die Konsumplanung entstehen, werden dabei einfach ausgeblendet. Das ist unvermeidlich, um den Kreis der Auswirkungen erfaßbar zu machen. Aber wie ist das Problem des Bewertungsmaßstabs zu erfassen und zu lösen?

In der neo-institutionalistischen Literatur wird zur Lösung dieses Problems oft die "heile" Welt reibungsloser Koordination als Bezugspunkt für die Beurteilung der Güte von Institutionen gewählt. Die "heile Welt" definiert das Ideal, das sogenannte **"first-best"-Optimum**, das leider, weil Transaktionsprobleme existieren, in einer "realistischeren" Modellwelt nicht erreichbar ist. In einem finanzierungstheoretischen neo-institutionalistischen Modell wäre das "first best" etwa durch die Wahl des Investitionsobjektes charakterisiert, das den höchsten Markt- oder Kapitalwert aufweist.

Im nächsten Schritt wird gefragt, welche Abstriche gegenüber der "heilen" Welt des "first best" aufgrund von Informationsproblemen, unvollständigen Verträgen und hieraus resultierenden Anreizproblemen hinzunehmen sind. Beispielsweise könnte "moral hazard"-Verhalten des Kapitalnehmers zur Wahl eines Investitionsobjekts führen, das gemessen an dem, was insgesamt zwischen den Transaktionspartnern bei fehlenden Kooperationsproblemen zu verteilen wäre, unvorteilhaft ist und in der "heilen Welt" nicht den höchsten Kapitalwert hätte. Im Vergleich zur reibungslosen Koordination ist lediglich eine Situation zu erreichen, die man als **"second-best"-Optimum** bezeichnet.

Man beachte, daß auch das "second best" ein Gleichgewicht und ein Optimum darstellt, aber eben eines in einer unvollkommenen Welt. Weil es ein Optimum darstellt, enthält es in der Regel Bemühungen der schlechter informierten Seite, sich zu informieren und sich zu schützen, und gewisse Bemühungen der besser informierten Seite, den potentiellen Partner zu schützen. Warum der schlechter Informierte sich zu schützen versucht und dafür Kontrollkosten (**"monitoring costs"**) aufwendet, versteht sich fast von selbst. Wie intensiv er dies im Optimum tun wird, hängt davon ab, wie mühsam und teuer und wie wirksam es ist, sich zu schützen. Zu einem "second-best"-Optimum gehört ein optimales Niveau des Selbstschutzes; und dieses ist in aller Regel positiv, und es gibt positive "monitoring costs". Daß die besser informierte Seite im Optimum auch Bemühungen unternimmt, die andere Seite zu schützen, erklärt sich daraus, daß es für den informierten, überlegenen Transaktionspartner günstiger sein kann, sich selbst Bindungen zu unterwerfen, die ihn daran hindern, den Partner zu schädigen, statt den Partner dafür zu "entschädigen", daß dieser damit rechnen muß, wegen seines Informationsnachteils ausgenutzt zu werden, oder ihn dazu zu bringen, sich überhaupt auf die Transaktion einzulassen. Man stelle sich nur vor, wie sehr sich für jemanden, der ein Auto auf Kredit kaufen will, die Kreditkosten reduzieren lassen, wenn er dem Kreditgeber eine Kreditsicherheit einräumt und sich damit natürlich gewissen Bindungen unterwirft. Auch Selbstbindung verursacht Kosten; man spricht von **"bonding costs"**, die z.B. darin bestehen können, daß der Kreditnehmer über das Sicherungsgut nicht mehr frei verfügen kann und ihm dadurch lukrative Verwertungsmöglichkeiten entgehen. Im "second-best"-Optimum wird es in der Regel auch ein optimales Niveau der Selbstbindung und damit positive "bonding costs" geben. Und trotz der optimalen Wahl des Niveaus von "monitoring" und "bonding" lassen sich in den meisten Fällen nicht die Handlungen durchsetzen, die die reibungslose Kooperation im "first-best"-Optimum kennzeichnen. Es bleibt ein "Restverlust" durch mangelnde Kooperation, der inzwischen auch in der deutschen Fachliteratur als **"residual loss"** bezeichnet wird.

"First-best"-Optimum und "second-best"-Optimum unterscheiden sich. Der Unterschied sind die sogenannten **Agency-Kosten**[25]. Sie "quantifizieren" den Reibungsverlust, der durch die Existenz von Transaktionsproblemen entsteht. Die Agency-Kosten stehen für den Ressourcenverzehr, der durch Vertragsverhandlungen, Vertragsabschluß und -durchsetzung verursacht wird, sowie für die Kooperationsgewinne, die aufgrund der - im Vergleich zum "first best" - unzulänglichen institutionellen Ausgestaltung von Transaktionsbeziehungen entgehen.

Unterschiedliche institutionelle Arrangements lassen sich *im Prinzip* anhand der Agency-Kosten vergleichen, die sie mit sich bringen. Gelingt es, durch eine neue institutionelle Regelung die Agency-Kosten zu reduzieren und somit eine **Verbesserung des "second best"** zu erreichen, so ist ihre Wirkung positiv: Sie mildert die negativen Auswirkungen, die aus beschränkten Möglichkeiten der Vertragsgestaltung resultieren. Die beste institutionelle Regelung ist diejenige, die die Agency-Kosten minimiert, d.h. sich dem "first best" am weitesten annähert.

So plausibel die Idee erscheinen mag, das Problem der Bewertung von Institutionen anhand des Konzepts der Agency-Kosten zu lösen, darf man es auch nicht überschätzen und nicht als Rezept mißverstehen. Vor allem ist dieser Reibungsverlust natürlich nicht empirisch meßbar, denn das "first best", das den Bezugspunkt für die Agency-Kosten definiert, ist gerade dadurch charakterisiert, daß es nicht erreichbar und deshalb auch nicht meßbar ist. Quantitativ zu ermitteln ist das optimale institutionelle Arrangement nur in einem formalen Modell, das eine genau überschaubare, abgezirkelte Welt kreiert. Aus-

25 Das Konzept der Agency-Kosten und ihre Rückführung auf "monitoring", "bonding" und "residual loss" geht zurück auf den einflußreichen Aufsatz *Jensen/Meckling* [Theory].

sagen über optimale Institutionen, die in einem solchen Modell abgeleitet werden können, sind in der Realität allenfalls als Argumente tauglich, die Aufschluß über die mögliche Wirkung der Einführung von Institutionen geben. Sie machen bewußt, worauf bei der Schaffung und der Beurteilung von Institutionen zu achten ist.

Beschränkt man sich auf eine rein verbale Analyse von Institutionen, so bildet das Ziel der Minimierung von Agency-Kosten ebenfalls den Leitfaden für die Argumentation. Wenn man so will, entfaltet dieser Leitfaden sogar nur in der verbalen Analyse seine volle strukturierende Kraft. Denn ein formales neo-institutionalistisches Modell wird in der Regel so konzipiert, daß eine Lösung des simultanen Planungsproblems und damit auch eine Optimierung der institutionellen Gestaltung möglich ist. Die Agency-Kosten sind hier nur ein "Abfallprodukt" der optimalen Lösung, eine Residualgröße, die sich durch eine Gegenüberstellung der optimalen Lösung in einer durch Informations-, Vertrags- und Anreizprobleme geprägten "second-best"-Situation mit dem "first-best"-Optimum ergibt. Kennt man das Optimum der institutionellen Gestaltung unter realitätsnäheren Bedingungen - und weiß man, daß es das erreichbare Optimum darstellt -, braucht man die Agency-Kosten als Beurteilungsmaßstab nicht mehr. Bei einer verbalen Abwägung der Vor- und Nachteile unterschiedlicher Institutionen dagegen wird sich nicht eindeutig klären lassen, welche der berücksichtigten institutionellen Alternativen die geringsten Reibungsverluste erwarten läßt. Das Denken in Agency-Kosten liefert hier die gedankliche Orientierung, die den Vor- und Nachteilsvergleich strukturierend leitet. Ein weiterer Unterschied zur formalen Analyse ergibt sich daraus, daß (Modell-)Welten, die den Rahmen für eine verbale Argumentation abstecken, in aller Regel sehr viel offener sind als die Modellwelten einer formalen Analyse und auch problemloser um zusätzliche Facetten bereichert werden können. Allerdings wird die Fülle möglicher Institutionen auch in einer verbalen Argumentation schwerlich vollständig in allen Auswirkungen überschaubar sein. Angesichts dieser Eigenschaften einer verbalen Argumentation sollte unmittelbarer einsichtig sein, daß ihr Ergebnis nicht als "harte" Empfehlung über das optimale institutionelle Design zu werten ist. Allenfalls sind Tendenzaussagen über die Tauglichkeit unterschiedlicher institutioneller Gestaltungen zur Milderung von Transaktionsproblemen in einer bestimmten Transaktionssituation zu erwarten.[26]

26 Vgl. dazu die unterschiedlichen Positionen in *Schneider* [Flops] und *Schmidt* [Flop].

10.4 Zusammenfassung

In diesem Kapitel sollten zum einen die Grenzen herausgearbeitet werden, die den Übergang von der neoklassisch geprägten, kapitalmarktorientierten Sicht zur neo-institutionalistischen Sicht von Investitions- und Finanzierungsproblemen markieren. Als die entscheidenden Punkte, die neo-institutionalistische Modellwelten von der neoklassischen Modellwelt unterscheiden, wurden die Ersetzung der Annahme einer symmetrischen Informationsverteilung durch eine asymmetrische Informationsverteilung zwischen Transaktionspartnern sowie die Aufhebung der Annahme von kostenloser Vertragsaushandlung und -durchsetzung identifiziert. Durch diese neue, der neoklassischen Argumentation unbekannte Annahmenkonstellation wird die Regelung des Interessenkonflikts, der jeder Tauschbeziehung innewohnt und vorausgeht, zum zentralen Problem: Jeder nutzenmaximierende Tauschpartner hat den Anreiz, für eine gegebene Leistung eine möglichst geringe Gegenleistung zu liefern. Der institutionellen Ausgestaltung von Tauschbeziehung kommt die Aufgabe zu, die aus diesem Interessenkonflikt resultierenden Reibungsverluste zu begrenzen. Es entsteht ein institutionelles Wahlproblem, das es in der neoklassischen Welt nicht gibt und das deshalb in ihr auch nicht diskutierbar ist.

Zum zweiten sollten in diesem Kapitel die Grundzüge des neo-institutionalistischen Argumentationsmusters vorgestellt und eingeordnet werden. Da durch die Aufhebung bzw. neo-institutionalistische Variation des neoklassischen Annahmenrahmens die Separations- und Irrelevanztheoreme der kapitalmarktorientierten Sicht ihre Gültigkeit verlieren, ist das institutionelle Wahlproblem, das der Neo-Institutionalismus in den Mittelpunkt seiner Analysen stellt, Teil eines simultanen Planungsproblems, das das gesamte Netz der Entscheidungen aller an einer institutionellen Regelung Beteiligten und von ihr Betroffenen umfaßt. Neo-institutionalistische Argumentationen versuchen, der Komplexität ihrer Problemstellung dadurch Herr zu werden, daß sie sich auf die Analyse von überschaubaren, manchmal auch formal modellierten Beispielsituationen beschränken. Vorhandene Interdependenzen zu anderen Tauschbeziehungen werden per Annahme ausgeblendet. In der betrachteten Tauschbeziehung wird sodann nach der institutionellen Ausgestaltung gesucht, die die geringsten Agency-Kosten verursacht. Die Agency-Kosten sind das Maß für die Reibungsverluste, die im Vergleich zum unerreichbaren "first best" der reibungslosen Koordination entstehen, d.h. im Vergleich zu der Modellwelt, die durch die neoklassische Annahme vollkommener und vollständiger Märkte repräsentiert wird.

Agency-Kosten sind, da sie den Vergleich von zwei Modellwelten in der ökonomischen Theorie symbolisieren, niemals empirisch meßbar, auch wenn sie im Rahmen eines formalen Modells ausrechenbar wären. Deshalb sind neo-institutionalistische Argumentationen zwar geeignet, Aufschluß über die tendenzielle Wirkungsweise von institutionellen Regelungen in der Realität zu geben, ihre Ergebnisse sollten jedoch niemals als "harte"

Empfehlung über die optimale institutionelle Gestaltung mißverstanden werden, auch wenn neo-institutionalistische Modellwelten häufig realistischer anmuten als die idealisierende Welt vollkommener und vollständiger Märkte, die die kapitalmarktorientierte Sicht prägt.

Kapitel 11

Eine neo-institutionalistische Analyse idealtypischer Finanzierungsformen

11.1 Lernziele

Dieses Kapitel enthält eine ökonomische Analyse von Grundformen der Finanzierung. Deren wichtigste Merkmale sind den Lesern bereits aus dem ersten Kapitel vertraut, das einen Überblick über die traditionelle Finanzwirtschaftslehre gegeben hat, zu deren inhaltlichen Schwerpunkten die Kennzeichnung der Finanzierungsformen gehört. Es ist kein Zufall, daß uns die neo-institutionalistische Theorie wieder zu den Themen der traditionellen Finanzwirtschaftslehre zurückführt, auch wenn diese hier aus einem anderen - und moderneren - Blickwinkel betrachtet werden: Finanzierungsformen werden nicht nur beschrieben und systematisiert, sondern sie werden als institutionelle Regelungen des Verhältnisses zwischen Kapitalgebern und Kapitalnehmern erklärt. Dies erfolgt unter den Fragestellungen,

(1) welche unterschiedlichen Informations- und Anreizprobleme für welche Finanzierungsform typisch sind und

(2) inwiefern die institutionellen Ausgestaltungen dieser Finanzierungsformen in der Realität als Instrumente deutbar sind, um diesen Informations- und Anreizproblemen zu begegnen.

Eine solche Analyse der ökonomischen Funktion ihrer institutionellen Ausgestaltung wird zuerst für die Fremdfinanzierung und dann für die Finanzierung mit Eigenkapital präsentiert, wobei für letztere danach unterschieden wird, ob die Befugnis zur Geschäftsführung an ein Management delegiert wird oder nicht. Wir behandeln damit zwar nur einen Ausschnitt aus der großen Palette realer Finanzierungsformen. Doch dies müßte genügen, um die Lernziele dieses Kapitels zu erreichen:

(1) Unsere Leser sollen erkennen, daß und warum Finanzierungsformen mehr sind als Instrumente zur Aufteilung von Zahlungsströmen und der mit ihnen verbundenen Risiken.

(2) Sie sollen damit zugleich an dem relativ einfachen, aber zweifellos wichtigen Beispiel der Finanzierungsformen als Institutionen lernen, wie wichtig institutionelle Merkmale sind und wie die neo-institutionalistische Finanzierungstheorie die Funktion und Bedeutung institutioneller Merkmale - oder allgemeiner: von Institutionen - faßbar zu machen versucht.

11.2 Finanzielle Isolation als Ausgangssituation

Informations- und Anreizprobleme und aus ihnen entstehende Fragen der institutionellen Gestaltung, der Organisation und der Koordination gibt es nur, wenn mehrere Personen - mindestens also zwei - beteiligt und betroffen sind. Sie treten dann nicht auf, wenn ein Mensch alle betrachteten Entscheidungen allein trifft, allein umsetzt und allein alle Folgen dieser Entscheidungen trägt. Deshalb bietet sich der Fall eines Menschen, der keine relevanten finanziellen Beziehungen zu anderen hat, das "finanzielle Robinson-Dasein", als gedanklicher Ausgangspunkt für eine neo-institutionalistische Analyse an. Wir konstruieren zuerst den Robinson-Fall, um auf ihm aufbauend deutlich machen zu können, was passiert, wenn es finanzielle Beziehungen gibt.

Man kann sich als "finanziellen Robinson" einen Einzelunternehmer vorstellen, der zu keinem anderen Menschen Finanzbeziehungen unterhält. Er legt kein Geld als Finanzvermögen bei einer Bank an, und er beschafft sich kein externes Kapital. Wenn er investieren will, muß er dafür sparen und damit auf sonst möglichen Konsum verzichten. Sparen oder, anders ausgedrückt, der Tausch gegenwärtiger gegen zukünftige Konsummöglichkeiten, ist nur dadurch möglich, daß er zugleich "real" investiert, also z.B. ein Lager mit Nahrungsmitteln oder Produkten anlegt[1] oder ein "Sparschwein" mästet oder ein Haus baut. Mehr zu konsumieren als sein laufendes Einkommen oder auch eine Investition durchzuführen, die ihm attraktiv erscheint, ist ihm nur dann möglich, wenn er "desinvestieren" kann, d.h. wenn er ein Lager hat, das er auflösen kann, oder wenn er über ein Sparschwein verfügt, das er verkaufen oder schlachten kann. Wir nehmen auch an, daß der Robinson-Einzelunternehmer seinen Kunden keine Kredite gewährt; was er produziert, verkauft er gegen sofortige Bezahlung. Schließlich ist er auch nicht bereit oder nicht in der Lage, Aufgaben der Geschäftsführung oder irgendwelche anderen Entscheidungen in seinem Betrieb an andere zu delegieren.

Unter diesen Bedingungen liegt die Befugnis zu allen Entscheidungen, die seinen Einkommensstrom und damit zugleich den Zahlungsstrom seines "Unternehmens" betreffen, in der Hand des Einzelunternehmers. Er kann und wird sie so treffen, wie es seinen Interessen entspricht; er wird seinen Nutzen maximieren. Schließt man externe Effekte auf Dritte aus, wie sie etwa bei einer umweltverschmutzenden Produktion auftreten können, und sieht man ebenfalls von etwaigen Einflüssen der Entscheidungen des Unternehmers auf die Gütermärkte ab, so hat er auch alle Konsequenzen seiner "Investitions- und

1 Das könnte als Sonderfall ein "Geldlager", einen Hort von Geld, als eine Realinvestition einschließen. Man stelle sich einen ungarischen Unternehmer im Jahre 1985 vor, der außer einem Lager von Treibstoff für seine Maschinen ein Lager von Lebensmitteln und ein Lager von DM-Banknoten unterhält. Damit wird angenommen, daß ein finanzielles Anreizproblem zwischen Geldhalter und Staat, der den Wert des Geldes durch seine (Finanz-)Politik beeinflussen köännte, nicht existiert.

Finanzierungsentscheidungen" selbst zu tragen. Wie er entscheidet, berührt nur seine finanzielle Situation, nicht aber den Nutzen anderer.

Die finanzielle Isolation hat einen offensichtlichen Vorteil: Der Unternehmer ist vor all den Informations- und Anreizproblemen gefeit, die mit Finanzierungsbeziehungen einherzugehen pflegen. Doch dies kostet einen hohen Preis: Er nimmt sich zum einen die Möglichkeit, Investitionen zu realisieren, die seine eigene finanzielle Kraft übersteigen. Zum zweiten beraubt er sich des Vorteils der Risikodiversifikation, wenn er seinen Einkommensstrom unmittelbar an die Geschicke seines Unternehmens bindet. Zum dritten entfällt mit dem Verzicht auf Finanzbeziehungen auch die Möglichkeit, seinen Einkommensstrom aus Realinvestitionen mittels Geldanlage und Kreditaufnahme an seine Konsumwünsche anzupassen. Mit anderen Worten: Finanzielle Isolation geht mit hohen Opportunitätskosten einher, die aus dem Verzicht auf die Vorteile resultieren, die die Nutzung des Kapitalmarktes bietet.

Diese Vorteile stellt die kapitalmarktorientierte Richtung der modernen Investitions- und Finanzierungstheorie in den Mittelpunkt. Wie wir inzwischen wissen, läßt sie die Transaktionsmöglichkeiten, die der Kapitalmarkt bietet, in einem allzu einseitigen und positiven Licht erscheinen. Erst die neo-institutionalistische Richtung macht deutlich, daß den Vorteilen von Finanzbeziehungen auch Nachteile gegenüberstehen. Damit ist noch keine Aussage getroffen, ob die positiven oder die negativen Aspekte überwiegen, denn die Vorteile von Finanzbeziehungen gibt es auch in einer Welt, wie sie die neo-institutionalistische Richtung beschreibt. Schließlich beobachten wir auch in der Realität nicht allzu viele "Robinson-Unternehmer", obwohl es davon mehr gibt, als man manchmal glaubt!

Obwohl sie unbestritten sind, werden die Vorteile, die die Möglichkeiten zur Geldanlage und -aufnahme mit sich bringen, in neo-institutionalistischen Argumentationen nicht immer explizit modelliert. Die zusätzliche Komplexität, die sich hieraus ergeben würde, wird selten durch eine entsprechende Steigerung der Aussagekraft aufgewogen. Wollte man tatsächlich das Problem der Optimierung von Konsumplanung und Risikodiversifikation im Kontext einer durch Informations- und Anreizprobleme geprägten Welt berücksichtigen, müßte man das gesamte Geflecht von Finanzierungsbeziehungen, in das jeder der beteiligten Transaktionspartner eingebunden ist, gleichzeitig betrachten, denn die Voraussetzungen der Separierbarkeit sind unter den Bedingungen, die diese Argumentationen unterstellen, nicht gegeben. Eine Erfassung der "vollen Komplexität" würde die Handhabbarkeit der Modelle sprengen und Aussagen eher verwässern oder gar unmöglich machen. Deshalb werden einzelne Finanzierungsbeziehungen aus dem Beziehungsgeflecht herausgelöst und isoliert betrachtet. Da in *einzelnen* Finanzierungsbeziehungen wegen der Ausblendung der sonstigen Außenwelt Probleme von Risikodiversifikation und Konsumplanung ohnehin nicht umfassend diskutierbar sind, werden sie häufig durch die Annahmen von Risikoneutralität und einfachsten Konsumwünschen, die sich nur auf einen Zeitpunkt beziehen, gänzlich wegdefiniert.

All diese Vereinfachungen werden vorgenommen, obwohl man weiß, daß man damit "eigentlich" Fehler macht. Doch genauso, wie die kapitalmarktorientierte Sicht erst durch ihren Annahmenrahmen die Vorteile von Finanzierungsbeziehungen in so pointierter Weise betonen konnte, wird von der neo-institutionalistischen Sicht durch andersartige Vereinfachungen angestrebt, die potentiellen Gefahren herauszuarbeiten, wenn auch implizit die Vorzüge schon allein durch die Annahme mitspielen, daß Individuen überhaupt Finanzierungsbeziehungen eingehen wollen oder müssen.

Als nächsten Schritt der neo-institutionalistischen Argumentation nehmen wir nun an, der betrachtete Unternehmer wolle seine finanzielle Isolation aufgeben und einen "Partner" suchen, der ihm finanzielle Mittel gegen das Versprechen auf zukünftige Zahlungen zur Verfügung stellt. Welche Möglichkeiten bieten sich, welche Probleme stellen sich, und wie können sie beherrschbar gemacht werden?[2]

11.3 Die Fremdfinanzierung

11.3.1 Informations- und Anreizprobleme in der Gläubiger-Schuldner-Beziehung

11.3.1.1 Informationsbedarf des Kreditgebers, Kreditausfallrisiko und Glaubwürdigkeitsproblem

Der Einzelunternehmer möchte einen Kredit aufnehmen und wendet sich aus diesem Grunde an einen entfernten Bekannten, von dem er weiß, daß er schon mehrfach Geld an andere verliehen hat. Tatsächlich verfügt der Bekannte über liquide Mittel, für die er eine Anlagemöglichkeit sucht. Doch ob er die Kreditvergabe an den Unternehmer als lukrative Finanzinvestition betrachtet, hängt natürlich von der Gegenleistung ab, die er für seine Kapitalüberlassung erwarten kann.

Die für eine Kreditvergabe typische Gegenleistung besteht aus Zins- und Tilgungszahlungen. Schon bei der Kreditvergabe wird vereinbart, in welcher Höhe und zu welchem Zeitpunkt diese Zahlungen fällig sind. Sie sind also unabhängig vom Erfolg bzw. Einkommen des Kreditnehmers zu leisten, es sei denn, die dem Kreditnehmer zur Verfügung stehenden Mittel reichen nicht aus, um den aus der Kreditaufnahme erwachsenden Verpflichtungen nachzukommen. In diesem Fall hat der Gläubiger zwar immer noch einen Rechtsanspruch auf die Erfüllung seiner Forderungen; doch dieser Rechtsanspruch

2 Die folgenden Ausführungen bauen nicht nur inhaltlich auf denen im 2. Kapitel auf, sie sind auch so konzipiert, daß sie das 2. Kapitel ergänzen und Wiederholungen möglichst vermieden werden. Es empfiehlt sich, erst noch einmal den Abschnitt 2.3.2 zu rekapitulieren.

nützt im Falle der Zahlungsunfähigkeit des Kreditnehmers wenig. Der Kreditgeber muß sich mit dem begnügen, was vorhanden ist. Die **Kreditvergabe** ist demnach durch eine **Regel zur Teilung** von (Wahrscheinlichkeitsverteilungen von unsicheren) Investitionszahlungsströmen charakterisiert, die man als asymmetrisch oder **gestutzt** bezeichnet: Die Zahlungen an den Kreditgeber sind nur dann direkt an den Investitionserfolg gekoppelt, wenn die Einzahlungen aus der Investition und aus der Verwertung des sonstigen Schuldnervermögens die Gläubigerforderungen unterschreiten. Wirft die Investition dagegen *mehr* als die Forderung des Gläubigers ab, partizipiert dieser an dem Mehrerfolg *nicht*.

Aus diesem spezifischen Merkmal eines Fremdfinanzierungszahlungsstroms erwachsen auch spezifische Informationsbedürfnisse eines potentiellen Kreditgebers, die er im Rahmen der Kreditwürdigkeitsprüfung zu befriedigen sucht. Ihn interessiert nämlich nicht die Ausprägung des gesamten Zahlungsstroms, aus dem seine Forderungen zu befriedigen sind, sondern nur das **Kreditausfallrisiko**. Er will wissen, mit welcher Wahrscheinlichkeit Zahlungen in welcher Höhe ausbleiben könnten.[3] Erst das Wissen um das Kreditausfallrisiko ermöglicht dem Gläubiger die Berechnung, welche Verzinsung seines eingesetzten Kapitals er erwarten kann, denn sobald ein Kreditausfallrisiko vorhanden ist, ist der Fremdfinanzierungszahlungsstrom unsicher und die *erwartete* Verzinsung des Kredites bleibt hinter der *vereinbarten* Verzinsung zurück.

Das Kreditausfallrisiko als solches ist für die Kreditvergabe kein Hindernis, denn wie aus der neoklassischen Finanzierungstheorie hinreichend bekannt ist, sind sogar risikoscheue Financiers bei unsicheren Erfolgsaussichten zur Kapitalüberlassung bereit, wenn sie eine dem Risiko angemessene Verzinsung erwarten können. Ein Kreditgeber könnte also eine Risikoprämie in den vereinbarten Zins einkalkulieren, um sich sein Kreditausfallrisiko abgelten zu lassen. Einen **Risikoaufschlag** auf den (sicheren) Zins muß selbst ein risikoneutraler Kreditgeber vornehmen, um die positive Wahrscheinlichkeit für den Forderungsausfall durch Erhöhung seiner Forderungen im Falle der ordnungsgemäßen Bedienung auszugleichen und dadurch für eine Anpassung der *erwarteten* Verzinsung der unsicheren Kreditvergabe an den Zins für sichere Ausleihungen zu sorgen.

Nehmen wir an, der Kreditgeber verhalte sich so, als sei er risikoneutral, z.B. weil er das Risiko aus einer einzelnen Kreditvergabe diversifizieren kann, und er wäre zu einer Kapitalüberlassung bei einer erwarteten Verzinsung von 10% pro Periode bereit, so würde er für einen Kredit in Höhe von 100 Geldeinheiten, der nach einer Periode rückzahlbar ist, nur dann eine Verzinsung von 10% vereinbaren, wenn den Zahlungsverpflichtungen auch mit Sicherheit nachgekommen wird. Erwartet der Kreditgeber dagegen, daß der Kredit-

3 Man beachte, daß sich der Begriff des Kreditausfallrisikos nicht an die ökonomische, sondern eher an die umgangssprachliche Bedeutung von Risiko anlehnt, da er nur auf das negative Ereignis abstellt, daß die tatsächlichen Zahlungen an den Gläubiger hinter den vereinbarten zurückbleiben.

nehmer mit einer Wahrscheinlichkeit von 1% nur über einen Betrag von 50 verfügt, den er an den Kreditgeber abführen kann, so müßte er eine Verzinsung von 10,61% vereinbaren, um aus der Kreditvergabe eine Verzinsung von 10% erwarten zu können: Bei ordnungsgemäßer Bedienung des Kredites, die mit 99%iger Wahrscheinlichkeit erfolgt, erhält er dann 110,61; mit der Restwahrscheinlichkeit von 1% erhält er dagegen nur 50, so daß der Erwartungswert der Zahlungen 110 beträgt.

Die Kalkulation des Risikoaufschlags, um den der vereinbarte Zins angehoben werden muß, um eine angemessene erwartete Verzinsung zu erhalten, setzt allerdings voraus, daß der Kreditgeber das Ausfallrisiko kennt.[4] Dies ist jedoch in aller Regel nicht der Fall. Vielmehr benötigt der Kreditgeber zur Einschätzung des Kreditausfallrisikos Informationen, die ihm vor allem der Kreditnehmer liefern könnte, denn er kennt die Erfolgsaussichten seines Unternehmens bzw. seine zukünftigen Aussichten, Einkommen zu erzielen, besser als ein potentieller Kreditgeber. Doch der Kreditnehmer hat kein echtes Interesse daran, Informationen preiszugeben, die ein negatives Licht auf seine zukünftige Fähigkeit, einen Kredit zu bedienen, werfen könnten. Vielmehr muß der Kreditgeber sogar damit rechnen, daß ein Kreditnehmer auch dann, wenn dies nicht der Wahrheit entspricht, bemüht sein wird, seine zukünftige Zahlungsfähigkeit in einem besonders rosigen Licht erscheinen zu lassen. Schließlich treibt jede Information, die ein höheres Ausfallrisiko nahelegt, auch die Zinsforderung in die Höhe. Aus diesem Anreiz zur Fehlinformation entsteht ein **Glaubwürdigkeitsproblem**: Unmittelbar verläßlich sind nur schlechte Nachrichten. Jeder Information dagegen, die auf ein niedriges Kreditausfallrisiko schließen läßt, muß der Kreditgeber mißtrauen, solange sie nur vom Kreditnehmer stammt, nicht aber durch den Kreditgeber selbst oder neutrale Dritte überprüfbar ist.

Die Auswirkungen dieses Problems der mangelnden Glaubwürdigkeit sind weitreichend, wenn man bedenkt, worüber ein Gläubiger Informationen benötigt, um sich ein Bild vom Kreditausfallrisiko zu machen. Er muß sich nicht nur darüber informieren, wie sich das Kreditausfallrisiko angesichts der derzeit verfügbaren Informationen über die Zahlungsfähigkeit des Kreditnehmers darstellt, sondern er müßte auch Informationen darüber sammeln, wie der Kreditnehmer in Zukunft, also nach einer Kreditvergabe, zu handeln beabsichtigt. Denn der zukünftige Zahlungsstrom, an dem der Gläubiger durch seine Kreditvergabe zu partizipieren beabsichtigt, ist in seinen Merkmalen nicht unveränderbar gegeben, sondern kann durch zukünftige Investitions-, Finanzierungs- und Konsumentscheidungen des Kreditnehmers beeinflußt werden. Und über seine zukünftigen Handlungsmöglichkeiten und -absichten ist niemand besser informiert als der Kreditnehmer selbst, dessen Informationen eben gerade nicht glaubwürdig sind.

4 In dem Beispiel ist zudem eine Kreditlaufzeit von einer Periode vorausgesetzt.

11.3.1.2 "Moral hazard" in der Gläubiger-Schuldner-Beziehung

Das Verhalten eines Kreditnehmers nach Kreditvergabe hat Einfluß auf das Kreditausfallrisiko des Gläubigers. Damit weist eine Fremdfinanzierung die Merkmale einer **Agency-Beziehung** auf. Eine Agency-Beziehung ist dadurch charakterisiert, daß die Konsequenzen der Entscheidungen oder Handlungen eines Wirtschaftssubjekts nicht nur es selbst betreffen, sondern auch den Nutzen eines anderen Wirtschaftssubjekts beeinflussen. Dadurch nimmt das handelnde Wirtschaftssubjekt, in unserem Fall also der Kreditnehmer, die Stellung eines Agenten ein, der (auch) im Namen und - wenn nicht juristisch, dann doch ökonomisch - "auf Rechnung" seines Prinzipals, des Gläubigers, handelt.

Obwohl die Beziehung zwischen Prinzipal und Agent an die Beziehung zwischen einem Auftraggeber und einem Auftragnehmer erinnert und von einigen Autoren tatsächlich als eine solche bezeichnet wird, kommt eine Agency-Beziehung nicht nur durch einen expliziten Auftrag eines Prinzipals an den Agenten zustande, sondern im Extremfall kann jemand sogar unfreiwillig in die Rolle eines Prinzipals geraten, z.B. dann, wenn er oder sie in der Nacht durch laute Musik des Nachbarn aus dem Schlaf geweckt wird und diese Belästigung so schnell wie möglich zu beenden trachtet. Mit anderen Worten: Eine Agency-Beziehung entsteht immer dann, wenn eine handelnde Person durch ihre Handlungen einen externen Effekt auf eine andere ausüben kann, denn dadurch nimmt letztere - freiwillig oder unfreiwillig - die Rolle eines Prinzipals ein, der ein Interesse daran hat, das Verhalten seines Agenten auch in eigenem Sinne zu steuern.[5]

Im Falle der Gläubiger-Schuldner-Beziehung begibt sich der Gläubiger durch die Kreditvergabe zwar freiwillig in eine Abhängigkeit von den Handlungen des Schuldners. Dennoch wäre es überzogen, hier von einer Auftraggeber-Auftragnehmer-Beziehung im rechtlichen Sinne zu sprechen. Denn es ist für eine Kreditvergabe gerade nicht charakteristisch, daß der Kreditgeber Weisungsbefugnisse gegenüber dem Kreditnehmer besitzt. Ein Fremdkapitalgeber erwirbt im Gegensatz zu einem Eigenkapitalgeber erfolgsunabhängige Zahlungsansprüche, erhält dafür aber auch keine Mitspracherechte, die ihm einen direkten Einfluß auf die Geschäftsführung eines kreditnehmenden Unternehmens gestatten. Die Folge davon ist, daß ein Kreditnehmer durch seine Investitions-, Finanzierungs- und Konsumentscheidungen, die er nach erfolgter Kreditvergabe trifft, nicht nur den eigenen Einkommensstrom, sondern auch die an den Gläubiger fließenden Zahlungen beeinflussen kann. Und ein nutzenmaximierender Kreditnehmer wird diese Entscheidungen zum eigenen Vorteil treffen, auch wenn er den erwarteten Nutzen des Gläubigers

---

5 Eine extrem enge, an juristischen Kategorien ausgerichtete Kennzeichnung des (ökonomischen) Agency-Problems findet man u.a. bei *Schanze* [Contract], eine extrem weite hingegen bei *Pratt/Zeckhauser* [Principals]. Eine mittlere Position vertreten und erläutern *Jensen/Meckling* [Theory], S. 308f.

hierdurch schmälert. Dieser Anreiz zu "moral hazard" macht das Kernproblem einer Agency-Beziehung aus, das zwischen Gläubiger und Schuldner aufgrund der spezifischen Charakteristika eines Fremdfinanzierungsvertrages auch seine spezifischen Ausprägungen findet.

Betrachten wir zunächst, wie die **Investitionsentscheidungen** eines Kreditnehmers dadurch beeinflußt werden könnten, daß er eine Fremdfinanzierungsbeziehung eingegangen ist. Da ein Gläubiger asymmetrisch an dem Zahlungsstrom eines Unternehmens partizipiert, fließen alle Einzahlungen, die die Zahlungsansprüche des Gläubigers übersteigen, dem Kreditnehmer zu. Der Kreditnehmer wird die Vorteilhaftigkeit von Investitionen demnach an den Auswirkungen messen, die sie auf diesen ihm zustehenden Anteil des Investitionszahlungsstroms haben. Wie die Investitionsentscheidungen, die seinen Nutzen maximieren, die Zahlungserwartungen des Gläubigers verändern, interessiert einen nutzenmaximierenden Investor dagegen erst in zweiter Linie, bzw. es ist ihm solange gleichgültig, wie er *nicht* damit rechnen muß, daß seine Gläubiger die Gefahr einer Übervorteilung antizipieren und sich zu schützen versuchen.

Das Interesse eines Kreditnehmers richtet sich aufgrund der spezifischen Ausgestaltung von Gläubigeransprüchen auf die Erhöhung der Einzahlungs*spitzen*, d.h. der Zahlungen, die über die den Gläubigern zustehenden Zahlungen hinausgehen und deshalb dem Kreditnehmer zufließen. Gegenüber Mindereinzahlungen, die ohnehin nur den Gläubiger treffen, ist der Kreditnehmer dagegen indifferent. Dies aber heißt: Es besteht für den Kreditnehmer ein Anreiz, das **Risiko des Investitionszahlungsstroms zu erhöhen,** wobei Risiko jetzt wiederum in der ökonomischen Bedeutung von positiven und negativen Schwankungen um einen Erwartungswert zu verstehen ist. Die für eine Fremdfinanzierung charakteristische Teilungsregel bewirkt, daß ein Investor seinen Nutzen *nach* erfolgter Kreditvergabe durch einen Wechsel zu einer riskanteren Investitionspolitik erhöhen könnte. Und dieser **Anreiz zu erhöhtem Risiko**[6] besteht sogar dann, wenn die riskantere Investition einer weniger riskanten klar unterlegen ist.

Ein Zahlenbeispiel soll dies illustrieren. Dazu bilden wir ein Zwei-Zeitpunkt-Modell. Ein Unternehmer verfüge über zwei sich gegenseitig ausschließende Investitionsmöglichkeiten. Die eine Investition ist bei einer Anschaffungsauszahlung von 100 in t_0 mit *sicheren* Einzahlungen in Höhe von 120 in t_1 verbunden. Die zweite Investitionsmöglichkeit sei riskant. Bei einer Anschaffungsauszahlung von ebenfalls 100 läßt sie in t_1 entweder eine Einzahlung von 200 oder aber den Verlust des gesamten eingesetzten Kapitals erwarten. Beide Umweltentwicklungen seien mit 50% gleich wahrscheinlich. Der Erwartungswert der Einzahlungen aus der riskanten Investition beträgt somit 100, so daß die erwartete Verzinsung des eingesetzten Kapitals gleich null ist und damit unter der - noch dazu sicheren - Verzinsung der ersten Investition liegt. Ein Kreditgeber müßte bei

6 Dieses Anreizproblem wird ausführlich diskutiert von *Jensen/Meckling* [Theory], S. 334-337.

dieser sicheren Investition, die allein vorteilhaft zu sein scheint, bereit sein, bis zu 100% der Anschaffungsauszahlung zu finanzieren, solange der für die Kapitalüberlassung zu fordernde Zins 20% nicht überschreitet. Nehmen wir an, Fremdkapital sei bei sicherer Rückzahlung und Verzinsung zu einem Zinssatz von 10% zu bekommen. Die Forderungen eines Fremdkapitalgebers, der 100% des Investitionsvolumens finanziert, müßten sich dann in t_1 auf 110 Geldeinheiten belaufen.

	Finanzierung	p	Einzahlung	Gläubiger	Kreditnehmer
IO 1	Kredit 100	1	120	110	10
IO 2	Kredit 100	0,5	200	110	90
		0,5	0	0	0
	Erwartungswerte:		100	55	45

Der Eindruck, die Durchführung der sicheren Investition sei die einzig vorteilhafte Investitionsentscheidung, trügt jedoch. Die Betrachtung der Zahlungen, die dem Kreditnehmer und dem Gläubiger jeweils zufließen, wenn der Kredit tatsächlich zu den oben genannten Konditionen gewährt wird, belehrt eines besseren: Kaum wäre ein Gläubiger, der sich in Sicherheit wähnt, auf eine 100%ige Fremdfinanzierung zu 10% eingegangen, würde für den Kreditnehmer die Durchführung der riskanten Investition attraktiv. Schließlich erhielte er bei erfolgreichem Verlauf der Investition ein Einkommen von 200 - 110 = 90, während er bei der Wahl der sicheren Investition lediglich 10 verdienen würde. Auf diese 10 muß er zwar bei Mißerfolg der riskanten Investition verzichten, die Hauptlast des Mißerfolgs trüge jedoch der Gläubiger, der statt der versprochenen 110 mit einer Wahrscheinlichkeit von 50% nichts erhalten würde. Nur ein extrem risikoscheuer Investor würde die sicheren 10 einem riskanten Einkommensprofil vorziehen, das ihn mit einer Wahrscheinlichkeit von 50% 90 Geldeinheiten verdienen läßt.

Ein Gläubiger, der von der Existenz der riskanten Investitionsmöglichkeit weiß, muß die Gefahr einer Verhaltensänderung des Kreditnehmers in sein Kalkül einbeziehen. Durch eine Risikoprämie im vereinbarten Zins läßt sich das erhöhte Ausfallrisiko jedoch nicht abgelten. Selbst wenn der Gläubiger seine Zinsforderung auf einen Zinssatz von 100% anheben würde, so daß ihm die gesamten Einzahlungen aus dem riskanten Investitionsobjekt von 200 zustehen würden, läge die erwartete Verzinsung der Kreditvergabe immer noch bei lediglich 0%.

Schützen könnte sich der Gläubiger lediglich dadurch, daß er auf die Kreditvergabe verzichtet oder zumindest den Fremdfinanzierungsbetrag soweit senkt, daß der Investor, der dann auch eigene Mittel einsetzen muß, aus Eigeninteresse von der Durchführung der riskanten Investition absieht.

Stellt der Gläubiger nur 36,36 Geldeinheiten für die Finanzierung der sicheren Investition zur Verfügung, so daß sich seine Forderungen in t_1 auf $1{,}1 \cdot 36{,}36 = 40$ belaufen, stehen dem Investor für eine Investition von eigenen Mitteln in Höhe von 100 - 36,36 = 63,64 nach einer Periode sichere Einzahlungen von 80 zu. Bei einem Wechsel auf die riskante Investition betrüge sein Erwartungswert, da er mit 50%iger Wahrscheinlichkeit Einzahlungen von 160 und mit der Gegenwahrscheinlichkeit nichts bekommt, ebenfalls 80. Bei Risikoneutralität wäre er zwischen beiden Alternativen indifferent, und bei Risikoscheu würde er die sichere Investition vorziehen. Durch eine **Beschränkung des Kreditbetrages** kann der Gläubiger somit auf das Verhalten des Kreditnehmers, seines "Agenten", Einfluß nehmen und ihn von einem Wechsel auf die riskante, unvorteilhafte Investition abhalten.

	Finanzierung		p	Einzahlung	Gläubiger	Kreditnehmer
IO 1	FK 36,36	EK 63,64	1	120	40	80
IO 2	FK 36,36	EK 63,64	0,5	200	40	160
			0,5	0	0	0
	Erwartungswerte:			100	20	80

Unser illustrierendes Beispiel für den Anreiz, zu Lasten von Gläubigern eine weniger riskante Alternative durch eine riskantere zu ersetzen (**"asset substitution"-Problem**), zeigt gleichzeitig auf, daß es für den Schuldner vorteilhaft sein kann, Investitionen durchzuführen, die aus gesamtwirtschaftlicher Sicht, hier also aus der Sicht beider Partner, unvorteilhaft sind. Aufgrund der Anreizprobleme zwischen Gläubigern und Schuldnern existiert potentiell ein **Überinvestitionsproblem**.

Die Fremdfinanzierung hat noch weitere unerwünschte Anreizeffekte auf das Investitionsverhalten eines Kreditnehmers, die im Grunde nur die Kehrseite des Anreizes zu riskanterem Investitionsverhalten zu Lasten eines Gläubigers sind. Ein Kreditnehmer würde möglicherweise auch Investitionen, die eindeutig vorteilhaft wären, unterlassen.

Auch dieses **Unterinvestitionsproblem**[7] sei kurz erläutert: Ein Unternehmen sei in eine Krise geraten, die Forderungen seiner Gläubiger seien vom Ausfall bedroht. Für einen äußerst geringen Investitionsbetrag könnte der verschuldete Unternehmer sicherstellen, daß die Gläubiger zumindest einen Teil ihres Geldes zurückerhielten. Allerdings ließe diese Investition keinesfalls erwarten, daß die Gesamtheit der Auszahlungen aus allen Investitionen der Unternehmung die Gläubigerforderungen überstiegen und damit dem Unternehmer selbst zufielen. Der Unternehmer hat in diesem Fall keinen Anreiz, diese Investition durchzuführen, obwohl er sie, wenn er nicht verschuldet wäre, als vorteilhaft beurteilt hätte. Vorteilhafte Investitionen, die die Riskanz vermindern, könnten unterlassen werden, weil ihre Einzahlungen vor allem den Wert der Gläubigerposition erhöhen, während die Investitionsauszahlung zu Lasten des Kreditnehmers geht.

Bisher wurden die "moral hazard"-Risiken im Investitionsverhalten des Schuldners diskutiert. Doch - wie angesichts der Interdependenz von Investitions-, Finanzierungs- und Konsumentscheidungen aus neo-institutionalistischer Sicht schon zu vermuten ist - birgt die Fremdfinanzierung gleichermaßen Fehlanreize im **Finanzierungs- und Konsumverhalten**.

Bezüglich des Konsumverhaltens ist dies unmittelbar einleuchtend. Jede Entnahme aus dem Unternehmen, die zu Konsumzwecken verwendet wird,[8] entzieht dem Gläubiger Zahlungen, auf die er zur Befriedigung seiner Forderungen zurückgreifen könnte. Gehen Entnahmen des Investors nicht nur zu Lasten der eigenen zukünftigen Einkommenserwartungen, sondern erhöhen auch (oder sogar nur) das Ausfallrisiko des Gläubigers, kommt dies einer Entnahme auf Kosten der Gläubiger gleich. Der Konsum des Investors *heute* wird zum Teil durch zukünftigen Konsumverzicht der Gläubiger finanziert; und dies macht den sofortigen Konsum - zumindest in den Augen eines Kreditnehmers - *billiger*. Er hat einen Anreiz, seinen Konsum über das Maß hinaus zu erhöhen, das ohne die Möglichkeit einer Schädigung der Gläubiger optimal gewesen wäre. **Erhöhte Entnahmen zu Konsumzwecken**[9] vermindern natürlich gleichzeitig die im Unternehmen gebundenen Mittel; das Eigenkapital vermindert sich, der Verschuldungsgrad wird erhöht. Die Brücke von der Konsumentnahme zur Finanzierungspolitik wäre geschlagen.

Der **Verschuldungsgrad** eines Unternehmens läßt sich nicht nur durch Entnahmen bzw. Ausschüttungen erhöhen, sondern auch durch die Aufnahme weiterer Kredite, die zur Finanzierung neuer Investitionen oder sogar zur Ersetzung von Eigenkapital, d.h. zur

7 Vgl. *Myers* [Determinants].

8 Die Argumentation gilt analog für Entnahmen bzw. Ausschüttungen aus haftungsbeschränkten Unternehmen, und zwar unabhängig davon, ob diese Ausschüttungen für den Konsum verwendet werden oder in der Privatsphäre der Unternehmenseigner neu investiert werden. Die Entnahmen sind in jedem Fall dem Zugriff der Gläubiger entzogen.

9 Vgl. *Black* [Dividend] sowie *Smith/Warner* [Contracting], die auf S. 118f. einen knappen Überblick über die Anreizprobleme in Fremdfinanzierungsbeziehungen geben.

Finanzierung von Entnahmen, dienen. Die These von der Irrelevanz des Verschuldungsgrades, die unter den idealisierenden Annahmen der kapitalmarktorientierten Finanzierungstheorie gilt, ist im neo-institutionalistischen Argumentationsmuster aufgehoben:

> Von einer Verschuldung geht nicht nur ein Einfluß auf die Investitionspolitik und die Konsumentnahmen aus, sondern Verschuldung zieht den Anreiz zu weiterer Verschuldung nach sich.

Um dies zu demonstrieren, greifen wir wiederum auf ein Zahlenbeispiel zurück. Ein Investor verfüge über eine Investitionsmöglichkeit, die bei einer Anschaffungsauszahlung in t_0 von 100 in t_1 unsichere Einzahlungen erwarten läßt, die mit einer Wahrscheinlichkeit von 20% 70 und mit der Gegenwahrscheinlichkeit von 80% 150 betragen. Die Hälfte der Anschaffungsauszahlung sei fremdfinanziert. Der Gläubiger habe, da er die Erfüllung seiner Forderung als sicher betrachtete, eine Zinsforderung von 10% erhoben. Das Zahlungsprofil sieht also wie folgt aus:

	Finanzierung		p	Einzahlung	Gläubiger	Kreditnehmer
	FK	EK	0,8	150	55	96
IO	50	50				
			0,2	70	55	15

Der Kreditnehmer beschließe nun, sich zwecks Finanzierung der zweiten Hälfte der Anschaffungsauszahlung an einen weiteren Gläubiger zu wenden, um sein eigenes Geld zu konsumieren oder - dem Zugriff der Gläubiger entzogen - anderweitig anzulegen. Der neue, zweite Gläubiger sei risikoneutral und fordere - wie der erste Gläubiger - eine erwartete Verzinsung von 10%. Als zweiter Gläubiger überblicke er, daß der Unternehmer bereits verschuldet ist und daß die Einzahlungen aus dem Investitionsobjekt mit einer Wahrscheinlichkeit von 20% nicht ausreichen werden, um die Forderungen beider Gläubiger voll zu befriedigen. Im Fall der Zahlungsunfähigkeit des Kreditnehmers werden - so sieht es zumindest das deutsche Konkursrecht für Gläubiger gleichen Ranges vor - beide Gläubiger gleichmäßig im Verhältnis ihrer ausstehenden Forderungen befriedigt. Unter Berücksichtigung dieser für den Insolvenzfall geltenden Teilungsregel könnte nun der zweite Gläubiger seine Zinsforderungen so ausrichten, daß er trotz seines Ausfallrisikos eine Verzinsung von 10% erwarten kann. Der zu vereinbarende Zinssatz, der dies sicherstellt, beträgt in unserem Beispiel 19,29%. Bei ordnungsgemäßer Befriedigung erhält der zweite Gläubiger für sein eingesetztes Kapital von 50 dann Rückzahlungen in Höhe von 59,65. Im Falle des Konkurses würden die Ansprüche beider Gläubiger lediglich zu gut 61% befriedigt, so daß der zweite Gläubiger statt der vereinbarten Zahlung von 59,65 nur 36,42 Geldeinheiten erwarten kann. Der Erwartungswert seiner Einzahlung beträgt damit $0{,}8 \cdot 59{,}65 + 0{,}2 \cdot 36{,}42 = 55$, und die *erwartete* Verzinsung für ihn gleicht der verlangten Verzinsung von 10%.

	Finanzierung		p	Einzahlung	Gläubiger 1	Gläubiger 2	Kreditnehmer
IO	FK_1 50	FK_2 50	0,8	150	55	55	40
			0,2	70	33,58	36,42	0

Für den zweiten Gläubiger wäre die Verschuldungspolitik des Unternehmens also durchaus akzeptabel. Das Nachsehen hat allerdings der erste Gläubiger. Statt einer sicheren Forderung hält er auf einmal einen Anspruch, der mit Ausfallrisiken behaftet ist, ohne daß er seine vereinbarten Zinsforderungen hieran anpassen könnte. Dadurch sinkt die erwartete Verzinsung seines Kredites auf lediglich 1,44% gegenüber den ursprünglich eingeplanten 10%. Den Vorteil aus dieser sogenannten Verwässerung des Anspruchs des Altgläubigers hat der Kreditnehmer, denn für ihn sind seine Fremdkapitalkosten dadurch gesunken, daß er den zweiten Gläubiger teilweise mit Hilfe von etwas "bezahlt", auf das eigentlich schon ein anderer Gläubiger Anspruch hatte.

Schutz gegen eine solche **Forderungsverwässerung** durch Aufnahme weiterer Gläubiger mit gleichrangigen Ansprüchen könnten Altgläubiger wiederum dadurch erlangen, daß sie sich von vorneherein auf die neue Verschuldungspolitik des Unternehmers einstellen und ein Ausfallrisiko einkalkulieren. Der Unternehmer würde so quasi zu einer Erhöhung des Verschuldungsgrades gezwungen, denn er würde sich selber schaden, wenn er auf die hohen, ein Ausfallrisiko einkalkulierenden Forderungen des Erstgläubigers nicht durch die Herbeiführung eines höheren Ausfallrisikos reagieren würde.

11.3.2 Die neuen Rollen von vereinbartem Zins, Kreditvolumen und Fristigkeit

11.3.2.1 Die beeinträchtigte Steuerungsfunktion des vereinbarten Zinses

In der kapitalmarktorientierten Sicht werden Finanzierungsformen lediglich als Regeln zur Teilung von *gegebenen* Investitionszahlungsströmen angesehen, deren Merkmale dem Kapitalnehmer und allen potentiellen Kapitalgebern gleichermaßen bekannt sind. Alle Überlegungen konzentrierten sich auf die Ermittlung der Finanzierungskosten als

Internen Zinsfuß von Finanzierungszahlungsreihen. Für die Fremdfinanzierung erscheint dies besonders einfach, denn schließlich sind die Zahlungsansprüche eines Fremdkapitalgebers durch die Vereinbarung von Kreditvolumen und Zins erfolgsunabhängig vorgegeben. Überlegungen zur Unsicherheit von Fremdfinanzierungszahlungsreihen durch Ausfallrisiken werden kaum angestellt, da dieses Problem gegenüber der Unsicherheit von Eigenkapitalgeberansprüchen in den Hintergrund tritt. Mit vernachlässigbarem Ausfallrisiko gibt der vereinbarte Zins bereits unmittelbar die Finanzierungskosten der Fremdfinanzierung an. Lediglich bei komplexerer Preisgestaltung von Kreditgebern durch Disagios, Gebühren oder Ratenzahlung ist noch der Interne Zinsfuß der Fremdfinanzierungszahlungsreihe als Kostensatz zu ermitteln. Doch dabei handelt es sich um ein reines Rechenproblem. Und sollte tatsächlich einmal eine Unsicherheit in der Rückzahlung von Krediten gegeben sein, wirft dies keine neuen Probleme auf, denn die Unsicherheit von Fremdfinanzierungszahlungsreihen ist aus kapitalmarktorientierter Sicht prinzipiell auf die gleiche Art zu behandeln wie das Risiko von Eignerpositionen.

Die Analyse von Informations- und Anreizproblemen in Fremdfinanzierungsbeziehungen lehrt jedoch, daß das Problem des Kreditausfallrisikos zu Unrecht vernachlässigt wurde. Ohne Kenntnis des Kreditausfallrisikos bleibt der vereinbarte Zinssatz ohne Aussagekraft für die Kalkulation der Verzinsung der Fremdfinanzierungszahlungsreihe und damit die Finanzierungskosten. Und Kenntnisse über das Ausfallrisiko sind für den Kreditgeber nicht zuletzt deshalb schwer zu erlangen, weil er dafür Informationen über das zukünftige Verhalten des Kreditnehmers benötigt. Von der Fremdfinanzierung gehen ganz eigene Anreize auf dessen Verhalten aus. Es entsteht eine Tendenz zur Erhöhung der Riskanz des Investitionszahlungsstroms, aus dem sich ein Gläubiger zu befriedigen sucht, und eine Tendenz zur Erhöhung von Entnahmen und Verschuldungsgrad, die das Ausfallrisiko ebenfalls erhöhen. Damit sind auch die Investitionszahlungsströme - und das Kriterium dafür, welche Investitionen vorteilhaft sind, - nicht gegeben, wie es die kapitalmarktorientierte Sicht unterstellt, sondern sie ändern sich mit der gewählten Finanzierung.

> Der im Rahmen einer Kreditvergabe *vereinbarte* Zins verliert damit weitgehend seine Rolle als Determinante der Finanzierungskosten. Denn wenn ein Kapitalnehmer das Ausfallrisiko eines Gläubigers durch sein Verhalten nach Kreditvergabe erhöhen kann, so vermindert er damit gleichzeitig die Finanzierungskosten.

Hätte ein Kreditgeber keinerlei Möglichkeiten, diesem Verhalten des Kreditnehmers, das zu einer Verminderung der Finanzierungskosten führt, Einhalt zu gebieten, so wäre in der Realität kaum eine Kreditvergabe zu beobachten. Schließlich müßte ein völlig schutzloser Kapitalgeber mit der extremsten Ausprägung von "moral hazard" rechnen, dem sogenannten "take the money and run"[10]. Wäre dies möglich, würden es viele Kreditnehmer, die nicht allzu stark von moralischen Skrupeln gepeinigt sind, sicher gern tun und gerade wegen dieser Möglichkeit um so nachhaltiger Kredit "nachfragen". Ein nicht zurückgezahlter Kredit hat einen Finanzierungskostensatz von -100%. Der vereinbarte Zins bliebe bei diesem Extremfall von "moral hazard" völlig ohne Auswirkungen darauf, ob der Unternehmer Kredit nachfragt. Der vereinbarte Zins für die Fremdkapitalüberlassung hätte damit zugleich jegliche Steuerungsfunktion für die Investitionen eingebüßt; die einzige Schutzmöglichkeit potentieller Kapitalgeber bestünde darin, sich niemals auf eine Kreditvergabe einzulassen.

Auch wenn sich dieses Problem weniger kraß stellt, sofern eine positive Wahrscheinlichkeit für eine ordnungsgemäße Bedienung des Kredits verbleibt, ist die Steuerungsfunktion des vereinbarten Zinses für die Kapitalallokation gegenüber dem Fall, den die kapitalmarktorientierte Richtung ausschließlich betrachtet, in Frage zu stellen. Jede Anhebung des vereinbarten Zinses zieht nämlich zwei Effekte nach sich: Zum einen steigen zwar die Zahlungen an den Gläubiger im Fall der ordnungsgemäßen Bedienung des Kredites, und dies erhöht sowohl die Kapitalkosten der Unternehmung als auch die Bereitschaft von Kapitalgebern zur Kreditvergabe, zum anderen steigt jedoch mit steigenden Gläubigerforderungen auch die Wahrscheinlichkeit dafür, daß insbesondere solche Schuldner auf das Angebot eingehen, die ein für den Gläubiger aufgrund asymmetrischer Informationsverteilung nicht erkennbares hohes Ausfallrisiko darstellen[11] - sei es, weil diese Schuldner von vorneherein über besonders riskante Investitionsvorhaben verfügen ("adverse selection"), oder sei es, weil steigende Zinsforderungen den Anreiz des Schuldners zur Verwässerung der Gläubigerposition nach Kreditvergabe ("moral hazard") verstärken.

Welcher der beiden Effekte überwiegt, ist ohne Kenntnis der Sachlage nicht zu beurteilen. Es hängt nicht zuletzt davon ab, welche Kreditsumme ein Kreditgeber zu überlassen erwägt. Denn genauso wie dem vereinbarten Zins wird aus neo-institutionalistischer Sicht auch dem Kreditvolumen eine neue Rolle zugewiesen:

> Die Steuerungsfunktion, die der vereinbarte Zins einbüßt, kann teilweise durch die Steuerungsvariable "Kreditvolumen" ausgeglichen werden.

10 Vgl. *Jaffee/Russell* [Rationing].

11 Vgl. *Stiglitz/Weiss* [Rationing].

11.3.2.2 Das Kreditvolumen als Steuerungsinstrument

Gemäß der kapitalmarktorientierten Sicht ist das Kreditvolumen lediglich die Mengenvariable, mit deren Festlegung sich Fremdkapitalanbieter und -nachfrager an das herrschende Preis- bzw. Zinsniveau anpassen können. Aus neo-institutionalistischer Perspektive determiniert das Kreditvolumen dagegen nicht nur die Menge des überlassenen Kapitals, sondern es wird - zusammen mit dem *vereinbarten* Zins - zu einer wesentlichen Determinante des wirklichen Preises einer Kapitalüberlassung.

Die neue Rolle des Kreditvolumens als Preisdeterminante leuchtet unmittelbar ein, wenn man bedenkt, daß es den Haupteinflußfaktor für die Zahlungsverpflichtung darstellt, die ein Schuldner eingeht. Es wurde bereits deutlich: Je höher die Zahlungsverpflichtungen eines Schuldners sind, desto gravierender ist unter sonst gleichen Umständen sein Anreiz, sich diesen Verpflichtungen zu entziehen. Dieser Anreiz zur Nicht-Rückzahlung wirkt gleichermaßen, unabhängig davon, ob die Zahlungsverpflichtungen durch hohe Zinsen oder ob sie durch eine Ausdehnung des Kreditvolumens in die Höhe getrieben werden.

Ein Gläubiger, der sich dieses Anreizeffektes bewußt ist, wird ihn in seinem Sinne zu nutzen wissen: Er wird die Menge des vergebenen Kredits als Variable zur Steuerung des Verhaltens von Kreditnachfragern einsetzen. Dazu muß ihm nicht einmal die individuelle Rückzahlungsfähigkeit *jedes einzelnen* potentiellen Kreditnehmers bekannt sein. Es genügt dem Gläubiger zu wissen, daß niedrigere Kreditvolumina weniger Anlaß zu einer Negativauslese im Pool potentieller Nachfrager und weniger Anreiz zu "moral hazard" nach erfolgter Kreditvergabe geben.

Die in den vorhergehenden Abschnitten präsentierten Zahlenbeispiele belegen diese disziplinierende Wirkung einer Verminderung des Kreditvolumens. Sie ist der Schlüssel zum Verständnis der neuen Rolle der Kreditmenge als Steuerungsvariable. Denn ein *gegebenes* und dem Gläubiger bekanntes Ausfallrisiko kann unabhängig von der Kreditmenge durch eine entsprechend hohe Festlegung der vereinbarten Verzinsung abgegolten werden, solange das Investitionsvorhaben überhaupt vorteilhaft ist, d.h. seine erwartete Rendite die Verzinsungsforderungen der Kapitalgeber übersteigt. Dies gilt jedoch nicht mehr, wenn sich ein Gläubiger einem unbekannten und/oder einem durch das Verhalten der Kreditnehmer veränderbaren Ausfallrisiko gegenübersieht. Hier kann eine Verminderung des Kreditvolumens das einer Anpassung des vereinbarten Zinses überlegene Angebotsverhalten darstellen.

Diese neuen Einsichten, die die neo-institutionalistische Sicht bezüglich der Rolle des Kreditvolumens im Rahmen von Fremdfinanzierungsvereinbarungen eröffnet, bieten eine unmittelbar plausible Erklärung für ein Verhalten von Kreditgebern in der Praxis, das aus kapitalmarktorientierter Sicht als unerklärliche Unvollkommenheit des Kapitalmarktes erscheint: Das in der Realität beobachtbare Kreditangebotsverhalten ist häufig durch eine mengenmäßige Beschränkung des Kreditangebots gekennzeichnet; und die von Gläubigern gesetzten Kreditlimite lassen sich von Seiten der Nachfrager nur in seltenen Fällen durch erhöhte Zinsgebote überwinden. Die Vermutung liegt nahe, daß auf dem Kreditmarkt der Ausgleich von Angebot und Nachfrage nicht etwa über den Zins erfolgt, sondern daß vielmehr der Markt durch eine **Kreditrationierung** gekennzeichnet ist.

Die Kreditlimitierung seitens der Gläubiger, die dann, wenn die Nachfrage das Limit übersteigt, in Rationierung mündet, wird aus neo-institutionalistischer Sicht verständlich. Steht ein Gläubiger einer Vielzahl von Kreditnehmern gegenüber, deren individuelle Rückzahlungsfähigkeit er nicht oder nur zu hohen Kosten identifizieren kann, handelt er nicht unbedingt rational, wenn er jedem individuellen Kreditwunsch nachkommt und mit der Höhe des gewünschten Kredits auch die Verzinsungsvereinbarung nach oben anpaßt. Vielmehr kann es sinnvoller sein, allen Kreditnehmern eine standardisierte Offerte zu unterbreiten, die bei gegebenem vereinbarten Zins ein Kreditlimit setzt, das unter dem maximal gewünschten Kreditbetrag liegt. Hinter einem solchen Anbieterverhalten könnte folgende Überlegung stehen: Ein Kreditangebot mit hohem Volumen und - zur Abdeckung von Ausfallrisiken - hohem vereinbarten Zins wird im Vergleich zu einem Angebot mit niedrigerem Volumen und niedrigerem vereinbarten Zins tendenziell von solchen Nachfragern vorgezogen, die ein hohes Ausfallrisiko mit sich bringen, denn für sie sind die erwarteten Kosten aus steigenden Verzinsungsvereinbarungen effektiv geringer als für Nachfrager, die von sich wissen, daß sie den Kredit mit hoher Wahrscheinlichkeit bedienen werden. Insofern bewirkt die Setzung eines Kreditlimits, das solche Nachfrager rationiert, die ein höheres Kreditvolumen auch bei steigender Verzinsungsforderung bevorzugt hätten, eine Verbesserung der durchschnittlichen "Rückzahlungsmoral" der Kreditnehmer. Kreditnehmer, die ein - für den Gläubiger nicht erkennbares - hohes Ausfallrisiko mit sich bringen, werden tendenziell eher rationiert als Kreditnehmer, die ein - ebenfalls für den Gläubiger nicht erkennbares - niedriges Kreditrisiko darstellen. Kreditrationierendes Angebotsverhalten kann "adverse selection" und "moral hazard" am Kreditmarkt eindämmen.[12]

Allerdings hat der Einsatz des Kreditvolumens als Steuerungsinstrument auch seine Schattenseiten. Es ist nicht auszuschließen, daß eine Rationierung auch die Falschen, d.h. solche Nachfrager trifft, die dadurch an der Durchführung von vorteilhaften Investitionsvorhaben gehindert werden. Zins und Kreditvolumen als Steuerungsinstrumente reichen also offensichtlich nicht aus, um Reibungsverluste resultierend aus asymmetrischer Informationsverteilung und Anreizproblemen auszuschließen. Es bleibt Raum, um die Koordination auf dem Kreditmarkt durch institutionelle Regelungen zu verbessern, die über die Vereinbarung von Verzinsungsforderung und Kreditvolumen hinausgehen.

---

12 Vgl. *Jaffee/Russell* [Rationing], *Stiglitz/Weiss* [Rationing] sowie *Terberger* [Kreditvertrag], Kap. 3.

11.3.2.3 Die Fristigkeit als Steuerungsinstrument

Dem Kreditvolumen vergleichbar, erhalten auch die im Kreditvertrag getroffenen Vereinbarungen über die Rückzahlungsfristen eine neue - oder besser gesagt, überhaupt eine - Relevanz, wenn man anerkennt, daß Kreditbeziehungen durch Informations- und Anreizprobleme gekennzeichnet sind.

In einer Welt vollkommener und vollständiger Kapitalmärkte ist die Fristigkeit von Kreditverträgen bedeutungslos. Ob Investitionsvorhaben vorteilhaft sind oder nicht, ist für alle Marktteilnehmer erkennbar. Und vorteilhafte Investitionsvorhaben lassen sich jederzeit finanzieren. Sollte ein Kredit zu kurz befristet sein, als daß seine Bedienung durch die Rückflüsse aus dem Investitionsvorhaben erfolgen könnte, so läßt er sich problemlos durch die Aufnahme eines neuen Kredites ablösen und ersetzen. Die Fristigkeit der Finanzierung ist somit irrelevant.

Ist dagegen die Beziehung zwischen Kreditnehmer und -geber durch Informationsasymmetrie gekennzeichnet und muß der Kreditgeber "moral hazard" seitens des Kreditnehmers befürchten, so ist die Fristigkeit von Kreditvereinbarungen keineswegs irrelevant. Das Problem der Bewahrung des finanziellen Gleichgewichts, das schon die traditionelle Finanzierungslehre beschäftigte und in einer Welt vollkommener und vollständiger Kapitalmärkte hinfällig wurde, lebt aus neo-institutionalistischer Sicht wieder auf: Ein Kreditnehmer weiß nicht, ob es ihm gelingen wird, einen einmal erhaltenen Kredit durch einen neuen zu ersetzen, indem er einen neuen Gläubiger von seiner Kreditwürdigkeit überzeugt. Deshalb hat der Kreditnehmer ein Interesse daran, sein Liquiditätsrisiko durch eine langfristige Fremdfinanzierungszusage zu begrenzen, wenn er die Durchführung einer Investition beabsichtigt, die erst in fernerer Zukunft Einzahlungsüberschüsse erwarten läßt. Der Gläubiger dagegen könnte speziell dann, wenn der Kreditnehmer eine langfristige Finanzierung wünscht, eine kürzerfristige Rückzahlungsvereinbarung bevorzugen. Warum? Ein Gläubiger, der weiß, daß ein Kreditnehmer die Finanzierungsmittel länger benötigt, als sie ihm formell zugesagt werden, hat ein Druckmittel in der Hand. Er kann den Kreditnehmer durch eine Verweigerung der Prolongation des Kredites in Schwierigkeiten bringen, ihn unter Umständen sogar zum Abbruch seines Investitionsvorhabens oder zur Liquidation seines Unternehmens zwingen. Und er weiß auch, daß der Kreditnehmer bemüht sein wird, dem Gläubiger keinen Anlaß zur Sanktion in Form einer **Verweigerung der Prolongation** zu geben. Ein Kreditnehmer wird sein Mögliches tun, um das Vertrauen des Gläubigers in die Kreditwürdigkeit aufrecht zu erhalten. Der Anreiz zu Fehlinformationen und "moral hazard" sinkt.[13]

Auch dieses Verhalten von Kreditanbietern, das die neo-institutionalistische Theorie erwarten läßt, ist in der Realität zu beobachten. Das wichtigste Beispiel sind Konto-

13 Vgl. *Schmidt* [Grundformen], S. 207-210.

korrent- oder Überziehungskredite. Sie sind nicht nur durch ein Kreditlimit gekennzeichnet, sondern auch durch ihre formale Kurzfristigkeit. Faktisch wird dieser formal kurzfristige Kreditrahmen jedoch von zahlreichen Kreditnehmern langfristig genutzt. Die Kündigung oder Herabsetzung ihres Kontokorrentrahmens würde sie in ernsthafte Liquiditätsschwierigkeiten bringen, die sie durch Wohlverhalten zu vermeiden suchen. Und diese verhaltenssteuernde Wirkung ist nötig, um das berechtigte Mißtrauen des Gläubigers zu überwinden. Kreditnehmer lassen sich vermutlich auch bewußt auf diese "Bedrohung" ein, weil sie wissen (können), daß dies ein relativ einfacher Weg ist, um das Mißtrauen der Kreditgeber zu überwinden und Kreditwürdigkeit zu signalisieren.

Beobachtbar ist in der Realität jedoch auch, daß Kreditgeber durchaus zum Abschluß langfristiger Finanzierungsverträge und somit zum Verzicht auf den Sanktionsmechanismus "Prolongationsentscheidung" bereit sind. In aller Regel wird man langfristige Finanzierungen allerdings kaum in Form eines Blankokreditvertrages vorfinden, der lediglich Vereinbarungen über Kreditvolumen, Zins und Rückzahlungsfristen enthält. Vielmehr wird die formale Langfristigkeit mit einem weiteren Merkmal einhergehen: Mit der Vereinbarung von Kreditsicherheiten.

11.3.3 Konkurs und Kreditsicherheiten

Gläubiger wären wohl weder zu einer kurzfristigen noch zu einer langfristigen Kapitalüberlassung bereit, wenn sie im Falle der Nicht-Bedienung eines Kredites keine Handhabe gegen ihre Schuldner hätten. Die Möglichkeiten eines Gläubigers, gegen säumige Schuldner vorzugehen, sind - wenn man einmal von informellen Methoden wie denen der Mafia absieht - durch die gesetzlichen Rahmenbedingungen vorgegeben. Besonders bedeutsam ist in diesem Zusammenhang das Konkursrecht, das dann zum Zuge kommt, wenn Unternehmen ihren Verbindlichkeiten gegenüber Gläubigern nicht mehr nachkommen (können). Wenn auch im Detail unterschiedlich ausgestaltet, so existiert ein Konkursrecht in den meisten Ländern der Welt. Der Kern jedes Konkursrechts liegt darin, den Eignern des Schuldnerunternehmens dann, wenn sie ihre Verpflichtungen gegenüber den Gläubigern nicht mehr erfüllen (können), die Verfügungsgewalt über das Unternehmen bzw. über das Vermögen, das den Gläubigern haftet, zu entziehen. Nach deutschem Konkurs- bzw. **Insolvenzrecht** ist dies dann der Fall, wenn das Unternehmen entweder dauerhaft nicht mehr in der Lage ist, seinen Zahlungsverpflichtungen nachzukommen (Zahlungsunfähigkeit oder Illiquidität), oder aber wenn Überschuldung vorliegt, d.h. das Unternehmensvermögen nicht mehr ausreicht, um die Schulden zu decken (negatives Eigenkapital). Letzterer Konkursgrund gilt allerdings verständlicherweise nur für Kapitalgesellschaften, da bei Personengesellschaften das Privatvermögen der vollhaftenden Gesellschafter ebenfalls als Haftungsmasse dient.

Die Intention des Konkursrechts erschließt sich aus dem Blickwinkel der neo-institutionalistischen Finanzierungstheorie unmittelbar:[14] Dann, wenn Eigner nichts mehr zu verlieren haben, ist der Anreiz zu "moral hazard" besonders groß. Sollte es durch ein besonders riskantes Geschäftsgebaren gelingen, das Unternehmen zu retten, so profitieren davon vor allem die Eigner; das Risiko einer extrem riskanten Geschäftspolitik tragen dagegen die Gläubiger, weil bei Mißerfolg des riskanten "Spiels um die Wiederauferstehung" ("gambling for resurrection"[15]) auch das Wenige, auf das sie vorher noch hätten zurückgreifen können, verloren sein könnte. Um diesem "moral hazard"-Verhalten Einhalt zu gebieten, greift das Konkursrecht ein, wenn Gläubigerforderungen nicht mehr bedient werden. Ein Gläubiger kann, wenn die vereinbarten Zahlungen seines Schuldners ausbleiben, Konkurs über das Schuldnervermögen beantragen. Wird diesem Antrag vom Konkursgericht stattgegeben, wird dem Schuldner die Verfügungsgewalt über sein Vermögen entzogen. Ein Konkursverwalter wird eingesetzt, der für eine Verwertung des vorhandenen Vermögens zur bestmöglichen Befriedigung der Gläubiger Sorge tragen soll. Auf diese Weise wird auch eine geordnete Abwicklung gesichert, denn ein "run" der Gläubiger, um für sich zu retten, was zu retten ist, könnte zu einer unnötigen Verschleuderung des ohnehin kaum zur Befriedigung sämtlicher Forderungen ausreichenden Schuldnervermögens führen.

Die Existenz eines funktionsfähigen Konkursrechts wurde in den vorangegangenen Abschnitten implizit vorausgesetzt. Es bietet Gläubigern vor extremem "moral hazard" Schutz, läßt allerdings eine Gefahr, denen Gläubiger ausgesetzt sind, noch offenkundiger werden: die Gefahr der Verwässerung von Altgläubigerforderungen durch die Aufnahme neuer Kredite. Das deutsche Konkursrecht sieht nämlich vor, daß im Konkursfall Gläubigerforderungen gleichrangig zu befriedigen sind. Jeder Gläubiger erhält von dem, was insgesamt zu verteilen ist, eine Quote, die seiner Forderung im Verhältnis zu allen anderen Gläubigerforderungen entspricht. Insbesondere für Gläubiger, die eine langfristige Kreditbeziehung eingehen wollen, ist es aber schwerlich vorauszusehen, wie sich die sonstigen Schulden ihres Kreditnehmers im Laufe der Zeit entwickeln werden.

Doch es gibt Vereinbarungen in Kreditverträgen, die genau dies unnötig machen, denn sie räumen Vorrechte im Falle des Konkurses ein. Es sind die sogenannten **Kreditsicherheiten**. Vereinbarungen über die Stellung von Kreditsicherheiten sind das wohl hervorstechendste Merkmal speziell von langfristigen Kreditverträgen in der Realität, das in der Modellwelt vollkommener Kapitalmärkte keinen gebührenden Platz findet.

---

14 Zu einer ausführlichen Diskussion des Konkursrechts aus neo-institutionalistischer Sicht vgl. *Drukarczyk* [Insolvenz] sowie *Schmidt* [Analyse].

15 Dieser prägnante Ausdruck findet sich unter anderem bei *Dewatripont/Tirole* [Regulation], S. 97.

Unter Kreditsicherheiten[16] *im weiteren Sinne* versteht man jegliche Vereinbarung in Kreditverträgen, die darauf gerichtet - und dazu geeignet - ist, das Vertrauen des Gläubigers in die Rückzahlungsfähigkeit des Schuldners zu stärken. Zu den Kreditsicherheiten im weiteren Sinne gehören also z.B. auch Informationspflichten des Schuldners oder Zustimmungsrechte, die dem Gläubiger für genau bestimmte Geschäfte des Schuldners eingeräumt werden. Als Kreditsicherheiten *im engeren Sinne* bezeichnet man lediglich solche Sicherungsvereinbarungen, die auf die Festlegung von Zahlungsansprüchen des Gläubigers im Insolvenzfall des Schuldners gerichtet sind. Die Kreditsicherheiten *im engeren Sinne* unterteilen sich in die **Personen-** und die **Sachsicherheiten**. Bei den Personensicherheiten verpflichten sich eine oder mehrere dritte Personen durch eine Bürgschaft oder Garantie, für die Schuld des Kreditnehmers zu haften, falls dieser seinen Zahlungsverpflichtungen gegenüber dem Gläubiger nicht nachkommt. Sachsicherungen ergeben sich durch Pfandrechte oder pfandähnliche Rechte an einem Vermögensgegenstand des Sicherungsgebers, die es dem Gläubiger gestatten, sich aus diesem Sicherungsgut im Konkursfall des Schuldners bevorrechtigt zu befriedigen.

Ohne auf juristische Feinheiten der unterschiedlichen Sicherungsformen eingehen zu wollen, soll die grundsätzliche Funktionsweise von Kreditsicherheiten[17] hier an dem Beispiel erläutert werden, das bei langfristigen Finanzierungen am häufigsten anzutreffen ist, den sogenannten Grundpfandrechten. Grundpfandrechte, zu denen die Hypothek und die Grundschuld zählen, räumen dem Gläubiger Pfandrechte auf Grundstücke und Gebäude ein. Pfandrechte gewähren einem Gläubiger das Recht auf **Absonderung** des Sicherungsgutes im Konkursfall. Absonderung heißt, die mit Grundpfandrechten belasteten Grundstücke und Gebäude gehen nicht in die Vermögensmasse ein, die nach deutschem Insolvenzrecht zur gleichmäßigen Befriedigung aller Gläubiger dient, sondern der besicherte Gläubiger kann sich exklusiv aus dem Verwertungserlös des Sicherungsgutes bis zur Begleichung der besicherten Forderung befriedigen. Sollte der Verwertungserlös die Forderung übersteigen, steht der Rest zur Befriedigung anderer Gläubiger zur Verfügung. Umgekehrt wird eine aus dem Verwertungserlös nicht abgedeckte Restforderung im Konkursverfahren als eine den unbesicherten Gläubigeransprüchen gleichgestellte, sogenannte **gemeine Forderung** behandelt.

Auf den ersten Blick beinhaltet die Stellung von Kreditsicherheiten eine reine Umverteilung von Risiken: Die besicherten Gläubiger werden bevorzugt; dafür gehen die unbesicherten Gläubiger mit weniger aus dem Konkursverfahren hervor. Kreditsicherheiten bewirken also eine andere Teilung der Zahlungsströme des Schuldners, als sie ohne Stellung von Sicherheiten vorgenommen würde; und die Teilung von Zahlungsströmen ist, wenn man den Blickwinkel der kapitalmarktorientierten Sicht einnimmt, irrelevant.

---

16 Zur Systematisierung von Kreditsicherheiten vgl. *Rudolph* [Kreditsicherheiten], S. 18-21.

17 Vgl. zum folgenden z.B. *Rudolph* [Kreditsicherheiten], *Schmidt* [Grundformen], S. 210-213 sowie *Smith/Warner* [Contracting].

Kein Wunder also, daß man dem Phänomen der Kreditsicherheiten aus kapitalmarktorientierter Sicht wenig Aufmerksamkeit gewidmet hat.

Auf den zweiten Blick - und dies ist der Blick durch die neo-institutionalistische Brille - sind Kreditsicherheiten jedoch *mehr* als ein Instrument der Aufteilung von Zahlungsströmen in Parten. Die Gewährung von Sicherheiten hat nämlich auch eine Informationsfunktion und Verhaltenswirkungen.

Betrachten wir zunächst die Informationsfunktion. Ein Kreditgeber muß sich über die zukünftige Zahlungsfähigkeit und speziell das Ausfallrisiko potentieller Schuldner informieren; und die Informationen, die ihm der Schuldner liefert, sind dann, wenn sie nicht durch den Kreditgeber selbst oder neutrale Dritte überprüfbar sind, wenig glaubwürdig. Bietet der Schuldner eine **Immobiliarsicherheit** an, so wird dem Kreditgeber die Sammlung glaubwürdiger Informationen über das Ausfallrisiko einer Kreditvergabe leicht gemacht. Ob dem Schuldner das Grundstück tatsächlich gehört, läßt sich durch eine Einsichtnahme in das Grundbuch überprüfen, das ebenfalls darüber Auskunft gibt, ob schon anderen Gläubigern Grundpfandrechte gewährt wurden (Registerpfandrecht). Für die Abschätzung des Verwertungserlöses von Grundstücken und Gebäuden liefern herrschende Marktpreise auf dem Immobilienmarkt recht zuverlässige Indikatoren. Zwar läßt sich ein gewisses Restrisiko, z.B. durch einen Verfall der Immobilienpreise, nicht ausschließen. Die asymmetrische Information zwischen Gläubiger und Schuldner über das Ausfallrisiko ist jedoch nahezu aufgehoben, denn der Gläubiger kann aufgrund öffentlich zugänglicher Informationen abschätzen, mit welcher Mindestrückzahlung er im schlimmsten Fall, d.h. im Fall der Insolvenz des Schuldners, rechnen kann.

Doch nicht nur die asymmetrische Informationsverteilung *vor* Kreditvergabe wird durch Kreditsicherheiten abgebaut, sondern auch das "moral hazard" *nach* Kreditvergabe wird eingeschränkt: Ein besicherter Gläubiger kann durch einen heimlichen Wechsel des Schuldners auf riskantere Investitionsvorhaben oder durch zusätzliche Kreditaufnahme kaum mehr geschädigt werden, denn der Übergang zu riskanterem Geschäftsgebaren kann den Wert der Sicherheit schwerlich tangieren. Eine Veräußerung des Sicherungsgutes, um etwa einen Besuch des Schuldners in der Spielbank zu finanzieren, bedarf immer der Zustimmung des Gläubigers. Aus demselben Grund können auch unangekündigte Entnahmen oder Ausschüttungen nicht mehr zum Schaden eines besicherten Gläubigers gereichen, denn ein Schuldner kann nicht das Sicherungsgut verkaufen und den Verkaufserlös aus dem Unternehmen herausziehen und verbrauchen. Vor allem aber kann ein besicherter Gläubiger auch der Aufnahme weiterer Kredite gelassen entgegensehen, denn neue Gläubiger können sich - von dem Ausnahmefall der "Sicherungskonkurrenz"[18] abgesehen - mit ihren Forderungen im Konkursfall nicht mehr

18 Es kann vorkommen, daß mehrere Gläubiger gleichzeitig Anspruch auf ein Sicherheitsgut erheben. Dies ist bei Grundpfandrechten durch den Eintrag der Sicherung in das Grundbuch in Deutschland

gleichberechtigt neben oder sogar vor die besicherte Forderung schieben. Die Gefahr der Verwässerung der Gläubigerposition durch die Varianten von "moral hazard", die für die Fremdfinanzierungsbeziehung typisch sind, wird durch die Besicherung auf ein Minimum reduziert.

Angesichts dieser Wirkungen ist es wenig erstaunlich, daß Grundpfandrechte aus realen Fremdfinanzierungsverträgen nicht wegzudenken sind. Wie wertvoll Kreditsicherheiten für die institutionelle Ausgestaltung von Fremdfinanzierungen sind, läßt sich auch daran erkennen, daß Pfandrechte nicht nur auf Immobilienvermögen eingeräumt werden, sondern nahezu sämtliche Vermögensgegenstände mit Pfandrechten oder pfandähnlichen Rechten belegt werden.

Es existieren **Mobiliarsicherheiten** in Form der Verpfändung von Wertpapieren oder Edelmetallen, die eine bei Gläubigern ebenfalls recht beliebte Sicherungsform darstellen, weil das Sicherungsgut an den Gläubiger übergeben und dadurch überwacht werden kann. Aber auch solche beweglichen Güter, die im Besitz des Schuldners verbleiben, können durch die Institution der **Sicherungsübereignung** als Mobiliarsicherheit dienen. Die Sicherungsübereignung eines Kraftfahrzeuges z.B. dokumentiert sich darin, daß der Kraftfahrzeugbrief an den besicherten Gläubiger übergeben wird, der damit zumindest den Verkauf des Sicherungsgutes kontrollieren und gegebenenfalls verhindern kann. Es gibt auch solche Kreditsicherungen, die nicht wie die bisher genannten eine Absonderung, sondern eine Aussonderung des Sicherungsgutes im Konkursfall gestatten. Der Eigentumsvorbehalt an gelieferten, aber noch nicht bezahlten Gegenständen, der eine für den Lieferantenkredit typische Absicherung darstellt, geht mit dem Recht zur **Aussonderung** der Sicherungsgüter aus der Konkurmasse einher, d.h. der Lieferant erhält seine Ware zur eigenen Verwertung zurück.

Ganz gleich, welche der Kreditsicherheiten man betrachtet - und hier sind selbstverständlich auch die Personensicherheiten und die Kreditsicherheiten im weiteren Sinne einzuschließen - sie alle lassen sich als Mittel zur Milderung der negativen Folgen von asymmetrischer Informationsverteilung und "moral hazard" deuten, auch wenn nicht jede Besicherungsform die gleiche Sicherungsqualität wie die - nicht umsonst bei Gläubigern so beliebten - Grundpfandrechte aufweist. Die Vermutung, daß ohne Kreditsicherheiten viele Fremdfinanzierungsverträge gar nicht zustande kämen, ist zwar empirisch nicht zu beweisen, sie wird aber sehr wohl durch gute ökonomische Argumente gestützt.

---

zwar nahezu ausgeschlossen, bei anderen Sicherungen aber denkbar. Noch nicht bezahlte Waren etwa, die der Lieferant unter Eigentumsvorbehalt geliefert hat, könnten in einer gemieteten Halle gelagert sein. Der Vermieter dieser Halle wiederum könnte seine Mietforderung durch ein pauschales Pfandrecht auf die in der Halle gelagerten Waren abgesichert haben. Die Sicherungsansprüche von Vermieter und Lieferant konkurrieren, da sie sich auf dieselben Güter beziehen.

Dieses positive Bild der Kreditsicherheit, das bis hierher gezeichnet wurde, soll allerdings nicht darüber hinwegtäuschen, daß die Möglichkeit der Besicherung nicht allen Gläubigern in gleichem Maße offensteht. Deshalb ist es denkbar, daß die Einräumung von Konkursvorrechten durch Kreditsicherheiten negative Begleiterscheinungen speziell für solche Gläubiger mit sich bringt, die aufgrund der geringen Höhe ihrer Forderungen und geringer Verhandlungsmacht als gemeine Gläubiger nahezu leer ausgehen: Die Konkursmasse kann durch Sicherungsrechte völlig ausgehöhlt werden, so daß der Gleichheitsgrundsatz des deutschen Insolvenzrechts außer Kraft gesetzt wird. Und dieser Grundsatz mag als institutionelle Regelung ebenfalls seine Berechtigung haben, da er einen ressourcenverschwendenden Verteilungskampf unter den Gläubigern verhindert.[19]

Schon diese Andeutung über die unterschiedlichen Auswirkungen von Kreditsicherheiten auf die Funktionsfähigkeit der individuellen Fremdfinanzierungsbeziehung zum einen und auf die Funktionsfähigkeit des **Insolvenzrechtes** zum anderen, macht deutlich, wie schwierig es ist, die Wirkung von Finanzierungsinstitutionen wirklich zu überblicken und zu beurteilen. Dabei haben wir erst einen groben neo-institutionalistisch gefärbten Blick auf wesentliche Merkmale der Fremdfinanzierung geworfen. Ein Vergleich mit den Vorzügen und Schwächen der anderen Finanzierungsformen, die eine Bereitstellung von Eigenkapital beinhalten, folgt im nächsten Abschnitt.

11.4 Die Finanzierung durch Eigenkapital

11.4.1 Informations- und Anreizprobleme bei der Finanzierung durch Eigenkapital

11.4.1.1 Beteiligungsfinanzierung und die Relevanz des Emissionskurses

Angesichts der zahlreichen Informations- und Anreizprobleme, die mit einer Fremdfinanzierung einhergehen, könnte man den Eindruck gewinnen, eine Finanzierung durch die Zuführung von neuem Eigenkapital sei weniger problembehaftet. Schließlich wird der Finanzierungsbeitrag jedes Eigenkapitalgebers durch einen **Anspruch** auf eine **Quote** des aus einem Unternehmen fließenden Netto-Zahlungsstroms (des Zahlungsstroms nach Befriedigung der Gläubiger) entlohnt. Die Teilungsregel zwischen zwei oder mehreren Eigenkapitalgebern ist nicht asymmetrisch wie in der Gläubiger-Schuldner-Beziehung,

19 Zur ökonomischen Analyse des Insolvenzrechts vgl. *Schmidt* [Analyse] und *Drukarczyk* [Insolvenz].

sondern der Zahlungsstrom wird in tendenziell **symmetrische Parten** geteilt.[20] Eine Symmetrie der Parten wiederum bewirkt vermutlich auch eine Interessenangleichung zwischen den Finanzierungspartnern.

Tatsächlich ist die Beziehung zwischen verschiedenen Eigenkapitalgebern, wenn es um die Festlegung der Investitions- und Finanzierungspolitik der gemeinsamen Unternehmung geht, nicht ganz so konfliktbeladen wie die Gläubiger-Schuldner-Beziehung. Jedoch kommt diese Tendenz zu mehr Harmonie erst dann zum Tragen, wenn die Finanzierungsbeziehung zwischen alten und neuen Eigenkapitalgebern bereits zustande gekommen ist. Zuvor müssen aber erst diejenigen Probleme überwunden werden, die einer *Einigung* zwischen dem oder den alten und potentiellen neuen Eigenkapitalgebern entgegenstehen: Beide Parteien müssen sich darüber einig werden, welche Quote des zukünftigen Zahlungsstroms einem neuen Eigenkapitalgeber für welchen Finanzierungsbeitrag zusteht. Mit anderen Worten: Es muß der Preis festgelegt werden, zu dem ein neuer Eigenkapitalgeber einen Anteil am Unternehmen erwerben kann.

Wieviel ein neuer Eigenkapitalgeber bereit ist, für einen Bruchteilsanspruch zu zahlen, hängt von seinen Erwartungen über die zukünftige Ertragskraft des Unternehmens, von den zukünftig zu erwartenden Ausschüttungen, ab, wie im 5. Kapitel erläutert wurde. Dort wurde allerdings die Annahme zugrunde gelegt, die Käufer eines Unternehmensanteils wüßten genau, welche Vorteile mit dem Anteilsbesitz verbunden sind. Eine neo-institutionalistische Analyse vermeidet diese Annahme bewußt. Bedeutet schon die Abschätzung zukünftig zu erwartender Zahlungen für einen Gläubiger ein großes Problem, so dürfte das vergleichbare **Informationsproblem für den potentiellen Käufer eines Unternehmensanteils** um ein Vielfaches größer sein, denn Eigenkapitalgeber sind nicht allein an Ausfallrisiken interessiert, sondern an dem gesamten Zahlungsstroms bzw. seiner ganzen Wahrscheinlichkeitsverteilung; und neue Eigenkapitalgeber befinden sich - genau wie Gläubiger - gegenüber den bisherigen Eigentümern im Informationsnachteil. Potentielle neue Gesellschafter oder Aktionäre nehmen die Rolle von Outsidern ein, die auf die Informationen der Alteigner als Insider angewiesen sind. Und natürlich haben die Alteigner ein Interesse daran, daß die Neueigner die zukünftigen Ertragsmöglichkeiten günstig einschätzen, denn dies erhöht den Preis, den die Alteigner für die Abtretung eines Anteils am Unternehmen erhalten.

Überschätzt ein neu eintretender Eigenkapitalgeber die Ertragskraft des Unternehmens und zahlt demnach einen zu hohen Preis für seinen Anteil, erzielen die Alteigner auch dann einen Vorteil, wenn der Preis gar nicht in die eigene Tasche fließt (z.B. weil sie ihren Anteil an einen Dritten weiterverkaufen), sondern wenn der erzielte Preis als Finan-

20 Die Symmetrie der an verschiedene Eigenkapitalgeber fließenden Parten gilt nur eingeschränkt. Z.B. bedingt ein unterschiedlich hohes Privatvermögen der vollhaftenden Gesellschafter in einer Personengesellschaft auch ein unterschiedliches Verlustrisiko der Gesellschafter.

zierungsbeitrag den Kassenbestand des Unternehmens erhöht. Ein Zahlenbeispiel soll dies verdeutlichen, das den komplexesten Fall der Beteiligungsfinanzierung illustriert. Er dürfte den Lesern zumindest aus kapitalmarktorientierter Sicht wohl vertraut sein, denn es handelt sich um die **Kapitalerhöhung** bei einer AG.

Wir nehmen also an, ein Unternehmen in der Rechtsform der AG plane eine ordentliche Kapitalerhöhung. Hätte der Annahmenrahmen der kapitalmarktorientierten Sicht noch Gültigkeit, so wäre der Emissionskurs der jungen Aktien, mit deren Ausgabe neues Eigenkapital beschafft werden soll, bekanntermaßen irrelevant. Durch die Einräumung von Bezugsrechten erleiden weder die bisherigen Aktionäre einen Vermögensnachteil noch die neuen Aktionäre einen Vermögensvorteil, obwohl der Emissionskurs der jungen Aktien unter dem Kurs der alten Aktien liegt. Die Irrelevanz des Emissionskurses gilt jedoch trotz des Handels von Bezugsrechten dann *nicht* mehr uneingeschränkt, wenn zwischen den alten und neuen Aktionären die Informationen über die zukünftige Ertragskraft des Unternehmens und damit über den Wert einer Beteiligung asymmetrisch verteilt sind.[21]

Nehmen wir an, der Kurs der alten Aktien betrage 300 DM und der Emissionkurs sei auf 250 DM festgelegt worden. Das Bezugsverhältnis betrage 1:1, so daß sich ein rechnerischer Wert für den neuen Mischkurs in Höhe von 275 DM und ein rechnerischer Bezugsrechtswert von 25 DM ergibt. Es gehen jedoch Gerüchte am Markt um, daß bei der die Kapitalerhöhung durchführenden AG eine Testserie für ein neues Produkt unmittelbar vor dem Abschluß stehe. Sollte dieser Test positive Ergebnisse liefern, so wird mit einer Kurssteigerung der alten Aktien (ohne Berücksichtigung der Kapitalerhöhung) um 50 DM gerechnet. Sollte dagegen diese letzte entscheidende Testserie negativ ausfallen und sich damit die Neuentwicklung als untauglich für die Markteinführung erweisen, so wird mit einem Kurseinbruch von 50 DM pro alter Aktie gerechnet. Im derzeitigen Kurs der alten Aktien von 300 DM seien beide Möglichkeiten der Kursentwicklung als gleich wahrscheinlich antizipiert.

Wir nehmen nun - im Unterschied zur kapitalmarktorientierten Sicht - eine asymmetrische Informationsverteilung zwischen den Alteignern und potentiellen Neuaktionären an: Die Alteigner erfahren, z.B. weil sie Zugang zu sogenannten Insiderinformationen[22] haben, das Ergebnis der letzten Testserie, bevor diese Information den Markt erreicht

---

21 Das folgende Beispiel ist in Anlehnung an *Myers/Majluf* [Financing]konstruiert.

22 Dies ist insofern eine kritische Annahme, als die Aktionäre einer Publikumsaktiengesellschaft normalerweise keinen Zugang zu Insiderinformationen haben. Vielmehr sind die Fremdmanager in der Position der Insider, so daß unser Beispiel implizit unterstellt, Manager würden im Interesse ihrer Aktionäre handeln und wertvolle Insiderinformationen (nur) an sie weitergeben. Diese Schwäche des Beispiels, potentielle Informationsunterschiede und Interessenkonflikte zwischen Managern und Eignern auszublenden, findet sich auch in dem Artikel von *Myers/Majluf* [Financing], dem die Idee für das Beispiel entstammt.

und bevor die Kapitalerhöhung durchgeführt wird. Wie beeinflußt dieser Wissensvorsprung ihr Verhalten bei der Kapitalerhöhung? Zwei Fälle sind denkbar.

Betrachten wir zunächst den Fall, daß das Testergebnis positiv ausfällt. Die Altakionäre wissen nun, daß ihre Aktie, obwohl sie immer noch mit 300 DM (incl. Bezugsrecht) notiert, eigentlich 350 DM wert ist. Würden sie nicht an der Kapitalerhöhung teilnehmen und ihr Bezugsrecht zu 25 DM verkaufen, so würde ihre Aktie nach der Durchführung der Kapitalerhöhung zu 275 DM notieren. Mit dem Durchsickern der positiven Information am Markt würde der Kurs der Aktie jedoch wiederum steigen, und zwar um 25 DM auf 300 DM, denn da das Bezugsverhältnis 1:1 beträgt, verteilt sich der pro alter Aktie zu erwartende Kursanstieg von 50 DM gleichmäßig auf zwei Aktien. Daraus folgt: Wenn sie an der Kapitalerhöhung nicht teilnehmen, würden die bisherigen Aktionäre den durch die positive Information bewirkten Kursanstieg der Jungaktie an den Erwerber des Bezugsrechts verschenken. Bei positiven Insiderinformationen würden sich die Altaktionäre also für eine Teilnahme an der Kapitalerhöhung entscheiden. Für Barmittel in Höhe von 250 DM und den Einsatz des Bezugsrechts, das zu 25 DM gehandelt wird, erhalten sie zusätzliche Aktien, die sie nach Verbreitung der Information am Markt zu 300 DM verkaufen können. Die Teilnahme an der Kapitalerhöhung stellt sicher, daß allein ihnen die Wertsteigerung der Aktien zufällt.[23]

Völlig anders sieht das Entscheidungskalkül eines Altaktionärs mit Insiderwissen jedoch im zweiten Fall aus, in dem er von dem negativen Ausgang der Testserie erfahren hat. Selbstverständlich wird er jetzt seine Bezugsrechte - und wenn möglich auch noch seine (alten) Aktien - verkaufen. Schließlich weiß er, daß deren Kurs überhöht ist. Hätten die negativen Nachrichten den Markt schon erreicht, wäre für eine Aktie statt des Kurses von 300 DM lediglich ein Preis von 250 DM zu erzielen, und das Bezugsrecht wäre wertlos. Dadurch, daß die Information bis nach der Kapitalerhöhung zurückgehalten wird, erhalten die Altaktionäre die Gelegenheit, den durch den negativen Testausgang bewirkten Wertverlust auf mehrere Schultern - vor allen Dingen auf die Schultern von unwissenden Neuaktionären - zu verteilen: Letztere bezahlen für ein Bezugsrecht 25 DM, um eine neue Aktie zum Emissionskurs von 250 DM zu beziehen, nur um kurz darauf feststellen zu müssen, daß der Kurs nicht auf den rechnerischen Mischkurs von 275 DM steigt, sondern bei 250 DM stehenbleibt, weil sich die negative Nachricht am Markt verbreitet. Ein neuer Aktionär erleidet also einen Vermögensverlust von 25 DM pro

---

23 Die alternative Strategie für den Altaktionär, die ihn ebenfalls vor einem "Verschenken" der Kursgewinne an Neuaktionäre schützen würde, wäre, dafür zu sorgen, daß sich die neue, positive Information schnell am Markt verbreitet, so daß der Kurs der alten Aktien noch vor der Durchführung der Kapitalerhöhung auf DM 350 steigt. Dadurch würde sich bei gleichbleibendem Emissionkurs von DM 250 auch ein höherer Wert des Bezugsrechts ergeben. Sein rechnerischer Wert betrüge dann DM 50; der zugehörige neue Mischkurs läge bei DM 300. Die Altaktionäre wären vor Vermögensnachteilen geschützt; die Neuaktionäre könnten keinen Vorteil mehr erzielen.

Aktie, denn der Wertverlust von 50 DM pro alter Aktie verteilt sich auf die doppelte Zahl von Papieren. Der Altaktionär dagegen hat seinen Verlust (pro Aktie) durch den Verkauf des Bezugsrechts auf 25 DM beschränkt, oder er hat sogar, wenn er die alte Aktie und das Bezugsrecht verkauft, den gesamten einer alten Aktie zuzurechnenden Wertverlust von 50 DM auf Dritte abgewälzt. Die Nicht-Teilnahme an der Kapitalerhöhung und der Verkauf der eigenen Papiere ist für bisherige Eigentümer mit Insiderwissen über schlechte Nachrichten eindeutig die optimale Strategie.

Das Zahlenbeispiel illustriert: Ein Verkauf von Unternehmensanteilen an Dritte, wie z.B. im Rahmen einer Kapitalerhöhung einer AG, bringt den Alteignern dann ungewöhnliche Vorteile, wenn Wertverluste zu erwarten sind, die der Käufer noch nicht antizipiert hat. Auf nicht informationseffizienten Märkten könnte demnach eine Kapitalerhöhung oder auch der Gang eines Unternehmens an die Börse ein Zeichen für bevorstehende Wertverluste sein, an denen die bisherigen Eigner, die über Informationsvorsprünge verfügen, sehr gerne ahnungslose Dritte beteiligen würden. Diese Deutung des Bestrebens, neue Eigenkapitalgeber zu finden, steht in krassem Gegensatz zu den Motiven, die herkömmlich für die Beteiligungsfinanzierung angeführt werden: Nicht etwa neue, vorteilhafte Investitionen sollen realisiert werden, die die Finanzkraft der bisherigen Eigner überfordern, sondern der Verlust aus alten Investitionen soll neuen Eignern untergeschoben werden.

Hier soll nicht behauptet werden, daß dieses Motiv bei der Beteiligungsfinanzierung überwiegend oder gar immer eine Rolle spielt. Dennoch sollten potentielle neue Eigenkapitalgeber diese Möglichkeit zumindest in Betracht ziehen. Anleger in der Realität scheinen sich sich der Gefahr der Übervorteilung tatsächlich bewußt zu sein. Darauf deutet jedenfalls das Phänomen des sogenannten "**underpricing**"[24] hin. Dieser Begriff bezeichnet die empirisch gut belegte Tatsache, daß junge Aktien nach der Börseneinführung eines Unternehmens im Durchschnitt einen Kurs erreichen, der höher ist als derjenige, den die Ersterwerber für das Papier (incl. eines etwaigen Bezugsrechtserwerbs) bezahlt haben. Auf informationseffizienten Märkten[25] wäre das Phänomen eines systematisch zu niedrigen Preises nicht erklärlich. Nimmt man dagegen eine asymmetrische Informationsverteilung an, so läßt sich das "Underpricing" als derjenige Preis- bzw. Risikoabschlag interpretieren, den rationale Käufer bei dem Erwerb neu emittierter Papiere vornehmen, um ihrem Mißtrauen in die verfügbaren Informationen über das kapitalsuchende Unternehmen Rechnung zu tragen.

Dieses Mißtrauen ist berechtigt, da der Emissionskurs in einer Situation asymmetrischer Informationsverteilung keineswegs irrelevant ist. Vielmehr wird durch die Höhe des

24 Vgl. hierzu *Rock* [Underpriced] sowie bezüglich deutscher Aktien *Schmidt et al.* [Underpricing].

25 Gemeint ist hier die strenge Informationseffizienz, die unterstellt, daß sich sogar Insiderinformationen im Marktpreis widerspiegeln. Vgl. *Fama* [Efficient].

Emissionskurses die Höhe der Wertgewinne und -verluste auf der Seite von Insidern und Outsidern aufgeteilt. Wir können als **Ergebnis** festhalten:

> Die These von der Irrelevanz des Emissionskurses gilt in der neo-institutionalistischen Modellwelt mit asymmetrisch verteilter Information und Anreizproblemen nicht.

11.4.1.2 Die Delegation von Geschäftsführungsbefugnis - Das Manager-Eigner-Problem

Haben sich alte und neue Unternehmenseigner über die Konditionen der Kapitalüberlassung geeinigt, sind also die Informationsprobleme *vor* Zustandekommen einer Finanzierungsbeziehung überwunden, so gleichen sich - so wurde oben vermutet - auch ihre Interessen tendenziell an. Sowohl die alten als auch die neuen Eigner erhalten einen erfolgsabhängigen Ertrag auf ihr eingesetztes Kapital. Sie bekommen die jeweils vereinbarte Quote dessen, was ihr gemeinsames Investitionsobjekt, d.h. das Unternehmen, nach Befriedigung der Gläubigeransprüche und aller anderen festen Zahlungsverpflichtungen abwirft.

Ein derart harmonisches Bild von der Gemeinschaft der Eigner ist zweifelsohne überzeichnet. Dies liegt zum einen darin begründet, daß die Parten unterschiedlicher Eigner nicht völlig symmetrisch sind. Z.B. muß bei Personengesellschaften die Verteilung des Gewinns nicht unbedingt von der Höhe der Kapitalbeteiligung abhängig sein. Und auch das unterschiedlich hohe Privatvermögen von persönlich haftenden Gesellschaftern etwa einer offenen Handelsgesellschaft läßt sie unterschiedlich an den möglichen Verlusten aus einer gemeinsamen Investitions- und Finanzierungspolitik partizipieren. Doch auch bei einer Beteiligung mit Haftungsbeschränkung, bei der sich die Verteilung der ausgeschütteten Gewinne ausschließlich an der Höhe der Kapitalbeteiligung orientiert, ist nicht jeglicher Interessenkonflikt ausgeschlossen. Nicht umsonst wird immer wieder der **Konflikt zwischen Groß- und Kleinaktionären** hervorgehoben, der nicht nur in der Praxis, sondern auch in der neo-institutionalistischen Literatur diskutiert wird.[26]

Anreizprobleme existieren also auch zwischen Eigenkapitalgebern - von den Interessenkonflikten ganz zu schweigen, die sich durch unterschiedliche Konsum- und Risikopräferenzen ergeben und auf den notwendigerweise unvollkommenen Kapitalmärkten der neo-institutionalistischen Modellwelt natürlich wieder eine Rolle spielen. Doch tendenziell dürften die Anreizprobleme zwischen Eigenkapitalgebern nach Zustandekommen

---

26 Vgl. hierzu beispielsweise die von neo-institutionalistischen Erwägungen geleitete empirische Untersuchung von *Zingales* [Voting].

der Finanzierungsbeziehung weniger stark ausgeprägt sein als das "moral hazard" in der Gläubiger-Schuldner-Beziehung - es sei denn, verschiedene Eigenkapitalgeber nehmen eine unterschiedliche Stellung bezüglich ihres Einflusses auf die Geschäftspolitik des Unternehmens ein: Einem Typ von Eigenkapitalgeber, den wir als geschäftsführenden Eigner oder **Manager-Eigner** bezeichnen wollen, obliegen die täglichen Entscheidungen über die Geschäftspolitik des Unternehmens, während die anderen Eigner als außenstehende Gruppe ihre Geschäftsführungsbefugnis dem Manager-Eigner übertragen haben.

Der Extremfall dieser Konstellation[27] liegt dann vor, wenn die Geschäftsführungsbefugnis einem Fremdmanager anvertraut wird, der gar nicht oder vielleicht nur mit einem verschwindend geringen Anteil an dem von ihm geleiteten Unternehmen beteiligt ist. Dieser Extremfall der **Delegation der Leitungsmacht** ist aber für Unternehmen in der Rechtsform der AG der Normalfall. Die Geschäftsführung des Unternehmens obliegt dem Vorstand, der in der Regel nicht aus dem Kreis der Eigentümer stammt, während die Einflußmöglichkeiten der Aktionäre auf ihr Stimmrecht bei der Hauptversammlung und die Wahl der Aufsichtsratsmitglieder beschränkt ist, die wiederum den Vorstand kontrollieren sollen. Die Aktionäre einer AG nehmen also die Stellung von **außenstehenden Eignern** ein:

> Das Recht der Eigentümer auf die aus dem Unternehmen fließenden Gewinne ("residual claims") ist von dem Recht, die Entscheidungen im Unternehmen zu fällen ("control"), getrennt.

Die Trennung von Eigentum und Verfügungsmacht bzw. Kontrollrecht über das Eigentum läßt Interessenkonflikte und "moral-hazard"-Probleme entstehen. Diese lieferten bereits den Stoff für das Zahlenbeispiel, mit dem im einführenden Teil dieses Buches die neo-institutionalistische Sicht des Investitions- und Finanzierungsproblems vorgestellt wurde. Die sogenannte **Manager-Eigner-Beziehung**, bei der es sich selbstverständlich - und noch offensichtlicher als bei der Gläubiger-Schuldner-Beziehung - um eine Agency-Beziehung handelt, ist das zentrale Thema der neo-institutionalistischen Literatur zur Finanzierung mit Eigenkapital.[28] Wird nämlich die Geschäftsführungsbefugnis von den (außenstehenden) Eignern an einen Fremdmanager oder Teileigner delegiert, werden die Entscheidungen über die Investitions- und Finanzierungspolitik gerade nicht mehr von jemandem getroffen, der in erster Linie daran Interesse hat, daß ein möglichst wertvoller Ausschüttungsstrom aus dem Unternehmen an die Eigner fließt. Vielmehr ist es plausibel, daß ein Manager eigene Ziele hat und diese durch seine Entscheidungen im

27 Extremfall muß nicht heißen, daß die Anreizprobleme bei einem Fremdmanager am ausgeprägtesten sind. Es ist durchaus möglich, daß etwa dann, wenn ein starker, geschäftsführender Teileigner vielen Kleinaktionären gegenübersteht, das Konfliktpotential noch größer ist, da hier der Konflikt zwischen Groß- und Kleinaktionären zum Tragen kommt.

28 Die zentrale agency-theoretische Quelle hierzu ist *Jensen/Meckling* [Theory].

Unternehmen auch verfolgt, wenn ihm die hierfür erforderlichen Handlungsspielräume offenstehen. Jede andere Annahme würde der in der ökonomischen Theorie verbreiteten Annahme widersprechen, daß Menschen ihren eigenen Nutzen zu maximieren trachten.

Wodurch könnten sich die Ziele eines Managers von den Zielen der Unternehmenseigner unterscheiden? Zum einen richtet sich sein Streben auf seine materiellen oder finanziellen Ziele. Sein Konsumeinkommensstrom wird im wesentlichen durch das Einkommen aus seinem Arbeitsverhältnis gespeist. Wie sich der Wunsch des Managers nach der Maximierung und Sicherung seines Einkommens auf sein Entscheidungsverhalten im Unternehmen und damit letztlich auf den an die Eigner fließenden Zahlungsstrom auswirkt, wird entscheidend durch die Ausgestaltung des **Entlohnungssystems** für das Management beeinflußt sein. Von einem fixen, vom Erfolg des Unternehmens unabhängigen Managereinkommen, wie es in der Praxis immer noch stark verbreitet ist, wird wohl kein Anreiz zu einer Geschäftspolitik im Sinne der Eigner ausgehen. Vielmehr werden bei einem festen, erfolgsunabhängigen Managereinkommen die Entscheidungen des Managements um so mehr von denjenigen Zielen geleitet werden, die neben dem Streben nach Einkommen den Nutzen des Managers determinieren.

Ein denkbares, über sein Streben nach Einkommen hinausgehendes Managerziel wurde bereits im Rahmen des Zahlenbeispiels im einleitenden Teil dieses Buches diskutiert: der Wunsch des Managers, bei gegebenem Einkommen seinen Arbeitseinsatz ("effort") zu minimieren, weil ein Mehr an "Arbeitsleid" seinen Nutzen mindert bzw. ein Weniger an "effort" ihm die Möglichkeit eröffnet, mehr Freizeit und Lebensqualität zu genießen. Manchem Leser mag jedoch das **"effort-incentive"-Problem**, das in der neo-institutionalistischen Literatur häufig zur Modellierung potentieller Manager-Eigner-Konflikte herangezogen wird, realitätsfern erscheinen. Schließlich gelten Manager viel häufiger als "workaholics" denn als Faulpelze. Doch es gibt andere Beispiele für mögliche Interessendivergenzen zwischen Managern und Eignern, für die sich ohne größere Schwierigkeiten auch empirische Belege finden lassen.

Da wäre etwa das Streben von Managern nach **Prestige** zu nennen, das sich in immer größeren Firmenimperien, über die das Management herrscht, ausdrücken könnte, obwohl der Aufkauf von immer mehr Unternehmen nicht immer auch die entsprechenden Gewinnsteigerungen mit sich bringt. Weiteres Konfliktpotential und damit die Gefahr von "moral hazard" birgt der Wunsch von Managern nach **Konsum am Arbeitsplatz** ("consumption on the job" oder "fringe benefit"-Konsum), der sich in teurer Büroausstattung, großem Geschäftswagen und weiten Geschäftsreisen manifestiert, die nicht immer auch zu einem größeren Erfolg des Unternehmens beitragen. Und schließlich darf auch die Präferenz von Managern für einen **sicheren Arbeitsplatz** nicht vergessen werden, der mit der Besorgnis des Managements um den Fortbestand des Unternehmens Hand in Hand geht. Könnte hierin vielleicht einer der tieferen Gründe dafür liegen, daß das Management vieler Aktiengesellschaften eine recht schwach ausgeprägte Vorliebe für hohe **Ausschüttungen** erkennen läßt, die in jüngerer Zeit immer heftigere Diskussionen auf Hauptversammlungen provoziert?

Eine beträchtliche Realitätsnähe läßt sich der neo-institutionalistischen Auseinandersetzung mit der Manager-Eigner-Problematik sicherlich nicht absprechen. Und zweifellos realitätsnah ist auch der Grund, den der Neo-Institutionalismus dafür anführt, daß es dem Management überhaupt gelingen kann, eigene Interessen auch auf Kosten der Eignerinteressen durchzusetzen:

> Manager, die als Spezialisten für die Funktion der Unternehmensführung engagiert werden, haben naturgemäß einen Informationsvorsprung gegenüber den außenstehenden Eignern.

Eigner sind deswegen außerstande, das Verhalten des Managements zu vertretbaren Kosten umfassend zu kontrollieren. Und was nicht kontrolliert werden kann, kann auch nicht zum Gegenstand durchsetzbarer vertraglicher Regelungen gemacht werden. Doch dies heißt nicht, daß keinerlei institutionelle Möglichkeiten existieren, Informations- und Anreizprobleme der Finanzierung mit externem Eigenkapital einzudämmen. Schließlich läßt sich in der Realität ein durchaus lebhafter Markt für Eigenkapital beobachten. Er hätte sich schwerlich etablieren können, wenn alle denkbaren Informations- und Anreizprobleme zwischen Eigenkapitalnehmern und -gebern voll zum Tragen kämen.

11.4.2 Rechtsformspezifische Regelungen als Steuerungsinstrumente

Die Ausprägung des Konfliktpotentials zwischen Eigenkapitalgebern und kapitalnehmenden Investoren, seien diese (Alt-)Eigner oder aber ein Fremdmanagement, hängt entscheidend von der **Rechtsform** eines Unternehmens ab. Die für jede Rechtsform unterschiedlichen gesellschaftsrechtlichen Regelungen determinieren die Rechte und Pflichten von Eigentümern, Geschäftsführern und Kontrollinstanzen in weiten Bereichen oder setzen zumindest den Rahmen, innerhalb dessen die Beteiligten individuelle vertragliche Vereinbarungen treffen können. Deshalb wird die Wahl der passenden Rechtsform auch als eines der wichtigsten Instrumente angesehen, um das Konfliktpotential zwischen Kapitalnehmern und -gebern einzudämmen.

Es würde den Rahmen dieses Buches sprengen, wenn an dieser Stelle eine eingehende Analyse der für die wichtigsten Rechtsformen spezifischen institutionellen Regelungen[29] vorgenommen würde, zumal sich die entsprechenden Regelungen auch in unterschiedlichen Ländern im Detail unterscheiden. Statt dessen sollen zwei idealtypische Rechts-

29 Zur weiteren Information vgl. *Kübler* [Gesellschaftsrecht].

formen skizziert werden, die die Extrempole des breiten Spektrums unterschiedlicher Rechtsformen in nahezu jedem Land abstecken: die **idealtypische Personengesellschaft** zum einen, die der OHG nach deutschen Gesellschaftsrecht nachempfunden ist, und die **idealtypische Kapitalgesellschaft** zum anderen, die sich eine Aktiengesellschaft zum Vorbild nimmt, deren Anteile von einem breiten Publikum gehalten und an der Börse gehandelt werden. Für beide Rechtsformen wird illustriert, wie die jeweils spezifischen institutionellen Regelungen so ineinandergreifen, daß Finanzierungsbeziehungen trotz der Informations- und Anreizprobleme möglich werden, die die Beziehungen zwischen den Eignern untereinander und zwischen Managern und Eignern prägen.[30]

Wir wenden uns zunächst der idealtypischen **Personengesellschaft** zu. Für Personengesellschaften ist charakteristisch, daß die durch die Gesellschafter betriebene Unternehmung **keine eigene Rechtspersönlichkeit** hat, sondern untrennbar mit den Personen der Eigner verbunden ist. Dies äußert sich nicht zuletzt darin, daß keine strenge Trennung zwischen dem Unternehmensvermögen und den Privatvermögen seiner Eigner besteht. In jeder Personengesellschaft gibt es mindestens einen Eigner, der **unbeschränkt mit seinem Privatvermögen für die Verbindlichkeiten seiner Gesellschaft haftet**. In dem Idealtyp einer Personengesellschaft haften alle Eigner in diesem Sinne voll. Allein daraus folgt, daß die Parte, die ein Eigenkapitalgeber durch eine Beteiligung an diesem Unternehmen erwirbt, nicht standardisiert ist und auch **nicht standardisiert** werden kann, denn das Privatvermögen von unterschiedlichen Personen läßt sich nicht vereinheitlichen. Vielleicht aus diesem Grund gesteht der Gesetzgeber den Gesellschaftern auch weitgehende Freiheiten zu, wie sie den Gewinn aus ihrer Unternehmung untereinander verteilen. Der Gesetzgeber macht einen Vorschlag, an den sich die Gesellschafter aber nicht halten müssen; sie können anderslautende vertragliche Regelungen treffen (*dispositives Recht*). Aus der mangelnden Standardisierbarkeit einer Eigentümerparte folgt ebenfalls, daß ein Gesellschafter nicht ohne weiteres gegen einen neuen austauschbar ist. Will sich ein Gesellschafter von seiner Beteiligung lösen, so kann er seine Beteiligung nur mit der Zustimmung aller anderen Gesellschafter veräußern, oder aber er nimmt sein Recht zur **Kündigung** seiner Beteiligung wahr, die in die Auflösung der Gesellschaft mündet, wenn er sich mit den anderen Gesellschaftern nicht über den ihm auszubezahlenden Wert seiner Beteiligung einigen kann.

Diese untrennbare finanzielle Verquickung von Unternehmens- und Privatsphäre seiner Gesellschafter geht mit einem hohen Risiko für die Eigentümer einher; und dieses Risiko würde wohl kaum jemand übernehmen, wenn ihm im Gegenzug nicht auch weitreichende Einflußrechte auf die Geschicke des Unternehmens zugestanden würden. Ein Scheitern

30 Die folgenden Ausführungen lehnen sich an an *Schmidt* [Grundformen], S. 195-201. Eine ähnliche Analyse von Unternehmensformen findet sich bei *Fama/Jensen* [Separation] und *dieselben* [Agency Problems]. Einen neueren Überblick geben *Milgrom/Roberts* [Organization], S. 482-536, die dabei auch die Fremdfinanzierungsproblematik behandeln.

der Unternehmung kann den finanziellen Ruin für jeden der Gesellschafter bedeuten, und Entscheidungen mit dieser persönlichen Tragweite legt man nur ungern in fremde Hände. Aus dem für eine Personengesellschaft charakteristischen Erscheinungsbild ist es deshalb nicht wegzudenken, daß jeder (vollhaftende) Gesellschafter auch das **Recht zur Geschäftsführung** innehat. Es ist zwar wiederum möglich, daß ein Gesellschafter freiwillig auf dieses Recht verzichtet und seine Geschäftsführungsbefugnis an den oder die anderen Gesellschafter abtritt, doch wird der Gesellschafter einer Personengesellschaft nur dann von dieser Möglichkeit Gebrauch machen, wenn er davon überzeugt ist, daß seine Interessen von einem Dritten mindestens ebenso gut wahrgenommen werden wie von ihm selbst; denn mit der Delegation von Verfügungsmacht wird die persönliche Haftung des Gesellschafters für die Entscheidungen der Geschäftsleitung nicht aufgehoben.

> Die Einheit von Eigentum, persönlicher Haftung und Geschäftsführungsbefugnis macht den Kern der Personengesellschaft aus.

Die Verfügungsmacht über das Eigentum liegt in den Händen der Eigentümer. Dies schließt zwar nicht aus, daß es zwischen den einzelnen Manager-Eignern zu Konflikten bezüglich der Unternehmenspolitik kommen kann. Aber sie sind gezwungen, sich zu einigen, da ansonsten die Kündigung eines Gesellschafters und damit die Auflösung der Gesellschaft droht. Jeder Gesellschafter steht jeweils für die Entscheidungen aller anderen gerade; und deshalb sind sie auch gemeinschaftlich zur Geschäftsführung befugt. Dies ermöglicht die **gegenseitige Kontrolle unter Gleichgestellten**, ein Phänomen, das die neo-institutionalistische Literatur als **"peer monitoring"**[31] bezeichnet. Das unbemerkte "Trittbrettfahren" auf Kosten der anderen, sei es durch überhöhten Konsum am Arbeitsplatz, durch zu geringen Arbeiteinsatz, überhöhte Entnahmen oder auch eine Geschäftspolitik, die den Interessen der Mitgesellschafter zuwider läuft, ist so nahezu ausgeschlossen. Das Recht, die Geschäfte gemeinschaftlich mit den anderen Eigentümern zu führen, und das Recht, die Beteiligung zu kündigen, kann dem Gesellschafter einer Personengesellschaft nicht streitig gemacht werden. Er kann nur freiwillig darauf verzichten; und dies wird er nur dann tun, wenn er denjenigen, in deren Hände er sein eigenes finanzielles Schicksal legt, vertraut.

Bei der Personengesellschaft gibt es also typischerweise keine Outsider, sondern die Informations- und Anreizprobleme werden dadurch im Zaum gehalten, daß jeder Eigentümer Insider und Manager ist. Deshalb kann ihnen die Ausgestaltung ihres Innenverhältnisses auch weitgehend selbst überlassen werden. Man kann davon ausgehen, daß sich jeder einzelne nur dann auf eine Regelung einlassen wird, wenn er von ihrer Vorteilhaftigkeit überzeugt ist.

---

31 Vgl. *Stiglitz* [Monitoring].

Das **Prinzip der freiwilligen Einigung von Gleichgestellten**, die sich gegenseitig kontrollieren, beherrscht die rechtsformspezifischen Regelungen der Personengesellschaft. Doch dann ist es auch unmittelbar einleuchtend, daß der Eigentümerkreis einer Personengesellschaft *nicht beliebig erweiterbar* ist.

Wird der Kreis derer zu groß, die sich über die Geschäftspolitik einigen müssen, wird die Gesellschaft handlungsunfähig. Darüber hinaus dürfte das Potential, neue Gesellschafter aus einem anonymen Markt zu gewinnen, ausgesprochen begrenzt sein. So wird ein Dritter nur dann bereit sein, eine Beteiligung einzugehen und mit seinem Privatvermögen zu haften, wenn er sich zur Geschäftsführung befähigt fühlt und wenn er den anderen vertraut. Aber auch der Kreis der aufnehmenden Gesellschafter muß zur Zusammenarbeit mit dem neuen Partner bereit sein und zu ihm Zutrauen haben. Ein solches gegenseitiges Vertrauensverhältnis läßt sich nicht ad hoc erzwingen, sondern kann nur über einen langen Zeitraum langsam wachsen.

Doch noch weitere, mindestens ebenso schwerwiegende Probleme stehen einer Erweiterung des Eigentümerkreises über den anonymen Markt entgegen: Es gilt, die asymmetrische Informationsverteilung *vor* Zustandekommen einer Finanzierungsbeziehung zu überwinden. Ein Outsider, der sich dafür interessiert, Insider zu werden, müßte von der Vorteilhaftigkeit einer Beteiligung überzeugt werden. Die Informationen der Alteigner sind aus den bekannten Gründen nicht unbedingt verläßlich; und verläßliche Informationen von neutralen Dritten stehen kaum zur Verfügung. **Jahresabschlüsse von Personengesellschaften** müssen zumindest dann, wenn diese Gesellschaften klein sind, **weder** von einem unabhängigen Wirtschaftsprüfer **geprüft noch publiziert** werden. Als "verläßliches" Informationsmaterial stehen vor allem Steuerbilanzen oder Bankauskünfte zur Verfügung. Sie dürften aber nur selten ausreichen, um anonyme Dritte von der Vorteilhaftigkeit einer Beteiligung als vollhaftender Gesellschafter zu überzeugen.

> Die Hürde der asymmetrischen Informationsverteilung vor Zustandekommen einer Finanzierungsbeziehung zwischen Alt- und Neueignern ist bei einer Personengesellschaft nur schwer zu überwinden.

Aber dies ist insofern verständlich, als diese Gesellschaftsform die Informations- und Anreizprobleme der Finanzierung durch Eigenkapital gerade dadurch einzudämmen sucht, daß der Kreis der Eigenkapitalgeber klein gehalten wird, so daß sich alle Gesellschafter als gleichberechtigte Insider gegenseitig in Schach halten können. Auf große Unternehmen, die auf einen großen Kreis von Eigenkapitalgebern angewiesen sind, ist die Rechtsform der idealtypischen Kapitalgesellschaft zugeschnitten.

Wie der Name schon sagt, ist die Existenz von **Kapitalgesellschaften** nicht untrennbar mit den Personen der Eigner verknüpft, sondern die Basis ihres Bestehens bildet das ihr zur Verfügung gestellte Eigenkapital, unabhängig davon, wer Eigentümer der Kapitalanteile ist. Dies drückt sich auch darin aus, daß eine Kapitalgesellschaft ein **Unternehmen mit eigener Rechtspersönlichkeit** ist.

Eine derartige Unabhängigkeit des Unternehmens von der Person der Eigner läßt sich nur realisieren, wenn die Belange des Unternehmens strikt von der Privatsphäre seiner Eigentümer getrennt sind; und dies gilt in zweierlei Hinsicht.

Zum einen wird eine saubere Trennlinie zwischen dem Unternehmensvermögen und dem Privatvermögen der Eigner gezogen. Für die Verbindlichkeiten des Unternehmens haftet lediglich das Unternehmensvermögen; die Anteilseigner können maximal den Betrag verlieren, den sie in das Unternehmen eingelegt haben bzw. den sie für den Erwerb ihres Anteils bezahlt haben. Natürlich geht diese **Beschränkung der Haftung** auch mit einer Beschränkung des Zugriffsrechts der Eigner auf das Unternehmensvermögen einher. Entnahmen sind nicht so einfach möglich wie bei einer Personengesellschaft, sondern **Ausschüttungen** an die Eigner sind auf den nach genauen Regeln zu ermittelnden Gewinn **beschränkt**, damit das Unternehmensvermögen, und damit die den Gläubigern haftende Masse, nicht ausgehöhlt werden kann.[32] Als erstes Charakteristikum der idealtypischen Kapitalgesellschaft ergibt sich somit:

> Die Haftung der Eigner ist auf ihren Anteil beschränkt; im Gegenzug unterliegt das Unternehmensvermögen Ausschüttungssperrvorschriften.

Zum zweiten geht mit dem Erwerb eines Anteils **keine Geschäftsführungsbefugnis** einher. Während der Gesellschafter einer OHG mit dem Eintritt in die Gesellschaft hier im Regelfall gleichzeitig seinen Arbeitsplatz findet, muß eine Aktiengesellschaft, die der idealtypischen Kapitalgesellschaft als Vorbild dient, immer von einem professionellen Management, dem **Vorstand**, geleitet werden. Nur in Ausnahmefällen - etwa bei sogenannten Familienaktiengesellschaften, deren Anteile ausschließlich in einem eng begrenzten, verwandtschaftlich verbundenen Kreis gehalten werden - sind Mitglieder des Vorstands auch gleichzeitig an der Gesellschaft, die sie leiten, maßgeblich beteiligt.[33] Im Normalfall ist bei idealtypischen Kapitalgesellschaften das Einflußrecht der Eigentümer auf ihr Stimmrecht bei der jährlichen Gesellschafter- bzw. Hauptversammlung begrenzt, das sich nach der Höhe ihres Kapitalanteils richtet. Als zweites wesentliches Charakteristikum der idealtypischen Kapitalgesellschaft läßt sich deshalb festhalten:

32 Die auf das Unternehmensvermögen beschränkte Haftung gegenüber den Gläubigern ist auch der Grund dafür, warum bei Kapitalgesellschaften - im Unterschied zu Personengesellschaften - neben dem Insolvenzauslöser "Zahlungsunfähigkeit" auch der Insolvenzauslöser "Überschuldung" gilt.

33 Ganz anders sieht dies in Unternehmen in der Rechtsform der Gesellschaft mit beschränkter Haftung aus. Die GmbH ist zwar auch eine Kapitalgesellschaft, die Leitung wird aber häufig von dem oder den Eignern selbst wahrgenommen. Insofern stellt eine GmbH einen Zwitter zwischen der idealtypischen Personen- und der idealtypischen Kapitalgesellschaft dar, wodurch die GmbH auch mit einem Mix der Vor- und Nachteile beider Rechtsformen einhergeht.

Die idealtypische Kapitalgesellschaft ist durch eine Trennung von Eigentum und Leitungsmacht gekennzeichnet.

Die Kombination beider Merkmale, der beschränkten Haftung mit dem fehlenden Recht zur Geschäftsführung, schafft die idealen Voraussetzungen für eine von den Personen der Eigner unabhängige Unternehmensexistenz. Die Eigentumsrechte am Unternehmen lassen sich **standardisieren**; Aktien gleichen Nennwerts verbriefen gleiche Rechte an dem aus der Unternehmung fließenden Zahlungsstrom und gleiche Einflußrechte in Form des Stimmrechts auf der Hauptversammlung. Auf diese Weise läßt sich das Eigenkapital in kleine Teile **stückeln**; die Zahl der Eigner läßt sich nahezu beliebig erhöhen, ohne dadurch einen in seiner Komplexität nicht mehr zu bewältigenden Einigungsprozeß zwischen den Eignern heraufzubeschwören. Zudem werden so auch die Voraussetzungen geschaffen, um einen Eigner leichter gegen einen beliebigen anderen austauschen zu können.

Selbstverständlich kann dem Teileigner einer Kapitalgesellschaft - also etwa dem Eigentümer einer Aktie - nicht das Recht zur Kündigung mit der etwaigen Folge einer Auflösung der Gesellschaft zugestanden werden. Ein solches Recht würde die Kernidee einer Unternehmung mit eigener Rechtspersönlichkeit ad absurdum führen. Andererseits kann aber von einem Kapitalgeber auch nicht erwartet werden, daß er sich auf alle Ewigkeiten an seine Entscheidung für die Kapitalüberlassung gebunden fühlt. Zumindest würde diese Erwartung den Kreis potentieller Eigenkapitalgeber radikal einschränken. Die Lösung für das Problem, wie Eigenkapital der Unternehmung dauerhaft und unkündbar zur Verfügung gestellt werden kann, ohne den Kapitalgeber auf eine ebenso lange Frist zu binden, liegt in der freien Übertragbarkeit der Anteile durch die Veräußerung an Dritte. Beschränkte Haftung, fehlende Geschäftsführungsbefugnis und Standardisierung sind unabdingbare Voraussetzungen für eine leichte Übertragbarkeit, d.h. für eine **Fungibilität** der Anteile durch ihren Handel am Sekundärmarkt, der **Börse**. Die kleine Stückelung der Anteile ermöglicht es darüber hinaus, daß der einzelne Anleger sein Vermögen nicht auf ein Unternehmen konzentrieren muß, sondern sein Risiko durch **Diversifikation** mindern kann.

Damit sich ein Markt für Anteile bildet, müssen aber noch weitere Voraussetzungen erfüllt sein. Das Informationsgefälle zwischen den verkaufswilligen Anteilseignern und potentiellen Käufern darf nicht zu groß sein. Bei idealtypischen Kapitalgesellschaften bildet dies insofern nur ein geringes Problem, als sowohl die Käufer als auch die Verkäufer in der Regel als Außenstehende einzustufen sind. Kleinaktionäre und solche, die es werden wollen, besitzen im Normalfall keinen Zugang zu Insiderinformationen, sondern sind auf öffentlich zugängliche Informationen angewiesen. Diese öffentlich zugänglichen Informationen sind für idealtypische Kapitalgesellschaften weit umfangreicher als bei Personengesellschaften. So besteht für Aktiengesellschaften die Pflicht zur **Veröffentlichung ihres Jahresabschlusses**. Da der Jahresabschluß nach sehr viel **strengeren**

Rechnungslegungsvorschriften als bei einer Personengesellschaft abgefaßt wird und zudem der **Prüfung** durch einen Wirtschaftsprüfer unterzogen werden muß, ist auch von einem Mindestmaß an Verläßlichkeit dieser Informationen auszugehen. Darüberhinaus ist durch die Standardisierung der Anteile auch ein **Preisvergleich** möglich, der durch die öffentliche Preisstellung bei einem institutionalisierten Handel der Aktien an einer Börse unterstützt wird.

Trotz dieser unterstützenden, Informationsprobleme abbauenden institutionellen Regelungen ist der reale Markt für Anteile an Kapitalgesellschaften zweifelsohne weit davon entfernt, perfekt zu funktionieren. Es verbleibt etwa zu befürchten, daß zumindest vereinzelt Probleme asymmetrischer Informationsverteilung zwischen Käufern und Verkäufern existieren. Das in Deutschland vor noch gar nicht so langer Zeit in Kraft getretene Gesetz zur Bekämpfung des Insiderhandels würde ansonsten jeglichen Sinns entbehren; und das Phänomen des "underpricing" liefert ein weiteres Indiz in dieselbe Richtung. Natürlich sind auch publizierte und geprüfte Jahresabschlüsse von lediglich begrenzter Aussagekraft für zukünftige Ertragsaussichten; und das Testat eines unabhängigen Wirtschaftsprüfers - so belegen spektakuläre Fälle in der Wirtschaftspraxis immer wieder - feit nicht vor jeglicher Bilanzmanipulation. Dennoch läßt sich für die idealtypische Kapitalgesellschaft festhalten:

> Die rechtsformspezifischen Regelungen einer Kapitalgesellschaft - unterstützt durch die Institution der Börse - sorgen dafür, daß die Informationsprobleme zwischen alten und neuen Eignern im Vergleich zur Personengesellschaft klein sind und ein großer Kreis anonymer Kapitalgeber angesprochen werden kann.

Dieser Vorzug der idealtypischen Kapitalgesellschaft hat jedoch auch seinen Preis. Die Schattenseite dieser Rechtsform liegt in der ausgeprägten Trennung von Eigentum und Leitungsmacht. Die potentiellen **Anreizprobleme zwischen Management und Eignern** kommen voll zum Tragen, und aufgrund der extrem asymmetrischen Informationsverteilung zwischen Management und Eignern ist das Managementverhalten auch kaum durch letztere zu kontrollieren. Die geringe Höhe seiner Kapitalbeteiligung läßt den einzelnen Eigner auch weitgehend das Interesse an einer Kontrolle verlieren. Die Kontrollkosten sind im Vergleich zu dem Nutzen, den die Kontrolle dem einzelnen Anleger bringen könnte, zu hoch.[34] Hinzu kommt, daß ein Aktionär zu einer Kontrolle vielleicht gar nicht befähigt ist, selbst wenn er die dazu nötigen Informationen besäße. Nicht umsonst werden Spezialisten mit der Unternehmensführung betraut.

Einen Ausweg aus diesem Kontrolldilemma wird in den rechtsformspezifischen Regelungen in der Einrichtung eines spezialisierten Aufsichtsgremiums gesucht, das den Vor-

34 Kontrolle hat die Eigenschaft, daß die Kontrollaktivitäten eines Aktionärs auch allen anderen zugute kämen. Die Folge ist, daß es jeder Aktionär bevorzugt, daß nicht er selbst, sondern ein anderer kontrolliert (Free Rider-Verhalten).

stand überwacht. Bei der Aktiengesellschaft deutschen Rechts ist dies der **Aufsichtsrat**, der für seine Aufgabe allerdings höchst unzulänglich gerüstet zu sein scheint, wie zahlreiche Diskussionen um die Funktionsfähigkeit dieser Institution gerade in jüngster Zeit belegen.

Um die einzelnen Argumente dieser Diskussion aufzugreifen, ist hier kein Raum. Es sei lediglich darauf hingewiesen, daß natürlich auch die Aufsichtratsmitglieder gegenüber dem Vorstand häufig im Informationsnachteil sind, denn schließlich sind sie nicht in das tägliche Geschäft involviert. Zum anderen werden Aufsichtsratspositionen häufig von Personen eingenommen, die den Gläubigern des Unternehmens nahestehen oder vormals selbst eine Leitungsposition in diesem Unternehmen innehatten. Daß solche Vertreter unter Umständen Entscheidungen unterstützen, die den Interessen des Managements genau so dienen wie den Interessen der Gläubiger, den Wünschen von (Klein-)Aktionären aber weniger entsprechen, ist nicht auszuschließen. Die vorsichtige **Ausschüttungspolitik** zahlreicher Aktiengesellschaften könnte das Resultat einer solchen Allianz von Aufsichtsratsmitgliedern und Vorständen sein.[35] Natürlich müßte nun weiter gefragt werden, wie es denn zu einer solchen Besetzung des Aufsichtsgremiums kommen kann. Schließlich wird doch der Aufsichtsrat, der den Vorstand bestellt und abberuft, von der Versammlung der Aktionäre gewählt. Warum nehmen sie bei dieser Wahl nicht ihre eigenen Interessen wahr? Vielleicht deshalb, weil sie sich bei der Hauptversammlung häufig durch die Banken vertreten lassen, die ihr Aktiendepot verwalten (**Depotstimmrecht**).[36] Die "Ursachenforschung" ließe sich fortsetzen.

Dieser knappe Einblick in das institutionelle Geflecht, das die Einflußmöglichkeiten und -rechte auf die Geschäftspolitik realer Aktiengesellschaften prägt, sollte jedoch ausreichen, um zu verdeutlichen, daß die bestehenden institutionellen Regelungen für diejenige Rechtsform, die einen breiten Kreis anonymer Kapitalgeber anspricht, keineswegs über jede Kritik erhaben sind. Es bestehen Zweifel, ob es sich hier wirklich um eine Institution handelt, die die Agency-Kosten bzw. die Reibungsverluste aus Informations- und Anreizproblemen auf ein Minimum reduziert. Die aktuellen Diskussionen über mögliche Verbesserungen der rechtsformspezifischen Regelung der Aktiengesellschaft legen hiervon reges Zeugnis ab. Die Vorschläge reichen von dem Ruf nach einer verstärkten Haftung von Vorstand und Aufsichtsrat über die Forderung nach Abschaffung des Depotstimmrechts bis hin zum Wunsch nach Beschneidung des Einflusses des Vorstands auf die Ausschüttungspolitik und die Etablierung eines Zwangs zur Ausschüttung von Gewinnen.[37]

---

35 Vgl. *Wenger* [Managementanreize].

36 Vgl. *Wenger* [Depotstimmrecht].

37 Vgl. *Wenger* [Managementanreize].

Nicht zuletzt wäre zur Eindämmung des Manager-Eigner-Konflikts aber auch auf die institutionellen Gestaltungsmöglichkeiten hinzuweisen, die sich im Rahmen der Abfassung von Arbeitsverträgen von Managern ergeben - eine Möglichkeit, die bereits im Rahmen der geltenden rechtlichen Regelungen besteht. Über die Ausgestaltung von Arbeitsverträgen und insbesondere die Anreizwirkung unterschiedlicher Entlohnungssysteme enthält die neo-institutionalistische Literatur umfangreiches Material, das hier nicht vorgestellt werden kann.[38] Es sei aber zumindest der Hinweis gegeben, daß dieses Thema für die Problematik der Finanzierung durch Eigenkapital und speziell für die Abschätzung der Möglichkeiten und Grenzen einer Bewältigung potentieller Manager-Eigner-Konflikte von großer Bedeutung ist.

Nicht einmal die Grundformen der Finanzierung konnten wir hier erschöpfend behandeln, Der gebotene Einblick in diese Diskussion sollte jedoch so viel Vertrautheit mit dem neo-institutionalistischen Argumentationsmuster vermittelt haben, daß die Leser für den im letzten Kapitel vorgesehenen Ausblick auf komplexere Finanzierungsprobleme gerüstet sind. Auch dürfte schon jetzt spürbar sein, wie schwankend der Boden der ökonomischen Theorie mit dem Übergang zum Neo-Institutionalismus geworden ist, wenn handfeste Aussagen über optimale oder wenigstens befriedigende Lösungen von Finanzierungsproblemen angestrebt werden.

11.5 Zusammenfassung

Das vorliegende Kapitel stellte die Grundzüge einer neo-institutionalistischen Analyse der Grundformen der Finanzierung vor, d.h. der Finanzierung durch Fremdkapital und der Finanzierung durch Eigenkapital.

Bei der Fremdfinanzierung besteht das Problem des Gläubigers vor Zustandekommen der Finanzierungsbeziehung in der Abschätzung des Kreditausfallrisikos. Dies wird zum einen durch die asymmetrische Informationsverteilung zwischen Gläubiger und Schuldner erschwert, zum anderen aber vor allem auch dadurch, daß der Schuldner durch "moral hazard"-Verhalten nach Zustandekommen einer Kreditvergabe das Ausfallrisiko des Gläubigers beeinflussen kann. Der Wechsel zu riskanteren Investitionen, die Erhöhung von Entnahmen und eine verstärkte, die Ansprüche alter Gläubiger verwässernde Verschuldung gehören zu den "moral hazard"-Risiken, die die neo-institutionalistische Diskussion als für die Gläubiger-Schuldner-Beziehung zentral identifiziert. Der Gläubiger steht diesen Informations- und Anreizproblemen allerdings nicht schutzlos gegenüber. Zwar verliert für ihn die Festlegung der vereinbarten Verzinsung als Möglichkeit zur

38 Ein guter Überblick findet sich in *Milgrom/Roberts* [Organization], S. 325-446, insb. S. 423-445.

Risikoabgeltung an Bedeutung, denn Zinserhöhungen können durch das Schuldnerverhalten unterlaufen werden. Dafür gewinnt das Kreditvolumen an Steuerungswirkung: Die Limitierung von Krediten, die zur Rationierung von Nachfragern führen kann, hilft Ausfallrisiken genauso zu begrenzen wie formal kurze Fristigkeiten der Kapitalüberlassung, die den Schuldner zu Wohlverhalten bis zur Prolongationsentscheidung zwingen. Als vielleicht wichtigstes Instrument zur Absicherung der Gläubiger zumindest bei langfristigen Kreditvergaben wurden die Kreditsicherheiten vorgestellt. Kreditsicherheiten senken den Informationsbedarf des Gläubigers, machen ihn von den Informationen der Schuldner unabhängiger und sorgen dafür, daß die Gläubigerposition kaum mehr durch "moral hazard"-Verhalten seitens des Schuldners im Wert gemindert werden kann.

Die Informations- und Anreizprobleme, die die Finanzierung durch Eigenkapital prägen, liegen zum einen in dem Informationsgefälle zwischen Unternehmensinsidern und außenstehenden potentiellen Neueignern. Es besteht die Gefahr, daß Neueigner einen zu hohen Preis für ihre Parte bezahlen. Nach Zustandekommen einer Finanzierungsbeziehung gleichen sich die Interessen von Alteignern und Neueignern aufgrund der tendenziellen Symmetrie der ihnen zustehenden Parten an. Allerdings sind *dann* schwerwiegende Anreizprobleme auch nach Zustandekommen der Finanzierungsbeziehung zu erwarten, wenn Eigentümer nicht gleichzeitig die Leitungsmacht im Unternehmen innehaben, so daß Manager-Eigner oder Fremdmanager ihre eigenen Interessen auf Kosten außenstehender Eigner verfolgen können.

Für die Informations- und Anreizprobleme der Finanzierung durch Eigenkapital bieten die unterschiedlichen Rechtsformen unterschiedliche Lösungen an. Die idealtypische Personengesellschaft, die der offenen Handelsgesellschaft nachempfunden ist, baut auf die Einheit von Eigentum und Verfügungsmacht. Jeder Eigner haftet mit seinem Privatvermögen und lenkt die Geschicke der Unternehmung in Abstimmung mit den anderen Eignern selbst. Gleichgestellte Insider kontrollieren sich gegenseitig, um Anreizprobleme in der Manager-Eigner-Beziehung zu bewältigen. Diese "Lösung" des Anreizproblems wird allerdings durch den Nachteil erkauft, daß diese Rechtsform nur für einen kleinen Kreis von Eignern in Frage kommt, die ihr finanzielles Schicksal voll mit dem Unternehmen verknüpfen wollen und müssen. Die für die Aufnahme neuer Eigner zu überwindenden Informations- und Einigungsprobleme machen es bei der Wahl dieser Unternehmensform unmöglich, einen breiten, anonymen Eigenkapitalgeberkreis anzusprechen.

Den entgegengesetzten Weg gehen die rechtsformspezifischen Merkmale der idealtypischen Kapitalgesellschaft. Beschränkte Haftung und fehlende Geschäftsführungsbefugnis in Verbindung mit Standardisierung und kleiner Stückelung der Anteile sowie strengen Rechnungslegungs-, Prüfungs- und Publizitätsvorschriften machen die Personen der Eigentümer austauschbar und die Anteile handelbar. Dies ermöglicht es, anonyme Anleger am Kapitalmarkt als Eigenkapitalgeber anzusprechen. Allerdings geht dieser Vorzug der Aktiengesellschaft mit dem Problem einher, daß Anreizkonflikte zwischen Management und Eigentümern in sehr viel stärkerer Ausprägung als bei Personengesellschaften auftreten.

Ob die rechtsformspezifischen Regelungen oder auch die institutionellen Möglichkeiten, die zur Regelung der Gläubiger-Schuldner-Beziehung in der Realität beobachtbar sind, die jeweils besten institutionellen Gestaltungsmöglichkeiten darstellen, ist angesichts der Diskussion, die um die Effektivität vieler institutioneller Regelungen geführt wird, zu bezweifeln. Eindeutige Aussagen über optimale Finanzierungsformen lassen sich mit Hilfe des Neo-Institutionalismus nicht gewinnen. Er gewährt jedoch Einblicke in die Funktionsweise von Finanzierungsformen und macht unzweifelhaft deutlich, daß die Irrelevanz der Finanzierung nicht mehr gilt.

Kapitel 12

Erweiterungen, Ausblick und offene Fragen

12.1 Lernziele

Das zwölfte und letzte Kapitel soll die Vorstellung der neo-institutionalistischen Finanzierungstheorie abrunden, indem die Komplexität der Argumentation erweitert und ein Ausblick auf Themen gewährt wird, die zwar im Zentrum der neo-institutionalistischen Finanzierungstheorie stehen, aber in diesem einführenden Lehrbuch nicht mehr als angerissen werden können.

Zum ersten soll gezeigt werden, wie die Argumentationsbausteine, die im vorhergehenden Kapitel mit der Analyse einzelner Finanzierungsformen entwickelt wurden, eingesetzt werden können, um sich der Analyse komplexerer finanzwirtschaftlicher Phänomene zu nähern. Dazu greifen wir noch einmal die alte Frage nach der optimalen Kapitalstruktur auf. Wir wollen untersuchen, wie sich die Position der traditionellen These von der Relevanz der Kapitalstruktur zum einen und der Modigliani-Miller-These von der Irrelevanz der Kapitalstruktur zum anderen aus neo-institutionalistischer Perspektive ausnehmen, um zu einer vorläufigen neo-institutionalistischen Synthese zu gelangen. Am Beispiel der Kapitalstrukturdiskussion soll gezeigt werden, wie die neo-institutionalistische Sicht Hilfestellung geben kann, um die Finanzierungsentscheidungen von Unternehmen in der Realität einzuschätzen.

Zum zweiten soll gezeigt werden, daß die Analyse von Finanzierungsformen im vorhergehenden Kapitel lediglich einen kleinen Ausschnitt des Netzes von Finanzierungsbeziehungen beleuchtet, das Kapitalnehmer und -geber in der Realität verbindet und einbindet und das erst durch die neo-institutionalistische Finanzierungstheorie einer Analyse zugänglich wird. Stellvertretend für die zahlreichen finanzwirtschaftlichen Phänomene, die von der Komplexität dieses Netzes Zeugnis ablegen, steht hier die Finanzintermediation durch Banken. Sie ist ein Musterbeispiel dafür, daß viele Finanzbeziehungen nicht *direkt* zwischen Kapitalnehmern und -gebern zustande kommen (können), sondern daß Dritte die Rolle eines Mittlers zwischen den Finanzierungsparteien einnehmen (müssen).

Zum dritten und letzten wollen wir ein Thema aufgreifen, das zu den schillerndsten in der neo-institutionalistischen Literatur zählt: den Markt für Unternehmenskontrolle. Wir haben dieses Thema als Abschluß dieses Teils unseres Buches nicht deshalb gewählt, weil die Ereignisse auf dem "market for corporate control" den Stoff zu einem spannenden

Wirtschaftsroman abgeben.[1] Das vorrangige Motiv liegt vielmehr darin, daß sich der Markt für Unternehmenskontrolle hervorragend als Demonstrationsobjekt dafür eignet, wie schwer es ist, mit Hilfe der neo-institutionalistischen Finanzierungstheorie eindeutige und beweisbare Aussagen abzuleiten. Was ist der Markt für Unternehmenskontrolle: eine Institution zur Milderung von Informations- und Anreizproblemen oder ein Feld, auf dem eine neue Form von "moral-hazard"-Verhalten ausgelebt werden kann? Beide Positionen lassen sich durch dieselbe Art von neo-institutionalistischen Argumenten stützen. Die Abwägung zwischen ihnen vermag die Theorie (bisher) nicht zu bieten; sie muß dem Betrachter realer Phänomene selbst überlassen bleiben. Die Theorie kann ihm aber helfen, bei dieser Abwägung bedachtsamer zu sein.

Zusammenfassend läßt sich als Lernziel dieses Kapitels formulieren:

Die Leser sollen anhand ausgewählter Themen ihr Bewußtsein für die Möglichkeiten und für die Grenzen der neo-institutionalistischen Finanzierungstheorie schärfen, damit sie befähigt werden, diese Brille gezielt einzusetzen, um reale finanzwirtschaftliche Phänomene schärfer zu sehen.

12.2 Das Problem der "optimalen Unternehmensfinanzierung"

12.2.1 Die Diskussion über die optimale Kapitalstruktur aus neo-institutionalistischer Sicht

Wie kann das im vorhergehenden Kapitel erarbeitete Wissen über die Informations- und Anreizprobleme, die mit der Finanzierung durch Fremd- und Eigenkapital einhergehen können, und über institutionelle Regelungen, die diese Probleme eindämmen können, bei der Bewertung finanzieller Gestaltungsalternativen Hilfestellung leisten?

Wer von der neo-institutionalistischen Finanzierungstheorie "Kochrezepte" erwartet, wird enttäuscht werden. Die Theorie vermag keine Regeln anzugeben, in welcher Form sich ein Unternehmen in einer gegebenen Situation finanzieren sollte. Aber sie ermöglicht es, gezielter über reale finanzwirtschaftliche Phänomene und Gestaltungprobleme nachzudenken und diese zu diskutieren, als es vor der Entwicklung dieser Richtung der ökonomischen Theorie möglich war. Daß diese Reflexion gleichzeitig bewußt macht, wie weit man von handfesten Gestaltungsempfehlungen entfernt ist, macht sie keineswegs

1 Solche Wirtschaftsromane gibt es, und sie bieten nicht nur eine spannende, sondern auch eine sehr instruktive Lektüre; vgl. zu dem bisher größten Fall auf dem Markt für Unternehmenskontrolle, der Übernahme des amerikanischen Nahrungsmittelkonzerns "RJR Nabisco", *Burrows/Helyar* [Barbarians].

praktisch wertlos, denn Entscheidungen sind immer auch das Ergebnis von Überlegungen und dem Austausch von Argumenten. Selbst wenn sie nicht zu unbestreitbaren Ergebnissen führen, steht doch zu hoffen, daß bessere Argumente auch zu besseren Entscheidungen führen.[2]

Ein Rückblick und Ausblick auf ein zentrales Thema der Finanzierungstheorie, die Diskussion um die optimale Kapitalstruktur einer Unternehmung, soll dies - stellvertretend für viele andere Themen, die ebenfalls als Beispiele dienen könnten - verdeutlichen.

Die Fragen, was eine optimale **Kapitalstruktur** kennzeichnet, ob es überhaupt eine optimale Kapitalstruktur gibt und wovon sie gegebenenfalls abhängt, wurden zu unterschiedlichen Zeiten unterschiedlich beantwortet. Die älteste Position, die sogenannte traditionellen These, stuft die Kapitalstruktur eines Unternehmens als "relevant" ein. Die Art und Weise, wie die Anhänger der traditionellen These ihre Behauptung begründen, daß es eine optimale Kapitalstruktur geben müßte, weist allerdings deutliche Spuren der traditionellen Finanzierungslehre auf, auch wenn die Frage nach einem Optimum der Finanzierung über das zentrale Anliegen der traditionellen Finanzierungslehre, nämlich die Beschreibung und Systematisierung von Finanzierungsmöglichkeiten, hinausgeht. Auch mutet es "modern" und entscheidungsorientiert an, daß Annahmen über das Verhalten der Kapitalgeber die zentralen Argumente für die Existenz einer optimalen Kapitalstruktur liefern. Dennoch hat sich die traditionelle These nicht von der alten Vorstellung des *Unternehmens an sich* als Zielträger finanzwirtschaftlicher Überlegungen gelöst. Es wird nämlich mit keinem Wort darauf eingegangen, daß das Verhalten der Eigenkapitalgeber, das letztlich zu einer Senkung der Kapitalkosten führt, ihnen zum eigenen Schaden gereicht: Die Reaktion der Eigenkapitalgeber auf das erhöhte Kapitalstrukturrisiko in Form erhöhter Renditeforderungen bleibt aus; die Eigenkapitalgeber übernehmen Risiko, ohne hierfür entsprechend bezahlt zu werden; den Nutzen hieraus hat *das Unternehmen*, das Kapital zu günstigen Konditionen erhält. Den vielleicht deutlichsten Anhaltspunkt dafür, daß die Wende zur modernen, entscheidungsorientierten Sicht von Investition und Finanzierung und speziell zur neoklassisch geprägten, kapitalmarktorientierten Sicht von den Vertretern der traditionellen These noch nicht vollzogen ist, liefert jedoch die Rolle, die dem Kapitalmarkt innerhalb der traditionellen These zugewiesen wird: Der Kapitalmarkt hat gar keine Rolle, er wird einfach vergessen. Die Auswirkungen der unterstellten Verhaltensweisen der Kapitalgeber auf die Marktpreise von Finanztiteln werden nicht bedacht.

Dieses "Versäumnis" in der Argumentation der traditionellen These wird von den Markttheoretikern aufgedeckt. Sie entlarven die traditionelle Begründung für die Existenz einer optimalen Kapitalstruktur als "naiv", eben weil eine konsistente Ableitung der Kapitalkostenverläufe aus dem *rationalen* Verhalten von Marktteilnehmern fehlt.

2 Vgl. dazu *Schor* [Forschung] und darauf aufbauend *Schmidt* [Praxisbezug].

Modigliani und Miller weisen nach, daß sich bei Kapitalkostenverläufen gemäß der traditionellen These Unternehmenswerte einstellen würden, die Arbitragegewinne erzielen ließen. Diese Ungleichgewichtssituation am Kapitalmarkt ist erst dann beseitigt, wenn sich die Unternehmenswerte von zwei Unternehmen, die sich durch nichts unterscheiden als durch ihre Kapitalstrukturen, aneinander angeglichen haben. Gleiche Unternehmenswerte bedeuten aber auch gleich hohe, von der Kapitalstruktur unabhängige durchschnittliche Kapitalkosten, so daß aus dem Arbitragebeweis die Irrelevanz der Kapitalstruktur folgt.

Die zentrale Kritik an der traditionellen These, daß sie die Bedeutung des Marktmechanismus einfach vergessen hat, ist berechtigt. Aber der "Fehler" wurde von den Kritikern aus dem Lager der kapitalmarktorientierten Theorie *zu* gründlich beseitigt. Um die These, daß es eine optimale Kapitalstruktur gibt, wirksam zu entkräften, genügt es nämlich nicht, daran zu erinnern, daß es überhaupt einen Kapitalmarkt gibt. Nötig sind vielmehr die sehr viel weitergehenden Annahmen, daß der Markt, auf dem die Parten von Gläubigern und Eignern gehandelt werden, auch perfekt funktioniert und daß - eng damit verknüpft - die Unternehmung eine Investitionspolitik verfolgt, die gegeben, optimal und von der Finanzierungsstruktur unabhängig ist.[3] Die neo-institutionalistische Finanzierungstheorie meldet Zweifel an genau diesen Annahmen an. Sie ignoriert Marktmechanismen nicht - wie die Vertreter der traditionellen These -, sondern unterstellt einen Markt, auf dem eine asymmetrische Informationsverteilung unter den Marktteilnehmern sowie Kosten des Abschlusses und der Durchsetzung von Verträgen ein reibungsloses Funktionieren verhindern. Der Markt wird als unvollkommen und unvollständig erkennbar; die Beziehungen zwischen Kapitalnehmern und Kapitalgebern - einschließlich der Beziehungen zu den Managern, die die Investitionsentscheidungen treffen - sind durch Informations- und Anreizprobleme geprägt, die durch eine geschickte institutionelle Ausgestaltung von Finanzierungs- und Arbeitsverträgen zwar gemildert, aber außer in Ausnahmefällen nicht völlig ausgeräumt werden können.

Die institutionelle Ausgestaltung der Finanzierung bestimmt die **Einflußrechte** und **Anreize**, die ihrerseits die Festlegung der Investitionspläne determinieren. Die Investitionspolitik ist nicht unabhängig von der Finanzierung, sondern wird von der Finanzierung beeinflußt. Die Struktur, die für die Finanzierung gewählt wird, zieht unterschiedliche Zahlungsströme, die aus der Unternehmung fließen, nach sich. Unternehmen, die sich durch ihre Kapitalstruktur unterscheiden, unterscheiden sich aus neo-institutionalistischer Sicht auch durch die Kontrollkosten und die Investitionsentscheidungen, die gefällt werden. Bei unterschiedlich finanzierten und damit auch unterschiedlich organisierten

3 Hier wäre natürlich auch die Annahme der gleichmäßigen Besteuerung von Fremd- und Eigenkapital zu nennen.

Unternehmen handelt es sich nicht um homogene Güter, sondern um heterogene Güter, die damit zu recht auch zu unterschiedlichen Preisen gehandelt werden.

Die Antwort auf die Frage nach der Relevanz der Kapitalstruktur aus neo-institutionalistischer Sicht[4] ist eine Synthese aus der traditionellen These und der Modigliani-Miller-These. Unbestreitbar dürfte sein: Die Kapitalstruktur ist relevant, und ursächlich dafür ist, wie die Anhänger der traditionellen These es richtig vermutet haben, das Verhalten der beteiligten Personen. Die Ableitung der Kapitalkostenverläufe aus dem Verhalten der Kapitalgeber, die die Vertreter der traditionellen These vornehmen, wirkt allerdings aus neo-institutionalistischer Sicht genauso naiv wie aus kapitalmarktorientierter Sicht. Kapitalkosten von Unternehmen können nicht abgeleitet werden, ohne zu beachten, daß Finanzierungsbeziehungen auf Märkten zustande kommen und daß Finanzierungstitel auf Märkten gehandelt werden. Auf Finanzmärkten werden jedoch nicht Zahlungsströme getauscht, deren Preis für jeden Marktteilnehmer ein Datum ist, wie die Vertreter der Modigliani-Miller-These annehmen, sondern Property Rights. Deren spezifische Ausgestaltung beeinflußt die Zahlungsströme. Aufgrund von asymmetrischer Informationsverteilung und Problemen des Vertragsabschlusses und der Vertragsdurchsetzung sind die Verträge über den Tausch von Property Rights immer **unvollständige Verträge**, so daß die Auswirkungen der Finanzierung auf die Ausprägung der Zahlungsströme, auf ihren Preis und auf den Verlauf von Kapitalkosten situationsabhängig sehr unterschiedlich sein können.

Durch die Probleme, die die neo-institutionalistische Finanzierungstheorie in den Mittelpunkt stellt, wird dem Theoriegebäude der kapitalmarktorientierten Finanzierungstheorie seine - scheinbar - feste Grundlage entzogen. Wir können uns nicht mehr ausschließlich auf eine Finanzierungstheorie verlassen, die die Bewertung von Finanztiteln mit einer Bewertung von Zahlungsströmen gleichsetzt, deren Preis durch den zeitlichen Anfall der Zahlungen und das (systematische) Risiko determiniert wird. Wir wissen, daß die Frage, wer welche Rechte auf den aus einer Unternehmung fließenden Zahlungsstrom hat, für die Ausprägung des Zahlungsstroms und seinen Preis von Bedeutung ist. Und wir wissen, daß das Risiko, das auf vollkommenen und vollständigen Märkten diversifizierbar und deshalb nicht bewertungsrelevant wäre, in Finanzierungsbeziehungen mit Informations- und Anreizproblemen eine große Bedeutung für die institutionelle Ausgestaltung von Finanzierungsverträgen und damit auch für ihre Bewertung hat.[5]

Unser Wissen reicht allerdings nicht aus, um eine neue Bewertungstheorie für Finanztitel zu entwerfen, die in ihrer Geschlossenheit der kapitalmarktorientierten, neoklassischen Bewertungstheorie gleichen würde. Deshalb finden wir durch die neo-institutionalistische

4 Einen Überblick über die Theorie der Kapitalstruktur aus neo-institutionalistischer Sicht geben *Harris/Raviv* [Theory] sowie *Holmström/Tirole* [Theory], S. 78-86.

5 Vgl. dazu *Krahnen* [Kapitalmarkt], S. 79-90.

Finanzierungstheorie auch nicht zurück zu einfachen Aussagen, die das ursprüngliche Bild, das die traditionelle These von den Kapitalkostenverläufen zeichnete, finanzierungstheoretisch fundieren und somit rehabilitieren könnten. Versuche, genau dies zu tun, sind gescheitert.[6] Die Konstellationen, die sich bezüglich der individuellen Ausprägung der mit einem bestimmten Unternehmen oder einer bestimmten Investitionsidee verbundenen Informations- und Anreizprobleme ergeben können, sind zu vielfältig, als daß sich eindeutige und allgemeine Aussagen über die optimale Kapitalstruktur ableiten ließen.

Was können wir aber dann durch die neo-institutionalistische Sicht von Investitions- und Finanzierungsproblemen mehr lernen, als daß die Kapitalstruktur relevant ist? Müssen wir die Auswirkung der Kapitalstruktur auf die Kapitalkosten und den Wert eines Unternehmens dem Zufall überlassen? Nein, denn das neo-institutionalistische Argumentationsmuster erlaubt es durchaus, zu Tendenzaussagen zu kommen, auch wenn wir uns darüber bewußt sein müssen, daß die Kapitalstruktur nur eine unter vielen Einflüssen ist, die den Wert eines Unternehmens determinieren.

12.2.2 Eine Einschätzung der Diskussion um die "Eigenkapitallücke"

Wie mit Hilfe der neo-institutionalistischen Finanzierungstheorie Aussagen gewonnen werden können, die bei der Beurteilung realer Kapitalstrukturentscheidungen Hilfestellung leisten können, wollen wir hier an einem Beispiel demonstrieren: der Diskussion um die im Durchschnitt "zu niedrigen" Eigenkapitalquoten von Unternehmen - ein Phänomen, das insbesondere von Politikern und Praktikern häufig beklagt wird und mit dem suggestiven Namen "Eigenkapitallücke" belegt wird.

Das Phänomen sinkender Eigenkapitalquoten dient als Stoff für eine Art "case study". Statt dieses Beispiels hätte auch die Analyse der typischen Finanzierungsstrukturen der Unternehmen eines bestimmten Wirtschaftszweiges, z.B. der Chemieindustrie oder des Handels, gewählt werden können. Oder die Finanzierungsentscheidungen eines einzelnen Unternehmens, das vielleicht sogar erst noch zu gründen ist, hätten unter die Lupe genommen werden können. Welches Finanzierungsproblem oder welches finanzwirtschaftliche Phänomen hier herausgegriffen wird, ist nicht von Bedeutung; es geht darum, exemplarisch zu zeigen, wie die neo-institutionalistischen Erkenntnisse sinnvoll für die

---

6 Einen ersten Versuch, neo-institutionalistische Argumente zur Ableitung eines Kapitalkostenverlaufs zu verwenden, wie ihn die traditionelle These postuliert, findet man bei *Jensen/Meckling* [Theory], vgl. bes. die Abbildung auf S. 344. Aus heutiger Sicht ist diese Herleitung aber nicht mehr akzeptabel, u.a. weil die komplexen Wechselwirkungen zwischen den verschiedenen Agency-Problemen, die Jensen und Meckling isoliert erfassen, nicht berücksichtigt werden. Vgl. zu dieser Kritik insb. *Kürsten* [Finanzkontrakte], S. 205-245.

Einschätzung von Beobachtbarem oder aber für die Vorbereitung von Gestaltungsempfehlungen eingesetzt werden können.

Der Begriff "Eigenkapitallücke" hat zweifelsohne einen negativen Beigeschmack.[7] Er enthält die Behauptung, daß die Veränderung der Finanzierungsstruktur, die in den 70er und 80er Jahren bei vielen Unternehmen zu beobachten war, eine Veränderung zum Schlechteren ist. Während früher ein Verhältnis von Fremd- zu Eigenkapital von 1:1 oder 2:1 als "gesund" betrachtet wurde, weisen deutsche Unternehmen heute im Durchschnitt "eine Eigenkapitalquote von knapp 20% [auf], was als gerade befriedigend [...] anzusehen ist."[8] Selbst dieser von Wissenschaftlern stammende Kommentar drückt ein Bedauern über die beobachtbare Finanzierungsstruktur aus. Noch weniger Eigenkapital, so wird signalisiert, wäre gefährlich.

Welche Begründung läßt sich für diese Einschätzung geben? Die gerade zitierten Autoren argumentieren wie folgt: "Eine hohe Eigenkapitalquote ist grundsätzlich ein positives Indiz für die finanzielle Stabilität eines Unternehmens, da Eigenkapital keine festen Zinszahlungen erfordert, dem Unternehmen vielfach zeitlich unbeschränkt zur Verfügung steht und als Verlustpuffer und als Haftungskapital dient."[9] Der Einfluß der traditionellen Finanzwirtschaftslehre, die die Weiterexistenz des Unternehmens zwecks Aufrechterhaltung der Produktion zum obersten Ziel erhebt, ist deutlich zu spüren.

Nun erhalten aber viele Einschätzungen der traditionellen Finanzwirtschaft durch den Neo-Institutionalismus neue Rückendeckung. Wie wäre die gegebene Begründung neo-institutionalistisch umzuinterpretieren?[10] Eine hohe Eigenkapitalquote bedeutet bei Kapitalgesellschaften tatsächlich, daß das **Ausfallrisiko der Gläubiger** tendenziell sinkt, denn die Gläubigerforderungen sind zu einem höheren Prozentsatz durch das Unternehmensvermögen gedeckt. Hohe Eigenkapitalquoten wirken sich also günstig auf die Gläubiger-Schuldner-Beziehung aus. Derartige **Finanzierungskennziffern**, die aus kapitalmarktorientierter Sicht keinerlei ökonomischen Sinn machen, erhalten aus neo-institutionalistischer Sicht eine neue Bedeutung. Bestimmte Kapitalstrukturkennziffern, deren Einhaltung ein Gläubiger fordern könnte, sind als Kreditsicherheit im weiteren Sinne zu interpretieren. Eine riskante Investitionspolitik, auf die ein Kreditnehmer wechseln könnte, kann weniger leicht auf die Position des Gläubigers durchschlagen. Und das "moral hazard"-Risiko, das von der Aufnahme weiterer Kredite, die die Gläubigerposition verwässern könnten, ausgeht, wird durch die Forderung nach einer "gesunden"

7 Zahlreiche ähnlich negative Wertungen sinkender Eigenkapitalquoten sind bei *Kübler/Schmidt* [Gesellschaftsrecht], S. 101f., nachgewiesen.

8 *Baetge/Thiele* [Bilanzanalyse], Sp.257.

9 Ebenda.

10 Zur neo-institutionalistischen Diskussionen des Themas "Eigenkapitallücke" vgl. *Kübler/Schmidt* [Gesellschaftsrecht], S. 107-156. Ähnlich skeptisch gegenüber der üblichen Argumentation ist auch *Schneider* [Investition], S. 584-588.

Kapitalstruktur mit hohen Eigenkapitalquoten ebenfalls bekämpft. Ein hoher Anteil von Eigenkapital an der gesamten Finanzierung bedeutet eine Selbstbindung der Eigner: Sie signalisieren, daß sie bereit sind, das Risiko ihrer Investitionen in erster Linie selbst zu tragen; und dies vermindert das Mißtrauen von Gläubigern. Hohe Eigenkapitalquoten können Anreizprobleme in der Gläubiger-Schuldner-Beziehung eindämmen.

Doch die Gläubiger-Schuldner-Beziehung ist nicht die einzige Finanzierungsbeziehung, in der Informations- und Anreizprobleme auftreten. Wäre die Beschaffung von Eigenkapital ohne Reibungsverluste möglich, so hätten die Politiker und Wirtschaftspraktiker zweifellos recht mit ihrem Bedauern über sinkende Eigenkapitalquoten. Aber wäre es nicht sehr erstaunlich, wenn Unternehmen vermehrt auf Fremdfinanzierungsquellen zurückgriffen, obwohl sie dadurch die mit der Finanzierung verbundenen Konfliktpotentiale verschärfen? Es ist kaum zu vermuten, daß Gläubiger im Durchschnitt zu naiv sind, um sich der Risiken ihrer Kapitalüberlassung bewußt zu sein und sich durch eine entsprechende Gestaltung des Kreditvertrages dagegen abzusichern.

Eine Beurteilung beobachtbarer Veränderungen in der Kapitalstruktur aus neo-institutionalistischer Sicht wäre also unvollständig, würde man nicht gleichzeitig auch die **Informations- und Anreizprobleme** in die Betrachtung einbeziehen, die mit der Beschaffung von **Eigenkapital** verbunden sind. Politiker, die sinkende Eigekapitalquoten beklagen, prangern häufig im selben Atemzug die mangelnde Bereitschaft des Anlegerpublikums zur Bereitstellung von Risikokapital an und rufen zu mehr "unternehmerischer Verantwortung" auf. Der Neo-Institutionalist würde erst einmal fragen, ob es nicht gute Gründe gibt, warum Kapitalanleger bei der Überlassung von Eigenkapital eher zurückhaltend sind. Vielleicht lassen sich die mit der Hingabe von Eigenkapital verbundenen Informations- und Anreizprobleme schwer überwinden - oder zumindest schwerer als diejenigen in der Gläubiger-Schuldner-Beziehung.

Warum die Aufbringung von Eigenkapital, das Personengesellschaften zur Verfügung gestellt wird, begrenzt ist, dürfte durch die Analyse der Charakteristika dieser Rechtsform hinreichend deutlich geworden sein. Eine gute Investitionsidee, unternehmerische Fähigkeiten und das nötige Kapital fallen nur selten in einer Person zusammen; und anonyme Dritte, die über anlagesuchendes Kapital verfügen, nehmen aus verständlichen Gründen von Investitionen mit unbegrenzter Haftung Abstand. Nicht umsonst setzen die staatlichen Förderprogramme, die die Gründung von Unternehmen, z.B. im Rahmen des Aufbaus Ost, unterstützen sollen, in der Regel hier an: Sie versuchen, die Kapitalzugangsbeschränkungen, denen existenzgründungswillige Personen mit (hoffentlich) guten Investitionsideen und (hoffentlich) vorhandenem unternehmerischen Know How, aber fehlendem Kapital gegenüberstehen, zu beseitigen. Ob der Grund, daß diese Förderprogramme bisher recht klägliche Ergebnisse vorzuweisen haben, vielleicht darin zu suchen ist, daß sich der Staat als "naiver" Kapitalgeber freiwillig zum Opfer von schwer in den Griff zu bekommenden Informations- und Anreizproblemen macht? Das Thema, ob solche Programme nicht geradezu zu "adverse selection" und "moral hazard" einladen, wäre eine eigene neo-institutionalistische Analyse wert.

Aber auch die Eigenkapitalgeber von Kapitalgesellschaften sind nicht vor Informations- und Anreizproblemen gefeit. Erinnert sei hier nur an die sehr unbefriedigend gelösten Probleme in der Manager-Eigner-Beziehung. Auch die Trägheit des deutschen Börsenhandels im Vergleich zum U.S.-amerikanischen oder japanischen Markt wird häufig kritisiert. Auf die Gründe, die hierfür angeführt werden, kann nicht näher eingegangen werden; aber u.a. wird dafür das in Deutschland bis vor kurzer Zeit fehlende Verbot des Insiderhandels verantwortlich gemacht.[11]

Mit Informations- und Anreizproblemen, so lautet das Fazit, ist die Finanzierung durch Eigenkapital mindestens ebenso belastet wie die Gläubiger-Schuldner-Beziehung. Und vielleicht sind die sinkenden Eigenkapitalquoten ein Ausdruck davon, daß sich die Möglichkeiten, solche Probleme einzudämmen, im Laufe der Zeit zugunsten der Fremdfinanzierung verschoben haben. Die Praxis zeigte einen großen Erfindungsreichtum bei der Weiterentwicklung der Möglichkeiten zur Kreditbesicherung, was die Bereitwilligkeit einzelner Gläubiger zur Kapitalüberlassung zweifelsohne förderte. Ein vergleichbares Instrument zur Absicherung gegen Informations- und Anreizprobleme steht außenstehenden Eigenkapitalgebern nicht zur Verfügung.

Darüber hinaus weist Fremdkapital aus neo-institutionalistischer Sicht noch einige andere Vorzüge gegenüber Eigenkapital auf. Die Parte außenstehender Eigenkapitalgeber wird aufgrund des Bruchteilsanspruchs auf den aus dem Unternehmen fließenden Netto-Zahlungsstrom entscheidend durch den Ergebnisausweis und die auf seiner Basis gefällte Ausschüttungsentscheidung beeinflußt. Ein niedriger Ergebnisausweis, der durch Ausnutzung bilanzieller Spielräume zu erreichen ist, senkt die Zahlungen an die Eigenkapitalgeber genauso wie hohe Gewinneinbehaltungsquoten. Zahlungen an die Gläubiger sind dagegen unabhängig vom Ergebnisausweis zu leisten. Fremdkapital erfüllt die sogenannte **Wahrheitsbedingung**:[12] Es ist für die Verantwortlichen im Schuldnerunternehmen - seien es geschäftsführende Eigner oder Fremdmanager - niemals vorteilhaft, ein manipuliertes, zu niedriges Ergebnis auszuweisen, um den Gläubigerforderungen zu entgehen. Denn werden Zahlungsansprüche von Gläubigern nicht erfüllt, kann dies zur Insolvenz führen. In einem Insolvenzverfahren gehen die Entscheidungsbefugnisse im Unternehmen von den Eigentümern bzw. Managern auf den Konkursverwalter über, der die Interessen der Gläubiger an einer bestmöglichen Verwertung des Unternehmensvermögens vertritt. Einen solchen Übergang der Einflußrechte durch einen zu niedrigen Ergebnisausweis und

---

11 Zu einer ausführlichen Diskussion der Problematik des Insiderhandels aus neo-institutionalistischer Sicht vgl. *Weber* [Insider-Handel].

12 Vgl. *Gale/Hellwig* [Debt].

die Einstellung der Zahlungen an die Gläubiger zu provozieren, kann weder für Manager noch für Eigner vorteilhaft sein.

Schließlich sei noch erwähnt, daß Fremdkapital auch als Instrument angesehen werden kann, um Fremdmanager aus der Sicht außenstehender Eigner zu disziplinieren: Die mit Fremdkapital verbundenen regelmäßigen Zahlungsverpflichtungen binden die Einzahlungsüberschüsse, die in einem Unternehmen durch den Umsatzprozeß erzielt werden. Der sogenannte "free cash flow", also diejenigen Einzahlungsüberschüsse, über deren Verwendung die Entscheidungsträger im Unternehmen frei disponieren können, wird eingeschränkt.[13] Damit vermindert die Fremdfinanzierung auch den finanziellen Spielraum für Prestigeinvestitionen, die zum Nutzen des Managements, aber zum Schaden der Eigner gereichen. Fremdkapital geht mit einem Zwang zur Ausschüttung von "free cash flow" einher - ein Ausschüttungszwang, dem das Management durch außenstehende Eigenkapitalgeber nicht ausgesetzt werden kann.

Um Finanzierungsprobleme praktisch und problemrelevant diskutieren zu können, braucht man über die Kenntnis der einzelnen Finanzierungsformen und ihrer Probleme hinaus eine Vorstellung davon, wie verschiedene Finanzierungsformen zusammenwirken. Das Thema der "Eigenkapitallücke" wurde aufgegriffen, um dies zu demonstrieren. Vielleicht haben die vorgebrachten Argumente doch gewisse Zweifel darüber aufkommen lassen, ob die beobachtbare Entwicklung sinkender Eigenkapitalquoten tatsächlich so bedauerlich ist, wie sie von manchen hingestellt wird. Die Argumente lassen kein abschließendes Urteil zu, ob die in der deutschen Wirtschaft beobachtbaren Kapitalstrukturen diejenigen sind, die die Agency-Kosten minimieren. Aber zumindest machen sie deutlich, daß das mit dem Stichwort der "Eigenkapitallücke" nahegelegte und scheinbar selbstverständliche Urteil, die beobachtbaren höheren Verschuldungsgrade seien eine Fehlentwicklung, keineswegs selbstverständlich ist. Vielleicht ist die Veränderung der Kapitalstrukturen eher ein Ausdruck finanztechnischen Fortschritts![14]

Das Beispiel sollte zeigen, daß der Neo-Institutionalismus Denkstrukturen liefert, mit denen Argumente, die in praktischen Zusammenhängen vorgetragen werden, eingeordnet und bewertet werden können. Dies hilft dem Anwender der neo-institutionalistischen Finanzierungstheorie, sich in der komplexen Realität zu orientieren. Diese Möglichkeit zur Orientierung erleichtert die Entscheidungen über Gestaltungen, auch wenn dem Verwender des neo-institutionalistischen Wissens die Entscheidung selbst nicht abgenommen werden kann.

13 Vgl. *Jensen* [Cash Flow].

14 Die unbestreitbare Tatsache, daß sich im Durchschnitt der Verschuldungsgrad amerikanischer Unternehmen in den 70er und 80er Jahren deutlich erhöht hat, läßt sich insoweit möglicherweise als eine Anpassung an die "besseren" Kapitalstrukturen deutscher Unternehmen deuten.

12.3 Finanzierungsbeziehungen im Netz finanzwirtschaftlicher Institutionen

12.3.1 Finanzierung als Teil eines Beziehungsnetzes

Bereits zu Beginn dieses Buchteiles wurde auf die Komplexität des institutionellen Netzes hingewiesen, in das Finanzierungsbeziehungen eingebettet sind. Bisher wurde versucht, die jeweils untersuchten institutionellen Phänomene zu begrenzen. Im vorigen Kapitel wurden die Grundformen der Finanzierung untersucht, und im letzten Abschnitt wurde die Komplexität dadurch gesteigert, daß wir das Zusammenspiel dieser Grundformen betrachtet haben. Dabei sollte erkennbar werden, daß auch die Kapitalstruktur, das Verhältnis von Fremd- zu Eigenkapital, ein Instrument zur Steuerung des Verhaltens von Kapitalnehmern ist, dessen Wirkungen zu bedenken sind, wenn die Vor- und Nachteile der beiden Finanzierungsformen gegeneinander abgewogen werden sollen. Aber auch mit der gleichzeitigen Berücksichtigung von Eigen- und Fremdkapital und ihrem Zusammenwirken ist das Netz institutioneller Verflechtungen, das für die Regelung von Finanzierungsbeziehungen eine Rolle spielt, erst zu kleinen Teilen erfaßt.

Eine zusätzliche Ausweitung der Betrachtung könnte nun dadurch erfolgen, daß Finanzierungsverträge in den größeren Zusammenhang des Netzes vertraglicher Beziehungen gestellt werden, das eine Unternehmung ausmacht. Dies ist das Thema der sogenannten **Theorie der Unternehmung**[15], in der der bezeichnende Ausdruck "the firm as a **nexus of contracts**"[16] geprägt wurde. Dieses Netz umfaßt neben den eigentlichen Finanzierungsbeziehungen auch andere Außenbeziehungen und Innenbeziehungen. Zu den relevanten Außenbeziehungen gehören die Lieferungs- und Leistungsbeziehungen der Unternehmung zu ihren Produktmärkten - und die Konkurrenz, der sie auf diesen Märkten ausgesetzt ist - sowie ihre Beziehungen zu den Faktormärkten, insb. dem Arbeitsmarkt auch für Manager.[17] Zu den Innenbeziehungen gehören unter anderen das System der internen Kontrolle und der interne Wettbewerb um Führungspositionen.

Wir haben herausgestellt, daß nach neo-institutionalistischer Sicht Finanzierungsbeziehungen nicht nur deshalb wichtig sind, weil sie Regelungen über die Aufteilung von Zahlungsströmen enthalten, sondern weil diese Aufteilungsregelungen auch Einfluß darauf haben, welche Entscheidungen von Managern getroffen werden, die ihrerseits bestimmen, wieviel in den verschiedenen möglichen Umweltzuständen zu verteilen ist. Offensichtlich hängen die anderen angesprochenen externen und internen Beziehungen

15 Als Klassiker der Theorie der Unternehmung gilt der Artikel von *Coase* [Nature]; einen neueren Überblick geben *Holmström/Tirole* [Theory].

16 *Jensen/Meckling* [Theory], S. 311.

17 Vgl. dazu *Fama* [Problems] sowie allgemeiner *Fama/Jensen* [Separation].

insofern mit den Finanzierungsbeziehungen zusammen, als sie auch Einfluß darauf nehmen, welche Entscheidungen in einer Unternehmung getroffen werden und wieviel deshalb an *alle* - an Kapitalgeber ebenso wie an die Lieferanten anderer Produktionsfaktoren und sogar an die Abnehmer der Produkte - in den verschiedenen möglichen Umweltzuständen verteilt werden kann. Weil die Steuerungswirkungen von Vertragsbeziehungen eine so wichtige Rolle spielen, die in der neoklassischen Theorie nicht berücksichtigt wird und nicht berücksichtigt zu werden braucht, sind Finanzierungsbeziehungen nicht unabhängig von den angesprochenen anderen externen und internen Beziehungen korrekt erfaßbar und beurteilbar. Erst die neo-institutionalistische Perspektive macht diesen Zusammenhang - und damit auch den inneren Zusammenhang zwischen Unternehmensfinanzierung und Unternehmensorganisation - erkennbar. Richtigerweise sollte man sagen: Sie macht ihn ahnbar, denn wie dieser Zusammenhang im einzelnen aussieht, gehört zu den vielen offenen Fragen des Faches, mit dem sich die Forschung gerade erst zu befassen beginnt.

12.3.2 Banken, Börsen, gesetzliche Rahmenbedingungen: Dritte als Mittler von Finanzierungsbeziehungen

Hier soll noch eine Ausweitung der Argumentation in eine andere Richtung angesprochen werden, die für die Analyse von Finanzierungsbeziehungen ebenso wichtig ist wie die Einbindung der Finanzierung in den "nexus of contracts". Wir wollen die Rolle beleuchten, die Dritten bei dem Zustandekommen von Finanzierungsbeziehungen zukommt. Schon bei der Analyse der Grundformen der Finanzierung wie auch bei der Diskussion der Kapitalstruktur klang an vielen Stellen an, daß sich eine neo-institutionalistische Betrachtung nicht auf *direkte* Kapitalnehmer-Kapitalgeber-Beziehungen beschränken kann, weil Dritte die Funktion eines Mittlers zwischen beiden Parteien einer Finanzierungsbeziehung ausüben.

Die Rolle von Dritten als Mittler von Finanzierungsbeziehungen kann vielfältig und mehr oder weniger offensichtlich sein. Als dritte Partei, die zwischen Finanzierungspartnern vermittelt, läßt sich sogar die Institution des Staates betrachten, auch wenn diese Einordnung auf den ersten Blick ein wenig befremdet. Der **Staat als Mittler**, als ein im Hintergrund stehender Akteur, der Finanzierungsbeziehungen erleichtert oder überhaupt erst möglich macht, ist in den vorangegangenen Analysen schon mehrfach angesprochen worden. Der Staat stellt die **gesetzlichen Rahmenbedingungen** bereit, innerhalb derer sich die vertragliche Ausgestaltung von Finanzierungsbeziehungen bewegt. Er hilft durch ein funktionsfähiges Rechtssystem bei der Durchsetzung von Verträgen. Daß der Staat diese Aufgabe adäquat erfüllt, wurde ohne explizite Hervorhebung angenommen, obwohl es keineswegs selbstverständlich ist und obwohl die Bedeutung dieser Annahme für die Funktionsfähigkeit nicht nur von Finanzierungsbeziehungen kaum überschätzt werden kann. Das Konkursrecht, die im Handelsgesetz kodifizierten Rechnungslegungsvorschriften oder die gesellschaftsrechtlichen Regelungen des Aktiengesetzes sind Beispiele dafür, wie der Staat einen maßgeblichen Einfluß auf Finanzierungsbeziehungen ausübt.[18] Auch die Rolle des Staates ist somit einer neo-institutionalistischen Analyse zugänglich.

Der Staat ist selbst eine Institution, die ihrerseits neue Institutionen schafft, die den Rahmen für die vertraglichen Beziehungen zwischen Wirtschaftssubjekten abgeben. Das institutionelle Wirken des Staates sollte dadurch geleitet sein, daß er durch sein Eingreifen Agency-Kosten zu mindern sucht. Er sollte Rahmenbedingungen setzen, die dort an die Stelle von individuellen vertraglichen Vereinbarungen treten, wo eine Einigung zwischen den betroffenen Wirtschaftssubjekten unmöglich wäre oder die privaten Einigungskosten zumindest höher wären. Beispielsweise läßt sich das Konkursrecht als Ersatz einer vertraglichen Vereinbarung zwischen der Gemeinschaft der Gläubiger untereinander und der Gemeinschaft der Gläubiger mit dem Schuldner begreifen.[19] Es wäre nahezu unmöglich, daß eine solche Vereinbarung ohne Hilfe des Staates zustandekommt, denn jeder einzelne Gläubiger tritt zu einem anderen Zeitpunkt - und häufig auch ohne Kontakt zu den anderen Gläubigern - mit dem Schuldner in Beziehung; und die Verbindlichkeiten eines Schuldners sind laufenden Veränderungen unterworfen. Ohne den Rahmen, den der Gesetzgeber liefert, würde die Beziehung zwischen den einzelnen Gläubigern im Falle der Zahlungsunfähigkeit eines Schuldners leicht in einen ungeordneten, ressourcenvernichtenden Verteilungskampf nach dem Motto "Wer zuerst kommt, mahlt zuerst" ausarten. Aber auch eine Standardisierung von Unternehmenbeteiligungen, wie sie durch die Institution der Aktie geschaffen wurde, wäre ohne die Hilfe des Gesetzgebers kaum denkbar. Daß die institutionellen Entscheidungen des Staates dabei nicht über jede Kritik erhaben sind, schimmerte in den Analysen des vorangegangenen Kapitels ebenfalls stellenweise durch. Die dort erwähnte Forderung nach einem verstärkten Ausschüttungszwang bei Aktiengesellschaften ist hierfür nur eines von vielen Beispielen. Auch darf bei einer neo-institutionalistischen Analyse nicht außer acht gelassen werden, daß der Staat kein monolithisches Gebilde ist, das nur zum Wohle der Bürger in das Wirtschaftsgeschehen eingreift, sondern die Personen, die innerhalb der Institution Staat agieren, lassen sich ihrerseits als Nutzenmaximierer mit eigenen Interessen begrei-

18 Die Analyse von Gesetzen und institutionellen Regelungen des Rechtswesens ist unter dem Namen "Ökonomische Analyse des Rechts" bekannt, die u.a. auf *Posner* [Law] zurückgeht.

19 Vgl. *Schmidt* [Analyse].

fen - ein Problemkomplex, den die sogenannte Neue Politische Ökonomie[20] zum Thema macht.

Doch nicht nur der Staat greift als Dritter in Finanzierungsbeziehungen ein, sondern auch private Akteure oder Institutionen nehmen die Stellung eines Mittlers zwischen Kapitalnehmer und -geber ein. Auf die Bedeutung des Börsenhandels für die Milderung von Informationsproblemen und die Funktionsfähigkeit des Finanzierungsinstruments "Aktie" wurde bereits hingewiesen. Die Trägerschaft von **Börsen** ist häufig privatrechtlich organisiert. An vielen deutschen Börsen treten private Börsenvereine als Veranstalter des Börsenhandels auf. Eine Aktiengesellschaft, die sich mehrheitlich im Besitz inländischer Kreditinstitute befindet, ist Trägerin der Frankfurter Wertpapierbörse.[21] An sogenannten Terminbörsen, an denen Future-Kontrakte gehandelt werden,[22] liegt nicht nur die Verantwortung für den Ablauf des Börsenhandels in privatwirtschaftlichen Händen, sondern ein privatwirtschaftlicher Akteur, das sogenannte **Clearing-Haus**, tritt sogar als Kontraktpartner für jeden Marktteilnehmer auf. Diese Konstruktion macht Sinn: Der Future-Markt wäre kaum so rege, wenn sich jeder Transaktionspartner vor Abschluß eines Future-Geschäfts erst darüber informieren müßte, ob eine ihm unbekannte Gegenseite zur Erfüllung der einzugehenden, erst in der Zukunft fälligen Vertragsverpflichtung in der Lage ist. Die Zwischenschaltung des Clearing-Hauses als Intermediär reduziert die Informationsprobleme beträchtlich: Jeder Marktteilnehmer muß sich lediglich über die finanzielle Solidität des Clearing-Hauses, nicht aber über die aller anderen Marktteilnehmer informieren. Für deren Fähigkeit zur Erfüllung vertraglicher Verpflichtungen trägt das Clearing-Haus - wiederum durch entsprechende institutionelle Regelungen - Sorge.

Clearing-Häuser sind relativ junge Finanzintermediäre, deren Entstehung eng mit anderen Finanzinnovationen wie etwa den Futures als standardisierten Termingeschäften verknüpft ist. Daß sich hier ein reiches Anwendungsgebiet für neo-institutionalistische Forschung bietet, dürfte außer Frage stehen. Es gibt aber einen viel älteren Finanzintermediär, nämlich den Finanzintermediär Bank, der von jeher das Interesse der Betriebswirtschaftslehre fand, vor der Entstehung des Neo-Institutionalismus aber kaum einer theoretisch fundierten Analyse zugänglich war.

---

20 Einen Einblick in die Themen der Neuen Politischen Ökonomie liefert der Sammelband von *Alt/Shepsle* [Political Economy] oder die von Herder-Dorneich, Schenk und Schmidtchen herausgegebene Reihe der Jahrbücher für Neue Politische Ökonomie.

21 Einen Überblick über die Organisation von Börsen und Börsenhandel speziell in Deutschland gibt *von Rosen* [Börsen].

22 Einen Überblick über Terminbörsen gibt *Herkholz* [Terminbörsen].

12.3.3 Die Bank als "delegated monitor"

Kapitalanleger und kapitalsuchende Wirtschaftseinheiten treten, speziell wenn es um den Abschluß von Fremdfinanzierungsbeziehungen geht, häufig nicht direkt miteinander in Beziehung, sondern sie wenden sich zur Befriedigung ihrer Anlage- oder Kreditwünsche an eine **Bank**. Die Bank nimmt die Stellung eines Finanzintermediärs ein, der das Kapital der Sparer bzw. ihrer Einleger entgegennimmt, um es an andere Wirtschaftssubjekte auszuleihen. Die Bank ist der Mittler, der die Wünsche von Kapitalnehmern und -gebern in Einklang zu bringen sucht, indem sie selbst gegenüber der Anlegerseite die Schuldnerrolle und gegenüber den End-Kreditnehmern die Gläubigerposition einnimmt.

Der organisatorische Apparat einer Bank verursacht zweifelsohne Kosten. Die Vorstände müssen genau wie der Kassierer und Kreditsachbearbeiter bezahlt werden, die Gebäude müssen unterhalten werden etc. Letztlich tragen die Einleger und die Kreditnehmer zusammen die Kosten dieses Bankapparats. Warum sollten sie dazu bereit sein, oder, mit anderen Worten, welche ökonomische Funktion erfüllt eine Bank als Finanzintermediär besser, als es die Kapitalgeber und -nehmer selbst könnten?

Würden Kapitalmärkte so reibungslos funktionieren, wie es die neoklassische Sicht der Investitions- und Finanzierungstheorie unterstellt, könnten Banken, die Kosten verursachen, nicht existieren. Die Wünsche von Kapitalnehmern und -gebern ließen sich ja problemlos - und vor allem kostenlos - durch den Marktmechanismus in Einklang bringen. Wünschte ein Kreditnehmer eine große Kreditsumme, während Anleger nur kleine Beträge zur Verfügung stellen wollen oder können, würde der aus einer Investition fließende Zahlungsstrom zu kleinen Teilen an viele Kreditgeber veräußert. Wünschte ein Kreditgeber eine kurze Laufzeit des Kreditvertrages, während der Kreditnehmer lange Kapitalüberlassungsfristen wünscht, müßte der erste Kreditgeber lediglich durch einen neuen Kreditgeber ersetzt werden. Eine solche finanzielle Transaktion bereitete auf einem vollkommenen und vollständigen Kapitalmarkt ebenfalls keine Probleme. Und wäre einem Kreditgeber das Risiko der Kapitalhingabe an einen einzigen Kreditnehmer zu groß, so würde die kleine Stückelung des Anlagebetrages und seine Verteilung auf mehrere Kreditnehmer die risikodiversifizierende Lösung bieten.

Um die Aufgaben der Betrags- bzw. **Losgrößentransformation**, der **Fristentransformation** und der **Risikotransformation** zu erfüllen, wird auf vollkommenen und vollständigen Kapitalmärkten keine Bank gebraucht. Werden dagegen finanzielle Transaktionen durch Informations- und Anreizprobleme und durch Kosten des Vertragsabschlusses und der Vertragsdurchsetzung behindert, so kann es für den Finanzintermediär Bank eine Aufgabe geben, für deren Erfüllung die Bankkunden zu zahlen bereit sind. Die neo-institutionalistische Vermutung lautet: Eine Bank tritt dort als Mittler von Finanzierungsbeziehungen auf, wo sie Informations- und Anreizprobleme besser lösen kann, als es bei einer direkten Begegnung von Kapitalnehmern und Kapitalgebern am Markt möglich wäre.

Aus der Sicht der neueren Banktheorie, die sich erst mit der Entstehung des Neo-Institutionalismus zu etablieren begann, erfüllt die Bank neben den Aufgaben der Losgrößen-, Fristen- und Risikentransformation auch noch die Aufgabe der Transformation des Informationsbedarfs. Die Bank fungiert als ein sogenannter **"delegated monitor"**[23], als eine Kontrollinstanz, die auf die Beschaffung von Informationen über Kreditnehmer spezialisiert ist, so daß Einleger die Aufgabe der Auswahl solider Kreditnehmer und deren laufende Überwachung an die Bank delegieren. Würde jeder Einleger, der vielleicht nur winzige Teilbeträge zu einem großen Kredit beiträgt, selbst die Auswahl und Überwachung *seines* Kreditnehmers wahrnehmen, so würden die Informations- und Kontrollkosten eines einzigen Kredits ein Vielfaches dessen betragen, was ein einzelner, an den die Kontrolle im Namen aller delegiert wurde, an Kosten verursacht. Statt daß ein Kleineinleger Überwachungskosten selbst auf sich nimmt, würde er wahrscheinlich lieber auf eine Anlage seines Kapitals verzichten, genauso wie eine Kreditaufnahme für einen Investor unrentabel würde, wenn die Kontrollkosten aller Kreditgeber auf ihn überwälzt würden. Der Markt käme aufgrund zu hoher "Transaktionskosten" zum Erliegen.

Doch greift diese Argumentation nicht zu kurz? Schließlich haben die Einleger lediglich einen End-Kreditnehmer durch die Bank als Schuldner ersetzt. Müßten sie jetzt nicht ähnlich hohe Kontrollkosten aufwenden, um sich über die Solidität ihrer Bank auf dem laufenden zu halten? Hier tritt - so das neo-institutionalistische Bild - wiederum der Staat auf den Plan, der durch die Einrichtung einer speziellen Institution, der Bankenaufsicht, die Einleger von der Überwachungsnotwendigkeit entlastet. Die staatliche Überwachung der Banken auf der Basis spezieller Bankengesetze unterstützt die Funktionsfähigkeit des Finanzsystems, weil sie als eine Art Gütesiegel für das Vertrauen der Einleger in die Solidität der Kreditinstitute sorgt.[24]

Es ist in einem Lehrbuch, das in die Grundprobleme der Finanzierung einführt, nicht möglich, die neo-institutionalistische Analyse der Rolle der Banken ausführlich zu präsentieren. Nicht umsonst gibt es eine eigene Teildisziplin der Betriebswirtschaftslehre, die Bankbetriebslehre, die sich mit diesen Institutionen beschäftigt.[25] Ohne Zweifel erhielt die Forschung über die Rolle der Banken durch die Entwicklung des Neo-Institutionalismus entscheidende Impulse. Mit den Erkenntnissen der kapitalmarktorientierten Finanzierungstheorie konnte die Bankbetriebslehre nicht allzuviel anfangen, denn vollkommene Kapitalmärkte und die Existenz von Banken schließen sich gegenseitig aus. Die

23 Die Idee der Bank als "delegated monitor" geht zurück auf *Diamond* [Intermediation]. Seither ist eine Vielzahl von Analysen von Bankunternehmen unter diesem Gesichtspunkt erfolgt.

24 Vgl. z.B. *Baltensperger* [Regulierung].

25 Einen Überblick über diese Richtung der Literatur bietet das Buch von *Greenbaum/Thakor* [Intermediation] auf den S. 12-131.

Bankbetriebslehre verharrte insofern über lange Zeit in einem Stadium, das an die traditionelle Finanzwirtschaft erinnert. Es wurde beschrieben und systematisiert, was Banken in der Praxis tun. Mit der Entstehung des Neo-Institutionalismus hat sich dies geändert, denn er schafft einen theoretischen Zugang zur Rolle des Finanzintermediärs Bank.

Das bedeutet nicht, daß es der neo-institutionalistischen Finanzierungstheorie inzwischen gelungen ist, alle Rätsel des Bankbetriebes zu lösen. Warum könnte z.B. die Aufgabe eines "delegated monitors" nicht von einer Institution wahrgenommen werden, die auf das gleichzeitige Auftreten als Empfänger von Einlagen und als Geber von Krediten verzichtet? Schließlich wird die direkte Begegnung von Kapitalanlegern und kreditsuchenden Unternehmen auf Wertpapiermärkten durch solche Nicht-Bank-Institutionen gefördert: **Rating-Agenturen** erfüllen z.B. die Aufgabe der Informationssammlung über Unternehmen, ohne direkt in die Kapitalbeschaffung involviert zu sein. Auch Rating-Agenturen lassen sich demnach als "delegated monitor" einstufen. Das Spezifikum einer Bank muß also in den Vorteilen einer Verbindung von Kontrollaufgaben mit dem Kredit- und Einlagengeschäft gesucht werden - ein Problem, dem sich die aktuelle neo-institutionalistische Forschung widmet. Weitere Fragen wirft das beobachtbare Phänomen auf, daß ein Prozeß der **Disintermediation** im Gange ist. Kapitalbeschaffungsmaßnahmen laufen zunehmend an Banken vorbei bzw. letztere werden auf die Rolle eines Begleiters von Wertpapieremissionen zurückgestuft. Haben Banken etwa in ihrer traditionellen Rolle ausgespielt? Die Reihe der Fragen, die in der neo-institutionalistischen Literatur schon aufgegriffen wurden oder noch aufzugreifen sind, ließe sich fortsetzen. Doch sollte dieser kurze Einblick genügen, um zu demonstrieren, daß Finanzierungsprobleme kaum umfassend diskutierbar sind, ohne Finanzintermediäre, zu denen nicht nur Banken, sondern beipielsweise auch Versicherungsunternehmen zählen, in die Betrachtung einzubeziehen. Sie greifen als Dritte in Finanzierungsbeziehungen ein, um - so die Argumentation aus neo-institutionalistischer Sicht - die Agency-Kosten von Finanzierungsbeziehungen zu mindern.

Doch noch ein anderer Mechanismus zur Minderung von Agency-Kosten, auf den die neo-institutionalistische Literatur aufmerksam macht, soll den Lesern nicht vorenthalten werden, zumal er den Kreis der neo-institutionalistischen Argumentation in gewisser Weise schließt: Es ist nämlich der Marktmechanismus, bei dessen Unfähigkeit zur Lösung von Informations- und Anreizproblemen die neo-institutionalistische Theorie ihren Ausgangspunkt nahm.

12.3.4 Der Markt als Institution zur Milderung von Informations- und Anreizproblemen? - Das Beispiel der feindlichen Übernahme

Märkte funktionieren aufgrund von Informations- und Anreizproblemen nicht reibungslos; so der Ausgangspunkt der neo-institutionalistischen Theorie. Doch Märkte können auch zur Milderung von Informations- und Anreizproblemen beitragen; so die Erkenntnis, die sich im Laufe der Entwicklung der neo-institutionalistischen Finanzierungstheorie herausgebildet hat.

Der Markt für Finanzierungstitel läßt sich - dem Finanzintermediär Bank durchaus vergleichbar - als Institution begreifen, die zwischen Kapitalnehmern und Kapitalgebern vermittelt. Zur Funktionsfähigkeit der Institution Markt tragen wiederum andere Institutionen bei. Auf die Bedeutung der Institutionen Börse und gesetzliche Rahmenbedingungen für die Funktionsfähigkeit von Finanzmärkten wurde bereits mehrfach hingewiesen. Die Institution des Marktes steht hier für den konkreten oder auch abstrakten Ort, an dem sich Kapitalnehmer und -geber "begegnen".

Die Begriffe Markt und Marktmechnanismus umfassen jedoch mehr: Sie umfassen auch das Zusammenspiel von Angebot und Nachfrage, das zur Bildung von Preisen führt. Dessen reibungslose Funktionsfähigkeit wird durch die neo-institutionalistische Finanzierungstheorie in Frage gestellt; und dennoch taucht der Preismechanismus des Marktes in der neo-institutionalistischen Literatur wieder auf als ein Instrument, das Informations- und Anreizprobleme mildern hilft.

Die Rückbesinnung auf den Marktmechanismus erfolgte zunächst in der Diskussion um die Anreizprobleme in der Manager-Eigner-Beziehung. Sie können, so argumentiert Fama[26], durch den **Arbeitsmarkt für Manager** abgemildert werden. Muß ein Manager den Verlust seines Arbeitsplatzes fürchten und hängen seine Aussichten, dann eine ebenso lukrative Stellung zu erhalten, von der **Reputation** ab, die er sich in seiner vorherigen Stellung erworben hat, so wird er seine Reputation nicht durch ein Verhalten gefährden, das seinem guten Ruf als Manager schaden könnte. Ein funktionierender Managermarkt kann so dafür sorgen, daß die Manager-Eigner-Problematik gar nicht oder nur eingeschränkt zum Tragen kommt.

Natürlich kann der Managermarkt nur so gut funktionieren, wie die Informations- und Anreizprobleme gelöst sind, mit denen Transaktionen auf diesem Segment des Arbeitsmarktes behaftet sind. Es wird spürbar, daß die neo-institutionalistische Argumentation sich im Kreise zu drehen beginnt.

Im Vergleich zur Diskussion um die disziplinierende Kraft des Arbeitsmarktes für Manager ist die Diskussion um den sogenannten **Markt für Unternehmenskontrolle** lebhaf-

26 Vgl. *Fama* [Problems].

ter und schwerer zu durchschauen. Der Markt für Unternehmenskontrolle ist der Markt, auf dem die Rechte zur Einflußnahme auf Unternehmen gehandelt werden, die Property Rights also, mit denen die Entscheidungen in einem Unternehmen kontrollierbar sind. Die Verfügungsgewalt über ein Unternehmen liegt direkt oder aber indirekt - weil von der Möglichkeit zur Delegation der Verfügungsmacht Gebrauch gemacht wurde - in den Händen der Eigner. Der Markt für Unternehmenskontrolle ist also ein Segment des Marktes für Unternehmensanteile.

Dieser Markt erlangte in den vergangenen Jahren eine gewisse Berühmtheit, als Nachrichten über den Aufkauf von immer größeren Unternehmen, oftmals gegen den Willen des Managements des übernommenen Unternehmens (**"hostile take-over"**), durch die Presse liefen. Insbesondere in den USA, die für ein reges Kapitalmarktgeschehen bekannt sind, waren und sind die sogenannten "raider" aktiv, die die Mehrheit der Anteile ihres Zielobjekts, der sogenannten "target"-Unternehmung, an sich zu bringen versuchen. Neben heimlichen Aufkäufen von Anteilen über die Börse greift der "raider" auch oftmals auf das Instrument eines öffentlichen Übernahmeangebots zurück. Den Aktionären der Zielunternehmung wird ein Preis für ihre Anteile geboten, der über dem aktuellen Börsenkurs liegt, was natürlich den Börsenkurs ebenfalls in die Höhe treibt.

Gelingt ein solcher "hostile take-over", so tauschen die Angreifer in aller Regel das alte Management gegen ein neues aus, das übernommene Unternehmen wird anschließend in das übernehmende Unternehmen eingegliedert oder auch in kleinere Einheiten zerschlagen und in Teilen wieder abgestoßen. Kein Wunder, daß das alte Management von der Aussicht einer solchen Behandlung nicht gerade begeistert ist. Es hält nach einem "white knight" in der Form eines anderen übernahmewilligen Unternehmens Ausschau, das dem alten Management freundlicher gesinnt ist und ihm durch eine Teilnahme am Übernahmekampf Schutz gewährt. Aber auch sogenannte "poison pills", die z.B. Stimmrechtsbeschränkungen im Falle von Aktienmehrheiten in Kraft treten lassen, oder "golden parachutes", die alten Managern im Falle einer Übernahme hohe Abfindungssummen garantieren, oder der Verkauf der "Kronjuwelen" aus dem Vermögen der Zielunternehmung, auf die es der "raider" abgesehen hat, bestücken den Handwerkskasten, mit dem das alte Management eine feindliche Übernahme abzuwehren sucht. Angesichts solcher Übernahmeschlachten, die auf dem Markt für Unternehmenskontrolle toben, ist es kein Wunder, daß auch der Ruf nach dem Gesetzgeber ertönt, um einem solchen Treiben Einhalt zu gebieten oder ihm wenigstens einen geordneten Rahmen zu geben. Diesem Ruf sind Gesetzgeber in einigen Ländern zwar bereits nachgekommen. Doch es besteht alles andere als Einigkeit darüber, ob eine solche Regulierung überhaupt notwendig ist, und wie eine Regulierung aussehen sollte.[27]

27 Zur Diskussion der gesetzlichen Regelung von Unternehmensübernahmen in Deutschland vgl. *Wenger/Hecker* [Abfindungsregeln].

Um sich hierzu eine Meinung zu bilden, müßte erst einmal Klarheit darüber bestehen, wie denn das Phänomen der feindlichen Übernahme überhaupt zu bewerten und wer wovor und vor wem gegebenenfalls zu schützen ist.

Durch die Übernahme der Aktienmehrheit einer Unternehmung werden die Rechte zur Kontrolle des Unternehmens gebündelt. Und dies zeigt insbesondere dann Wirkung, wenn die Kontrollrechte vormals verstreut und unkoordiniert in den Händen vieler Eigner lagen. Durch die Entscheidung eines einzelnen Mehrheits-Eigners, vertreten durch das Management der übernehmenden Unternehmung, kann das Management der übernommenen Unternehmung entlassen werden. Und wird es nicht gerade dann entlassen, wenn es schlechte Arbeit geleistet und seinen Informationsvorsprung auf Kosten der früheren Eigner ausgenutzt hat? Ausgeprägte Anreizkonflikte zwischen Managern und Eignern können zu einer Verwendung des Unternehmensvermögens führen, die andere Ziele hat als die Maximierung des Marktwertes der Anteile. Manager könnten ihrem Streben nach Macht und Prestige nachgehen und immer größere Firmenimperien bauen, die immer weniger Gewinne abwerfen. Dies schlägt sich natürlich im Wert der Anteile der Unternehmen nieder, die dadurch zu besonders attraktiven Objekten für "raider" werden. Sie können für die Anteile mehr bieten als ihren aktuellen Börsenkurs, denn wenn es ihnen gelingt, den Einfluß über das Unternehmen zu gewinnen, können sie das Steuer herumwerfen, das Management austauschen und eine marktwertmaximierende Politik einschlagen. Die Firmenimperien werden zerschlagen, wenn kleinere Einheiten eine bessere Verwendung des angesammelten Vermögens garantieren. Alle Beteiligten profitieren, nicht zuletzt auch die alten Eigner. Die einzigen, die das Nachsehen haben, sind die alten Manager, und sie haben es schließlich - wenn man dieser Interpretation von feindlichen Übernahmen folgt - nicht besser verdient.

Für diejenigen, die diese Argumentation überzeugt, ist der Markt für Unternehmenskontrolle und insbesondere die feindliche Übernahme ein geradezu ideales Instrument, um dem **Machtmißbrauch von Managern Einhalt** zu gebieten und die **Agency-Kosten** der Manager-Eigner-Beziehung zu **vermindern**. Nicht feindliche Übernahmen, sondern Abwehrmaßnahmen von Managern sollten unterbunden werden, damit der Markt für Unternehmenskontrolle seine volle disziplinierende Kraft entfalten kann. Denn allein die Tatsache, daß eine Übernahme droht, wird Manager zu mehr Wohlverhalten im Interesse der Aktionäre veranlassen.[28]

Soweit die neo-institutionalistische Argumentation der **Befürworter feindlicher Übernahmen**. Doch es läßt sich auch eine andere, ebenfalls neo-institutionalistisch inspirierte "Geschichte" erzählen. Vielleicht ist nämlich der "hostile take-over" nur ein neues

28 Für die Position, daß der Markt für Unternehmenskontrolle zu einer Verminderung von Agency-Kosten und damit zu Effizienzgewinnen führt, gilt als Hauptvertreter *Jensen*. Bekannt sind vor allem seine Artikel [Agency Cost], [Takeovers] und *Jensen/Ruback* [Market].

Instrument, um Informationsvorsprünge und Handlungsspielräume zum eigenen Vorteil und zum Schaden Dritter auszunutzen.[29] Feindliche Übernahmen gehen häufig nicht nur mit einem Austausch des Managements, sondern auch mit einer drastischen Erhöhung des Verschuldungsgrades einher, denn ohne die Hilfe neuer Fremdkapitalgeber ließe sich die Übernahme speziell von großen Unternehmen gar nicht bewerkstelligen. Die Befürworter der feindlichen Übernahme deuten dies natürlich als ein weiteres Instrument zur Disziplinierung des Managements, denn hohe Verschuldung reduziert den "free cash flow" und damit die Möglichkeit des Managements, auf Kosten der Eigner zu leben. Doch könnte durch die neuerliche Verschuldung nicht auch eine Verwässerung alter Gläubigeransprüche ausgelöst werden, die mit einer solchen Aufnahme neuer Kredite nicht gerechnet haben? Und wie sieht es mit denjenigen Aktionären der übernommenen Unternehmung aus, die sich plötzlich in der Rolle von Minderheitsaktionären wiederfinden, die einem mächtigen Großaktionär gegenüberstehen? War es vielleicht nur die Angst vor dieser Rolle, die zum bereitwilligen Verkauf der Anteile an den "raider" Anlaß gab? Und konnte dieser die Aufschläge auf den Börsenkurs vielleicht nur deshalb bezahlen, weil er hoffte, sich dieses Geld zukünftig von den verbliebenen Minderheitsaktionären in irgendeiner Weise zurückzuholen? Schließlich dürfen auch neben den Altmanagern die anderen Arbeitskräfte der übernommenen Unternehmung als u.U. betroffene Partei nicht vergessen werden. Umstrukturierungen, die nach einer Übernahme durchgeführt werden, haben nicht selten auch die Auflösung alter Arbeitsverhältnisse zur Folge. Dies könnte bedeuten, daß implizite, nicht vertraglich kodifizierte Vereinbarungen zwischen der alten Unternehmensleitung und Arbeitnehmern gebrochen werden. Ein Arbeitnehmer erhält z.B. bei seiner Pensionierung nicht die Pensionserhöhung, die als Treueprämie unter dem alten Management üblich war und mit der der Arbeitnehmer fest gerechnet hat. Den Vorteil aus diesem **Bruch impliziter Vereinbarungen** haben die neuen Eigner.

Nicht zuletzt sollte bei einer Beurteilung des Phänomens feindlicher Übernahmen auch immer gegenwärtig sein, daß hinter den "raidern" häufig wiederum das Management einer übernahmewilligen Unternehmung steht. Und niemand kann dafür garantieren, daß dieses Management ein "gutes" Management ist, das allein aus dem Motiv heraus handelt, den Reichtum der Eigner des eigenen Unternehmens durch die Disziplinierung anderer "böser" Managerkollegen zu mehren. Könnte das Management des "raider-Unternehmens" nicht genauso gut das ihnen anvertraute Vermögen benutzen, um ihrem Macht- und Prestigedenken durch die Schlacht um ein anderes Unternehmen genüge zu tun?

Kurzum, es sind auch **Gegenargumente** denkbar, die derselben Denkrichtung entstammen wie die Argumente, die eine positive Beurteilung von feindlichen Übernahmen

---

29 Dieser Standpunkt wird beipielsweise von *Jarrell/Brickley/Netter* [Market] vertreten und durch empirische Daten zu erhärten versucht.

nahelegen. Wer hat recht? Der Markt hat Funktionsschwächen, die es durch Institutionen einzudämmen gilt, und der Wettbewerb am Markt ist selbst wiederum eine Institution, die Informations- und Anreizprobleme eindämmen könnte. Wo stehen wir jetzt, nachdem wir den Argumentationswegen des Neo-Institutionalismus so weit gefolgt sind?

12.4 Zusammenfassung

Das zwölfte und letzte Kapitel verfolgte das Ziel, einen Eindruck von den vielfältigen Anwendungsmöglichkeiten der neo-institutionalistischen Finanzierungstheorie zu vermitteln, aber auch das Bewußtsein für ihre Grenzen zu schärfen.

Zu diesem Zweck wurde zunächst noch einmal die Frage nach der optimalen Kapitalstruktur aufgegriffen, um zu zeigen, daß die neo-institutionalistische Theorie zu einer Art Synthese aus der traditionellen These zur Relevanz der Kapitalstruktur und der kapitalmarktorientierten These von der Irrelevanz der Kapitalstruktur führt. Aus neo-institutionalistischer Sicht ist die Kapitalstruktur relevant; doch wird die Relevanz nicht "naiv" - wie bei der traditionellen These - aus dem Verhalten von Kapitalgebern abgeleitet. Vielmehr wird - wie bei Modigliani und Miller - der Marktmechnismus berücksichtigt. Er wird lediglich als nicht so perfekt funktionierend angenommen, wie es zur Ableitung der These von der Irrelevanz der Kapitalstruktur erforderlich ist. Anhand einer Diskussion der These von der "Eigenkapitallücke" wurde aufgezeigt, wie neo-institutionalistische Argumente verwendet werden können, um sich ein Urteil über die realen Finanzierungsentscheidungen von Unternehmen zu bilden, auch wenn die Antwort auf die Frage, wo genau die optimale Kapitalstruktur eines Unternehmens liegt, ähnlich offen bleiben muß wie in der traditionellen These.

Eine zusätzliche Ausweitung der neo-institutionalistischen Fragestellung wurde im zweiten Abschnitt dieses Kapitels vorgenommen. Hier wurde die Rolle von Institutionen beleuchtet, die als Dritte in Finanzierungsbeziehungen eingreifen und so das Zustandekommen von Finanzierungsbeziehungen beeinflussen. Neben dem Staat, dessen Rolle als gesetzgebende Institution bereits bei der Analyse der Grundformen der Finanzierung immer wieder anklang, wurde insbesondere die Rolle der Institution Bank als Finanzintermediär diskutiert, der als Spezialist für Kreditüberwachung, als "delegated monitor" der Einleger, fungiert.

Schließlich wurde auf den Markt für Unternehmenskontrolle und speziell auf die sogenannte feindliche Übernahme eingegangen, da bei der Diskussion dieses Phänomens die - wohl unvermeidliche - inhaltliche Unbestimmtheit neo-institutionalistischer Argumentationen sehr deutlich zu Tage tritt. Befürworter der Institution "feindliche Übernahme" sehen in ihr ein ideales Instrument, um Manager-Eigner-Konflikte zu kontrollieren, Gegner des "hostile take-overs" vermuten in ihm ein neues Instrument für "moral hazard", nicht zuletzt für das machthungrige Management angriffslustiger Unternehmen. Wer recht hat, mögen die Leser selbst entscheiden.

Literaturhinweise zum Teil V

Literaturhinweise, die einen Überblick über die neo-institutionalistische Finanzierungstheorie verschaffen, sind insofern schwer zu geben, als die wichtigsten Arbeiten dieser Theorieströmung in einer Vielzahl von Zeitschriftenartikeln veröffentlicht wurden, auf die in den Fußnoten hingewiesen wurde. Viele der wichtigsten einschlägigen Aufsätze, so z. B. die von Jensen/Meckling und Myers, sind abgedruckt in dem Sammelband

Clifford W. Smith (Hrsg.), The Modern Theory of Finance, 2. Aufl., New York 1990.

Zu einem Überblick über die verschiedenen Richtungen, die Argumentationsweise und die Grenzen des Neo-Institutionalismus, die wir im 10. Kapitel behandelt haben, sei hingewiesen auf

Eva Terberger, Neo-institutionalistische Ansätze: Entstehung und Wandel, Anspruch und Wirklichkeit, Wiebaden 1994.

Wie schnell sich der Erkenntnisstand auf dem in diesem Teil behandelten Gebiet in den letzten Jahren verändert hat, wird deutlich, wenn man den Aufsatz ansieht, der die Struktur des 11. Kapitels prägt:

Reinhard H. Schmidt, Grundformen der Finanzierung - eine Anwendung des neo-institutionalistischen Ansatzes, in: Kredit und Kapital, 14. Jg. (1981), S. 186-221.

Zu der im 12. Kapitel aufgegriffenen neo-institutionalistischen Diskussion über das Thema der optimalen Kapitalstruktur ist das Kurzlehrbuch

Amir Barnea/Robert A. Haugen/Lemma W. Senbet, Agency Problems and Financial Contracting, Engelwood Cliffs, N.J. 1985

sehr empfehlenswert. Unter den vielen bemerkenswerten Arbeiten, die das weitere Umfeld der Unternehmensfinanzierung aus neo-institutionalistischer Perspektive beleuchten, wollen wir besonders hinweisen auf

Joseph E. Stiglitz, Credit Markets and the Control of Capital, in: Journal of Money, Credit and Banking, Vol. 17 (1985), S. 133-152, sowie auf

Eugene F. Fama/Michael C. Jensen, Separation of Ownership and Control, in: Journal of Law and Economics, Vol. 26 (1983), S. 301-326,

wie auch auf den unmittelbar anschließend abgedruckten weiteren Aufsatz dieser Autoren. Einen Überblick über die Theorie der Unternehmung, der auch den Markt für Unternehmenskontrolle behandelt, gibt der Artikel:

Holmström, Bengt R./Tirole, Jean, The [Theory] of the Firm, in: Handbook of Industrial Organization, Vol. 1, hrsg. v. R. Schmalensee/R.W. Willig, Amsterdam et al. 1989.

Wenn es auch unseres Wissens kein vorherrschend neo-institutionalistisch geprägtes Lehrbuch zur Finanzierungstheorie gibt, findet man andererseits auch kein neueres Lehrbuch, das die neo-institutionalistischen Argumente nicht aufgreift. Stellvertretend für die deutschsprachige Literatur seien genannt

Spremann, Klaus, Wirtschaft, Investition und Finanzierung, 5. Aufl., München/Wien 1996 und

Swoboda, Peter, Betriebliche [Finanzierung], 3. Aufl., Heidelberg 1994.

Im übrigen verweisen wir hier noch einmal auf die am Ende des ersten Teils genannte Literatur.

Literaturverzeichnis

Adelberger, Otto L./Günther, Horst: [Fall- und Projektstudien] zur Investitionsrechnung, München 1982

Aghion, Philippe/Bolton Patrick: An Incomplete Contracts [Approach] to Financial Contracting, in: Review of Economic Studies, Vol. 59 (1992), S. 473-493

Akerlof, George A.: The Market for ["Lemons"]: Qualitative Uncertainty and the Market Mechanism, in: Quarterly Journal of Economics, Vol. 84 (1970), S. 488-500

Albach, Horst: [Investition] und Liquidität, Wiesbaden 1962

Albach, Horst (Hrsg.): Investitionstheorie, Köln 1975

Alchian, Armen A.: [Pricing] and Society, Occasional Paper No. 17 des Institute of Economic Affairs, Westminster 1967

Alt, James E./Shepsle Kenneth A. (Hrsg.): Perspectives on Positive [Political Economy], Cambridge et al. 1990

Arrow, Kenneth J.: [Uncertainty] and the Welfare Economics of Medical Care, in: American Economic Review, Vol. 53 (1963), S. 941-973

Arrow, Kenneth J.: The [Role] of Securities in the Optimal Allocation of Risk-Bearing, in: Review of Economic Studies, Vol. 31 (1963/64), S. 91-96

Arrow, Kenneth J.: Aspects of the [Theory] of Risk-Bearing, Helsinki 1965

Arrow, Kenneth J./Debreu, Gerard: [Existence] of an Equilibrium for a Competitive Economy, in: Econometrica, Vol. 22 (1954), S. 265-290

Baetge, Jörg/Thiele, Stefan: Art. "Bilanzanalyse", in: Handwörterbuch des Bank- und Finanzwesens, hrsg. v. W. Gerke/M. Steiner, 2. Aufl., Stuttgart 1995, Sp. 251-262

Ballmann, W.: Beitrag zur Klärung des betriebswirtschaftlichen [Investitionsbegriff]s und zur Entwicklung einer Investitionspolitik der Unternehmung, Diss., Mannheim 1954

Ballwieser, Wolfgang: Die [Wahl] des Kalkulationszinsfußes bei der Unternehmensbewertung unter Berücksichtigung von Risiko und Geldentwertung, in: Betriebswirtschaftliche Forschung und Praxis, 33. Jg. (1981), S. 97-114

Ballwieser, Wolfgang: [Unternehmensbewertung] und Komplexitätsreduktion, 3. Aufl., Wiesbaden 1990

Ballwieser, Wolfgang/Schmidt, Reinhard H.: [Unternehmensverfassung], Unternehmensziele und Finanztheorie, in: Unternehmensverfassung als Problem der Betriebswirtschaftslehre, hrsg. v. K. Bohr et al., Berlin 1981, S. 645-682

Baltensperger, Ernst: [Credit] Rationing: Issues and Questions, in: Journal of Money, Credit and Banking, Vol. 10 (1978), S. 170-183

Baltensperger, Ernst: Die [Regulierung] des Bankensektors, in: Wirtschaftswissenschaftliches Studium, 17. Jg. (1988), S. 53-57

Bamberg, Günter/Coenenberg, Adolf G.: Betriebswirtschaftliche [Entscheidungslehre], 8. Aufl., München 1994

Barnea, Amir/Haugen, Robert A./Senbet, Lemma W.: Agency Problems and Financial Contracting, Englewood Cliffs (N.J.) 1985

Barzel, Yoram: [Transaction Costs]: Are They Just Costs?, in: Journal of Institutional and Theoretical Economics (Zeitschrift für die gesamte Staatswissenschaft), Vol. 141 (1985), S. 4-16

Bawa, Vijay S./Brown, Stephen J./Klein, Roger W.: [Estimation] Risk and Optimal Portfolio Choice, Amsterdam 1979

Becker, Gary S.: The Economic [Approach] to Human Behavior, Chicago/London 1976

Bitz, Michael: Entscheidungstheorie, München 1981

Black, Fischer: The [Dividend] Puzzle, in: Journal of Portfolio Management, Vol. 2 (1976), S. 2-5

Black, Fischer/Scholes, Myron: The Pricing of [Options] and Corporate Liabilities, in: Journal of Political Economy, Vol. 81 (1973), S. 637-654

Blohm, Hans/Lüder, Klaus: Investition, 8. Aufl., München 1995

Borch, Karl: A [Note] on Uncertainty and Indifference Curves, in: Review of Economic Studies, Vol. 36 (1969), S. 1-4

Brealey, Richard/Myers, Stewart: [Principles] of Corporate Finance, 5th ed., New York 1996

Burrows, Bryan/Helyar, John: [Barbarians] at the Gate. The Fall of RJR Nabisco, New York 1990

Büschgen, Hans E.: [Bankbetriebslehre], Bankgeschäfte und Bankmanagement, 4. Aufl., Wiesbaden 1993

Coase, Ronald H.: The [Nature] of the Firm, in: Economica, N.S. Vol. 4 (1937), S. 386-405

Coase, Ronald H.: The Problem of [Social Cost], in: Journal of Law and Economics, Vol. 3 (1960), S. 1-44

Copeland, Thomas E./Weston, J. Fred: Financial [Theory] and Corporate Policy, 3rd ed., Reading et al. 1992

Dahlmann, Carl J.: The Problem of [Externality], in: Journal of Law and Economics, 22. Jg. (1979), S. 141-162

De Angelo, Harry: Competition and [Unanimity], in: American Economic Review, Vol. 71 (1981), S. 18-27

De Bondt, Werner F.M./Thaler, Richard H.: [Anomalies]: A Mean-Reverting Walk Down Wall Street, in: Journal of Economic Perspectives, Vol. 3 (Winter 1989), S. 189-202

De Bondt, Werner F.M./Thaler, Richard H.: Financial [Decision-Making] in Markets and Firms: A Behavioral Perspective, in: Finance, hrsg. v. R. Jarrow/V. Maksimovic/W. T. Ziemba, Amsterdam 1995, S. 385 - 410

Dean, Joel: Capital [Budgeting], New York 1951

Debreu, Gerard: The [Theory] of Value, New York 1959

Deppe, Hans-Dieter: [Grundriß] einer analytischen Finanzplanung, 2. Aufl., Göttingen 1989

Dewatripont, Mathias/Tirole, Jean: The Prudential [Regulation] of Banks, Cambridge und London 1994

Diamond, Douglas W.: Financial [Intermediation] as Delegated Monitoring, in: Review of Economic Studies, Vol. 51 (1984), S. 393-414

Drukarczyk, Jochen: [Investitionstheorie] und Konsumpräferenz, Berlin et al. 1970

Drukarczyk, Jochen: Unternehmen und [Insolvenz] - Zur effizienten Gestaltung des Kreditsicherungs- und Insolvenzrechts, Wiesbaden 1987

Drukarczyk, Jochen: [Theorie] und Politik der Finanzierung, 2. Aufl. München 1993

Drukarczyk, Jochen: [Finanzierung]: Eine Einführung, 7. Aufl., Stuttgart et al. 1996

Drukarczyk, Jochen: [Unternehmensbewertung], München 1996

Eggertsson, Thráinn: Economic Behavior and [Institutions], Cambridge et al. 1990

Eisfeld, Curt: Art. "[Finanzierung]", in: Handwörterbuch der Betriebswirtschaft, hrsg. v. H. Nicklisch, Stuttgart 1926, Sp. 931-979

Elton, Edwin J./Gruber, Martin J.: Modern [Portfolio] Theory and Investment Analysis, 5th ed., New York et al. 1995

Engelhardt, Werner: Die [Finanzierung] aus Gewinn im Warenhandelsbetrieb und ihre Einwirkungen auf Betriebsstruktur und Betriebspolitik, Berlin 1960

Fama, Eugene F.: [Efficient] Capital Markets: A Review of Theory and Empirical Work, in: Journal of Finance, Vol. 25 (1970), S. 383-417

Fama, Eugene F.: Multiperiod Consumption-Investment [Decisions], in: American Economic Review, Vol. 60 (1970), S. 163-174

Fama, Eugene F.: [Foundations] of Finance, New York 1976

Fama, Eugene F.: The [Effects] of a Firm's Investment and Financing Decisions on the Welfare of its Security Holders, in: American Economic Review, Vol. 68 (1978), S. 272-284

Fama, Eugene F.: Agency [Problems] and the Theory of the Firm, in: Journal of Political Economy, Vol. 88 (1980), S. 288-307

Fama, Eugene F.: Efficient Capital [Markets]: II, in: Journal of Finance, Vol. 46 (1991), S. 1575-1617

Fama, Eugene F./Jensen, Michael C.: [Separation] of Ownership and Control, in: Journal of Law and Economics, Vol. 26 (1983), S. 301-326

Fama, Eugene F./Jensen, Michael C.: [Agency Problems] and Residual Claims, in: Journal of Law and Economics, Vol. 26 (1983), S. 327-349

Fama, Eugene F./Miller, Merton H.: The [Theory] of Finance, New York et al. 1972

Fisher, Irving: The Theory of [Interest], New York 1930 (Reprint New York 1965)

Fortune, Peter: Stock Market [Efficiency]: An Autopsy?, in: New England Economic Review, March/April 1991, S. 17-41

Franke, Günter: [Kapitalmarkt] und Separation, in: Zeitschrift für Betriebswirtschaft, 53. Jg. (1983), S. 239-260

Franke, Günter/Hax, Herbert: Finanzwirtschaft des Unternehmens und Kapitalmarkt, 4. Aufl., Berlin et al. 1994

Franke, Günter/Laux, Helmut: Die [Ermittlung] der Kalkulationszinsfüße für investitionstheoretische Partialmodelle, in: Zeitschrift für betriebswirtschaftliche Forschung, 20. Jg. (1968), S. 740-759

Furubotn, Eirik G./Pejovich, Svetozar: [Introduction]: The New Property Rights Literature, in: The Economics of Property Rights, hrsg. v. E.G. Furubotn/S. Pejovich, Cambridge (Mass.) 1974, S.1-9

Gale, Douglas C./Hellwig, Martin: Incentive-Compatible [Debt] Contracts: The One-Period Problem, in: Review of Economic Studies, Vol. 52 (1985), S. 647-663

Gordon, Myron J./Shapiro, Eli: Capital Equipment Analysis: The Required Rate of Profit, in: Management Science, Vol. 3 (1956), S. 102-110; deutsche Übersetzung: Analyse der Vorteilhaftigkeit von Investitionen: Die [Mindestrendite], in: Die Finanzierung der Unternehmung, hrsg. v. H. Hax/H. Laux, Köln 1975, S. 54-64

Greenbaum, Stewart E./Thakor, Anjan V.: Contemporary Financial [Intermediation], Fort Worth et al. 1995

Günther, Thomas: Art. "Investitions- und [Finanzplanung], simultane", in: Handwörterbuch des Bank- und Finanzwesens, hrsg. v. W. Gerke/M. Steiner, 2. Aufl., Stuttgart 1995, Sp. 957-967

Gutenberg, Erich: Einführung in die [Betriebswirtschaftslehre], Wiesbaden 1958

Gutenberg, Erich: Grundlagen der Betriebswirtschaftslehre, Bd. 1: Die [Produktion], 24. Aufl., Berlin/Heidelberg/New York 1983

Gutenberg, Erich: Grundlagen der Betriebswirtschaftslehre, Bd. 3: Die [Finanzen], 8. Aufl., Berlin/Heidelberg/New York 1980

Hakansson, Nils H.: Optimal Investment and Consumption [Strategies] under Risk for a Class of Utility Functions, in: Econometrica, Vol. 38 (1970), S. 587-607

Haley, Charles W./Schall, Lawrence D.: The [Theory] of Financial Decisions, 2nd ed., New York 1979

Hands, Douglas W.: Karl [Popper] and Economic Methodology: A New Look, in: Economics and Philosophy, Vol. 1, 1985, S. 83-99

Härle, Dietrich: [Finanzierungsregeln] und ihre Problematik, Wiesbaden 1961

Harris, Milton/Raviv, Artur: The [Theory] of Capital Structure, in: Journal of Finance, Vol. 46 (1991), S. 297-355

Hart, Oliver: Optimal [Labour] Contracts Under Asymmetric Information: An Introduction, in: Review of Economic Studies, Vol. 50 (January 1983), S. 3-36

Hart, Oliver: Firms, [Contracts], and Financial Structure, Oxford 1995

Haugen, Robert, A.: Modern Investment [Theory], 3rd ed., Englewood Cliffs (N.J.) 1990

Haugen, Robert, A.: The New [Finance]: The Case Against Efficient Markets, Englewood Cliffs, (N.J.) 1995

Haugen, Robert A./Pappas, James L.: [Equilibrium] in the Pricing of Capital Assets, Risk-Bearing Debt Instruments, and the Question of Optimal Capital Structure, in: Journal of Finance and Quantitative Analysis, Vol. 6 (1971), S.943-953

Haugen, Robert A./Senbet, Lemma W.: The [Insignificance] of Bankruptcy Costs to the Theory of Optimal Capital Structure, in: Journal of Finance, Vol. 33 (1978), S. 383-393

Hax, Herbert: [Investitions- und Finanzplanung] mit Hilfe der linearen Programmierung, in: Zeitschrift für betriebswirtschaftliche Forschung, 16. Jg. (1964), S. 430-446

Hax, Herbert: [Unternehmungspolitik] und betriebliche Finanzpolitik, in: Unternehmungsführung aus finanz- und bankwirtschaftlicher Sicht, hrsg. v. E. Rühli/J.P. Thommen, Stuttgart 1981, S. 7-22

Hax, Herbert: Investitionstheorie, 5. Aufl., Würzburg/Wien 1985

Hax, Herbert/Laux, Helmut: Flexible Planung - [Verfahrensregeln] und Entscheidungsmodelle für die Planung bei Ungewißheit, in: Zeitschrift für betriebswirtschaftliche Forschung, 24. Jg. (1972), S. 318-340

Hax, Herbert/Laux, Helmut (Hrsg.): Die [Finanzierung] der Unternehmung, Köln 1975

Hax, Karl: Art. "Langfristige Finanz- und [Investitionsentscheidungen]", in: Handbuch der Wirtschaftswissenschaften, Bd. 1, Betriebswirtschaftslehre, hrsg. von K. Hax/Th. Wessels, 2. Aufl., Köln/Opladen 1966, S. 399-489

Heinen, Edmund: Grundlagen betriebswirtschaftlicher Entscheidungen: Das [Zielsystem] der Unternehmung, 3. Aufl., Wiesbaden 1976

Heister, Matthias: [Rentabilitätsanalyse] von Investitionen, Köln/Opladen 1962

Herklotz, Ralf: Art. "Terminbörsen", in: Handwörterbuch des Bank- und Finanzwesens, hrsg. v. W. Gerke/M. Steiner, 2. Aufl., Stuttgart 1995, Sp. 1830-1844

Hertz, David B.: Investment [Policies] that Pay Off, in: Harvard Business Review, Vol. 64 (1968), S. 96-108

Hirshleifer, Jack: On the Theory of Optimal Investment [Decision], in: Journal of Political Economy, Vol. 66 (1958), S. 329-352

Hirshleifer, Jack: [Investment], Interest and Capital, Englewood Cliffs (N.J.) 1970, deutsche Übersetzung: Kapitaltheorie, Köln 1974

Hoffmann, Rolf-R.: Beziehungen zwischen [Investition] und Finanzierung im Bereich des Betriebs, Berlin 1962

Holmström, Bengt R.: Moral [Hazard] and Observability, in: Bell Journal of Economics, Vol. 10 (1979), S. 74-91

Holmström, Bengt R./Tirole, Jean: The [Theory] of the Firm, in: Handbook of Industrial Organization, Vol. 1, hrsg. v. R. Schmalensee/R.W. Willig, Amsterdam et al. 1989

Jaffee, Dwight M./Russell, Thomas: Imperfect Information, and Credit [Rationing], in: Quarterly Journal of Economics, Vol. 90 (1976), S. 651-666

Jarrell, Gregg.A./Brickley, James.A./Netter, Jeffrey.M.: The [Market] for Corporate Control: The Empirical Evidence Since 1980, in: Journal of Economics Perspectives, Vol. 2 (1988), S. 49-68

Jensen, Michael C.: Some Anomalous [Evidence] Regarding Market Efficiency, in: Journal of Financial Economics, Vol. 6 (1978), S. 95-101

Jensen, Michael C.: Agency Costs of Free [Cash Flow], Corporate Finance and Takeovers, in American Economic Review, Papers and Proceedings, Vol. 76 (1986), S. 323-329

Jensen, Michael C.: [Takeovers]: Their Causes and Consequences, in: Journal of Economic Perspectives, Vol. 2 (1988), S. 21-48

Jensen, Michael C./Meckling, William H.: [Theory] of the Firm: Managerial Behavior, Agency Costs and Ownership Structure, in: Journal of Financial Economics, Vol. 3 (1976), S. 305-360

Jensen, Michael C./Ruback, R.S.: The [Market] for Corporate Control: The Scientific Evidence, in: Journal of Financial Economics, Vol. 11 (1983), S. 5-50

Knight, Frank: [Risk], Uncertainty, and Profit, Boston 1921

Kolbeck, Rosemarie: Art. "[Unternehmen] I: Unternehmen und Betrieb", in: Handwörterbuch der Wirtschaftswissenschaft, hrsg. v. W. Albers et al., Bd. 8, Stuttgart et al. 1980, S. 65-71

Krahnen, Jan Pieter: [Kapitalmarkt] und Kreditbank: Untersuchung zu einer mikroökonomischen Theorie der Bankunternehmung, Berlin 1985

Krahnen, Jan Pieter: Finanzwirtschaftslehre zwischen Markt und Institutionen, in: Die Betriebswirtschaft, 53. Jg. (1993), S. 793-805

Krahnen, Jan Pieter: Art. "[Investitionsmodelle], integrierte", in: Handwörterbuch der Betriebswirtschaftslehre, 5. Aufl., hrsg. v. W. Wittmann et al., Stuttgart 1993, Sp. 1952-1965

Kreps, David M.: A [Course] in Microeconomic Theory, New York/London 1990

Krugman, Paul R.: Development, Geography and Economic [Theory], Cambridge 1995

Kruschwitz, Lutz: Finanzierung und Investition, Berlin 1995

Kruschwitz, Lutz: Investitionsrechnung, 6. Aufl., Berlin/New York 1995

Kübler, Friedrich: Gesellschaftsrecht, 4. Aufl., Heidelberg 1994

Kürsten, Wolfgang: [Finanzkontrakte] und Risikoanreizproblem: Mißverständnisse im informationsökonomischen Ansatz der Finanztheorie, Wiesbaden 1994

Laux, Helmut: Flexible [Investitionsplanung], Köln/Opladen 1971

Laux, Helmut: Expected Utility Maximization and Capital Budgeting Subgoals, in: Unternehmensforschung, 15. Jg. (1971), S. 130-146, deutsche Übersetzung: [Nutzenmaximierung] und finanzwirtschaftliche Unterziele, in: Die Finanzierung der Unternehmen, hrsg. v. H. Hax/H. Laux, Köln 1975, S. 65-84

Laux, Helmut: Entscheidungstheorie, 3. Aufl., Berlin/Heidelberg/New York 1995

Lehmann, Matthias: Zur Theorie der [Zeitpräferenz], Berlin 1975

Lehmann, Matthias: Zwei Probleme der [Kapitaltheorie]: Intertemporale Nutzenfunktionen und Kapitalkosten bei vollkommenem Kapitalmarkt, in: Zeitschrift für betriebswirtschaftliche Forschung, 27. Jg. (1975), S. 40-59

Lehmann, Matthias/Moog, Horst: Betriebswirtschaftliches [Rechnungswesen], Berlin et al. 1996

Lersch, Philipp: [Aufbau] der Person, 6. Aufl., München 1953

Levy, Haim/Sarnat, Marshall: [Investment] and Portfolio Analysis, New York et al. 1972

Lintner, John: The [Valuation] of Risk Assets and the Selection of Risky Investments in Stock Portfolios and Capital Budgets, in: Review of Economics and Statistics, Vol. 47 (1965), S. 13-37

Lücke, Wolfgang: [Finanzplanung] und Finanzkontrolle in der Industrie, Wiesbaden 1965

Maddock, Rodney/Carter, Michael: A Child's [Guide] to Rational Expectations, in: Journal of Economic Literature, Vol. 20 (March 1982), S. 39-51

Magill, Michael/Shafer, Wayne: Incomplete [Markets], in: Handbook of Mathematical Economics, hrsg. v. W. Hildenbrand/H. Sonnenschein, Volume IV, Amsterdam et al. 1991, S. 1523-1614

Markowitz, Harry: Portfolio [Selection], in: Journal of Finance, Vol. 7 (1952), S. 77-91

Markowitz, Harry M.: [Portfolio] Selection, Efficient Diversification of Investments, New York 1959

McCloskey, Donald N.: The [Rhetoric] of Economics, Madison (Wisc.)/Brighton 1985

Mellerowicz, Konrad: Allgemeine [Betriebswirtschaftslehre], Bd. 1, 2 und 3, Berlin 1948

Milgrom, Paul/Roberts, John: Economics, [Organization] and Management, Englewood Cliffs (N.J.) 1992

Miller, Merton H.: [Debt] and Taxes, in: Journal of Finance, Vol. 32 (1977), S. 261-275

Miller, Merton H.: The Modigliani-Miller Propositions [Thirty] Years After, in: Journal of Economic Perspectives, Vol. 2 (1988), S. 99-120

Miller, Merton H./Modigliani, Franco: Dividend Policy, Growth, and the Valuation of Shares, in: Journal of Business, Vol. 34 (1961), S. 411-433; deutsche Übersetzung: Dividendenpolitik, Wachstum und die Bewertung von Aktien, in: Die Finanzierung der Unternehmung, hrsg. v. H. Hax/H. Laux, Köln 1975, S. 270-300

Miller, Merton H./ Modigliani, Franco: Some [Estimates] of the Cost of Capital to the Electric Utility Industry 1954-1957, in: American Economic Review, Vol. 56 (1966), S. 333-391

Modigliani, Franco/Miller, Merton H.: The [Cost] of Capital, Corporation Finance and the Theory of Investment, in: American Economic Review, Vol. 48 (1958), S. 261-297; deutsche Übersetzung: Kapitalkosten, Finanzierung von Aktiengesellschaften und Investitionstheorie, in: Die Finanzierung der Unternehmung, hrsg. v. H. Hax/H. Laux, Köln 1975, S. 86-119

Mossin, Jan: Optimal [Multiperiod] Portfolio Policies, in: Journal of Business, Vol. 41 (1968), S. 215-229

Mossin, Jan:Theory of Financial [Markets], Englewood Cliffs (N.J.) 1973

Moxter, Adolf: Lineares [Programmieren] und betriebswirtschaftliche Kapitaltheorie, in: Zeitschrift für handelswissenschaftliche Forschung, N.F., 15. Jg. (1963), S. 285-309

Moxter, Adolf: [Präferenzstruktur] und Aktivitätsfunktion des Unternehmers, in: Zeitschrift für betriebswirtschaftliche Forschung, 16. Jg. (1964), S. 6-35

Moxter, Adolf: Optimaler [Verschuldungsumfang] und Modigliani-Miller-Theorem, in: Aktuelle Fragen der Unternehmensfinanzierung und Unternehmensbewertung, hrsg. v. K.-H. Forster/P. Schumacher, Stuttgart 1972, S. 128-155; Wiederabdruck in: Die Finanzierung der Unternehmung, hrsg. v. H. Hax/H. Laux, Köln 1975, S. 133-159

Moxter, Adolf: Art. "[Bilanztheorien]", in: Handwörterbuch der Wirtschaftswissenschaft, hrsg. v. W. Albers et al., Bd. 1, Stuttgart et al. 1977, S. 670-686

Moxter, Adolf: Betriebswirtschaftliche [Gewinnermittlung], Tübingen 1982

Moxter, Adolf: [Grundsätze] ordnungsgemäßer Unternehmensbewertung, 2. Aufl., Wiesbaden 1983

Moxter, Adolf: [Bilanzlehre], Bd. I, Einführung in die Bilanztheorie, 3. Aufl., Wiesbaden 1984

Mülhaupt, Ludwig: Art. "Finanzielles [Gleichgewicht]", in: Handwörterbuch der Finanzwirtschaft, hrsg. v. H.E. Büschgen, Stuttgart, Sp. 401-413

Muth, J.F.: Rational [Expectations] and the Theory of Price Movements, in: Econometrica, Vol. 29 (1961), S. 315-335

Myers, Stewart C.: [Determinants] of Corporate Borrowing, in: Journal of Financial Economics, Vol. 4 (1977), S. 147-175

Myers, Stewart C./Majluf, Nicholas S.: Corporate [Financing] and Investment Decisions When Firms Have Information that Investors Do Not Have, in: Journal of Financial Economics, Vol. 13 (1984), S. 187-221

Ohse, Dietrich: [Mathematik], Bd. I, 3. Aufl., München 1993

Ordelheide, Dieter: Art. "Institutionelle Theorie und [Unternehmung]", in: Handwörterbuch der Betriebswirtschaft, hrsg. v. W. Wittmann u.a., 5. Aufl., Stuttgart 1993, Sp. 1838-1855

Pauly, Marc V.: The [Economics] of Moral Hazard, in: American Economic Review, Vol. 58 (1968), S. 531-537

Perridon, Louis/Steiner, Manfred: [Finanzwirtschaft] der Unternehmung, 9. Aufl., München 1997

Polinsky, A. Mitchel: An Introduction to [Law] and Economics, 2nd ed., Boston/Toronto 1989

Popper, Karl R.: La [rationalité] et le statut du principe de rationalité, in: Les fondements philosophiques des systèmes économiques, hrsg. v. E.M. Claussen, Paris 1967, S. 142-150

Popper, Karl R.: [Logik] der Forschung, 10. Aufl., Tübingen 1994

Porterfield, James T.S.: Investment [Decisions] and Capital Costs, Englewood Cliffs (N.J.) 1965

Posner, Richard A.: Economic Analysis of [Law], Boston, 4.Aufl. 1992

Pratt, John W.: [Risk Aversion] in the Small and in the Large, in: Econometrica, Vol. 32 (1964), S. 122-136

Pratt, John W./Zeckhauser, Richard J.: [Principals] and Agents: An Overview, in: Principals and Agents: The Structure of Business, hrsg. v. J.W. Pratt/R.J. Zeckhauser, Harvard University Press, Boston 1985

Preiser, Erich: Der [Kapitalbegriff] und die neuere Theorie, in: Die Unternehmung im Markt, hrsg. v. J. Fettel/H. Linhardt, Stuttgart/Köln 1953, S. 14-38

Raiffa, Howard: [Einführung] in die Entscheidungstheorie, München/Wien 1973

Rathenau, W.: Vom [Aktienwesen]. Eine geschäftliche Betrachtung, in: W. Rathenau: Gesammelte Schriften in fünf Bänden, Bd. 5, Berlin 1918

Robichek, Alexander A./Myers, Stewart C.: Optimal Financing [Decisions], Englewood Cliffs (N.J.) 1965

Rock, Kevin: Why New Issues are [Underpriced], in: Journal of Financial Economics, Vol. 15 (1986), S. 187-212

Roll, Richard: A Critique of the Asset Pricing Theory's Tests, Part 1: On Past and Potential Testability of the Theory, in: The Journal of Financial Economics, Vol. 4 (1977), S. 129-176

Rosen, Rüdiger v.: Art. "[Börsen] und Börsenhandel", in: Handwörterbuch des Bank- und Finanzwesens, hrsg. v. W. Gerke/M. Steiner, 2. Aufl., Stuttgart 1995, Sp. 333-345

Ross, Stephen A.: The Economic Theory of [Agency]: The Principal's Problem, in: American Economic Review, Vol. 63 (1987), S. 134-139.

Rothschild, Michael/Stiglitz, Joseph E.: Increasing [Risk] I: A Definition, in: Journal of Economic Theory, Vol. 3 (1970), S. 225-243

Rudolph, Bernd: Die [Bedeutung] der kapitaltheoretischen Separationstheoreme für die Investitionsplanung, in: Zeitschrift für Betriebswirtschaft, 53 Jg. (1983), S. 261-287

Rudolph, Bernd: [Kreditsicherheiten] als Instrumente zur Umverteilung und Begrenzung von Kreditrisiken, in: Zeitschrift für betriebswirtschaftliche Forschung, 36. Jg. (1984), S. 16-43

Saelzle, Rainer: [Kapitalmarktreaktionen] bei Investitionsentscheidungen, in: Die Unternehmung, 30. Jg. (1976), S. 319-331

Saelzle, Rainer: Investitionsentscheidungen und [Kapitalmarkttheorie], Wiesbaden 1976

Schall, Lawrence D.: Asset [Valuation], Firm Investment, and Firm Diversification, in: Journal of Business, Vol. 45 (1972), S. 11-28

Schanze, Erich: [Contract], Agency, and the Delegation of Decision Making, in: Agency Theory, Information, and Incentives, hrsg. v. G. Bamberg/K. Spremann, Berlin/Heidelberg 1987, S. 461-471

Schierenbeck, Henner/Hölscher, Reinhold: [Bank Assurance]. Institutionelle Grundlagen der Bank- und Versicherungsbetriebslehre, 3. Aufl., Stuttgart 1993

Schlittgen, Rainer: [Einführung] in die Statistik, 5. Aufl., München/Wien 1995

Schmalenbach, Eugen: [Kapital], Kredit und Zins, 2. Aufl., Köln/Opladen 1949

Schmidt, Fritz: Allgemeine [Betriebswirtschaftslehre], Wiesbaden, Nachkriegsausgabe ohne Jahresangabe

Schmidt, Hartmut: Wertpapierbörsen, München 1988

Schmidt, Reinhard H.: Aktienkursprognose, Wiesbaden 1976

Schmidt, Reinhard H.: Ökonomische [Analyse] des Insolvenzrechts, Wiesbaden 1980

Schmidt, Reinhard H.: [Grundformen] der Finanzierung - Eine Anwendung des neoinstitutionalistischen Ansatzes der Finanzierungstheorie, in: Kredit und Kapital, 14. Jg. (1981), S. 186-221

Schmidt, Reinhard H.: Zur Entwicklung der Finanztheorie, in: Paradigmawechsel in der Betriebswirtschaftslehre?, hrsg. v. Wolf F. Fischer-Winkelmann, Spardorf 1983, S.464-500

Schmidt, Reinhard H.: Agency Costs are not a ["Flop"], in: Agency Theory, Information, and Incentives, hrsg. v. G. Bamberg/K. Spremann, Berlin/Heidelberg 1987, S. 495-509

Schmidt, Reinhard H.: Neuere Property Rights-Analysen in der [Finanzierungstheorie], in: Betriebswirtschaftslehre und Theorie der Verfügungsrechte, hrsg. v. D. Budäus/E. Gerum/G. Zimmermann, Wiesbaden 1988, S. 239-268

Schmidt, Reinhard H.: Zum [Praxisbezug] der Finanzwirtschaftslehre, in: Betriebswirtschaftslehre und ökonomische Theorie, hrsg. v. D. Ordelheide/B. Rudolph/ E. Büsselmann, Stuttgart 1991, S.197-224

Schmidt, Reinhard H./Dietz, Friedhelm/Fellermann, Stefan/Hellmann, Norbert/-Schommer, Klaus P./Tyrell, Marcel/Wilwerding, Gerd: [Underpricing] bei deutschen Erstemissionen, in: Zeitschrift für Betriebswirtschaft, 58. Jg. (1988), S. 1193-1203

Schmidt, Reinhard H./Schor, Gabriel: [Modell] und Erklärung in den Wirtschaftswissenschaften, in: Modelle in der Betriebswirtschaftslehre, hrsg. v. R.H. Schmidt/G. Schor, Wiesbaden 1987, S. 9-36

Schneeweiß, Hans: [Entscheidungskriterien] bei Risiko, Berlin et al. 1967

Schneider, Dieter: [Bilanzgewinn] und ökonomische Theorie, in: Zeitschrift für handelswissenschaftliche Forschung, N.F., 15. Jg. (1963), S. 457-474

Schneider, Dieter: Steuerbilanzen, Wiesbaden 1978

Schneider, Dieter: Allgemeine [Betriebswirtschaftslehre], 3. Aufl., München/Wien 1987

Schneider, Dieter: Agency Costs and Transaction Costs: [Flops] in the Principal-Agent-Theory of Financial Markets, in: Agency Theory, Information, and Incentives, hrsg. v. G. Bamberg/K. Spremann, Berlin/Heidelberg 1987, S. 481-494

Schneider, Dieter: [Investition], Finanzierung und Besteuerung, 7. Aufl., Wiesbaden 1992 (Investition und Finanzierung, 5. Aufl., Wiesbaden 1980)

Schneider, Dieter: Betriebswirtschaftslehre, Band 1: [Grundlagen], 2. Aufl., München/Wien 1995

Schneider, Erich: [Wirtschaftlichkeitsrechnung], 7. Aufl., Tübingen/Zürich 1968 (1. Aufl. 1951)

Schor, Gabriel: Zur rationalen Lenkung ökonomischer [Forschung], Frankfurt a.M./-New York 1991

Schumann, Jochen: [Grundzüge] der mikroökonomischen Theorie, 6. Aufl., Berlin et al. 1992

Schumpeter, Joseph A.: [Geschichte] der ökonomischen Analyse, Göttingen 1965

Seelbach, Horst: [Planungsmodelle] in der Investitionsrechnung, Würzburg/Wien 1967

Shanken, Jay/Smith, Clifford W.: [Implications] of Capital Markets Research for Corporate Finance, in: Financial Management, Vol. 25 (1996), S. 98-104

Sharpe, William F.: [Portfolio] Theory and Capital Markets, New York 1970

Sharpe, William F.: Investments, 3rd ed., Englewood Cliffs (N.J.) 1983

Smith, Clifford W. (Hrsg.): The Modern Theory of Corporate Finance, 2nd ed., New York et al. 1990

Smith, Clifford W./Warner, Jerold B.: On Financial [Contracting]: An Analysis of Bond Covenants, in: Journal of Financial Economics, Vol. 7 (1979), S. 117-161

Solomon, Ezra: The [Arithmetic] of Capital Budgeting Decisions, in: Journal of Business, Vol. 29 (1956), S. 124-129

Spence, Michael A.: [Job] Market Signalling, in: Quarterly Journal of Economics, Vol. 87 (1973), S. 355-374

Spremann, Klaus: Wirtschaft, Investition und Finanzierung, 5. Aufl., München/Wien 1996

Stiglitz, Joseph E.: A [Re-Examination] of the Modigliani-Miller Theorem, in: American Economic Review, Vol. 59 (1969), S. 784-793

Stiglitz, Joseph E.: On the [Irrelevance] of Corporate Financial Policy, in: American Economic Review, Vol. 64 (1974), S. 851-866

Stiglitz, Joseph E.: Credit Markets and the Control of Capital, in: Journal of Money, Credit, and Banking, Vol. 17 (1985), S. 133-152

Stiglitz, Joseph E.: The [Causes] and Consequences of the Dependence of Quality on Price, in: Journal of Economic Literature, Vol. 25 (1987), S.1-48

Stiglitz, Joseph E.: Peer [Monitoring] and Credit Markets, in: The Economics of Rural Organizations - Theory, Practice and Policy, hrsg. v. K. Hoff/ A. Braverman/-J.E. Stiglitz, Boston 1993, S.70-86

Stiglitz, Joseph E./Weiss, Andrew: Credit [Rationing] in Markets with Imperfect Information, in: American Economic Review, Vol. 71 (1981), S. 393-410

Stützel, Wolfgang: Entscheidungstheoretische [Elementarkategorien] als Grundlage einer Begegnung von Wirtschaftswissenschaft und Rechtswissenschaft, in: Zeitschrift für Betriebswirtschaft, 36. Jg. (1966), S. 769-789

Stützel, Wolfgang: Die [Relativität] der Risikobeurteilung von Vermögensgegenständen, in: Entscheidung bei unsicheren Erwartungen, hrsg. v. H. Hax, Köln/Opladen 1970, S. 9-26

Stützel, Wolfgang: Art. "[Liquidität], betriebliche", in: Handwörterbuch der Betriebswirtschaft, Band II, hrsg. v. E. Grochla/W. Wittmann, 4. Aufl., Stuttgart 1975, Sp. 2515-2524

Süchting, Joachim: Finanzmanagement, 6. Aufl., Wiesbaden 1995

Swoboda, Peter: Art. "[Investitionsrechnung], dynamische (simultane)" in: Handwörterbuch des Rechnungswesens, 2. Aufl., hrsg. v. E. Kosiol/K. Chmielewicz/ M. Schweitzer, Stuttgart 1981, Sp. 803-818

Swoboda, Peter: [Investition] und Finanzierung, 5. Aufl., Göttingen 1996

Swoboda, Peter: Betriebliche [Finanzierung], 3. Aufl., Heidelberg 1994

Teichmann, Heinz: Die [Investitionsentscheidung] bei Unsicherheit, Berlin 1970

Terberger, Eva: Der [Kreditvertrag] als Instrument zur Lösung von Anreizproblemen. Fremdfinanzierung als Principal/Agent-Beziehung, Heidelberg 1987

Terberger, Eva: Neo-institutionalistische [Ansätze]: Entstehung und Wandel, Wiesbaden 1994

Tobin, James: Liquidity [Preference] as Behavior Towards Risk, in: Review of Economic Studies, Vol. 25 (1957/58), S. 65-86

Uhlir, Helmut/Steiner, Manfred: Wertpapieranalyse, 3. Aufl., Heidelberg 1994

Van Horne, James C.: Financial [Management] and Policy, 8th ed., Englewood Cliffs (N.J.) 1989

Vormbaum, Herbert: Die [Finanzierung] der Betriebe, Wiesbaden 1964, 9. Aufl., Wiesbaden 1995)

Wald, Abraham: Statistical Decision [Functions], New York et al. 1950

Weber, Max: [Wirtschaft] und Gesellschaft, 5. Aufl., Tübingen 1972

Weber, Wolfgang: Insider-Handel, Informationsproduktion und Kapitalmarkt: Eine institutionenökonomische Analyse, Wiesbaden 1994

Weingartner, H. Martin: Capital Rationing: n [Authors] in Search of a Plot, in: Journal of Finance, Vol. 32 (1977), S. 1403-1431

Wenger, Ekkehard: [Managementanreize] und Kapitalallokation, in: Jahrbuch für Neue Politische Ökonomie, Bd. 6, hrsg. v. K.-E. Schenk, Tübingen 1987, S. 217-240

Wenger, Ekkehard: Universalbankensystem und [Depotstimmrecht], in: Der Markt für Unternehmenskontrollen, Schriften des Vereins für Socialpolitik, N.F., Bd. 214 (1992), hrsg. v. H. Gröner, S. 73-118

Wenger, Ekkehard/Hecker, Renate: Übernahme- und [Abfindungsregeln] am deutschen Aktienmarkt, in: Ifo-Studien, 41. Jg. (1995), S. 51-87

Wenger, Ekkehard/Terberger, Eva: Die Beziehung zwischen Agent und Prinzipal als Baustein einer ökonomischen Theorie der Organisation, in: Wirtschaftswissenschaftliches Studium, 17. Jg. (1988), S. 506-514

Wied-Nebbeling, Susanne: Markt- und [Preistheorie]. 2. Aufl., Berlin et al. 1994

Williams, John B.: The [Theory] of Investment Value, Cambridge (Mass.) 1938 (Reprint New York 1970)

Williamson, Oliver E.: [Markets] and Hierarchies: Analysis and Antitrust Implications, New York et al. 1975

Williamson, Oliver E.: [Transaction-Cost] Economics: The Governance of Contractual Relations, in: Journal of Law and Economics, Vol. 22 (1979), S. 233-261

Williamson, Oliver E.: The Economic [Institutions] of Capitalism. Firms, Markets, Relational Contracting, New York/London 1985

Witte, Eberhard: [Finanzplanung] der Unternehmung, 3. Aufl., Köln/Opladen 1983

Witte, Eberhard: Art. "[Liquidität]", in: Handwörterbuch des Bank- und Finanzwesens, hrsg. v. W. Gerke/M. Steiner, 2. Aufl., Stuttgart 1995, Sp. 1381-1388

Wittmann, Waldemar: [Unternehmung] und unvollkommene Information, Köln/Opladen 1959

Zingales, Luigi: The Value of the [Voting] Right: A Study of the Milan Stock Exchange Experience, in: The Review of Financial Studies, Vol. 7 (1994), S. 125-148

Stichwortverzeichnis